최신 개정판

파고다 JLPT

N3

일본어능력시험

해설 및 모의고사

PAGODA Books

파고다 JLPT N3
일본어능력시험

초 판 1쇄 인쇄 2018년 1월 10일
개정판 1쇄 발행 2023년 10월 27일

지 은 이 | 이상옥
펴 낸 이 | 박경실
펴 낸 곳 | **PAGODA Books** 파고다북스
출판등록 | 2005년 5월 27일 제 300-2005-90호
주 소 | 06614 서울특별시 서초구 강남대로 419, 19층(서초동, 파고다타워)
전 화 | (02) 6940-4070
팩 스 | (02) 536-0660
홈페이지 | www.pagodabook.com

ISBN 978-89-6281-910-6 (13730)

파고다북스 www.pagodabook.com
파고다 어학원 www.pagoda21.com
파고다 인강 www.pagodastar.com
테스트 클리닉 www.testclinic.com

낙장 및 파본은 구매처에서 교환해 드립니다.

머리말

JLPT는 언어지식(문자 · 어휘/문법)을 이용해서 독해, 청해와 같은 커뮤니케이션상의 과제를 잘 수행할 수 있는지를 측정하는 시험입니다. 따라서 각 영역별 능력이 골고루 갖추어져 있지 않으면 원하는 성과를 거둘 수 없습니다. 그러나 기초가 제대로 서 있지 않은 상태에서 높은 급수를 지향하다가 한계를 느끼고 포기하는 학생들을 자주 접해 왔습니다. 단기간의 수험 성적만을 목표로 기초가 간과된 학습은 그다음 과정을 더욱더 어렵게 만듭니다. 이러한 아쉬움을 달래고자 오랜 기간 일본어 강사로서 재직해 오면서 느낀 것들을 이 교재에 담아 N3 수험은 물론이고 N1, N2로 나아가는 발판을 만들어 드리고자 집필을 시작하였습니다.

N3 학습자가 어려워하는 것 중 하나인 한자는 방대한 내용을 단기간에 효율적으로 학습할 수 있도록 수록했습니다. 문법은 언뜻 보면 기초 문법이라고 생각할 수 있겠으나 실제로 기초 문법을 숙지하고 이해하고 있어야만 해결할 수 있는 응용문제가 출제되기 때문에 이 부분에 역점을 두고 구성했습니다. 또한 독해와 청해는 다년간 누적된 기출문제를 철저하게 분석하여 유형과 난이도를 실제 시험과 가장 유사하게 구성했습니다. 따라서 본서에 있는 내용을 충분히 숙지하고 이해하면 수험장에서 보다 수월하게 문제를 풀어 갈 수 있으리라 자신합니다.

수년간의 강의를 녹여낸 수험서를 집필할 수 있는 기회를 주신 박경실 회장님, 고루다 대표님, 그 외 관계자 여러분들과 바로 옆에서 많은 도움 주신 시미즈 아유 선생님께 다시 한번 깊은 감사의 말씀을 전하며, 본서가 일본어의 첫 단추를 다시 채울 수 있는 계기가 되어 N3 합격은 물론 일본어 실력을 향상시키는 데에도 일조하기를 바라는 바입니다.

저자 **이상옥**

구성

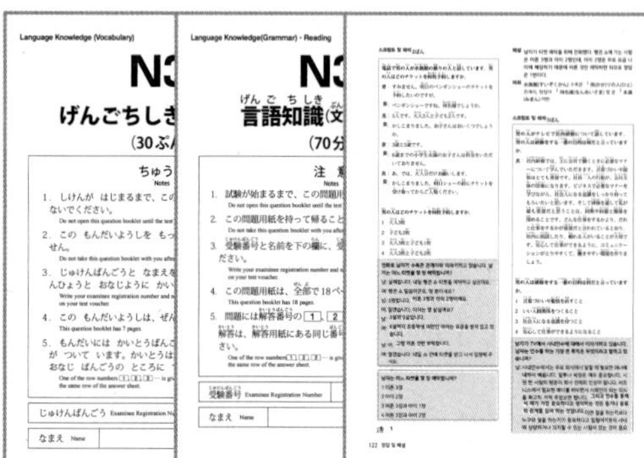

본서 1

실전 시험 해설 및 청해 스크립트

모의고사 1회·2회

모의고사 3회·4회 — 온라인 무료 다운로드

※모의고사 해설서(PDF)는
온라인 무료 열람/다운로드

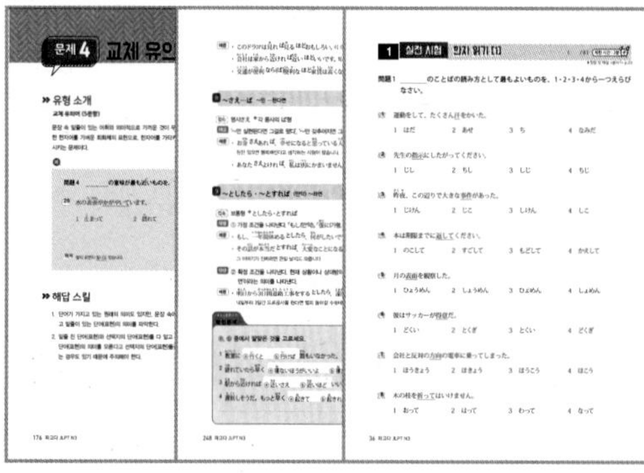

본서 2

유형파악

(유형 소개 ≫ 해답 스킬 ≫ 학습 대책)

기반 다지기 & 확인 문제

실전 시험 문제

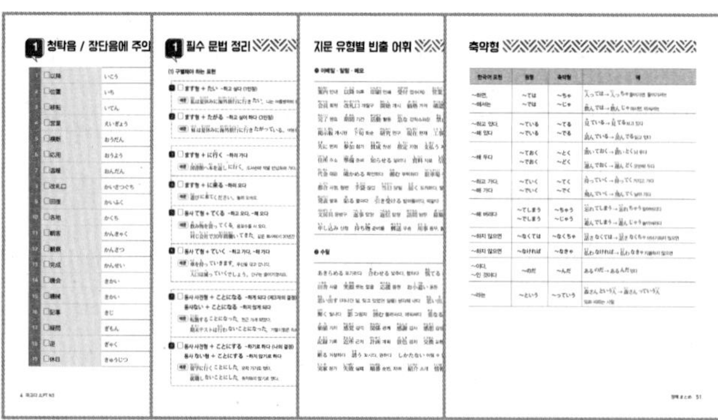

별책

시험 직전 마무리 체크북

문자·어휘 핵심 표현

문법 필수 표현

독해 빈출 어휘

청해 축약형

차례

본서 1 실전 시험 해설서 및 모의고사 문제집

* 01 문자·어휘는 각 유형 안에 '기반 다지기'를 나누어 수록했습니다

본서 2 유형파악 및 기반 다지기 + 실전 시험 146회

이 책의 특장점

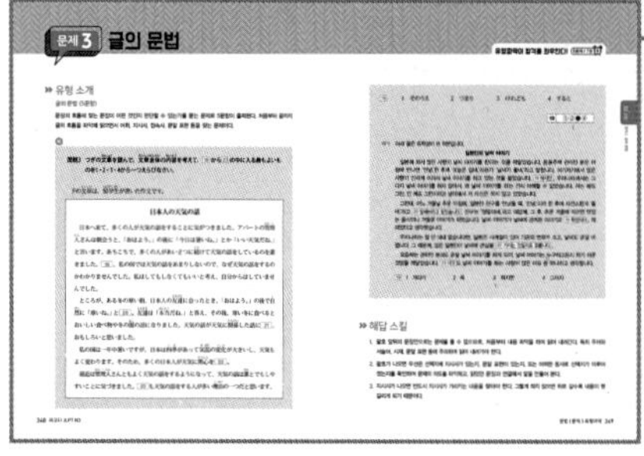

유형파악이 합격을 좌우한다

지피지기면 백전불태! 최신 기출 경향까지 모든 문항을 철저하게 분석하여, 저자의 노하우가 담긴 해답 스킬과 학습 방법을 제시했습니다. 각 유형을 전략적으로 접근해 풀이해 보세요.

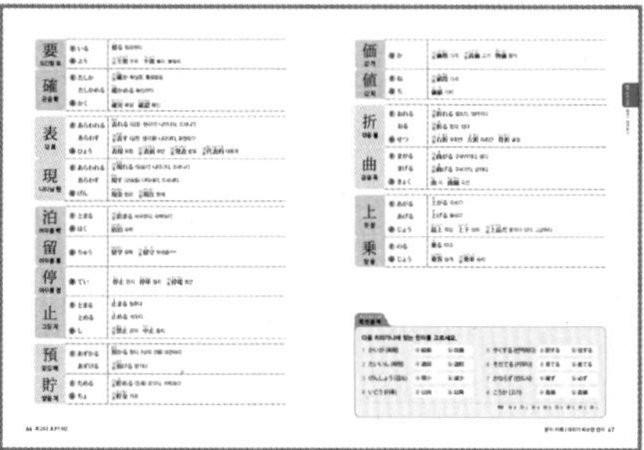

필수 어휘 • 표현으로 기반 다지기

문자 · 어휘, 문법 및 독해와 청해까지 모든 파트의 고득점을 위한 이론을 학습하며 기반을 다집니다. 역대 기출 어휘를 별도로 표시하였고, 전략적인 분석을 바탕으로 예상 표현을 엄선했습니다. 간단한 확인 문제를 통해 학습한 어휘와 표현을 완전히 내 것으로 만들어 보세요.

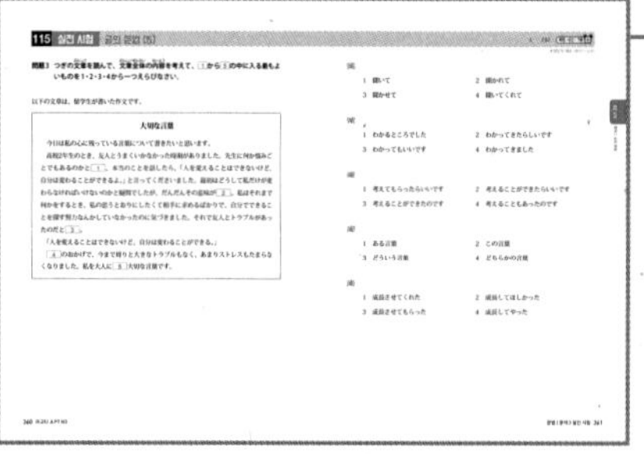

실전 문제 최다 수록

암기만 하는 학습으로 지친 여러분, 많이 풀어보면 합격이 보입니다! 문제를 풀어보면서 실전 감각을 올려보세요. 유형별로 총 146회나 되는 실전 문제를 수록하고, 마지막으로 점검해 볼 수 있는 모의고사 또한 4회를 준비했습니다.

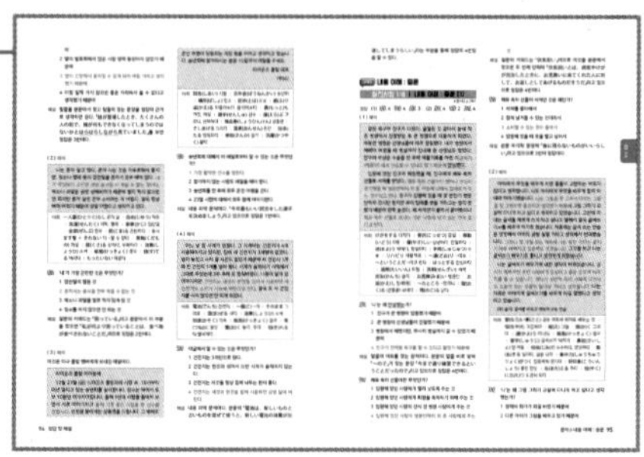

오답에서 정답으로 이끌어 줄 해설

모든 실전 시험 문제에 대한 상세한 해설을 제공합니다. (모의고사 해설은 온라인 제공) 각 문항에서 꼭 기억해야 할 핵심 포인트를 달아두었습니다. 필수 어휘도 함께 익혀두면 자연스럽게 어휘력이 향상될 것입니다.

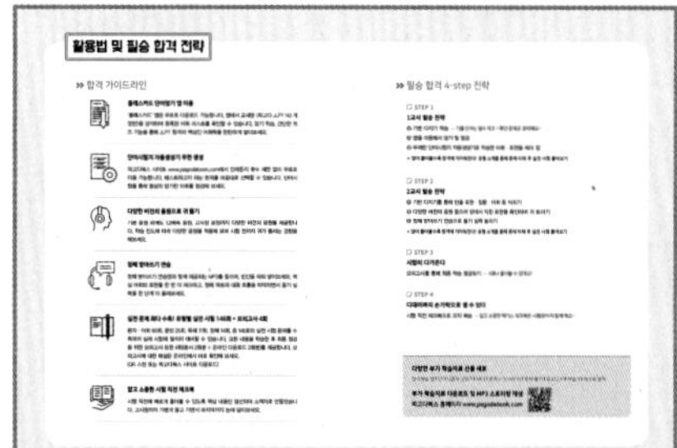

활용도 높은 부가 학습자료

학습 스타일에 맞게 부가 자료를 활용하여, 빈틈없이 완벽하게 시험을 대비하세요. 단어학습 앱, 단어시험지 생성기, 받아쓰기 연습, 시험 직전 체크북 등 종합 선물 세트 같은 다양한 부가 자료를 마련했습니다. 독습자분들은 권장 학습플랜을 참고하거나 자신만의 플랜으로 계획을 세워 차근차근 따라와 보세요.

JLPT(일본어능력시험) 가이드

❶ Japanese Language Proficiency Test의 약자로 일본어를 모국어로 하지 않는 사람의 일본어 능력을 측정하는 검정 시험이다. 일본국제교육협회와 일본국제교류기금이 주최가 되어 1984 년부터 실시해 오고 있으며, 2010년 새롭게 바뀐 시험 유형으로 연 2회 (7월, 12월 첫째 또는 둘째 주 일요일) 실시되고 있다. 1회(7월) 시험의 성적발표는 8월 말, 2회(12월) 시험의 성적발표는 1월 말경에 JLPT 홈페이지를 통해 확인할 수 있다.

❷ 시험은 N1, N2, N3, N4, N5로 나뉘어져 있어 수험자가 자신에게 맞는 레벨을 선택한다. 여기서 'N' 이라는 것은 새로움을 의미하는「New(新しい)」와 일본어의 의미인「Nihongo(日本語)」의 머리글자이다. 각 레벨에 따라 N1~N2는 언어지식(문자 · 어휘 · 문법) · 독해, 청해의 두 섹션으로, N3~N5는 언어지식(문자 · 어휘), 언어지식(문법) · 독해, 청해의 세 섹션으로 나뉘어져 있다.

시험과목과 시험시간 및 인정기준은 다음과 같으며, 인정기준을「읽기」,「듣기」의 언어 행동으로 나타낸다. 각 레벨에는 이들 언어행동을 실현하기 위한 언어지식이 필요하다.

레벨	인정기준
N1	**폭 넓은 장면에서 사용되는 일본어를 이해할 수 있다.** 읽기 · 논리적으로 약간 복잡하고 추상도가 높은 문장 등을 읽고, 문장의 구성과 내용을 이해할 수 있으며, 다양한 화제의 글을 읽고, 이야기의 흐름이나 상세한 표현 의도를 이해할 수 있다. 듣기 · 자연스러운 속도의 체계적 내용의 회화나 뉴스, 강의를 듣고, 내용의 흐름 및 등장인물의 관계나 내용의 논리 구성 등을 상세히 이해하거나, 요지를 파악할 수 있다.
N2	**일상적인 장면에서 사용되는 일본어를 어느 정도 이해할 수 있다.** 읽기 · 신문이나 잡지의 기사나 해설, 평이한 평론 등 논지가 명쾌한 문장을 읽고 문장의 내용을 이해할 수 있으며, 일반적인 화제에 관한 글을 읽고, 이야기의 흐름이나 표현 의도를 이해할 수 있다. 듣기 · 자연스러운 속도의 체계적 내용의 회화나 뉴스를 듣고, 내용의 흐름 및 등장인물의 관계를 이해하거나, 요지를 파악할 수 있다.
N3	**일상적인 장면에서 사용되는 일본어를 어느 정도 이해할 수 있다.** 읽기 · 일상적인 화제에 구체적인 내용을 나타내는 문장을 읽고 이해할 수 있으며, 신문의 기사 제목 등에서 정보의 개요를 파악할 수 있다. 일상적인 장면에서 난이도가 약간 높은 문장을 바꿔 제시하며 요지를 이해할 수 있다. 듣기 · 자연스러운 속도의 체계적 내용의 회화를 듣고, 이야기의 구체적인 내용을 등장인물의 관계 등과 함께 거의 이해할 수 있다.
N4	**일상적인 장면에서 사용되는 일본어를 어느 정도 이해할 수 있다.** 읽기 · 기본적인 어휘나 한자로 쓰여진, 일상생활에서 흔하게 일어나는 화제의 문장을 읽고 이해할 수 있다. 듣기 · 일상적인 장면에서 다소 느린 속도의 회화라면 거의 내용을 이해할 수 있다.
N5	**일상적인 장면에서 사용되는 일본어를 어느 정도 이해할 수 있다.** 읽기 · 히라가나나 가타카나, 일상생활에서 사용되는 기본적인 한자로 쓰여진 정형화된 어구나, 문장을 읽고 이해할 수 있다. 듣기 · 일상생활에서 자주 접하는 장면에서 느리고 짧은 회화로부터 필요한 정보를 얻어낼 수 있다.

2 시험 과목 및 시험 시간

레벨	시험과목 (시험시간)		휴식	2교시
N1	언어지식 (문자 • 어휘 • 문법) • 독해 (110분)		20분	청해 (60분)
N2	언어지식 (문자 • 어휘 • 문법) • 독해 (105분)			청해 (55분)
N3	**언어지식 (문자 • 어휘) (30분)**	**언어지식 (문법) • 독해 (70분)**		**청해 (45분)**
N4	언어지식 (문자 • 어휘) (25분)	언어지식 (문법) • 독해 (55분)		청해 (40분)
N5	언어지식 (문자 • 어휘) (20분)	언어지식 (문법) • 독해 (40분)		청해 (35분)

※ N3 - N5의 경우, 1교시에 언어지식(문자·어휘)과 언어지식(문법)·독해가 쉬는 시간 없이 바로 이어서 실시된다.

3 준비물 및 규정 신분증 종류

★ 규정신분증, 연필 또는 샤프(볼펜 및 사인펜은 사용 불가), 지우개, 아날로그 손목시계(전자식 시계 불가) ★

구분	규정 신분증	분실 시 대체 신분증
일반인, 대학생	주민등록증, 운전면허증, 기간 만료 전의 여권, 공무원증, 장애인복지카드, 정부24 주민등록증 모바일 확인서비스, 모바일 운전면허증(경찰청 발행), 모바일 공무원증	해당 주민센터에서 발급한 기간 만료 전의 '주민등록증 발급 신청 확인서'
중 · 고등 학생	주민등록증, 기간 만료 전의 여권, 학생증, 청소년증, 장애인복지카드	JLPT 신분확인증명서 발급양식 (JLPT 홈페이지 다운로드)
초등학생	기간 만료 전의 여권, 주민등록등(초)본, 건강보험증, 청소년증, 장애인복지카드	
군인	주민등록증, 운전면허증, 기간 만료 전의 여권, 공무원증(장교, 부사관, 군무원), 공익근무요원증	
외국인	기간 만료 전의 여권, 외국인등록증, 국내거소신고증, 영주증	없음

※ 인정되지 않는 신분증 : 대학(원)학생증, 국제운전면허증, 통신사 PASS 모바일 운전면허 확인 서비스, 밀리패스, 유효기간이 지난 신분증, 원본이 아닌 촬영/복사본 등 상기 규정에 명시되지 않은 신분증

4 시험 점수 / 결과 통지

레벨	배점구분	득점범위
N1	언어지식(문자・어휘・문법) 독해 청해 종합배점	0~60 0~60 0~60 0~180
N2	언어지식(문자・어휘・문법) 독해 청해 종합배점	0~60 0~60 0~60 0~180
N3	**언어지식(문자・어휘・문법)** **독해** **청해** **종합배점**	**0~60** **0~60** **0~60** **0~180**
N4	언어지식(문자・어휘・문법), 독해 청해 종합배점	0~120 0~60 0~180
N5	언어지식(문자・어휘・문법), 독해 청해 종합배점	0~120 0~60 0~180

(1) 합격/불합격의 판정

종합득점과 각 득점 구분의 기준점 두 개에서 합격 여부 판정이 실시된다. 기준점이란, 각 득점 구분으로 적어도 이 이상은 필요하다라고 하는 득점이다. 득점 구분의 득점이 하나라도 기준점에 이르지 못하면, 종합득점이 아무리 높아도 불합격이다. 각 득점 구분에 기준점을 두는 것은 학습자의 일본어 능력을 종합적으로 평가하기 위함이다.

〈2010년 일본어 능력시험의 합격/불합격 판정기준〉

레벨	합격점	기준점		
		언어지식	독해	청해
N1	100	19	19	19
N2	90	19	19	19
N3	95	19	19	19
N4	90	38		19
N5	80	38		19

(2) 시험 결과 통지의 예

다음 예와 같이 ① '득점구분 별 점수'와 득점구분 별 점수를 합계한, ② '종합득점', 추후 일본어 학습을 위한 ③ '참고 정보'를 통지한다. ③ '참고 정보'는 합격/불합격과는 관련 없다.

예 N3를 수험한 Y 씨의 '합격/불합격 통지서'의 일부성적정보 (실제 서식은 변경 가능)

① 득점구분 별 점수			② 종합득점
언어지식 (문자 · 어휘 · 문법)	독해	청해	
50/60	30/60	40/60	120/180

↓

③ 참고 정보 ※	
문자 · 어휘	문법
A	C

A 잘했다 (정답률 67% 이상)

B 보통이다 (정답률 34% 이상 67% 미만)

C 잘하지 못했다 (정답률 34% 미만)

※ 언어지식(문자 · 어휘 · 문법)'에 대해서, 참고 정보를 보면 '문자 · 어휘'는 A(정답률 67% 이상)로 '잘했다', '문법'은 C(정답률 34% 미만)로 '잘하지 못했다'는 것을 알 수 있다.

(3) 득점등화란?

서로 다른 시기에 실시되는 시험에서는 출제되는 문제가 다르므로 아무리 신중하게 출제를 해도 매회 시험의 난이도가 다소 변동하게 된다. 따라서 2010년 개정된 시험에서는 '등화' 방법을 통해 다른 시기에 실시된 시험 득점을 공통 척도상의 득점으로 표시하여 서로 비교할 수 있도록 했다.

예를 들어 Z씨가 어느 해 7월과 12월에 N2를 수험했을 경우 득점 구분의 '청해' 결과를 표시했다. 이 두 번의 시험은 7월보다 12월이 어려웠다고 하자. Z씨가 두 번의 시험 모두에서 푼 전체 20문제 중 10문제가 정답이었을 경우, 정답 수만을 비교하면 Z씨의 능력에는 변화가 없는 것처럼 보인다. 한편 등화에 따라 얻은 척도 점수는 7월은 30점, 12월은 35점으로 어려웠던 12월 시험의 득점이 높다. 이와 같이 시험 결과를 척도득점으로 표시함으로써 시험 난이도의 영향을 받지 않고 수험자의 능력 향상도를 확인할 수 있다.

예

	7월	12월
'청해' 정답 수	20문제 중 10문	20문제 중 10문제
등화된 '청해' 척도득점	30점	35점

5 문제 구성

각 레벨에서 출제되는 문제의 구성과 문제 수는 아래와 같다.

<table>
<tr><th rowspan="2" colspan="2">시험과목</th><th rowspan="2">문제의 종류</th><th colspan="5">문제 수 ※</th></tr>
<tr><th>N1</th><th>N2</th><th>N3</th><th>N4</th><th>N5</th></tr>
<tr><td rowspan="18">1교시
언어지식
·
독해</td><td rowspan="6">문자 · 어휘</td><td>한자 읽기</td><td>6</td><td>5</td><td>8</td><td>7</td><td>7</td></tr>
<tr><td>한자 표기</td><td>-</td><td>5</td><td>6</td><td>5</td><td>5</td></tr>
<tr><td>단어 형성</td><td>-</td><td>5</td><td>-</td><td>-</td><td>-</td></tr>
<tr><td>문맥 규정</td><td>7</td><td>7</td><td>11</td><td>8</td><td>6</td></tr>
<tr><td>대체 유의어</td><td>6</td><td>5</td><td>5</td><td>4</td><td>3</td></tr>
<tr><td>용법</td><td>6</td><td>5</td><td>5</td><td>4</td><td>-</td></tr>
<tr><td colspan="2">문제 수 합계</td><td>25</td><td>32</td><td>35</td><td>28</td><td>21</td></tr>
<tr><td rowspan="3">문법</td><td>문법 형식의 판단</td><td>10</td><td>12</td><td>13</td><td>13</td><td>9</td></tr>
<tr><td>문장 완성</td><td>5</td><td>5</td><td>5</td><td>4</td><td>4</td></tr>
<tr><td>글의 문법</td><td>5</td><td>5</td><td>5</td><td>4</td><td>4</td></tr>
<tr><td colspan="2">문제 수 합계</td><td>20</td><td>22</td><td>23</td><td>21</td><td>17</td></tr>
<tr><td rowspan="6">독해 ※</td><td>내용 이해 : 단문</td><td>4</td><td>5</td><td>4</td><td>3</td><td>2</td></tr>
<tr><td>내용 이해 : 중문</td><td>9</td><td>9</td><td>6</td><td>3</td><td>2</td></tr>
<tr><td>내용 이해 : 장문</td><td>4</td><td>-</td><td>4</td><td>-</td><td>-</td></tr>
<tr><td>통합 이해</td><td>3</td><td>2</td><td>-</td><td>-</td><td>-</td></tr>
<tr><td>주장 이해 : 장문</td><td>4</td><td>3</td><td>-</td><td>-</td><td>-</td></tr>
<tr><td>정보 검색</td><td>2</td><td>2</td><td>2</td><td>2</td><td>1</td></tr>
<tr><td colspan="2">문제 수 합계</td><td>26</td><td>21</td><td>16</td><td>8</td><td>5</td></tr>
<tr><td rowspan="6" colspan="2">2교시
청해</td><td>과제 이해</td><td>6</td><td>5</td><td>6</td><td>8</td><td>7</td></tr>
<tr><td>포인트 이해</td><td>7</td><td>6</td><td>6</td><td>7</td><td>6</td></tr>
<tr><td>개요 이해</td><td>6</td><td>5</td><td>3</td><td>-</td><td>-</td></tr>
<tr><td>발화 이해</td><td>-</td><td>-</td><td>4</td><td>5</td><td>5</td></tr>
<tr><td>즉시 응답</td><td>14</td><td>12</td><td>9</td><td>8</td><td>6</td></tr>
<tr><td>통합 이해</td><td>4</td><td>4</td><td>-</td><td>-</td><td>-</td></tr>
<tr><td colspan="3">문제 수 합계</td><td>37</td><td>32</td><td>28</td><td>28</td><td>24</td></tr>
</table>

※ '문제 수'는 매회 시험에서 출제되는 기준으로, 실제 출제 수는 다소 다를 수 있음.

※ '독해'에서는 하나의 본문에 대해 복수의 문제가 있는 경우도 있음.

활용법 및 필승 합격 전략

» 합격 가이드라인

클래스카드 단어암기 앱 이용

'클래스카드' 앱은 무료로 다운로드 가능합니다. 앱에서 교재명 〈파고다 JLPT N3 개정판〉을 검색하여 등록된 어휘 리스트를 확인할 수 있습니다. 암기 학습, 간단한 퀴즈 기능을 통해 JLPT 합격의 핵심인 어휘력을 탄탄하게 쌓아보세요.

단어시험지 자동생성기 무한 생성

파고다북스 사이트 www.pagodabook.com에서 언제든지 횟수 제한 없이 무료로 이용 가능합니다. 테스트하고자 하는 범위를 마음대로 선택할 수 있습니다. 단어시험을 통해 열심히 암기한 어휘를 점검해 보세요.

다양한 버전의 음원으로 귀 뚫기

기본 음원 외에도 1.2배속 음원, 고사장 음원까지 다양한 버전의 음원을 제공합니다. 학습 진도에 따라 다양한 음원을 적용해 보며 시험 전까지 귀가 뚫리는 경험을 해보세요.

청해 받아쓰기 연습

청해 받아쓰기 연습장과 함께 제공되는 MP3를 들으며, 빈칸을 채워 넣어보세요. 핵심 어휘와 표현을 한 번 더 체크하고, 청해 파트의 대화 흐름을 파악하면서 듣기 실력을 한 단계 더 올려보세요.

실전 문제 최다 수록! 유형별 실전 시험 146회 + 모의고사 4회

문자 · 어휘 90회, 문법 25회, 독해 17회, 청해 14회, 총 146회의 실전 시험 문제를 수록하여 실제 시험에 철저히 대비할 수 있습니다. 모든 내용을 학습한 후 최종 점검을 위한 모의고사 또한 4회(본서 2회분 + 온라인 다운로드 2회분)를 제공합니다. 모의고사에 대한 해설은 온라인에서 바로 확인해 보세요.
(QR 스캔 또는 파고다북스 사이트 다운로드)

얇고 소중한 시험 직전 체크북

시험 직전에 빠르게 훑어볼 수 있도록 핵심 내용만 엄선하여 소책자로 만들었습니다. 고사장까지 가볍게 들고 가면서 마지막까지 눈에 담아보세요.

» 필승 합격 4-step 전략

STEP 1

1교시 필승 전략

❶ 기반 다지기 학습 ···› 기출 단어는 필수 체크 + 확인 문제로 정리해요~

❷ 앱을 이용해서 암기 및 점검

❸ 무제한 단어시험지 자동생성기로 학습한 어휘 · 표현을 체크 업

★ 많이 풀어볼수록 합격에 가까워진다! 유형 소개를 통해 문제 이해 후 실전 시험 풀어보기

STEP 2

2교시 필승 전략

❶ 기반 다지기를 통해 빈출 표현 · 질문 · 어휘 등 익히기

❷ 다양한 버전의 음원 들으며 앞에서 익힌 표현을 확인하며 귀 트이기

❸ 청해 받아쓰기 연습으로 듣기 실력 늘리기

★ 많이 풀어볼수록 합격에 가까워진다! 유형 소개를 통해 문제 이해 후 실전 시험 풀어보기

STEP 3

시험이 다가온다

모의고사를 통해 최종 학습 점검하기 ···› 4회나 풀어볼 수 있어요!

STEP 4

디데이까지 손가락으로 셀 수 있다

시험 직전 체크북으로 요약 복습 ···› 얇고 소중한 엑기스 체크북은 시험장까지 함께 해요~

다양한 부가 학습자료 선물 세트

단어학습 앱 I 단어시험지 생성기 I MP3 I 받아쓰기(+MP3) I 문제 풀기 I 모의고사 I 해설서 I 체크북 별책

부가 학습자료 다운로드 및 MP3 스트리밍 재생

파고다북스 홈페이지 www.pagodabook.com

학습 플랜/My 플랜

4주 완성

	1일	2일	3일	4일	5일	6일	7일
1주	□ p.6~23	□ p.24~45	□ p.46~67	□ p.68~87	□ p.88~107	□ p.108~128	□ p.129~155
My plan	□	□	□	□	□	□	□
2주	□ p.156~175	□ p.176~200	□ p.202~226	□ p.230~249	□ p.250~271	□ p.272~292	□ p.293~313
My plan	□	□	□	□	□	□	□
3주	□ p.314~335	□ p.336~347	□ p.348~361	□ p.364~379	□ p.380~395	□ p.396~411	□ p.412~427
My plan	□	□	□	□	□	□	□
4주	□ p.430~453	□ p.454~477	□ 모의고사 1회	□ 모의고사 2회	□ 모의고사 3회	□ 모의고사 4회	□ 마무리 체크북
My plan	□	□	□	□	□	□	□

* 〈My Plan〉에는 직접 자신이 세운 학습 플랜을 기입하여 활용하세요.
* 8주 학습 완성을 원할 경우 '4주 완성' 플랜의 하루 분량을 이틀에 걸쳐서 학습하세요.

12주 완성

	1일	2일	3일	4일	5일	6일	7일
1주	□ p.6~11	□ p.12~17	□ p.18~23	□ p.24~28	□ p.29~34	□ p.36~41	□ p.42~48
My plan	□	□	□	□	□	□	□
2주	□ p.49~55	□ p.56~61	□ p.62~67	□ p.68~72	□ p.73~77	□ p.78~83	□ p.84~90
My plan	□	□	□	□	□	□	□
3주	□ p.91~97	□ p.98~103	□ p.104~107	□ p.108~112	□ p.113~117	□ p.118~124	□ p.125~128
My plan	□	□	□	□	□	□	□
4주	□ p.129~134	□ p.136~145	□ p.146~155	□ p.156~165	□ p.166~175	□ p.176~184	□ p.186~192
My plan	□	□	□	□	□	□	□

12주 완성

	1일	2일	3일	4일	5일	6일	7일
5주	☐ p.193~200	☐ p.202~210	☐ p.212~216	☐ p.217~221	☐ p.222~226	☐ p.230~235	☐ p.236~241
My plan	☐	☐	☐	☐	☐	☐	☐
6주	☐ p.242~246	☐ p.247~252	☐ p.253~256	☐ p.257~261	☐ p.262~266	☐ p.267~271	☐ p.272~276
My plan	☐	☐	☐	☐	☐	☐	☐
7주	☐ p.277~282	☐ p.283~287	☐ p.288~292	☐ p.293~298	☐ p.299~304	☐ p.305~308	☐ p.309~313
My plan	☐	☐	☐	☐	☐	☐	☐
8주	p.314~325	☐ p.326~335	☐ p.336~342	☐ p.343~347	☐ p.348~355	☐ p.356~361	☐ p.364~373
My plan	☐	☐	☐	☐	☐	☐	☐

12주 완성

	1일	2일	3일	4일	5일	6일	7일
9주	☐ p.374~385	☐ p.386~395	☐ p.396~405	☐ p.406~411	☐ p.412~421	☐ p.422~427	☐ p.430~443
My plan	☐	☐	☐	☐	☐	☐	☐
10주	☐ p.444~453	☐ p.454~460	☐ p.462~471	☐ p.472~477	☐ 모의고사 1회	☐ 모의고사 1회 해설	☐ 모의고사 2회
My plan	☐	☐	☐	☐	☐	☐	☐
11주	☐ 모의고사 2회 해설	☐ 모의고사 3회	☐ 모의고사 3회 해설	☐ 모의고사 4회	☐ 모의고사 4회 해설	☐ 청해 받아쓰기 연습	☐ 문자 · 어휘 복습
My plan	☐	☐	☐	☐	☐	☐	☐
12주	☐ 문자 · 어휘 복습	☐ 문자 · 어휘 복습	☐ 문법 복습	☐ 문법 복습	☐ 독해 복습	☐ 청해 복습	☐ 마무리 체크북
My plan	☐	☐	☐	☐	☐	☐	☐

N3

실전모의고사(2회분)
&
해설집

차례

해설

실전 시험 146회분

해설

01 문자 · 어휘

문제1 한자 읽기

실전시험 1 | 한자 읽기 [1]

▸본서2 p.36

정답 1 2 2 3 3 1 4 4 5 1 6 3 7 3 8 1

1 2 운동을 해서 땀을 많이 흘렸다.

해설 汗(땀 한)은 훈독인 あせ를 잘 기억해 두자.

어휘 汗(あせ)をかく 땀을 흘리다 | 肌(はだ) 피부 | 血(ち) 피 | 涙(なみだ) 눈물

2 3 선생님의 지시에 따라 주세요.

해설 指(가리킬 지)는 훈독「指(さ)す 가리키다」/ 음독 し이다. 示(보일 시)는 훈독「示(しめ)す 나타내다, 제시하다」/ 음독 じ이며,「提示(ていじ) 제시」도 함께 알아 두자.

어휘 指示(しじ) 지시 | 従(したが)う 따르다

3 1 어젯밤 이 주변에서 큰 사건이 있었다고 한다.

해설 事(일 사)는 음독이 じ이다. し로 읽지 않도록 주의한다.

어휘 昨夜(さくや) 어젯밤 | 辺(あた)り 주변 | 事件(じけん) 사건 | 事故(じこ) 사고

4 4 책은 기한까지 반납해 주세요.

해설 返(돌이킬 반)은 훈독「返(か)えす 돌려주다, 반납하다」/ 음독 へん이며,「返事(へんじ) 대답, 답장」「返信(へんしん) 회답, 답장」「返品(へんぴん) 반품」도 함께 알아 두자.

어휘 期限(きげん) 기한 | 返(かえ)す 돌려주다 | 残(のこ)す 남기다 | 過(す)ごす 지내다 | 戻(もど)す 되돌리다

5 1 달 표면을 관찰했다.

해설 表(겉 표)는 훈독「表(あらわ)れる 나타나다, 드러나다」「表(あらわ)す 나타내다, 표현하다」/ 음독 ひょう이며「表現(ひょうげん) 표현」「表示(ひょうじ) 표시」「発表(はっぴょう) 발표」도 함께 알아 두자.

어휘 表面(ひょうめん) 표면 | 観察(かんさつ) 관찰 | 正面(しょうめん) 정면

6 3 그는 축구를 잘한다.

해설 得(얻을 득)은 훈독「得(え)る 얻다」/ 음독 とく이다. 意(뜻 의)는 음독 い이며,「意味(いみ) 의미」「意見(いけん) 의견」도 함께 알아 두자.

어휘 サッカー 축구 | 得意(とくい)だ (자신 있게) 잘하다

7 3 회사와 반대 방향의 전철을 타 버렸다.

해설 方(모 방)은 훈독「方(かた) 방법, 분」/ 음독 ほう이며,「方面(ほうめん) 방면」「片方(かたほう) 한쪽」도 함께 알아 두자. 向(향할 향)은 훈독「向(む)かう 향하다」와「向(む)こう 맞은편」을 알아 두고, 음독은 こう이다.

어휘 反対(はんたい) 반대 | 方向(ほうこう) 방향 | 電車(でんしゃ) 전철 | 乗(の)る 타다

8 1 나뭇가지를 꺾어서는 안 됩니다.

해설 折(꺾을 절)은 훈독「折(お)れる 꺾이다, 부러지다, 접히다」「折(お)る 꺾다, 부러뜨리다, 접다」/ 음독은 せつ이며,「骨折(こっせつ) 골절」「右折(うせつ) 우회전」「左折(させつ) 좌회전」도 함께 알아 두자.

어휘 木(き)の枝(えだ) 나뭇가지 | 折(お)る 꺾다, 접다

실전시험 2 | 한자 읽기 [2]

▸본서2 p.37

정답 1 3 2 4 3 1 4 1 5 4 6 4 7 3 8 1

1 3 서류 내용을 검토해 주실 수 없을까요?

해설 内(안 내)는 훈독「内(うち) 안쪽, 내부」/ 음독 ない이며,「内緒(ないしょ) 비밀」「内面(ないめん) 내면」「案内(あんない) 안내」도 함께 알아 두자. 容(내용 용)은 음독 よう이며,「容器(ようき) 용기」를 잘 알아 두자.

어휘 書類(しょるい) 서류 | 内容(ないよう) 내용 | 検討(けんとう) 검토

2 4 아침 식사(조식)는 간단히 끝냈다.

해설 済(끝낼 제)는 훈독「済(す)む 끝나다, 마치다」「済(す)ませる 끝내다」/ 음독은「さい·ざい」가 있으며, 탁음으로 읽히는「経済(けいざい) 경제」를 잘 알아 두자.

어휘 朝食(ちょうしょく) 조식, 아침 식사 | 簡単(かんたん)だ 간단하다 | 済(す)ませる 끝내다, 해결하다

3 1 예쁘게 포장해 주세요.

해설 包(쌀 포)는 훈독「包(つつ)む 싸다, 포장하다」/ 음독 ほう이며,「包装(ほうそう) 포장」을 기억하자.

어휘 包(つつ)む 싸다, 포장하다 | 並(なら)ぶ 줄 서다, 늘어서다 | 飛(と)ぶ 날다 | 進(すす)む 나아가다

4 1 어깨를 다쳐서 병원에 다니고 있습니다.

해설 肩(어깨 견)은 훈독「肩(かた) 어깨」만 잘 알아 두자.

어휘 肩(かた) 어깨 | 痛(いた)める 다치다 | 病院(びょういん) 병원 | 通(かよ)う 다니다 | 首(くび) 목 | 腰(こし) 허리 | 指(ゆび) 손가락

5 4 배운 단어를 바로 회화에서 사용해 봤다.

해설 単(홑 단)은 음독이 たん이다. だん으로 읽지 않게 주의하며,「単純(たんじゅん) 단순함」「簡単(かんたん) 간단함」을 기억해 두자.

어휘 単語(たんご) 단어 | すぐに 바로 | 会話(かいわ) 회화

6 4 매운 것을 많이 먹어서 배가 아픕니다.

해설 辛(매울 신)은 훈독이「辛(から)い 맵다」와「辛(つら)い 괴롭다」 두 개이다. 독해나 청해에 나오면 앞뒤 문맥을 통해 의미를 구별하도록 한다.

어휘 辛(から)い 맵다 | 苦(にが)い (맛이) 쓰다 | 遅(おそ)い 늦다, 느리다 | 甘(あま)い 달다

7 3 야마다 씨는 우리 집 근처에 살고 있습니다.

해설 近(가까울 근)은 훈독 「近(ちか)い 가깝다」「近(ちか)く 근처」를 알아 두고, 음독은 きん이다. 所(바 소)는 훈독 「所(ところ) 곳, 장소」와 탁음으로 읽히는 「台所(だいどころ) 부엌」을 잘 구별해 두자. 음독은 「しょ·じょ」이며 청음으로 읽히는 「場所(ばしょ) 장소」와 탁음으로 읽히는 「近所(きんじょ) 근처」를 숙지해 두자.

어휘 うち 집, 우리 집 | 近所(きんじょ) 근처 | 住(す)む 살다

8 1 서류를 우송해 주세요.

해설 郵(우편 우)는 음독 ゆう이며, 「郵便(ゆうびん) 우편」도 외워 두자.

어휘 書類(しょるい) 서류 | 郵送(ゆうそう) 우송

실전시험 3 | 한자 읽기 [3]

▸본서2 p.38

정답 1 1 2 2 3 1 4 3 5 1 6 3 7 3 8 3

1 1 동네 중학교를 방문하는 이벤트가 있습니다.

해설 訪(찾을 방)은 훈독 「訪(たず)ねる 방문하다」「訪(おとず)れる 방문하다, 시기·계절이 찾아오다」 / 음독 ほう이다. ぼう라고 읽지 않도록 주의한다. 問(물을 문)은 훈독 「問(と)う 묻다」「問(と)い合(あ)わせる 문의하다」 / 음독은 もん이다. 비슷한 한자인 聞(들을 문)은 음독이 ぶん이므로 헷갈리면 안 된다.

어휘 町(まち) 마을, 동네 | 中学校(ちゅうがっこう) 중학교 | 訪問(ほうもん) 방문 | イベント 이벤트

2 2 남 앞에서 발표할 때는 항상 긴장합니다.

해설 発(필 발)은 음독이 はつ이다. 그러나 発 뒤에 「か·さ·た·は행」이 오면 はっ으로 바뀌므로 주의해서 외워 두자. 「発売(はつばい) 발매, 発音(はつおん) 발음」「発刊(はっかん) 발간, 発行(はっこう) 발행, 発想(はっそう) 발상, 発展(はってん) 발전, 発車(はっしゃ) 발차, 発表(はっぴょう) 발표」「出発(しゅっぱつ) 출발」을 외워 두자.

어휘 人前(ひとまえ) 남의 앞 | 緊張(きんちょう) 긴장

3 1 허리를 굽히고 자세를 낮게 해 주세요.

해설 曲(굽을 곡)은 훈독 「曲(ま)がる 구부러지다, 굽다」「曲(ま)げる 구부리다, 굽히다」 / 음독 きょく이며, 「曲(きょく) 곡」「曲線(きょくせん) 곡선」을 알아 두자.

어휘 腰(こし) 허리 | 曲(ま)げる 굽히다, 구부리다 | 姿勢(しせい) 자세 | 低(ひく)い 낮다 | 下(さ)げる 내리다, 낮추다 | 上(あ)げる 올리다 | 投(な)げる 던지다

4 3 기름기가 많은 식사를 줄이면 건강에 좋습니다.

해설 油(기름 유)는 훈독 「油(あぶら) 기름」 / 음독 ゆ이며, 「油断(ゆだん) 방심」을 알아두면 N2 시험에도 도움이 된다.

어휘 油(あぶら) 기름 | 食事(しょくじ) 식사 | 減(へ)らす 줄이다 | 健康(けんこう) 건강

5 1 시골에 집을 짓고 싶습니다.

해설 建(세울 건)은 훈독 「建(た)つ (건물이) 세워지다」「建(た)てる (건물을) 짓다」「建物(たてもの) 건물」 / 음독 けん이며, 「建設(けんせつ) 건설」을 알아 두자.

어휘 田舎(いなか) 시골 | 建(た)てる (건물을) 짓다 | 育(そだ)てる (아이·식물을) 키우다 | 慌(あわ)てる 당황하다, 허둥대다 | 捨(す)てる 버리다

6 3 혼다 씨는 몸이 약해서 자주 아픕니다.

해설 弱(약할 약)은 훈독 「弱(よわ)い 약하다」 / 음독 じゃく이다.

어휘 体(からだ) 몸 | 弱(よわ)い 약하다 | 病気(びょうき) 병 | 強(つよ)い 세다, 강하다 | 軽(かる)い 가볍다 | 重(おも)い 무겁다

7 3 짐이 너무 무거워서 혼자서 들 수 없습니다.

해설 荷(멜 하)는 훈독이 に이며, 「荷物(にもつ) 짐」은 「훈독(荷: に) + 음독(物: もつ)」으로 읽히는 한자이다.

어휘 荷物(にもつ) 짐 | 重(おも)い 무겁다 | 持(も)つ 들다, 가지다 | 品物(しなもの) 상품, 물건

8 3 역 앞에서 도로 공사가 행해지고 있다.

해설 道(길 도)는 훈독 「道(みち) 길」 / 음독 どう이다. 路(길 로)는 음독이 ろ이다. 두 한자 모두 장음, 단음에 주의하자.

어휘 道路(どうろ) 도로 | 工事(こうじ) 공사 | 行(おこな)う 행하다

실전시험 4 | 한자 읽기 [4]

▸본서2 p.39

정답 1 1 2 3 3 1 4 3 5 2 6 3 7 3 8 1

1 1 이마이 씨는 어디 출신입니까?

해설 出(날 출)은 음독 しゅつ이며, 뒤에 오는 음에 따라서 しゅっ으로 발음되는 경우가 있으므로 주의 깊게 봐 두자. 「輸出(ゆしゅつ) 수출」「出国(しゅっこく) 출국, 出身(しゅっしん) 출신, 出席(しゅっせき) 출석, 出発(しゅっぱつ) 출발」이 대표적이다. 身(몸 신)은 훈독 「中身(なかみ) 속, 내용물」을 알아 두고, 음독은 しん이며, 「身長(しんちょう) 신장, 키」를 꼭 알아 두자.

어휘 出身(しゅっしん) 출신

2 3 감동해서 눈물이 났다.

해설 涙(눈물 루)는 훈독의 なみだ를 잘 기억하고, 선택지에 있는 나머지 한 글자 훈독 명사들도 숙지해 두자.

어휘 感動(かんどう) 감동 | 涙(なみだ) 눈물 | 出(で)る 나

오다 | 汗(あせ) 땀 | 波(なみ) 파도 | 息(いき) 숨

3 1 이 접시는 가볍지만, 깨지기 쉽습니다.

해설 割(벨 할)은 훈독 「割(わ)れる 깨지다」 「割(わ)る 깨다, 나누다」 「割合(わりあい) 비율, 割引(わりびき) 할인」을 알아 두자.

어휘 皿(さら) 접시 | 軽(かる)い 가볍다 | 割(わ)れる 깨지다 | 汚(よご)れる 더러워지다 | 倒(たお)れる 쓰러지다 | 壊(こわ)れる 고장 나다

4 3 이 마을은 예로부터 상업 도시로서 알려져 있다.

해설 商(장사 상)은 음독 しょう이며, 「商業(しょうぎょう) 상업, 商品(しょうひん) 상품, 商売(しょうばい) 장사」도 함께 알아 두자.

어휘 町(まち) 마을 | 昔(むかし) 옛날 | 商業(しょうぎょう) 상업 | 都市(とし) 도시 | 知(し)られる 알려지다 | 工業(こうぎょう) 공업 | 残業(ざんぎょう) 잔업 | 事業(じぎょう) 사업

5 2 스페인의 수도는 어디입니까?

해설 首(머리 수)는 훈독 「首(くび) 목」 / 음독 しゅ이며, 「首都(しゅと) 수도, 首相(しゅしょう) 수상」이 있다. 장음으로 읽지 않도록 주의한다. 都(도읍 도)는 음독 と이며, 대표적으로 「都市(とし) 도시」를 알아 두자. 장음, 탁음으로 읽지 않도록 주의한다.

어휘 スペイン 스페인 | 首都(しゅと) 수도

6 3 화장실은 정면 입구에 있습니다.

해설 正(바를 정)은 훈독 「正(ただ)しい 바르다」를 알아 두자. 음독은 しょう와 せい이며, しょう는 「正面(しょうめん) 정면, 正月(しょうがつ) 정월, 正直(しょうじき) 정직함」, せい는 「正門(せいもん) 정문, 正常(せいじょう) 정상, 正確(せいかく) 정확함」을 알아 두자.

어휘 トイレ 화장실 | 正面(しょうめん) 정면 | 入(い)り口(ぐち) 입구

7 3 사토 씨에게 3시까지 오도록 전해 주세요.

해설 伝(전할 전)은 훈독 「伝(つた)わる 전해지다」 「伝(つた)える 전하다」 「手伝(てつだ)う 돕다」 / 음독은 でん이며, 「伝言(でんごん) 전언」도 함께 알아 두자.

어휘 伝(つた)える 전하다 | 答(こた)える 대답하다 | 数(かぞ)える (숫자를) 세다 | 教(おし)える 가르치다

8 1 추울 것 같으니까 두꺼운 코트를 입고 외출하자.

해설 厚(두터울 후)는 훈독 「厚(あつ)い 두껍다」이다. あつい의 동음이의어인 「暑(あつ)い 덥다」와 「熱(あつ)い 뜨겁다」도 알아 두자.

어휘 厚(あつ)い 두껍다 | 細(ほそ)い 가늘다 | 固(かた)い 딱딱하다 | 太(ふと)い 두껍다

실전시험 5 | 한자 읽기 [5]

▶본서2 p.40

정답 **1** 4 **2** 2 **3** 3 **4** 1 **5** 2 **6** 1 **7** 3 **8** 4

1 4 호텔 사람이 동네 지도를 그려주었다.

해설 地(땅 지)는 음독이 ち와 じ이다. ち는 「地域(ちいき) 지역, 地下(ちか) 지하, 各地(かくち) 각지, 土地(とち) 토지」, じ는 「地震(じしん) 지진, 地面(じめん) 지면, 地元(じもと) 고장, 지역」을 기억해 두자. 図(그릴 도)도 음독이 ず와 と이며 ず는 「地図(ちず) 지도」, と는 「図書館(としょかん) 도서관」을 알아 두자.

어휘 町(まち) 마을 | 地図(ちず) 지도 | 描(か)く 그리다

2 2 신상품은 발매되고 금방 다 팔려 버렸다.

해설 売(팔 매)는 훈독 「売(う)る 팔다」 「売(う)り上(あ)げ 매상, 매출」 / 음독 ばい이며, まい로 읽지 않게 주의하자.

어휘 新商品(しんしょうひん) 신상품 | 発売(はつばい) 발매 | 売(う)り切(き)れる 다 팔리다, 매진되다 | 販売(はんばい) 판매 | 商売(しょうばい) 장사 | 売買(ばいばい) 매매

3 3 대학에서 심리학을 배웠다.

해설 学(배울 학)의 훈독 「学(まな)ぶ 배우다」를 알아 두자.

어휘 心理学(しんりがく) 심리학

4 1 매우 아름다운 경치군요.

해설 美(아름다울 미)는 훈독 「美(うつく)しい 아름답다」 / 음독 び이며 み로 읽지 않도록 주의하자.

어휘 景色(けしき) 경치

5 2 이 카페는 평일밖에 영업하지 않습니다.

해설 平(평평할 평)의 음독은 へい와 びょう 두 개이다. へい는 「平均(へいきん) 평균, 平和(へいわ) 평화」, びょう는 「平等(びょうどう) 평등」을 알아 두자. 日(날 일)도 음독이 じつ와 にち 두 개이다. じつ는 「平日(へいじつ) 평일, 休日(きゅうじつ) 휴일」, にち는 「一日(いちにち) 하루, 日常(にちじょう) 일상」 등이 있다.

어휘 カフェ 카페 | 営業(えいぎょう) 영업

6 1 침대 시트를 바꿨다.

해설 替(바꿀 체)는 훈독 「替(か)える(바꾸다)」 / 음독 たい의 「交替(こうたい) 교체」가 있다.

어휘 ベッド 침대 | シーツ 시트 | 加(くわ)える 더하다, 추가하다 | 迎(むか)える 맞이하다 | 生(は)える 나다, 자라다

7 3 이 풀장은 얕아서 어린아이도 들어갈 수 있습니다.

해설 浅(얕을 천)의 훈독은 「浅(あさ)い 얕다」이다. 「経験(けいけん)が浅(あさ)い 경험이 부족하다」 「知識(ちしき)が浅(あさ)い 지식이 부족하다」의 용법도 있다.

어휘 浅(あさ)い 얕다 | 入(はい)る 들어가다 | 深(ふか)い 깊다 | 厚(あつ)い 두껍다 | 暑(あつ)い 덥다 | 薄(うす)い 얇다, 옅다

8 4 주말은 자주 등산하러 갑니다.

해설 登(오를 등)은 훈독 「登(のぼ)る 오르다」를 알아 두자. 음독은 とう의 「登録(とうろく) 등록」, と의 「登山(とざん) 등산」을 구별해 두자. 山(뫼 산)의 음독도 さん과 ざん이 있는데 「登山(とざん) 등산, 火山(かざん) 화산」을 잘 기억해 두자.

어휘 週末(しゅうまつ) 주말

실전시험 6 | 한자 읽기 [6]

➤본서2 p.41

정답 1 2 2 2 3 1 4 4 5 1 6 2 7 4 8 1

1 2 이 그래프는 성별의 비율을 나타내고 있습니다.

해설 表(겉 표)는 훈독 「表(あらわ)れる 나타나다, 드러나다」 「表(あらわ)す 나타내다, 표현하다」 / 음독 ひょう이다.

어휘 性別(せいべつ) 성별 | 割合(わりあい) 비율

2 2 최근 일본 젊은이의 유행에 대해서 물어 봤다.

해설 읽는 방법 「流行(はや)る 유행하다」도 알아 두자. 流(흐를 류)는 훈독 「流(なが)れる 흐르다」 「流(なが)す 흘리다, 흐르게 하다」이다. 行(갈 행)은 「行(おこな)う 행하다, 실시하다」의 훈독을 알아 두자. 음독은 こう와 ぎょう가 있으며 「行事(ぎょうじ) 행사, 行列(ぎょうれつ) 행렬, 줄」은 반드시 외워 두자.

어휘 若者(わかもの) 젊은이 | 流行(りゅうこう) 유행

3 1 국민의 70%가 현재의 생활에 만족하고 있다고 대답했다.

해설 足(발 족)은 훈독 「足(た)りる 충분하다」 「足(た)りない 부족하다」 「足(た)す 더하다」가 있고, 음독은 そく인데 앞에 오는 음에 따라 탁음인 ぞく로 읽히는 경우도 있다. 문제의 満足(まんぞく)가 탁음으로 읽힌 한자어이다.

어휘 国民(こくみん) 국민 | 現在(げんざい) 현재 | 満足(まんぞく) 만족

4 4 여러 가지 경험으로부터 새로운 발상이 생겨난다.

해설 想(생각할 상)의 음독은 そう이며 「想像(そうぞう) 상상」도 잘 알아 두자.

어휘 経験(けいけん) 경험 | 発想(はっそう) 발상 | 生(う)まれる 태어나다 | 発表(はっぴょう) 발표 | 発見(はっけん) 발견 | 発達(はったつ) 발달

5 1 모르는 단어는 스스로 찾아봅시다.

해설 調(고를 조)는 훈독 「調(しら)べる 조사하다」 / 음독 ちょう의 「調査(ちょうさ) 조사」를 알아 두자.

어휘 調(しら)べる 조사하다 | 比(くら)べる 비교하다 | 述(の)べる 말하다, 서술하다 | 並(なら)べる 늘어놓다, 줄지어 세우다

6 2 버스가 급정지하는 경우도 있으므로 주의해 주십시오.

해설 停(머무를 정)의 음독은 てい이며, 「停車(ていしゃ) 정차」도 함께 알아 두자. 止(그칠 지)의 음독은 し이며, じ로 읽지 않도록 주의하자.

어휘 急停止(きゅうていし) 급정지 | 場合(ばあい) 경우 | ございます 있습니다(あります의 정중어) | 注意(ちゅうい) 주의 | 停電(ていでん) 정전 | 停車(ていしゃ) 정차

7 4 신발 끈을 단단히 묶었다.

해설 固(굳을 고)는 훈독 「固(かた)い 딱딱하다, 단단하다」 / 음독 こ이며, 「固定(こてい) 고정」을 알아 두자. 장음으로 읽지 않도록 주의한다.

어휘 くつひも 신발 끈 | 固(かた)い 단단하다, 딱딱하다 | 結(むす)ぶ 매다, 묶다 | 緩(ゆる)い 느슨하다, 헐겁다 | 青(あお)い 파랗다 | 軽(かる)い 가볍다

8 1 입으로만 말고 태도로 보여 주세요.

해설 示(보일 시)는 훈독 「示(しめ)す 보이다, 나타내다」 / 음독 じ이며, 「提示(ていじ) 제시」도 함께 알아 두자.

어휘 口(くち) 입 | ～だけ ~만, ~뿐 | 態度(たいど) 태도 | 示(しめ)す 나타내다 | 起(お)こす 일으키다 | 表(あらわ)す 표현하다 | 指(さ)す 가리키다

실전시험 7 | 한자 읽기 [7]

➤본서2 p.42

정답 1 2 2 1 3 2 4 4 5 4 6 3 7 2 8 3

1 2 일본 각지의 온천에 가 보고 싶다.

해설 各(각각 각)의 음독은 かく이다. 客(손님 객)의 음독 きゃく와 헷갈리지 말자.

어휘 各地(かくち) 각지 | 温泉(おんせん) 온천

2 1 숲속에 연못이 있습니다.

해설 森(수풀 삼)의 훈독은 「森(もり) 수풀, 삼림」이다. 선택지에 있는 훈독 명사도 꼭 외워 두자.

어휘 森(もり) 수풀, 삼림 | 池(いけ) 연못 | 林(はやし) 숲 | 緑(みどり) 녹색, 녹음 | 庭(にわ) 정원

3 2 갑자기 호흡이 힘들어졌다.

해설 呼(부를 호)는 훈독 「呼(よ)ぶ 부르다」 「呼(よ)びかける 호소하다, 당부하다」 / 음독은 こ이다. 号(번호 호)의 음독 ごう와 헷갈리면 안 된다.

어휘 急(きゅう)に 갑자기 | 呼吸(こきゅう) 호흡 | 苦(くる)しい 힘들다, 괴롭다

4 4 빨래를 베란다에 널어 주세요.

해설 干(방패 간, 마를 건)은 훈독의「干(ほ)す 말리다」만 기억해 두면 된다.

어휘 洗濯物(せんたくもの) 빨래 | ベランダ 베란다 | 干(ほ)す 말리다, 널다 | 渡(わた)す 건네다 | 戻(もど)す 되돌리다 | 回(まわ)す 돌리다

5 4 시합에 져서 분하다.

해설 負(질 부)는 훈독「負(ま)ける 지다」/ 음독 ふ이며,「負担(ふたん) 부담」을 참고로 봐 두자.

어휘 試合(しあい) 시합 | 負(ま)ける 지다 | 受(う)ける 받다 | 助(たす)ける 돕다, 구하다 | 預(あず)ける 맡기다

6 3 역 개찰구에서 만나기로 되었다.

해설 改(고칠 개)는 음독이 かい이고, 札(뽑을 찰)은 음독이 さつ이다. 주의해야 할 것은 改札은 음독으로 읽고, 口는 훈독으로 읽는데 くち가 아닌 ぐち로 읽는다는 것이다.

어휘 改札口(かいさつぐち) 개찰구 | 待(ま)ち合(あ)わせる (정한 시간·장소에서) 만나기로 하다

7 2 부모님에게 '주위 사람에게 폐를 끼치지 않도록'이라고 자주 들었다.

해설 周(두루 주)는 훈독「周(まわ)り 주변, 주위, 둘레」/ 음독 しゅう이며,「周囲(しゅうい) 주위」를 알아 두자.

어휘 親(おや) 부모 | 周(まわ)り 주위 | 迷惑(めいわく)をかける 폐를 끼치다 | 隣(となり) 옆, 이웃 | 左(ひだり) 왼쪽 | 辺(あた)り 주변

8 3 200명의 주부에게 앙케트를 했습니다.

해설 主(주인 주)는 훈독「主(おも)だ 주되다」/ 음독 しゅ이다. 婦(며느리 부)는 음독이 ふ이다. 主婦에 장음과 탁음이 없다는 것을 체크하자.

어휘 アンケート 앙케트

실전시험 8 | 한자 읽기 [8]

▶본서2 p.43

정답 1 1 2 4 3 4 4 3 5 1 6 3 7 2 8 4

1 1 집중해서 일을 한다.

해설 集(모을 집)은 음독이 しゅう이며,「集合(しゅうごう) 집합, 収集(しゅうしゅう) 수집」을 알아 두자. 中(가운데 중)은 음독이 두 개인데 ちゅう로 읽히는「仕事中(しごとちゅう) 일하는 중, 利用中(りようちゅう) 이용 중, 午前中(ごぜんちゅう) 오전 중」, じゅう로 읽히는「一日中(いちにちじゅう) 하루 종일, 世界中(せかいじゅう) 전 세계」를 알아 두자.

어휘 集中(しゅうちゅう) 집중

2 4 타인의 험담을 해서는 안 됩니다.

해설 他(다를 타)는 훈독「他(ほか) 그 밖」/ 음독 た이다. 人(사람 인)은 음독이 にん과 じん이 있는데 '~를 하는 사람'을 나타낼 때는 にん, '소속(국적·직업·인종), 속성'을 나타낼 때는 じん이라고 읽는 경향이 있다.

어휘 他人(たにん) 타인 | 悪口(わるぐち) 험담 | 知人(ちじん) 지인

3 4 이 공원을 지나서 통근합니다.

해설 通(통할 통)은 훈독「通(とお)る 통하다」「通(とお)す 통과시키다」「通(かよ)う 다니다」/ 음독 つう이다.

어휘 通(とお)る 지나가다, 통과하다 | 通勤(つうきん) 통근 | 移(うつ)る 옮다, 이동하다 | 登(のぼ)る 오르다 | 治(なお)る 낫다

4 3 아빠는 외과에서 수술을 받았습니다.

해설 外(바깥 외)의 음독은 がい가 일반적이나, 예외음으로「外科(げか) 외과」를 꼭 알아 두자.

어휘 外科(げか) 외과 | 手術(しゅじゅつ)を受(う)ける 수술을 받다

5 1 겨울이 되면 이 호수는 업니다.

해설 湖(호수 호)는 훈독의 みずうみ만 알아 두면 된다. 선택지의 훈독 한자들도 꼭 외워 두어야 한다.

어휘 湖(みずうみ) 호수 | 凍(こお)る 얼다 | 港(みなと) 항구 | 池(いけ) 연못 | 泉(いずみ) 샘, 샘물

6 3 비 탓인지, 회장의 공석이 눈에 띈다.

해설 空(빌 공)은 훈독「空(そら) 하늘」「空(あ)き 비어 있음」/ 음독 くう이다. 음독을 きょう나 こう로 읽지 않도록 주의해야 한다.「空気(くうき) 공기, 空港(くうこう) 공항」도 함께 알아 두자.

어휘 ～せいか ~탓인지 | 空席(くうせき) 공석 | 目立(めだ)つ 눈에 띄다

7 2 실업자가 증가하고 있다.

해설 増(더할 증)은 훈독「増(ふ)える 늘어나다, 증가하다」「増(ふ)やす 늘리다, 증가시키다」/ 음독 ぞう이다. じょう라고 발음하지 않게 주의하자.

어휘 失業者(しつぎょうしゃ) 실업자 | 増加(ぞうか) 증가

8 4 그녀는 식기를 모으는 것이 취미입니다.

해설 食(먹을 식)의 음독은 しょく이다.「食品(しょくひん) 식품, 食欲(しょくよく) 식욕, 朝食(ちょうしょく) 조식, 昼食(ちゅうしょく) 중식, 夕食(ゆうしょく) 석식」등이 있다. 단, 뒤에 か행이 오면 食(しょく)는 しょっ으로 바뀌므로 주의해야 한다.

어휘 食器(しょっき) 식기 | 趣味(しゅみ) 취미

실전시험 9 | 한자 읽기 [9]

▶본서2 p.44

정답 1 3 2 2 3 3 4 1 5 1 6 3 7 3 8 3

1 3 병원에서 혈액검사를 받았다.

해설 血(피 혈)은 훈독「血(ち) 피」/ 음독 けつ이며,「血液型

(けつえきがた) 혈액형, 血圧(けつあつ) 혈압」도 꼭 알아 두자.

어휘 血液(けつえき) 혈액 | 検査(けんさ)を受(う)ける 검사를 받다

2 2 눈을 의심하는 듯한 광경이었다.

해설 疑(의심할 의)는 훈독「疑(うたが)う 의심하다」/ 음독 ぎ이며,「疑問(ぎもん) 의문」을 알아 두자.

어휘 疑(うたが)う 의심하다 | 光景(こうけい) 광경 | 追(お)う 쫓다 | 扱(あつか)う 다루다, 취급하다 | 迷(まよ)う 망설이다

3 3 창고에 있는 물건을 사무실로 운반해 줄 수 있나요?

해설 運(옮길 운)의 훈독은「運(はこ)ぶ 운반하다, 나르다」/ 음독은 うん이다.

어휘 倉庫(そうこ) 창고 | 事務室(じむしつ) 사무실 | 運(はこ)ぶ 옮기다 | 呼(よ)ぶ 부르다 | 学(まな)ぶ 배우다 | 選(えら)ぶ 고르다

4 1 일 년 내내 온난한 기후입니다.

해설 温(따뜻할 온)은 훈독「温(あたた)かい (커피·요리·목욕물 등이) 따뜻하다」/ 음독 おん이다. 暖(따뜻한 난)은 훈독「暖(あたた)かい (방·날씨 등이) 따뜻하다」/ 음독 だん이며, なん으로 읽지 않도록 주의한다.

어휘 一年中(いちねんじゅう) 일 년 내내 | 温暖(おんだん)だ 온난하다 | 気候(きこう) 기후 | 温度(おんど) 온도 | 温泉(おんせん) 온천

5 1 약속을 지키지 않으면 안 됩니다.

해설 守(지킬 수)는 훈독「守(まも)る 지키다」/ 음독 しゅ이다. 그러나「留守(るす) 부재중」은 음독이 す로 읽히는 것을 반드시 알아 두자.

어휘 守(まも)る 지키다 | 破(やぶ)る 어기다, 깨다, 찢다 | 登(のぼ)る 오르다 | 戻(もど)る 되돌아가다, 되돌아오다

6 3 온도가 높아지면 색이 변화하는 꽃입니다.

해설 変(변할 변)은 음독이 へん이다. べん이 되지 않도록 주의하자.

어휘 温度(おんど) 온도 | 色(いろ) 색 | 変化(へんか) 변화 | 花(はな) 꽃

7 3 도착하면 연락해 주세요.

해설 到(이를 도)는 음독 とう이다. 到着을 とちゃく로 발음하지 않도록 주의하자.

어휘 到着(とうちゃく) 도착 | 連絡(れんらく) 연락

8 3 배를 타고 있었더니 돌고래가 나타났다.

해설 現(나타날 현)은 훈독「現(あらわ)れる (모습이) 나타나다, 드러나다」「現(あらわ)す (모습을) 나타내다, 드러내다」/ 음독 げん이다.「現金(げんきん) 현금, 現象(げんしょう) 현상, 現在(げんざい) 현재」도 알아 두자.

어휘 船(ふね) 배 | イルカ 돌고래 | 現(あらわ)れる 나타나다, 출현하다 | 訪(おとず)れる 찾아오다 | 売(う)れる 팔리다 | 濡(ぬ)れる 젖다

실전시험 10 | 한자 읽기 [10]

본서2 p.45

정답 1 4 2 3 3 4 4 3 5 4 6 3 7 4 8 2

1 4 인터넷에서 여러 가지 정보를 얻고 있다.

해설 情(뜻 정)의 음독은 じょう이다. せい라고 읽지 않게 주의하자. 報(알릴 보)의 음독은 ほう이다. ほ나 ぼう라고 읽지 않도록 주의하자.

어휘 情報(じょうほう) 정보 | 得(え)る 얻다

2 3 가격을 비교하고 나서 물건을 삽니다.

해설 比(견줄 비)는 훈독「比(くら)べる 비교하다」/ 음독 ひ이며,「比較(ひかく) 비교」를 알아 두자. ひこう라고 읽지 않도록 하자.

어휘 値段(ねだん) 가격 | 比(くら)べる 비교하다 | 選(えら)ぶ 고르다 | 調(しら)べる 조사하다 | 述(の)べる 말하다, 서술하다

3 4 비타민 B의 부족으로 발생하는 병이 있습니까?

해설 不(아니 불)은 음독이 ふ와 ぶ이다. 대개는 ふ라고 읽는데「水不足(みずぶそく) 물 부족」「栄養不足(えいようぶそく) 영양 부족」처럼 복합어로 쓰이면 ぶ라고 읽는다.

어휘 不足(ふそく) 부족 | 起(お)こる 일어나다

4 3 제품을 대량으로 생산하다.

해설 大(큰 대)의 음독은 だい와 たい이다. たい로 읽히는「大会(たいかい) 대회, 大使館(たいしかん) 대사관, 大量(たいりょう) 대량, 大切(たいせつ)だ 소중하다」를 알아 두자.

어휘 製品(せいひん) 제품 | 大量(たいりょう) 대량 | 生産(せいさん) 생산 | 多量(たりょう) 다량

5 4 상대방의 이야기를 제대로 들어 주는 것도 중요합니다.

해설 相(서로 상)의 훈독은 あい / 음독은 そう이다. 단,「首相(しゅしょう) 수상」은 しょう라고 읽는다.

어휘 相手(あいて) 상대 | ちゃんと 제대로 | 大事(だいじ)だ 중요하다

6 3 우체국에 들르고 나서 회사에 갔다.

해설 寄(부칠 기)는 N3에서는 훈독「寄(よ)る 들르다」만 알아 두자.

어휘 郵便局(ゆうびんきょく) 우체국 | 寄(よ)る 들르다 | 貼(は)る 붙이다 | 守(まも)る 지키다 | 頼(たよ)る 의지하다, 기대다

7 4 전철 시간에 못 맞출 것 같아서 서둘러 집을 나섰다.

해설 急(급할 급)은 훈독「急(いそ)ぐ 서두르다」/ 음독 きゅう이며,「急行(きゅうこう) 급행, 急(きゅう)に 갑자기」를 알아 두자.

어휘 間(ま)に合(あ)う 시간에 대다 I 急(いそ)ぐ 서두르다 I 泳(およ)ぐ 헤엄치다 I かぐ (냄새를) 맡다 I 防(ふせ)ぐ 막다, 방지하다

8 2 문명이 발달해 왔다.

해설 発(필 발)은 음독이 はつ이나, 発 뒤에「か·さ·た·は 행」이 오면 はっ으로 바뀐다.「発達(はったつ) 발달, 発見(はっけん) 발견, 発想(はっそう) 발상」 등이 있다.

어휘 文明(ぶんめい) 문명 I 発達(はったつ) 발달

실전시험 11 I 한자 읽기 [11]

본서2 p.46

정답 1 2 2 1 3 4 4 3 5 2 6 3 7 2 8 1

1 2 이 사이트에서는 과거 날씨를 볼 수 있다.

해설 去(갈 거)는 음독이 きょ와 こ가 있는데 こ의「過去(かこ) 과거」는 시험에 자주 출제되므로 반드시 알아 두자.

어휘 サイト 사이트 I 天気(てんき) 날씨 I ～ことができる ~할 수 있다

2 1 초록색 펜으로 써 주세요.

해설 緑(푸를 록)은 훈독「緑(みどり) 초록」/ 음독 りょく이며,「緑茶(りょくちゃ) 녹차」가 있다.

어휘 緑(みどり) 초록 I 青(あお) 파랑 I 黄色(きいろ) 노랑 I 黒(くろ) 검정

3 4 아침부터 두통이 심해서 약을 먹었다.

해설 頭(머리 두)는 훈독「頭(あたま) 머리」/ 음독 ず와 とう가 있다. ず는「頭痛(ずつう) 두통」, とう는「先頭(せんとう) 선두」를 알아 두자.

어휘 頭痛(ずつう) 두통 I ひどい 심하다 I 薬(くすり) 약

4 3 책상 위에 서류를 포개 놓았다.

해설 重(무거울 중)은 훈독「重(おも)い 무겁다」「重(かさ)なる 포개어지다, 겹쳐지다」「重(かさ)ねる 포개다, 겹치다」를 꼭 알아 두자. 음독은 じゅう이며,「重量(じゅうりょう) 중량, 重要(じゅうよう) 중요함」을 알아 두자.

어휘 書類(しょるい) 서류 I 重(かさ)ねる 포개다, 겹치다

5 2 밤중에 몇 번이나 잘못 걸려 온 전화 때문에 잠에서 깼다.

해설 夜(밤 야)는 훈독 よ와 よる이며 夜中을 よるなか로 읽지 않도록 주의하자. 음독은 や이며 대표적으로「深夜(しんや) 심야」를 알아 두자.

어휘 夜中(よなか) 밤중 I 間違(まちが)い電話(でんわ) 잘못 걸려 온 전화 I 起(お)こす 깨우다

6 3 이 작업은 내일까지 하지 않으면 안 된다.

해설 作(만들 작)의 음독은 さく와 さ가 있다. さ로 읽는「作業(さぎょう) 작업, 動作(どうさ) 동작, 操作(そうさ) 조작」을 잘 알아 두자.

어휘 作業(さぎょう) 작업 I ～なければならない ~하지 않으면 안 된다

7 2 비가 내리면 시합은 중지입니다.

해설 中(가운데 중)의 음독은 ちゅう와 じゅう가 있다. ちゅう로 읽는 경우는 '~하는 동안, ~하는 중'의 의미를 나타낼 때이며「運転中(うんてんちゅう) 운전 중, 仕事中(しごとちゅう) 일하는 중, 日中(にっちゅう) 낮 동안」 등이 해당된다. じゅう라고 읽는 경우는 '~내내, 전부'의 의미를 나타낼 때이며「一日中(いちにちじゅう) 하루 종일, 一年中(いちねんじゅう) 일 년 내내, 世界中(せかいじゅう) 전 세계」를 알아 두자.

어휘 試合(しあい) 시합 I 中止(ちゅうし) 중지

8 1 숨을 들이쉬고 나서 천천히 내뱉읍시다.

해설 息(쉴 식)은 훈독「息(いき) 숨, 호흡」/ 음독 そく이며「休息(きゅうそく) 휴식」이 있다.

어휘 息(いき) 숨 I 吸(す)う 들이쉬다, 담배를 피우다 I 吐(は)く 내뱉다, 토하다 I 足(あし) 다리 I 命(いのち) 목숨 I 傷(きず) 상처

실전시험 12 I 한자 읽기 [12]

본서2 p.47

정답 1 3 2 4 3 4 4 1 5 4 6 3 7 2 8 1

1 3 이 마을은 바다도 있고 산도 있고 자연이 많은 곳입니다.

해설 自(스스로 자)는 음독 じ와 し가 있는데 し로 읽는「自然(しぜん) 자연」을 잘 알아 두자. 然(그럴 연)의 음독은 ぜん이며,「全然(ぜんぜん) 전혀」도 있다.

어휘 海(うみ) 바다 I 自然(しぜん) 자연 I 所(ところ) 곳, 장소

2 4 드디어 새 이가 나기 시작했다.

해설 生(날 생)은 훈독이 여러 개이다.「生(なま) 날것」「生(い)きる 살다」「生(い)かす 살리다」「生(は)える 나다, 자라다」「生(は)やす 기르다」이므로 잘 숙지해 두자. 음독도 せい와 しょう가 있는데「一生(いっしょう) 일생, 평생」을 알아 두고 탁음으로 읽히는「誕生(たんじょう) 탄생」도 기억하자. 나머지는 거의 せい로 읽는다고 생각하면 된다.

어휘 やっと 드디어 I 歯(は) 이 I 生(は)える (털, 풀이) 나다, 자라다 I 植(う)える 심다 I 燃(も)える (불에) 타다 I 加(くわ)える 추가하다

3 4 그의 생각은 일반적이지 않다고 생각합니다.

해설 一(한 일)은 음독이 いち이다. 그러나 뒤에「か·さ·た·は행」이 오면 いっ으로 음이 바뀐다.「一個(いっこ) 1

개, 一件(いっけん) 1건, 一級(いっきゅう) 1급, 一般(いっぱん) 일반」이 대표적이다.

어휘 考(かんが)え 생각 | 一般的(いっぱんてき) 일반적

4 1 홍차에 우유를 더해서 마십니다.

해설 加(더할 가)는 훈독 「加(くわ)わる 더해지다」「加(くわ)える 더하다」/ 음독 か이며, 「追加(ついか) 추가」를 알아 두자.

어휘 紅茶(こうちゃ) 홍차 | 加(くわ)える 더하다 | 数(かぞ)える 세다 | 伝(つた)える 전하다

5 4 프린트를 학생에게 배부해 두세요.

해설 配(나눌 배)는 훈독 「配(くば)る 나눠주다, 배부하다」/ 음독 はい이며 「配送(はいそう) 배송, 配達(はいたつ) 배달」 등이 있다. ばい로 읽지 않도록 주의한다.

어휘 プリント 프린트 | 配(くば)る 나눠주다, 배부하다 | 渡(わた)る 건너다 | もらう 받다 | 払(はら)う 지불하다

6 3 두꺼운 펜보다 가는 펜 쪽이 쓰기 불편합니다.

해설 細(가늘 세)는 훈독이 「細(ほそ)い 가늘다」와 「細(こま)かい 자잘하다, 세세하다, 자세하다」 두 개이며, 음독은 さい이다. 대표적으로 「詳細(しょうさい) 상세함」을 알아 두자.

어휘 太(ふと)い 두껍다 | 細(ほそ)い 가늘다 | 緩(ゆる)い 느슨하다, 헐겁다

7 2 신문에 기사를 싣다.

해설 記(기록할 기)는 음독이 き이다. 「記録(きろく) 기록, 日記(にっき) 일기」도 잘 알아 두자.

어휘 記事(きじ) 기사 | 載(の)せる 싣다, 게재하다

8 1 이 식물의 뿌리는 요리 재료로써 사용된다.

해설 根(뿌리 근)은 훈독의 ね를 알아 두자. 보기의 훈독 한자들도 반드시 외워 두자.

어휘 植物(しょくぶつ) 식물 | 根(ね) 뿌리 | 皮(かわ) 가죽, 껍질 | 芽(め) 싹 | 葉(は) 잎

실전시험 13 | 한자 읽기 [13]

▶본서2 p.48

정답 **1** 3 **2** 4 **3** 3 **4** 2 **5** 1 **6** 3 **7** 3 **8** 3

1 3 피아노 개인 레슨을 받고 있다.

해설 個(낱 개)는 음독 こ이며, 「個人(こじん) 개인, 個別(こべつ) 개별, 一個(いっこ) 1개」 등이 대표적이다. こう나 かい로 읽지 않도록 주의하자.

어휘 個人(こじん) 개인 | レッスン 레슨

2 4 강의 생물을 관찰하자.

해설 観(볼 관)의 음독은 かん이며, 「観客(かんきゃく) 관객, 観光(かんこう) 관광, 観察(かんさつ) 관찰」을 꼭 외워 두자.

어휘 川(かわ) 강 | 生物(せいぶつ) 생물 | 観察(かんさつ) 관찰

3 3 매일 점심 메뉴를 정하는 데 망설여 버린다.

해설 迷(미혹할 미)는 훈독 「迷(まよ)う 망설이다, 헤매다」/ 음독 めい의 「迷惑(めいわく) 폐, 성가심」이 있다. 또한 まい로 읽는 「迷子(まいご) 미아」도 숙지해 두자.

어휘 決(き)める 정하다 | 迷(まよ)う 망설이다 | 通(かよ)う 다니다 | 誘(さそ)う 꾀다, 권유하다 | 語(かた)る 이야기하다

4 2 너무 닮아서 구별이 안 된다.

해설 区(구역 구)는 음독 く이며, 「区別(くべつ) 구별, 区分(くぶん) 구분」이 있다.

어휘 あまりにも 너무나도 | 似(に)る 닮다 | 区別(くべつ)がつかない 구별이 안 되다

5 1 새로운 광고가 만들어졌다.

해설 広(넓을 광)의 음독은 こう이며, 告(알릴 고)의 음독은 こく이다. 「報告(ほうこく) 보고」도 함께 알아 두고, こ라고 읽지 않도록 주의하자.

어휘 新(あたら)しい 새롭다 | 広告(こうこく) 광고

6 3 린 씨에게 중국어를 가르쳐 주면 좋겠다고 부탁하기로 했다.

해설 頼(의뢰할 뢰)는 훈독 「頼(たの)む 부탁하다」「頼(たよ)る 기대다, 의지하다」를 꼭 알아 두자. 음독은 らい이며 「信頼(しんらい) 신뢰, 依頼(いらい) 의뢰」가 있다.

어휘 頼(たの)む 부탁하다 | 悩(なや)む 고민하다 | 進(すす)む 나아가다 | 好(この)む 좋아하다, 선호하다

7 3 100년 후의 미래를 상상해 봅시다.

해설 像(모양 상)의 음독은 ぞう이다. 象(코끼리 상)의 しょう와 헷갈리지 말자.

어휘 未来(みらい) 미래 | 想像(そうぞう) 상상

8 3 직접 이야기하기보다 메일을 하는 편이 좋을지도 모르겠다.

해설 直(곧을 직)은 훈독 「直(なお)る 고쳐지다」「直(なお)す 고치다」/ 음독 ちょく이며, 「直後(ちょくご) 직후, 直線(ちょくせん) 직선」도 함께 알아 두자.

어휘 直接(ちょくせつ) 직접

실전시험 14 | 한자 읽기 [14]

▶본서2 p.49

정답 **1** 4 **2** 1 **3** 3 **4** 2 **5** 2 **6** 4 **7** 4 **8** 3

1 4 차를 사기 위해서 저금하고 있다.

해설 貯(쌓을 저)의 음독은 ちょ이다. 장음 ちょう가 되지 않도록 주의하자.

어휘 貯金(ちょきん) 저금 | 現金(げんきん) 현금 | 税金(ぜ

いきん) 세금 | 代金(だいきん) 대금

2 1 부모로부터 독립해서 혼자 살고 있습니다.

해설 独(홀로 독)은 음독 どく이며, 「独身(どくしん) 독신」도 알아 두자.

어휘 親(おや) 부모 | 独立(どくりつ) 독립 | 一人暮(ひとり ぐ)らし 혼자서 삶, 자취 생활 | 独身(どくしん) 독신

3 3 나는 높은 곳을 싫어합니다.

해설 苦手는 훈독으로 읽는 한자어이다. 또한 苦(쓸 고)는 훈독이 「苦(にが)い (맛이) 쓰다」와 「苦(くる)しい 힘들다, 괴롭다」 두 개가 있다.

어휘 苦手(にがて)だ 서툴다, 질색이다, 싫어하다

4 2 연습 문제를 풀어 주세요.

해설 解(풀 해)는 훈독 「解(と)ける 풀리다」 「解(と)く 풀다」 / 음독은 かい이다. 「解決(かいけつ) 해결, 正解(せいかい) 정답」을 알아 두자.

어휘 練習(れんしゅう) 연습 | 問題(もんだい) 문제 | 解(と)く 풀다 | 置(お)く 두다, 놓다 | 浮(う)く 뜨다

5 2 모든 것이 계획대로 잘 되어 가고 있습니다.

해설 画(그을 획/그림 화)의 음독은 '획'으로 읽으면 かく이며 「画(けいかく) 계획」이 있고, '화'로 읽으면 음독은 が이며 「映画(えいが) 영화」가 있다.

어휘 計画(けいかく) 계획 | ～通(どお)り ~대로

6 4 친한 친구와 이야기하는 것은 스트레스 해소도 됩니다.

해설 親(친할 친)은 훈독 「親(おや) 부모」 「親(した)しい 친하다」 / 음독 しん이며 「両親(りょうしん) 양친, 부모님」 「親切(しんせつ)だ 친절하다」가 있다.

어휘 親(した)しい 친하다 | 楽(たの)しい 즐겁다 | 恋(こい)しい 그립다 | 激(はげ)しい 격하다, 격렬하다

7 4 식어도 맛있는 요리입니다.

해설 冷(차가울 랭)은 훈독이 여러 개이다. 「冷(さ)める 식다」 「冷(さ)ます 식히다」 「冷(ひ)える 차가워지다」 「冷(ひ)やす 차게 하다」 「冷(つめ)たい 차갑다」가 있다. 음독은 れい이며 「冷凍(れいとう) 냉동, 冷房(れいぼう) 냉방」이 있다.

어휘 冷(さ)める 식다 | 辞(や)める 그만두다 | 詰(つ)める 채우다, 채워 넣다

8 3 짐을 옆 방으로 옮겼다.

해설 移(옮길 이)는 훈독 「移(うつ)る 옮다」 「移(うつ)す 옮기다」 / 음독 い의 「移動(いどう) 이동」은 자주 출제된다.

어휘 荷物(にもつ) 짐 | 隣(となり) 옆, 이웃 | 移(うつ)す 옮기다 | 貸(か)す 빌려주다 | 押(お)す 누르다 | 渡(わた)す 건네다

실전시험 15 | 한자 읽기 [15]

▶본서2 p.50

정답 **1** 1 **2** 2 **3** 1 **4** 3 **5** 3 **6** 4 **7** 4 **8** 4

1 1 순서대로(차례로) 줄 서 주세요.

해설 順(순할 순)은 음독 じゅん을 알아 두자. しゅん으로 읽지 않도록 주의하자.

어휘 順番(じゅんばん) 순서 | 並(なら)ぶ 한 줄로 서다, 늘어서다

2 2 다음 역에서 하차해서 환승한다.

해설 下(아래 하)는 음독이 か와 げ이다. か는 「下記(かき) 하기, 下降(かこう) 하강」, げ는 「下車(げしゃ) 하차, 下水(げすい) 하수, 下旬(げじゅん) 하순, 上下(じょうげ) 상하」를 알아 두자.

어휘 次(つぎ) 다음 | 下車(げしゃ) 하차 | 乗(の)り換(か)える 환승하다, 갈아타다

3 1 봄은 많은 행사가 있습니다.

해설 行(갈 행)은 훈독 「行(おこな)う 행하다, 실시하다」를 알아 두자. 음독은 こう의 「行動(こうどう) 행동」, ぎょう의 「行事(ぎょうじ) 행사, 行列(ぎょうれつ) 행렬, 줄」을 반드시 외워 두자.

어휘 春(はる) 봄 | 行事(ぎょうじ) 행사

4 3 종이에 적혀 있는 숫자만큼 갖고 오세요.

해설 数(셀 수)는 훈독 「数(かず) 수, 숫자」 「数(かぞ)える 수를 세다」가 있고, 음독은 すう로 「数学(すうがく) 수학, 点数(てんすう) 점수, 複数(ふくすう) 복수」가 있다. 「人数(にんずう) 인원수」는 ずう로 읽는 것에 주의하자.

어휘 紙(かみ) 종이 | 数(かず) 수 | ～だけ 만, 만큼

5 3 실패해도 포기하지 않겠습니다.

해설 失(잃을 실)은 훈독 「失(うしな)う 잃다, 잃어버리다」 / 음독 しつ이며 뒤에 오는 음에 따라서 しっ으로 발음된다. 「失業(しつぎょう) 실업, 失礼(しつれい) 실례」 「失格(しっかく) 실격, 失敗(しっぱい) 실패」를 알아 두자.

어휘 失敗(しっぱい) 실패 | あきらめる 포기하다

6 4 국민으로서 세금을 내는 것은 의무입니다.

해설 税(세금 세)는 음독 ぜい이다. せい로 읽지 않도록 주의한다.

어휘 国民(こくみん) 국민 | 税金(ぜいきん) 세금 | 払(はら)う 지불하다 | 義務(ぎむ) 의무

7 4 출장으로 일주일 정도 부재중이었습니다.

해설 留(머무를 류)의 음독은 りゅう, 守(지킬 수)의 음독은 しゅ이다. 단, 문제의 留守(るす)는 예외로 발음된 경우이며 시험에 자주 출제된다.

어휘 出張(しゅっちょう) 출장 I ～ほど 정도 I 留守(るす) 부재중

8 4 문장을 쓰는 것을 좋아합니다.

해설 文(글월 문)은 음독이 3개이다.「ぶん·もん·も」이며, もん으로 읽히는「注文(ちゅうもん) 주문, 文句(もんく) 불평, 불만」, も로 읽히는「文字(もじ) 문자」를 알아두고 이외의 것들은 대부분 ぶん으로 읽는다고 생각하면 된다.

어휘 文章(ぶんしょう) 문장

실전시험 16 | 한자 읽기 [16]

›본서2 p.51

정답 1 3 2 2 3 1 4 3 5 3 6 3 7 4 8 1

1 3 송별회 일시를 메일로 통지하겠습니다.

해설 通(통할 통)의 음독은 つう이며「通学(つうがく)통학, 通勤(つうきん) 통근, 通路(つうろ) 통로, 通訳(つうやく) 통역」등이 있다. 知(알 지)의 음독은 ち이며「知識(ちしき) 지식」을 알아 두자.

어휘 送別会(そうべつかい) 송별회 I 日時(にちじ) 일시 I 通知(つうち) 통지

2 2 만원 전철을 타는 것이 힘들다.

해설 苦(쓸 고)는 훈독「苦(くる)しい 괴롭다, 힘들다」「苦(にが)い (맛이) 쓰다」가 있고, 음독은 く이며「苦労(くろう) 고생」이 대표적이다.

어휘 満員電話(まんいんでんしゃ) 만원 전철 I 苦(くる)しい 힘들다, 고통스럽다 I 怪(あや)しい 수상하다 I 悔(くや)しい 분하다 I 悲(かな)しい 슬프다

3 1 흰옷은 금방 더러워져 버린다.

해설 汚(더러울 오)의 훈독은「汚(よご)れる 더러워지다」「汚(よご)す 더럽히다」「汚(きたな)い 더럽다」3개이다.

어휘 白(しろ)い 하얗다 I 服(ふく) 옷 I すぐ 곧, 즉시, 바로 I 汚(よご)れる 더러워지다 I 破(やぶ)れる 깨지다, 찢어지다 I 濡(ぬ)れる 젖다 I 折(お)れる 꺾이다, 부러지다

4 3 요리 교실에서 배운 것을 응용해서 만들어 봤다.

해설 応(응할 응)은 음독 おう이며「応援(おうえん) 응원, 応募(おうぼ) 응모」가 자주 출제된다.

어휘 料理教室(りょうりきょうしつ) 요리 교실 I 習(なら)う 배우다 I 応用(おうよう) 응용 I 効用(こうよう) 효용 I 使用(しよう) 사용 I 実用(じつよう) 실용

5 3 우리 지역에서는 매년 8월에 큰 축제가 열립니다.

해설 地(땅 지)는 음독이 ち와 じ이다. ち는「地域(ちいき) 지역, 地下(ちか) 지하, 各地(かくち) 각지, 土地(とち) 토지」가 있고, じ는「地震(じしん) 지진, 地面(じめん) 지면, 地元(じもと) 지역, 고장」을 기억해 두자.

어휘 地元(じもと) 살고 있는 지역, 고장 I 毎年(まいとし) 매년 I 祭(まつ)り 축제 I 開(ひら)く 열다, 개최하다

6 3 머리를 짧게 잘랐다.

해설 短(짧을 단)은 훈독「短(みじか)い 짧다」/ 음독 たん이고「短所(たんしょ) 단점」을 알아 두자. 음독을 だん으로 읽지 않게 주의한다.

어휘 短(みじか)い 짧다 I 弱(よわ)い 약하다 I きつい 꽉 끼다, 힘들다 I 緩(ゆる)い 헐렁하다, 느슨하다

7 4 여기에 있는 상자를 크기에 따라서 분류해 주세요.

해설 分(나눌 분)의 음독은「ふん·ぶん·ぷん」이 있는데 ぶん으로 읽히는「分担(ぶんたん) 분담, 半分(はんぶん) 절반, 区分(くぶん) 구분」을 알아 두자. 類(무리 류)의 음독은 るい이며「種類(しゅるい) 종류」도 함께 알아 두자.

어휘 箱(はこ) 상자 I 大(おお)きさ 크기 I ～によって ~에 의해서, ~에 따라서 I 分類(ぶんるい) 분류

8 1 표지 타이틀의 위치를 바꾸면 어떨까요?

해설 位(자리 위)의 음독은 い이며「一位(いちい) 1위」도 알아 두자. 置(둘 치)는 훈독「置(お)く 놓다, 두다」/ 음독 ち이며「設置(せっち) 설치」도 함께 알아 두자.

어휘 表紙(ひょうし) 표지 I タイトル 타이틀 I 位置(いち) 위치 I 変(か)える 바꾸다

실전시험 17 | 한자 읽기 [17]

›본서2 p.52

정답 1 3 2 3 3 2 4 4 5 4 6 4 7 4 8 3

1 3 자전거로 비탈길을 오른다.

해설 坂(고개 판)은 훈독 さか만 기억하자.

어휘 自転車(じてんしゃ) 자전거 I 坂道(さかみち) 비탈길 I のぼる 오르다

2 3 상품을 비교해 본다.

해설 較(견줄 교)는 음독 かく이다. こう로 읽지 않도록 주의하자.

어휘 商品(しょうひん) 상품

3 2 오늘 저녁까지 세찬 비가 내린다고 합니다.

해설 夕方(ゆうがた)는 훈독으로 읽힌 한자어이며「夕食(ゆうしょく) 석식」도 함께 알아 두자. 方(모 방)의 훈독이 탁음 がた가 된 것에 주의하자.

어휘 夕方(ゆうがた) 저녁 I 激(はげ)しい 심하다, 격하다

4 4 신호 벨이 울리면 시험을 시작해 주세요.

해설「合図(あいず) 신호」는「훈독(合 : あい) + 음독(図 : ず)」으로 읽힌 한자어이다.

어휘 合図(あいず) 신호 I チャイムが鳴(な)る 차임벨이 울리다

5 4 학생의 이해를 돕기 위해 프린트에 그림을 넣습니다.

해설 助(도울 조)는 훈독 「助(たす)かる 도움이 되다」「助(たす)ける 돕다」가 있으며, 음독은 じょ이다. 「救助(きゅうじょ) 구조, 助手(じょしゅ) 조수」를 알아 두자.

어휘 理解(りかい) 이해 | 助(たす)ける 돕다 | 届(とど)ける 가져다주다 | 続(つづ)ける 계속하다 | 見(み)つける 발견하다

6 4 사토 씨의 웃는 얼굴은 잊을 수 없다.

해설 笑(웃을 소)는 훈독에 「笑(わら)う 웃다」와 「笑(え)む 미소 짓다」가 있고, 笑顔은 えがお라고 읽어야 한다.

어휘 笑顔(えがお) 웃는 얼굴 | 忘(わす)れる 잊다

7 4 시급이 높은 아르바이트에 응모하고 싶다.

해설 募(모을 모)는 음독 ぼ이며 「募集(ぼしゅう) 모집」도 자주 출제된다.

어휘 時給(じきゅう) 시급 | 応募(おうぼ) 응모

8 3 이 앞은 횡단 금지로 되어 있습니다.

해설 横(가로 횡)은 훈독 「横(よこ) 옆」을 잘 알아 두자. 음독은 おう이다. 断(끊을 단)은 훈독 「断(ことわ)る 거절하다」 / 음독 だん이다.

어휘 先(さき) 앞, 전방 | 禁止(きんし) 금지

실전시험 18 | 한자 읽기 [18]

본서2 p.53

정답 **1** 1 **2** 3 **3** 1 **4** 4 **5** 2 **6** 1 **7** 2 **8** 4

1 1 좋아하는 야구선수가 있나요?

해설 選(고를 선)은 훈독 「選(えら)ぶ 고르다, 선택하다」 / 음독 せん이다. 手(손 수)는 음독 しゅ이며, 장음 しゅう가 되지 않도록 주의하자.

어휘 野球(やきゅう) 야구 | 選手(せんしゅ) 선수

2 3 열을 쟀더니 38도였다.

해설 測(헤아릴 측)은 훈독에 「測(はか)る (거리·높이·깊이·온도 등을) 측정하다」 / 음독은 そく이며 「予測(よそく) 예측」을 알아 두자. はかる의 동음이의어인 「量(はか)る (양·무게를) 측정하다」도 알아 두자.

어휘 熱(ねつ) 열 | 測(はか)る 재다, 측정하다 | かかる 걸리다 | 預(あず)かる 맡다 | 叱(しか)る 야단치다, 꾸짖다

3 1 밤 11시까지 주문하면 다음 날 아침 배달해 줄 수 있습니다.

해설 配(나눌 배)는 훈독 「配(くば)る 나눠주다, 배부하다」 / 음독 はい이며 「配送(はいそう) 배송」 등이 있다. ばい로 읽지 않도록 주의한다.

어휘 注文(ちゅうもん) 주문 | 翌朝(よくあさ) 다음 날 아침 | 配達(はいたつ) 배달

4 4 목적지와 반대 방향으로 가 버렸습니다.

해설 逆(거스릴 역)의 음독은 ぎゃく이다. 「逆効果(ぎゃくこうか) 역효과」와 같이 접두어 용법도 있다.

어휘 目的地(もくてきち) 목적지 | 逆(ぎゃく) 반대 | 方向(ほうこう) 방향

5 2 기술이 진보해서 생활이 편리해졌다.

해설 歩(걸을 보)의 음독은 ほ이다. 進歩(しんぽ)는 앞의 ん의 영향으로 ほ가 반탁음 ぽ가 된 것에 주의하자.

어휘 技術(ぎじゅつ) 기술 | 進歩(しんぽ) 진보 | 生活(せいかつ) 생활 | 便利(べんり)だ 편리하다

6 1 늦잠 자서 회의에 늦어 버렸다.

해설 遅(늦을 지)의 훈독은 「遅(おく)れる(예정보다) 늦다」 「遅(おそ)い 늦다, 느리다」이며, 음독 ち의 「遅刻(ちこく) 지각」을 알아 두자.

어휘 朝寝坊(あさねぼう)する 늦잠 자다 | 遅(おく)れる 늦다 | 壊(こわ)れる 고장 나다, 망가지다 | 外(はず)れる 빠지다, 벗겨지다, 빗나가다 | 倒(たお)れる 쓰러지다

7 2 이 강은 깊어서 수영 금지로 되어 있습니다.

해설 深(깊을 심)의 훈독은 「深(ふか)い 깊다」이다.

어휘 川(かわ) 강 | 水泳(すいえい) 수영 | 禁止(きんし) 금지

8 4 내년부터 상급반 학생을 지도하게 되었다.

해설 上(윗 상)의 음독은 じょう, 級(등급 급)의 음독은 きゅう이다. 두 한자 모두 장음이 붙는 것을 확인하자.

어휘 上級(じょうきゅう) 상급 | 指導(しどう) 지도 | 初級(しょきゅう) 초급

실전시험 19 | 한자 읽기 [19]

본서2 p.54

정답 **1** 2 **2** 3 **3** 2 **4** 4 **5** 1 **6** 3 **7** 2 **8** 4

1 2 대학원에서 연구할 테마를 정했습니까?

해설 研(갈 연)의 음독은 けん이며 「研修(けんしゅう) 연수」도 알아 두자.

어휘 大学院(だいがくいん) 대학원 | 研究(けんきゅう) 연구 | 決(き)める 정하다

2 3 사원들은 테이블을 둘러싸고 의논을 하고 있다.

해설 囲(둘레 위)는 훈독이 「囲(かこ)む 둘러싸다, 에워싸다」이다. 음독은 い이며 「周囲(しゅうい) 주위」를 알아 두자.

어휘 社員(しゃいん) 사원 | 囲(かこ)む 둘러싸다 | 話(はな)し合(あ)う 의논하다, 서로 이야기하다 | 挟(はさ)む (사이에) 끼우다 | 転(ころ)ぶ 넘어지다 | 学(まな)ぶ 배우다

3 2 남은 일을 하고 나서 돌아갑니다.

해설 残(남을 잔)의 훈독은 「残(のこ)る 남다」 / 음독은 ざん이며, 「残念(ざんねん)だ 유감이다」를 알아 두자.

어휘 量(はか)る 재다 | 泊(と)まる 숙박하다 | 握(にぎ)る 꽉 쥐다

4 4 빌딩 바깥쪽에 포스터가 붙어 있다.

해설 側(곁 측)의 훈독은 かわ이나, 대개 앞에 붙는 음의 영향을 받아 がわ로 읽힌다. 「内側(うちがわ) 안쪽」도 함께 알아 두자.

어휘 ビル 빌딩 | 外側(そとがわ) 바깥쪽 | ポスター 포스터 | 貼(は)る 붙이다

5 1 석유를 수입하고 있다.

해설 輸(나를 수)의 음독은 ゆ이다. 「輸出(ゆしゅつ) 수출」도 자주 출제된다. しゅ로 읽지 않도록 주의한다.

어휘 石油(せきゆ) 석유 | 輸入(ゆにゅう) 수입 | 輸出(ゆしゅつ) 수출

6 3 사고를 방지하기 위해 대책을 세우다.

해설 防(막을 방)의 훈독은 「防(ふせ)ぐ 막다, 방지하다」 / 음독은 ぼう이다. 「防止(ぼうし) 방지, 防犯(ぼうはん) 방범, 予防(よぼう) 예방」을 알아 두자.

어휘 防(ふせ)ぐ 막다, 방지하다 | 対策(たいさく)を立(た)てる 대책을 세우다 | 泳(およ)ぐ 헤엄치다, 수영하다 | 急(いそ)ぐ 서두르다 | 稼(かせ)ぐ (돈을) 벌다

7 2 내일은 시험이니까 지각해서는 안 된다.

해설 遅(늦을 지)의 훈독은 「遅(おく)れる (예정보다) 늦다」 「遅(おそ)い 늦다, 느리다」이며, 음독은 ち이다. 「遅刻(ちこく) 지각」을 알아 두자.

어휘 遅刻(ちこく) 지각 | ～てはいけない ~해서는 안 된다

8 4 큰 사고가 있었지만 전원 무사했다고 한다.

해설 無(없을 무)의 음독은 む와 ぶ이며, 각각 「無理(むり) 무리, 無料(むりょう) 무료」, 「無事(ぶじ) 무사함」을 기억해 두자.

어휘 事故(じこ) 사고 | 全員(ぜんいん) 전원 | 無事(ぶじ)だ 무사하다

실전시험 20 | 한자 읽기 [20]

›본서2 p.55

정답 **1** 1 **2** 2 **3** 3 **4** 1 **5** 2 **6** 3 **7** 1 **8** 4

1 1 재고를 없애기 위해서 가격을 내리기로 했다.

해설 가격을 나타내는 한자어는 価格(かかく)와 値段(ねだん) 두 가지임을 알아 두자.

어휘 在庫(ざいこ) 재고 | なくす 없애다 | 価格(かかく) 가격 | 下(さ)げる 내리다, 낮추다 | 値段(ねだん) 가격

2 2 요즘 체중 증감이 신경 쓰인다.

해설 増(더할 증)의 훈독은 「増(ふ)える 늘어나다, 증가하다」 「増(ふ)やす 늘리다, 증가시키다」 / 음독은 ぞう이며 「増加(ぞうか) 증가, 急増(きゅうぞう) 급증」을 알아 두자. 減(덜 감)의 훈독은 「減(へ)る 줄다」이며, 음독 げん의 「減少(げんしょう) 감소」를 알아 두자.

어휘 最近(さいきん) 최근 | 体重(たいじゅう) 체중 | 増減(ぞうげん) 증감 | 気(き)になる 신경 쓰이다

3 3 스즈키 씨와는 공통점이 많다.

해설 共(함께 공)의 음독은 きょう이다. 「共同(きょうどう) 공동, 公共(こうきょう) 공공」도 함께 외워 두자. くう나 こう로 읽지 않도록 주의해야 한다.

어휘 共通点(きょうつうてん) 공통점 | 多(おお)い 많다

4 1 그때 그가 무엇을 얘기했는지 잘 기억하고 있습니다.

해설 覚(깨달을 각)은 훈독이 「覚(おぼ)える 외우다, 기억하다」 「覚(さ)める (눈이) 떠지다」 「覚(さ)ます (눈을) 뜨다」가 있다.

어휘 覚(おぼ)える 기억하다 | 与(あた)える 주다, 부여하다 | 抱(かか)える 끌어안다, 떠안다 | 加(くわ)える 추가하다

5 2 자신의 의견을 확실하게 말하는 사람이 되고 싶다.

해설 述(펼 술)은 훈독 「述(の)べる 말하다」가 있으며, 주로 '의견이나 생각을 말하다'로 쓰인다.

어휘 意見(いけん) 의견 | はっきり 확실히, 분명히 | 述(の)べる 말하다, 서술하다 | 並(なら)べる 줄지어 세우다 | 滑(すべ)る 미끄러지다 | しゃべる 말하다

6 3 내년에 귀국하려고 결심했다.

해설 決(결단할 결)의 음독은 けつ이다. 단, 뒤에 「か·さ·た 행」이 오면 けっ이 되므로 주의하자. 「決定(けってい) 결정」도 함께 알아 두자.

어휘 帰国(きこく) 귀국 | 決心(けっしん) 결심

7 1 범인은 차로 도망갔지만 바로 붙잡혔다.

해설 逃(도망칠 도)의 훈독은 「逃(に)げる 도망치다」이고, 음독은 とう이다.

어휘 犯人(はんにん) 범인 | 逃(に)げる 도망가다 | 捕(つか)まる 잡히다 | 焦(こ)げる 눋다, 타다 | 曲(ま)げる 구부리다, 굽히다

8 4 시험 신청은 다음 주까지입니다.

해설 申(납 신)의 훈독은 「申(もう)す '言う'의 겸양어」와 「申(もう)し込(こ)む 신청하다」를 알아 두자. 음독은 しん이며 「申請(しんせい) 신청」이 있다.

어휘 試験(しけん) 시험 | 申(もう)し込(こ)み 신청

문제2 한자 표기

실전시험 21 | 한자 표기 [1]

›본서2 p.78

정답 **1** 2 **2** 2 **3** 2 **4** 4 **5** 1 **6** 1

1 2 회사는 집에서 멉니다.

해설 とおいは '멀다'이므로 遠(멀 원)을 쓴다.

어휘 遠(とお)い 멀다 | 近(ちか)い 가깝다 | 短(みじか)い 짧다 | 長(なが)い 길다

2 2 고민이 있으면 언제든지 상담에 응하겠습니다.

해설 そうだん은 '상담'이다. 1번의 想(생각할 상)과 헷갈리면 안 된다. 3번 商(장사 상)은 「商品(しょうひん) 상품」 4번 将(장차 장)은 「将来(しょうらい) 장래」를 알아 두자.

어휘 悩(なや)み 고민 | 相談(そうだん)に乗(の)る 상담에 응하다

3 2 스즈키 씨는 영업에 소질이 있다고 생각한다.

해설 えいぎょう는 '영업'이다. 1, 3번의 宮(집 궁)과 헷갈리지 말자.

어휘 営業(えいぎょう) 영업 | 向(む)いている 적합하다, 소질이 있다

4 4 하야시 씨의 생각은 옳다고 생각합니다.

해설 ただしい는 '바르다'이므로 正(바를 정)을 쓴다. 1번 直(곧을 직)은 훈독 「直(なお)る 고쳐지다」 「直(なお)す 고치다」이다.

어휘 考(かんが)え 생각 | 正(ただ)しい 바르다, 옳다

5 1 저녁밥 반찬을 사 왔다.

해설 ゆうはん은 '저녁밥'이다. 따라서 夕(저녁 석)과 飯(밥 반)으로 이루어진 1번이 정답이다.

어휘 夕飯(ゆうはん) 저녁밥 | おかず 반찬

6 1 기무라 씨 합격 축하로 와인을 보내기로 했다.

해설 いわい는 「祝(いわ)う 축하하다」의 명사형이다. 2번의 祈(빌 기)는 훈독 「祈(いの)る 빌다」 3번의 礼(예절 례)는 음독 れい, 4번의 札(편지 찰)은 음독 さつ이다. 한자의 모양이 비슷하므로 잘 구별해 두자.

어휘 合格(ごうかく) 합격 | 祝(いわ)い 축하, 축하 선물 | 贈(おく)る 보내다

실전시험 22 | 한자 표기 [2]

› 본서2 p.79

정답 1 3 2 1 3 2 4 1 5 1 6 3

1 3 잘 보이도록 굵은 펜으로 써주세요.

해설 ふとい는 '굵다'이다. 따라서 3번의 太(클 태)를 쓴다. 2번의 犬(개 견)과 헷갈리지 말자.

어휘 見(み)える 보이다 | 太(ふと)い 굵다

2 1 어제 잔업해서 매우 졸리다.

해설 ねむい는 '졸리다'이다. 정답은 1번 眠(잠잘 면)이고, 비슷하게 생긴 2번 眼(눈 안)은 「眼鏡(めがね) 안경」으로 알아 두자.

어휘 残業(ざんぎょう) 잔업, 야근 | 眠(ねむ)い 졸리다

3 2 야마모토 씨는 형제가 몇 명이에요?

해설 きょうだい는 '형제'이다. 兄(형 형)은 음독 きょう이며, 弟(아우 제)는 음독 だい이다. 1, 4번의 第(차례 제)의 음독도 だい이다. 두 한자는 한국어 음과 일본어 음독이 같으므로 한자의 뜻으로 구별하자.

어휘 何人(なんにん) 몇 명 | 兄弟(きょうだい) 형제

4 1 통근에 30분 정도 걸립니다.

해설 つうきん은 '통근'으로, 通(통할 통)과 勤(부지런할 근)을 쓴 한자어이다. 3, 4번의 痛(아플 통)은 훈독 「痛(いた)い 아프다」와 음독 명사 「頭痛(ずつう) 두통」을 알아 두자. 2, 4번의 働(일할 동)은 「働(はたら)く 일하다」로 쓰인다.

어휘 通勤(つうきん) 통근 | かかる 걸리다

5 1 그에게 연락할 방법이 없다.

해설 ほうほう는 '방법'이다. 方(모 방)과 法(법 법)을 쓴다. 2번은 「方向(ほうこう) 방향」이고, 3, 4번의 訪(찾을 방)은 「訪問(ほうもん) 방문」을 알아 두자.

어휘 連絡(れんらく) 연락 | 方法(ほうほう) 방법 | 方向(ほうこう) 방향

6 3 밤 10시를 지나서 귀가하는 일이 많다.

해설 きたく는 帰(돌아갈 귀)와 宅(집 택)을 쓴다. 우리말은 '귀택'으로 읽지만 의미는 '귀가'이다. 2, 4번의 着(붙을 착)은 훈독 「着(つ)く 도착하다」 「着(き)る 입다」와 음독 명사 「到着(とうちゃく) 도착」을 정리해 두자.

어휘 夜(よる) 밤 | 過(す)ぎる 지나다 | 帰宅(きたく) 귀가

실전시험 23 | 한자 표기 [3]

› 본서2 p.80

정답 1 1 2 3 3 2 4 3 5 3 6 2

1 1 신청은 스마트폰으로 가능합니다.

해설 かのう는 可(옳을 가)와 能(능할 능)을 쓴다. 비슷한 한자 3, 4번의 態(모습 태)는 「態度(たいど) 태도」를 외워 두자.

어휘 申請(しんせい) 신청 | スマホ 스마트폰 | 可能(かのう)だ 가능하다

2 3 고등학교를 졸업한 지 벌써 20년이 됩니다.

해설 そつぎょう는 卒(마칠 졸)과 業(업 업)을 쓴다. 1번 傘(우산 산)은 훈독 かさ, 2번 終(마칠 종)은 음독 しゅう, 4번 済(건널 제)는 음독 さい이다.

어휘 卒業(そつぎょう) 졸업 | もう 이미, 벌써

3 2 여기는 공동 공간이니까 깨끗하게 사용해 주세요.

해설 きょうどう는 共(함께 공)과 同(같을 동)을 쓴다. 3, 4번 供(이바지할 공)은 음독 명사 「供給(きょうきゅう) 공급」과 「提供(ていきょう) 제공」을 알아 두자.

어휘 共同(きょうどう) 공동 | スペース 스페이스, 공간

4 3 친구와 역 앞에서 헤어졌습니다.

해설 わかれる는 別(다를 별)의 훈독이다. 2번은 「遠(とお)い 멀다」, 4번 放(놓을 방)은 음독 명사 「放送(ほうそう) 방송」을 알아 두자.

어휘 駅前(えきまえ) 역 앞 | 別(わか)れる 헤어지다 | 離(はな)れる 떨어지다, 멀어지다

5 3 수업을 결석한 적은 없습니다.

해설 けっせき는 欠(빠질 결)과 席(자리 석)을 쓴다. 「欠点(けってん) 결점」도 함께 알아 두자. 欠의 음독은 けつ이나, けっ으로 바뀐 것에 주의하자. 2, 4번의 次(다음 차)는 훈독 「次(つぎ) 다음」과 음독 명사 「次回(じかい) 다음 번」을 알아 두고, 1, 2번의 度(법도 도)는 음독 명사 「温度(おんど) 온도」와 「速度(そくど) 속도」를 알아 두자.

어휘 授業(じゅぎょう) 수업 | 欠席(けっせき) 결석

6 2 유우코 씨는 패션잡지의 모델로 뽑혔습니다.

해설 ざっし는 雑(섞일 잡)과 誌(기록할 지)를 쓴다. 雑의 음독은 ざつ이나, ざっ으로 바뀐 것에 주의하자. 1, 3번 難(어려울 난)은 훈독 「難(むずか)しい 어렵다」이고 음독 なん이다. 3, 4번 志(뜻 지)는 음독 명사 「意志(いし) 의지」를 알아 두자.

어휘 ファッション 패션 | 雑誌(ざっし) 잡지 | 選(えら)ぶ 고르다

실전시험 24 | 한자 표기 [4]

▶본서2 p.81

정답 **1** 4 **2** 1 **3** 1 **4** 3 **5** 2 **6** 1

1 4 집에서 간단히 할 수 있는 운동을 소개해 드리겠습니다.

해설 かんたん은 簡(대쪽 간)과 単(홑 단)을 쓴다. 1, 2번의 間(사이 간)은 음독 명사 「間隔(かんかく) 간격」을 알아 두자.

어휘 簡単(かんたん)だ 간단하다 | 紹介(しょうかい) 소개

2 1 이 방은 빛이 들어오기 때문에 전기를 켜지 않아도 밝습니다.

해설 ひかり는 光(빛 광)의 훈독이다. 음독은 こう이며 대표적으로 「観光(かんこう) 관광」을 알아 두자.

어휘 部屋(へや) 방 | 光(ひかり) 빛 | 電気(でんき)をつける 전기를 켜다 | 明(あか)るい 밝다 | 火(ひ) 불 | 日(ひ) 날, 해(태양)

3 1 나이를 먹는 것은 인간으로서 성장해 가는 것이라고 생각합니다.

해설 せいちょう는 成(이룰 성)과 長(길 장)을 쓴 음독 명사이다. 2, 4번 背(등 배)는 훈독 「背(せ) 키」 「背中(せなか) 등」으로 알아 두자.

어휘 年(とし)をとる 나이를 먹다 | 人間(にんげん) 인간 | 成長(せいちょう) 성장

4 3 24시간 영업하는 약국도 있다.

해설 보기 1, 2번은 楽(즐거울 락, 음악 악)이며 음독은 「らく・がく」이다. 3, 4번은 薬(약 약)이며 음독은 やく이다. 1, 3번은 局(판 국), 2, 4번은 曲(굽을 곡)이며 둘 다 음독이 きょく이다.

어휘 営業(えいぎょう) 영업 | 薬局(やっきょく) 약국

5 2 상대방을 아는 것은 중요합니다.

해설 あいて는 相(서로 상)과 手(손 수)의 훈독 명사이다.

어휘 相手(あいて) 상대방 | 知(し)る 알다 | 大事(だいじ)だ 중요하다

6 1 경제가 발전해서 사람들의 생활 패턴도 크게 바뀌었다.

해설 はってん은 発(필 발)과 展(펼 전)을 쓴 음독 명사이다. 発의 음독은 はつ인데 はっ으로 바뀐 것에 주의하자. 2번 典(법 전)은 음독 てん, 3번 点(점 점)은 음독 てん, 4번 伝(전할 전)은 음독 でん이다.

어휘 経済(けいざい) 경제 | 発展(はってん) 발전 | 生活(せいかつ) 생활 | パターン 패턴 | 変(か)わる 바뀌다

실전시험 25 | 한자 표기 [5]

▶본서2 p.82

정답 **1** 4 **2** 1 **3** 4 **4** 1 **5** 2 **6** 3

1 4 야마모토 씨는 반에서 가장 발이 빠릅니다(달리기를 잘합니다).

해설 はやい는 速い(속도가 빠르다)와 早い(시간이 이르다)로 쓰인다. 여기서는 '달리기를 잘한다'는 의미이므로 速い가 정답이다.

어휘 足(あし)が速(はや)い 발이 빠르다, 달리기를 잘하다 | 軽(かる)い 가볍다

2 1 반 대표로서 발표하게 되었다.

해설 だいひょう는 代(대신할 대)와 表(겉 표)를 쓴 음독 명사이다. 2, 4번의 替(바꿀 체)는 훈독 「替(か)える 바꾸다, 교체하다」 음독 명사 「交替(こうたい) 교체」를, 3, 4번의 評(평할 평)은 음독 명사 「評価(ひょうか) 평가, 評判(ひょうばん) 평판」을 알아 두자.

어휘 代表(だいひょう) 대표 | ～として ~로서 | 発表(はっぴょう) 발표

3 4 도서관의 회원이 되면 책을 일주일간 빌릴 수 있습니다.

해설 かりる는 借(빌릴 차)의 훈독이다. 3번 「貸(か)す 빌려주다」와 헷갈리지 말자.

어휘 図書館(としょかん) 도서관 | 会員(かいいん) 회원 | 借(か)りる 빌리다

4 1 생각난 것을 잊어버리지 않도록 노트에 기록하고 있

습니다.

해설 きろく는 記(기록할 기)와 録(기록할 록)을 쓴 음독 명사이며, 「登録(とうろく) 등록」도 함께 알아 두자. 2, 4번의 緑(푸를 록)과 헷갈리지 말자. 緑(푸를 록)은 훈독 みどり가 시험에 출제된다.

어휘 思(おも)いつく 떠오르다, 생각해 내다 | 忘(わす)れる 잊어버리다 | 記録(きろく) 기록

5 2 여권 갱신에 대해서는 대사관에 문의해 주세요.

해설 たいしかん은 大(큰 대) 使(부릴 사) 館(집 관)이 쓰인 음독 명사이다. 大가 だい가 아닌 たい로 읽히는 것에 주의하자.

어휘 更新(こうしん) 갱신 | 大使館(たいしかん) 대사관 | 問(と)い合(あ)わせる 문의하다

6 3 일본인의 쌀 소비량은 줄고 있다고 한다.

해설 こめ는 米(쌀 미)의 훈독이다. 1번은 「薬(くすり) 약」, 2번은 「草(くさ) 풀」, 4번은 「麦(むぎ) 보리」이다.

어휘 米(こめ) 쌀 | 消費量(しょうひりょう) 소비량 | 減(へ)る 줄다

실전시험 26 | 한자 표기 [6]

▶본서2 p.83

정답 1 1 2 2 3 3 4 4 5 3 6 1

1 1 이것은 아직 해결되지 않은 문제입니다.

해설 かいけつ는 解(풀 해)와 決(결단할 결)을 쓴 음독 명사이다. 2, 4번의 結(맺을 결)과 헷갈리지 않도록 한다. 結은 훈독 「結(むす)ぶ 잇다, 매다, 묶다」, 음독 けつ이며 「結論(けつろん) 결론」 「結果(けっか) 결과」를 알아 두자.

어휘 解決(かいけつ) 해결 | 問題(もんだい) 문제

2 2 그는 매월 돈을 은행에 맡기고 있다.

해설 あずける는 預(맡길 예)의 훈독이다. 3번 貯(쌓을 저)의 훈독은 「貯(た)める 모으다」, 4번 任(맡길 임)의 훈독은 「任(まか)せる 맡기다」이다.

어휘 毎月(まいつき) 매월 | 預(あず)ける 맡기다

3 3 박물관에서 사진을 찍는 것은 금지되어 있습니다.

해설 きんし는 禁(금할 금)과 止(그칠 지)가 쓰인 음독 명사이다. 1번은 「防止(ぼうし) 방지」, 2번은 「阻止(そし) 저지」, 4번은 「停止(ていし) 정지」이다.

어휘 博物館(はくぶつかん) 박물관 | 写真(しゃしん)をとる 사진을 찍다 | 禁止(きんし) 금지

4 4 기회가 있으면 꼭 가보고 싶습니다.

해설 きかい는 機会(기회)와 機械(기계)가 있으므로 문장의 의미를 잘 파악해서 한자를 고르도록 한다. 1, 2번의 期(기약할 기)는 음독 き이며 「期間(きかん) 기간, 期限(きげん) 기한, 期待(きたい) 기대」 등을 알아 두도록 하자.

어휘 機会(きかい) 기회 | ぜひ 꼭

5 3 출판 기념 파티에 초대받았습니다.

해설 しょうたい는 招(부를 초)와 待(기다릴 대)가 쓰인 음독 명사이다. 招의 훈독인 「招(まね)く 부르다, 초대하다」도 꼭 알아 두자. 1, 4번의 紹(이을 소)는 「紹介(しょうかい) 소개」만 알아 두면 된다.

어휘 出版(しゅっぱん) 출판 | 記念(きねん) 기념 | 招待(しょうたい) 초대

6 1 나는 20년간 교육 관계 회사에 근무하고 있습니다.

해설 つとめる는 勤(부지런할 근)의 훈독이며, 음독은 きん이다. 2번은 「働(はたら)く 일하다」, 3번은 「勧(すす)める 권하다」, 4번은 「動(うご)く 움직이다」이다.

어휘 教育(きょういく) 교육 | 関係(かんけい) 관계 | 勤(つと)める 근무하다 | 勧(すす)める 권유하다, 추천하다

실전시험 27 | 한자 표기 [7]

▶본서2 p.84

정답 1 2 2 1 3 4 4 2 5 2 6 2

1 2 직장에 독신 여성이 꽤 많다.

해설 どくしん은 独(홀로 독)과 身(몸 신)을 쓴 음독 명사이다. 1, 3번의 読(읽을 독)도 음독이 どく이며, 「読書(どくしょ) 독서」를 기억하자.

어휘 職場(しょくば) 직장 | 独身(どくしん) 독신 | 女性(じょせい) 여성 | かなり 꽤 | 読者(どくしゃ) 독자

2 1 초등학생들은 제복(교복)을 입고 있습니다.

해설 せいふく는 制(절제할 제)와 服(옷 복)을 쓴 음독 명사이다. 3, 4번의 腹(배 복)은 훈독 「お腹(なか) 배」로 알아 두자.

어휘 小学生(しょうがくせい) 초등학생 | 制服(せいふく) 제복, 유니폼, 교복 | 着(き)る (옷을) 입다

3 4 이 슈퍼마켓은 밤늦게까지 열려 있다.

해설 おそく는 遅(늦을 지)의 훈독이다. 「遅(おく)れる 늦다」가 있다는 것도 잊지 말자.

어휘 夜遅(よるおそ)く 밤늦게 | 開(あ)く 열리다

4 2 여러 가지 식물을 키우고 있다.

해설 そだてる는 育(기를 육)의 훈독이다. 「育(そだ)つ 자라다」도 함께 알아 두자. 음독은 いく이다. 1번의 建(세울 건)은 「建(た)つ (건물이) 서다」 「建(た)てる (건물을) 세우다」, 3번의 守(지킬 수)는 「守(まも)る 지키다」 4번의 助(도울 조)는 「助(たす)かる 도움이 되다」 「助(たす)ける 돕다」로 알아 두자.

어휘 いろいろな 여러 가지, 다양한 | 植物(しょくぶつ) 식물 | 育(そだ)てる 키우다, 기르다

5 2 여기에 숫자를 써 주세요.

해설 すうじ는 数(셀 수)와 字(글자 자)가 쓰인 음독 명사이다. 1, 3번의 枚(낱 매)는 음독이 まい이며 조수사 「~枚(まい) ~장」이 있고, 3, 4번의 子(아들 자)는 음독이 두 개인데, し로 읽히는 것은 「お菓子(かし) 과자, 電子(でんし) 전자, 調子(ちょうし) 상태」, す로 읽히는 것은 「様子(ようす) 모습」이 있다.

어휘 数字(すうじ) 숫자

6 2 식사 후에는 제대로 이를 닦도록.

해설 훈독 は로 읽히는 한자는 歯(이 치)와 葉(입 엽) 두 개이므로 문맥의 의미를 통해 한자를 구별하도록 한다. 1번은 「毛(け) 털」, 3번은 「胃(い) 위」, 4번은 「袋(ふくろ) 주머니, 봉투」이다.

어휘 食事(しょくじ) 식사 | きちんと 제대로 | 歯(は) 이

실전시험 28 | 한자 표기 [8]

›본서2 p.85

정답 **1** 1 **2** 3 **3** 4 **4** 4 **5** 4 **6** 4

1 1 이 화장품은 1초에 한 개 팔릴 정도로 인기가 있다.

해설 びょう는 秒(분초 초)의 음독 명사이다. 4번 税(세금 세)의 음독은 ぜい이며, 「税金(ぜいきん) 세금」을 꼭 알아 두자. 2번은 「砂(すな) 모래」, 3번은 「秋(あき) 가을」이다.

어휘 化粧品(けしょうひん) 화장품 | 秒(びょう) 초 | ~個(こ) ~개 | 売(う)れる 팔리다

2 3 이 시설에는 외국어로 안내하는 서비스도 있습니다.

해설 あんない는 案(책상 안)과 内(안 내)를 쓴 음독 명사이다. 1번은 「以内(いない) 이내」, 2번은 「室内(しつない) 실내」, 4번은 「都内(とない) (도쿄)도내」이다.

어휘 施設(しせつ) 시설 | 外国語(がいこくご) 외국어 | 案内(あんない) 안내 | サービス 서비스

3 4 지금 전철은 정상으로 운행하고 있습니다.

해설 せいじょう는 正(바를 정)과 常(항상 상)을 쓴 음독 명사이다. 常의 훈독 「常(つね)に 항상」도 알아 두자. 1, 3번의 盛(성할 성)의 훈독 「盛(さか)んだ 활발하다, 성행하다」는 자주 출제되는 な형용사이다.

어휘 電車(でんしゃ) 전철 | 正常(せいじょう) 정상 | 運行(うんこう) 운행

4 4 잠들지 못할 때는 우유를 데워서 마시면 좋습니다.

해설 あたためる에 해당하는 한자는 温める와 暖める 두 개가 있다. 温める는 '(음식을) 데우다', 暖める는 '(실내·공기를) 따뜻하게 하다'이다.

어휘 眠(ねむ)る 잠들다 | 牛乳(ぎゅうにゅう) 우유 | 温(あたた)める 데우다

5 4 실업한 사람을 위한 지원책이 필요합니다.

해설 しつぎょう는 失(잃을 실)과 業(일 업)의 음독 명사이다. 1번 辞(말씀 사)의 훈독은 「辞(や)める 그만두다」, 음독은 じ이다.

어휘 失業(しつぎょう) 실업 | 支援策(しえんさく) 지원책 | 必要(ひつよう) 필요

6 4 가위는 사용한 후에 원래의 장소에 돌려놔 주세요.

해설 もどす는 戻(돌려줄 려)의 훈독이다. 2번은 「返(かえ)す 돌려주다」, 3번은 「回(まわ)す 돌리다」이다.

어휘 はさみ 가위 | 元(もと) 원래(의) | 場所(ばしょ) 장소 | 戻(もど)す 돌려놓다

실전시험 29 | 한자 표기 [9]

›본서2 p.86

정답 **1** 3 **2** 4 **3** 1 **4** 2 **5** 3 **6** 2

1 3 강이 흐르는 소리가 들린다.

해설 ながれる는 流(흐를 류)의 훈독이다. 1번은 「波(なみ) 파도」, 2번은 「落(お)ちる 떨어지다」「落(お)とす 떨어뜨리다」, 4번은 「泳(およ)ぐ 헤엄치다」이다.

어휘 川(かわ) 강 | 流(なが)れる 흐르다 | 音(おと) 소리 | 聞(き)こえる 들리다

2 4 별 관측을 하러 가자.

해설 観과 勧은 모양이 비슷하므로 정확히 구별해 두자. 観(볼 관)은 「観光(かんこう) 관광, 観察(かんさつ) 관찰, 観測(かんそく) 관측」을 외워 두고, 勧(권할 권)은 「勧誘(かんゆう) 권유」를 외워 두자. 測(헤아릴 측)과 側(곁 측)도 둘 다 음독이 そく이다.

어휘 星(ほし) 별 | 観測(かんそく) 관측

3 1 역 앞 레스토랑이 주간지에 실려 있었다.

해설 週刊誌의 刊(새길 간)을 잘 기억해 두자. 3, 4번의 間을 고르지 않도록 주의하자.

어휘 駅前(えきまえ) 역 앞 | 週刊誌(しゅうかんし) 주간지 | 載(の)る 실리다

4 2 엘리베이터에서는 사람이 내리고 나서 타는 것이 매너입니다.

해설 降(내릴 강)의 훈독은 「降(お)りる (탈것에서) 내리다」 「降(ふ)る (눈·비가) 내리다」이며, 음독 명사 「以降(いこう) 이후」도 함께 알아 두자.

어휘 降(お)りる (탈것에서) 내리다 | マナー 매너

5 3 부엌칼로 손가락을 베고 말았다.

해설 指(손가락 지)의 훈독은 ゆび이다. 1번은 「鼻(はな) 코」, 2번은 「肩(かた) 어깨」, 4번은 「腕(うで) 팔」이다.

어휘 包丁(ほうちょう) 부엌칼 | 指(ゆび) 손가락

6 2 일본 온천은 외국인에게도 인기가 있습니다.

해설 泉(샘 천)의 훈독은 泉(いずみ)이며, 음독은 せん이다.

3, 4번의 池(연못 지)는 훈독 명사 「池(いけ) 연못」이 있고 음독은 ち이다.

어휘 温泉(おんせん) 온천 | 人気(にんき) 인기

실전시험 30 | 한자 표기 [10]

▶본서2 p.87

정답 1 1 2 4 3 1 4 2 5 1 6 4

1 1 핸들을 오른쪽으로 돌려주세요.

해설 まわす는 回(돌 회)의 훈독이다. 2번은 「曲(ま)がる 구부러지다, 굽다」「曲(ま)げる 구부리다, 굽히다」, 3번은 「押(お)す 누르다, 밀다」, 4번은 「引(ひ)く 끌다」이다.

어휘 ハンドル 핸들 | 右(みぎ) 오른쪽 | 回(まわ)す 돌리다

2 4 교차로에서의 우회전 사고를 막는다.

해설 うせつ는 한국어와 달리 右(오른 우)와 折(꺾을 절)로 표기한다.

어휘 交差点(こうさてん) 교차로 | 右折(うせつ) 우회전 | 事故(じこ) 사고 | 防(ふせ)ぐ 막다, 방지하다

3 1 교통정보를 관리하는 시스템입니다.

해설 닮은꼴 한자 官(벼슬 관)과 管(대롱 관, 주관할 관)을 구별하는 문제이다. 官은 주로 「警察官(けいさつかん) 경찰관」처럼 직급이나 신분을 뜻하는 한자어가 되고, 管은 한자 의미 그대로 「血管(けっかん) 혈관, 管理(かんり) 관리」와 같은 한자어를 만든다.

어휘 交通情報(こうつうじょうほう) 교통정보 | 管理(かんり) 관리 | システム 시스템

4 2 우리 학교는 자유로운 분위기입니다.

해설 由(말미암을 유)는 음독이 「ゆ·ゆう」이다. ゆ는 「由来(ゆらい) 유래, 経由(けいゆ) 경유」 ゆう는 「自由(じゆう) 자유, 理由(りゆう) 이유」이다. 자주 출제되므로 꼭 외워 두자.

어휘 自由(じゆう)だ 자유롭다 | 雰囲気(ふんいき) 분위기

5 1 병을 치료할 방법은 수술밖에 없습니다.

해설 なおす의 한자는 「治(なお)す (병을) 고치다, 낫게 하다」와 「直(なお)す 고치다, 수정하다」 두 개이다. 문맥을 보면 '병을 고치다'이므로 정답은 1번이다.

어휘 病気(びょうき) 병 | 治(なお)す 치료하다 | 手術(しゅじゅつ) 수술 | 直(なお)す 고치다, 수정하다

6 4 강풍으로 파도가 높아질 우려가 있습니다.

해설 なみ는 波(파도 파)의 훈독이다. 1번은 「滝(たき) 폭포」, 2번은 「港(みなと) 항구」, 3번은 「湖(みずうみ) 호수」이다.

어휘 強風(きょうふう) 강풍 | 波(なみ) 파도 | 恐(おそ)れがある 우려가 있다

실전시험 31 | 한자 표기 [11]

▶본서2 p.88

정답 1 3 2 2 3 2 4 4 5 1 6 2

1 3 자세한 일정이 정해지는 대로 연락하겠습니다.

해설 닮은꼴 한자 運(운반할 운)과 連(이을 연)을 구별하고, 絡(얽을 락)과 格(격식 격)을 구별하자.

어휘 詳(くわ)しい 자세하다 | 日程(にってい) 일정 | 決(き)まる 정해지다 | **동사 ます형** + 次第(しだい) ~하는 대로, ~하는 즉시 | 連絡(れんらく) 연락

2 2 아버지는 검사 때문에 입원해 있다.

해설 닮은꼴 한자 倹(검소할 검)과 検(검사할 검), 険(험할 험), 験(시험할 험)은 모두 음독이 けん이다. 각 한자의 의미로 구별하자.

어휘 検査(けんさ) 검사 | 入院(にゅういん) 입원

3 2 배가 너무 고파서 평소의 배 정도 먹고 말았다.

해설 ばい는 倍(곱 배)의 음독 명사이다. 3번은 増(증가할 증)으로 음독 ぞう, 4번은 部(떼 부)로 음독 ぶ이다.

어휘 おなかがすく 배가 고프다 | **동사 ます형** + すぎる 너무 ~하다 | 倍(ばい) 배, 2배 | ぐらい 정도

4 4 여기에 주차하지 마십시오.

해설 닮은꼴 한자 主(임금 주)와 住(살 주), 注(부을 주), 駐(머무를 주)를 구별하는 문제이다. 각각 「主人(しゅじん) 주인, 남편, 主張(しゅちょう) 주장」「住所(じゅうしょ) 주소」「注意(ちゅうい) 주의, 注目(ちゅうもく) 주목」「駐車(ちゅうしゃ) 주차」와 연결시켜 외워 두자.

어휘 駐車(ちゅうしゃ) 주차

5 1 환경 보호에 관심을 갖게 되었다.

해설 1번의 関心(관심)과 2번의 感心(감탄)은 둘 다 かんしん으로 읽히는 음독 명사이다. 문맥을 보고 의미를 유추해서 한자를 찾으면 된다. 3번 歓(기쁠 환)과 4번 換(바꿀 환)의 음독도 かん이다.

어휘 環境保護(かんきょうほご) 환경보호 | 関心(かんしん) 관심 | 感心(かんしん)する 감탄하다

6 2 생명이 있는 것을 소중히 합시다.

해설 いのち는 命(목숨 명)의 훈독 명사이다. 1번 「生(なま) 날것」, 3번 「息(いき) 숨」, 4번 「皮(かわ) 껍질」도 잘 알아 두자.

어휘 命(いのち) 생명, 목숨 | 大切(たいせつ)だ 소중하다

실전시험 32 | 한자 표기 [12]

▶본서2 p.89

정답 1 3 2 4 3 3 4 1 5 3 6 2

1 3 세세한 것까지 지나치게 신경 쓰면 스트레스가 된다.

해설 細(가늘 세)의 훈독은 「細(ほそ)い 가늘다」와 「細(こま)

かい 세세하다, 잘다」 두 개이다. 1번의 「詳(くわ)しい 자세하다, 잘 알고 있다」도 자주 출제된다. 2번의 角(뿔 각)은 훈독 かど로 읽으면 '모서리, 모퉁이', つの로 읽으면 '뿔'이란 의미이다.

어휘 細(こま)かい 세세하다, 잘다 | 気(き)にする 신경 쓰다 | ストレス 스트레스

2 4 새로운 판매 시스템을 도입하게 되었다.

해설 닮은꼴 한자 敗와 販를 구별하자. 敗(패할 패)의 음독은 はい이며, 販(팔 판)의 음독도 はん이다. 1, 2번의 買(살 매)와 3, 4번의 売(팔 매)는 모두 음독이 ばい이다.

어휘 販売(はんばい) 판매 | 導入(どうにゅう) 도입

3 3 더워지면 머리카락을 묶을까 자를까 고민해 버립니다.

해설 むすぶ는 結(맺을 결)의 훈독이다. 1번은 「積(つ)む 쌓다」, 2번은 「続(つづ)く 계속되다」, 4번은 「組(く)む 짜다, 엮다」로 알아 두자.

어휘 髪(かみ) 머리카락 | 結(むす)ぶ 묶다, 맺다 | 迷(まよ)う 헤매다, 망설이다

4 1 복권에 당첨되었다고 가정해 봅시다.

해설 かてい는 仮(거짓 가)와 定(정할 정)을 쓴 음독 명사이다. 2, 4번 価(값 가)의 음독도 か이며, 「価格(かかく) 가격」을 외워 두자.

어휘 宝(たから)くじに当(あ)たる 복권에 당첨되다

5 3 규칙 위반을 하다니 다나카 씨답지 않네요.

해설 닮은꼴 한자 偉(클 위)와 違(다를 위)는 둘 다 음독이 い이다. 1, 3번의 反(돌이킬 반)은 음독 はん이며, 「反対(はんたい) 반대」를 기억하고, 2, 4번의 犯(범할 범)도 음독 はん이며, 「犯人(はんにん) 범인」을 외워 두자.

어휘 ルール 룰, 규칙 | 違反(いはん) 위반 | **명사** + らしくない ~답지 않다

6 2 뜨거운 물을 넣고 3분 기다리면 완성입니다.

해설 湯(끓일 탕)의 훈독은 ゆ이다. 「お湯(ゆ)を沸(わ)かす 물을 끓이다」라는 표현을 알아 두자.

어휘 お湯(ゆ) 뜨거운 물 | 入(い)れる 넣다 | 完成(かんせい) 완성

실전시험 33 | 한자 표기 [13]

본서2 p.90

정답 1 3 2 1 3 1 4 2 5 2 6 4

1 3 너무 많이 이야기해서 목이 아프다.

해설 痛(아플 통)의 훈독은 いたい이며, 음독은 つう이다.

어휘 しゃべる 이야기하다, 수다 떨다 | のど 목 | 痛(いた)い 아프다

2 1 회사 점심시간은 12시부터 1시까지입니다.

해설 ちゅうしょく는 昼(낮 주)와 食(먹을 식)을 쓴 음독 명사이다. 4번의 宙(집 주)는 「宇宙(うちゅう) 우주」를 기억해 두자.

어휘 昼食(ちゅうしょく) 점심 식사

3 1 사람은 누구에게나 결점이 있습니다.

해설 欠의 음독은 けつ이나, 뒤에 「か·さ·た·は행」이 오면 けっ으로 바뀐다. 3, 4번 天(하늘 천)의 음독도 てん이며, 「天気(てんき) 날씨, 晴天(せいてん) 맑은 하늘」 등이 있다.

어휘 だれにでも 누구에게나 | 欠点(けってん) 결점

4 2 체중이 5킬로나 늘어 버렸다.

해설 ふえる는 増(더할 증)의 훈독이다. 음독은 ぞう이며 「増加(ぞうか) 증가」도 함께 알아 두자. 1번은 「加(くわ)える 더하다, 추가하다」, 3번은 「太(ふと)る 살찌다」, 4번은 「贈(おく)る (선물을) 보내다」이다.

어휘 体重(たいじゅう) 체중 | 増(ふ)える 늘어나다

5 2 올해 겨울은 작년보다 춥다고 예측되고 있습니다.

해설 닮은꼴 한자 則(법칙 칙)과 測(헤아릴 측)을 구별하자. 둘 다 음독은 そく이나, 우리말 음이 다르므로 쉽게 구별할 수 있다. 각각 「規則(きそく) 규칙, 法則(ほうそく) 법칙」 「観測(かんそく) 관측, 予測(よそく) 예측」을 알아 두자. 1, 3번의 余(남을 여)는 「余(あま)る 남다」의 동사를 알아 두자.

어휘 今年(ことし) 올해 | 去年(きょねん) 작년 | 寒(さむ)い 춥다 | 予測(よそく) 예측

6 4 그의 고백에 어떻게 대답을 하면 좋을지 모르겠다.

해설 닮은꼴 한자 反(돌아올 반)과 坂(언덕 판), 板(널빤지 판), 返(돌이킬 반)을 구별하는 문제이다. へんじ는 '(질문·부름·편지·이메일 등의) 답장'이므로 정답은 4번이다.

어휘 告白(こくはく) 고백 | 返事(へんじ) 대답, 답장

실전시험 34 | 한자 표기 [14]

본서2 p.91

정답 1 2 2 3 3 3 4 3 5 1 6 3

1 2 완전히 회복할 때까지는 1주일 걸립니다.

해설 닮은꼴 한자 復(회복할 복)과 複(겹칠 복)을 구별하자. 각각 「復習(ふくしゅう) 복습, 往復(おうふく) 왕복, 回復(かいふく) 회복」과 「複数(ふくすう) 복수, 複雑(ふくざつ) 복잡함」을 꼭 외워 두자.

어휘 完全(かんぜん)に 완전히 | 回復(かいふく) 회복 | かかる 걸리다

2 3 빵을 굽고 있는 냄새가 납니다.

해설 やく는 焼(불사를 소)를 쓴다. 1번은 「煮(に)る 익히다, 삶다」, 2번은 「焦(あせ)る 초조해하다」 「焦(こ)げる 타

다」, 4번은 「燃(も)える 타다」「燃(も)やす 태우다, 연소시키다」로 알아 두자.

어휘 焼(や)く 굽다 | 匂(にお)いがする 냄새가 나다

3 3 기무라 씨가 손수 만든 과자를 갖고 왔다.

해설 닮은꼴 한자 果(과실 과)와 菓(과자 과)를 구별하자. 둘 다 음독이 か이며, 각각 「結果(けっか) 결과, 効果(こうか) 효과」와 「お菓子(かし) 과자」를 알아 두자.

어휘 手作(てづく)り 손수 만듦 | お菓子(かし) 과자

4 3 매주 수요일에, 육아에 관한 강연회를 실시하고 있다.

해설 닮은꼴 한자 講(외울 강)과 構(얽을 구)를 구별하자. 둘 다 음독이 こう이지만 우리말 음이 다르므로 쉽게 구별할 수 있다. 1, 2번 研(갈 연)의 음독은 けん이다.

어휘 子育(こそだ)て 육아 | 講演会(こうえんかい) 강연회 | 行(おこな)う 실시하다, 행하다

5 1 매일 가사와 육아에 쫓기고 있다.

해설 おわれる는 おう의 수동형이며, 追(쫓을 추)를 쓴다. 2번 「送(おく)る 보내다」, 3번 「押(お)す 누르다, 밀다」, 4번 「折(お)れる 꺾이다, 부러지다」「折(お)る 꺾다, 부러뜨리다」도 알아 두자.

어휘 家事(かじ) 가사, 집안일 | 育児(いくじ) 육아 | 追(お)う 쫓다

6 3 학생들의 얼굴로 보아 시험은 쉬웠던 것 같다.

해설 やさしい는 1번 優しい(상냥하다), 3번 易しい(쉽다)의 훈독이며, 문맥상 정답은 3번이 된다. 4번은 「軽(かる)い 가볍다」이다.

어휘 顔(かお) 얼굴 | ~からみると ~로 보아 | 試験(しけん) 시험 | 易(やさ)しい 쉽다 | 優(やさ)しい 상냥하다

실전시험 35 | 한자 표기 [15]

▸본서2 p.92

정답 1 4 2 1 3 1 4 3 5 4 6 2

1 4 병의 원인은 아직 밝혀지지 않았다.

해설 1, 2번 元(으뜸 원)의 음독도 げん이다. 또한 닮은꼴 한자 因(언덕 원)과 困(곤할 곤)은 각각 음독이 いん과 こん이며 우리말 음이 다른 것으로 구별할 수 있다.

어휘 病気(びょうき) 병 | 原因(げんいん) 원인 | 明(あき)らかになる 밝혀지다

2 1 내년부터 새 직장으로 옮깁니다.

해설 移(옮길 이)의 훈독 「移(うつ)る 옮다, 이동하다」「移(うつ)す 옮기다」와 음독 「移動(いどう) 이동」은 자주 출제된다.

어휘 職場(しょくば) 직장 | 移(うつ)る 옮기다, 옮다 | 渡(わた)る 건너다 | 通(とお)る 지나가다

3 1 요시다 씨는 수업이 끝나면, 항상 칠판의 글씨를 지워줍니다.

해설 消(사라질 소)의 훈독 けす를 묻는 문제이다. 3번은 「流(なが)す 흘리다」, 4번은 「除(のぞ)く 제거하다, 없애다」이다.

어휘 黒板(こくばん) 칠판 | 字(じ) 글씨 | 消(け)す 끄다, 지우다

4 3 최근 여름은 아주 무더워서 냉방이 없으면 생활할 수 없습니다.

해설 닮은꼴 한자 令(하여금 령)과 冷(차가울 랭)을 구별하자. 음독은 れい로 같으나 한자의 의미로 구별하고, 각각 「命令(めいれい) 명령」「冷房(れいぼう) 냉방, 冷蔵庫(れいぞうこ) 냉장고」를 기억하자. 2, 4번의 戻(돌려줄 려)는 훈독 「戻(もど)る 되돌아오다」「戻(もど)す 되돌리다」를 정리하자.

어휘 だんだん 점점 | 蒸(む)し暑(あつ)い 무덥다 | 冷房(れいぼう) 냉방 | 生活(せいかつ) 생활

5 4 일본의 관광 명소를 가르쳐 주세요.

해설 닮은꼴 한자 観(볼 관)과 歓(기쁠 환)을 구별하자. 둘 다 음독은 かん이며 각각 「観光(かんこう) 관광, 観客(かんきゃく) 관객, 観察(かんさつ) 관찰」과 「歓迎(かんげい) 환영」을 알아 두자.

어휘 観光(かんこう) 관광 | スポット 스폿, 장소 | 観察(かんさつ) 관찰

6 2 마당에 나뭇잎이 떨어져 있다.

해설 は는 葉(잎 엽)의 훈독이다. 3번은 「雲(くも) 구름」, 4번은 「草(くさ) 풀」이다.

어휘 庭(にわ) 마당 | 葉(は) 잎 | 落(お)ちる 떨어지다

실전시험 36 | 한자 표기 [16]

▸본서2 p.93

정답 1 4 2 1 3 3 4 2 5 1 6 2

1 4 우리 회사는 손님과의 신뢰를 기본으로 생각해 왔습니다.

해설 基(터 기)와 期(기약할 기)는 둘 다 음독이 き이다. 각 한자의 의미로 구별하고, 각각 「基本(きほん) 기본, 基準(きじゅん) 기준」과 「期間(きかん) 기간, 期限(きげん) 기한, 学期(がっき) 학기」를 알아 두자.

어휘 客(きゃく) 손님 | 信頼(しんらい) 신뢰 | 基本(きほん) 기본 | 基礎(きそ) 기초

2 1 고양이는 창문으로 도망쳐 갔다.

해설 逃(도망칠 도)의 훈독은 にげる이다. 2번 迷(헤맬 미)는 「迷(まよ)う 망설이다」, 4번 退(물러날 퇴)는 음독 명사 「退場(たいじょう) 퇴장」으로 알아 두자.

어휘 猫(ねこ) 고양이 | 窓(まど) 창문

3 3 흰옷은 금방 더러워진다.

해설 汚(더러울 오)의 훈독은 「汚(きたな)い 더럽다」「汚(よご)れる 더러워지다」「汚(よご)す 더럽히다」가 있다. 2번 汗(땀 한)은 훈독 명사 「汗(あせ) 땀」이다.

어휘 白(しろ)い 하얗다 | 服(ふく) 옷

4 2 건강을 위해 생활 습관을 개선하기로 했다.

해설 닮은꼴 한자 建(세울 건)과 健(굳셀 건)을 구별하자. 둘 다 음독이 けん이므로 한자의 의미와 관련 한자어를 잘 알아 두자.

어휘 健康(けんこう) 건강 | 生活習慣(せいかつしゅうかん) 생활 습관 | 改善(かいぜん) 개선

5 1 이 공장에서는 수출용 자동차를 생산하고 있습니다.

해설 닮은꼴 한자 輸(나를 수)와 愉(즐거울 유), 輪(바퀴 륜), 論(논할 논)을 구별하자. 각각 「輸出(ゆしゅつ) 수출, 輸入(ゆにゅう) 수입」「愉快(ゆかい) 유쾌함」「車輪(しゃりん) 수레바퀴」「論文(ろんぶん) 논문, 結論(けつろん) 결론」을 알아 두자. 이 부분은 N2 시험에도 출제된다.

어휘 工場(こうじょう) 공장 | 輸出(ゆしゅつ) 수출 | ~向(む)け ~용, ~대상 | 自動車(じどうしゃ) 자동차 | 生産(せいさん) 생산

6 2 위에서 물건을 던져서는 안 됩니다.

해설 投(던질 투)의 훈독 なげる이다. 1번은 「打(う)つ 치다」, 3번은 「拾(ひろ)う 줍다」, 4번은 「当(あ)たる 맞다, 명중하다」로 알아 두자.

어휘 物(もの) 물건 | 投(な)げる 던지다

실전시험 37 | 한자 표기 [17]

본서2 p.94

정답 1 1 2 3 3 1 4 4 5 3 6 2

1 1 중국을 경유해서 유럽에 간다.

해설 由(말미암을 유)의 음독은 「ゆ·ゆう」 두 개이다. 각각 「由来(ゆらい) 유래, 経由(けいゆ) 경유」「理由(りゆう) 이유, 自由(じゆう) 자유」이며, 2, 4번의 油(기름 유)의 음독은 ゆ, 훈독은 「油(あぶら) 기름」이다.

어휘 経由(けいゆ) 경유 | ヨーロッパ 유럽

2 3 더워서 얼음이 바로 녹아 버렸다.

해설 氷(얼음 빙)의 훈독은 こおり이다. 2번은 「永遠(えいえん) 영원」, 4번은 「泳(およ)ぐ 헤엄치다」로 기억해 두자.

어휘 氷(こおり) 얼음 | 溶(と)ける 녹다

3 1 내 단점은 생각만 하고 바로 행동을 일으키지 않는다는 점입니다.

해설 선택지에서 こうどう로 읽히는 한자는 1번과 4번이나, 의미상 '행동'이 적합하므로 정답은 1번이다. 2번 降(내릴 강)의 음독은 こう, 3번 幸(다행 행)의 음독도 こう이다.

어휘 短所(たんしょ) 단점 | 行動(こうどう) 행동 | 起(お)こす 일으키다 | 講堂(こうどう) 강당

4 4 플라스틱 용기는 빨간 상자에 버려 주세요.

해설 닮은꼴 한자 容(얼굴 용)과 溶(녹을 용)이다. 음독은 둘 다 よう이며 容(얼굴 용)은 「容器(ようき) 용기, 内容(ないよう) 내용」을 기억하고, 溶(녹을 용)은 훈독 「溶(と)ける 녹다」를 알아 두자.

어휘 プラスチック 플라스틱 | 容器(ようき) 용기 | 捨(す)てる 버리다

5 3 내용이 복잡해서 이해하기 어렵다.

해설 1번 服(옷 복), 2번 腹(배 복)의 음독도 ふく이다. 각각 「洋服(ようふく) 양복, 服装(ふくそう) 복장」과 「腹痛(ふくつう) 복통」을 알아 두자.

어휘 内容(ないよう) 내용 | 複雑(ふくざつ) 복잡함

6 2 반 친구와 선생님의 댁을 방문했다.

해설 訪(찾을 방)의 훈독은 「訪(たず)ねる 방문하다」「訪(おとず)れる 방문하다, (시기·계절이) 찾아오다」 두 개이다.

어휘 クラスメート 반 친구 | お宅(たく) 댁 | 訪(たず)ねる 방문하다

실전시험 38 | 한자 표기 [18]

본서2 p.95

정답 1 1 2 4 3 1 4 2 5 2 6 3

1 1 시험 성적으로 반을 나눕니다.

해설 닮은꼴 한자 績(길쌈할 적)과 積(쌓을 적)을 구별하자. 績(길쌈할 적)이 쓰인 「業績(ぎょうせき) 업적, 功績(こうせき) 공적, 実績(じっせき) 실적, 成績(せいせき) 성적」을 알아 두면 積(쌓을 적)과 쉽게 구별할 수 있다.

어휘 成績(せいせき) 성적 | 分(わ)ける 나누다

2 4 그는 팔짱을 끼고 창밖을 바라보고 있다.

해설 くむ의 훈독 한자 組(짤 조)를 찾는 문제이다. 3번의 「結(むす)ぶ 묶다, 맺다」도 꼭 알아 두자.

어휘 腕(うで)を組(く)む 팔짱을 끼다 | 窓(まど) 창, 창문 | 見(み)つめる 바라보다, 응시하다

3 1 아이의 신장(키)을 기록하고 있다.

해설 しんちょう는 身(몸 신)과 長(길 장)을 써서 나타낸다. 3, 4번 伸(펼 신)의 음독도 しん인데 N3에서는 음독보다 훈독인 「伸(の)びる 곧게 자라다, 성장하다」「伸(の)ばす 곧게 펴다, 성장시키다」를 알아 두자.

어휘 身長(しんちょう) 키, 신장 | 記録(きろく) 기록

4 2 법률이 개정되었다.

해설 ほうりつ는 法(법 법)과 律(법칙 률)을 쓴다. 3, 4번의 立(설 립)도 음독 りつ이다.

어휘 法律(ほうりつ) 법률 | 改正(かいせい) 개정

5 2 요금은 승차할 때 지불해 주세요.

해설 条(조목 조)와 乗(탈 승), 常(항상 상), 上(윗 상)의 음독은 모두 じょう이지만, 우리말의 '승'으로 읽히는 것은 2번밖에 없다.

어휘 料金(りょうきん) 요금 | 乗車(じょうしゃ) 승차 | 払(はら)う 지불하다

6 3 손님이 오기 전에 음료를 차게 해 둔다.

해설 冷(차가울 랭)의 훈독은 「冷(ひ)える 차가워지다」「冷(ひ)やす 차게 하다」「冷(さ)める 식다」「冷(さ)ます 식히다」「冷(つめ)たい 차갑다」이다. 2번은 「凍(こお)る 얼다」, 4번은 「燃(も)やす 태우다」이다.

어휘 客(きゃく) 손님 | 飲(の)み物(もの) 음료, 마실 것 | 冷(ひ)やす 차게 하다

실전시험 39 | 한자 표기 [19]

▶본서2 p.96

정답 **1** 2 **2** 2 **3** 1 **4** 3 **5** 2 **6** 2

1 2 인구 감소에 의해 여러 가지 문제가 생기고 있다.

해설 げんしょう는 減(덜 감)과 少(적을 소)를 써서 나타낸다. 3, 4번 小(작을 소)의 음독도 しょう이므로 한자의 의미로 구별하자.

어휘 人口(じんこう) 인구 | ～により ~에 의해 | 問題(もんだい)が生(しょう)じる 문제가 생기다

2 2 요리 재료를 가르쳐 주세요.

해설 ざいりょう는 材(재목 재)와 料(재료 료)로 표기한다. 3, 4번의 科(과목 과)는 음독이 か이다.

어휘 材料(ざいりょう) 재료

3 1 오늘 결론이 나지 않으면 다음 주에 또 이야기 나눕시다.

해설 けつろん은 結(맺을 결)과 論(논할 논)으로 표기한다. 2, 4번의 級(등급 급)은 음독이 きゅう이다.

어휘 結論(けつろん) 결론 | 話(はな)し合(あ)う 이야기를 나누다, 의논하다

4 3 세계에는 70억 이상의 사람이 있습니다.

해설 닮은꼴 한자 意(뜻 의)와 憶(생각할 억), 億(억 억), 臆(가슴 억)을 구별하자. 意만 음독이 い이며, 나머지는 전부 おく로 읽는다. 2번은 「記憶(きおく) 기억」, 4번은 「臆病(おくびょう) 겁이 많음」으로 기억하자.

어휘 世界(せかい) 세계 | 億(おく) 억

5 2 인기 드라마의 재방송이 결정되었다.

해설 けってい는 決(결단할 결)과 定(정할 정)을 쓴다. 3, 4번 正(바를 정)의 음독은 「せい·しょう」이다.

어휘 人気(にんき) 인기 | ドラマ 드라마 | 再放送(さいほうそう) 재방송 | 決定(けってい) 결정

6 2 마당에 사과나무를 심었다.

해설 うえる의 훈독 한자 植(심을 식)을 찾는 문제이다. 4번은 「種(たね) 씨, 씨앗」으로 알아 두자.

어휘 植(う)える 심다

실전시험 40 | 한자 표기 [20]

▶본서2 p.97

정답 **1** 4 **2** 3 **3** 2 **4** 4 **5** 1 **6** 2

1 4 그는 노력을 그만두지 않는 사람입니다.

해설 どりょく는 '노력'이므로 정답은 4번이다. 1번 能(능할 능)은 「能力(のうりょく) 능력, 可能(かのう) 가능」, 2번 怒(성낼 노)는 「怒(おこ)る 화내다」, 3번 態(모습 태)는 「態度(たいど) 태도」로 알아 두자.

어휘 努力(どりょく) 노력 | やめる 그만두다 | 能力(のうりょく) 능력

2 3 둥근 모양의 안경을 썼더니 인상이 바뀌었다.

해설 まるい의 한자는 丸(둥글 원)이다.

어휘 丸(まる)い 둥글다 | 形(かたち) 모양, 형태 | めがねをかける 안경을 쓰다 | 印象(いんしょう) 인상 | 変(か)わる 바뀌다, 변하다

3 2 카페 옆에 꽃집이 있다.

해설 横(가로 횡)의 훈독은 よこ, 음독은 おう이다. 1번은 「隣(となり) 옆, 이웃」, 3번은 「～側(がわ) ~측」이다.

어휘 カフェ 카페 | 花屋(はなや) 꽃집

4 4 정전이 발생해서 전철이 멈췄습니다.

해설 ていでん은 停(머무를 정)과 電(번개 전)을 써서 나타낸다.

어휘 停電(ていでん) 정전 | 発生(はっせい) 발생 | 止(と)まる 멈추다

5 1 이 초콜릿은 겨울 기간에밖에 맛볼 수 없습니다.

해설 きかん은 期(기약할 기)와 間(사이 간)을 쓴다. 2, 4번의 関(빗장 관)은 「関係(かんけい) 관계」를 알아 두자.

어휘 期間(きかん) 기간 | 味(あじ)わう 맛보다

6 2 이 부근은 조용한 주택지입니다.

해설 辺(가 변)의 훈독은 あたり, 음독은 へん이다. 1번은 「周(まわ)り 주위, 둘레」, 3번은 「囲(かこ)む 둘러싸다, 에워싸다」, 4번은 「道(みち) 길」이다.

어휘 辺(あた)り 주변, 부근 | 静(しず)かだ 조용하다 | 住宅地(じゅうたくち) 주택지

문제3 문맥 규정

실전시험 41 | 문맥 규정 [1]

▶본서2 p.136

정답 1 2 2 3 3 1 4 3 5 1 6 2
7 4 8 1 9 2 10 3 11 4

1 2 운동 부족이라서 자전거로 (출근)하고 있다.

해설 '운동 부족'과 의미상 자연스럽게 연결되는 것을 찾으면 자전거로 '출근(出勤)'이 정답이다.

어휘 運動不足(うんどうぶそく) 운동 부족 | 自転車(じてんしゃ) 자전거 | 出国(しゅっこく) 출국 | 出勤(しゅっきん) 출근 | 出張(しゅっちょう) 출장 | 出席(しゅっせき) 출석

2 3 부장님께 회의 (보고)를 했다.

해설 '회의'와 자연스럽게 연결되는 단어는 '보고(報告)'이다.

어휘 部長(ぶちょう) 부장 | 会議(かいぎ) 회의 | 発言(はつげん) 발언 | 交流(こうりゅう) 교류 | 報告(ほうこく) 보고 | 証明(しょうめい) 증명

3 1 사용되고 있지 않은 (토지)에 공원이 만들어졌다.

해설 공원이 만들어진 장소는 '토지(土地)'이다.

어휘 公園(こうえん) 공원 | 土地(とち) 토지, 땅 | 住宅(じゅうたく) 주택 | 住所(じゅうしょ) 주소 | 近所(きんじょ) 근처, 이웃

4 3 사람이 많이 있는 공공장소에서는 매너를 (지켜) 주세요.

해설 「マナーを守(まも)る 매너를 지키다」라는 표현을 기억하자.

어휘 公共(こうきょう) 공공 | 場(ば) 장소 | マナー 매너 | 付(つ)き合(あ)う 사귀다 | 組(く)む 짜다, 엮다, 꼬다 | 守(まも)る 지키다 | つける (불을) 붙이다, 켜다

5 1 (물가)는 오르는데 수입은 늘지 않는다.

해설 뒤 문장의 '수입은 늘지 않는다'와 대비되는 것을 찾으면 '물가(物価)는 오른다'이다.

어휘 上(あ)がる 오르다 | 収入(しゅうにゅう) 수입 | 増(ふ)える 늘다, 증가하다 | 物価(ぶっか) 물가 | 代金(だいきん) 대금 | 合計(ごうけい) 합계 | 値段(ねだん) 가격

6 2 우리 제품에 (흥미)를 가져 주셔서 감사합니다.

해설 괄호 앞의 '제품(製品)'이라는 단어와 뒤의 '감사하다'라는 인사로 보면 '흥미(興味)'가 정답임을 알 수 있다.

어휘 製品(せいひん) 제품 | 趣味(しゅみ) 취미 | 興味(きょうみ) 흥미 | 好物(こうぶつ) 즐기는 음식, 좋아하는 물건 | 見物(けんぶつ) 구경

7 4 모리 씨와 (친해)지고 싶어서 말을 걸어 보았다.

해설 사람과 '친해지고 싶어서'가 되어야 하므로 '친하다(親しい)'이다.

어휘 声(こえ)をかける 말을 걸다 | 優(やさ)しい 상냥하다 | やわらかい 부드럽다 | おとなしい 얌전하다 | 親(した)しい 친하다

8 1 (갑자기) 추워져서 감기에 걸리고 말았습니다.

해설 감기에 걸린 이유가 '갑자기(急に)' 추워져서이므로 정답은 1번이다.

어휘 寒(さむ)い 춥다 | 風邪(かぜ)をひく 감기에 걸리다 | 急(きゅう)に 갑자기 | 早(はや)めに 빨리, 일찌감치 | 続々(ぞくぞく)と 속속, 끊임없이 | 次第(しだい)に 점차, 서서히

9 2 자기에게 (자신감)을 갖기 위해서는 타인과 비교를 하지 않는 겁니다.

해설 「自信(じしん)を持(も)つ 자신감을 갖다」로 기억하자.

어휘 他人(たにん) 타인 | 比較(ひかく) 비교 | 関心(かんしん) 관심 | 自信(じしん) 자신, 자신감 | 感覚(かんかく) 감각 | 実力(じつりょく) 실력

10 3 사고를 (일으키지 않)도록 차 점검을 제대로 해 둡시다.

해설 '사고를'과 연결되어 자연스러운 문장을 만드는 단어는 '일으키다(起こす)'밖에 없다.

어휘 事故(じこ) 사고 | 点検(てんけん) 점검 | しっかり 제대로 | 許(ゆる)す 용서하다, 허락하다 | 通(とお)す 통과시키다 | 起(お)こす 일으키다 | なくす 잃어버리다, 없애다

11 4 이 그림은 유명한 소설로부터 (힌트)를 얻어서 그렸습니다.

해설 괄호 뒤의 得る(얻다)에 이어질 수 있는 명사는 ヒント 뿐이다.

어휘 絵(え) 그림 | 小説(しょうせつ) 소설 | 得(え)る 얻다 | 描(か)く 그리다 | カット 컷 | ノック 노크 | バック 백(back) | ヒント 힌트

실전시험 42 | 문맥 규정 [2]

▶본서2 p.138

정답 1 1 2 3 3 2 4 4 5 3 6 3
7 1 8 4 9 3 10 3 11 4

1 1 마당에 피어 있는 꽃에서 좋은 (향기)가 난다.

해설 ~がする는 '~가 나다, ~가 들다'로 해석되는 표현이다. '꽃(花)'에서 '향기가 나다(香りがする)'로 연결되어야 자연스러운 문장이 된다.

어휘 庭(にわ) 마당, 정원 | 咲(さ)く (꽃이) 피다 | 香(かお)りがする 향기가 나다 | 味(あじ)がする 맛이 나다

2 3 죄송합니다만, 영수증이 없으면 (반품) 불가합니다.

해설 물건의 '반품'은 返品이다.

어휘 レシート 영수증 | 返事(へんじ) 답장, 대답 | 返信(へんしん) 회신 | 返却(へんきゃく) 빌린 물건의 반납

3 **2** 어젯밤의 강한 바람으로 간판이 (쓰러졌다).

해설 '간판(看板)'과 의미상 자연스럽게 연결되는 동사는 '쓰러지다(倒れる)'이다.

어휘 ゆうべ 어젯밤 | 強(つよ)い 강하다 | 看板(かんばん) 간판 | 壊(こわ)す 고장 내다, 망가뜨리다 | 倒(たお)れる 쓰러지다 | 削(けず)る 깎다 | 崩(くず)れる 무너지다

4 **4** 짐을 오전 중에 보내면 당일 (배송)도 가능합니다.

해설 괄호 뒤에 '배송(配送)'이 있으므로 연결되는 단어는 '당일(当日)'이다.

어휘 荷物(にもつ) 짐 | 送(おく)る 보내다 | 配送(はいそう) 배송 | 可能(かのう) 가능 | 日時(にちじ) 일시 | 現在(げんざい) 현재 | 半年(はんとし) 반년 | 当日(とうじつ) 당일

5 **3** 이 용지에 이름과 연락처를 (기입)해 주십시오.

해설 이름과 연락처는 '기입(記入)'이다.

어휘 用紙(ようし) 용지 | 連絡先(れんらくさき) 연락처 | 調査(ちょうさ) 조사 | 完成(かんせい) 완성 | 記入(きにゅう) 기입 | 提出(ていしゅつ) 제출

6 **3** 여기는 관계자 (이외)는 들어갈 수 없습니다.

해설 괄호 뒤가 '들어갈 수 없다'이므로 정답은 '이외(以外)'이다.

어휘 関係者(かんけいしゃ) 관계자 | 以下(いか) 이하 | 以上(いじょう) 이상 | 以外(いがい) 이외 | 以内(いない) 이내

7 **1** 요즘 일에서 (실수)가 많아서 상사에게 혼나고만 있습니다.

해설 상사에게 혼나는 이유를 찾으면 '실수가 많다(ミスが多い)'가 와야 한다.

어휘 上司(じょうし) 상사 | 怒(おこ)る 화내다, 혼내다 | ミス 미스, 실수 | ストレス 스트레스 | マスター 마스터 | トレーニング 트레이닝

8 **4** (푹) 자서 피로가 풀렸다.

해설 ぐっすり는 동사 「寝(ね)る·眠(ねむ)る」와 연결해서 '푹 자다'로 외워 두자. 1번 そっくり는 「顔(かお)がそっくりだ 얼굴이 쏙 빼닮다, 얼굴이 닮았다」, 2번 うっかり는 「うっかりする 깜빡하다」「うっかり忘(わす)れる 깜빡 잊다」, 3번 がっかり는 「がっかりする 실망하다)」로 외워 두자.

어휘 疲(つか)れが取(と)れる 피로가 풀리다

9 **3** 친구에게 영화 (보러 가자고 했)지만 거절당했다.

해설 '거절당했다(断られた)'와 연결되는 자연스러운 동사는 誘う이다.

어휘 断(ことわ)る 거절하다 | 許(ゆる)す 용서하다, 허락하다 | 流(なが)す 흘리다, 흘려보내다 | 誘(さそ)う 권유하다, 꾀다 | 行(おこな)う 행하다

10 **3** 죄송합니다만 잠깐 (도와줄 수) 없나요?

해설 관용구 찾기 문제로 「手(て)を貸(か)す 돕다」가 정답이다.

어휘 助(たす)ける 돕다, 구하다 | 合(あ)わせる 맞추다, 합치다 | 入(い)れる 넣다

11 **4** 고기보다 (신선한) 채소나 과일을 중심으로 한 식생활을 명심하고 있습니다.

해설 괄호 뒤의 '채소나 과일'을 수식할 수 있는 な형용사는 '신선한(新鮮な)'밖에 없다.

어휘 肉(にく) 고기 | 野菜(やさい) 채소 | 果物(くだもの) 과일 | ～を中心(ちゅうしん)とした ~을 중심으로 한 | 食生活(しょくせいかつ) 식생활 | 心(こころ)がける 명심하다 | 確(たし)かだ 확실하다 | 清潔(せいけつ)だ 청결하다 | 新(あら)ただ 새롭다 | 新鮮(しんせん)だ 신선하다

실전시험 43 | 문맥 규정 [3]

▶본서2 p.140

정답 **1** 4 **2** 3 **3** 2 **4** 1 **5** 4 **6** 4 **7** 3 **8** 3 **9** 1 **10** 2 **11** 3

1 **4** 독감에 (걸려서) 회사를 쉬었다.

해설 「インフルエンザにかかる 독감에 걸리다」「病気(びょうき)にかかる 병에 걸리다」를 알아 두자.

어휘 インフルエンザ 인플루엔자, 독감 | 広(ひろ)がる 퍼지다 | 流行(はや)る 유행하다 | 当(あ)たる 들어맞다, 적중하다 | かかる 걸리다

2 **3** 부하에게 (지시)만 하는 상사는 되고 싶지 않습니다.

해설 부하와 상사의 관계로 생각해 보면 '지시(指示)'가 정답이다. 1번은 「文句(もんく)を言(い)う 불만을 말하다」「文句(もんく)がある 불만이 있다」로 기억하자.

어휘 部下(ぶか) 부하 | 上司(じょうし) 상사 | 文句(もんく) 불평, 불만 | 注文(ちゅうもん) 주문 | 指示(しじ) 지시 | 主張(しゅちょう) 주장

3 **2** 우리 집은 1주일에 2일은 (외식)하도록 하고 있습니다.

해설 보기는 食에서 파생된 명사들이며 문맥상 2번 '외식(外食)'이 정답이다.

어휘 週(しゅう)に 1주일에 | 食欲(しょくよく) 식욕 | 外食(がいしょく) 외식 | 試食(ししょく) 시식 | 食費(しょくひ) 식비

4 **1** 사람을 (겉모습)만으로 판단해서는 안 된다.

해설 1번의 外見(겉모습)은 '겉에서 본 모습, 사람의 외견'을 의미한다. 2번의 外側(외측, 바깥쪽)는 사람의 겉모습이라는 의미로는 쓰이지 않는다.

어휘 判断(はんだん) 판단 | 外見(がいけん) 겉모습 | 外側(そとがわ) 바깥쪽 | 内容(ないよう) 내용 | 中身(なか

み) 내용물

5 4 그는 (유머)가 있어서 반 분위기를 밝게 해 줍니다.

해설 반 분위기를 밝게 해 준다고 했으므로 ユーモアがある(유머가 있다)가 정답이다.

어휘 雰囲気(ふんいき) 분위기 | マナー 매너 | ルール 룰, 규칙 | イメージ 이미지 | ユーモア 유머

6 4 경찰은 화재의 자세한 (원인)을 조사하고 있습니다.

해설 「詳(くわ)しい原因(げんいん)を調(しら)べる 자세한 원인을 조사하다」로 연결해야 자연스러운 문장이 된다.

어휘 警察(けいさつ) 경찰 | 火事(かじ) 화재 | 詳(くわ)しい 자세하다 | 調(知ら)べる 조사하다 | 実際(じっさい) 실제 | 情報(じょうほう) 정보 | 調子(ちょうし) 상태 | 原因(げんいん) 원인

7 3 프레젠테이션에서 사용할 (자료)의 내용을 정리해 두세요.

해설 괄호 앞의 プレゼン과 뒤의 内容를 연결해 보면 '자료(資料)'가 정답임을 알 수 있다.

어휘 プレゼン 프레젠테이션 | 内容(ないよう) 내용 | まとめる 정리하다 | 見本(みほん) 견본, 샘플 | 材料(ざいりょう) 재료 | 資料(しりょう) 자료 | 原料(げんりょう) 원료

8 3 매일 바쁘게 지내고 있는 동안 (어느새인가) 여름이 끝나버렸다.

해설 夏が終わってしまった와 자연스럽게 연결되는 부사는 3번 '어느새인가(いつのまにか)'이다.

어휘 過(す)ごす 지내다, 보내다 | ~うちに ~하고 있는 동안에 | じゅうぶん 충분히 | しばらく 잠시, 잠깐 | いつのまにか 어느새인가 | まもなく 곧, 머지않아

9 1 우리 아이는 집에서는 (얌전하고) 착한 아이인데, 밖에서는 제멋대로인 말을 하거나 해서 곤란해하고 있다.

해설 괄호 뒤의 いい子와 연결되는 い형용사는 1번의 おとなしい(얌전하다)이다.

어휘 わがまま 제멋대로 | 困(こま)る 곤란하다 | おとなしい 얌전하다 | つまらない 재미없다, 시시하다 | ありがたい 고맙다 | 厳(きび)しい 엄격하다, 혹독하다

10 2 개가 짖어서 눈이 (떠졌다).

해설 「目(め)が覚(さ)める 눈이 떠지다, 잠에서 깨다」로 알아두자. 타동사 표현은 「目(め)を覚(さ)ます 눈을 뜨다」이다.

어휘 吠(ほ)える 짖다 | 冷(さ)める 식다 | 閉(と)じる (눈을) 감다, (책을) 덮다 | 開(あ)く 열리다

11 3 지금부터 시험을 시작하니 책은 가방 안에 (넣어) 주세요.

해설 괄호 앞이 かばんの中に이므로 しまう(안에 넣다, 보관하다)가 정답이다. 1번 入(はい)る는 '들어가다, 들어오다'의 의미라서 정답이 될 수 없다.

어휘 試験(しけん) 시험 | 始(はじ)める 시작하다 | 入(はい)る 들어가다, 들어오다 | 詰(つ)める 가득 채우다 | しまう 넣다, 보관하다 | 取(と)り替(か)える 교체하다

실전시험 44 | 문맥 규정 [4]

본서2 p.142

정답 **1** 3 **2** 4 **3** 4 **4** 3 **5** 1 **6** 2 **7** 4 **8** 2 **9** 3 **10** 2 **11** 3

1 3 공사 중이라서 평소보다 도로가 (정체)되고 있다.

해설 「道路(どうろ)が渋滞(じゅうたい)する 도로가 정체되다」가 되어야 하고, 2번의 混乱(혼란)은 무질서한 상태, 여러 가지가 섞여서 뭐가 뭔지 모르는 상태를 의미한다.

어휘 工事(こうじ) 공사 | いつもより 평소보다 | 道路(どうろ) 도로 | 経由(けいゆ) 경유 | 混乱(こんらん) 혼란 | 渋滞(じゅうたい) 정체 | 集中(しゅうちゅう) 집중

2 4 테니스 시합에서 긴장해서 (실력)을 낼 수 없었다.

해설 괄호 앞에 緊張して가 있으므로 문맥상 4번 実力(실력)가 정답이다. 1번의 知識(지식)는 「知識(ちしき)がある 지식이 있다」「知識(ちしき)が豊富(ほうふ)だ 지식이 풍부하다」로 기억하자.

어휘 試合(しあい) 시합 | 緊張(きんちょう) 긴장 | 知識(ちしき) 지식 | 常識(じょうしき) 상식 | 効力(こうりょく) 효력 | 実力(じつりょく) 실력

3 4 이 방은 남(향)이라서 채광이 좋습니다.

해설 '~방향'의 의미를 나타내는 4번 ~向き가 정답이다.

어휘 南(みなみ) 남쪽 | 日当(ひあ)たりがいい 채광이 좋다 | ~建(だ)て ~층 짜리 건물 | ~込(こ)み ~포함 | ~沿(ぞ)い ~가 | ~向(む)き ~향

4 3 급한 일이 생겨서 호텔 예약을 (취소)했다.

해설 괄호 앞의 予約와 연결되는 표현은 '취소(キャンセル)' 밖에 없다.

어휘 急用(きゅうよう) 급한 용무 | 予約(よやく) 예약 | チェックアウト 체크아웃 | レンタル 렌털 | キャンセル 캔슬, 취소 | オーバー 오버

5 1 팀 전원이 힘을 (합쳐서) 전력으로 싸웠다.

해설 1번의 合わせる는 '맞추다', '합치다'의 의미가 있는데 여기서는 「力(ちから)を合(あ)わせる 힘을 합치다」의 의미이다.

어휘 チーム 팀 | 全員(ぜんいん) 전원 | 力(ちから) 힘 | 全力(ぜんりょく) 전력 | 戦(たたか)う 싸우다 | 合(あ)わせる 맞추다, 합치다 | 重(かさ)ねる 겹치다, 포개다 | 混(ま)ぜる 섞다 | 加(くわ)える 더하다, 추가하다

6 2 나이를 먹어서 점점 (체력)이 없어지고 있는 느낌이 든다.

해설 「体力(たいりょく)がなくなる 체력이 없어지다」가 문맥상 알맞다. 3번은 「体重(たいじゅう)が増(ふ)える 체중이 늘어나다」로 알아 두자.

어휘 年(とし)を取(と)る 나이를 먹다 | だんだん 점점 | なくなる 없어지다 | 気(き)がする 느낌이 들다 | 体操(たいそう) 체조 | 体力(たいりょく) 체력 | 体重(たいじゅう) 체중 | 体育(たいいく) 체육

7 4 점원이 (집요하게) 따라오는 가게는 쇼핑하기 불편합니다.

해설 '점원이 ~ 따라오다' 사이에 이어져야 하므로 정답은 しつこい의 부사형인 4번 しつこく이다.

어휘 店員(てんいん) 점원 | ついてくる 따라오다 | 詳(くわ)しい 자세하다 | 偉(えら)い 훌륭하다 | 貧(まず)しい 가난하다 | しつこい 집요하다

8 2 (모처럼) 와 주었는데 만날 수 없어서 유감이었습니다.

해설 2번 せっかく는 「せっかく～のだから 모처럼 ~이니까」「せっかく～のに 모처럼 ~인데」로 자주 출제된다.

어휘 残念(ざんねん)だ 유감이다 | さっそく 즉시, 당장, 바로 | せっかく 모처럼 | しばらく 잠시 | もうすぐ 이제 곧

9 3 두통이 심하면 (참지) 말고 약을 먹는 편이 좋다.

해설 선택지는 모두 する가 붙는 명사이다. 괄호 뒤가 薬を飲んだほうがいい이므로 3번 '참음(我慢)'이 정답이다.

어휘 頭痛(ずつう) 두통 | ひどい 심하다 | 薬(くすり)を飲(の)む 약을 먹다 | 誤解(ごかい) 오해 | 反省(はんせい) 반성 | 我慢(がまん) 참음 | 苦労(くろう) 고생

10 2 아르바이트 응모자가 없어서 마감을 1주일 (늘렸다).

해설 마감을 1주일 '미루다, 연기하다'의 의미이므로 정답은 2번이다. 또한 선택지의 동사는 시험에 자주 출제되므로 꼭 외워 두자.

어휘 応募者(おうぼしゃ) 응모자, 지원자 | 締(し)め切(き)り 마감 | 移(うつ)す 옮기다 | 延(の)ばす (시간·날짜를) 늦추다, 늘리다 | 過(す)ごす 지내다 | 加(くわ)える 더하다, 추가하다

11 3 이 할인권은 기한이 (지나) 있어서 사용할 수 없습니다.

해설 3번의 切れる는 「期限(きげん)が切(き)れる 기한이 지나다」「電池(でんち)が切(き)れる 건전지가 다 되다」「在庫(ざいこ)が切(き)れる 재고가 없어지다」와 같이 기간이나 기일이 끝나거나 다 팔거나 써서 없어진다는 의미를 나타낸다.

어휘 割引券(わりびきけん) 할인권 | 期限(きげん) 기한 | 移(うつ)る 옮다, 이동하다 | 止(と)める 세우다 | 切(き)れる 끊어지다, 다 되다 | 消(き)える 꺼지다, 사라지다

실전시험 45 | 문맥 규정 [5]

본서2 p.144

정답 **1** 3 **2** 1 **3** 2 **4** 3 **5** 3 **6** 1
7 4 **8** 2 **9** 3 **10** 1 **11** 2

1 3 출판 회사에 (취직)하려고 생각하고 있습니다.

해설 괄호 앞의 会社に에 연결되는 건 '취직(就職)'뿐이다.

어휘 進行(しんこう) 진행 | 通訳(つうやく) 통역 | 就職(しゅうしょく) 취직 | 暗記(あんき) 암기

2 1 공장 견학을 희망하는 사람은 40명 (전후)였습니다.

해설 40人의 조수사에 연결되어야 하므로 1번 '전후(前後)'가 정답이다. 「30代前後(だいぜんご) 30대 전후」처럼 나이와 함께 쓰이기도 한다.

어휘 工場(こうじょう) 공장 | 見学(けんがく) 견학 | 希望(きぼう) 희망 | 前後(ぜんご) 전후 | 大小(だいしょう) 대소 | 多少(たしょう) 다소 | 最大(さいだい) 최대

3 2 각기 달랐던 모두의 의견이 겨우 (정리되었다).

해설 ばらばら의 반의어가 되는 동사를 찾으면 되므로 정답은 2번이다. 4번의 できあがる의 유의어 「完成(かんせい)する 완성하다」도 알아 두자.

어휘 ばらばら 뿔뿔이, 따로따로 | 意見(いけん) 의견 | やっと 겨우, 드디어 | 片(かた)づく 정리되다, 치워지다 | まとまる 정리되다, 한데 모이다 | 並(なら)ぶ 나란히 서다 | 出来上(できあ)がる 완성되다

4 3 이 패션 잡지는 매월 2회 (발행)되고 있습니다.

해설 3번 発行(발행)는 '신문이나 잡지가 발행되다'로 쓰인다.

어휘 ファッション雑誌(ざっし) 패션 잡지 | 毎月(まいつき) 매월 | 案内(あんない) 안내 | 生産(せいさん) 생산 | 発行(はっこう) 발행 | 完成(かんせい) 완성

5 3 약의 (효과)에는 개인차가 있습니다.

해설 '약(薬)'과 연결되어야 하므로 2번 '효과(効果)'가 정답이다.

어휘 薬(くすり) 약 | 個人差(こじんさ) 개인차 | 勝負(しょうぶ) 승부 | 結果(けっか) 결과 | 効果(こうか) 효과 | 結論(けつろん) 결론

6 1 산 지 10년이나 되는 차는 (흠집)투성이가 되어 있다.

해설 괄호 뒤의 ～だらけ는 앞에 명사가 연결되어 '(명사)가 많이 있다'의 의미를 나타낸다. 이 문제의 포인트는 '산 지 10년이나 되는 자동차'이므로 1번의 '흠집, 상처(傷)'가 정답이다.

어휘 ～だらけ ~투성이 | 傷(きず) 상처, 흠집 | けが 상처, 부상 | しわ 주름 | しみ 얼룩

7 4 좋아하는 가수의 노래는 몇 번 들어도 (질리지 않는다).

해설 똑같은 것을 반복해서 들어도 질리지 않는다는 의미가

되어야 하므로 정답은 あきる의 부정형인 4번이다.

어휘 歌手(かしゅ) 가수 | 何度(なんど) 몇 번 | 怖(こわ)がる 무서워하다 | あきらめる 포기하다, 단념하다 | 嫌(きら)う 싫어하다 | 飽(あ)きる 질리다

8 2 나에게는 (화려한) 복장이나 화장이 어울리지 않는다.

해설 '복장(服装)'과 '화장(化粧)'을 꾸며주는 형용사로서 적당한 것은 2번이다.

어휘 服装(ふくそう) 복장 | 化粧(けしょう) 화장 | 似合(にあ)う 어울리다 | 盛(さか)んだ 번성하다, 활발하다 | 派手(はで)だ 화려하다 | 立派(りっぱ)だ 훌륭하다 | 気軽(きがる)だ 부담 없다

9 3 대형 태풍이 다가왔으니까 (될 수 있으면) 외출하지 말아 주세요.

해설 괄호 앞뒤의 내용으로 보면 '가급적 하지 말아 달라'는 당부의 의미와 어울리는 표현인 3번의 なるべく가 정답이다.

어휘 大型台風(おおがたたいふう) 대형 태풍 | 近(ちか)づく 다가오다, 가까이 오다 | 外出(がいしゅつ) 외출 | ～ないでください ~하지 말아 주세요 | 相変(あいか)わらず 변함없이 | 主(おも)に 주로 | なるべく 될 수 있으면, 가급적 | まったく (~ない와 함께 쓰여) 전혀 (~이지 않다)

10 1 좀처럼 좋은 (아이디어)가 떠오르지 않는다.

해설 괄호 뒤의 浮かばない와 연결되는 것은 1번의 アイデア밖에 없다.

어휘 なかなか (~ない와 함께 쓰여) 좀처럼 (~이지 않다) | 浮(う)かぶ 뜨다, 떠오르다 | アイデア 아이디어 | サービス 서비스 | リーダー 리더 | スタート 스타트, 시작

11 2 문제가 (일어나면) 바로 부장님께 보고해 주세요.

해설 起きる는 '아침에 일어나다'의 의미 이외에 「問題(もんだい)が起(お)きる 문제가 일어나다」「事故(じこ)が起(お)きる 사고가 일어나다」의 쓰임도 알아 두자.

어휘 問題(もんだい) 문제 | すぐ 바로 | 部長(ぶちょう) 부장님 | 報告(ほうこく) 보고 | 立(た)つ 일어서다 | 起(お)きる 일어나다 | 育(そだ)つ 자라다 | 開(あ)く 열리다

실전시험 46 | 문맥 규정 [6]

▶본서2 p.146

정답 **1** 2 **2** 3 **3** 3 **4** 1 **5** 1 **6** 4 **7** 4 **8** 2 **9** 1 **10** 3 **11** 2

1 2 (각) 반에 커다란 스크린이 설치되었다.

해설 접두어 各(かく)는 주로 명사 앞에 붙어서 各クラス(각 반), 各教室(각 교실), 各大学(각 대학)처럼 '하나하나의 모두'라는 의미를 나타낸다. 4번의 毎(まい)～는 毎試合(매시합), 毎時間(매시간)처럼 '그때마다'의 의미를 나타낸다.

어휘 スクリーン 스크린 | 設置(せっち) 설치 | 新(しん)～ 신~ | 各(かく)～ 각~ | 皆(みな)～ 모두~ | 毎(まい)～ 매~

2 3 차는 횡단보도에서는 한번 (정차)하지 않으면 안 된다.

해설 차는 횡단보도에서 '정차(停車)'하는 것이지 '주차(駐車)'하는 것이 아니다.

어휘 横断歩道(おうだんほどう) 횡단보도 | 一度(いちど) 한 번 | 発車(はっしゃ) 발차(차가 출발함) | 駐車(ちゅうしゃ) 주차 | 停車(ていしゃ) 정차 | 乗車(じょうしゃ) 승차

3 3 취직설명회에서 선배님이 좋은 (조언)을 해 주었습니다.

해설 '선배가 좋은 ~을 해 주다'로 연결되어야 하므로 정답은 3번 アドバイス이다.

어휘 ディスカウント 디스카운트, 할인 | ピックアップ 픽업 | アドバイス 어드바이스, 조언 | コミュニケーション 커뮤니케이션

4 1 커피를 탈 거니까 물을 (끓여) 주세요.

해설 우리말 '물을 끓이다'를 생각하면 お水(みず)を沸(わ)かす같지만, 이는 잘못된 표현이다. お湯(ゆ)を沸(わ)かす를 써야 한다. 이와 함께 「沸騰(ふっとう)うする 비등하다, 끓어오르다」도 알아 두자.

어휘 コーヒーを入(い)れる 커피를 타다 | お湯(ゆ) 뜨거운 물 | 沸(わ)かす 끓이다 | ゆでる 삶다 | 蒸(む)す 찌다 | 焼(や)く 굽다

5 1 요즘 24시간 (영업)하고 있는 카페가 늘기 시작했다.

해설 カフェ에 이어지는 명사를 찾으면 정답이 1번의 '영업(営業)'이라는 것을 알 수 있다.

어휘 このごろ 요즘 | 増(ふ)える 늘다 | 営業(えいぎょう) 영업 | 作業(さぎょう) 작업 | 商業(しょうぎょう) 상업 | 工業(こうぎょう) 공업

6 4 어릴 때, (위험한) 놀이를 해서 부모님에게 혼난 적이 있습니다.

해설 親に叱られたことがあります와 연결되려면 '위험한 놀이(危険な遊び)'가 되어야 한다.

어휘 遊(あそ)び 놀이 | 親(おや) 부모님 | 叱(しか)る 꾸짖다 | 重大(じゅうだい)だ 중대하다 | 複雑(ふくざつ)だ 복잡하다 | 単純(たんじゅん)だ 단순하다 | 危険(きけん)だ 위험하다

7 4 밥을 부드럽게 (지으)려면 물의 양을 조금 많게 하면 된다.

해설 「ごはんを炊(た)く 밥을 짓다」로 알아 두자.

어휘 やわらかい 부드럽다 | 量(りょう) 양 | 多(おお)めに 많이 | 焼(や)く 굽다 | 炒(いた)める 볶다 | 抜(ぬ)く 빼다, 뽑다 | 炊(た)く (밥을) 짓다

8 2 바람이 너무 차가워서 손의 (감각)이 없어지기 시작했다.

해설 手와 연결이 되어야 하므로 2번 '감각(感覚)'이 정답이다.

어휘 風(かぜ) 바람 | 冷(つめ)たい 차갑다 | 手(て) 손 | なくなる 없어지다 | 感情(かんじょう) 감정 | 感覚(かんかく) 감각 | 感動(かんどう) 감동 | 感想(かんそう) 감상

9 1 그녀는 부끄러워지면 머리카락을 만지는 (버릇)이 있습니다.

해설 부끄러워지면 하는 행동이므로 1번 '버릇(くせ)'이 정답이다.

어휘 恥(は)ずかしい 부끄럽다 | 髪(かみ)の毛(け) 머리카락 | 触(さわ)る 만지다, 손대다 | くせ 버릇 | 決(き)まり 규칙, 결정 | 長所(ちょうしょ) 장점 | 好(この)み 취향

10 3 휴대 전화의 화면을 보면서 걷다가 벽에 (부딪혀) 버렸다.

해설 3번의 ぶつかる는 「壁(かべ)にぶつかる 벽에 부딪히다」「車(くるま)にぶつかる 차에 부딪히다」로 기억하자.

어휘 携帯(けいたい) 휴대 전화 | 画面(がめん) 화면 | 壁(かべ) 벽 | 殴(なぐ)る 때리다 | 叩(たた)く 치다, 두드리다 | ぶつかる 부딪히다 | 通(とお)る 통과하다, 지나가다

11 2 고열이 나서 (머리가 빙빙) 돈다.

해설 2번의 ふらふら는 '비틀비틀(흔들려서 안정되지 않은 모양)', '휘청휘청(몸에 힘이 없는 모양)', '머리가 빙빙(의식이 불분명한 모양)'을 나타내는 의태어이다. 여기서는 고열로 인해 의식이 불분명한 모양을 나타내는 의미로 쓰였다.

어휘 ぐっすり 푹 (자다) | ふらふら 비틀비틀, 휘청휘청, 빙빙 | だぶだぶ (옷이나 신발이) 헐렁헐렁 | ざっと 대충

실전시험 47 | 문맥 규정 [7]

▶본서2 p.148

정답 1 4 2 2 3 4 4 3 5 2 6 3 7 3 8 2 9 3 10 1 11 3

1 4 이벤트 준비에 든 비용은 (합계) 얼마입니까?

해설 '비용의 합계'가 되어야 하므로 정답은 4번이다.

어휘 イベント 이벤트 | 準備(じゅんび) 준비 | かかる 걸리다, (돈이) 들다 | 費用(ひよう) 비용 | 会計(かいけい) 회계 | 貯金(ちょきん) 저금 | 割引(わりびき) 할인 | 合計(ごうけい) 합계

2 2 백화점 (안내 방송)에서 미아가 된 아이를 찾고 있다.

해설 '미아 찾기 안내 방송'이 되어야 하므로 정답은 2번이다.

어휘 迷子(まいご) 미아 | 探(さが)す 찾다 | スピーチ 스피치 | アナウンス 안내 방송 | メッセージ 메시지 | コマーシャル 광고

3 4 유학 중 신세 진 사람들에게 진심으로 (감사)하고 있습니다.

해설 心から感謝する(마음속으로 감사하다)가 정답이고 1번의 感心(かんしん)은 '훌륭한 행동이나 뛰어난 기량을 보고 마음으로 감탄한다'는 의미이다.

어휘 お世話(せわ)になる 신세 지다 | 心(こころ)から 마음으로부터, 진심으로 | 感心(かんしん) 감탄 | 信用(しんよう) 신용 | 共感(きょうかん) 공감 | 感謝(かんしゃ) 감사

4 3 너무 진지한 아버지에게는 (농담)을 할 수 없다.

해설 まじめすぎる와 연결이 되는 3번 '농담(冗談)'이 정답이다.

어휘 まじめだ 성실하다, 진지하다 | うそ 거짓말 | うわさ 소문 | 冗談(じょうだん) 농담 | 感想(かんそう) 감상

5 2 죄송합니다만, 부장인 스즈키는 지금 (자리를 비웠)습니다.

해설 「席(せき)を外(はず)す 자리를 비우다」라는 관용 표현이다.

어휘 ただいま 지금 | 片(かた)づける 정리하다 | 離(はな)す 떼다, 거리를 두다 | 立(た)てる 세우다

6 3 허리가 아플 때는 어떤 (자세)로 자면 좋을까요?

해설 허리가 아플 때 잠자는 '자세(姿勢)'가 되어야 하므로 정답은 3번이다. 1번의 様子(ようす)는 '겉에서 보고 알 수 있는 모습이나 상황, 상태'의 의미를 나타낸다.

어휘 腰(こし) 허리 | 痛(いた)い 아프다 | 様子(ようす) 모습, 상황 | 印象(いんしょう) 인상 | 姿勢(しせい) 자세 | 性格(せいかく) 성격

7 3 사토 씨의 방에는 계절 꽃이 (장식되어) 있다.

해설 문맥상 괄호 앞의 '계절 꽃'과 어울리는 것은 3번 '장식하다(飾る)'이다.

어휘 季節(きせつ) 계절 | 囲(かこ)む 둘러싸다 | やせる 여위다, 살이 빠지다 | 飾(かざ)る 장식하다 | 渡(わた)す 건네다

8 2 이 영화에는 유명인이 많이 (등장)한다.

해설 '사람이 등장한다'가 되어야 하므로 정답은 2번이다.

어휘 映画(えいが) 영화 | 有名人(ゆうめいじん) 유명인 | 発生(はっせい) 발생 | 登場(とうじょう) 등장 | 代表(だいひょう) 대표 | 開始(かいし) 개시

9 3 연간 휴일 (평균)은 110일 정도입니다.

해설 1년 중 휴일의 평균 일수를 의미하는 내용이므로 3번 '평균(平均)'이 정답이다.

어휘 年間(ねんかん) 연간 | 休日(きゅうじつ) 휴일 | 中間(ちゅうかん) 중간 | 数字(すうじ) 숫자 | 平均(へいきん) 평균 | 結果(けっか) 결과

10 1 긴장한 탓인지 발표는 (잘하지) 못했다.

해설 보기에는 い형용사가 부사형으로 제시되어 있다. 1번의 うまい는 '맛있다'의 의미도 있지만 '뛰어나다, 훌륭하다'라는 의미도 있다.

어휘 緊張(きんちょう) 긴장 ㅣ ～せいか ~탓인지 ㅣ 発表(はっぴょう) 발표 ㅣ うまい 뛰어나다, 훌륭하다, 잘하다 ㅣ 偉(えら)い 훌륭하다 ㅣ 明(あか)るい 밝다 ㅣ 正(ただ)しい 올바르다

11 3 험한 산길을 3시간 걸어서 (겨우) 산 정상에 도착했다.

해설 やっと는 '오랜 시간과 노력을 들인 끝에 실현되었다'는 의미를 나타낸다. 문제에서 '험한 산길을 3시간 걸었다'라고 나와 있으므로 やっと를 써야 적절한 의미가 된다.

어휘 険(けわ)しい 험하다 ㅣ 山道(やまみち) 산길 ㅣ 山頂(さんちょう) 산 정상 ㅣ 着(つ)く 도착하다 ㅣ 早(はや)めに 빨리, 일찍 ㅣ 常(つね)に 항상 ㅣ やっと 드디어, 겨우 ㅣ たいてい 대개, 대체로

실전시험 48 ㅣ 문맥 규정 [8]

▶본서2 p.150

정답 **1** 4 **2** 3 **3** 2 **4** 4 **5** 2 **6** 4
7 3 **8** 1 **9** 2 **10** 4 **11** 1

1 4 혼자서 할 수 없으면 (주위) 사람이 도와줘도 괜찮습니다.

해설 1번의 辺(あた)り는 우리말로 하면 '주변 사람'이 되므로 자연스러울 것 같지만, 가까운 장소의 개념으로 쓰이는 명사이기 때문에 답이 될 수 없다. 따라서 '주위 사람(周囲の人)'이 정답이다.

어휘 助(たす)ける 돕다 ㅣ 辺(あた)り 주변 ㅣ 仲間(なかま) 동료, 친구 ㅣ 行(い)き先(さき) 행선지 ㅣ 周囲(しゅうい) 주위

2 3 대학생의 기초 학력이 (저하)되고 있다고 합니다.

해설 基礎学歴에 이어지는 명사는 3번의 '저하(低下)'이다. 1번의 '감소(減少)'는 '인구, 체중 등의 감소'로 쓰인다.

어휘 基礎(きそ) 기초 ㅣ 学力(がくりょく) 학력 ㅣ 減少(げんしょう) 감소 ㅣ 縮小(しゅくしょう) 축소 ㅣ 低下(ていか) 저하 ㅣ 以下(いか) 이하

3 2 선배님이 (협력)해 준 덕분에 조사가 빨리 끝났다.

해설 괄호 앞뒤의 문맥을 보면 '~해 준 덕분에 조사가 빨리 끝났다'이므로 도와주었다는 의미로 쓰이는 2번의 '협력(協力)'이 정답이다.

어휘 調査(ちょうさ) 조사 ㅣ 行動(こうどう) 행동 ㅣ 協力(きょうりょく) 협력 ㅣ 救助(きゅうじょ) 구조 ㅣ 注目(ちゅうもく) 주목

4 4 (젖은) 손으로 콘센트를 만지지 마세요.

해설 コンセントを触らないでください에 이어져야 하므로 4번 '젖다(ぬれる)'가 정답이다.

어휘 コンセント 콘센트 ㅣ 触(さわ)る 만지다 ㅣ 冷(ひ)える 차가워지다 ㅣ 上(あ)げる 올리다 ㅣ 拭(ふ)く 닦다, 훔치다 ㅣ 濡(ぬ)れる 젖다

5 2 그녀는 결혼하는 것을 동료에게 아직 (비밀)로 하고 있다.

해설 '동료에게 아직 알리지 않았다'의 의미로 이어져야 하므로, 2번 '비밀(内緒)'이 정답이다.

어휘 同僚(どうりょう) 동료 ㅣ 中身(なかみ) 내용물 ㅣ 内緒(ないしょ) 비밀 ㅣ 後方(こうほう) 후방 ㅣ 裏側(うらがわ) 뒤편

6 4 실험 결과에는 개인(차)가 있습니다.

해설 결과는 개인마다 '차이'가 있다는 의미가 되어야 하므로 접미사 ～差가 정답이다.

어휘 実験(じっけん) 실험 ㅣ 結果(けっか) 결과 ㅣ 個人(こじん) 개인 ㅣ ～比(ひ) ~비 ㅣ ～別(べつ) ~별 ㅣ ～用(よう) ~용 ㅣ ～差(さ) ~차

7 3 사람이 움직이면 (자동적)으로 전기가 켜집니다.

해설 ～的가 연결된 어휘를 찾는 문제이다. '사람이 움직이면 전기가 자동적으로 켜진다'는 의미이므로 정답은 3번 '자동적(自動的)'이다.

어휘 動(うご)く 움직이다 ㅣ 電気(でんき)がつく 전기가 켜지다 ㅣ 感情的(かんじょうてき) 감정적 ㅣ 具体的(ぐたいてき) 구체적 ㅣ 自動的(じどうてき) 자동적 ㅣ 効果的(こうかてき) 효과적

8 1 책임자의 명령에 (따라서) 행동해 주세요.

해설 「命令(めいれい)に従(したが)う 명령에 따르다」「指示(しじ)に従(したが)う 지시에 따르다」로 알아 두자.

어휘 責任者(せきにんしゃ) 책임자 ㅣ 命令(めいれい) 명령 ㅣ 行動(こうどう) 행동 ㅣ 従(したが)う 따르다 ㅣ 断(ことわ)る 거절하다 ㅣ 許(ゆる)す 용서하다, 허락하다 ㅣ 関(かか)わる 관여하다, 관계하다

9 2 어른이 되고 나서도 부모에게 (의지하고)만 있는 것은 좋지 않다.

해설 親に에 연결되는 頼る(기대다, 의지하다)가 정답이다.

어휘 大人(おとな) 어른 ㅣ 親(おや) 부모 ㅣ ～てばかりいる ~하고만 있다 ㅣ 預(あず)かる 맡다 ㅣ 頼(たよ)る 의지하다 ㅣ 寄(よ)る 들르다 ㅣ 訪(たず)ねる 방문하다

10 4 태어난 마을에 20년 만에 갔지만 (완전히) 변해 있어서 어디가 어디인지 알 수 없었다.

해설 어떠한 상태가 완전히 바뀌는 의미로서 すっかり가 적당하다. 3번의 すっきり와 헷갈리기 쉬우므로 의미를 정확히 구별해 놓도록 하자.

어휘 生(う)まれる 태어나다 ㅣ 町(まち) 마을 ㅣ ～ぶりに ~만에 ㅣ 変(か)わる 바뀌다 ㅣ しっかり 제대로 ㅣ はっきり 뚜렷이, 분명히, 명백히 ㅣ すっきり 상쾌하게 ㅣ すっかり

완전히

11 1 이 앞은 급(커브)가 있으니 속도를 줄여 주세요.

해설 急な가 수식할 수 있는 선택지는 '커브(カーブ)'이다. 4번은「急(きゅう)ブレーキ 급브레이크」로 쓰인다.

어휘 急(きゅう)だ 급하다 | スピードを落(お)とす 속도를 낮추다 | カーブ 커브 | パンク 펑크 | コース 코스 | ブレーキ 브레이크

실전시험 49 | 문맥 규정 [9]

▶본서2 p.152

정답 1 1 2 3 3 2 4 4 5 2 6 3 7 3 8 2 9 1 10 1 11 2

1 1 스포츠라는 것은 단기간에 (실력이 향상)될 수 있는 것이 아닙니다.

해설 スポーツ와 같이 사람이 갖고 있는 능력이나 기술이 향상되는 것은 上達를 써서 표현한다.

어휘 短期間(たんきかん) 단기간 | 上達(じょうたつ) 숙달, 실력 향상 | 成長(せいちょう) 성장 | 進化(しんか) 진화 | 進歩(しんぽ) 진보

2 3 아까부터 배 상태가 (이상하다).

해설 상태가 좋지 않음을 나타내는 어휘가 쓰여야 한다. 따라서 3번 '이상하다(おかしい)'가 정답이다.

어휘 調子(ちょうし) (몸, 기계의) 상태 | かゆい 가렵다 | 大変(たいへん)だ 힘들다 | おかしい 이상하다 | 楽(らく)だ 편하다

3 2 (영양)의 균형이 잡힌 식사는 중요합니다.

해설 バランスのとれた食事와 자연스럽게 연결되는 2번 '영양(栄養)'이 정답이다.

어휘 バランスがとれる 균형이 잡히다 | 食事(しょくじ) 식사 | 大事(だいじ)だ 중요하다 | 影響(えいきょう) 영향 | 栄養(えいよう) 영양 | 成分(せいぶん) 성분 | 食品(しょくひん) 식품

4 4 무슨 일이든 한번 (도전)해 보는 것이 중요합니다.

해설「何事(なにごと)にもチャレンジする 무슨 일이든 도전하다」가 자연스러운 표현이다. チャレンジする의 유의어로「挑戦(ちょうせん)する 도전하다」도 알아 두자.

어휘 セット 셋트, 조절 | アクセス 접근 | ゴール 골, 결승점 | チャレンジ 챌린지, 도전

5 2 인터넷 사이트에 광고를 (올렸더니) 매상이 작년보다 30% 증가했다.

해설 載せる는 '물건이나 사람을 올려놓다' 이외에 '기사나 광고를 싣다'의 의미로도 쓰인다.

어휘 ネット 인터넷 | 広告(こうこく) 광고 | 売(う)り上(あ)げ 매상 | 去年(きょねん) 작년 | 増加(ぞうか) 증가 | 貯(た)める 저축하다 | 載(の)せる 올리다, 싣다 | 重(かさ)ねる 겹치다, 포개다 | 加(くわ)える 더하다, 추가하다

6 3 산 지 얼마 안 된 컴퓨터가 고장 나서 (교환)해 받았다.

해설 고장 난 물건을 새것으로 바꾸는 것은 3번 '교환(交換)'이다.

어휘 壊(こわ)れる 고장 나다 | 終了(しゅうりょう) 종료 | 変更(へんこう) 변경 | 交換(こうかん) 교환 | 変化(へんか) 변화

7 3 고속 도로에서는 앞차와 충분히 (간격)을 취해 주십시오.

해설 '앞차와 간격을 취하다'가 되어야 하므로 문장의 정답은 3번 '간격(間隔)'이다. 1번의 穴(あな)는「穴(あな)をあける 구멍을 뚫다」로 알아 두자.

어휘 高速道路(こうそくどうろ) 고속 도로 | 充分(じゅうぶん)に 충분히 | 穴(あな) 구멍 | 順番(じゅんばん) 순번, 차례 | 間隔(かんかく) 간격 | 位置(いち) 위치

8 2 다른 상품과 비교해서 어떤 (특징)이 있습니까?

해설 商品(상품)에 연결되는 자연스러운 의미는 2번이다.

어휘 他(ほか) 그 밖, 이외 | 商品(しょうひん) 상품 | 競争(きょうそう) 경쟁 | 特徴(とくちょう) 특징 | 要求(ようきゅう) 요구 | 意識(いしき) 의식

9 1 이 가게에서는 수입한 식재를 (취급하고) 있다고 한다.

해설 1번의 扱(あつか)う는 '도구나 사람을 다루다'의 의미도 있고, '물건이나 자재를 취급하다'는 의미도 있다.

어휘 輸入(ゆにゅう) 수입 | 食材(しょくざい) 식재(료) | 扱(あつか)う 취급하다 | 拾(ひろ)う 줍다 | 行(おこな)う 행하다 | 奪(うば)う 빼앗다

10 1 야마시타 씨에게 '중요한 이야기가 있으니까 와 줘'라고 들었기 때문에 (바로) 가 보았다.

해설 괄호 뒤의 行ってみた에 이어질 수 있는 자연스러운 부사는 4번 '즉시, 당장(さっそく)'밖에 없다.

어휘 大事(だいじ)だ 중요하다, 소중하다 | さっそく 즉시, 당장, 바로 | ふだん 평소 | ぴったり 딱 맞음 | びっくり 깜짝 놀람

11 2 눈이 내려서 지면이 얼어 있으니까 (미끄러지지 않)도록 조심하세요.

해설 地面が凍っているから와 연결되는 동사는 2번 '미끄러지다(滑る)'이다. 3번의 おぼれる는「海(うみ)でおぼれる 강에서 빠지다」로 잘 외워 두자.

어휘 地面(じめん) 지면 | 凍(こお)る 얼다 | 沈(しず)む 가라앉다 | 滑(すべ)る 미끄러지다 | おぼれる 빠지다 | 倒(たお)れる 쓰러지다

실전시험 50 | 문맥 규정 [10]

▶본서2 p.154

정답 1 4 2 3 3 2 4 4 5 2 6 1
7 1 8 4 9 2 10 1 11 2

1 4 그녀가 결혼했다는 (소문)을 들었다.

해설 彼女が結婚したらは '이야기'와 비슷한 표현은 4번의 '소문(うわさ)'이다.

어휘 けんか 싸움 | いたずら 장난 | じゃま 방해 | うわさ 소문

2 3 오늘 논의의 (테마)는 무엇입니까?

해설 이야기, 논의의 '주제'이므로 3번 テーマ가 정답이다.

어휘 話(はな)し合(あ)い 의논, 논의 | クイズ 퀴즈 | メリット 메리트 | テーマ 테마 | リスト 리스트

3 2 아르바이트에 응모하려면 (이력서)를 쓰지 않으면 안 된다.

해설 아르바이트나 일자리에 응모하려면 2번 '이력서(履歴書)'를 써야 한다.

어휘 応募(おうぼ) 응모 | 請求書(せいきゅうしょ) 청구서 | 履歴書(りれきしょ) 이력서 | 参考書(さんこうしょ) 참고서 | 証明書(しょうめいしょ) 증명서

4 4 풍요로운 (자연)을 즐길 수 있는 여행 스폿을 소개합니다.

해설 괄호 뒤에 '~을 즐길 수 있는 여행 장소'라는 말이 있으므로 정답은 4번 '자연(自然)'이다.

어휘 豊(ゆた)かだ 풍부하다, 풍요롭다 | 楽(たの)しむ 즐기다 | スポット 스폿, 장소 | 紹介(しょうかい) 소개 | 空気(くうき) 공기 | 農業(のうぎょう) 농업 | 季節(きせつ) 계절 | 自然(しぜん) 자연

5 2 복도에서 이름을 불리어서 (뒤돌아봤다).

해설 이름을 불리웠을 때의 행동으로는 2번의 '뒤돌아보다(振り向く)'가 정답이다.

어휘 廊下(ろうか) 복도 | 呼(よ)ぶ 부르다 | 追(お)いかける 뒤쫓아가다 | 振(ふ)り向(む)く 뒤돌아보다 | 話(はな)し合(あ)う 의논하다, 이야기를 나누다 | 通(とお)り過(す)ぎる 지나가다, 지나치다

6 1 이 도구는 (거품)을 낼 때 사용합니다.

해설 「泡(あわ)を立(た)てる 거품을 내다」라는 표현으로 기억하자.

어휘 道具(どうぐ) 도구 | 奥(おく) 깊숙한 곳 | 皮(かわ) 껍질 | 実(み) 열매

7 1 비행기가 날지 않게 되어 출장 (일정)에 변경이 생겼습니다.

해설 1번의 '일정(日程)'은 「日程(にってい)が変更(へんこう)する 일정이 변경되다」「日程(にってい)が重(かさ)なる 일정이 겹치다」로 자주 쓰인다. 유의어인 スケジュール(스케줄)도 알아 두자.

어휘 飛行機(ひこうき) 비행기 | 飛(と)ぶ 날다 | 出張(しゅっちょう) 출장 | 変更(へんこう) 변경 | 日程(にってい) 일정 | 期限(きげん) 기한 | 規則(きそく) 규칙 | 約束(やくそく) 약속

8 4 리본을 예쁘게 (묶는) 방법을 배웠습니다(가르쳐 받았습니다).

해설 '끈의 매듭을 짓다, 묶다'는 4번 結ぶ이다. 1번 縛(しば)る는 '밧줄이나 끈으로 묶다, 동여매다'이므로 이 문장에서는 어울리지 않는다. 선택지의 나머지 동사들도 빈출 어휘이므로 반드시 외워 두자.

어휘 リボン 리본 | 方法(ほうほう) 방법 | 教(おし)える 가르치다 | 縛(しば)る 묶다 | 編(あ)む 뜨개질하다 | 絞(しぼ)る 쥐어짜다 | 結(むす)ぶ 맺다, 잇다

9 2 야마시타 씨는 괴로울 텐데 (아무렇지 않은) 얼굴을 하고 있다.

해설 앞 문장의 つらい(괴롭다)와 역접의 ~のに(인데)로 연결되었으므로 '아무렇지 않은 얼굴'의 정답은 2번이다.

어휘 つらい 괴롭다 | 残念(ざんねん)だ 유감이다 | 平気(へいき)だ 아무렇지 않다 | 熱心(ねっしん)だ 열심이다 | かわいそうだ 불쌍하다

10 1 이 공원에는 숲에 (둘러싸인) 아름다운 호수가 있었다.

해설 선택지의 동사는 수동형으로 제시되었다. 囲(かこ)む는 「森(もり)に囲(かこ)まれる 숲에 둘러싸이다」「山(やま)に囲(かこ)まれる 산에 둘러싸이다」「人(ひと)に囲(かこ)まれる 사람에 둘러싸이다」로 많이 쓰인다. 2번은 「木(き)を植(う)える 나무를 심다」「花(はな)を植(う)える 꽃을 심다」로 알아 두자.

어휘 森(もり) 숲 | 美(うつく)しい 아름답다 | 湖(みずうみ) 호수 | 囲(かこ)む 둘러싸다 | 植(う)える 심다 | 回(まわ)す 돌리다 | 曲(ま)げる 굽히다, 구부리다

11 2 깨지기 쉬우니까 (살짝) 놓아주세요.

해설 そっと는 '소리를 내지 않고 움직인다'는 의미이며 유의어로 「静(しず)かに 조용히」를 알아 두자.

어휘 割(わ)れる 깨지다 | 置(お)く 놓다 | やっと 겨우, 드디어 | そっと 살짝 | きっと 반드시 | じっと 가만히, 꼼짝 않고

실전시험 51 | 문맥 규정 [11]

▶본서2 p.156

정답 1 2 2 3 3 3 4 4 5 3 6 4
7 2 8 4 9 1 10 2 11 3

1 2 지진이 (발생)한 지 오늘로 일주일이네요.

해설 사건, 사고, 자연재해가 일어나는 것을 의미하는 표현인 2번 '발생(発生)'이 정답이다.

어휘 地震(じしん) 지진 | 発明(はつめい) 발명 | 発生(はっせい) 발생 | 発見(はっけん) 발견 | 発展(はってん) 발전

2 3 스웨터는 옷걸이에 걸기보다 (개서) 수납하는 편이 좋습니다.

해설 3번의 畳(たた)む는 「洗濯物(せんたくもの)を畳(たた)む 빨래를 개다」「セーターを畳(たた)む 스웨터를 개다」「傘(かさ)を畳(たた)む 우산을 개다」로 쓰인다.

어휘 セーター 스웨터 | ハンガー 옷걸이 | かける 걸다 | 収納(しゅうのう) 수납 | 締(し)める 묶다, 매다 | 曲(ま)げる 구부리다 | 畳(たた)む 개다 | 折(お)る 접다, 꺾다

3 3 상대의 의견에 (반대)하기 전에 먼저 자신의 생각을 분명히 말할 필요가 있습니다.

해설 意見に에 이어지는 '반대(反対)'가 정답이다. 1번의 '부정(否定)'와 4번의 '비난(非難)'을 쓰고 싶으면 意見を가 되어야 한다.

어휘 相手(あいて) 상대 | 意見(いけん) 의견 | まず 우선, 먼저 | 自分(じぶん) 자기 자신 | 考(かんが)え 생각 | はっきり 뚜렷하게, 명확히 | 述(の)べる 말하다, 서술하다 | 必要(ひつよう) 필요 | 否定(ひてい) 부정 | 禁止(きんし) 금지 | 反対(はんたい) 반대 | 非難(ひなん) 비난

4 4 15세기 화가의 그림을 보고 강한 (인상)을 받았습니다.

해설 4번의 '인상(印象)'은 「印象(いんしょう)を受(う)ける 인상을 받다」「印象(いんしょう)を与(あた)える 인상을 주다」로 알아 두자.

어휘 世紀(せいき) 세기 | 画家(がか) 화가 | 絵(え) 그림 | 強(つよ)い 강하다 | 構造(こうぞう) 구조 | 意識(いしき) 의식 | 気分(きぶん) 기분 | 印象(いんしょう) 인상

5 3 사고를 (방지하기) 위해서 만들어진 장치입니다.

해설 괄호 앞의 事故を에 연결되는 표현은 3번 '막다, 방지하다(ふせぐ)'뿐이다.

어휘 事故(じこ) 사고 | 装置(そうち) 장치 | 譲(ゆず)る 양보하다, 양도하다 | やめる 그만두다 | 防(ふせ)ぐ 막다, 방지하다 | 触(さわ)る 만지다

6 4 이 지역은 쌀이나 채소 가꾸기를 중심으로 한 (농업)이 활발합니다.

해설 괄호 앞의 米や野菜作り와 비슷한 의미인 4번 '농업(農業)'이 정답이다.

어휘 地域(ちいき) 지역 | 米(こめ) 쌀 | 野菜作(やさいづく)り 채소 가꾸기 | 盛(さか)んだ 활발하다, 성행하다 | 景色(けしき) 경치 | 作物(さくもつ) 작물 | 田舎(いなか) 시골 | 農業(のうぎょう) 농업

7 2 친구를 한 시간이나 기다려서 조금 (화가 났)습니다.

해설 腹(はら)が立(た)つ는 '화가 나다'라는 뜻의 관용 표현이다.

어휘 友人(ゆうじん) 친구 | 待(ま)たされる (待つ의 사역수동형) 어쩔 수 없이 기다리다 | 腰(こし) 허리 | 腹(はら) 배 | 頭(あたま) 머리 | 肩(かた) 어깨

8 4 귀국하는 날이 (다가와서) 물건 정리에 바쁜 매일입니다.

해설 괄호 앞의 日에 연결되는 동사를 찾아야 하므로 정답은 4번 '다가오다(近づく)'이다.

어휘 帰国(きこく) 귀국 | 整理(せいり) 정리 | すれ違(ちが)う 엇갈리다 | 引(ひ)っ張(ぱ)る 잡아당기다 | 見送(みおく)る 배웅하다 | 近(ちか)づく 다가가다, 다가오다

9 1 어디에 가도 (적극적)이고 밝은 사람은 주위 사람들에게 사랑받습니다.

해설 ~的(てき)가 붙은 어휘들이 보기에 제시되었다. 괄호 뒤에 明るい人와 병렬로 연결되는 어휘는 1번의 '적극적(積極的)'이 알맞다.

어휘 明(あか)るい 밝다 | 周(まわ)り 주위 | 好(す)かれる 사랑받다, 호감을 사다 | 積極的(せっきょくてき) 적극적 | 間接的(かんせつてき) 간접적 | 代表的(だいひょうてき) 대표적 | 実用的(じつようてき) 실용적

10 2 이가 (흔들거린다)면 조기에 치료받는 편이 좋습니다.

해설 2번의 ぐらぐら는 물건이 흔들리는 모습을 나타낸다.

어휘 歯(は) 이, 치아 | 早期(そうき) 조기 | 治療(ちりょう) 치료 | ちかぢか 곧, 머지않아 | ぐらぐら 흔들흔들 | うろうろ 어슬렁어슬렁 | ぴかぴか 반짝반짝

11 3 에어컨을 사용하지 않는 시기에는 (커버)를 씌워 둡시다.

해설 괄호 뒤의 かける와 연결해서 쓸 수 있는 '커버(カバー)'가 정답이다.

어휘 時期(じき) 시기 | かける 걸다 | マスク 마스크 | ストップ 스톱, 멈춤 | カーブ 커브 | カバー 커버 | クリーニング 드라이클리닝, 세탁

실전시험 52 | 문맥 규정 [12]

▶본서2 p.158

정답 **1** 4 **2** 3 **3** 1 **4** 4 **5** 1 **6** 2 **7** 3 **8** 4 **9** 4 **10** 3 **11** 2

1 4 도쿄를 하루 만에 (구경)할 수는 없을 것이다.

해설 4번 見物는 する가 붙는 명사로서 '구경'이라는 의미이다. 한자 그대로 '견물'이라고 해석하면 절대 안 된다.

어휘 活動(かつどう) 활동 | 感想(かんそう) 감상 | 利用(りよう) 이용 | 見物(けんぶつ) 구경

2 3 두 개를 (비교)해서 좋은 물건을 골라 주세요.

해설 두 물건 중에서 좋은 것을 고르라는 의미이기 때문에 3번 '비교(比較)'가 정답이다.

어휘 選(えら)ぶ 고르다, 선택하다 | 分類(ぶんるい) 분류 | 整理(せいり) 정리 | 比較(ひかく) 비교 | 競争(きょうそう) 경쟁

3 1 봉투 (안)을 맞혀 보세요.

해설 1번의 中身는 안에 들어있는 내용물을 의미하므로, '봉투 안에 들어있는 내용물' 1번이 정답이다.

어휘 封筒(ふうとう) 봉투 | 当(あ)てる 맞히다 | 中身(なかみ) 내용물 | 内容(ないよう) 내용 | 内側(うちがわ) 안쪽 | 成分(せいぶん) 성분

4 4 타인에게 (폐)를 끼치지 마세요.

해설 「迷惑(めいわく)をかける 폐를 끼치다」로 기억하자.

어휘 他人(たにん) 타인 | 不満(ふまん) 불만 | 差別(さべつ) 차별 | 限界(げんかい) 한계 | 迷惑(めいわく) 민폐

5 1 다카하시 씨는 읽고 있던 책을 (덮고) 무언가를 쓰기 시작했다.

해설 1번의 とじる는 「本(ほん)を閉(と)じる 책을 덮다」 「目(め)を閉(と)じる 눈을 감다」로 출제된다. 4번은 「会社がつぶれる 회사가 망하다」로 알아 두자.

어휘 閉(と)じる 닫다, (책을) 덮다 | 下(さ)げる 낮추다 | 閉(し)める 닫다 | つぶれる 찌부러지다, 찌그러지다

6 2 오늘 최고 기온은 35도답게 땀을 (닦아도) 멈추지 않는다.

해설 2번의 동사 ふく는 「汗(あせ)を拭(ふ)く 땀을 닦다」 「テーブルを拭(ふ)く 테이블을 닦다」로 자주 나온다. 3번은 「頭(あたま)をなでる 머리를 쓰다듬다」로 알아 두자. 1번과 4번도 시험에 자주 출제되는 필수 동사이다.

어휘 最高(さいこう) 최고 | 気温(きおん) 기온 | ～らしく ~답게 | 汗(あせ) 땀 | 止(と)まる 멈추다 | 触(ふ)れる 대다, 닿다 | 拭(ふ)く 닦다, 훔치다 | なでる 쓰다듬다 | 抑(おさ)える 억제하다, 줄이다

7 3 지역에 따라서 (방송)되는 프로그램이 다른 경우도 있습니다.

해설 괄호 뒤에 番組가 있으므로 '방송(放送)'이 정답이다. 나머지 보기의 명사들도 자주 출제되는 명사이므로 기억해 두자.

어휘 地域(ちいき) 지역 | ～によって ~에 따라서 | 番組(ばんぐみ) 방송, 프로그램 | 違(ちが)う 다르다 | 掲示(けいじ) 게시 | 移転(いてん) 이전 | 放送(ほうそう) 방송 | 活躍(かつやく) 활약

8 4 딸은 달리고 있는 기차를 향해서 손을 (흔들었다).

해설 보기의 동사들은 모두 手와 연결해서 쓸 수 있으나, 문장의 의미상 자연스러운 것은 4번 「手(て)を振(ふ)る 손을 흔들다」이다.

어휘 娘(むすめ) 딸 | 汽車(きしゃ) 기차 | 向(む)かう 향하다 | 握(にぎ)る 쥐다 | 触(さわ)る 만지다, 손대다 | 離(はな)す 떼다, 거리를 두다 | 振(ふ)る 흔들다

9 4 오랜 시간 혼자 살면 사람이 (그리워)지는 법입니다.

해설 문제 속 힌트는 「長年一人暮らしをしていると～」이다. 따라서 4번의 '그립다(恋しい)'가 정답이다.

어휘 長年(ながねん) 오랜 시간 | 一人暮(ひとりぐ)らし 혼자 삶 | 珍(めずら)しい 희한하다, 드물다 | 険(けわ)しい 험하다 | ほしい 원하다, 갖고 싶다 | 恋(こい)しい 그립다

10 3 가전제품 (팸플릿)을 받아 왔다.

해설 家電製品과 연결되는 표현은 3번이다.

어휘 家電製品(かでんせいひん) 가전제품 | サイン 사인 | ヒント 힌트 | パンフレット 팸플릿 | サンプル 샘플

11 2 거리를 (어슬렁어슬렁) 걷는 것을 좋아합니다.

해설 2번의 ぶらぶら는 「ぶらぶら歩(ある)く (목적 없이) 어슬렁어슬렁 걷다」 「ぶらぶらしている (하는 일 없이) 빈둥대다」로 사용된다.

어휘 ふらふら 비틀비틀, 휘청휘청 | ぶらぶら 어슬렁어슬렁, 빈둥빈둥 | がらがら 텅텅(비어 있다) | からから 바싹(말라 있다)

실전시험 53 | 문맥 규정 [13]

▶본서2 p.160

정답 1 4 2 2 3 1 4 4 5 1 6 3 7 3 8 2 9 3 10 3 11 2

1 4 식료품을 자택까지 (배달)해 주는 서비스가 인기입니다.

해설 식료품을 집까지 '배달'해 준다는 의미이므로 정답은 4번이다.

어휘 食料品(しょくりょうひん) 식료품 | 自宅(じたく) 자택 | 訪問(ほうもん) 방문 | 輸入(ゆにゅう) 수입 | 移動(いどう) 이동 | 配達(はいたつ) 배달

2 2 숫자에 틀린 게 있는지 어떤지 몇 번이나 (확인)하고 보냈다.

해설 間違いがあるかどうか를 보면 정답이 2번 '확인(確認)'인 것을 알 수 있다.

어휘 数字(すうじ) 숫자 | 間違(まちが)い 틀린 부분, 실수 | ～かどうか ~인지 어떤지 | 何回(なんかい)も 몇 번이나 | 理解(りかい) 이해 | 確認(かくにん) 확인 | 検査(けんさ) 검사 | 研究(けんきゅう) 연구

3 1 이 상자는 오래된 신문지를 (재활용)해서 만들었습니다.

해설 古い新聞紙를 보면 1번이 정답인 것을 알 수 있다.

어휘 箱(はこ) 상자 | 古(ふる)い 낡다, 오래되다 | 新聞紙(しんぶんし) 신문지 | リサイクル 리사이클, 재활용 | チェンジ 체인지 | コレクション 컬렉션 | カット 컷, 자름

4 4 이것은 차가운 물에도 잘 (녹는) 설탕입니다.

해설 '설탕이 녹다'가 되어야 하므로 4번 溶ける를 써야 한다. 동음이의어로 한자 '풀 해'를 쓴 解(と)ける는 '문제를 풀다, 해결하다'라는 의미이다.

어휘 冷(つめ)たい 차갑다 | 砂糖(さとう) 설탕 | 凍(こお)る 얼다 | なくなる 없어지다 | 焦(こ)げる 타다, 음식이 눌어붙다 | 溶(と)ける 녹다

5 1 야마모토 선수는 이번 시즌이 끝나면 (은퇴)하고 싶다고 말했다.

해설 괄호 앞뒤의 내용을 파악하고 보기의 명사를 우리말로 읽을 수 있으면 1번 '은퇴(引退)'가 정답이라는 것을 알 수 있다.

어휘 選手(せんしゅ) 선수 | 終(お)わる 끝나다 | 引退(いんたい) 은퇴 | 解散(かいさん) 해산 | 退場(たいじょう) 퇴장 | 終了(しゅうりょう) 종료

6 3 식사 (준비)에 시간이 너무 걸린다.

해설 3번의 支度는 주로 식사나 외출 준비 등에 필요한 '준비'를 의미한다.

어휘 食事(しょくじ) 식사 | 手続(てつづ)き 수속, 절차 | 道具(どうぐ) 도구 | 支度(したく) 준비, 채비 | 調節(ちょうせつ) 조절

7 3 사과는 껍질을 (벗기지 않고) 먹는 편이 좋습니다.

해설 3번은 「皮(かわ)をむく 껍질을 벗기다」로 기억해 두고, 4번은 「紙(かみ)を破(やぶ)る 종이를 찢다」「記録(きろく)を破(やぶ)る 기록을 깨다」「約束(やくそく)を破(やぶ)る 약속을 깨다, 어기다」로 외워 두자.

어휘 皮(かわ) 껍질 | 切(き)る 자르다 | 脱(ぬ)ぐ 벗다 | むく (껍질을) 벗기다 | 破る 깨다, 찢다

8 2 런치 세트는 30분 만에 (매진)되어 버렸다.

해설 '물건이 다 팔린다'의 의미로 정답은 2번이다. 3번은 「在庫(ざいこ)が切(き)れる 재고가 다 되다」로 외워 두자.

어휘 ランチセット 런치 세트 | 人気(にんき) 인기 | 売(う)り切(き)れ 매진 | 在庫(ざいこ) 재고 | 割引(わりびき) 할인

9 3 시간이 (지나는) 건 빠르네요.

해설 '시간이 지나다, 경과하다'는 時間が経つ이다. 1번의 過(す)ごす는 타동사로서 ～を過ごす의 형태가 되어야 한다.

어휘 過(す)ごす 지내다, 보내다 | たまる 쌓이다 | 経(た)つ 지나다, 경과하다 | 移(うつ)る 옮다

10 3 아까부터 (수상한) 사람이 집 앞을 서성이고 있다.

해설 怪(あや)しい는 '수상하다'라는 뜻이고, 정체가 불분명해서 좋지 않게 느껴진다는 의미가 된다.

어휘 うろうろする 서성이다 | だらしない 칠칠치 못하다 | 厳(きび)しい 엄격하다 | 怪(あや)しい 수상하다 | 面倒(めんどう)くさい 귀찮다, 성가시다

11 2 고등학교를 졸업하면 모두 (뿔뿔이 흩어지게) 되어 버려서 섭섭합니다.

해설 2번의 ばらばら는 원래 하나였던 것이 뿔뿔이 각각 나뉜다는 의미가 있다.

어휘 高校(こうこう) 고등학교 | 卒業(そつぎょう) 졸업 | さびしい 외롭다, 쓸쓸하다, 섭섭하다 | はらはら 조마조마 | ばらばら 뿔뿔이 | ぐらぐら 흔들흔들 | ぼろぼろ 너덜너덜

실전시험 54 | 문맥 규정 [14]

본서2 p.162

정답 **1** 4 **2** 2 **3** 3 **4** 4 **5** 4 **6** 3 **7** 2 **8** 1 **9** 1 **10** 4 **11** 3

1 4 신인선수의 활약을 (기대)하고 있습니다.

해설 괄호 앞의 '활약(活躍)'과 자연스럽게 이어지는 표현은 4번이다.

어휘 新人選手(しんじんせんしゅ) 신인선수 | 活躍(かつやく) 활약 | 歓迎(かんげい) 환영 | 感動(かんどう) 감동 | 賛成(さんせい) 찬성 | 期待(きたい) 기대

2 2 태풍의 (영향)으로 전철이 멈췄다.

해설 괄호 뒤의 電車が止まった의 원인이 태풍의 '영향'을 받아서이므로 정답은 2번이다.

어휘 台風(たいふう) 태풍 | 電車(でんしゃ) 전철 | 止(と)まる 멈추다 | 結果(けっか) 결과 | 影響(えいきょう) 영향 | 原因(げんいん) 원인 | 制限(せいげん) 제한

3 3 내년에는 새로운 분야의 일에 (도전할) 생각입니다.

해설 来年과 新しい分野の仕事를 보면 새로운 일에 '도전한다'가 정답임을 알 수 있다.

어휘 分野(ぶんや) 분야 | 戦(たたか)う 싸우다 | 踏(ふ)む 밟다 | 挑(いど)む 도전하다 | 争(あらそ)う 다투다

4 4 다음 주에 미국에 가기 때문에 원화를 달러로 (환전)했다.

해설 외화를 바꾼다는 의미인 4번이 정답이다.

어휘 ウォン 원 | ドル 달러 | 貯金(ちょきん) 저금 | 計算(けいさん) 계산 | 借金(しゃっきん) 빚 | 両替(りょうがえ) 환전

5 4 이 가구는 일본(제)입니다.

해설 일본에서 '만든' 제품이 되어야 하므로 4번의 製(지을 제)가 정답이며, 1번의 産(낳을 산)은 그 토지에서 '생산'되었다는 의미로, 주로 과일이나 채소의 생산지를 말한다.

어휘 家具(かぐ) 가구 | ～産(さん) ~산 | ～品(ひん) ~품 | ～作(さく) ~작 | ～製(せい) ~제

6 3 요즘 일기예보는 (빗나가기)만 해서 정말로 믿을 수

없다.

해설 '예상하던 것이 빗나가다'는 3번의 外(はず)れる를 쓴다. 「予想(よそう)が外(はず)れる 예상이 빗나가다」도 기억해 두자.

어휘 天気予報(てんきよほう) 일기예보 ㅣ 信(しん)じる 믿다 ㅣ 崩(くず)れる 무너지다 ㅣ 逃(に)げる 도망치다 ㅣ 外(はず)れる 빗나가다, 빠지다 ㅣ 破(やぶ)れる 찢어지다

7 2 장학금을 받을 수 있어도 유학 (비용)은 꽤 들 거라고 생각한다.

해설 유학에 드는 돈을 의미하므로 3번의 '비용(費用)'이 정답이다.

어휘 奨学金(しょうがくきん) 장학금 ㅣ かなり 꽤 ㅣ かかる 걸리다, (돈이) 들다 ㅣ 価格(かかく) 가격 ㅣ 費用(ひよう) 비용 ㅣ 計算(けいさん) 계산 ㅣ 価値(かち) 가치

8 1 사토 씨는 이 업계에서 오랜 시간 경험을 (쌓아) 왔습니다.

해설 1번의 積む는 물건을 쌓는다는 의미 이외에 경험이나 연습을 쌓는 의미로도 쓰인다.

어휘 業界(ぎょうかい) 업계 ㅣ 経験(けいけん) 경험 ㅣ 広(ひろ)げる 넓히다 ㅣ 逃(のが)す 놓치다 ㅣ つかむ 잡다

9 1 아직 입을 수 있는 옷을 버리는 것은 (아깝다).

해설 아직 사용할 수 있는데 버려서 아깝다는 의미의 い형용사는 1번 もったいない이다.

어휘 着(き)る 입다 ㅣ 服(ふく) 옷 ㅣ 捨(す)てる 버리다 ㅣ もったいない 아깝다 ㅣ なさけない 한심하다 ㅣ ずるい 교활하다 ㅣ しつこい 집요하다

10 4 밤하늘에 별이 (반짝반짝) 빛나고 있다.

해설 별이 빛나는 모습을 나타내는 きらきら가 정답이며 「きらきら光(ひか)る 반짝반짝 빛나다」로 기억해 두자.

어휘 ぎりぎり 아슬아슬 ㅣ わくわく (설레어서) 두근두근 ㅣ にこにこ 방긋방긋 ㅣ きらきら 반짝반짝

11 3 일본에 거주하고 있는 외국인을 대상으로 앙케트를 해서 (데이터)를 모았습니다.

해설 앙케트 한 결과, 자료·정보를 모았다가 되어야 하므로 3번의 データ가 정답이다.

어휘 住(す)む 살다 ㅣ 対象(たいしょう) 대상 ㅣ アンケート 앙케트 ㅣ 集(あつ)める 모으다 ㅣ タイプ 타입 ㅣ ファイル 파일 ㅣ データ 데이터 ㅣ ケース 케이스

실전시험 55 ㅣ 문맥 규정 [15]

▶ 본서2 p.164

정답 **1** 1 **2** 4 **3** 1 **4** 4 **5** 3 **6** 3
7 2 **8** 1 **9** 3 **10** 2 **11** 2

1 1 그는 만날 때마다 자신의 아들을 (자랑)한다.

해설 문맥상 자연스러운 명사는 1번 '자랑(自慢)'이다. する가 붙은 명사라는 것도 기억하자.

어휘 ～たびに ~할 때마다 ㅣ 息子(むすこ) 아들 ㅣ 自慢(じまん) 자랑 ㅣ 我慢(がまん) 인내, 참음 ㅣ 感激(かんげき) 감격 ㅣ 遠慮(えんりょ) 사양

2 4 (바닥)이라면 허리가 아파서 항상 소파에 앉습니다.

해설 座る에 연결되는 명사를 찾으면 4번 '마룻바닥(床)'이다. 2번의 底는 '물건의 바닥, 밑면', '바닷속 바닥'을 의미하므로 정답이 될 수 없다.

어휘 腰(こし) 허리 ㅣ 痛(いた)い 아프다 ㅣ ソファー 소파 ㅣ 座(すわ)る 앉다 ㅣ 天井(てんじょう) 천정 ㅣ 底(そこ) 바닥 ㅣ 屋根(やね) 지붕 ㅣ 床(ゆか) 마룻바닥

3 1 습도가 높으면 벽 등에 (곰팡이)가 자라기 쉽다.

해설 湿度(습도)가 높아서 생기는 것을 찾으면 정답은 1번이고 「かびが生(は)える 곰팡이가 자라다」로 기억하자.

어휘 湿度(しつど) 습도 ㅣ 壁(かべ) 벽 ㅣ 生(は)える 나다, 자라다 ㅣ かび 곰팡이 ㅣ 汚(よご)れ 더러움, 오염 ㅣ しみ 얼룩 ㅣ こぶ 혹

4 4 꿈을 (실현)시키려면 매일매일의 노력을 빼놓을 수 없습니다.

해설 '꿈을(夢を)'과 연결할 수 있는 명사는 4번뿐이다.

어휘 夢(ゆめ) 꿈 ㅣ 日々(ひび) 나날, 매일 ㅣ 努力(どりょく) 노력 ㅣ 欠(か)かす 거르다, 빼먹다 ㅣ 現在(げんざい) 현재 ㅣ 表示(ひょうじ) 표시 ㅣ 実際(じっさい) 실제 ㅣ 実現(じつげん) 실현

5 3 스웨터를 (떠서) 친구에게 줄 생각입니다.

해설 セーター(스웨터)와 연결되는 동사는 3번뿐이다.

어휘 混(ま)ぜる 섞다 ㅣ つなぐ 연결하다 ㅣ 編(あ)む 뜨개질하다 ㅣ 握(にぎ)る 쥐다

6 3 동물 (모양)을 하고 있는 과자가 인기이다.

해설 ～をしている는 '모양, 형태, 성질을 띠고 있다'이다. 「形(かたち)をしている 모양을 하고 있다」「顔(かお)をしている 얼굴을 하고 있다」「色(いろ)をしている 색을 띠고 있다」를 알아 두자.

어휘 動物(どうぶつ) 동물 ㅣ お菓子(かし) 과자 ㅣ 印象(いんしょう) 인상 ㅣ 様子(ようす) 모습, 상태 ㅣ 形(かたち) 형태, 모양 ㅣ 外見(がいけん) 외견, 겉모습

7 2 오늘도 많은 (관객)이 스튜디오에 모였습니다.

해설 동사 集(あつ)まる에 이어지는 명사가 와야 하므로 2번 '관객(観客)'이 정답이다.

어휘 スタジオ 스튜디오 ㅣ 集(あつ)まる 모이다 ㅣ 訪問(ほうもん) 방문 ㅣ 観客(かんきゃく) 관객 ㅣ 相手(あいて) 상대방 ㅣ 歓迎(かんげい) 환영

8 1 결혼을 (동경하고) 있는 여성은 별로 없는 것 같다.

해설 「～に憧(あこが)れる ~를 동경하다」이다. 조사 に를 쓰는 것에 주의하자.

어휘 結婚(けっこん) 결혼 | 女性(じょせい) 여성 | 憧(あこが)れる 동경하다 | 求(もと)める 구하다, 요구하다 | 目指(めざ)す 목표로 하다 | 追(お)う 쫓다

9 3 아쉽게 져서 너무 (분하다).

해설 もう少しのところで負けては '아쉽게, 안타깝게 졌다'는 의미이므로 이에 어울리는 い형용사인 3번 '분하다(悔しい)'가 정답이다.

어휘 負(ま)ける 지다 | ～てたまらない ~해서 견딜 수 없다, 너무 ~하다 | 仕方(しかた)ない 어쩔 수 없다 | 恥(は)ずかしい 부끄럽다, 창피하다 | 悔(くや)しい 분하다 | うらやましい 부럽다

10 2 부모님과 상담하고 (결국) 대학원 진학을 포기했다.

해설 부모님과 상담한 결과 대학원 진학을 포기한 것이므로 2번 '결국(結局)'이 정답이다.

어휘 親(おや) 부모 | 相談(そうだん) 상담 | 大学院(だいがくいん) 대학원 | 進学(しんがく) 진학 | あきらめる 단념하다, 포기하다 | きちんと 제대로 | 結局(けっきょく) 결국 | いよいよ 드디어 | やっと 드디어, 겨우

11 2 동료와 (트러블)이 있어도 차분하게 대응해 주세요.

해설 괄호 뒤의 ～がある에 연결되는 가타카나를 찾고, 落ち着いて対応가 있으므로 2번 '트러블(トラブル)'이 정답이다.

어휘 同僚(どうりょう) 동료 | 落(お)ち着(つ)く 차분하다, 침착하다 | 対応(たいおう) 대응 | トラベル 여행 | トラブル 트러블, 문제 | カロリー 칼로리 | バランス 밸런스

실전시험 56 | 문맥 규정 [16]

▶본서2 p.166

정답 **1** 4 **2** 3 **3** 1 **4** 3 **5** 2 **6** 3
7 2 **8** 3 **9** 1 **10** 1 **11** 1

1 4 이 놀이기구는 위험하기 때문에 연령이 (제한)되어 있다.

해설 괄호 앞의 危ない와 年齢를 통해 4번 '제한(制限)'이 정답임을 알 수 있다.

어휘 乗(の)り物(もの) 탈것, 놀이기구 | 危(あぶ)ない 위험하다 | 年齢(ねんれい) 연령 | 限界(げんかい) 한계 | 禁止(きんし) 금지 | 有効(ゆうこう) 유효 | 制限(せいげん) 제한

2 3 시험이 끝나면 문제 용지는 (회수)하게 되어 있다.

해설 ～ことになっている는 규칙이나 룰로써 정해져 있음을 나타내는 문법 표현이다. 따라서 시험이 끝난 후에 문제 용지의 '회수(回収)'가 정답이다.

어휘 問題用紙(もんだいようし) 문제 용지 | 分別(ぶんべつ) 분별 | 整理(せいり) 정리 | 回収(かいしゅう) 회수 | 集合(しゅうごう) 집합

3 1 (활기)에 찬 거리입니다.

해설 「活気(かっき)に満(み)ちる 활기에 차다」로 기억하자.

어휘 満(み)ちる 가득 차다 | 活気(かっき) 활기 | 活発(かっぱつ)だ 활발하다 | 一流(いちりゅう) 일류 | 人気(にんき) 인기

4 3 나카무라 선수는 지금까지의 기록을 (깨고) 세계 1위가 되었다.

해설 「記録(きろく)を破(やぶ)る 기록을 깨다」로 외워 두자.

어휘 記録(きろく) 기록 | 世界(せかい) 세계 | 一位(いちい) 1위 | 壊(こわ)す 망가뜨리다 | 殴(なぐ)る 때리다 | 破(やぶ)る 깨다, 찢다 | 隠(かく)す 숨기다

5 2 강한 (의지)가 있으면 단기간에 합격하는 것도 가능합니다.

해설 強い와 短期間で合格する와 자연스럽게 연결되는 2번 '의지(意志)'가 정답이다.

어휘 強(つよ)い 강하다 | 短期間(たんきかん) 단기간 | 合格(ごうかく) 합격 | 可能(かのう) 가능 | 努力(どりょく) 노력 | 意志(いし) 의지 | 動作(どうさ) 동작 | 選択(せんたく) 선택

6 3 조금 전에 먹은 약이 이제 곧 (듣기) 시작할 거라고 생각합니다.

해설 「薬(くすり)が効(き)く 약이 듣다, 약이 효과가 있다」는 숙어처럼 쓰이는 표현이다.

어휘 治(なお)る 낫다 | 切(き)れる 끊기다 | 効(き)く (약이) 듣다, 효과가 있다 | 外(はず)れる 빗나가다, 빠지다

7 2 다나카 씨의 방은 발 디딜 틈도 없을 정도로 (어질러져) 있다.

해설 방의 상태를 설명하는 문장으로 足の踏み場もないほど가 있으므로 2번 散(ち)らかる를 써야 한다.

어휘 足(あし)の踏(ふ)み場(ば) 발 디딜 곳 | こぼれる 쏟아지다 | 散(ち)らかる 어질러지다 | 転(ころ)がる 구르다 | 詰(つ)まる 가득하다, 막히다

8 3 20대도 후반이 되어 (앞으로)의 인생에 대해서 생각해야겠다고 생각했다.

해설 '이후의(앞으로의) 인생'으로 연결되어야 하므로 3번이 정답이다.

어휘 後半(こうはん) 후반 | 人生(じんせい) 인생 | 以前(いぜん) 이전 | 以来(いらい) 이래 | 今後(こんご) 앞으로 | 当時(とうじ) 당시

9 1 태양이 (눈부셔서) 커튼을 닫아 두었다.

해설 太陽와 カーテンを閉める라고 나와 있으므로 1번 まぶしい를 써야 한다.

어휘 太陽(たいよう) 태양 | カーテンを閉(し)める 커튼을 닫다 | まぶしい 눈부시다 | 蒸(む)し暑(あつ)い 무덥다 | しょうがない 어쩔 수 없다 | 激(はげ)しい 격하다, 심하다

10 1 참가자는 (주로) 20대였다.

해설 참가자 중 대부분이 20대였다는 의미이므로 정답은 1번이다.

어휘 参加者(さんかしゃ) 참가자 | 主(おも)に 주로 | 思(おも)わず 엉겁결에 | いまにも 지금이라도, 당장이라도 | とっくに 진작에, 이미

11 1 골프 경험이 있는 분은 위 레벨 (클래스)로 신청해 주세요.

해설 클래스 레벨을 의미하는 문장을 만들어야 하므로 1번이 정답이다.

어휘 ゴルフ 골프 | 経験(けいけん) 경험 | 方(かた) 분 | 申(もう)し込(こ)む 신청하다 | レベル 레벨 | マーク 마크 | スムーズ 원활 | ブレーキ 브레이크

실전시험 57 | 문맥 규정 [17]

▶본서2 p.168

정답 **1** 3 **2** 3 **3** 2 **4** 4 **5** 4 **6** 2
7 1 **8** 1 **9** 2 **10** 3 **11** 4

1 3 실패하면 또 (도전)하면 됩니다.

해설 失敗したら를 힌트로 보면 3번 '도전(挑戦)'이 자연스럽게 이어진다.

어휘 失敗(しっぱい) 실패 | 希望(きぼう) 희망 | 目標(もくひょう) 목표 | 挑戦(ちょうせん) 도전 | 覚悟(かくご) 각오

2 3 야구 시합 중 공에 (맞아서) 멍이 들어버렸다.

해설 3번 当たる는 '물체에 맞다', '예상이 적중하다'로 쓰이는 동사이다.

어휘 野球(やきゅう) 야구 | 試合中(しあいちゅう) 시합 중 | ボール 공 | あざ 멍 | できる 생기다 | 打(う)つ 치다 | 離(はな)れる 떨어지다, 멀어지다 | 当(あ)たる 맞다, 명중하다, 들어맞다 | 包(つつ)む 싸다, 포장하다

3 2 마을을 (선전)하기 위해서 높은 타워가 세워졌습니다.

해설 높은 타워가 세워진 목적이 마을을 '선전'하기 위해서이므로 정답은 2번이다.

어휘 町(まち) 마을 | タワー 타워 | 建(た)てる (건물을) 짓다, 세우다 | 提供(ていきょう) 제공 | 宣伝(せんでん) 선전 | 供給(きょうきゅう) 공급 | 登場(とうじょう) 등장

4 4 직장에 마음이 (맞는) 사람이 있어서 정말로 다행입니다.

해설 「気(き)が~」가 붙는 관용구를 찾는 문제이다. 1번 「気が進(すす)む 마음이 내키다」, 2번 「気がする 느낌이 든다」, 3번 「気が付(つ)く 알아차리다, 깨닫다」, 4번 「気が合(あ)う 마음이 맞다」

어휘 職場(しょくば) 직장

5 4 신청에 관한 (문의)는 메일로 부탁드립니다.

해설 '질문, 문의'의 뜻을 가진 4번이 정답이다.

어휘 申(もう)し込(こ)み 신청 | ~に関(かん)する ~에 관한 | 合図(あいず) 신호 | あて先(さき) 수신처 | 締(し)め切(き)り 마감 | 問(と)い合(あ)わせ 문의

6 2 근처에서 큰 사고라도 있었던 건지 구급차가 (지나갔다).

해설 구급차가 지나가는 것을 보고 화재가 있음을 짐작하는 의미이므로 2번이 정답이다.

어휘 近所(きんじょ) 근처 | 事故(じこ) 사고 | 救急車(きゅうきゅうしゃ) 구급차 | 待(ま)ち合(あ)わせる 시간·장소를 정하고 만나다 | 通(とお)り過(す)ぎる 지나치다, 통과하다 | 取(と)り上(あ)げる 집어 들다, 빼앗다, 거둬들이다 | 取(と)りつける (기계를) 달다, 설비하다

7 1 충치가 (욱신욱신) 아프다.

해설 충치가 아픈 모양을 나타내는 1번이 정답이다.

어휘 虫歯(むしば) 충치 | ずきずき 욱신욱신 | たびたび 자주, 종종 | さらさら 바슬바슬, 사각사각 | とんとん (가볍게 치는 소리) 똑똑, 톡톡

8 1 문을 (두드리는) 소리가 났다.

해설 괄호 뒤에 音がした가 있으므로 문을 '두드리다'인 1번이 정답이다.

어휘 叩(たた)く 치다, 두드리다 | なでる 쓰다듬다 | 触(ふ)れる 닿다, 대다 | 投(な)げる 던지다

9 2 시간을 (헛되이) 하고 싶지 않아서 계획적인 생활을 하고 있다.

해설 선택지에는 な형용사가 부사형으로 제시되었다. 뒤 문장의 計画的な生活로 보아 시간을 헛되게 쓰지 않는다는 의미가 되어야 하므로 2번이 정답이다.

어휘 計画的(けいかくてき) 계획적 | 単純(たんじゅん)に 단순히 | 無駄(むだ)に 헛되이, 쓸데없이 | 苦手(にがて)に 서투르게 | 順調(じゅんちょう)に 순조롭게

10 3 그는 (다혈질)이기 때문에 사소한 일로도 금방 화내버린다.

해설 すぐ怒ってしまう를 힌트로 정답을 찾을 수 있다.

어휘 ちょっとしたこと 사소한 일 | 怒(おこ)る 화내다 | まれだ 드물다 | 慎重(しんちょう)だ 신중하다 | 短気(たんき)だ 성미가 급하다, 다혈질이다 | 面倒(めんどう)だ 귀찮다

11 4 오늘은 한여름 같은 더위라서 뭔가 (깔끔)한 것이 먹고 싶다.

해설 음식의 맛을 나타내는 표현을 찾아야 하므로 4번의 さっぱり가 정답이다.

어휘 真夏(まなつ) 한여름 | 暑(あつ)さ 더위 | にっこり 방긋 | のんびり 유유히, 한가로이 | すっかり 완전히 | さっぱり 깔끔, 산뜻, 담백한 모양

실전시험 58 | 문맥 규정 [18]

▶본서2 p.170

정답 1 3 2 3 3 4 4 2 5 3 6 2
7 4 8 2 9 3 10 3 11 3

1 3 글씨가 작으니까 (확대)해서 인쇄해 주세요.

해설 「字が小さいから～」를 보면 3번의 '확대(拡大)'가 자연스럽게 이어진다.

어휘 字(じ) 글씨, 글자 | 印刷(いんさつ) 인쇄 | 最大(さいだい) 최대 | 最上(さいじょう) 최상 | 拡大(かくだい) 확대 | 向上(こうじょう) 향상

2 3 소풍 (갈 곳)은 이미 정해졌습니까?

해설 소풍의 '행선지'를 의미하는 3번 行き先가 정답이다. 1번과 2번은 반의어로 알아 두자.

어휘 遠足(えんそく) 소풍 | もう 이미, 벌써 | 決(き)まる 정해지다 | 片道(かたみち) 편도 | 往復(おうふく) 왕복 | 行(い)き先(さき) 행선지, 갈 곳 | あて先(さき) 수신처

3 4 모두 (공통)된 고민을 갖고 있다.

해설 괄호 뒤의 悩(なや)み를 수식하는 의미로 자연스러운 것은 4번 '공통(共通)'이다.

어휘 悩(なや)み 고민 | 感覚(かんかく) 감각 | 特徴(とくちょう) 특징 | 評価(ひょうか) 평가 | 共通(きょうつう) 공통

4 2 공부할 시간이 없다면 공부 방법을 (궁리)해 봅시다.

해설 공부하는 방법이나 수단을 찾는다는 의미로 2번 '궁리, 고안(工夫)'이 정답이다.

어휘 方法(ほうほう) 방법 | 想像(そうぞう) 상상 | 工夫(くふう) 궁리, 고안 | 観察(かんさつ) 관찰 | 予測(よそく) 예측

5 3 이번 과제는 (그룹)으로 나뉘어서 행하기로 하겠습니다.

해설 ～に分かれる와 연결되어 자연스러운 문장을 만드는 3번 '그룹(グループ)'이 정답이다.

어휘 課題(かだい) 과제 | 分(わ)かれる 나뉘다 | 行(おこな)う 행하다 | キャプテン 캡틴 | ベテラン 베테랑 | グループ 그룹 | コーチ 코치

6 2 외국어를 배울 때 (반복해서) 발음해 볼 것을 추천합니다.

해설 괄호 뒤의 発音する와 연결되는 동사를 찾으면, '발음을 반복하다'가 되어야 하므로 2번 '반복하다(繰り返す)'가 정답이다.

어휘 外国語(がいこくご) 외국어 | 習(なら)う 배우다 | 発音(はつおん) 발음 | 勧(すす)める 권하다 | 追(お)いつく 따라잡다 | 繰(く)り返(かえ)す 반복하다 | 組(く)み立(た)てる 조립하다 | 引(ひ)き出(だ)す 꺼내다

7 4 감기 (예방)에는 손 씻기와 가글이 좋습니다.

해설 手洗い와 うがい가 감기 예방에 좋다는 문장이므로 4번 '예방(予防)'이 정답이다.

어휘 風邪(かぜ) 감기 | 手洗(てあら)い 손 씻기 | うがい 가글 | 防止(ぼうし) 방지 | 解消(かいしょう) 해소 | 除去(じょきょ) 제거 | 予防(よぼう) 예방

8 2 나카야마 씨는 30종류 이상의 메뉴를 (한나절) 만에 외웠다.

해설 메뉴를 전부 다 외우는 데 걸린 시간을 나타내는 말이 와야 하므로 정답은 2번 '한나절(半日)'이 된다.

어휘 種類(しゅるい) 종류 | 以上(いじょう) 이상 | 覚(おぼ)える 외우다 | 翌週(よくしゅう) 다음 주 | 半日(はんにち) 한나절 | 月末(げつまつ) 월말 | 日中(にっちゅう) 낮

9 3 상당히 혼잡하오니 (줄)을 서서 기다려 주십시오.

해설 「列(れつ)に並(なら)ぶ 줄을 서다」로 외우자.

어휘 大変(たいへん) 상당히 | 混雑(こんざつ) 혼잡 | 線(せん) 선 | 点(てん) 점 | 面(めん) 면

10 3 히로시 씨는 이 업계에서는 (발)이 넓은 것으로 유명합니다.

해설 우리말의 '발이 넓다'는 일본어로 顔(かお)が広(ひろ)いい이다.

어휘 業界(ぎょうかい) 업계 | 足(あし) 발 | 頭(あたま) 머리 | 目(め) 눈

11 3 급여일은 (무심코) 낭비해 버린다.

해설 つい는 '그럴 생각이 아니었는데 자기도 모르게 그만'이라는 의미로 「つい～てしまう (그만) 무심코 ~해 버리다」로 알아 두자.

어휘 給料日(きゅうりょうび) 급여일, 월급날 | 無駄遣(むだづか)い 헛되게 씀, 낭비 | せめて 적어도, 최소한 | せっかく 모처럼 | つい 무심코, 자신도 모르게 | わざと 일부러, 고의로

실전시험 59 | 문맥 규정 [19]

▶본서2 p.172

정답 1 4 2 2 3 4 4 2 5 3 6 4
7 1 8 3 9 1 10 4 11 1

1 4 어제 (광고)를 보고 궁금했던 화장품을 사 보았습니다.

해설 무언가를 보고 화장품을 샀다는 의미가 되어야 하므로 정답은 4번 コマーシャル이다.

어휘 気(き)になる 신경 쓰이다, 궁금하다 | 化粧品(けしょうひん) 화장품 | プラス 플러스 | マイナス 마이너스 | セール 세일 | コマーシャル 커머셜(상업적 광고)

2 2 의사가 말하는 대로 (치료)하면 금방 좋아지겠지요.

해설 医者の言うとおりを 보면 2번 '치료(治療)'가 자연스럽게 연결되는 것을 알 수 있다.

어휘 言(い)うとおり 말하는 대로 | すぐに 곧, 즉시 | 修理(しゅうり) 수리 | 治療(ちりょう) 치료 | 回復(かいふく) 회복 | 早退(そうたい) 조퇴

3 4 스피치 콘테스트 전날, 일본인 선배에게 발음을 (지도(해)) 받았다.

해설 スピーチコンテスト와 日本人の先輩に～してもらう에 연결될 수 있는 가장 자연스러운 명사는 4번 '지도(指導)'이다.

어휘 先輩(せんぱい) 선배 | 発音(はつおん) 발음 | 成長(せいちょう) 성장 | 研究(けんきゅう) 연구 | 学習(がくしゅう) 학습 | 指導(しどう) 지도

4 2 이 요리는 간단해 보이지만 만들어 보면 의외로 (손)이 많이 간다.

해설 「手間(てま)がかかる 수고가 들다」의 의미로 숙어처럼 외워 두자.

어휘 簡単(かんたん)だ 간단하다 | 意外(いがい)に 의외로 | 手段(しゅだん) 수단 | 手間(てま) (일을 하는 데 드는) 품, 수고, 시간 | 手続(てつづ)き 수속, 절차 | 手入(てい)れ 손질

5 3 통장은 침대 밑에 (숨겨져) 있다.

해설 괄호 앞의 ベッドの下に와 자연스럽게 연결되는 동사는 3번 '숨기다(隠す)'이다.

어휘 通帳(つうちょう) 통장 | ベッド 침대 | 埋(う)める 메우다 | 預(あず)ける 맡기다 | 隠(かく)す 숨기다 | 失(うしな)う 잃다

6 4 이벤트 참가(비)는 당일날 접수처에서 지불하게 되어 있습니다.

해설 선택지는 모두 돈이나 비용과 관련된 어휘들이지만, 우리말로 생각해 보면 '참가비'가 되므로 정답은 4번의 '비(費)'이다. 1번의 '임(賃)'은 사용한 대가로서 치르는 돈이나 보수로서 얻은 금전을 뜻한다. 「電車賃(でんしゃちん) 전철 운임」이 그 대표적인 예이다.

어휘 イベント 이벤트 | 参加(さんか) 참가 | 当日(とうじつ) 당일 | 受(う)け付(つ)け 접수, 접수처 | 支払(しはら)う 지불하다 | ～賃(ちん) ~임 | ～金(きん) ~금 | ～費(ひ) ~비

7 1 의자에 앉아서 (한쪽) 다리를 앞으로 내밀어 주세요.

해설 足와 이어질 수 있는 명사를 찾는 문제이다. 짝을 이루고 있는 물건의 한쪽을 뜻하는 1번 '한쪽(片方)'이 정답이다. 이 밖에도 「手袋(てぶくろ)の片方(かたほう) 장갑 한쪽」 「靴下(くつした)の片方(かたほう) 양말 한쪽」 등이 있다.

어휘 座(すわ)る 앉다 | 片方(かたほう) 한쪽 | 一部(いちぶ) 일부 | 上下(じょうげ) 상하 | 部分(ぶぶん) 부분

8 3 모리 씨는 아무것도 하지 않고 남이 하는 일에 (불평)만 말하고 있다.

해설 3번 文句(もんく)는 '불평, 불만'의 뜻으로 「文句(もんく)を言(い)う 불만을 말하다」 「文句(もんく)がある 불만이 있다」로 자주 쓰인다.

어휘 やる 하다 | 皮肉(ひにく) 빈정거림, 비꼼 | けち 구두쇠 | 文句(もんく) 불평, 불만 | 迷惑(めいわく) 민폐

9 1 안 입게 된 옷을 끈으로 (묶어) 두었다.

해설 1번 縛る는 풀리지 않게 끈으로 단단히 '묶는다'는 의미로 「ひもで縛(しば)る 끈으로 묶다」로 숙어처럼 외워 두자.

어휘 着(き)る 입다 | 服(ふく) 옷 | ひも 끈 | 縛(しば)る 묶다 | 運(はこ)ぶ 운반하다 | つなぐ 연결하다 | 編(あ)む 뜨개질하다

10 4 스포츠도 어학도 (기본적)인 것이 익혀져 있지 않으면 능숙해지지 않는다.

해설 괄호 뒤의 身につく와 자연스럽게 연결되는 4번 '기본적(基本的)'이 정답이다.

어휘 スポーツ 스포츠 | 語学(ごがく) 어학 | 身(み)につく 몸에 익다 | 上達(じょうたつ)する 숙달되다, 능숙해지다 | 世界的(せかいてき) 세계적 | 間接的(かんせつてき) 간접적 | 比較的(ひかくてき) 비교적 | 基本的(きほんてき) 기본적

11 1 3번 홈의 열차는 (곧) 출발합니다.

해설 열차가 곧 출발한다는 의미로 1번 '머지않아, 곧(まもなく)'이 정답이다.

어휘 列車(れっしゃ) 열차 | 発車(はっしゃ) 발차(출발) | まもなく 머지않아, 곧 | ようやく 겨우, 간신히 | ほぼ 거의 | とにかく 어쨌든

실전시험 60 | 문맥 규정 [20]

▶본서2 p.174

정답 **1** 2 **2** 4 **3** 3 **4** 4 **5** 2 **6** 2 **7** 3 **8** 2 **9** 3 **10** 4 **11** 2

1 2 본가에서는 쌀을 (생산)하고 있습니다.

해설 '쌀(米)'에 이어지는 명사는 2번 '생산(生産)'이다.

어휘 実家(じっか) 본가 | 米(こめ) 쌀 | 作業(さぎょう) 작업 | 生産(せいさん) 생산 | 建設(けんせつ) 건설 | 製造(せいぞう) 제조

2 4 노래하면서 악기를 (연주)하는 것은 어렵다.

해설 괄호 앞 '악기(楽器)'와 연결되는 명사는 4번 '연주(演奏)'이다.

어휘 歌(うた)う 노래하다 | 楽器(がっき) 악기 | 講演(こうえん) 강연 | 行動(こうどう) 행동 | 発表(はっぴょう) 발표 | 演奏(えんそう) 연주

3 3 언니에게 (추천받아서) 여름 방학 동안 어학연수를 가기로 했다.

해설 보기의 동사는 수동형으로 제시되었다. 기본형의 의미를 잘 생각하며 문제에 접근하면 勧める(권하다)의 수동형인 勧められる(권유받다)가 정답이다.

어휘 姉(あね) 언니, 누나 | 語学研修(ごがくけんしゅう) 어학연수 | 慰(なぐさ)める 위로하다 | 望(のぞ)む 원하다 | 勧(すす)める 권하다 | 任(まか)せる 맡기다

4 4 사회에 도움이 되는 인재를 육성하는 것이 우리 회사의 (목표)입니다.

해설 社会に役立つ人材を育成する가 회사의 '목표'이므로 정답은 4번이다.

어휘 社会(しゃかい) 사회 | 役立(やくだ)つ 도움이 되다 | 人材(じんざい) 인재 | 育成(いくせい) 육성 | わが社(しゃ) 우리 회사 | 規則(きそく) 규칙 | 基礎(きそ) 기초 | 解決(かいけつ) 해결 | 目標(もくひょう) 목표

5 2 요즘 목 (상태)가 나빠서 목소리가 나오지 않는다.

해설 2번 調子는 「体(からだ)の調子(ちょうし) 몸 상태」「のどの調子(ちょうし) 목 상태」「機械(きかい)の調子(ちょうし) 기계 상태」의 형태로 자주 쓰인다.

어휘 のど 목 | 声(こえ) 목소리 | 都合(つごう) 사정, 형편 | 調子(ちょうし) 상태 | 事情(じじょう) 사정 | 態度(たいど) 태도

6 2 남편은 부탁받으면 뭐든지 (받아들여) 버립니다.

해설 상대방의 제안이나 부탁을 받아들인다는 의미의 복합동사는 2번 引き受ける이다.

어휘 主人(しゅじん) 남편 | 頼(たの)む 부탁하다 | 話(はな)し合(あ)う 의논하다, 이야기 나누다 | 引(ひ)き受(う)ける 받아들이다 | 話(はな)しかける 말을 걸다 | 区切(くぎ)る 단락을 짓다, 구획 짓다

7 3 남성 속에 여성도 (섞여) 있다.

해설 3번 まざる는 '섞이다'의 의미로 두 가지 이상이 섞였을 때, 섞인 재료가 눈으로 구분이 될 때 사용한다.

어휘 男性(だんせい) 남성 | 女性(じょせい) 여성 | 似合(にあ)う 어울리다 | 挟(はさ)む 사이에 끼우다 | 交(ま)ざる 섞이다 | あふれる 넘치다

8 2 (감동)해서 눈물이 멈추지 않는다.

해설 涙が止まらない의 이유를 찾으면 되므로 정답은 2번 '감동(感動)'이다.

어휘 涙(なみだ) 눈물 | 止(と)まる 멈추다 | 支援(しえん) 지원 | 感動(かんどう) 감동 | 要求(ようきゅう) 요구 | 信頼(しんらい) 신뢰

9 3 지하철은 (정상으로) 운행되고 있다.

해설 괄호 뒤의 運行している를 수식하는 부사 형태는 3번의 '정상으로(正常に)'이다

어휘 地下鉄(ちかてつ) 지하철 | 運行(うんこう) 운행 | 丁寧(ていねい)に 공손히, 정중히, 꼼꼼히 | 正直(しょうじき)に 정직하게 | 正常(せいじょう)に 정상으로 | 盛(さか)んに 활발하게

10 4 품질이 좋으면 가격이 (다소) 비싸도 상관없습니다.

해설 高い를 수식하는 부사 형태로 자연스러운 4번 '다소(多少)'가 정답이다. 유의어로 '조금'을 뜻하는 少(すこ)し가 있다.

어휘 品質(ひんしつ) 품질 | 値段(ねだん) 가격 | しばらく 잠시 | 案外(あんがい) 생각 외로, 의외로 | たまに 가끔 | 多少(たしょう) 다소

11 2 아이가 아직 어린 동안에는 장난감을 (렌털)하는 편이 경제적이다.

해설 おもちゃ에 이어져서 자연스러운 의미를 나타내는 단어는 2번 レンタル밖에 없다.

어휘 おもちゃ 장난감 | 経済的(けいざいてき) 경제적 | アクセス 액세스 | レンタル 렌털 | オープン 오픈 | プラン 플랜

문제4 교체 유의어

실전시험 61 | 교체 유의어 [1]

▶본서2 p.186

정답 1 1 2 1 3 2 4 2 5 3

1 1 하루 종일 걸어 다녀서 지쳤다.

해설 くたびれる는 '지치다, 녹초가 되다'이므로 疲(つか)れる가 정답이다.

어휘 一日中(いちにちじゅう) 하루 종일 | 歩(ある)き回(まわ)る 걸어서 돌아다니다 | 疲(つか)れる 지치다 | 忙(いそが)しい 바쁘다 | 怖(こわ)い 무섭다 | 眠(ねむ)い 졸리다

2 1 오늘 연습은 매우 힘들었다.

해설 きつい는 '(옷이나 신발이) 꽉 끼다'와 '힘들다'의 의미가 있다. 이 문장에서는 練習(れんしゅう)와 함께 쓰였으므로 '힘들다'로 해석된다.

어휘 練習(れんしゅう) 연습 | 大変(たいへん)だ 힘들다 | 楽(らく)だ 편하다 | つまらない 재미없다, 시시하다 | 楽(たの)しい 즐겁다

3 2 규칙을 깨면 안 됩니다.

해설 한자어 規則(きそく)를 가타카나인 ルール(룰, 규칙)로 연결하는 문제이다.

어휘 破(やぶ)る 깨다, 찢다 | ルーズ 칠칠치 못함, 헐렁함 | パンク 펑크 | ポイント 포인트

4 2 그녀는 영어를 유창하게 말합니다.

해설 ぺらぺら는 거침없이 자유롭게 말하는 모양을 나타낸다.

어휘 英語(えいご) 영어 | 発音(はつおん) 발음 | 自由(じゆう)に 자유롭게 | あいさつ 인사 | 下手(へた)だ 못하다, 서투르다

5 3 가격이 상당히 비싸다.

해설 非常(ひじょう)に의 뜻은 '매우'이며 문장체의 딱딱한 표현이다. 이것을 회화체로 바꾸면 とても가 된다.

어휘 価格(かかく) 가격 | 高(たか)い 비싸다 | 少(すこ)し 조금 | もう 이미, 벌써 | ほとんど 거의

실전시험 62 | 교체 유의어 [2]

▶본서2 p.187

정답 1 2 2 1 3 1 4 4 5 3

1 2 부재중이오니 전언을 남겨 주십시오.

해설 한자어 伝言(でんごん)은 '전언, 메시지'이므로 가타카나인 メッセージ가 정답이다.

어휘 留守(るす) 부재중 | 残(のこ)す 남기다 | サービス 서비스 | テーマ 테마 | アンケート 앙케트

2 1 미국에 있음이 틀림없는 친구가 나타나서 깜짝 놀랐다.

해설 現(あらわ)れる는 '눈앞에 나타나다, 출현하다'이므로 정답은 1번 '나오다'라는 의미인 出(で)てくる이다.

어휘 びっくりする 깜짝 놀라다 | 出(で)る 나오다, 나가다 | 見(み)つかる 발견되다

3 1 축구부는 아침부터 밤까지 트레이닝에 힘쓰고 있습니다.

해설 가타카나 トレーニング(트레이닝)를 한자어로 연결하면 練習(れんしゅう)이다.

어휘 サッカー部(ぶ) 축구부 | 晩(ばん) 저녁, 밤 | 励(はげ)む 힘쓰다 | 予習(よしゅう) 예습 | 自習(じしゅう) 자습 | 復習(ふくしゅう) 복습

4 4 요즘 화제가 되고 있는 소설을 사 보았다.

해설 このごろ는 '요즘'이므로 最近(さいきん)이 정답이다.

어휘 このごろ 요즘 | 話題(わだい) 화제 | 小説(しょうせつ) 소설 | 先日(せんじつ) 얼마 전, 저번에 | 日常(にちじょう) 일상 | 時々(ときどき) 때때로 | 最近(さいきん) 최근

5 3 토모코 씨의 건강한 모습을 볼 수 있어서 안심했다.

해설 ほっと는 안심하는 모양을 나타내는 부사로서, 주로 ほっとする(안심하다)의 형태로 쓰인다.

어휘 姿(すがた) 모습 | 嬉(うれ)しい 기쁘다 | 優(やさ)しい 상냥하다 | 安心(あんしん)する 안심하다 | 満足(まんぞく)する 만족하다

실전시험 63 | 교체 유의어 [3]

▶본서2 p.188

정답 1 3 2 1 3 3 4 2 5 2

1 3 날이 밝으면 출발합시다.

해설 夜(よる)が明(あ)ける는 '날이 밝다'이므로 日(ひ)がのぼる의 '해가 뜨다'로 연결할 수 있다.

어휘 出発(しゅっぱつ) 출발 | 日(ひ) 해 | 沈(しず)む 가라앉다 | 空(そら) 하늘 | 晴(は)れる 개다, 맑다 | 暗(くら)い 어둡다

2 1 공휴일 유원지는 가족 동반으로 혼잡했다.

해설 混雑(こんざつ)する는 '혼잡하다'이므로, 人(ひと)がたくさんいる가 정답이다.

어휘 祝日(しゅくじつ) 공휴일 | 遊園地(ゆうえんち) 유원지 | 家族連(かぞくづ)れ 가족 동반 | 混雑(こんざつ) 혼잡 | 大変(たいへん) 매우, 대단히

3 3 마지막에 계란을 넣으면 완성입니다.

해설 出来上(できあ)がり는 '완성되다'인 出来上(できあ)がる의 명사형이다. 음독 명사인 完成(かんせい)와 묶어서 기억해 두자.

어휘 最後(さいご) 마지막 | たまご 계란 | 入(い)れる 넣다 | 発見(はっけん) 발견 | 到着(とうちゃく) 도착 | 最高(さいこう) 최고

4 2 목이 칼칼해서 큰 (목)소리를 낼 수 없었다.

해설 からから는 수분이 완전히 없어진 상태를 말한다. 「のどがからからだ 목이 마르다」「土(つち)がからからだ 흙이 마르다」로 자주 나온다.

어휘 のど 목 | 声(こえ) 목소리 | 詰(つ)まる 가득 차다, 막히다 | 渇(かわ)く (목이) 마르다 | ぬれる 젖다 | 枯(か)れる (목이) 쉬다, 시들다

5 2 그가 무엇을 이야기하고 있는 건지 전혀 모르겠습니다.

해설 さっぱり는 '깔끔하고 산뜻한 모양'이 대표적인 의미이지만, さっぱり～ない의 형태로 쓰이면 '전혀 ~하지 않다'가 된다.

어휘 全部(ぜんぶ) 전부 | 全然(ぜんぜん) 전혀 | けっこう 꽤 | もっと 좀 더

실전시험 64 | 교체 유의어 [4]

▶본서2 p.189

정답 1 3 2 1 3 2 4 3 5 3

1 3 책상 위 서류를 정리해 주세요.

해설 整理(せいり)する는 '정리하다'이므로 片(かた)づける와 연결하면 된다.

어휘 机(つくえ) 책상 | 書類(しょるい) 서류 | 整理(せいり) 정리 | 送(おく)る 보내다 | 片(かた)づける 정리하

다, 정돈하다 | 渡(わた)す 건네다

2 1 이제 와서 후회해도 어쩔 수 없다.

해설 しかたない는 '어찌할 방법이 없다'이므로 方法(ほうほう)がありません과 유의 표현이 된다.

어휘 いまさら 이제 와서 | 後悔(こうかい) 후회 | 困(こま)る 곤란하다 | つまらない 따분하다, 시시하다

3 2 필요한 것을 모두 써 주세요.

해설 すべて는 '전부'이다. 여기서는 全部(ぜんぶ)가 정답이고, あらゆる(모든)도 유의어로 알아 두자.

어휘 必要(ひつよう) 필요 | いろいろ 여러 가지 | なんとか 어떻게든, 그럭저럭 | なにか 뭔가, 어쩐지

4 3 나는 헐렁한 느낌의 복장을 좋아합니다.

해설 ゆるい는 '헐렁하다, 느슨하다', '규칙 등이 엄하지 않다'는 의미로 쓰이는 형용사이다. 여기서는 服装(ふくそう)와 연결되어 있으므로 '옷이 크다, 헐렁하다'로 해석된다. 반의어로 きつい(꽉 끼다, 힘들다)를 알아 두자.

어휘 感(かん)じ 느낌 | 服装(ふくそう) 복장 | 重(おも)い 무겁다 | 軽(かる)い 가볍다

5 3 그는 주위를 신경 쓰지 않는 타입입니다.

해설 気(き)にする는 '신경 쓰다'이고, 부정형 気(き)にしない로 쓰였으므로 '신경 쓰지 않는다, 상관 안 한다'와 유의 표현인 かまわない가 정답이다.

어휘 周(まわ)り 주위 | タイプ 타입 | 細(こま)かい 잘다, 자세하다, 세세하다 | かまわない 상관 안 한다 | 信(しん)じる 믿다

실전시험 65 | 교체 유의어 [5]

본서2 p.190

정답 **1** 3 **2** 2 **3** 2 **4** 2 **5** 2

1 3 어떻게 해서라도 만나고 싶은 사람이 있습니다.

해설 どうしても는 '아무리 해도'와 '어떻게 해서라도 꼭'이라는 의미가 있다. 여기서는 두 번째 의미로 사용되었으므로 ぜひ가 정답이 된다.

어휘 ときどき 가끔 | 自然(しぜん)に 자연스럽게 | ぜひ 꼭 | 適当(てきとう)に 적당히

2 2 여행 계획을 세우고 있는 중입니다.

해설 計画(けいかく)의 가타카나 유의어를 찾는 문제로 プラン이 정답이다.

어휘 計画(けいかく)を立(た)てる 계획을 세우다 | アドレス 주소 | プラン 플랜, 계획 | システム 시스템 | マネー 머니, 돈

3 2 힘든 경험을 한 적이 있습니까?

해설 つらい는 '괴롭다'이므로 유의어는 苦(くる)しい이다.

어휘 経験(けいけん) 경험 | 心配(しんぱい) 걱정 | 苦(くる)しい 힘들다, 괴롭다 | 気分(きぶん)がいい 기분이 좋다 | 不安(ふあん) 불안

4 2 멤버 전원이 모였습니다.

해설 そろう는 '모이다, 갖추어지다'이므로 集(あつ)まる가 정답이다.

어휘 全員(ぜんいん) 전원 | 呼(よ)ぶ 부르다 | 集(あつ)まる 모이다

5 2 여러 가지 사건이 언급되었다.

해설 できごと는 '사건, 일'이라는 의미이다.

어휘 取(と)り上(あ)げる 언급하다 | 人物(じんぶつ) 인물 | 事件(じけん) 사건 | 場所(ばしょ) 장소 | 商品(しょうひん) 상품

실전시험 66 | 교체 유의어 [6]

본서2 p.191

정답 **1** 3 **2** 4 **3** 3 **4** 2 **5** 2

1 3 자신이 잘못했다고 생각하면 진심으로 사과하세요.

해설 謝(あやま)る는 '사과하다'이므로 3번이 정답이다. 동음이의어로 '실수하다'라는 뜻의 誤(あやま)る도 있다.

어휘 心(こころ)から 진심으로 | お大事(だいじ)に 몸조리 잘 하세요 | 失礼(しつれい)します 실례합니다 | ごめんなさい 미안합니다 | 承知(しょうち)しました 알겠습니다

2 4 어제 손자가 태어났습니다.

해설 孫(まご)는 '손자'이다. 따라서 '딸의 아들'인 4번이 정답이다.

어휘 孫(まご) 손자 | 生(う)まれる 태어나다 | 息子(むすこ) 아들 | 妻(つま) 아내 | 親戚 (しんせき) 친척 | 娘(むすめ) 딸

3 3 짐은 익일에는 도착할 거라고 생각합니다.

해설 翌日(よくじつ)는 '익일, 다음 날'이므로 정답은 3번 つぎの日(ひ)이다.

어휘 荷物(にもつ) 짐 | 翌日(よくじつ) 익일, 다음 날 | 届(とど)く 도착하다, 닿다 | 次(つぎ)の日(ひ) 다음 날

4 2 해외에서 일본식이 붐인 것 같다.

해설 ブーム는 '붐, 유행'이므로 2번 はやる가 정답이다.

어휘 海外(かいがい) 해외 | 日本食(にほんしょく) 일본식 | 流行(はや)る 유행하다 | 有名(ゆうめい)だ 유명하다

5 2 누구나가 납득하는 이야기였습니다.

해설 納得(なっとく)する는 '납득하다'이므로 2번의 よくわかる(잘 알다, 잘 이해하다)와 가장 유사한 의미이다.

어휘 だれもが 누구나가 | 納得(なっとく)する 납득하다 | 驚(おどろ)く 놀라다 | 知(し)っている 알고 있다 | 怖(こわ)がる 무서워하다

실전시험 67 | 교체 유의어 [7]

▶본서2 p.192

정답 1 1 2 3 3 2 4 1 5 2

1 1 세찬 비가 내리고 있다.

해설 激(はげ)しい는 '세차다, 격심하다'의 의미이므로 1번 強(つよ)い가 정답이다.

어휘 強(つよ)い 강하다 | ずっと 계속

2 3 사회생활을 하는 데에 있어서 가장 중요한 것은 인간관계입니다.

해설 もっとも는 '가장, 제일'이라는 의미이므로 3번 一番(いちばん)과 연결한다. 청해나 독해에서도 자주 출제되므로 반드시 알아 두자.

어휘 社会生活(しゃかいせいかつ) 사회생활 | 重要(じゅうよう)だ 중요하다 | 人間関係(にんげんかんけい) 인간관계 | ずっと 계속 | 最近(さいきん) 최근 | 一番(いちばん) 가장 | 確(たし)かに 분명히

3 2 그런 거 듣지 않아도 당연히 알고 있어요.

해설 문장체인 当然(とうぜん)의 구어체는 もちろん이다.

어휘 当然(とうぜん) 당연히 | 主(おも)に 주로 | もちろん 물론 | しっかり 제대로 | はっきり 뚜렷이, 명확히

4 1 밤늦게 소란 피우지 말았으면 합니다.

해설 騒(さわ)ぐ는 '소란 피우다, 떠들다'이므로 1번의 うるさくしないで가 정답이다.

어휘 夜遅(よるおそ)く 밤늦게 | 騒(さわ)ぐ 소란 피우다, 떠들다 | ~ないでほしい ~하지 말았으면 한다 | 走(はし)る 달리다 | 出(で)かける 나가다, 외출하다 | 連絡(れんらく) 연락

5 2 미술관에서는 다양한 전시가 연중 행해지고 있습니다.

해설 年中(ねんじゅう)는 '연중, 일 년 내내'의 의미이므로 2번 つねに와 연결할 수 있다. 3번의 たまたま(우연히)는 偶然(ぐうぜん)과 묶어서 외워 두자.

어휘 美術館(びじゅつかん) 미술관 | さまざまだ 다양하다 | 展示(てんじ) 전시 | 行(おこな)う 행하다, 실시하다 | いつか 언젠가 | 常(つね)に 항상 | たまたま 우연히 | たまに 가끔

실전시험 68 | 교체 유의어 [8]

▶본서2 p.193

정답 1 3 2 2 3 2 4 3 5 3

1 3 틀린 게 있는지 어떤지 확인해 주세요.

해설 確認(かくにん)은 '확인'이므로 3번 チェック가 정답이다.

어휘 間違(まちが)い 틀린 부분, 실수 | ~かどうか ~인지 어떤지 | カンニング 커닝 | リスニング 리스닝 | チェック 체크 | ショック 쇼크

2 2 주말은 일정이 겹쳐서 곤란해져 있다.

해설 重(かさ)なる는 '겹치다, 포개어지다'이다. '일정이 겹치다'는 같은 날에 스케줄이 생겼다는 의미이므로 정답은 2번이 된다.

어휘 日程(にってい) 일정 | 困(こま)る 곤란하다 | 急(きゅう)に 갑자기 | スケジュール 스케줄 | キャンセル 캔슬, 취소

3 2 여동생의 방은 언제나 어질러져 있다.

해설 ちらかる는 '어질러지다' 즉, 정리되지 않은 상태를 의미하므로 정답은 2번이다.

어휘 妹(いもうと) 여동생 | 散(ち)らかる 어질러지다 | 落(お)ちる 떨어지다 | 片(かた)づく 정리되다

4 3 오늘 시합은 아쉬운 결과가 되었다.

해설 惜(お)しい는 '아깝다, 아쉽다'는 의미이다.

어휘 試合(しあい) 시합 | 結果(けっか) 결과 | 寂(さび)しい 외롭다, 쓸쓸하다 | 厳(きび)しい 엄격하다 | 残念(ざんねん)だ 안타깝다, 유감이다 | 複雑(ふくざつ)だ 복잡하다

5 3 좋은 생각이 있으면 계속해서 말해 주세요.

해설 案(あん)은 '안, 생각'이므로 가장 가까운 의미인 3번 アイデア가 정답이다.

어휘 どんどん 계속해서 | プロジェック 프로젝트 | スタイル 스타일 | コミュニケーション 커뮤니케이션

실전시험 69 | 교체 유의어 [9]

▶본서2 p.194

정답 1 1 2 1 3 4 4 3 5 4

1 1 오늘 회사를 땡땡이쳤다.

해설 さぼる는 '땡땡이치다'이므로 가장 유사한 문장은 1번 '놀고 싶어서 회사를 쉬었다'이다.

어휘 さぼる 땡땡이치다 | 休(やす)む 쉬다 | やめる 그만두다 | 具合(ぐあい)が悪(わる)い 몸 상태가 나쁘다

2 1 산속에는 희귀한 동물이 많이 살고 있다.

해설 奥(おく)는 '안쪽, 깊숙한 곳'이므로 1번 '산의 깊은 곳'이 정답이다.

어휘 珍(めずら)しい 희귀하다, 드물다 | 動物(どうぶつ) 동물 | 深(ふか)い 깊다 | 所(ところ) 곳, 장소 | 近(ちか)い 가깝다 | 隣(となり) 옆, 이웃 | 遠(とお)い 멀다

3 4 이상한 일을 경험했습니다.

해설 おかしい(이상하다)는 い형용사이다. 명사를 수식할 때 [おかしい + 명사]로도 수식하지만 [おかしな + 명사]로도 수식한다.

어휘 経験(けいけん) 경험 | かっこいい 멋있다 | つまらない 재미없다 | さまざまだ 다양하다 | 不思議(ふしぎ)

だ 신기하다

4 **3** 경기는 점차 좋아진다고 합니다.

해설 次第(しだい)には '점차'이며, 서서히 변화가 일어나는 모양을 나타내는 부사이다. 유의어로 3번의 だんだん(점점)과 함께 少しずつ(조금씩)도 함께 알아 두자.

어휘 景気(けいき) 경기 | やっと 겨우, 드디어 | すぐに 즉시, 당장 | 今(いま)にも 금방이라도

5 **4** 1년간의 시골 생활을 통해서 자연의 고마움을 느낄 수 있었다.

해설 暮(く)らし는 동사 暮(く)らす의 명사형으로 '생활'이란 의미이다. 정답은 4번이며, 이 문장에서는 田舎(いなか)와 함께 복합 명사로 쓰였으므로 田舎暮(いなかぐ)らし로 읽는다.

어휘 田舎(いなか) 시골 | ～を通(とお)して ~을 통해서 | 自然(しぜん) 자연 | ありがたさ 고마움 | 感(かん)じる 느끼다 | 活動(かつどう) 활동 | 風景(ふうけい) 풍경 | 住民(じゅうみん) 주민 | 生活(せいかつ) 생활

실전시험 70 | 교체 유의어 [10]

본서2 p.195

정답 1 4 2 3 3 2 4 2 5 2

1 **4** 이 일은 절대로 비밀로 해 주세요.

해설 絶対(ぜったい)には '절대로'이므로 4번 かならず와 연결할 수 있다.

어휘 秘密(ひみつ) 비밀 | たぶん 아마도 | もちろん 물론 | 必(かなら)ず 반드시

2 **3** 교사도 학생으로부터 여러 가지 배우는 때가 있다.

해설 教(おそ)わる는 '배우다'이며, 教(おし)える와 헷갈리지 않도록 하자.

어휘 教師(きょうし) 교사 | 教(おし)える 가르치다 | 習(なら)う 배우다 | 育(そだ)つ 자라다

3 **2** 자세한 것은 정해지는 대로 알려드리겠습니다.

해설 くわしい는 '자세하다, 상세하다, 잘 알고 있다'이므로 유의어는 2번 '구체적'이다.

어휘 決(き)まる 정해지다 | **동사 ます형** + 次第(しだい) ~하는 대로 | 代表的(だいひょうてき) 대표적 | 具体的(ぐたいてき) 구체적 | 基本的(きほんてき) 기본적 | 最終的(さいしゅうてき) 최종적

4 **2** 즐거운 시간을 충분히 지내고 왔습니다.

해설 たっぷり는 부사이며 '듬뿍, 충분히'의 의미이다.

어휘 過(す)ごす 지내다 | ほとんど 거의 | 十分(じゅうぶん) 충분히 | なんとなく 왠지 | とても 매우

5 **2** 샘플을 본 후에 정합시다.

해설 サンプル(샘플)를 한자어와 연결하면 2번 '견본'이다.

어휘 決(き)める 정하다 | 資料(しりょう) 자료 | 見本(みほん) 견본 | 価格(かかく) 가격 | 材料(ざいりょう) 재료

실전시험 71 | 교체 유의어 [11]

본서2 p.196

정답 1 1 2 4 3 4 4 1 5 1

1 **1** 5시가 되면 해가 집니다.

해설 日(ひ)が暮(く)れる는 '해가 지다'이므로 정답은 1번 '하늘이 어두워집니다'이다.

어휘 空(そら) 하늘 | 暗(くら)い 어둡다 | 明(あか)るい 밝다 | 曇(くも)る 흐리다 | 晴(は)れる 맑다, 개다

2 **4** 일하던 중, 모리타 씨가 몰래 불렀다.

해설 こっそり는 '다른 사람이 모르도록 몰래'이므로 4번의 '주위가 알아차리지 않도록'을 유의어로 연결하면 된다.

어휘 仕事中(しごとちゅう) 일하는 중 | 呼(よ)ばれる 불리우다(呼ぶ의 수동형) | 急(きゅう)に 갑자기 | 何度(なんど)も 몇 번이나

3 **4** 오늘의 다카하시 씨는 평소와는 다른 모습이었습니다.

해설 普段은 '평소'이므로 いつも와 유의어로 묶어 두자.

어휘 違(ちが)う 다르다 | 様子(ようす) 모습, 상태 | 平日(へいじつ) 평일 | 前日(ぜんじつ) 전일 | さっき 조금 전 | いつも 언제나

4 **1** 귀여운 남자 조카를 만나는 것이 기대됩니다.

해설 おい는 '남자 조카'이므로 정답은 1번 '여동생의 아들'이다. 2번 妹のむすめ(여동생의 딸)는 めい(여자 조카)와 연결해 두자.

어휘 妹(いもうと) 여동생 | 息子(むすこ) 아들 | 娘(むすめ) 딸 | 弟(おとうと) 남동생 | 姉(あね) 언니, 누나

5 **1** 훌륭한 작품이 많다.

해설 立派(りっぱ)だ는 な형용사로, 뜻은 '훌륭하다'이다.

어휘 作品(さくひん) 작품 | 優(すぐ)れる 훌륭하다, 뛰어나다 | 感動的(かんどうてき) 감동적 | とんでもない 말도 안 되다, 터무니없다 | 変(へん)だ 이상하다

실전시험 72 | 교체 유의어 [12]

본서2 p.197

정답 1 4 2 1 3 2 4 1 5 3

1 **4** 택배가 배달되니까 받아 주세요.

해설 受(う)け取(と)る는 '수취하다, 받다'이므로 4번 '받다'가 정답이다.

어휘 宅配(たくはい) 택배 | 届(とど)く 도착하다, 배달되다 | あげる (내가) 주다 | もらう 받다

2 **1** 쉬는 날에는 집에서 빈둥거리고 있습니다.

해설 ごろごろ는 아무것도 하지 않고 빈둥거리는 모습을 나타내는 표현이다.

어휘 休(やす)む 쉬다 | 運動(うんどう) 운동 | 仕事(しごと) 일 | 勉強(べんきょう) 공부

3 2 선배에게 여러 가지 어드바이스를 받았다.

해설 アドバイス를 한자어로 연결하면 2번 '조언'이 정답이다.

어휘 先輩(せんぱい) 선배 | 案内(あんない) 안내 | 助言(じょげん) 조언 | 心配(しんぱい) 걱정 | 命令(めいれい) 명령

4 1 내 남동생은 단순한 성격이라서 무엇을 할지 바로 예상할 수 있다.

해설 単純(たんじゅん)은 '단순함'이므로 1번 '알기 쉽다'가 정답이다. 반의어는 「複雑(ふくざつ) 복잡함」으로 알아 두자.

어휘 弟(おとうと) 남동생 | 性格(せいかく) 성격 | 予想(よそう) 예상

5 3 SNS에 시간을 빼앗기고 있지는 않습니까?

해설 奪(うば)う는 '빼앗다'이며, '집다, 취하다'의 의미로 쓰이는 とる를 유의어로 알아 두자.

어휘 捨(す)てる 버리다 | 止(と)める 세우다

실전시험 73 | 교체 유의어 [13]

▶본서2 p.198

정답 **1** 4 **2** 1 **3** 3 **4** 3 **5** 2

1 4 가장 마음에 드는 디자인은 무엇입니까?

해설 気(き)に入(い)る는 '마음에 들다'이므로 4번 '좋아하다'와 연결할 수 있다.

어휘 デザイン 디자인 | シンプルだ 심플하다 | 特別(とくべつ)だ 특별하다 | ユニークだ 독특하다

2 1 이 앞은 공사 중이므로 현재 통행금지로 되어 있습니다.

해설 通行止(つうこうど)め는 '통행금지'이므로 1번 '지나가면 안 된다'를 유의 표현으로 연결할 수 있다.

어휘 この先(さき) 이 앞 | 工事(こうじ) 공사 | ただいま 지금 | 通(とお)る 지나가다 | 走(はし)る 뛰다, 달리다 | 入(はい)る 들어가다 | 動(うご)く 움직이다

3 3 우연히 같은 아파트에 살고 있었던 것으로부터 20년 교제한 친구가 되었습니다.

해설 たまたま는 '우연히'이다. 「偶然(ぐうぜん) 우연히」와 반드시 묶어서 외우고, たまに(가끔)와 헷갈리지 않게 주의한다.

어휘 住(す)む 살다 | 付(つ)き合(あ)い 교제 | 友人(ゆうじん) 친구 | 予想(よそう)どおり 예상대로 | 一緒(いっしょ)に 함께 | 偶然(ぐうぜん) 우연히 | たまに 가끔

4 3 전철은 텅텅 비어 있었다.

해설 がらがら는 내부가 텅텅 비어 있는 모양을 나타낸다.

어휘 電車(でんしゃ) 전철 | 広(ひろ)い 넓다 | 狭(せま)い 좁다 | 空(す)く 비다 | 込(こ)む 붐비다

5 2 기회가 있으면 꼭 가보고 싶다.

해설 機会(きかい)는 '기회'이며 가타카나 2번과 유의어이다.

어휘 ぜひ 꼭 | チャレンジ 챌린지, 도전 | チャンス 찬스, 기회 | レベル 레벨 | ライバル 라이벌

실전시험 74 | 교체 유의어 [14]

▶본서2 p.199

정답 **1** 3 **2** 2 **3** 4 **4** 3 **5** 3

1 3 그렇게 호통치지 말아 주세요.

해설 どなる(怒鳴る)는 '고함치다, 호통치다'이므로 3번 '큰 소리를 내지 말아'가 정답이다.

어휘 笑(わら)う 웃다 | 歌(うた)う 노래하다 | 大声(おおごえ) 큰 목소리 | 答(こた)える 대답하다

2 2 반지가 빛나고 있다.

해설 輝(かがや)く는 '빛나다'이며, 2번의 光(ひか)る와 유의어이다.

어휘 指輪(ゆびわ) 반지 | 揺(ゆ)れる 흔들리다 | 光(ひか)る 빛나다 | 消(き)える 꺼지다, 지워지다, 사라지다 | 現(あらわ)れる 나타나다

3 4 여러 가지 수단이 있습니다.

해설 手段(しゅだん)은 '수단'이며 유의어는 4번의 やりかた(방법)이다.

어휘 アイデア 아이디어 | 書(か)き方(かた) 쓰는 방법 | 理由(りゆう) 이유

4 3 언제나 냉정한 다나카 씨가 오늘은 매우 화가 나 있었습니다.

해설 冷静(れいせい)だ는 '냉정하다'로 해석되지만 '차갑다'는 의미가 아닌, '이성적이고 차분하다'의 의미로 알아 두자. 따라서 정답은 4번이 아닌 3번의 '차분하다'이다.

어휘 怒(おこ)る 화내다, 혼내다 | 静(しず)かだ 조용하다 | 動(うご)く 움직이다 | 落(お)ち着(つ)く 침착하다, 차분하다 | 冷(つめ)たい 차갑다

5 3 출석하지 못하는 경우에는 미리 연락해 주세요.

해설 前(まえ)もって는 '미리, 사전에'이므로 3번 '사전에'가 정답이다.

어휘 出席(しゅっせき) 출석 | 場合(ばあい) 경우 | 連絡(れんらく) 연락 | 同時(どうじ)に 동시에 | 後(あと)で 나중에 | 事前(じぜん)に 사전에 | すぐに 즉시, 바로

실전시험 75 | 교체 유의어 [15]

▶본서2 p.200

정답 1 2 2 1 3 2 4 3 5 1

1 2 세탁했더니 스웨터가 줄어 버렸다.

해설 縮(ちぢ)む는 '줄어들다'로 길이가 짧아지거나 크기가 작아짐을 의미한다. 따라서 정답은 2번 '작아져 버렸다'이다.

어휘 洗濯(せんたく) 세탁 | セーター 스웨터 | 小(ちい)さい 작다 | 軽(かる)い 가볍다

2 1 더워서 가만히 있어도 땀이 난다.

해설 じっと는 '움직이지 않고 가만히'의 의미로 1번 '움직이지 않고'가 정답이다.

어휘 汗(あせ) 땀 | 動(うご)く 움직이다

3 2 학교를 쉰 이유를 물어봤다.

해설 わけ는 '이유, 까닭'이므로 2번 '이유'가 정답이다.

어휘 態度(たいど) 태도 | 理由(りゆう) 이유 | 場所(ばしょ) 장소 | 具合(ぐあい) 상태, 형편

4 3 예약을 취소할 때는 전화로 부탁드립니다.

해설 取(と)り消(け)す는 '취소하다'이다.

어휘 予約(よやく) 예약 | リフレッシュ 리프레쉬 | オーダー 오더 | キャンセル 캔슬, 취소 | チェンジ 체인지

5 1 오늘은 따분한 하루를 지냈습니다.

해설 退屈(たいくつ)だ는 '지루하다'로 1번 '할 일이 없다'가 정답이다.

어휘 一日(いちにち) 하루 | 過(す)ごす 지내다 | のんびり 유유히 | 暇(ひま) (시간적) 여유 | すっきり 상쾌한 모양

문제5 용법

실전시험 76 | 용법 [1]

▶본서2 p.212

정답 1 4 2 2 3 2 4 4 5 3

1 4 교과서를 받은 사람은 옆 교실로 이동하세요.

해설 移動(いどう)는 '이동'이며 する가 붙는 명사이다. 1 移転(いてん) '이전' 2 変化(へんか) '변화' 3 交換(こうかん) '교환'을 써야 올바른 문장이다.

어휘 移動(いどう) 이동 | 事務所(じむしょ) 사무실 | 紙(かみ) 종이 | 温度(おんど) 온도 | 色(いろ) 색 | ポイント 포인트 | 商品(しょうひん) 상품 | 教科書(きょうかしょ) 교과서 | 隣(となり) 옆 | 教室(きょうしつ) 교실

2 2 지구의 미래를 위해서 할 수 있는 것은 무엇입니까?

해설 未来(みらい)는 '미래'이며 将来(しょうらい) '장래'와 구별해야 한다. 1 将来(しょうらい) '장래' 3 これから '앞으로' 4 今後(こんご) '앞으로'를 써야 올바른 문장이다.

어휘 未来(みらい) 미래 | 海外(かいがい) 해외 | 働(はたら)く 일하다 | 地球(ちきゅう) 지구 | 社会人(しゃかいじん) 사회인 | 目標(もくひょう) 목표 | 課題(かだい) 과제 | 研究(けんきゅう) 연구

3 2 호텔 프런트에 짐을 맡기고 외출했다.

해설 預(あず)ける '맡기다'는 '자신의 소유물을 맡긴다'라는 의미이다. 1 貸(か)す '빌려주다' 3, 4 入(い)れる '넣다'를 써야 올바른 문장이다.

어휘 預(あず)ける 맡기다 | 財布(さいふ) 지갑 | 受付(うけつけ) 접수처 | 荷物(にもつ) 짐 | 食(た)べ残(のこ)し 먹다 남긴 것 | 冷蔵庫(れいぞうこ) 냉장고 | 押(お)す 누르다, 밀다

4 4 이 슈퍼마켓에서는 신선한 채소를 조금씩 살 수 있다.

해설 新鮮(しんせん)だ '신선하다'는 な형용사이며 주로 野菜(やさい) '채소'나 魚(さかな) '생선'을 수식한다. 1, 2, 3은 新(あたら)しい '새롭다'를 써야 올바른 문장이다.

어휘 新鮮(しんせん)だ 신선하다 | 公開(こうかい) 공개 | 新年(しんねん) 신년 | 迎(むか)える 맞이하다 | 計画(けいかく)を立(た)てる 계획을 세우다 | 少(すこ)しずつ 조금씩

5 3 오늘 아침 깜빡하고 열쇠를 잠그지 않고 집을 나와 버렸다.

해설 うっかり는 '깜빡'이며 忘(わす)れる '잊다'와 함께 외워 두자. 1 がっかり '실망' 2 しっかり '제대로, 단단히' 4 どっと '한꺼번에'를 써야 올바른 문장이다.

어휘 うっかり 깜빡 | 期待(きたい) 기대 | 一口(ひとくち) 한입 | クーラー 에어컨, 쿨러 | 窓(まど) 창문 | 閉(し)める 닫다 | かぎをかける 열쇠를 잠그다

실전시험 77 | 용법 [2]

▶본서2 p.213

정답 1 2 2 4 3 2 4 3 5 4

1 2 스케줄은 내일 이후 회의를 해서 정합시다.

해설 以降(いこう) '이후'는 앞에 기준시를 나타내는 명사와 함께 쓰인다. 1 以内(いない) '이내' 3 以後(いご) '이후' 4 以上(いじょう) '이상'을 써야 올바른 문장이다.

어휘 以降(いこう) 이후 | 急(いそ)いで 서둘러 | 同(おな)じ 같은 | 失敗(しっぱい) 실패 | 注意(ちゅうい) 주의 | 花火大会(はなびたいかい) 불꽃놀이 대회 | 訪(おとず)れる 방문하다, 찾아오다

2 4 아침에 일어났더니 목이 칼칼하고 아팠다.

해설 からから는 물기가 없어서 마른 모양을 나타내며 '목이 마르다, 목이 칼칼하다'로 많이 쓰인다. 1 ぺこぺこ '배가 고픈 모양' 2 ぺらぺら '유창하게 말하는 모양' 3 が

らがら '텅텅 비어 있는 모양'을 써야 올바른 문장이다.

어휘 からから 물기가 없어서 마른 모양 | お腹(なか) 배 | 痛(いた)い 아프다

3 2 야마다 씨와는 중학생 때부터 친해졌습니다.

해설 親(した)しい는 '친하다'로 사람과의 사이가 좋다는 의미이다. 1 慣(な)れる '익숙해지다' 3 詳(くわ)しい '자세하다, 잘 알고 있다' 4 使(つか)いやすい '사용하기 편하다'를 써야 올바른 문장이다.

어휘 親(した)しい 친하다 | だいぶ 꽤, 제법 | 釣(つ)り 낚시 | 趣味(しゅみ) 취미 | 魚(さかな) 생선 | 種類(しゅるい) 종류 | 軽(かる)い 가볍다 | 入(い)れる 넣다

4 3 지금 하는 일은 지난번 일에 비하면 편하고 급여도 좋습니다.

해설 楽(らく)だ는 '편하다'이며 な형용사이다. 1 楽(たの)しい '즐겁다' 2 わがままな '제멋대로인' 4 うれしい '기쁘다'를 써야 올바른 문장이 된다.

어휘 楽(らく)だ 편하다 | 都合(つごう) 상황, 형편 | 比(くら)べる 비교하다 | 給料(きゅうりょう) 급여 | 体育大会(たいいくたいかい) 체육 대회 | 優勝(ゆうしょう) 우승

5 4 딸이 좋아하는 과자나 초콜릿을 상자에 가득 채워 보냈다.

해설 詰(つ)める는 '빈 곳을 가득 채워 넣다'이다. 1 とめる '(버튼을) 채우다' 2 書(か)く '쓰다' 3 並(なら)べる '늘어놓다'를 써야 올바른 문장이다.

어휘 詰(つ)める 가득 채우다 | しっかり 제대로, 단단히 | 大事(だいじ)だ 중요하다 | 娘(むすめ) 딸 | お菓子(かし) 과자 | 箱(はこ) 상자 | 送(おく)る 보내다

실전시험 78 | 용법 [3]

›본서2 p.214

정답 **1** 1 **2** 4 **3** 4 **4** 2 **5** 2

1 1 아버지는 세계의 진귀한 우표를 수집하는 것이 취미이다.

해설 収集(しゅうしゅう)는 '수집'이며 する가 붙는 명사이다. 2 集中(しゅうちゅう) '집중' 3 集合(しゅうごう) '집합' 4 募集(ぼしゅう) '모집'을 써야 올바른 문장이 된다.

어휘 収集(しゅうしゅう) 수집 | 世界(せかい) 세계 | めずらしい 드물다, 진귀하다 | 切手(きって) 우표 | 趣味(しゅみ) 취미 | 聴解(ちょうかい) 청해 | 結果(けっか) 결과 | 課外(かがい) 과외 | 現地(げんち) 현지 | 解散(かいさん) 해산

2 4 야마시타 씨는 시간에 정확한 사람이기 때문에, 늦는 일은 없을 것이다.

해설 正確(せいかく) '정확'은 な형용사이다. 따라서 2번처럼 する를 붙이면 안 된다. 부사형은 正確(せいかく)に '정확히'이다. 1 真剣(しんけん)な '진지한' 2 正確(せいかく)な '정확한' 3 重大(じゅうだい)な '중대한'을 써야 올바른 문장이다.

어휘 正確(せいかく)だ 정확하다 | 情報(じょうほう) 정보 | 伝(つた)える 전하다, 전달하다 | べきだ ~해야 한다 | ミス 미스, 실수 | 首(くび)になる 해고되다 | 遅(おく)れる 늦다

3 4 이 옷은 색도 사이즈도 나에게 딱 맞아서 마음에 듭니다.

해설 ぴったり는 '꼭 알맞게 들어맞는 모양'을 나타낸다. 1 ぐっすり '푹' 2 上手(じょうず)に '능숙하게' 3 しっかり '제대로, 단단히'를 써야 올바른 문장이다.

어휘 ぴったり 꼭 알맞게 들어맞는 모양 | 疲(つか)れる 피곤하다 | 夫(おっと) 남편 | ソファー 소파 | スペイン語(ご) 스페인어 | 習(なら)う 배우다 | 服(ふく) 옷 | 気(き)に入(い)る 마음에 들다

4 2 진짜 지진이 일어났다고 가정하고 훈련을 실시했다.

해설 仮定(かてい) '가정'은 する가 붙는 명사이다. 1 予想(よそう) '예상' 3 未来(みらい) '미래' 4 想像(そうぞう) '상상'을 써야 올바른 문장이다.

어휘 仮定(かてい) 가정 | 台風(たいふう) 태풍 | 地震(じしん) 지진 | 起(お)きる 일어나다, 발생하다 | 訓練(くんれん) 훈련 | 宇宙(うちゅう) 우주 | 絵(え)を描(か)く 그림을 그리다

5 2 많은 비로 인해 강물이 넘쳤습니다.

해설 あふれる는 '가득 차서 넘치다'로 주로 강이 넘치거나 컵에 물을 많이 따라서 넘친다는 용법으로 쓰인다. 1 流(なが)れる '흐르다' 3 こぼれる '넘치다, 쏟아지다' 4 渡(わた)る '건너다'를 써야 올바른 문장이다.

어휘 あふれる 가득 차서 넘치다 | ゆっくり 천천히 | 大雨(おおあめ) 큰비, 많은 비 | 揺(ゆ)れる 흔들리다 | コップ 컵 | 鳥(とり) 새

실전시험 79 | 용법 [4]

›본서2 p.215

정답 **1** 4 **2** 1 **3** 3 **4** 3 **5** 3

1 4 생일에 준 모자는 그에게 아주 어울린다.

해설 似合(にあ)う는 '어울리다'이며 옷, 색, 스타일 등이 어울린다는 의미이다. 1 そろう '모이다, 갖추어지다' 2 合(あ)わない '맞지 않다' 3 合(あ)う '맞다'를 써야 올바른 문장이다.

어휘 似合(にあ)う 어울리다 | お正月(しょうがつ) 설, 설날 | 意見(いけん) 의견 | 会議(かいぎ) 회의 | 宿題(しゅくだい) 숙제 | 答(こた)え 답, 대답 | 誕生日(たんじょうび) 생일 | 帽子(ぼうし) 모자

2 1 그는 누가 뭐라고 하더라도 자신의 주장을 굽히지 않

는 사람입니다.

해설 主張(しゅちょう) '주장'은 するが 붙은 명사이다. 2 出張(しゅっちょう) '출장' 3 意見(いけん) '의견' 4 感想(かんそう) '감상'을 써야 올바른 문장이 된다.

어휘 主張(しゅちょう) 주장 | 曲(ま)げる 구부리다, 굽히다 | 新商品(しんしょうひん) 신상품 | アイデア 아이디어

3 3 제품을 안전하게 사용해 주시기 위한 주의점이 쓰여 있다.

해설 安全(あんぜん) '안전'은 な형용사이므로 활용에 주의해야 한다. 1 静(しず)かに '조용히' 2 親切(しんせつ)に '친절하게' 4 安心(あんしん) '안심'을 써야 올바른 문장이 된다.

어휘 安全(あんぜん)だ 안전하다 | ドア 문 | 閉(し)める 닫다 | 周(まわ)り 주변, 주위 | ～に対(たい)して ~에 대해 | 製品(せいひん) 제품 | 使用(しよう) 사용 | 注意点(ちゅういてん) 주의점 | 駐車場(ちゅしゃじょう) 주차장

4 3 구입하고 1년 이내에 고장 난 경우는 무료로 수리해 드립니다.

해설 修理(しゅうり)는 '수리'이며 するが 붙는 명사이다. 1, 2 修正(しゅうせい) '수정' 4 調節(ちょうせつ) '조절'을 써야 올바른 문장이다.

어휘 修理(しゅうり) 수리 | 計画(けいかく) 계획 | やり直(なお)す 다시 하다 | 資料(しりょう) 자료 | 部分(ぶぶん) 부분 | 購入(こうにゅう) 구입 | 以内(いない) 이내 | 故障(こしょう) 고장 | 場合(ばあい) 경우 | 無料(むりょう) 무료 | 聞(き)こえる 들리다 | 音(おと) 소리

5 3 나와 언니는 얼굴도 목소리도 똑 닮아서 (사람들이) 곧잘 헷갈려한다.

해설 そっくり는 '똑 닮은 모양'을 나타내는 な형용사이다. 1 ばらばら '따로따로, 뿔뿔이' 2 すっかり '완전히' 4 ゆっくり '천천히'를 써야 올바른 문장이다.

어휘 そっくり 똑 닮은 모양 | 意見(いけん) 의견 | 困(こま)る 곤란하다 | 重要(じゅうよう) 중요 | 会議(かいぎ) 회의 | 姉(あね) 언니, 누나 | 間違(まちが)う 틀리다, 잘못되다

실전시험 80 | 용법 [5]

▶본서2 p.216

정답 1 4 2 2 3 2 4 4 5 4

1 4 판매 일에 흥미가 있는 분을 모집하고 있습니다.

해설 募集(ぼしゅう) '모집'은 するが 붙는 명사이다. 1 集合(しゅうごう) '집합' 2 申請(しんせい) / 申(もう)し込(こ)み '신청' 3 集(あつ)める '모으다'를 써야 올바른 문장이다.

어휘 募集(ぼしゅう) 모집 | 正門(せいもん) 정문 | パスポート 여권 | 書類(しょるい) 서류 | 古本屋(ふるほんや) 헌책방 | 販売(はんばい) 판매 | 興味(きょうみ) 흥미

2 2 다나카 씨에게 영화 보러 가자고 했는데 아직 답장이 없다.

해설 誘(さそ)う는 '꾀다, 권하다'의 의미이며 상대방에게 함께 하자고 권하는 경우에 쓴다. 1 伺(うかが)う '여쭙다' 3 信(しん)じる '믿다' 4 疑(うたが)う '의심하다'를 써야 올바른 문장이다.

어휘 誘(さそ)う 꾀다, 권하다 | よろしい 좋다 (いい의 정중어) | 返事(へんじ) 답장, 대답 | 何事(なにごと)でも 무슨 일이든 | うまくいく 잘 되어 가다 | はずだ ~임이 분명하다 | 洋服屋(ようふくや) 옷 가게 | 値段(ねだん) 가격

3 2 정신 차리고 보니 부엌에서 무언가 타는 냄새가 나서 깜짝 놀랐다.

해설 焦(こ)げる는 '음식이 타다, 눌어붙다'이다. 1 焼(や)く '굽다' 3 ゆでる '데치다' / 作(つく)る '만들다' 4 枯(か)れる '시들다'를 써야 올바른 문장이다.

어휘 焦(こ)げる 음식이 타다, 눌어붙다 | 注文(ちゅうもん) 주문 | 気(き)づく 알아차리다 | 台所(だいどころ) 부엌 | においがする 냄새가 나다 | びっくりする 깜짝 놀라다 | 方法(ほうほう) 방법

4 4 연휴에는 외출하지 않고 집에서 느긋하게 지내기로 했다.

해설 のんびり '느긋하게, 여유롭게'는 부사이며 주로 する '하다', 過(す)ごす '지내다, 보내다'의 동사와 같이 쓰인다. 1 のろのろ '느릿느릿' 2 そっと '살짝, 가만히' 3 いらいら '안절부절'을 써야 올바른 문장이다.

어휘 のんびり 느긋하게, 여유롭게 | 道(みち)が込(こ)む 길이 막히다 | 壊(こわ)れる 망가지다, 고장 나다 | 触(さわ)る 만지다 | 急(いそ)ぐ 서두르다 | なかなか～ない 좀처럼 ~이지 않다 | 連休(れんきゅう) 연휴 | 過(す)ごす 지내다, 보내다

5 4 옛날에는 가난해서 교육을 못 받는 사람도 많았다.

해설 貧(まず)しい는 '가난하다'이다. 1 足(た)りない '부족하다' 2 多(おお)い '많다' 3 薄(うす)い '얇다'를 써야 올바른 문장이다.

어휘 貧(まず)しい 가난하다 | 量(りょう) 양 | 壁(かべ) 벽 | 声(こえ) 목소리 | 聞(き)こえる 들리다 | 昔(むかし) 옛날 | 教育(きょういく)を受(う)ける 교육을 받다

실전시험 81 | 용법 [6]

▶본서2 p.217

정답 1 3 2 1 3 4 4 1 5 4

1 3 생각해 보면 20대 때는 불안한 매일을 보내고 있었다.

해설 不安(ふあん) '불안'은 な형용사이므로 する와 함께 쓸

수 없다. 1 不満(ふまん) '불만' 2 驚(おどろ)く '놀라다' / 不安(ふあん)だった '불안했다' 4 心配(しんぱい) '걱정'을 써야 올바른 문장이다.

어휘 不安(ふあん)だ 불안하다 | 制度(せいど) 제도 | ～に対(たい)して ~에 대해서 | 事故(じこ) 사고 | お知(し)らせ 알림, 공지사항 | 無事(むじ)だ 무사하다 | 安心(あんしん)する 안심하다 | 過(す)ごす 지내다, 보내다 | 親(おや) 부모님

2 1 이 사진을 볼 때마다 어릴 때를 떠올립니다.

해설 思(おも)い出(だ)す는 '떠올리다, 생각해 내다, 회상하다'이며 지나간 일, 잊어버린 일을 떠올린다는 의미이다. 2 思(おも)いつく '문득 생각나다, 떠오르다' 3 思(おも)う '생각하다' 4 想像(そうぞう)する '상상하다'를 써야 올바른 문장이다.

어휘 思(おも)い出(だ)す 떠올리다, 생각해 내다, 회상하다 | 写真(しゃしん) 사진 | ～たびに ~할 때마다 | 連絡(れんらく) 연락 | いつか 언젠가 | 住(す)む 살다 | 生(う)まれる 태어나다 | ～たばかりだ ~한 지 얼마 안 되었다 | 娘(むすめ) 딸

3 4 비행기가 날지 않게 되어서 출장 일정을 변경하게 되었습니다.

해설 変更(へんこう) '변경'은 する가 붙는 명사이다. 1 報告(ほうこく) '보고' 2 変化(へんか) '변화' 3 増加(ぞうか) '증가'를 써야 올바른 문장이다.

어휘 変更(へんこう) 변경 | 問題(もんだい) 문제 | 生(しょう)じる 생기다 | 係(かか)りの者(もの) 담당자 | 気(き)をつける 조심하다 | 大都市(だいとし) 대도시 | 人口(じんこう) 인구 | 与(あた)える 주다, 부여하다 | 影響(えいきょう) 영향 | 調(しら)べる 조사하다 | 飛(と)ぶ 날다 | 出張(しゅっちょう) 출장 | 日程(にってい) 일정

4 1 이 단체는 일본 문화를 외국에 소개하는 활동을 하고 있다.

해설 活動(かつどう) '활동'은 する가 붙는 명사이다. 2 移動(いどう) '이동' 3 作動(さどう) '작동' 4 活発(かっぱつ)な '활발한'을 써야 올바른 문장이다.

어휘 活動(かつどう) 활동 | 団体(だんたい) 단체 | 文化(ぶんか) 문화 | 紹介(しょうかい) 소개 | 工場(こうじょう) 공장 | 機械(きかい) 기계 | 正常(せいじょう) 정상 | 常(つね)に 늘, 항상 | チェック 체크 | 仲良(なか よ)くする 사이좋게 지내다

5 4 그는 반의 리더로서 책임감을 갖고 있다.

해설 リーダー '리더'는 명사이다. 1 リストラ '명예퇴직, 정리해고' 2 準備(じゅんび) '준비' 3 見(み)る '보다'를 써야 올바른 문장이다.

어휘 リーダー 리더 | 送別会(そうべつかい) 송별회 | アニメ 애니메이션 | 何度(なんど)も 몇 번이고, 몇 번이나 | 責任感(せきにんかん)を持(も)つ 책임감을 가지다

실전시험 82 | 용법 [7]

본서2 p.218

정답 **1** 4 **2** 3 **3** 4 **4** 2 **5** 2

1 4 다이어트를 시작하고 나서 매일 같은 시간에 체중을 재고 있다.

해설 量(はか)る는 무게나 부피를 '재다, 측정하다'이다. 1 比(くら)べる '비교하다' 2 思(おも)う '생각하다' 3 数(かぞ)える '숫자를 세다'를 써야 올바른 문장이다.

어휘 量(はか)る 재다, 측정하다 | 去年(きょねん) 작년 | 売(う)り上(あ)げ 매상 | 報告(ほうこく) 보고 | ダイエット 다이어트 | 体重(たいじゅう) 체중

2 3 하늘이 어두워지며 갑자기 비가 내리기 시작했다.

해설 急(きゅう)는 な형용사로 '갑작스럽다, 급하다'의 의미이며 急(きゅう)な·急(きゅう)に의 형태로 자주 나온다. 1 そろそろ '슬슬' 2 急(いそ)いで '서둘러서' 4 早(はや)く '일찍'을 써야 올바른 문장이다.

어휘 急(きゅう)だ 갑작스럽다, 급하다 | 全員(ぜんいん) 전원 | そろう 갖추어지다, 모이다 | 終電(しゅうでん) 막차 | 空(そら) 하늘 | 暗(くら)い 어둡다 | 協力(きょうりょく) 협력 | 作業(さぎょう) 작업 | 終(お)わる 끝나다

3 4 1,000장이나 되는 CD를 장르별로 분류했다.

해설 分類(ぶんるい) '분류'는 する가 붙는 명사이다. 1 整理(せいり) '정리' 2 区別(くべつ) '구별' 3 区分(くぶん) '구분'을 써야 올바른 문장이다.

어휘 分類(ぶんるい) 분류 | 苦手(にがて)だ 질색이다, 서투르다 | 妻(つま) 아내 | 声(こえ) 목소리 | 道路側(どうろがわ) 도로 측 | 植(う)える 심다 | 車道(しゃどう) 차도 | 歩道(ほどう) 보도 | ジャンル別(べつ) 장르별

4 2 야구팀은 우승이라는 목표를 달성하기 위해서 매일 매일 노력을 거듭하고 있다.

해설 達成(たっせい) '달성'은 する가 붙는 명사이다. 1 達(たっ)する '달하다' 3 着(つ)く / 到着(とうちゃく)する '도착하다' 4 行動(こうどう) '행동'을 써야 올바른 문장이다.

어휘 達成(たっせい) 달성 | 議論(ぎろん) 의논 | [명사+]の末(すえ) ~끝에 | ついに 마침내 | 結論(けつろん) 결론 | チーム 팀 | 優勝(ゆうしょう) 우승 | 目標(もくひょう) 목표 | 日々(ひび) 나날이 | 努力(どりょく) 노력 | 重(かさ)ねる 포개다, 거듭하다 | やっと 겨우, 간신히 | 目的地(もくてきち) 목적지 | 計画(けいかく) 계획 | そのまま 그대로 | 移(うつ)す 옮기다 | 簡単(かんたん)だ 간단하다

5 2 면접 교통비를 지급해 주는 회사는 적어졌다.

해설 支給(しきゅう) '지급'은 する가 붙는 명사이다. 1 配達(はいたつ) '배달' 3 提供(ていきょう) '제공' 4 実施(じっし) '실시'를 써야 올바른 문장이다.

어휘 支給(しきゅう) 지급 | 早朝(そうちょう) 이른 아침 |

面接(めんせつ) 면접 | 交通費(こうつうひ) 교통비 | 当(とう)~ 당~ | 宿泊(しゅくはく) 숙박 | 朝食(ちょうしょく) 조식 | サービス 서비스 | 企画(きかく) 기획 | として ~로서 | 親子(おやこ) 부모와 아이 | イベント 이벤트

실전시험 83 | 용법 [8]

➤본서2 p.219

정답 1 4 2 2 3 2 4 2 5 1

1 4 무슨 일이 있어도 꿈을 포기하지 않는 그의 모습에 감동했습니다.

해설 あきらめる는 '포기하다'이며 飽(あ)きる '질리다'와 헷갈리지 말자. 1 飽(あ)きる '질리다, 싫증 나다' 2 がっかりする '실망하다' 3 変(か)える '바꾸다'를 써야 올바른 문장이다.

어휘 あきらめる 포기하다 | 消費者(しょうひしゃ) 소비자 | 使(つか)い続(つづ)ける 계속 사용하다 | 商品(しょうひん) 상품 | 楽(たの)しみにする 기대하다 | 計画(けいかく) 계획 | 生活習慣(せいかつしゅうかん) 생활 습관 | 健康(けんこう) 건강 | 夢(ゆめ) 꿈 | 姿(すがた) 모습 | 感動(かんどう)する 감동하다

2 2 긴장하고 있을 때는 천천히 호흡을 하면 기분이 안정됩니다.

해설 呼吸(こきゅう)는 '호흡'이다. 1 呼(よ)ばれる '불리우다' 3 ため息(いき) '한숨' 4 息(いき) '숨'을 써야 올바른 문장이다.

어휘 呼吸(こきゅう) 호흡 | 担任(たんにん) 담임 | 緊張(きんちょう) 긴장 | 落(お)ち着(つ)く 침착해지다, 안정되다 | 心配事(しんぱいごと) 걱정거리 | さっき 아까, 먼저 | 腰(こし) 허리 | 曲(ま)げる 구부리다, 굽히다

3 2 기르고 있던 개를 버리다니 인간으로서 용서할 수가 없다.

해설 許(ゆる)す는 '용서하다'라는 뜻 이외에 '허락하다'도 알아 두자. 1 譲(ゆず)る '양보하다' 3 認(みと)める '인정하다' 4 守(まも)る '지키다'를 써야 올바른 문장이다.

어휘 許(ゆる)す 용서하다, 허락하다 | お年寄(としよ)り 노인 | 不自由(ふじゆう)だ 자유롭지 못하다 | 席(せき) 자리 | 飼(か)う 기르다 | なんて ~라니 | 監督(かんとく) 감독 | 実力(じつりょく) 실력 | 試合(しあい) 시합 | 出場(しゅつじょう) 출전 | サイト 사이트 | 青少年(せいしょうねん) 청소년 | 犯罪(はんざい) 범죄 | 情報(じょうほう) 정보 | 掲載(けいさい) 게재

4 2 완만한 비탈길을 내려간 곳에 바다가 있었다.

해설 なだらか는 な형용사로 '(경사가) 완만하다'의 의미이다. 주로 坂道(さかみち) '비탈길'과 많이 쓰인다. 1 穏(おだ)やか '온화함' 3 急(きゅう) '급함' 4 無事(ぶじ) '무사함'을 써야 올바른 문장이다.

어휘 なだらかだ 완만하다 | めったに~ない 거의 ~이지 않다, 좀처럼 ~이지 않다 | 坂道(さかみち) 비탈길 | 下(お)りる 내리다, 내려오다, 내려가다 | カーブ 커브 | 手術(しゅじゅつ) 수술

5 1 고향으로 돌아가는 친구를 공항까지 배웅했다.

해설 見送(みおく)る는 '배웅하다'이며 복합동사이다. 장소명사와 함께 쓰는 경우가 많다. 2 見(み)つける '찾다, 발견하다' 3 見(み)つめる '바라보다, 응시하다' 4 届(とど)く '도착하다, 배달되다'를 써야 올바른 문장이다.

어휘 見送(みおく)る 배웅하다 | 空港(くうこう) 공항 | なくなる 없어지다 | ベッド 침대 | 注文(ちゅうもん) 주문 | ワンピース 원피스

실전시험 84 | 용법 [9]

➤본서2 p.220

정답 1 4 2 4 3 4 4 3 5 1

1 4 편의점에는 전자레인지로 데우는 것만으로 바로 먹을 수 있는 것이 많다.

해설 温(あたた)める는 '데우다'이며 차거나 식은 음식을 열 등을 가해 데운다는 의미이다. 1 ぬるくする '미지근하게 하다' 2 暖(あたた)める '따뜻하게 하다' 3 下(さ)げる '내리다'를 써야 올바른 문장이다.

어휘 温(あたた)める 데우다 | 熱(あつ)い 뜨겁다 | お風呂(ふろ) 목욕(물), 욕조 | 暖房(だんぼう)をつける 난방을 켜다 | 冷蔵庫(れいぞうこ) 냉장고 | 凍(こお)る 얼다 | 温度(おんど) 온도 | 電子(でんし)レンジ 전자레인지

2 4 주변으로부터의 응원이 오히려 부담이 되는 경우도 있습니다.

해설 応援(おうえん)은 '응원'이며 する가 붙는 명사이다. 1 支援(しえん) '지원' 2 サポート '서포트' 3 手伝(てつだ)う '돕다'를 써야 올바른 문장이다.

어휘 経済的(けいざいてき) 경제적 | 設備(せつび) 설비 | トラブル 트러블 | 発生(はっせい) 발생 | 下(お)ろす 내리다, 내려놓다 | 周(まわ)り 주변, 주위 | かえって 오히려 | 負担(ふたん) 부담

3 4 우리 집 가구는 벌써 20년이나 사용하고 있기 때문에, 슬슬 (새것으로) 바꾸고 싶다.

해설 そろそろ는 '슬슬'이며 부사이다. 1 なかなか '좀처럼' 2, 3 すぐ '바로, 당장'을 써야 올바른 문장이다.

어휘 そろそろ 슬슬 | コンサート 콘서트 | チケット 티켓 | メッセージ 메시지 | 家具(かぐ) 가구 | 買(か)い替(か)える 교체하다, 새로 사서 바꾸다

4 3 대금 지불은 현금과 카드, 어느 쪽으로 하시겠습니까?

해설 支払(しはら)い는 '지불'이며 1 お会計(かいけい) '계산' 2, 4 現金(げんきん) '현금'을 써야 올바른 문장이다.

어휘 支払(しはら)い 지불 | 店員(てんいん) 점원 | 財布(さいふ) 지갑 | 代金(だいきん) 대금 | 現金(げんきん) 현금 | なさる 하시다(するの 존경어) | 割引(わりびき)する 할인하다

5 1 신년회 장소는 모두에게 희망을 듣고 정해주세요.

해설 希望(きぼう)는 '희망'이며, 2 夢(ゆめ) '꿈' 3 期待(きたい) '기대' 4 祈(いの)りました '기도했습니다'를 써야 올바른 문장이다.

어휘 希望(きぼう) 희망 | 新年会(しんねんかい) 신년회 | 場所(ばしょ) 장소 | 決(き)める 정하다 | 中高生(ちゅうこうせい) 중고등학생 | 祖母(そぼ) 조모 | 治(なお)る (병이) 낫다

실전시험 85 | 용법 [10]

➤본서2 p.221

정답 1 3 2 2 3 4 4 2 5 3

1 3 회사 사정에 의해 영화의 일반 개봉을 일주일 연기하게 되었습니다.

해설 延期(えんき)는 '연기'이며 する가 붙는 명사이다. 1 遅(おく)れて '늦게' 2 見合(みあ)わせる '보류하다, 중지하다' 4 向上(こうじょう) '향상'을 써야 올바른 문장이다.

어휘 延期(えんき) 연기 | 申込書(もうしこみしょ) 신청서 | 作成(さくせい) 작성 | 信号機(しんごうき) 신호기 | 故障(こしょう) 고장 | 列車(れっしゃ) 열차 | 運行(うんこう) 운행 | 事情(じじょう) 사정 | ～により ~에 의해 | 一般公開(いっぱんこうかい) 일반 공개, 일반 개봉 | 新入社員(しんにゅうしゃいん) 신입사원 | 営業力(えいぎょうりょく) 영업 능력 | ずいぶん 꽤, 상당히

2 2 돈이 모이면 세계 일주 여행을 하고 싶습니다.

해설 たまる의 한자는 貯(쌓을 저)를 쓰며 '돈이나 포인트가 쌓인다'는 의미이다. 1 積(つ)もる '쌓이다' 3 できる '생기다' 4 集(あつ)まる '모이다, 집합하다'를 써야 올바른 문장이다.

어휘 たまる 모이다 | 生(う)まれる 태어나다 | はじめて 처음 | 世界(せかい) 세계 | 一周(いっしゅう) 일주 | 紹介(しょうかい) 소개 | 行列(ぎょうれつ) 행렬, 줄 | 市民(しみん) 시민 | マラソン大会(たいかい) 마라톤 대회 | 全国(ぜんこく) 전국 | 超(こ)える 넘다, 초과하다 | 参加者(さんかしゃ) 참가자

3 4 맨션의 입구를 서성거리고 있었더니, 이상한 사람으로 여겨졌다.

해설 うろうろ는 '서성거리는 모양'을 나타낸다. 1 はらはら '조마조마' 2 どきどき '두근두근' 3 ごろごろ '빈둥빈둥'을 써야 올바른 문장이다.

어휘 うろうろ 서성거리는 모양 | 道路(どうろ) 도로 | 特(とく)に 특별히 | 一日中(いちにちじゅう) 하루 종일 | マンション 맨션(고층 아파트) | 入(い)り口(ぐち) 입구 | 変(へん)だ 이상하다

4 2 스마트폰에 모르는 사람의 연락처가 추가되어 있다.

해설 追加(ついか)는 '추가'이며 する가 붙는 명사이다. 1 ため '위함, 보탬' 3 合(あ)わせる 합치다 4 増加(ぞうか) '증가'를 써야 올바른 문장이다.

어휘 追加(ついか) 추가 | 苦労(くろう) 고생 | 人生(じんせい) 인생 | ～はずだ ~임이 분명하다 | 信(しん)じる 믿다 | スマートフォン 스마트폰 | 連絡先(れんらくさき) 연락처 | 人数(にんずう) 인원수 | 全部(ぜんぶ)で 전부 해서 | 辞(や)める 그만두다 | 開(ひら)く 열다

5 3 시에서는 많은 외국인 관광객을 받아들일 준비를 하고 있다.

해설 受(う)け入(い)れる는 '(사람·의견·요구를) 받아들이다'이며 1 受(う)け付(つ)ける '접수하다' 2 受(う)け取(と)る '받다, 수취하다' 4 取(と)り入(い)れる '도입하다, 채용하다'를 써야 올바른 문장이다.

어휘 受(う)け入(い)れる 받아들이다 | ボランティア 봉사활동 | インターネット 인터넷 | 参加申込書(さんかもうしこみしょ) 참가 신청서 | 事務室(じむしつ) 사무실 | 外国人観光客(がいこくじんかんこうきゃく) 외국인 관광객 | 新入社員(しんにゅうしゃいん) 신입사원 | アイデア 아이디어 | 新製品(しんせいひん) 신제품 | 発売(はつばい) 발매 | 成功(せいこう) 성공

실전시험 86 | 용법 [11]

➤본서2 p.222

정답 1 3 2 3 3 4 4 4 5 4

1 3 하이힐은 넘어지기 쉽기 때문에, 그다지 신지 않도록 하고 있다.

해설 転(ころ)ぶ는 '구르다, 자빠지다'이며 「道(みち)で転(ころ)ぶ 길에서 자빠지다」「階段(かいだん)で転(ころ)ぶ 계단에서 자빠지다」로도 알아 두자. 1 休(やす)む '쉬다' 2 おぼれる '빠지다' 4 滑(すべ)る '스키 타다, 미끄러지다'를 써야 올바른 문장이다.

어휘 転(ころ)ぶ 구르다, 자빠지다 | 風邪気味(かぜぎみ) 감기 기운 | 助(たす)ける 돕다, 구하다 | 落(お)ち着(つ)く 안정되다, 침착하다 | ハイヒール 하이힐 | 履(は)く 신다, 입다 | スキー場(じょう) 스키장

2 3 그에게 '고마워'라고 감사 인사를 받아서 방긋 웃어 주었다.

해설 にっこり는 '방긋 웃는 모양'을 나타낸다. 1 はっきり '확실히, 분명히' 2 ざっと '대강, 대충' 4 すっきり '산뜻한 모양, 후련한 모양'을 써야 올바른 문장이다.

어휘 にっこり 방긋 웃는 모양 | 目(め)を通(とお)す 훑어보다 | お礼(れい)を言(い)う 감사 인사를 하다 | 解決(かいけつ) 해결

3 4 서류에 커피를 쏟아서 글씨가 안 보이게 되어 버렸다.

해설 こぼす는 '흘리다, 엎지르다'이며 1 壊(こわ)される '헐리다' 2 洗(あら)う '씻다' 3 落(お)とす '떨어뜨리다'를 써야 올바른 문장이다.

어휘 こぼす 흘리다, 엎지르다 | 街(まち) 거리 | 建物(たてもの) 건물 | 石(せっ)けん 비누 | 割(わ)れる 깨지다 | 絶対(ぜったい)に 절대로 | 書類(しょるい) 서류 | 字(じ) 글씨 | 見(み)える 보이다

4 4 잠 부족 탓인지, 아침부터 몸이 나른합니다.

해설 だるい는 '나른하다'이며 「体(からだ)がだるい 몸이 나른하다」로 많이 쓰인다. 1 暗(くら)い '어둡다' 2 汚(きたな)い '더럽다' 3 まぶしい '눈부시다'를 써야 올바른 문장이다.

어휘 だるい 나른하다 | 急(きゅう)に 갑자기 | 確認(かくにん)する 확인하다 | 色(いろ)をしている 색을 띠고 있다 | 寝不足(ねぶそく) 잠 부족 | ～せいか ~탓인지

5 4 다카하시 선생님은 유머가 있어서, 늘 수업이 즐겁다.

해설 ユーモア는 '유머'이다. 1 冗談(じょうだん)を言(い)って '농담을 해서', 2 うわさ '소문', 3 げらげら '껄껄'을 써야 올바른 문장이 된다.

어휘 ユーモア 유머 | 笑(わら)わせる 웃게 하다(笑う의 사역형) | 楽(たの)しい 즐겁다

실전시험 87 | 용법 [12]

▶본서2 p.223

정답 **1** 3 **2** 2 **3** 1 **4** 2 **5** 3

1 3 호텔 방은 청결해서 쾌적하게 지낼 수 있었습니다.

해설 清潔(せいけつ)だ는 '청결하다'로 な형용사이며, する와 함께 쓰이지 않는다. 1 ゆっくり '천천히' 2 きれいな '깨끗한' 4 よくなる '좋아지다'를 써야 올바른 문장이다.

어휘 清潔(せいけつ)だ 청결하다 | 流(なが)れる 흐르다 | 川(かわ) 강 | 空気(くうき) 공기 | 吸(す)う 피우다, 들이마시다 | 散歩(さんぽ) 산책 | 快適(かいてき)に 쾌적하게 | 過(す)ごす 지내다, 보내다

2 2 10년 만에 온 이 나라는 이전보다 발전해 있어서 놀랐다.

해설 発展(はってん)은 '발전'이며 する가 붙는 명사이다. 1 進(すす)まない '진행되지 않는다' 3 完成(かんせい) '완성' 4 成長(せいちょう) '성장'을 써야 올바른 문장이다.

어휘 発展(はってん) 발전 | プロジェクト 프로젝트 | ～ぶり ~만에 | 驚(おどろ)く 놀라다 | 工事中(こうじちゅう) 공사 중 | 遊園地(ゆうえんち) 유원지 | 海外出張(かいがいしゅっちょう) 해외 출장

3 1 빈 병은 월요일에 버리기로 되어 있습니다.

해설 空(から)는 명사로 '속이 비어 있는 모양'을 나타내며, 「空(から)になったビン 빈 병」「空(から)になったペットボトル 빈 페트병」으로 쓰인다. 2 留守(るす) '부재(중)' 3 空(あ)いている '비어 있다' 4 ゼロ '제로'를 써야 올바른 문장이다.

어휘 空(から) (속이) 빔 | ビン 병 | 共働(ともばたら)き 맞벌이 | 会議(かいぎ) 회의 | 参加(さんか)する 참가하다 | 人数(にんずう) 인원수 | 登山(とざん) 등산 | 中止(ちゅうし) 중지

4 2 이벤트의 자세한 사항에 관해서는 메일로 문의해 주세요.

해설 問(と)い合(あ)わせる는 '문의하다'이며 1, 3 聞(き)く '묻다' 4 見(み)る '보다'를 써야 올바른 문장이다.

어휘 問(と)い合(あ)わせる 문의하다 | 道(みち)に迷(まよ)う 길을 헤매다 | イベント 이벤트 | 詳(くわ)しい 자세하다, 상세하다 | ～に関(かん)して ~에 관해서 | 履歴書(りれきしょ) 이력서 | 間違(まちが)い 실수, 잘못 | 最新(さいしん) 최신 | インターネット 인터넷

5 3 이 치즈케이크는 봉투에 들어있는 재료를 섞어서 굽기만 하면 됩니다.

해설 混(ま)ぜる는 '섞다'이며 1 合(あ)わせる '합치다' 2 減(へ)らす '줄이다' 4 足(た)す '더하다'를 써야 올바른 문장이다.

어휘 混(ま)ぜる 섞다 | 参加(さんか) 참가 | 甘(あま)い 달다 | カロリー 칼로리 | 調節(ちょうせつ) 조절 | 袋(ふくろ) 봉투 | 材料(ざいりょう) 재료 | 焼(や)く 굽다 | 給料(きゅうりょう) 급여 | ほしい 갖고 싶다

실전시험 88 | 용법 [13]

▶본서2 p.224

정답 **1** 4 **2** 4 **3** 3 **4** 3 **5** 3

1 4 외국어를 말할 수 있어도, 소설이나 전문서 등을 번역하는 것은 어렵습니다.

해설 翻訳(ほんやく)는 '번역'이며 する가 붙는 명사이다. 1 変更(へんこう) '변경' 2 まとめる '정리하다' 3 暗記(あんき) '암기'를 써야 올바른 문장이다.

어휘 翻訳(ほんやく) 번역 | 完成(かんせい) 완성 | デザイン 디자인 | 無理(むり) 무리 | 記者(きしゃ) 기자 | 文章(ぶんしょう) 문장 | 小説(しょうせつ) 소설 | 専門書(せんもんしょ) 전문 서적

2 4 졸업한 고등학교에 창립 100주년을 기념하는 나무를 심었습니다.

해설 植(う)える는 '(꽃이나 나무를) 심다'이며 1 乗(の)せる '싣다' 2 埋(う)める '메우다' 3 設置(せっち)される '설치되다'를 써야 올바른 문장이다.

어휘 植(う)える 심다 | 注文(ちゅうもん) 주문 | 土(つち) 땅, 흙 | 穴(あな) 구멍 | あちこち 여기저기 | ゴミ箱

(ばこ) 휴지통 | 卒業(そつぎょう) 졸업 | 創立(そうりつ) 창립 | 周年(しゅうねん) 주년 | 記念(きねん) 기념

3 3 빵을 굽는 기술을 익혀서 내 가게를 열고 싶습니다.

해설 身(み)につける는 '몸에 익히다'로 기술이나 지식을 배워서 익힌다는 의미이다. 1 持(も)つ '들다' 2 覚(おぼ)えられる '외울 수 있다' 4 使(つか)う '사용하다'를 써야 올바른 문장이다.

어휘 身(み)につける 몸에 익히다 | 荷物(にもつ) 짐 | 焼(や)く 굽다 | 技術(ぎじゅつ) 기술

4 3 마감까지 앞으로 한 달, 서두르지 않으면 제날짜에 못 맞출지도 모른다.

해설 締(し)め切(き)り는 '마감'이며 1 打(う)ち切(き)り '중단' 2 期限(きげん) '기한' 4 終(お)わり '끝'을 써야 올바른 문장이다.

어휘 締(し)め切(き)り 마감 | 問題(もんだい)を起(お)こす 문제를 일으키다 | 歌番組(うたばんぐみ) 노래 방송 | クレジットカード 신용 카드 | 切(き)れる 끊기다, 다 되다 | 再発行(さいはっこう) 재발행 | 急(いそ)ぐ 서두르다 | 間(ま)に合(あ)う 제시간에 맞추다

5 3 걸어서 15분의 거리를 택시를 탔더니 30분이나 걸렸다.

해설 距離(きょり)는 '거리'이다. 1, 2 長(なが)さ '길이' 4 間隔(かんかく) '간격'을 써야 올바른 문장이다.

어휘 距離(きょり) 거리 | ほぼ 거의 | スカート 스커트 | かかる 걸리다 | 出勤時間帯(しゅっきんじかんたい) 출근 시간대

실전시험 89 | 용법 [14]

본서2 p.225

정답 1 2 2 2 3 2 4 1 5 4

1 2 이 빨간약은 가려운 동안에는 계속 발라 주세요.

해설 かゆい는 '가렵다'이며 1 痛(いた)い '아프다' 3 だるい '나른하다' 4 悲(かな)しい '슬프다'를 써야 올바른 문장이다.

어휘 かゆい 가렵다 | 壁(かべ) 벽 | ぶつかる 부딪히다 | 塗(ぬ)る 바르다 | 熱(ねつ)が出(で)る 열이 나다 | 出勤(しゅっきん) 출근 | こっそり 몰래, 살짝

2 2 우리 집 식기는 외국에서 수입한 특별한 것입니다.

해설 輸入(ゆにゅう)는 '수입'이며 1 買(か)う '사다' 3 訪問(ほうもん) '방문' 4 購入(こうにゅう) '구입'을 써야 올바른 문장이다.

어휘 輸入(ゆにゅう) 수입 | 夕食(ゆうしょく) 저녁 식사 | 材料(ざいりょう) 재료 | 食器(しょっき) 식기 | 特別(とくべつ) 특별 | 外国人観光客(がいこくじんかんこうきゃく) 외국인 관광객 | 年々(ねんねん) 매년 | 増加(ぞうか) 증가 | 事務用品(じむようひん) 사무 용품

3 2 친구가 같이 캠핑 가자고 했지만 다른 일이 있어서 거절했다.

해설 断(ことわ)る는 '거절하다'이며 1 止(や)める '그만두다, 끊다' 3 あきらめる '포기하다' 4 辞(や)める '그만두다'를 써야 올바른 문장이다.

어휘 断(ことわ)る 거절하다 | 値段(ねだん) 가격 | 上(あ)がる 오르다 | 誘(さそ)う 꾀다, 권하다 | 別(べつ) 다름 | 用事(ようじ) 볼일 | 失敗(しっぱい) 실패 | 連続(れんぞく) 연속

4 1 책상과 침대는 붙이지 말고 떼어 두는 편이 좋습니다.

해설 離(はな)す는 '떼다, 사이를 두다'이며 2 別(わか)れる '헤어지다' 3 離(はな)れる '떨어지다, 멀어지다' 4 落(お)ちる '떨어지다'를 써야 올바른 문장이다.

어휘 離(はな)す 떼다, 사이를 두다 | 机(つくえ) 책상 | つける 붙이다 | 付(つ)き合(あ)う 사귀다 | 幼(おさな)い 어리다 | 存在(そんざい) 존재 | 財布(さいふ) 지갑 | 見(み)かける 눈에 띄다

5 4 사람들 앞에서 말할 때는 항상 너무 긴장해서 손이 떨린다.

해설 緊張(きんちょう)는 '긴장'이며 する가 붙는 명사이다. 1 記憶(きおく) '기억' 2 どきどき '두근두근' 3 厳(きび)しい '엄격하다'를 써야 올바른 문장이다.

어휘 緊張(きんちょう) 긴장 | すばらしい 멋지다 | はじめて 처음 | 虹(にじ) 무지개 | 胸(むね) 가슴 | 怖(こわ)い 무섭다 | 人前(ひとまえ) 사람들 앞, 남들 앞 | 震(ふる)える 떨리다

실전시험 90 | 용법 [15]

본서2 p.226

정답 1 3 2 2 3 4 4 3 5 2

1 3 이 과자는 몸에 나쁜 성분이 들어 있어서 판매 중지가 되었다.

해설 成分(せいぶん)은 '성분'이며 1 中(なか) '안' 2 内容(ないよう) '내용' 4 材料(ざいりょう) '재료'를 써야 올바른 문장이 된다.

어휘 成分(せいぶん) 성분 | 袋(ふくろ) 봉투 | とる 취하다, 따다 | 恋人(こいびと) 애인 | お菓子(かし) 과자 | 販売中止(はんばいちゅうし) 판매 중지 | スーパー 슈퍼마켓

2 2 면접이 끝나고 우울해 있는 나를 친구가 위로해 주었다.

해설 慰(なぐさ)める는 '위로하다'이며 1 かわいがる '귀여워하다' 3 大事(だいじ)にする '소중히 하다' 4 優(やさ)しくする '상냥하게 하다(대하다)'를 써야 올바른 문장이 된다.

어휘 慰(なぐさ)める 위로하다 | 面接(めんせつ) 면접 | 終(お)わる 끝나다 | 落(お)ち込(こ)む 우울해지다, 침울해

지다 ｜ つながり 연결 ｜ ～に対(たい)して ~에 대해서 ｜ 笑顔(えがお) 웃는 얼굴

3 **4** 마라톤 대회에서 결승선 직전에 앞사람을 앞질러서 우승했다.

해설 追(お)い抜(ぬ)く는 '앞지르다, 추월하다'이며 1 乗(の)り過(す)ごす '내릴 역을 지나치다' 2 乗(の)り換(か)える '환승하다' 3 行(い)き来(き)する '왔다 갔다 하다'를 써야 올바른 문장이다.

어휘 追(お)い抜(ぬ)く 앞지르다, 추월하다 ｜ 居眠(いねむ)り(を)する 졸다 ｜ 降(お)りる 내리다 ｜ 急行(きゅうこう) 급행 ｜ 窓側(まどがわ) 창가 ｜ 直前(ちょくぜん) 직전 ｜ 優勝(ゆうしょう) 우승

4 **3** 아들의 학교는 3년 전부터 일본 고등학교와 활발히 교류하고 있습니다.

해설 盛(さか)んだ는 '활발하다, 성행하다'의 뜻으로 어업, 농업, 교류, 의견 교환 등이 활발하게 이루어진다는 의미로 사용된다. 1 十分(じゅうぶん)だ '충분하다' 2 上手(じょうず)だ '잘하다' 4 新鮮(しんせん)だ '신선하다'를 써야 올바른 문장이다.

어휘 盛(さか)んだ 활발하다, 성행하다 ｜ 決勝(けっしょう) 결승 ｜ 交流(こうりゅう) 교류 ｜ 野菜(やさい) 채소 ｜ 材料(ざいりょう) 재료

5 **2** 이 가게는 외국인에게는 서비스가 나빠서 차별받고 있는 느낌이 듭니다.

해설 差別(さべつ)는 '차별'이며 する가 붙는 명사이다. 1 区別(くべつ) '구별' 3 分(わ)かれる '나뉘다' 4 分別(ぶんべつ) '분별'을 써야 올바른 문장이다.

어휘 差別(さべつ) 차별 ｜ サービス 서비스 ｜ 気(き)がする 생각·느낌이 들다 ｜ 必(かなら)ず 꼭, 반드시 ｜ ごみを出(だ)す 쓰레기를 버리다

02 문법

문제1 문법 형식 판단

실전시험 91 ｜ 문법 형식 판단 [1]

▶본서2 p.316

정답 **1** 4 **2** 4 **3** 2 **4** 4 **5** 3 **6** 3 **7** 2 **8** 1 **9** 2 **10** 2 **11** 2 **12** 1 **13** 1

1 **4** 이 소파는 재미있는 모양(을) 하고 있다.

해설 「～をしている：(모양·성질·경향)을 하고(띠고) 있다」이다.

어휘 ソファー 소파 ｜ 形(かたち) 모양

2 **4** 오랜만에 만난 친구와 이야기하고 있었더니 (어느새인가) 날이 새 버렸다.

해설 알맞은 부사 넣기 문제이다. 1번「ずっと：쭉, 훨씬」2번「もっと：더」3번「そろそろ：슬슬」4번「いつのまにか：어느새인가」이다.

어휘 ～ぶり ~만에 ｜ 夜(よ)が明(あ)ける 새벽이 밝다

3 **2** 같은 내용이라도 쓰는 방법(에 따라서) 다른 의미가 되는 경우도 있다.

해설 1번「～にとって：~에게 있어서」2번「～によって：~에 의해서, ~에 따라서」3번「～に対(たい)して：~에 대해서, ~을 상대로」4번「～につれて：~함에 따라」이다.

어휘 同(おな)じだ 같다 ｜ 内容(ないよう) 내용 ｜ 書(か)き方(かた) 쓰는 법, 쓰는 방법 ｜ 違(ちが)う 다르다 ｜ 意味(いみ) 의미

4 **4** 이제부터 매달 책을 한 권씩 (읽으려)고 생각하고 있다.

해설 「보통형＋と思う：~라고 생각하다, ~일 거라고 생각하다」와「동사 의지형＋と思う：~하려고 생각하다」를 잘 구별해 두자.

어휘 毎月(まいつき) 매월 ｜ ～冊(さつ) ~권 ｜ ～ずつ ~씩

5 **3** A：죄송합니다만, 이 프린터기 (사용하게 해 주실 수 없을까요)?
B：네, 쓰세요.

해설 「～ていただけないでしょうか ~해 주실 수 없을까요? (상대방이 해 주기를 바라는 표현)」과「～(さ)せていただけませんか ~하게 해 주실 수 없을까요? (말하는 사람이 하게 해 달라고 부탁하는 표현)」을 잘 구별해 두자.

어휘 プリンター 프린터기

6 **3** 이 과일은 (씻지 않고) 먹어도 안심입니다.

해설 선택지는 모두 동사 ない형에 접속하는 문형이다. 1번「～なければ：~하지 않으면」2번「～なくて：~하지

않아서(이유)」 3번「～ないで : ~하지 않고(상황)」 4번「～ないと : ~하지 않으면」이다.

어휘 果物(くだもの) 과일 ｜ 安心(あんしん)だ 안심이다

7 2 상사 : 야마다 씨, 영업부에서 서류가 다 되었다는 연락이 있었는데.
부하 : 아, 네. 지금 바로 가지러 (다녀오겠습니다).

해설 「いたす」는 する의 겸양어, 「まいる」는 行く·来る의 겸양어이다. 부하(말하는 사람)가 '가지러 다녀오겠습니다'이므로 取りに行ってくる의 겸양표현인 「取りに行ってまいる」를 써야 한다.

어휘 上司(じょうし) 상사 ｜ 営業部(えいぎょうぶ) 영업부 ｜ 書類(しょるい) 서류 ｜ できる 완성되다, 다 되다 ｜ 連絡(れんらく) 연락 ｜ 取(と)りに行(い)く 가지러 가다 ｜ まいる 오다 (行く·来る의 겸양어)

8 1 부엌을 정리했더니 더욱더 (사용하기 편해졌다).

해설 동사에 접속하는 표현을 묻는 문제이다. 1번은「동사 ます형 + やすい」에 변화표현인「～くなる」가 접속해서 '~하기 쉬워지다', 2번은「동사 ます형 + つづける」에 '~해 보다'의「～てみる」가 접속해서 '계속 ~해 보다', 3번은「동사 て형 + てみる」와「동사 의지형 + とする」가 접속해서 '~해 보려고 하다', 4번은「동사 사전형 + ことになる」로 '~하기로 되다(제3자의 결정)'이다.

어휘 キッチン 키친, 부엌 ｜ 整理(せいり) 정리

9 2 선생님과 상담하고 있는 (동안) 점점 기분이 차분해졌다.

해설 「～うちに : ~하는 동안에, ~하는 사이에」이다. 1번「あいだ」는 '~하는 동안에 동작이나 상태가 계속 진행됨'을 나타낸다.

어휘 相談(そうだん) 상담 ｜ だんだん 점점 ｜ 落(お)ち着(つ)く 차분해지다, 침착해지다

10 2 초등학교 3학년이 된 아이가 요즘 학교에 (가고 싶어 하지 않아서) 곤란합니다.

해설 제3자의 희망을 나타내는 표현은「동사 ます형 + たがる : ~하고 싶어 하다」를 쓴다. 3, 4번은「동사 た형 + たまま : ~한 채」이다.

어휘 小学校(しょうがっこう) 초등학교 ｜ 困(こま)る 곤란하다

11 2 그 가게는 7시(까지밖에) 영업하고 있지 않아요.

해설 복합조사를 묻는 문제로「～までしか…ない」는 '~까지밖에 …이지 않다'이다.

어휘 営業(えいぎょう) 영업

12 1 A : 지금 어디? 7시까지 올 수 있어?
B : 미안. 일이 좀처럼 안 끝나서 (시간에 못 맞출 것 같아). 먼저 먹어.

해설 동사에 접속하는 표현을 묻는 문제이다. 1번「동사 ます형 + そうにない : ~일 것 같지 않다」 2번「동사 사전형 + ことになっている : ~하기로 되어 있다」 3번「동사 ない형 + なければならない : ~하지 않으면 안 된다」 4번「보통형 + にちがいない : ~임에 틀림없다」이다.

어휘 間(ま)に合(あ)う 제시간에 맞추다 ｜ 先(さき)に 먼저

13 1 (회사에서)
기무라 : 모리타 씨, 회의실 같이 정리할까?
모리타 : 고마워. 컴퓨터는 나중에 또 쓸 거니까 전원은 (켜 놓은 채로 해 놔).

해설 「～たまま : ~한 채」「～ておく : ~해 두다」이다. 2, 4번「～ては(では)だめだ : ~하면 안 된다」이다.

어휘 会議室(かいぎしつ) 회의실 ｜ 片(かた)づける 정리하다 ｜ 電源(でんげん) 전원

실전시험 92 ｜ 문법 형식 판단 [2]

›본서2 p.318

정답 **1** 1 **2** 2 **3** 4 **4** 2 **5** 2 **6** 1 **7** 2 **8** 1 **9** 3 **10** 3 **11** 4 **12** 3 **13** 3

1 1 남성(에 비해) 여성 쪽이 평균 수명이 길다고 한다.

해설 1번「～にくらべて : ~에 비해」 2번「～について : ~에 관해서」 3번「一方(いっぽう)で : 한편으로」 4번「～のことで : ~에 관한 일로」이다.

어휘 男性(だんせい) 남성 ｜ 女性(じょせい) 여성 ｜ 平均(へいきん) 평균 ｜ 寿命(じゅみょう) 수명

2 2 요즘 너무 바빠서 휴일(까지) 출근하고 있다.

해설 1번「ほど 정도, 일수록」 2번「まで 까지(범위의 확장)」 3번「なんか 등, 따위」 4번「までに 까지(기한)」이다.

어휘 休日(きゅうじつ) 휴일 ｜ 出勤(しゅっきん) 출근

3 4 아기는 (당장이라도) 울기 시작할 것 같은 얼굴을 하고 있다.

해설 괄호 뒤의「동사 ます형 + そうだ : ~일 것 같다, ~할 것 같다」와 호응을 이루는 부사는 4번「いまにも(지금이라도, 당장이라도)」이다.

어휘 泣(な)き出(だ)す 울기 시작하다 ｜ たぶん 아마 ｜ だんだん 점점, 점차 ｜ きっと 꼭, 분명히

4 2 아이가 노트북을 갖고 싶어 해서 (사) 주었다.

해설 내가 아이에게 사 준 것이므로 능동형의 동사 て형을 쓰면 된다. 또한「～てあげる」 앞에는 수동, 사역수동, 가능형은 절대 쓸 수 없으므로 1, 3, 4번은 오답이다.

어휘 ノートパソコン 노트북 ｜ ほしがる 갖고 싶어 하다

5 2 (회의에서)
오늘 회의는 얼마 전에 사장님이 (말씀하신) 건에 대해서 이야기하고 싶다고 생각합니다.

해설 경어 문제이다. '말하다'의 행위자는 '사장님'이므로 言

(い)う의 존경어인 「おっしゃる(말씀하시다)」를 써야 한다. 1번은 言う의 겸양어, 3번은 聞(き)く·質問(しつもん)する·訪問(ほうもん)する의 겸양어이다.

어휘 先日(せんじつ) 얼마 전 | 件(けん) 건

6 1 엄마 : 벌써 8시야. 빨리 안 하면 또 지각(해 버린다).
딸 : 알겠어.

해설 축약형을 찾는 문제이다. 의미상 '~해 버리다'가 와야 하므로 「～てしまう」의 축약형인 「～ちゃう」를 써야 한다. 2번 「～なきゃ」는 「～なければ : ~하지 않으면」의 축약형, 3번 「～とく」는 「～ておく : ~해 두다」의 축약형, 4번 「～てる」는 「～ている : ~하고 있다」의 축약형이다.

어휘 遅刻(ちこく) 지각

7 2 리포트는 반드시 마감일(까지) 끝내 주세요.

해설 「まで」는 '~까지 행위가 계속 진행됨'을, 「までに」는 '~까지 동작이 끝남(기한·마감)'을 나타낸다.

어휘 必(かなら)ず 반드시, 꼭 | 締(し)め切(き)り 마감일

8 1 A : 얼마 전에 같이 갔던 스시집 기억나?
B : 퇴근길에 갔던 (거기) 말이죠? 기억해요.

해설 지시사의 문맥지시일 경우 「そ」는 한쪽만이 알고 있는 정보에 대해, 「あ」는 둘 다 알고 있는 정보에 대해 쓰인다. 이 문장에서는 같이 갔던 스시집을 둘 다 알고 있기 때문에 「あ」를 써야 하며, 장소를 가리키므로 「あそこ」를 써야 한다.

어휘 寿司屋(すしや) 스시집 | 覚(おぼ)える 기억하다 | 仕事帰(しごとがえ)り 퇴근길

9 3 (메일에서)
하야시 선생님, 졸업 축하선물로 주신 펜, 소중히 (쓰겠습니다).

해설 「동사 사역형 + ていただく : (제가) ~하다」이다.

어휘 卒業祝(そつぎょういわ)い 졸업 축하선물

10 3 아무리 피곤해도 (지나치게 자는 것은 좋지 않습니다).

해설 「동사 ます형 + すぎる : 너무 ~하다」이다. 「いくら疲れていても」와 연결되는 것은 '~하는 것은 좋지 않다'이므로 정답은 3번이다.

어휘 いくら～ても 아무리 ~해도

11 4 새로운 시스템 개발에 비용이 어느 정도 (드는지에 대해서) 설명해 주세요.

해설 1, 2번 「～につれて : ~(함)에 따라서」 3, 4번 「～について : ~에 대해서」이고, 괄호 앞에 의문사 「どのぐらい」가 있으므로 불확실의 조사 「か」와 연결되어야 한다.

어휘 システム 시스템 | 開発(かいはつ) 개발 | 費用(ひよう) 비용 | かかる (시간·비용 등이) 걸리다, 들다 | 説明(せつめい) 설명

12 3 선생님, 리포트에 (관한 일로) 상담하고 싶은 것이 있는데요, 지금 괜찮으세요?

해설 「명사 + のこと : ~에 관한 일, ~에 관한 사항」이다.

어휘 相談(そうだん) 상담

13 3 A : 역 앞의 도로, 어떻게 되고 있어?
B : 어제부터 공사가 (한창 행해지고 있는 중입니다).

해설 工事가 주어이므로 行う의 수동형인 「行われる」가 쓰여야 하며, 「～ている + ところだ : 한창 ~하는 중이다」 「동사 た형 + たところだ : 막 ~했다」이므로 의미상 3번이 정답이다.

어휘 道路(どうろ) 도로 | 工事(こうじ) 공사 | 行(おこな)う 행하다, 실시하다

실전시험 93 | 문법 형식 판단 [3]

본서2 p.320

정답 **1** 1 **2** 1 **3** 4 **4** 4 **5** 3 **6** 3 **7** 4 **8** 1 **9** 2 **10** 1 **11** 1 **12** 3 **13** 4

1 1 A : (가족이란) 책, 읽은 적 있어?
B : 응, 얼마 전에 읽었어.

해설 1번 「～って」는 명사 뒤에 붙어서 「～という : ~라는」의 회화체로 쓰인다. 2번 「～なんか」는 「～など」의 회화체로 '~등, ~같은 것'을 나타낸다.

어휘 読(よ)む 읽다

2 1 A : 슬슬 집에 갈게.
B : 벌써 가는 거야? (모처럼) 왔으니까 좀 더 느긋하게 있다가 가면 좋을 텐데.

해설 「せっかく～のだから : 모처럼 ~이니까」 「せっかく～のに : 모처럼 ~인데」로 알아 두자.

어휘 そろそろ 슬슬 | もっと 좀 더 | ゆっくり 천천히, 느긋하게 | もっとも 가장, 제일 | まったく～ない 전혀 ~이지 않다 | いまにも 지금이라도, 당장이라도

3 4 5년 전부터 무역회사에서 통역(으로서) 일하고 있습니다.

해설 선택지의 의미는 다음과 같다.
1번 「～により·～によって : ~에 의해서, ~에 따라서」 2번 「～に対(たい)して : ~에 대해서, ~을 상대로」 3번 「～と比(くら)べて·～と比(くら)べ : ~와 비교해서, ~에 비해서」 4번 「～として : ~로서(신분·자격·입장·명목)」

어휘 貿易(ぼうえき) 무역 | 通訳(つうやく) 통역 | 働(はたら)く 일하다

4 4 과장 : 모리타 씨, 이 보고서, 실수가 많이 있잖아.
모리타 : 아, 죄송합니다. 바로 (다시 쓰겠습니다).

해설 1번 「동사 사전형 + ところだ : 막 ~하려던 참이다」 2번 「동사 ます형 + 出(だ)す : ~하기 시작하다」 3번 「보

통형 + そうだ : ~라고 한다(전문)」 4번「동사 ます형 + 直(なお)す : 다시 ~하다」

어휘 報告書(ほうこくしょ) 보고서 | 間違(まちが)い 실수, 잘못 | すぐに 바로, 즉시

5 3 중학생 때, 10킬로나 살쪄 버려서 매일 밤 엄마가 (시켜서 어쩔 수 없이) 1시간이나 (걸었던) 적이 있습니다.

해설 歩く의 행위자는 말하는 사람(1인칭)이지만 「母に(시킨 사람)」가 있으므로 사역수동형인 「歩かされる」가 와야 한다. 1번은 歩く의 수동형, 2번은 歩く의 사역형이다.

어휘 太(ふと)る 살찌다 | 毎晩(まいばん) 매일 밤

6 3 사건의 원인이 명백해(졌다고 해도) 아무것도 바뀌지 않을 것이다.

해설 「~としても : ~라 해도, ~라 할지라도」는 역접 조건이다. 1, 2, 4번은 '~라면'의 순접 조건이다.

어휘 事件(じけん) 사건 | 原因(げんいん) 원인 | 明(あき)らかだ 명백하다

7 4 A : 이 자동차는 어디에서 생산되었습니까?
B : 독일(입니다).

해설 「ございます」는 あります의 정중어이고, 「でございます」는 です의 정중어이다. 「ドイツです」의 정중어가 되어야 하므로 정답은 4번이다.

어휘 自動車(じどうしゃ) 자동차 | 生産(せいさん) 생산

8 1 한 번 만난 것만으로는 어떤 사람인지 모른다.

해설 「동사 + だけでは」는 '~한 것만으로는'이다.

어휘 一度(いちど) 한 번

9 2 A : 여보세요. 야마다 산업의 모리타라고 합니다만, 스즈키 부장님은 계십니까?
B : 스즈키는 지금 부재중입니다. 돌아오면 전화 (드릴까요)?
A : 네, 부탁드립니다.

해설 B쪽에서 A에게 전화를 '드리다'가 되어야 하므로 あげる의 겸양어인 「さしあげる」를 써야 한다. 4번의 「おかけになる : 앉으시다)」는 座る(앉다)의 존경어이다.

어휘 産業(さんぎょう) 산업 | ~と申(もう)す 라고 말하다(~と言う의 겸양어) | いらっしゃる 가시다, 오시다, 계시다(行く·来る·いる의 존경어) | ただいま 지금(いま의 정중어) | 留守(るす) 부재중

10 1 시마다 씨의 집에 (놀러 갔더니) 마침 모리 씨가 와 있었다.

해설 「동사 ます형 + に行く : ~하러 가다」 「동사 て형 + て行く : ~하고 가다」 「동사 ます형 + に来る : ~하러 오다」 「동사 て형 + てくる : ~하고 오다」를 구별하는 문제이다. 또한 조건법 「たら」에는 '~했더니, ~하자'의 용법이 있는 것도 알아 두자.

어휘 ちょうど 마침, 정확히

11 1 늘 엄마에게 '방 좀 (정리해)'라고 듣지만 좀처럼 안 된다.

해설 동사의 명령형을 찾는 문제이다. 1그룹 동사는 「어미 う단을 え단」으로, 2그룹 동사는 「る를 ろ」로, 3그룹 동사 「来る의 명령형은 来(こ)い」, 「する의 명령형은 しろ」이다. 2번의 「동사 사전형 + な」는 동사의 금지형으로 '~하지 마'로 해석된다.

어휘 片(かた)づける 정리하다, 치우다

12 3 5년간의 유학 생활에서 새로운 자신을 (찾을 수 있었다).

해설 괄호 앞에 조사 を가 있으므로 1, 2번의 자동사 見つかる(발견되다, 찾게 되다)는 올 수 없다. 1번 「~のだ : ~인 것이다」 2번 「~に違(ちが)いない : ~임에 틀림없다」 3번 「동사 사전형 + ことができる : ~할 수 있다(가능)」 4번 「~ておく : ~해 두다」이다.

어휘 留学生活(りゅうがくせいかつ) 유학 생활 | 見(み)つける 찾다, 발견하다

13 4 스즈키 : 다나카 씨, 매일 영어 뉴스를 보고 있나요?
다나카 : 네, 빨리 영어로 (말할 수 있게) 되고 싶어서요.

해설 목적의 「ために」 앞에 동사 가능형은 올 수 없다. 따라서 4번 「가능형 + ようになる : ~할 수 있게 되다」가 정답이다.

어휘 英語(えいご) 영어

실전시험 94 | 문법 형식 판단 [4]

➤본서2 p.322

정답 **1** 4 **2** 2 **3** 4 **4** 3 **5** 4 **6** 1 **7** 3
8 2 **9** 4 **10** 1 **11** 1 **12** 1 **13** 3

1 4 오늘은 무덥고 기온도 높으니까 (가능한 한) 밖으로 나가지 않는 편이 좋아요.

해설 1번 「せっかく : 모처럼」 2번 「やっと : 겨우, 간신히」 3번 「決(けっ)して~ない : 결코 ~가 아니다」 4번 「なるべく : 될 수 있는 한, 가능한 한」이다.

어휘 蒸(む)し暑(あつ)い 무덥다 | 気温(きおん) 기온

2 2 이 책은 일본어를 모르는 유학생(에게는) 어렵다고 생각합니다.

해설 1번 「~へ : ~로(방향)/~에게(대상)」 2번 「~には : ~에게는」 3번 「~か : ~인지」 4번 「~より : ~보다」이다.

어휘 留学生(りゅうがくせい) 유학생

3 4 오늘은 '나(에게 있어서) 가장 소중한 것은 무엇인가'에 관해서 이야기해 봅시다.

해설 1번 「~として : ~로서」 2번 「~とでも : ~와 라도 / ~라고도」 3번 「~によって : ~에 의해서, ~에 따라서」 4

번「〜にとって : ~에게 있어서」이다.

어휘 大切(たいせつ)だ 소중하다

4 3 버스는 1시간 (마다) 와서 조금 불편합니다.

해설 1번「〜ぶりに : ~만에」 2번「〜ずつ : ~씩」 3번「〜ごとに : ~마다」 4번「〜ごろに : ~경에」이다.

어휘 不便(ふべん)だ 불편하다

5 4 상품의 감상을 질문받았지만, 실제로 (사용해 보고 나서가 아니면) 뭐라고 말할 수 없다.

해설 1번「〜たあとで : ~한 후에」 2번「〜てから : ~하고 나서」 3번「〜以上(いじょう) : ~한 이상」 4번「〜てからでなければ : ~하고 나서가 아니면」이다.

어휘 商品(しょうひん) 상품 | 感想(かんそう) 감상 | 実際(じっさい)に 실제로

6 1 선생님 연구실 문에는 '노크하고 나서 (들어오세요).'라는 종이가 붙어 있다.

해설 「동사 ます형 + なさい : ~하세요, ~하시오」는 가벼운 명령의 표현이다.

어휘 研究室(けんきゅうしつ) 연구실 | ノック 노크 | 貼(は)る 붙이다

7 3 야마다　: 모리야마 씨, 무슨 고민거리라도 있어요?
모리야마 : 아이가 학교에 가고 싶어 하지 않아요.
야마다　: 그럼 전문가에게 (상담해 보면 어때요)?

해설 1번「〜つもりですか : ~할 생각입니까?」 2번「〜てもいいですか : ~해도 좋습니까?」 3번「〜たらどうですか : ~하는 게 어때요?」 4번「〜かもしれません : ~일지도 모릅니다」이다.

어휘 悩(なや)み事(ごと) 고민거리 | 専門家(せんもんか) 전문가

8 2 저는 독서를 너무 좋아해서 가끔 식사 시간조차 (잊어버릴 때도 있습니다).

해설 1번「동사 た형 + たばかりだ : ~한 지 얼마 안 되었다」「동사 사전형 + こともある : (가끔) ~할 때도 있다」 3번「동사 사전형 + ことにする : ~하기로 하다」 4번「동사 て형 + てはいけない : ~해서는 안 된다」이다.

어휘 読書(どくしょ) 독서 | ときどき 때때로, 가끔 | 〜さえ ~조차

9 4 A : 설명은 이상입니다. 질문이 있는 분은 해 주세요.
B : 저, 한 가지 질문(하게 해 주세요).

해설 B가 질문을 하고자 하는 행위자이므로「〜(さ)せてください : 하게 해 주세요」가 정답이다. 2번과 같이「수동형 + てもらう」는 비문법적인 표현이므로 오답유형으로 알아 두자.

어휘 説明(せつめい) 설명 | 以上(いじょう) 이상 | 質問(しつもん) 질문 | 方(かた) 분

10 1 바다에서 헤엄칠 수 (있게 될 때까지) 매일 2시간씩 연습을 하고 있습니다.

해설 괄호 앞의「泳げる」는「泳ぐ」의 가능동사이다. 따라서 3, 4번의「동사 사전형 + ことができる」는 쓸 수 없고, 문맥상 '헤엄칠 수 있게 될 때까지'이므로「まで」를 써야 한다.

어휘 泳(およ)ぐ 수영하다, 헤엄치다

11 1 학생 : 선생님, 논문에 관한 일로 연구실로 (찾아 뵙고 싶습니다)만, 괜찮으실까요?
선생님 : 네, 3시경에 오세요.

해설 존경어·겸양어 문제이다. 괄호 안에 들어가는 동사의 행위자는 학생이므로 겸양어를 써야 한다. 1번「伺(うかが)う : 듣다, 여쭙다, 찾아뵙다(聞く·質問する·訪ねる의 겸양어)」 2번「拝見(はいけん)する : 보다(見る의 겸양어)」 3번「お見(み)えになる 오시다(来る의 존경어)」 4번「お聞(き)きしたい : 듣다(겸양어)」이다. 따라서 정답은 1번이다.

어휘 論文(ろんぶん) 논문

12 1 아침에 일어났더니 먼 산으로부터 새가 울고 있는 (것이 들려왔다).

해설 지각동사 앞에 오는 '것'은「の」를 쓴다. 또한 새소리가 멀리서부터 들려 '온' 것이므로「〜てくる」를 써야 한다.

어휘 目(め)が覚(さ)める 눈이 떠지다, (잠에서) 깨다 | 鳥(とり) 새 | 鳴(な)く 울다 | 聞(き)こえる 들리다

13 3 여동생 : 잠깐 편의점 갈 건데 필요한 거 있어?
언니　: 그럼 우유를 사 와 주지 않을래?
여동생 : 알겠어.

해설 부탁표현을 찾는 문제이다. 1, 2번의「〜てもらわない」는 부탁표현으로 쓰이지 않으며, 올바른 표현은「〜てもらえない : ~해 줄 수 없니?」이다.「〜てくれない : ~해 주지 않을래?」를 써야 한다. 또한 사 오는 것이기 때문에「〜てくる」를 쓴 3번이 정답이다.

어휘 コンビニ 편의점 | 牛乳(ぎゅうにゅう) 우유

실전시험 95 | 문법 형식 판단 [5]

▶본서2 p.324

정답 **1** 3 **2** 2 **3** 1 **4** 1 **5** 3 **6** 2 **7** 3 **8** 1 **9** 2 **10** 4 **11** 1 **12** 3 **13** 3

1 3 도서관 내(에서의) 음식은 삼가 주세요.

해설 행위가 이루어지는 장소조사 で(에서)를 써야 한다

어휘 飲食(いんしょく) 음식, 먹고 마시는 것 | 遠慮(えんりょ)する 사양하다, 삼가다

2 2 (꽃집에서)
A : 이 꽃 봐봐.
B : 와 (어쩜 이렇게) 아름다운 꽃일까.

해설 2번의 「なんて」는 「なんという」와 같은 의미로서 놀라거나 감탄할 때 쓰는 표현이고 '어쩜 이렇게'라고 해석한다. 1번 「〜なんか : ~등, ~같은 것」 3번 「なんで : 왜, 어째서」 4번 「なんとなく : 왠지 모르게, 어쩐지」이다.

어휘 美(うつく)しい 아름답다

3 1 아이를 해외로 (유학 보내려고 하는) 어머니가 늘고 있다.

해설 엄마가 아이를 '유학시키다'가 되어야 하므로 사역형을 써야 한다. 또한 「동사 의지형 + とする : ~하려고 하다」와 「보통형 + とする ~라고 여기다, ~라고 간주하다, ~라고 가정하다」를 구별해 두자.

어휘 海外(かいがい) 해외 | 母親(ははおや) 모친, 어머니 | 増(ふ)える 늘다

4 1 이 드라마는 감동(뿐만 아니라) 희망도 주었다.

해설 「〜だけでなく : ~뿐만 아니라」

어휘 感動(かんどう) 감동 | 希望(きぼう) 희망 | 与(あた)える 주다, 부여하다

5 3 성적이나 어학 능력이 높은 사람이 반드시 좋은 회사에 (들어간다고는 말할 수 없다).

해설 「必(かなら)ずしも〜とは言(い)えない : 반드시 ~라고는 말할 수 없다」를 기억하자. 1번 「〜はずがない : ~일리가 없다」 2번 「〜かもしれない : ~일지도 모른다」 4번 「〜つもりはない : ~할 생각은 없다」

어휘 成績(せいせき) 성적 | 語学(ごがく) 어학 | 能力(のうりょく) 능력

6 2 맥주를 빨리 차게 하(기 위해서) 냉동고에 넣어 두었습니다.

해설 목적의 「〜ために : ~하기 위해서」를 고르는 문제이다.

어휘 冷(ひ)やす 식히다, 차갑게 하다 | 冷凍庫(れいとうこ) 냉동고

7 3 사토 선생님을 (뵐 때마다) 정말로 멋진 분이라고 생각합니다.

해설 존경어·겸양어 문제이다. 1번 「拝見(はいけん)する : 보다(見る의 겸양어)」 2번 「お会(あ)いになる : 만나시다(존경)」 3번 「お目(め)にかかる : 뵙다(会う의 겸양어)」 4번 「お会(あ)いする : 만나다(겸양)」이다.
괄호 안에는 말하는 사람(1인칭)이 선생님을 '만나다'이므로 会う의 겸양어를 써야 한다. 여기에 '~할 때마다'의 「たびに」를 연결한 3번이 정답이다.

어휘 素敵(すてき)だ 멋지다

8 1 (메모에서)

제가 없을 때, 부탁하고 싶은 일이 있으면 나카무라 씨(나 누군가)에게 말해 주세요.

해설 나카무라 씨나 다른 누군가에 부탁하라는 의미이므로 정답은 1번이다. 「〜か + 의문사 + か」는 '~등(예시)'의 의미이다.

어휘 頼(たの)む 부탁하다

9 2 (레스토랑에서)

A : 6시에 예약한 스즈키입니다만, 인원수가 늘어서 넓은 방으로 (바꿔 주셨으면 좋겠습니다만).

B : 네, 알겠습니다.

해설 부탁표현을 찾는 문제이므로 2번 「〜てほしい : ~해 주기를 바란다」를 써야 한다. 3번은 「〜ていただけますか」가 올바른 표현이다.

어휘 人数(にんずう) 인원수 | 替(か)える 바꾸다, 교체하다

10 4 이 할인권은 기한이 (끝나기 전에) 사용해 주세요.

해설 「동사 ない형 + ないうちに : ~하기 전에」이다.

어휘 割引券(わりびきけん) 할인권 | 期限(きげん)が切(き)れる 기한이 끝나다

11 1 거짓말이 반복됨에 따라 진실을 (말하기 어려워져) 버렸다.

해설 「〜くなる·〜になる : ~해 지다, ~이/가 되다」 「〜くする·〜にする : ~하게 하다, ~로 하다」를 구별하고, 「동사 ます형 + にくい : ~하기 어렵다, ~하기 불편하다」 「동사 ます형 + そうだ : ~할 것 같다, ~일 것 같다」를 구별해서 풀어야 한다. '말하기 어려워지다'가 되어야 하므로 言いにくい와 くなる가 접속한 1번이 정답이다.

어휘 重(かさ)なる 포개어지다, 거듭되다, 반복되다 | 〜につれて ~함에 따라

12 3 A : 책 감상문, 벌써 썼어?

B : 아니, 아직 (다 못 썼어).

해설 아직 쓰지 않은 '상태'이므로 상태를 나타내는 3번이 정답이다. まだ가 있으므로 4번은 쓸 수 없다.

어휘 感想文(かんそうぶん) 감상문

13 3 지진이나 화재 때는 엘리베이터를 사용하지 (않도록 하세요).

해설 1번 「동사 사전형 + ことにする : ~하기로 하다(말하는 사람의 결정)」 「동사 ない형 + ないことにする : ~하지 않기로 하다」
2번 「동사 사전형 + ことになる : ~하게 되다(제3자의 결정)」 「동사 ない형 + ないことになる : ~하지 않게 되다」
3번 「동사 사전형 + ようにする : ~하도록 하다(목적을 위해 노력)」 「동사 ない형 + ないようにする : ~하지 않도록 하다」
4번 「동사 사전형 + ようになる : ~하게 되다(상태의 변화)」 「동사 가능형 + ようになる : ~할 수 있게 되다」

어휘 地震(じしん) 지진 | 火災(かさい) 화재

실전시험 96 | 문법 형식 판단 [6]

▸본서2 p.326

정답 1 3 2 3 3 4 4 2 5 4 6 2 7 2
8 2 9 1 10 2 11 3 12 1 13 3

1 3 회사에서 스즈키 씨(만큼) 일을 잘하는 사람은 없다고 생각합니다.

해설 「~ほど…ない : ~만큼…이지 않다」

어휘 だけ 만, 뿐 | ように ~하도록 | さえ 조차

2 3 (일기 예보에서)
아침은 기온이 낮아서 춥겠습니다만, 오후부터 (점차) 기온이 오르겠지요.

해설 3번「次第(しだい)に : 점차, 서서히」

어휘 たしかに 분명히 | もちろん 물론 | ついに 마침내, 드디어

3 4 지구 온난화가 진행됨(에 따라) 계절의 변화에도 문제가 생기기 시작했다.

해설 1번「~として : ~로서」 2번「~にして(명사 + にする) : ~로 정해서, ~로 정하고」 3번「~において : ~에 있어서, ~에서」 4번「~にしたがって : ~(함)에 따라」

어휘 地球(ちきゅう) 지구 | 温暖化(おんだんか) 온난화 | 進(すす)む 나아가다 | 季節(きせつ) 계절 | 変化(へんか) 변화

4 2 이 병은 열(만) 내려가면 괜찮으니까 안심하세요.

해설 「~さえ…ば : ~만…하다면」

어휘 病気(びょうき) 병 | 熱(ねつ) 열 | 下(さ)がる 내려가다 | 安心(あんしん) 안심

5 4 스즈키 : 다나카 씨, 피곤해 보이네요.
다나카 : 어젯밤, 아기가 (울기도 하고), 개가 (깨우거나) 해서 잘 수가 없었거든요.

해설 선택지의 동사들은 기본형과 수동형, 사역형, 사역수동형으로 제시되어 있다. 「아기가 泣く(울다)」「고양이가 起こす(깨우다)」에서 이 행위를 받은 사람은 다나카(田中)이므로, 수동형으로 연결된 4번이 정답이다.

어휘 昨夜(さくや) 어젯밤 | 赤(あか)ちゃん 아기 | 起(お)こす 깨우다

6 2 대설로 전철이 멈춰버려서 오늘 중으로 (돌아갈 수 있을) 것 같지 않다.

해설 「동사 ます형 + そうにない : ~일 것 같지 않다」는 양태를 나타내는「동사 ます형 + そうだ : ~일 것 같다」의 부정형이다. 접속 방법을 묻는 문제이므로 帰る의 ます형을 써야 하고, 의미상 가능형이 와야 하므로 정답은 2번이다.

어휘 大雪(おおゆき) 대설, 많은 눈 | 止(と)まる 서다, 멈추다

7 2 A : 니시카와 씨(는) 항상 싱글벙글하고 있네요.
B : 그러게요. 그래서 모두에게 인기가 있는 건가.

해설 「명사 + って」는「~というのは : ~라고 하는 것은」과「~は : 은/는」의 회화체이다.

어휘 にこにこ 싱글벙글 | 好(す)かれる 인기가 있다, 사랑받다

8 2 A : 어제 선물 받았을 때의 모리 씨의 얼굴 봤어?
B : 봤어. 봤어. (그렇게) 기뻐해 줄 거라고는 생각 안 했어.

해설 문맥지시에서의 あ와 そ에 관한 문제이다. A, B 모두 모리 씨가 선물을 받았을 때의 표정을 보고서 하는 대화이므로 둘 다 알고 있는 정보를 나타내는「あ」를 써야 한다. 喜んでくれる에 연결되는 부사형「あんなに」가 정답이다.

어휘 喜(よろこ)ぶ 기뻐하다

9 1 부하 : 부장님, 모리나가 산업의 시미즈 씨를 (알고 계세요)?
상사 : 응, 한 번 만난 적 있어.

해설 존경어·겸양어 문제이다. 괄호 안에 들어가는 서술어의 행위자는 상사이므로 존경어를 써야 하고, 의미상「知っている」를 써야 하므로 존경어인「ご存(ぞん)じだ : 알고 계시다」가 정답이다. 2번「なさる : 하시다(する의 존경어)」 3번「伺(うかが)う : 듣다, 여쭙다, 찾아뵙다(聞く·質問する·訪ねる의 겸양어)」 4번「申(もう)す : 말하다(言う의 겸양어)」

어휘 産業(さんぎょう) 산업

10 2 자신이 부모가 되고 나서 아이를 (위해서라면) 무엇이든 한다라는 부모의 마음을 알게 되었다.

해설 「명사 + のためなら : ~를 위해서라면」

어휘 親(おや) 부모, 부모님 | 親心(おやごころ) 부모의 마음

11 3 A : 다음 달부터 빌딩 안은 전면 금연이 된대.
B : 어? 실내에서는 담배를 (피우면 안 되게 된다)는 거야?

해설 A가 말한 '전면 금연'을 다른 말로 바꿔서 표현한 것을 찾으면 된다. 3번「~ちゃいけない」는「~てはならない : ~해서는 안 된다」의 축약형이므로 정답임을 알 수 있다. 1번「동사 ます형 + たがらない : ~하고 싶어 하지 않다」 2번「동사 ない형 + ないつもりだ : ~하지 않을 생각이다」 4번「동사 ない형 + なきゃならない : ~하지 않으면 안 된다(~なければならない의 축약형)」이다.

어휘 全面(ぜんめん) 전면 | 禁煙(きんえん) 금연 | 室内(しつない) 실내 | 吸(す)う 피우다

12 1 A : 야마다 씨에게 들었는데 금요일 수업 휴강(될 것 같아).
B : 정말? 그렇게 되면 좋겠다.

해설 야마다 씨에게 들은 걸 토대로 전달하고 있으므로 전문에 의한 추측인 1번「～らしい : 인 것 같다」가 정답이다. 2번「～はずだ : ~임에 틀림없다」 3번「～てもいい : ~해도 좋다」 4번「～たほうがよさそうだ : ~하는 편이 좋은 것 같다」이다.

어휘 休講(きゅうこう) 휴강

13 3 그녀는 언제 가수(가 되어도 이상하지 않다). 어렸을 때부터 음악에 재능이 있었기 때문이다.

해설 3번「～てもおかしくない : ~해도 이상하지 않다(당연하다)」이므로 정답이다. 1번「～はずだ : ~임에 틀림이 없다」 2번「～といい : ~하면 좋겠다」 4번「～てもしかたがない : ~해도 방법이 없다(소용없다)」

어휘 歌手(かしゅ) 가수 | 才能(さいのう) 재능

실전시험 97 | 문법 형식 판단 [7]

▶본서2 p.328

정답 1 2 2 4 3 3 4 4 5 2 6 1 7 1 8 3 9 2 10 3 11 3 12 4 13 1

1 2 새로 생긴 열차는 도쿄에서 오사카까지 1시간 (만에) 갈 수 있다고 한다.

해설 で에는 여러 가지 의미가 있으나 여기에서는 기한, 한도의 '~만에'로 쓰였다.

어휘 できる 생기다 | 列車(れっしゃ) 열차

2 4 그녀는 아무리 힘든 일이 있어도, (조금도) 싫은 얼굴은 보이지 않았다.

해설「少(すこ)しも～ない : 조금도 ~이지 않다」

어휘 どんなに～ても 아무리 ~해도 | つらい 괴롭다 | いやだ 싫다 | ようやく 드디어, 마침내 | あまりにも 너무나 | どうか 아무쪼록, 부디

3 3 가이드북에 그려져 있는 지도 (대로) 왔지만, 길을 헤매 버렸습니다.

해설「～とおりに : ~대로」

어휘 ガイドブック 가이드북 | 地図(ちず) 지도 | 道(みち)に迷(まよ)う 길을 헤매다

4 4 슈퍼나 편의점 등에서는 유통기한이 지난 상품은 (버리)기로 되어 있다.

해설「동사 사전형 + ことになっている : ~하기로 되어 있다」로 룰, 규칙, 약속으로 정해진 사항을 나타낸다.

어휘 賞味期限(しょうみきげん)が切(き)れる 유통기한이 지나다 | 商品(しょうひん) 상품 | 捨(す)てる 버리다

5 2 A : 모리 씨의 결혼 축하선물, 뭐로 할까요?
B : 모리 씨 와인 자주 마시니까 와인 세트 (같은 거) 어때?

해설 예시를 나타내는 조사「～など : ~등, ~같은 것」의 회화체는「～なんか」이다.

어휘 お祝(いわ)い 축하선물

6 1 다나카 : 기무라 씨, 내일이 되어도 몸 상태가 좋지 않(으면) 병원에 가세요.

해설 1번「～ようだったら」는 ようだ의 조건표현이다. '~인 것 같으면, ~할 것 같으면'으로 해석된다.

어휘 体調(たいちょう) 몸 상태

7 1 선생님 : 김 씨, 유학 가면 한국인과만 놀지 말고, 여러 나라 사람들과 교류하는 편이 좋아요.
김 : 네, 알겠습니다.

해설 복합조사를 묻는 문제로「～と : ~와, 과」와「～ばかり : ~만, 뿐」이 연결된 1번이 정답이다.

어휘 いろいろ 여러 가지 | 交流(こうりゅう) 교류

8 3 과자 봉지에는 '위험하니까 노인이나 아이에게는 (먹이지 마세요)'라고 쓰여 있습니다.

해설「子どもには」에 조사「に」가 있으므로 '~에게는…하게 하지 마세요'가 되어 3번이 정답이다.

어휘 お菓子(かし) 과자 | 袋(ふくろ) 봉투 | お年寄(としよ)り 노인, 어르신

9 2 내가 성공한 것은 어릴 때부터 아버지에게 '실패해도 포기하지 말아라.'라고 들은 덕분이라고 생각합니다.

해설 동사의 금지형은「동사 사전형 + な : ~하지 마」이다.

어휘 成功(せいこう) 성공 | 失敗(しっぱい) 실패 | あきらめる 포기하다 | おかげだ 덕분이다

10 3 A : 이 근처에 은행이 있습니까?
B : 네, 이 빌딩 맞은편에 (있습니다).

해설 あります의 정중어인「ございます : 있습니다」가 정답이다. 1번「なさる : 하시다(する의 존경어)」 4번「おる : 있다(いる의 겸양어)」이다.

어휘 向(む)かい 맞은편, 건너편

11 3 단풍이 전부 (끝나 버리기 전에) 보러 가고 싶습니다.

해설「～てしまう : ~해 버리다」에「～ないうちに : ~하기 전에」가 접속한「～てしまわないうちに : ~해 버리기 전에」가 정답이다.

어휘 紅葉(こうよう) 단풍 | 落(お)ちる 떨어지다

12 4 엔진에서 뭔가 이상한 소리(가 나기 시작)해서 당황해서 차를 세웠다.

해설「～がする ; ~가 나다, ~가 들다」이며「音(おと)がする(소리가 나다), 声(こえ)がする(목소리가 나다), 匂(にお)いがする(냄새가 나다), 感(かん)じがする(느낌이 들다)」 등이 대표적이다.「～てくる」는 '~해 오다, ~하기 시작하다'이다.

어휘 エンジン 엔진 | 変(へん)だ 이상하다 | 慌(あわ)てる 허둥대다, 당황하다

13 1 A : 길이 막힐지도 모르니까 일찍 (출발하는 편이 좋

을지도 몰라).

B : 그래. 일찍 출발하자.

해설 出発するに 접속한 표현을 묻는 문제이다.

1번「〜たほうがいいかもしれない : ~하는 편이 좋을지도 모른다」 2번「〜にちがいない : ~임에 틀림없다」 3번「〜てはいけなさそうだ : ~하면 안 될 것 같다」 4번「〜なくてもよさそうだ : ~하지 않아도 좋을 것 같다」이다.

어휘 早(はや)めに 일찍, 빨리 l 出発(しゅっぱつ) 출발

실전시험 98 l 문법 형식 판단 [8]

▶본서2 p.330

정답 **1** 2 **2** 2 **3** 4 **4** 2 **5** 2 **6** 4 **7** 1 **8** 4 **9** 2 **10** 3 **11** 2 **12** 3 **13** 4

1 2 일하는 중 스마트폰을 (무심코) 만져 버립니다.

해설 「つい〜てしまう : 무심코, 그만 ~해 버리다」로 알아두자.

어휘 スマホ 스마트폰 l 触(さわ)る 만지다 l ようやく 마침내, 드디어 l あまりにも 너무나도 l どうしても 아무리 해도, 어떻게 해서라도

2 2 뉴스나 드라마 등은 외국어를 학습하는 데에 도움이 된다고 생각합니다.

해설 「〜のに」는 '~(하는) 데에'라는 의미로 용도나 목적, 또는 어떠한 일을 하는 데에 소요되는 시간이나 비용의 의미를 나타낸다.

어휘 外国語(がいこくご) 외국어 l 学習(がくしゅう) 학습 l 役(やく)に立(た)つ 도움이 되다

3 4 아빠는 일(만) 해서 결국 건강을 해쳐 버렸다.

해설 「동사 て형 + てばかりいる : ~하고만 있다」이다.

어휘 働(はたら)く 일하다 l 結局(けっきょく) 결국 l 体(からだ)を壊(こわ)す 건강을 해치다

4 2 게임을 하고 있는 (사이에) 누군가가 왔던 것 같다.

해설 「〜あいだ」는 '~하는 사이에 동작이나 상태가 계속 진행됨'을 나타내고, 「〜あいだに」는 '~하는 사이에 행해지는 행위나 동작'을 나타내는 문장이 온다. 여기에서는 게임을 하고 있는 사이에 누군가가 왔다는 문장이 이어지므로 「〜あいだに」가 정답이다.

어휘 ゲーム 게임

5 2 아내 : 타로, 조용하네. 성실하게 공부하고 있는 걸까?

남편 : 내가 (보고 올게).

해설 말하는 사람인 남편이 '보고 오다'가 되어야 하므로 정답은 「見てくる」이다.

어휘 静(しず)かだ 조용하다 l まじめに 성실하게

6 4 차로 출근하는 것은 (편한 한편), 유지비가 상당히 들어 버린다는 단점도 있다.

해설 4번 「〜一方(いっぽう)で : ~하는 한편」으로 해석되며, 하나의 대상에 서로 다른 측면이 있다는 의미를 나타낸다. 1번「보통형 + としたら : ~라면」 3번「〜からといって : ~라고 해서」이다.

어휘 出勤(しゅっきん) 출근 l 維持費(いじひ) 유지비 l かなり 꽤, 상당히 l 短所(たんしょ) 단점

7 1 이제부터는 더 이상 부모님을 슬프게 하(는 짓은) 하지 않겠습니다.

해설 「〜ようだ」에는 '상황판단에 의한 추측' 이외에 비유, 예시의 의미용법이 있다. 여기에서는 예시의 의미용법으로 사용되었고, 행위, 동작을 의미하는 '것'은 「こと」를 써야 한다.

어휘 両親(りょうしん) 부모님 l 悲(かな)しませる 슬프게 하다

8 4 이 타워는 동네의 (어디부터라도) 보일 정도로 높다.

해설 '어디에서나 보일 정도로 높다'라는 의미이므로 조사 「〜でも」가 있는 4번이 정답이다.

어휘 タワー 타워

9 2 (관광 안내소에서)

관광객 : 여기 자전거는 누구나 사용할 수 있나요?

안내인 : 네, 관광객이라면 어느 분이라도 (사용하실 수 있으십니다).

해설 관광객의 질문에 안내인이 대답하는 지문이다. 使う의 행위자는 관광객이므로 안내인이 말하는 경우에는 존경어를 써야 한다. 使う는 특수한 형태의 존경어가 없으므로 존경 공식 「お + ます형 + になる」에서 가능형으로 한 번 더 활용한 2번이 정답이다.

어휘 観光(かんこう) 관광 l 案内所(あんないじょ) 안내소 l 観光客(かんこうきゃく) 관광객 l どなた 누구, 어느 분(だれ의 정중어)

10 3 (회사에서)

사원 : 부장님, 몸 상태가 좋지 않아서 조퇴해도 괜찮을까요?

부장 : 그래요? 알겠어요.

사원 : 감사합니다. 그럼, 먼저 (돌아가겠습니다).

해설 사원이 부장님께 조퇴 허가를 받고 있는 대화문이다. 「〜(さ)せていただく」는 말하는 사람이 '하다'이며 겸양의 의미로도 사용되는 표현이다.

어휘 体調(たいちょう)が悪(わる)い 몸 상태가 나쁘다 l 早退(そうたい) 조퇴 l お先(さき)に 먼저

11 2 여러 가지 여행 플랜을 (확인한 후에) 결정하고 싶다고 생각합니다.

해설 「동사 た형 + た後(あと)で」는 '~한 후에'이다.

어휘 プラン 플랜 | 確認(かくにん)する 확인하다 | 決(き)める 결정하다

12 **3** (전화에서)

부하 : 네, 야마다입니다.

상사 : 아, 야마다 군? 스즈키 군 지금 사무실에 있나?

부하 : 아, 있습니다. 막 회사로 (복귀했습니다).

해설 「동사 て형 + てくる : ~하고 오다, ~해 오다」와 「동사 て형 + ていく : ~하고 가다, ~해 가다」를 구별하고, 「동사 た형 + たところだ : 막 ~했다」를 접속한 3번이 정답이다.

어휘 事務室(じむしつ) 사무실 | ちょうど 꼭, 딱, 정확히

13 **4** (라디오 방송에서)

보내 주신 사진을 보면, 집 안에 물건이 많네요. 우선은 안이 보이는 상자를 사서 종류별로 (넣어 버립시다).

해설 자동사 「入(はい)る : 들어가다, 들어오다」와 타동사 「入(い)れる : 넣다」 중, '상자에 물건을 넣는다'이므로 入れる를 쓰고, 여기에 「~てしまいましょう」를 연결해서 '넣어 버립시다'가 적절한 표현이 된다.

어휘 番組(ばんぐみ) 방송 프로그램 | 送(おく)る 보내다 | まず 우선 | 見(み)える 보이다 | 箱(はこ) 상자 | 種類別(しゅるいべつ) 종류별

실전시험 99 | 문법 형식 판단 [9]

▶본서2 p.332

정답 **1** 3 **2** 1 **3** 1 **4** 3 **5** 4 **6** 2 **7** 4 **8** 3 **9** 4 **10** 2 **11** 2 **12** 3 **13** 1

1 **3** 5년 만에 개최되는 불꽃놀이 대회라서 많은 사람(이) 보러 오면 좋겠다.

해설 「(사람)に…てほしい : ~가 …해 주면 좋겠다」이다. 「に」 자리에 「が」를 쓰지 않도록 주의하자.

어휘 開催(かいさい) 개최 | 花火大会(はなびたいかい) 불꽃놀이 대회

2 **1** 다카하시 선생님의 강연을 듣고, 인생(에 있어서) 직업이란 무엇인가를 생각해 볼 수 있었습니다.

해설 1번 「~において : ~에서」 2번 「~にくらべて : ~에 비해」 3번 「~にまで : ~에(게)까지」 4번 「~にだけ : ~에(게)만」이다.

어휘 講演(こうえん) 강연 | 人生(じんせい) 인생

3 **1** 10년간의 외국에서의 생활을 끝내고, (드디어) 고국으로 돌아가게 되었습니다.

해설 의미상 1번 「とうとう : 드디어, 마침내」를 써야 한다.

어휘 終(お)える 끝내다 | 絶対(ぜったい)に 절대로 | なかなか 꽤(긍정)/좀처럼(부정) | まったく~ない 전혀 ~지 않다

4 **3** 오늘 혼다 씨는 혼다 씨(답지 않은) 행동을 해서 주위를 놀라게 했다.

해설 「명사 + らしい : ~답다」이며 문장 의미상 부정형인 「명사 + らしくない : ~답지 않다」를 써야 한다.

어휘 行動(こうどう) 행동 | 周(まわ)り 주위, 주변 | 驚(おど)ろかせる 놀라게 하다

5 **4** 그녀에게 (말을 걸려)고 했더니, 밖으로 나가 버렸다.

해설 접속 방법을 묻는 문제이다. 괄호 뒤의 「~としたら」는 「~とする」가 たら형으로 활용한 것이며, 「보통형 + としたら : (만약) ~라면」, 「동사 의지형 + としたら : ~하려고 했더니」이므로 의미상 4번이 정답이다.

어휘 話(はな)しかける 말을 걸다

6 **2** 도시락을 (사는 김에) 디저트도 사서 돌아왔다.

해설 1번 「~うちに : ~하는 동안에, ~하는 사이에」 2번 「~ついでに : ~하는 김에」 3번 「~ところに : ~하는 상황에」 4번 「~まえに : ~하기 전에」이다.

어휘 お弁当(べんとう) 도시락

7 **4** 이 상품은 인기가 많아서 빨리 (사지 않으면) 매진되어 버려.

해설 동사 뒤에 접속한 표현을 묻는 문제이다. 문장의 의미상 '사지 않으면'이 되어야 하므로 4번 「동사 ない형 + ないと : ~하지 않으면」이 정답이다.

어휘 商品(しょうひん) 상품 | 売(う)り切(き)れる 매진되다

8 **3** 나는 정중하게 (부탁할 생각이라도) 아직 익숙하지 않은 일본어 탓에 오해받는 경우도 있다.

해설 「~つもりだ」는 '~할 생각이다, ~할 작정이다'의 의미 이외에도 '(실제로는 그렇지 않지만, 나만이) ~라고 생각하다'의 의미용법도 있다. 이 문장에서는 나는 정중한 것이었는데 상대방은 그렇지 않게 느꼈다는 의미이다.

어휘 丁寧(ていねい)だ 정중하다 | 慣(な)れる 익숙해지다 | せいで ~탓으로 | 誤解(ごかい) 오해

9 **4** A : 이 사전, 잠깐 (빌려줘도) 괜찮으세요?

B : 네, 쓰세요.

해설 부탁표현을 찾는 문제이다. 괄호 뒤에 「よろしいですか」가 있으므로 「~ても」가 접속해야 하고 상대방에게 '빌려 받는' 의미이므로 「~てもらう」를 쓴 4번이 정답이다.

어휘 辞書(じしょ) 사전 | 貸(か)す 빌려주다

10 **2** 스즈키 : 부장님, 신입사원 이력서, 메일로 보냈습니다만, (보셨습니까)?

부장 : 아, 아직인데. 오늘 중으로 체크해 둘게.

해설 부장님이 '보다'이므로 見る의 존경어인 「ご覧(らん)になる」가 정답이다.

어휘 新入社員(しんにゅうしゃいん) 신입사원 | 履歴書(りれきしょ) 이력서 | チェックする 체크하다

11 2 부모님과 살았을 때보다, 혼자 살기를 (하고 나서의 쪽이) 자기 관리를 할 수 있게 되었다.

해설 부모님과 살 때와 혼자 살 때를 비교하는 문장이다. 따라서 둘 중 어느 한쪽을 나타내는 「～のほうが : ~한 편이」와 「～てから : ~하고 나서」가 연결된 2번이 정답이다.

어휘 両親(りょうしん) 부모님 | 自己管理(じこかんり) 자기 관리

12 3 (박물관에서)

A : 저런, 오늘 휴관일이래.

B : 미리 (확인하면 좋았겠네).

해설 알맞은 표현을 찾는 문제이다. 1번 「～たらいい : ~하면 좋겠다(희망·바람)」 2번 「～ておく : ~해 두다」 3번 「～ばよかった : ~하면 좋았다(후회·유감)」 4번 「～てみたい : ~해 보고 싶다」이다.

어휘 博物館(はくぶつかん) 박물관 | 休館日(きゅうかんび) 휴관일 | ～だって ~래 | 前(まえ)もって 미리

13 1 나는 스트레스가 쌓이면 단것을 (멈출 수 없게 된다).

해설 선택지의 의미를 보면 1번 「やめられなくなる : 멈출 수 없게 된다」 2번 「やめられたままだ : 멈춰진 채이다」 3번 「やめましょう : 멈춥시다」 4번 「やめやすい : 멈추기 쉽다」이므로 정답은 1번이다.

어휘 たまる 쌓이다 | やめる 멈추다

실전시험 100 | 문법 형식 판단 [10]

▶본서2 p.334

정답 **1** 3 **2** 3 **3** 1 **4** 3 **5** 1 **6** 4 **7** 4
8 3 **9** 1 **10** 2 **11** 4 **12** 3 **13** 4

1 3 (어떻게 해서라도) 사고 싶은 책이 있는데, 품절로 한 달간 기다리지 않으면 안 된다고 한다.

해설 3번 「どうしても : 어떻게 해서라도 (~하고 싶다)」이다.

어휘 在庫切(ざいこぎ)れ 품절 | 必(かなら)ずしも～ない 반드시 ~인 것은 아니다 | いつでも 언제든지 | たぶん 아마도

2 3 처음 가는 나라는 대도시를 중심(으로) 여행 계획을 세우는 편이 좋습니다.

해설 「～を中心(ちゅうしん)に : ~를 중심으로」이다. 「～を中心で」는 잘못된 표현이므로 주의하자.

어휘 初(はじ)めて 처음 | 大都市(だいとし) 대도시 | 計画(けいかく)を立(た)てる 계획을 세우다

3 1 (지하철의 노선도를 보면서)

여기는 뭐(라고 하는/무슨) 역입니까?

해설 「～っていう」는 「～という : ~라고 하는, ~라는」의 회화체이다.

어휘 路線図(ろせんず) 노선도 | 駅(えき) 역

4 3 선생님께 지도받은 (덕분에) 무사하게 졸업할 수 있었습니다.

해설 알맞은 표현을 찾는 문제이다. 1번 「～せいで : ~탓으로」 2번 「～とすれば : ~라면」 3번 「～おかげで : ~덕분에」 4번 「～くせに : ~인 주제에」이다.

어휘 指導(しどう) 지도 | 無事(ぶじ) 무사히 | 卒業(そつぎょう) 졸업

5 1 이 가게에는 일본인 (이외의) 외국인 관광객도 쇼핑하러 온다.

해설 일본인 '이외에' 외국인 관광객이므로 1번 「～のほかに」가 와야 한다. 2번 「～について : ~에 관해서」 3번 「～の一方(いっぽう)で : ~ 인 한편」 4번 「～にしたがって : ~함에 따라」이다.

어휘 観光客(かんこうきゃく) 관광객

6 4 이 절은 계절마다 예쁜 꽃이 (피기 때문에) 매년 많은 사람들이 방문합니다.

해설 「咲(さ)く : (꽃이) 피다」 「咲(さ)かせる : (꽃을) 피우다」를 구별하고, 4번의 「～ため」는 '이유·원인'의 용법인 '~이기 때문에'이다. 1번 「～かわりに : ~대신에」 3번 「～ついでに : ~하는 김에」이다.

어휘 お寺(てら) 절 | ～ごとに ~마다 | 毎年(まいとし) 매년 | 訪(おとず)れる 방문하다

7 4 숙제를 (분명히) 가방 속에 넣었는데 눈에 띄지 않는다.

해설 「～はずだ」는 '~임에 틀림없다'로 당연히 그렇다고 확신할 때 쓰는 표현이다.

어휘 見(み)つかる 눈에 띄다, 발견되다

8 3 (학교에서)

기무라 : 선생님, 다음 달 국제 심포지엄에서의 통역, 꼭 저에게 (하게 해주시지 않겠습니까?/시켜 주십시오).

선생님 : 잠시 검토해 보겠습니다.

해설 기무라 씨가 선생님께 통역을 '하게 해'달라고 부탁하는 표현이 연결되어야 한다. 따라서 3번 「～(さ)せていただけないでしょうか」가 와야 한다. 4번 「～(さ)せてはいかがでしょうか」는 '~하게 하면(시키면) 어떠시겠습니까'로 제3자에게 시키자는 의미로 전달되는 표현이다.

어휘 国際(こくさい) 국제 | シンポジウム 심포지엄 | 通訳(つうやく) 통역 | ぜひ 꼭, 제발 | 検討(けんとう) 검토

9 1 도서관에서는 이어폰의 소리가 (너무 커지지 않)도록 주의합시다.

해설 '소리가 커지다'이므로 「～くなる」를 써야 하고, 여기에 「동사 ます형 + すぎる : 너무 ~하다」를 연결한 1번이 정답이다.

어휘 イヤホン 이어폰 | 音(おと) 소리 | 注意(ちゅうい) 주의

10 2 미즈키 씨를 동물에 비유한(다면) 원숭이네요.

해설 「～としたら」는 '~라면'의 조건법을 나타낸다.

어휘 動物(どうぶつ) 동물 | ～にたとえる ~에 비유하다 | さる 원숭이

11 4 담당자 : 이쪽에 놓아둔 팸플릿은 자유롭게 (가져가세요).

해설 「お + ます형 + ください」는 존경의 의뢰표현이다. 상대방에게 가져가라고 하는 의미이므로 존경 표현인 4번이 정답이다.

어휘 置(お)く 놓다, 두다 | パンフレット 팸플릿 | 自由(じゆう)に 자유롭게

12 3 이 게임 어릴 때 (해 본 적이 있다).

해설 「～てみる : ~해 보다」와 「～ておく : ~해두다」를 구별하고, 「～たところだ : 막 ~했다」와 「～たことがある : ~한 적이 있다」를 구별하는 문제이다. 문장을 해석해 보면 '어릴 때'가 있으므로 과거의 경험을 써야 하고 '~해 보다'를 접속한 3번이 정답이다.

어휘 やる 하다

13 4 인기 있는 과자가 판매 중지가 된다고 하니, 더 이상 (살 수 없겠지).

해설 1번 「買わなくなる : 사지 않게 된다」 2번 「買いおわるはずだ : 다 살 것임에 틀림없다」 3번 「買わないといけない : 사지 않으면 안 된다」 4번 「買えないだろう : 살 수 없겠지」이므로 정답은 4번이다.

어휘 お菓子(かし) 과자 | 販売(はんばい) 판매 | 中止(ちゅうし) 중지

문제2 문장 완성

실전시험 101 | 문장 완성 [1]

본서2 p.338

정답 1 1 2 4 3 2 4 1 5 2

1 1 지역 초등학생을 중심으로 만들어진 이 봉사활동 단체는 매주 토요일 쓰레기 줍기를 하고 있다.

문장 地域の小学生を中心に作られたこのボランティア団体は、毎週土曜日にゴミ拾いをしている。

해설 올바른 순서는 4-**1**-3-2이다.

～を中心に(~을 중심으로)를 기준으로 문장을 완성하고, この 뒤에는 명사가 와야 한다.

어휘 地域(ちいき) 지역 | 小学生(しょうがくせい) 초등학생 | ボランティア団体(だんたい) 봉사 단체 | ゴミ拾(ひろ)い 쓰레기 줍기

2 4 그녀가 그린 그림은 마치 사진처럼 아름다웠다.

문장 彼女が描いた絵は、まるで写真のように美しかった。

해설 올바른 순서는 2-1-**4**-3이다.

「まるで + [명사]のように(마치[명사]인 듯이)」로 문장을 완성한다.

어휘 絵(え)を描(か)く 그림을 그리다 | まるで 마치 | 美(うつく)しい 아름답다

3 2 그는 아까부터 불안한 듯한 얼굴을 하고 누군가를 기다리고 있다.

문장 彼はさっきから不安そうな顔をして誰かを待っている。

해설 올바른 순서는 1-3-**2**-4이다.

「な형용사 어간 + そうだ(~인 것 같다)」와 顔をしている(얼굴을 하고 있다)를 연결하면 된다.

어휘 さっき 아까 | 不安(ふあん)だ 불안하다

4 1 이 회사의 비정사원은 정사원과 비교해서 5배 이상 많은 150명이다.

문장 この会社の非正社員は正社員と比べて5倍以上多い150人である。

해설 올바른 순서는 2-4-**1**-3이다.

～と比べて(~와 비교해서)의 문형으로 비정사원과 정사원의 사원 수를 비교하는 문장으로 완성하면 된다.

어휘 非正社員(ひせいしゃいん) 비정사원 | 正社員(せいしゃいん) 정사원 | ～倍(ばい) ~배 | 以上(いじょう) 이상

5 2 이제 와서 생각하지만, 학생 때 여러 가지 일에 도전해 두면 좋았습니다.

문장 今になって思うのですが、学生の時いろいろなことにチャンレンジしておけばよかったです。

해설 올바른 순서는 4-3-**2**-1이다.

～ておく(~해 두다)와 후회·유감을 나타내는 ～ばよかった(~하면 좋았다)를 연결하면 된다.

어휘 チャレンジ 도전

실전시험 102 | 문장 완성 [2]

본서2 p.339

정답 1 3 2 4 3 1 4 3 5 4

1 3 아무리 인기가 있는 가게라도, 종업원의 서비스가 나쁘면 가고 싶지 않다.

문장 いくら人気のあるお店でも、従業員のサービスが悪ければ行きたくない。

해설 올바른 순서는 1-**3**-4-2이다.

우선 いくら～ても(でも)(아무리 ~해도/여도)를 연결한다. 人気のあるお店는 원래 人気があるお店인데, 주어 + 서술어로 이루어진 문장(人気がある)이 명사(お店)를 수식할 때 수식 문장의 조사 が는 の로 바뀌는

것을 알아 두자.

어휘 人気(にんき) 인기 | 従業員(じゅうぎょういん) 종업원 サービス 서비스

2 4 수영을 배운 지 1년이 되는데도 조금도 실력이 늘지 않아서 그만두려고 생각합니다.

문장 水泳を習ってからもう1年になるのにちっとも上達しなくてやめようと思います。

해설 올바른 순서는 2-1-**4**-3이다.

「명사+になる(~이 되다)」와 ちっとも~ない(조금도 ~하지 않다)를 연결해서 문장을 완성하면 된다.

어휘 水泳(すいえい) 수영 | ちっとも 조금도 | 上達(じょうたつ)する 능숙해지다

3 1 아침부터 하늘이 흐렸기 때문에, 비가 내릴 거라고 생각해서 우산을 들고 외출했다.

문장 朝から空が曇っていたので雨が降るだろうと思って傘を持って出かけた。

해설 올바른 순서는 3-2-**1**-4이다.

~だろうと思う(~일 거라고 생각하다)를 알아 두자.

어휘 曇(くも)る 흐리다 | 出(で)かける 외출하다

4 3 에어컨을 켰다 껐다 하면 오히려 많은 전기를 소비해 버리니까 주의합시다.

문장 エアコンをつけたり消したりしているとかえって多くの電気を消費してしまうから、気をつけましょう。

해설 올바른 순서는 1-4-**3**-2이다.

エアコンを라는 목적어가 있으므로 첫 번째 칸에 타동사 1번을 연결하고, ~たり~たりする(~하거나 ~하거나 하다)를 연결한다. 그리고 かえって(오히려)를 기준으로 앞뒤 문장을 연결하면 된다.

어휘 エアコン 에어컨 | つける 켜다 | 消(け)す 끄다 | かえって 오히려 | 消費(しょうひ) 소비 | 気(き)をつける 조심하다

5 4 엄마는 10년간 케이크 가게를 하고 있는데, 단것을 그다지 좋아하지 않는다고 하는 사람들을 위해 새로운 메뉴를 개발하고 있다.

문장 母は10年間ケーキ屋をしているが、甘いものがそれほど好きではないという人のために新しいメニューを開発している。

해설 올바른 순서는 3-2-**4**-1이다.

という 앞의 문장이 という 뒤의 명사(人)를 설명해 주는 순서로 나열한다. それほど~ない는 '그다지 ~하지 않다'로 알아 두자.

어휘 ケーキ屋(や) 케이크 가게 | メニュー 메뉴 | 開発(かいはつ) 개발

실전시험 103 | 문장 완성 [3]

▸본서2 p.340

정답 **1** 1 **2** 4 **3** 1 **4** 4 **5** 3

1 1 일본에 있는 동안에 가장 해 보고 싶은 것 중에 하나는 자전거로 일본 일주를 해 보는 것이다.

문장 日本にいるうちにもっともしてみたいことのひとつは、自転車で日本一週をしてみることだ。

해설 올바른 순서는 2-**1**-4-3이다.

부사는 서술어를 꾸며주는 품사이므로, 부사 もっとも 뒤에 してみたい의 서술어가 와야 한다.

어휘 もっとも 가장 | 一周(いっしゅう) 일주

2 4 이 소설은 언제 누구에 의해서 쓰여졌는지 아직 알려지지 않았다.

문장 この小説はいつだれによって書かれたかまだ知られていない。

해설 올바른 순서는 2-1-**4**-3이다.

~によって(~에 의해서)는 수동형(書かれる)의 행위자로 쓰인 것이다.

어휘 小説(しょうせつ) 소설 | 知(し)られる 알려지다

3 1 지금까지 만났던 사람 중에서 그 사람만큼 재미있는 사람은 없었습니다.

문장 今まで出会った人の中で彼ほどおもしろい人はいなかったです。

해설 올바른 순서는 4-2-**1**-3이다.

~ほど…ない(~만큼…없다)를 알아 두자.

어휘 出会(であ)う 만나다

4 4 앞으로 일주일이면 끝날 거라고 예상하고 있었던 졸업 논문이 좀처럼 끝나지 않아서 걱정입니다.

문장 あと1週間で終わると予想していた卒業論文がなかなか終わらなくて心配です。

해설 올바른 순서는 3-1-4-2이다.

卒業論文(졸업 논문)을 수식하는 문장을 앞부분에 연결하고, なかなか~ない(좀처럼 ~하지 않다)를 이어주면 된다.

어휘 あと 앞으로 | 終(お)わる 끝나다 | 予想(よそう)する 예상하다 | 卒業(そつぎょう) 졸업 | 論文(ろんぶん) 논문 | 心配(しんぱい)だ 걱정이다

5 3 이번 여름 방학에는 공부가 아니라, 아이가 하고 싶어 해 하는 것을 시켜 주려고 생각하고 있습니다.

문장 今度の夏休みには勉強ではなく、子供がしたがることをやらせてやろうと思っています。

해설 올바른 순서는 4-2-**3**-1이다.

やる에는 '하다'와 '주다(주로 부모가 자식에게)'의 의미가 있으므로 문맥에 따라 어떤 의미로 쓰였는지 잘 구분

해야 한다. 여기에서는 やらせる의 やる는 '하다', てやろう의 やる는 '주다'이다.

어휘 今度(こんど) 이번, 다음번 | したがる 하고 싶어 하다 | やらせる 시키다(やる의 사역형) | やる 주다

실전시험 104 | 문장 완성 [4]

본서2 p.341

정답 **1** 1 **2** 1 **3** 4 **4** 4 **5** 2

1 **1** 휴일 출근은 힘들지만 일할 수 있는 직장이 있는 것에 감사하면서 집을 나선다.

문장 休日出勤は大変だけれども働ける職場があることに感謝しながら家を出る。

해설 올바른 순서는 3-**1**-4-2이다.

けれども(~이지만, ~하지만)를 기준으로 앞 문장과 뒤 문장을 반대되는 의미의 문장으로 연결하다. 또한 けれども는 보통형에 접속하므로 大変だけれども로 연결되어야 한다.

어휘 出勤(しゅっきん) 출근 | 職場(しょくば) 직장 | 感謝(かんしゃ) 감사

2 **1** 소중한 사람으로부터 받은 물건이기 때문에 필요 없어진 지금도 버리지 않고 가지고 있습니다.

문장 大切な人からもらった物だから要らなくなった今でも捨てずに持っています。

해설 올바른 순서는 2-4-**1**-3이다.

먼저 今でも를 수식하는 문장을 앞부분에 연결한다. 「동사 ない형 + ずに」는 「동사 ない형 + ないで」와 같은 표현으로 '~하지 않고'이다.

어휘 大切(たいせつ)だ 소중하다 | 要(い)る 필요하다 | 今(いま)でも 지금도, 여전히 | 捨(す)てずに 버리지 않고

3 **4** 처음 도쿄에 갔을 때, 지도를 봐도 역에서의 길을 몰라서 곤란했던 적이 있습니다.

문장 初めて東京に行ったとき、地図を見ても駅からの道がわからなくて困ったことがあります。

해설 올바른 순서는 3-1-**4**-2이다.

(명사)からの(명사)의 연결 순서를 알아 두자.

어휘 初(はじ)めて 처음 | 地図(ちず) 지도 | 道(みち) 길 | 困(こま)る 곤란하다

4 **4** 야마다 카즈오 씨는 연기를 잘하는 것으로 유명합니다만, 연기뿐만 아니라 작곡도 가능하다고 합니다.

문장 山田和夫さんは演技が上手なことで有名ですが演技だけでなく作曲もできるそうです。

해설 올바른 순서는 3-1-**4**-2이다.

AだけでなくBも는 'A뿐만 아니라 B도'로 추가나 첨가의 의미를 나타낸다.

어휘 演技(えんぎ) 연기 | ～だけでなく ~뿐만 아니라 | 作曲(さっきょく) 작곡

5 **2** 음료만으로 괜찮다면 퇴근길에 사가지고 갈 테니 기다리고 있으세요.

문장 飲み物だけでよければ仕事帰りに買っていくので待っていてください。

해설 올바른 순서는 1-3-**2**-4이다.

～だけでよければ(~만으로 괜찮다면)는 ～だけでいい(~면 된다, 다른 건 필요 없다)의 조건법 ば형으로 활용한 것이다.

어휘 飲(の)み物(もの) 음료수 | 仕事帰(しごとがえ)り 퇴근길

실전시험 105 | 문장 완성 [5]

본서2 p.342

정답 **1** 2 **2** 4 **3** 3 **4** 1 **5** 4

1 **2** 지난달 발매된 장난감은 아이들에게 나쁜 영향을 줄 가능성이 있다는 이유로 판매 중지가 된 것 같다.

문장 先月発売されたおもちゃは子どもに悪い影響を与える可能性があるという理由で販売中止になったらしい。

해설 올바른 순서는 3-**2**-4-1이다.

理由를 수식하는 문장을 앞에 연결해야 한다. (문장)という理由で '~라는 이유로'이다.

어휘 発売(はつばい) 발매 | おもちゃ 장난감 | 影響(えいきょう) 영향 | 与(あた)える 주다, 부여하다 | 可能性(かのうせい) 가능성 | 理由(りゆう) 이유 | 販売(はんばい) 판매

2 **4** 좀 더 맛있게 만들고 싶어서 TV에서 본 대로 만들어 봤지만, 물을 많이 넣었던 건지 전혀 맛있지 않았다.

문장 もっとおいしく作りたくて、テレビで見たとおりに作ってみたけどお水を入れすぎたのか全然おいしくなかった。

해설 올바른 순서는 2-**4**-1-3이다.

역접 조사 ～けど(~이지만)를 기준으로 앞 문장과 뒤 문장을 반대 의미로 연결한다. ～とおり(~대로)도 알아 두자.

3 **3** 내가 엄마가 되고서야 비로소 일을 하면서 가사나 육아를 하는 것이 얼마나 힘든 일인지 알았습니다.

문장 自分が母になってはじめて、仕事をしながら家事や育児をすることがどんなに大変なことかわかりました。

해설 올바른 순서는 4-1-**3**-2이다.

'얼마나 ~한 것인가'를 나타내는 どんなに～ことか를 기준으로 연결한다.

어휘 家事(かじ) 가사, 집안일 | 育児(いくじ) 육아

4 1 이 집은 가족 6명이서 살기에는 좁습니다.

문장 この家は家族6人で住むには狭いです。

해설 올바른 순서는 3-4-**1**-2이다.

조사 で는 '~이서, ~와 함께'의 의미로 동작을 행하는 집단이나 그룹을 나타낸다. 조사 には는 '~하기에는'이라고 하는 용도나 목적을 나타낸다.

어휘 家族(かぞく) 가족 | 住(す)む 살다 | 狭(せま)い 좁다

5 4 월요일부터 토요일까지 일하고 있기 때문에, 일요일은 거의 아무것도 하지 않고 지냅니다.

문장 月曜から土曜まで働いているので、日曜はほとんど何もせずに過ごします。

해설 올바른 순서는 3-2-**4**-1이다.

せずに(하지 않고)는 しないで와 같은 의미이며, 이것을 ほとんど～ない(거의 ~하지 않다)와 호응을 이루는 순서로 연결하면 된다.

어휘 ほとんど 거의, 대부분 | 過(す)ごす 지내다, 보내다

실전시험 106 | 문장 완성 [6]

›본서2 p.343

정답 1 1 2 3 3 2 4 2 5 1

1 1 처음에는 익숙하지 않는 토지라도 생활하면 할수록 점점 좋아져 가겠지요.

문장 最初は慣れない土地でも生活すればするほどだんだん好きになっていくでしょう。

해설 올바른 순서는 4-**1**-3-2이다.

문형 ～ば…ほど(~하면…할수록)를 연결하고, だんだん～ていく(점점 ~해 가다)를 연결하면 된다.

어휘 最初(さいしょ) 최초, 처음 | 慣(な)れる 익숙해지다 | 土地(とち) 토지 | だんだん 점점

2 3 내년에 영국으로 유학 간다며?

문장 来年イギリスに留学するんだって？

해설 올바른 순서는 4-2-**3**-1이다.

～んだって？는 '~라며?'를 나타내며 확인의 의미이다.

어휘 イギリス 영국

3 2 숙제를 집에 두고 왔기 때문에 가지러 돌아가지 않으면 안 된다.

문장 宿題を家に置いてきたから取りに戻らないといけない。

해설 올바른 순서는 3-1-**2**-4이다.

1번의 조사 から는 이유를 나타내므로 다시 집으로 돌아가야 하는 이유 문장을 만들고, 「동사 ます형 + に戻る(~하러 돌아가다)」를 연결하면 된다.

어휘 置(お)く 놓다, 두다 | 戻(もど)る 되돌아가다

4 2 이 섬은 호랑이와 같은 모양을 하고 있는 것으로부터 '호랑이 섬'이라고 불리고 있다.

문장 この島はトラのような形をしていることから「トラ島」と呼ばれている。

해설 올바른 순서는 4-3-**2**-1이다.

～ことから는 '~인 것으로부터, ~이기 때문에'이며 사건의 원인 또는 유래를 나타내는 표현이다.

어휘 島(しま) 섬 | 呼(よ)ばれる 불리다 | 形(かたち)をしている 모양을 하고 있다

5 1 히가시 병원이라면 맞은편 버스 정류장으로부터 병원까지의 무료 버스를 이용해 주십시오.

문장 東病院なら向こうのバス停から病院までの無料バスをご利用ください。

해설 올바른 순서는 2-4-**1**-3이다.

無料バスを利用する가 되어야 하므로 3번이 가장 마지막에 와야 하고, 向こうのバス停から가 연결되어 버스 정류장의 위치를, 病院までの 뒤는 (명사) 자리이므로 無料バス가 연결되어야 한다.

어휘 向(む)こう 맞은편 | バス停(てい) 버스정류장 | 無料(むりょう) 무료 | 利用(りよう) 이용

실전시험 107 | 문장 완성 [7]

›본서2 p.344

정답 1 1 2 1 3 1 4 1 5 4

1 1 제가 고바야시 선생님을 뵌 것은 2년 전 입시면접 때였습니다.

문장 私が小林先生にお目にかかったのは2年前の入試面接の時でした。

해설 올바른 순서는 **1**-4-3-2이다.

4번 のは의 の는 '시간, 때'를 나타내는 용법으로 사용되었으므로 '처음 뵈었을 때'로 해석이 된다.

어휘 お目(め)にかかる 뵙다(会う의 겸양어) | 入試面接(にゅうしめんせつ) 입시면접

2 1 여러분은 한 번이라도 좋으니까 가 보고 싶다고 생각하는 장소가 있습니까?

문장 みなさんは一度でいいから行ってみたいと思うところがありますか。

해설 올바른 순서는 3-2-**1**-4이다.

우선 3번과 2번을 연결해서 (명사)でいい '~라도 좋다'를 연결하고, ～と思う 앞에 접속할 수 있는 보통형인 4번을 연결하면 된다.

어휘 一度(いちど) 한 번

3 1 요즘 시합 성적이 나빠서 우울해 있었지만, 지금까지 응원해 주신 팬을 위해서도 처음부터 다시 시작하는 기분으로 열심히 해 가고 싶다고 생각합니다.

문장 このごろ試合の成績が悪くて落ち込んでいたが、今まで応援してくださったファンのためにも最初からやり直す気持ちで頑張っていきたいと思います。

해설 올바른 순서는 4-3-**1**-2이다.

応援してくださった가 ファン을 수식하고, 2번의 やり直す는「동사 ます형 + 直す(다시 ~하다)」로서 最初から와 연결되어야 한다.

어휘 試合(しあい) 시합 | 成績(せいせき) 성적 | 落(お)ち込(こ)む 우울해지다 | 応援(おうえん) 응원 | ファン 팬 | やり直(なお)す 다시 하다

4 **1** 서랍 안에는 친구에게 보내려고 했던 쓰다만 편지가 있었다.

문장 引き出しの中には友だちに送ろうとした書きかけの手紙があった。

해설 올바른 순서는 4-2-**1**-3이다.

「동사 ます형 + かけ」는 '~하다 맒'으로 명사처럼 수식을 하므로 書きかけの手紙가 연결되어야 한다.

어휘 引(ひ)き出(だ)し 서랍

5 **4** 요리대회까지 앞으로 1주일. 레시피를 보지 않고 만들 수 있도록 연습할 생각이다.

문장 料理大会まであと1週間。レシピを見ないで作れるように練習するつもりだ。

해설 올바른 순서는 3-1-**4**-2이다.

ように 앞에는 가능형이 접속해서 '~할 수 있도록'이 되므로 1, 4번을 연결하고 つもりだ 앞에는 동사 사전형이 접속하므로 2번을 연결한다.

어휘 大会(たいかい) 대회 | レシピ 레시피

실전시험 108 | 문장 완성 [8]

▶본서2 p.345

정답 **1** 1 **2** 2 **3** 2 **4** 2 **5** 3

1 **1** 길에서 넘어져서 옷을 더럽혀 버렸지만, 집에 돌아가서 갈아입을 시간 같은 건 없었기 때문에 더러워진 채의 옷으로 출근할 수밖에 없었다.

문장 道で転んで服を汚してしまったが、家に戻って着替える時間などなかったから汚れたままの服で出勤するしかなかった。

해설 올바른 순서는 2-**1**-4-3이다.

조사 など는 명사 뒤에 접속해야 하므로 첫 번째 칸에, (동사)たままの(명사)의 순서로 연결하면 4번과 3번이 이어져야 한다.

어휘 転(ころ)ぶ 구르다, 넘어지다 | 服(ふく) 옷 | 汚(よご)す 더럽히다 | 着替(きが)える 갈아입다 | など 등, 같은 것 | 汚(よご)れる 더러워지다 | 出勤(しゅっきん) 출근

2 **2** 고민하고만 있지 말고 생각한 것을 행동해 봄으로써 생활은 크게 바뀝니다.

문장 悩んでばかりいないで考えたことを行動してみることで生活は大きく変わります。

해설 올바른 순서는 1-4-**2**-3이다.

～てばかりいる(~하고만 있다)가 ～てばかりいないで(~하고만 있지 말고)의 연결형으로 나왔고 2번 行動する 앞에 목적어가 붙어야 하므로 4번과 2번이 연결되어야 한다.

어휘 悩(なや)む 고민하다 | 行動(こうどう)する 행동하다

3 **2** A : 야마다 씨는 안 와요?

B : 아, 올 거였는데 급한 용무가 생겨서 올 수 없대요.

문장 A「山田さんは今日来ないんですか？」

B「あ、来るはずだったんですが、急用ができて来られないそうですよ。」

해설 올바른 순서는 4-1-**2**-3이다.

～はずだ는 보통형에 접속해서 '~임에 틀림없다'이고, ～はずだった가 되면 '당연히 그럴 거라고 생각했는데, 실제로는 그렇지 않았다'의 의미가 된다.

어휘 急用(きゅうよう) 급한 용무, 급한 볼일

4 **2** 요즘 나이 탓인지 생일이나 사람과의 약속을 잊어버리는 경우가 많다.

문장 最近、年のせいか誕生日や人との約束を忘れてしまうことが多い。

해설 올바른 순서는 1-3-**2**-4이다.

(명사)のせいか는 '~탓인지'의 의미로 원인·이유를 나타낸다.

어휘 年(とし) 나이 | 誕生日(たんじょうび) 생일 | 約束(やくそく) 약속

5 **3** A : 하야시 씨, 매일 아침 영어 신문을 읽고 있네요.

B : 네, 모처럼 배운 영어를 잊어버리지 않도록 매일 읽도록 하고 있습니다.

문장 A「林さんは毎朝英語の新聞を読んでいますね。」

B「ええ、せっかく習った英語を忘れてしまわないように毎日読むようにしているんです。」

해설 올바른 순서는 2-4-**3**-1이다.

3번의 しまわないように는 てしまう로 연결되어야 하고, 1번의 ように는 ようにしている로서 '하도록 노력하고 있다'는 의미를 나타낸다.

어휘 せっかく 모처럼 | 習(なら)う 배우다 | 英語(えいご) 영어

실전시험 109 | 문장 완성 [9]

▶본서2 p.346

정답 1 3 2 4 3 1 4 3 5 2

1 **3** 입원할지 어떨지는 검사 결과에 따라 결정된다고 한다.

문장 入院するかどうかは検査の結果によって決まるそうだ。

해설 올바른 순서는 1-**3**-2-4이다.

～によって(~에 따라서)를 만들어야 하므로 3번과 2번을 연결하고 1번은 보통형에 접속하므로 의미상 入院する에 연결되어야 한다.

어휘 入院(にゅういん) 입원 | ～かどうか ~인지 어떤지 | 検査(けんさ) 검사 | 結果(けっか) 결과

2 **4** 같은 옷을 입고 있는 사람을 오늘까지 몇 번이나 봤다.

문장 同じ服を着ている人を今日までで何回も見かけた。

해설 올바른 순서는 3-2-**4**-1이다.

4번의 조사 で는 합계를 나타내는 의미로 쓰였으므로 今日までで로 연결이 되어 '오늘까지 합해서'라는 의미이다.

어휘 着(き)る 입다 | 何回(なんかい) 몇 번 | 見(み)かける 보다, 눈에 띄다

3 **1** 이 강좌에서는 사회인이 된 지 얼마 안 된 여러분께 알아 두었으면 하는 매너를 가르칩니다.

문장 この講座では、社会人になったばかりのみなさんに知っておいてほしいマナーを教えます。

해설 올바른 순서는 2-4-**1**-3이다.

～たばかりだ(~한 지 얼마 안 되었다)의 명사수식형인 ～たばかりの(명사)를 연결하고, ～ておいてほしい(~해 두면 좋겠다)의 순서를 잊지 말자.

어휘 講座(こうざ) 강좌 | 社会人(しゃかいじん) 사회인 | マナー 매너

4 **3** 나이를 먹음에 따라 나답게 사는 것이 어떠한 것인지 생각하게 되었다.

문장 年をとるにつれて、自分らしく生きるというのがどういうことか考えるようになってきた。

해설 올바른 순서는 4-1-**3**-2이다.

「명사 + らしい」는 '~답다'이며, ～というのがどういうことか(~라는 것이 어떠한 것인지)의 표현을 알아 두자.

어휘 年(とし)をとる 나이가 들다, 나이를 먹다 | ～につれて ~함에 따라 | 生(い)きる 살다

5 **2** 해외 기업에 취직하고 싶으면 어학 능력은 물론이고 경제나 문화에 대해서도 배우는 편이 좋아요.

문장 海外の企業に就職したいなら語学能力はもちろん経済や文化についても学んだほうがいいですよ。

해설 올바른 순서는 1-3-**2**-4이다.

～はもちろん은 '~는 물론이고'의 추가나 첨가를 나타내는 표현으로 대개 뒤 문장에 조사 も(도)가 온다.

어휘 企業(きぎょう) 기업 | 就職(しゅうしょく) 취직 | 語学能力(ごがくのうりょく) 어학 능력 | 経済(けいざい) 경제 | 文化(ぶんか) 문화 | 学(まな)ぶ 배우다

실전시험 110 | 문장 완성 [10]

▶본서2 p.347

정답 1 2 2 3 3 4 4 2 5 3

1 **2** 12시부터 시작된 결승전은 강풍에 의한 피해 때문에 2시부터 재개하기로 되었다.

문장 12時から始まった決勝戦は、強風による被害のため2時から再開することになった。

해설 올바른 순서는 1-3-**2**-4이다.

1번의 による 앞뒤에는 명사가 접속해서 '~에 의한'으로 해석되며 원인을 나타내고, 2번의 のため는 (명사)のため로 연결해서 '~때문에'로 해석된다.

어휘 決勝戦(けっしょうせん) 결승전 | 強風(きょうふう) 강풍 | 被害(ひがい) 피해 | 再開(さいかい) 재개

2 **3** 유원지에 가면 마치 어린 시절로 돌아간 듯한 기분이 된다.

문장 遊園地に行くと、まるで子ども時代に戻ったかのような気分になる。

해설 올바른 순서는 1-4-**3**-2이다.

まるで(보통형)かのようだ는 '마치 ~인 듯하다'로 해석되는 표현이다.

어휘 遊園地(ゆうえんち) 유원지 | 戻(もど)る 되돌아가다 | 気分(きぶん) 기분

3 **4** 오키나와의 어느 호텔에서는 로봇이 인간을 대신해서 숙박객을 맞이해 준다고 합니다.

문장 沖縄のあるホテルではロボットが人間に代わって宿泊客を迎えてくれるそうです。

해설 올바른 순서는 1-3-**4**-2이다.

～に代(か)わって는 '~를 대신해서'라는 표현이다.

어휘 沖縄(おきなわ) 오키나와 | ロボット 로봇 | 宿泊客(しゅくはくきゃく) 숙박객 | 迎(むか)える 맞이하다

4 **2** 아들은 피아노 교실에 가고 싶지 않다고 자주 말하지만 그래도 매일 다니고 있는 것을 보면 역시 싫지는 않은 것 같다.

문장 息子はピアノ教室に行きたくないとよく言っているがそれでも毎日通っているのを見るとやっぱりきらいではないみたいだ。

해설 올바른 순서는 3-4-**2**-1이다.

行きたくないとの「と」는 '~라고'이므로 3번 よく言っている와 연결해야 한다. 또한 4번이 목적어 역할을 해야 하므로 1번에 접속해야 한다.

어휘 息子(むすこ) 아들 | 通(かよ)う 다니다

5 **3** 이 가방은 소재를 바꿔서 전보다 더욱더 가볍고 튼튼해졌습니다.

문장 このかばんは素材を変えて前よりさらに軽くて丈夫になりました。

해설 올바른 순서는 4-1-**3**-2이다.

문장 마지막의 なりました 앞에 2번을 연결해서 ~になる로 만들어 주고 '예전보다 더' 가볍고 튼튼해졌다는 의미이므로 4번 뒤에 1번이 이어져야 한다.

어휘 素材(そざい) 소재 | 変(か)える 바꾸다 | 軽(かる)い 가볍다 | 丈夫(じょうぶ)だ 튼튼하다

문제3 글의 문법

실전시험 111 | 글의 문법 [1]

▶본서2 p.352

정답 **1** 3 **2** 2 **3** 3 **4** 1 **5** 3

해석

아래의 문장은 어느 유학생이 쓴 작문입니다.

맥주 공장 견학

오늘은 학교 행사로 맥주 공장 견학을 다녀왔습니다. 일본에 오기 전부터 일본 맥주를 자주 마셨기 때문에 매우 [1]기대하고 있었습니다. 1시간 전철을 타고 역에서 내려서 또 15분 정도 걸어야 했기 때문에 조금 피곤했습니다. 하지만 공장에 도착해서 견학을 하고 있는 동안에 피로가 전부 풀렸습니다.

우리가 방문한 공장은 일본 국내에서 두 번째로 오래되었고, 매년 일본인뿐만 아니라 외국인도 많이 [2]방문한다고 합니다. 공장에서는 맥주의 원료를 실제로 손으로 만지거나 먹어 보거나 했습니다. 직원분의 친절한 설명 덕분에 맥주가 어떠한 환경에서 [3]어떻게 해서 만들어지고 있는지에 대해서도 잘 알 수 있었습니다. 또한 세계 맥주 전시장에서는 자기 나라의 맥주나 좋아하는 맥주를 찾거나 하는 사람도 있었습니다. [4]그리고 견학 마지막에는 갓 만들어진 맥주를 마실 수 있는 시간도 있었습니다. 항상 캔이나 병에 들어있는 맥주밖에 마신 적이 없는 모두에게 있어서 매우 귀중한 체험이었습니다.

돌아오는 길에 다른 맥주 공장도 견학해 보고 싶다고 생각했습니다. 다음에 맥주를 아주 좋아하는 친구를 [5]꼬셔서 함께 가 볼 생각입니다.

어휘 工場(こうじょう) 공장 | 見学(けんがく) 견학 | 降(お)りる (탈것에서) 내리다 | でも 하지만 | 疲(つか)れがとれる 피로가 풀리다 | 訪問(ほうもん) 방문 | 国内(こくない) 국내 | 古(ふる)い 낡다, 오래되다 | ～だけでなく ~뿐만 아니라 | 原料(げんりょう) 원료 | 実際(じっさい) 실제 | 触(さわ)る 만지다 | 職員(しょくいん) 직원 | 丁寧(ていねい)だ 공손하다, 친절하다 | 環境(かんきょう) 환경 | 展示場(てんじじょう) 전시장 | 探(さが)す 찾다 | できあがる 완성되다 | 缶(かん) 캔 | 瓶(びん) 병 | 貴重(きちょう)だ 귀중하다 | 体験(たいけん) 체험 | 帰(かえ)り道(みち) 돌아오는 길

1 3

해설 필자가 '매우 기대하고 있었다'는 의미가 되어야 하므로 정답은 3번이다.

2 2

해설 방문한 맥주 공장에 대한 설명으로 전문의 そうだ '~라고 한다'가 정답이다. 1번 ～かもしれない는 '~일지도 모른다', 3번 ～たところだ는 '막 ~했다'이다.

3 3

해설 괄호 앞의 どのような環境와 이어져야 하므로 만들어지는 방법을 의미하는 どうやって '어떻게 해서'가 정답이다.

4 1

해설 앞 문장에 추가적으로 이어지는 접속사를 써야 하므로 そして(그리고)가 정답이다. 2번 やはり는 '역시', 3번 つまり는 '다시 말해서', 4번 ところが는 '그런데'이다.

5 3

해설 필자가 친구를 '꼬셔서' 함께 간다는 의미이므로 誘って가 정답이다.

실전시험 112 | 글의 문법 [2]

▶본서2 p.354

정답 **1** 1 **2** 3 **3** 2 **4** 3 **5** 4

해석

아래의 문장은 어느 유학생이 쓴 작문입니다.

에끼벤

일본에 온 지 벌써 2년이 되었습니다. 학교 공부와 아르바이트로 매일 바쁩니다만, 저는 여행을 너무 좋아해서 쉬는 날은 자주 여행을 갑니다. 먼 곳으로 여행할 때는 신칸센을 타고 이동하는 일이 많습니다만, 그때는 반드시 '에끼벤'을 먹습니다.

[1]에끼벤이란 '역'과 '도시락'을 조합해서 만들어진 말이며, 신칸센 등으로 여행할 때 차내에서 먹는 도시락을 말합니다. 일본의 에끼벤은 종류도 많고 그 지역에서 채취한 재료를 사용한 것이 많기 때문에 지역의 특색이나 개성이 살려져 있습니다. 또한 특정한 채소나 생선을 넣거나 넣지 않거나 함[2]으로써 에끼벤을 먹는 사람에게 계절을 느끼

게 합니다.

[3]이렇게 일본의 에끼벤은 일본의 지역성이나 일본의 사계절이 잘 표현된 것입니다. 눈으로 볼 뿐만이 아니라 혀로 일본을 맛볼 수 있는 매력적인 것이어서 철도여행에서는 반드시 체험해야 하는 것인 듯합니다.

다음 여름 방학에 고국에서 친구가 놀러 옵니다만, 친구와 신칸센[4]으로의 여행을 계획하고 있습니다. 그때 친구에게도 꼭 에끼벤을 [5]체험시켜 주고 싶다고 생각하고 있습니다.

어휘 移動(いどう) 이동 | 必(かなら)ず 반드시 | 組(く)み合(あ)わせ 조합 | 言葉(ことば) 말, 단어 | 種類(しゅるい) 종류 | 地元(じもと) 고장, 지역 | 特色(とくしょく) 특색 | 個性(こせい) 개성 | 生(い)かす 살리다 | 特定(とくてい) 특정 | 季節(きせつ) 계절 | 地域性(ちいきせい) 지역성 | 四季(しき) 사계절 | 表現(ひょうげん) 표현 | 舌(した) 혀 | 味(あじ)わう 맛보다 | 魅力的(みりょくてき) 매력적 | 鉄道(てつどう) 철도 | 体験(たいけん) 체험 | 計画(けいかく) 계획

1 1

해설 괄호 뒤에 에끼벤이란 단어에 대한 설명이 나와 있으므로 駅弁とは를 써야 한다.

2 3

해설 특정한 재료를 넣거나 안 넣거나 함으로써 먹는 사람에게 계절을 느끼게 해 준다고 했으므로 괄호 앞뒤의 내용을 원인-결과로 연결해 주는 ことで '~함으로써, ~이기 때문에'를 써야 한다. 1번은 '하지만', 3번은 '예를 들면', 4번은 '그런데, 그건 그렇고(화제 전환)'이다.

3 2

해설 괄호 앞 문장으로부터 일본의 지역성이나 사계절이 잘 표현된 것이라는 결론이 도출되었기 때문에 정답은 2번이다.

4 3

해설 친구와 신칸센으로 여행을 계획하고 있으므로 수단·방법의 조사「で」를 써야 한다.

5 4

해설 내가 친구에게 '체험시켜 주고 싶다'가 되어야 하므로 정답은 4번이다. ～てあげる 앞에는 수동/사역수동은 접속할 수 없으므로 1, 2번은 오답이다.

실전시험 113 | 글의 문법 [3]

▶ 본서2 p.356

정답 **1** 4 **2** 3 **3** 1 **4** 2 **5** 3

해석

아래의 문장은 어느 유학생이 쓴 작문입니다.

자동판매기

도쿄에 와서 인상적이었던 것이 몇 개인가 있습니다만, 그중에서 가장 놀란 것은 자동판매기(자판기)입니다. 우리나라에도 있습니다만 일본만큼 수도 종류도 많지 않습니다.

내가 자주 이용하고 있는 것은 음료수 자판기입니다. 시간과 장소에 관계없이 어디에서도 간단히 살 수 있기 때문입니다. 커피, 차, 물은 물론 그 계절[1]에밖에 팔지 않는 음료수까지 갖추어져 있습니다. [2]게다가 일본 자판기에는 차가운 것과 따뜻한 것이 하나의 기계 안에 있어서 매우 편리합니다. 최근에는 차가운 음료수를 선호하지 않는 사람을 위해서 '상온 음료수'라는 것도 취급하고 있다고 친구에게 [3]들었습니다. 또한 상품의 견본이 있기 때문에 처음 보는 음료수라도 어떤 음료수인지 이미지하기(떠올리기) 쉽습니다.

일본 사람에게는 당연한 자판기일지 모르겠지만, 외국인인 나에게는 진귀하게 여겨집니다. 이것을 일본 독자 문화의 [4]하나라고 말해도 좋겠지요. 다음에 고국에서 친구가 놀러 오면 유명한 가게도 좋지만, 일본의 자판기 문화를 [5]소개해도 좋을 것 같다고 생각하고 있습니다.

어휘 印象的(いんしょうてき) 인상적 | 自動販売機(じどうはんばいき) 자동판매기 | 数(かず) 수, 숫자 | 関係(かんけい) 관계 | 簡単(かんたん)だ 간단하다 | ～はもちろん ~은 물론 | そろう 모이다, 갖추어지다 | 冷(つめ)たい 차갑다 | 好(この)む 좋아하다, 선호하다 | 常温(じょうおん) 상온 | 扱(あつか)う 다루다, 취급하다 | 見本(みほん) 견본 | 目(め)にする 보다 | 当(あ)たり前(まえ)だ 당연하다 | めずらしい 드물다, 진귀하다 | 独自(どくじ) 독자 | 文化(ぶんか) 문화

1 4

해설 조사 へ는 방향을 나타내는 조사이므로 어울리지 않고, 괄호 뒤에 売らない의 ない가 있으므로 しか를 써야 한다.

2 3

해설 자판기에 대한 편리한 점을 나열하고 있으므로 추가 접속사 それに(게다가)를 써야 한다.

3 1

해설 친구로부터 '들었습니다'가 되어야 하므로 1번이 정답이다. 2번은 '질문받았습니다'이므로 오답이다.

4 2

해설 일본 자판기에 대한 필자의 생각을 나타내는 문장이므로 2번이 정답이다. 1번은 '하나가 아니면 안 됩니다', 3번은 '하나가 아니어도 어쩔 수 없습니다', 4번은 '하나였음에 틀림이 없었습니다'로 해석된다.

5 3

해설 내가 친구에게 소개하려고 한다는 내용이 들어와야 하

므로 정답은 4번이다. 1번은 '소개해 봅시다', 2번은 '소개하는 편이 좋을까요?', 4번은 '소개하기로 되어 있습니다'로 해석된다.

실전시험 114 | 글의 문법 [4]

▶본서2 p.358

정답 1 2 2 3 3 4 4 1 5 1

해석

아래의 문장은 어느 유학생이 쓴 편지입니다.

시마다 선생님, 오랜만입니다. 잘 지내고 계신가요?

오사카는 봄다운 날씨가 이어져서 벚꽃이 만개를 맞이하고 있습니다. 오사카에 오고 나서 [1]눈 깜짝할 사이에 1년이 지나버렸습니다. 오사카에서 생활하면서 가끔 도쿄의 어학교에서 선생님께 배웠을 때의 일을 [2]떠올리거나 합니다. 오랫동안 유학생을 지도해 온 선생님 덕분에 일본어뿐만 아니라 일본 문화까지 배울 수 있었습니다. 또 건강 보험이나 외국인 등록 등 생활면에서 여러 가지 서포트해 주셔서 생각했던 것보다 빨리 일본 생활에 익숙해질 수 있었다고 생각하고 있습니다. 그리고 선생님 덕분에 일본어 실력이 향상되어 다음 달부터는 통역 아르바이트를 [3]하게 되었습니다. 대학 졸업 후 통역 일을 목표로 하고 있었기 때문에 매우 좋은 기회라고 생각하고 열심히 해 가려고 합니다.

올해 골든위크 때 도쿄에 갈 계획을 세우고 있습니다. 그때 선생님도 꼭 [4]뵙고 싶습니다. 만약 스케줄이 괜찮은 날이 있으시면 메일로 답장을 [5]받을 수 없을까요?

그럼 기다리고 있겠습니다.

어휘 ～らしい ~답다 | 続(つづ)く 계속되다, 이어지다 | 桜(さくら) 벚꽃 | 満開(まんかい) 만개 | 迎(むか)える 맞이하다 | 過(す)ぎる 지나다 | 指導(しどう) 지도 | 学(まな)ぶ 배우다 | 健康保険(けんこうほけん) 건강 보험 | 登録(とうろく) 등록 | サポート 서포트 | 慣(な)れる 익숙해지다 | 上達(じょうたつ)する 숙달되다 | 通訳(つうやく) 통역 | 卒業(そつぎょう) 졸업 | 目指(めざ)す 목표로 하다 | 機会(きかい) 기회 | 都合(つごう) 사정, 형편 | 返事(へんじ) 답장

1 2

해설 1번 '잠시, 잠깐', 2번 '눈 깜짝 할 사이에', 3번 '그대로', 4번 '점차, 점점'이므로 문맥상 알맞은 표현은 2번이다.

2 3

해설 思い出す는 '과거의 일을 생각해 내다, 떠올리다'이다. 1번은 사역형으로 활용되어 '떠올리게 합니다', 2번은 '떠올리려고 합니다', 3번은 '떠올리거나 합니다', 4번은 가능의 의미로 '떠올릴 수 있었습니다'이다. 문장 앞에 ときどき(가끔)가 있으므로 정답은 3번이다.

3 4

해설 다음 달부터 통역 아르바이트를 '하게 되었다'는 결정의 의미가 되어야 하므로 정답은 4번이다. 1번은 '하는 것일까요', 2번은 '한다고 합니다', 3번은 '하고 싶어 합니다'이다.

4 1

해설 필자가 선생님을 꼭 '뵙고 싶다'가 되어야 하므로 会う의 겸양어인 お目にかかる를 써야 한다. 2번 拝見(はいけん)する는 見る의 겸양어, 3번 ご覧(らん)になる는 見る의 존경어, 4번「お + ます형 + になる」는 존경 공식이다.

5 1

해설 필자가 선생님께 답장을 '받다'이므로 もらう의 겸양어인 いただく를 쓴 いただけないでしょうか가 정답이다. 3번의 ～てはいかがですか는 '~하는 게 어떠세요?'라는 제안의 의미이다. 2, 4번의 さしあげる는 あげる(내가 남에게 주다)의 겸양어이다.

실전시험 115 | 글의 문법 [5]

▶본서2 p.360

정답 1 2 2 4 3 3 4 2 5 1

해석

아래의 문장은 어느 유학생이 쓴 작문입니다.

소중한 말

오늘은 내 마음에 남아있는 말에 대해서 쓰고 싶다고 생각합니다.

고등학교 2학년 때, 친구와 사이가 좋지 않았던 시기가 있었습니다. 선생님이 뭔가 고민거리라도 있냐고 [1]물어서 사실을 말했더니, '사람을 바꿀 수 없지만, 자기 자신은 바뀔 수 있어'라고 말해 주셨습니다. 처음에는 왜 나만이 바뀌지 않으면 안 되는 건가 하고 의문이었습니다만, 점점 그 의미를 [2]알게 되었습니다. 나는 지금까지 무언가를 할 때 내가 생각하는 대로 하고 싶어서 상대방에게 요구할 뿐이고, 내가 할 수 있는 것을 찾을 노력 같은 건 하지 않았다는 것을 깨달았습니다. 그래서 친구와 트러블이 있었던거라고 [3]생각할 수 있었습니다.

'사람을 바꿀 수는 없지만, 자기자신은 바뀔 수 있다.'

[4]이 말 덕분에 지금까지 주변과 큰 트러블도 없어서 그다지 스트레스도 쌓이지 않게 되었습니다. 나를 어른으로 [5]성장시켜 준 소중한 말입니다.

어휘 残(のこ)る 남다 | うまくいく 잘 되어 가다 | 時期(じき) 시기 | 悩(なや)みごと 고민거리 | 変(か)える 바꾸다 | 変(か)わる 바뀌다 | 疑問(ぎもん) 의문 | 意味(いみ) 의미 | ～とおりに ~대로 | 相手(あいて) 상대방 | 求(もと)める 구하다 | 探(さが)す 찾다 | 努力(どりょく) 노력 | 気(き)づく 알아차리다, 깨닫다 | 周(まわ)り 주변

1 2

해설 필자에게 질문한 사람(행위자)은 先生이고, 先生 뒤에 조사 に가 있으므로 수동형이 되어야 한다.

2 4

해설 *だんだん*은 '점점, 점차'의 의미로 변화를 나타내는 서술어와 함께 쓰이므로 4번이 정답이다.

3 3

해설 1번은 '(상대방이) 생각해 주면 좋겠습니다', 2번은 '생각할 수 있으면 좋겠습니다', 3번은 '생각할 수 있었습니다', 4번은 '생각할 때도 있었습니다'이므로 앞뒤 문맥상 정답은 3번이다.

4 2

해설 바로 앞에 있는 선생님이 한 말을 가리키므로 정답은 2번이다.

5 1

해설 '나'를 '성장시켜 주다'가 되어야 하므로 정답은 1번이다. 2번은 '성장하기를 바랐다', 3번은 '성장했다', 4번은 '성장해 주었다'이다.

03 독해

문제4 내용 이해 : 단문

실전시험 116 | 내용 이해 : 단문 [1]

본서2 p.372

정답 **1** 1 **2** 1 **3** 2 **4** 3

(1) 해석

이것은 마나미 군이 다카시 군에게 보낸 메일이다.

> 다카시 군에게
>
> 지난주는 오랜만에 만날 수 있어서 기뻤어요. 고등학교 졸업 이래였지만, 그때와 별로 변한 게 없어서 깜짝 놀랐어요. <u>그때</u> 이야기에 나왔던 책이 본가에서 발견되어서 어제 보냈습니다. 모레는 도착할 거라고 생각하니 도착하면 연락주세요.
>
> 그리고 책을 찾을 때 방을 청소하다가 고등학교 1학년 경연 대회 사진을 발견해서 첨부합니다. 사진을 보고 있었더니 너무 그리워져서 다음에 당시 부원끼리 모입시다.
>
> 마나미

어휘 久(ひさ)しぶりに 오랜만에 | 卒業(そつぎょう) 졸업 | 以来(いらい) 이래 | 変(か)わる 변하다, 바뀌다 | びっくりする 깜짝 놀라다 | 実家(じっか) 본가 | 見(み)つかる 발견되다 | 届(とど)く 도착하다, 닿다 | 連絡(れんらく) 연락 | 探(さが)す 찾다 | 掃除(そうじ) 청소 | コンクール 경연 대회 | 写真(しゃしん) 사진 | 発見(はっけん) 발견 | 添付(てんぷ) 첨부 | 懐(なつ)かしい 그립다 | 当時(とうじ) 당시 | 集(あつ)まる 모이다

1 <u>그때</u>는 언제인가?

1 지난주 만났을 때

2 고등학생 때

3 졸업했을 때

4 경연 대회 때

해설 지시사 문제이며, 정답은 첫 문장에서 지난주에 만났을 때라는 것을 알 수 있다.

(2) 해석

> 최근에 새 가방을 샀다. 친구가 갖고 있는 것과 비슷한 작고 귀여운 가방이다. 지금까지 큰 가방밖에 사용한 적이 없었기 때문에 작은 가방은 신선했다. 그 새 가방을 들고 처음 외출하려고 했을 때, 나는 너무 놀랐다. 전혀 물건이 들어가지 않는 것이다. 큰 가방에 익숙해져 있었던 나는 작은 가방의 물건이 들어가지 않음에 깜짝 놀랐음과 동시에 친구는 가방 안에 무엇을 넣고 있는 걸까라고 매우 궁금했다.

어휘 〜しか ~밖에 | 新鮮(しんせん)だ 신선하다 | 初(はじ)めて 처음 | 出(で)かける 외출하다 | 全然(ぜんぜん) 전혀 | 物(もの) 물건 | 入(はい)る 들어가다 | 慣(な)れる 익숙해지다 | 入(い)れる 넣다 | 不思議(ふしぎ)だ 이상하다 | 驚(おどろ)く 놀라다 | 気(き)に入(い)る 마음에 들다

2 '나'는 작은 가방에 대해서 어떻게 생각하고 있는가?

1 물건이 많이 들어가지 않아서 놀랐다.

2 작고 귀여워서 마음에 든다.

3 큰 가방과 똑같다.

4 작아서 이상하게 생각했다.

해설 마지막 「小さいカバンの物の入らなさにびっくりしたと同時に、友だちはカバンの中に何を入れているんだろうと、とても不思議に思った」를 정리하면 1번이 정답임을 알 수 있다.

(3) 해석

이것은 교수가 학생에게 보내는 알림이다.

가을학기 리포트 제출 기한에 대해서

제출 매수는 5장, 3월 15일까지 제출해 주세요. 리포트 내용은 중간시험 후 수업 중에 이야기했습니다만, 이 수업 게시판에 게재되어 있으니 잊어버린 사람은 게시판에서 확인해 주세요. 제출 기한을 지난 경우 정식 리포트로서 인정할 수 없습니다. 이번 리포트는 성적 70%가 되므로 리포트를 제출하지 않는 경우는 성적을 매길 수 없습니다. 반드시 제출해 주세요.

어휘 新学期(しんがっき) 신학기 | 提出(ていしゅつ) 제출 | 期限(きげん) 기한 | 枚数(まいすう) 매수 | 内容(ないよう) 내용 | 中間試験(ちゅうかんしけん) 중간시험 | 掲示板(けいじばん) 게시판 | 載(の)る 실리다 | 確認(かくにん) 확인 | 過(す)ぎる 지나다 | 正式(せいしき) 정식 | 認(みと)める 인정하다 | 成績(せいせき)をつける 성적을 매기다 | 必(かなら)ず 반드시

3 리포트에 대해서 올바른 것은 어느 것인가?

1 리포트 내용은 자유이다.

2 기한까지 제출하지 않으면 성적이 나빠진다.

3 리포트에서 70점 이상 받지 않으면 안 된다.

4 리포트 매수는 제한이 없다.

해설 내용 파악 문제이다. 본문의 「今回のレポートは成績の70%になりますので、レポートを提出しない場合は成績がつけられません」을 정리하면 2번이 정답이다.

(4) 해석

어느 조사에 따르면 항상 진취적인 사람은 그렇지 않은 사람에 비해 성공체험이 많다는 결과가 나왔다. 성공체험이 적으면 항상 실패할 것을 상상해 버리기 때문에 도전하지 않고 끝나버리는 경우가 많다. 그러나 성공체험이 많으면 비록 실패하더라도 도전하는 것에 의미가 있다고 생각하기 때문에 행동을 시작하는 것이 빠르다고 한다.

어휘 調査(ちょうさ) 조사 | 〜によると ~에 따르면 | 常(つね)に 항상 | 前向(まえむ)き 진취적임 | 〜に比(くら)べて ~에 비교해서 | 成功体験(せいこうたいけん) 성공체험 | 失敗(しっぱい) 실패 | 想像(そうぞう) 상상 | チャレンジ 챌린지, 도전 | たとえ〜ても 비록 ~라 하더라도 | 意味(いみ) 의미 | 行動(こうどう) 행동 | 起(お)こす 일으키다

4 항상 진취적인 사람이란 어떤 사람인가?

1 성공을 상상하는 사람

2 행동하는 속도가 빠른 사람

3 무슨 일이든 우선 도전하는 사람

4 실패하지 않도록 계획을 세우는 사람

해설 질문의 키워드는 '진취적인 사람'이다. 첫 문장에서 진취적인 사람은 성공체험이 많다고 했고 しかし 뒤 문장인 「成功体験が多いと、たとえ失敗をしても、チャレンジすることに意味があると考えるため〜」라고 했으므로 정답은 3번이다.

실전시험 117 | 내용 이해 : 단문 [2]

▶본서2 p.376

정답 **1** 3 **2** 2 **3** 1 **4** 4

(1) 해석

지난주 일요일 딸 유치원에서 발표회가 열렸습니다. 딸의 클래스는 연극을 한다고 했기 때문에 좋은 자리에서 보려고 아침 일찍 나갔습니다. 연극이 시작되고 딸이 등장했을 때 많은 사람 앞에서 딸이 아무것도 못 하게 되는 것은 아닌가 하고 조마조마하면서 보고 있었습니다. 그러나 딸은 긴장도 안 하고 연습한 대사를 큰 소리로 말하고 있었습니다. 딸의 성장을 볼 수 있어서 너무 기쁜 하루였습니다.

어휘 娘(むすめ) 딸 | 幼稚園(ようちえん) 유치원 | 発表会(はっぴょうかい) 발표회 | 開(ひら)かれる 열리다 | 劇(げき) 극, 연극 | 〜とのことだ ~라고 한다 | 席(せき) 자리 | 登場(とうじょう) 등장 | はらはら 조마조마 | しかし 그러나 | 緊張(きんちょう) 긴장 | セリフ 대사 | 成長(せいちょう) 성장 | 聞(き)こえる 들리다 | 動(うご)く 움직이다

1 조마조마하면서라고 있는데 왜인가?

1 딸의 목소리가 작아서 아무것도 들리지 않았기 때문

에

2 딸이 발표회에서 많은 사람 앞에 등장하지 않았기 때문에

3 딸이 긴장해서 움직일 수 없게 되어 버릴 거라고 생각했기 때문에

4 아침 일찍 가지 않으면 좋은 자리에서 볼 수 없다고 생각했기 때문에

해설 밑줄을 본문에서 찾고 밑줄이 있는 문장을 정답의 근거로 생각하면 된다.「娘が登場したとき、たくさんの人の前で、娘が何もできなくなってしまうのではないかとはらはらしながら見ていました」를 보면 정답은 3번이다.

(2) 해석

나는 혼자 살고 있다. 혼자 사는 것은 자유로워서 좋지만, 청소나 빨래 등의 집안일을 혼자서 전부 해야 한다. 내가 무엇보다 곤란한 것은 음식을 다 먹을 수 없는 것이다. 채소나 과일은 금방 상해버리기 때문에 빨리 먹지 않으면 안 되지만 혼자 살면 전부 소비하는 게 어렵다. 결국 항상 버려 버리기 때문에 정말 아깝다고 생각하고 있다.

어휘 一人暮(ひとりぐ)らし 혼자 삶 | 自由(じゆう) 자유 | 洗濯(せんたく) 세탁, 빨래 | 家事(かじ) 집안일 | 全部(ぜんぶ) 전부 | 困(こま)る 곤란하다 | 동사ます형 + きれない 다 ~할 수 없다 | 果物(くだもの) 과일 | 腐(くさ)る 상하다, 부패하다 | 消費(しょうひ) 소비 | 結局(けっきょく) 결국 | 捨(す)てる 버리다 | もったいない 아깝다

2 '내'가 가장 곤란한 것은 무엇인가?

1 집안일이 힘든 것

2 혼자서는 음식을 전부 먹을 수 없는 것

3 채소나 과일을 별로 먹지 않게 된 것

4 청소를 하지 않으면 안 되는 것

해설 질문의 키워드는「困っている」이고 본문에서 이 부분을 찾으면「私が何より困っていることは、食べ物が食べきれないことだ」이므로 정답은 2번이다.

(3) 해석

이것은 야구 클럽 멤버에게 보내진 메일이다.

라이온즈 클럽 여러분께

12월 23일 (금) 드래곤즈 클럽과의 시합 후, 19시부터 매년 열리고 있는 송년회를 실시합니다. 장소는 역에서 도보 10분인 이자카야입니다. 올해 1년의 시합을 돌이켜 보면서 서로 이야기하고 올해 가장 좋은 시합을 한 선수를 정합시다. 선정된 분에게는 상품권을 드립니다. 그 밖에도 온천 여행이 당첨되는 게임 등을 하려고 생각하고 있습니다. 송년회에 참가하시는 분은 15일까지 메일을 주세요.

라이온즈 클럽 대표

기타다

어휘 試合(しあい) 시합 | 忘年会(ぼうねんかい) 송년회 | 場所(ばしょ) 장소 | 徒歩(とほ) 도보 | 振(ふ)り返(かえ)る 되돌아보다, 돌이켜보다 | 最(もっと)も 가장, 제일 | 選手(せんしゅ) 선수 | 選(えら)ぶ 고르다, 선택하다 | 商品券(しょうひんけん) 상품권 | さしあげる 드리다 | 温泉(おんせん) 온천 | 当(あ)たる 당첨되다 | 参加(さんか) 참가 | 活躍(かつやく) 활약

3 송년회에 대해서 이 메일로부터 알 수 있는 것은 무엇인가?

1 가장 활약한 선수를 정한다.

2 참가하지 않는 사람도 메일을 해야 한다.

3 송년회를 한 후에 모두 온천 여행을 간다.

4 23일 시합에 대해서 모두 함께 이야기한다.

해설 내용 파악 문제이다.「今年最もいい試合をした選手を決めましょう」라고 있으므로 정답은 1번이다.

(4) 해석

어느 날 집 시계가 멈췄다. 그 시계에는 건전지가 4개 사용되어지고 있지만, 집에 새 건전지가 3개밖에 없었다. 밤이 늦었고 사러 갈 시간도 없었기 때문에 새 건전지 3개와 헌 건전지 1개를 넣어 봤다. 시계가 움직이기 시작해서 그대로 두었는데 3주 후에 또 멈춰버렸다. 나중에 알게 된 이야기지만 건전지는 새것과 헌것을 섞어서 사용하면 새 건전지의 소비가 가속해 버린다고 한다. 결국 또 새 건전지를 사지 않으면 안 되게 되었다.

어휘 電池(でんち) 건전지 | ~個(こ) ~개 | そのまま 그대로 | 混(ま)ぜる 섞다 | 消費(しょうひ) 소비 | 加速(かそく) 가속 | 結局(けっきょく) 결국 | 常(つね)に 항상 | 置(お)く 놓다, 두다 | 切(き)れる 다 떨어지다

4 이 글에서 알 수 있는 것은 무엇인가?

1 건전지는 3개만으로 된다.

2 건전지는 헌것과 섞어서 쓰면 시계가 움직이지 않는다.

3 건전지는 새것을 항상 집에 놔두는 편이 좋다.

4 건전지는 새것과 헌것을 함께 사용하면 금방 닳아 버린다.

해설 내용 파악 문제이다. 본문의「電池は、新しいものと古いものを混ぜて使うと、新しい電池の消費が加

速してしまうらしい」라는 부분을 통해 정답이 4번임을 알 수 있다.

문제5 내용 이해 : 중문

실전시험 118 | 내용 이해 : 중문 [1]

▶본서2 p.384

정답 (1) 1 4 2 4 3 3 (2) 1 4 2 2 3 4

(1) 해석

같은 축구부 친구가 다쳤다. 골절된 것 같아서 동네 작은 병원에서 진찰받은 후 큰 병원으로 이동하게 되었다. 이동한 병원은 선생님들이 매우 친절했다. 내가 병원에서 헤매어 버렸을 때 병실까지 안내해 준 선생님도 있었다. 친구의 부상은 수술을 한 후에 재활치료를 하면 지금까지 (해왔던) 대로 연습할 수 있다고 했기 때문에1 안심했다.

입원해 있던 친구가 퇴원했을 때, 친구에게 쾌유 축하 선물로 세제를 받았다. 쾌유 축하 선물이란 병이나 부상이 완치됐을 때 병문안하러 와 준 사람에 대해서 답례로서 주는 것이라고 한다.2 친구가 입원해 있을 때 몇 번인가 병문안하러 갔지만 완치한 후에 답례를 받을 거라고는 생각 못 했기 때문에 깜짝 놀랐다. 왜 세제인지 몰라서 물어봤더니 쾌유 축하 선물로 보내는 것은 나중에 남지 않는 것이 좋다고 한다.3

어휘 けがをする 다치다 | 骨折(こっせつ) 골절 | 移動(いどう) 이동 | 優(やさ)しい 상냥하다, 친절하다 | 迷(まよ)う 헤매다, 망설이다 | 手術(しゅじゅつ) 수술 | リハビリ 재활치료 | ～通(どお)り ~대로 | ～ということだ ~라고 한다 | ほっとする 안심하다 | 退院(たいいん) 퇴원 | 洗剤(せんざい) 세제 | 完治(かんち) 완치 | お見舞(みま)い 병문안 | お返(かえ)し 답례(품) | ～たところ ~했더니 | 贈(おく)る (선물을) 보내다 | 残(のこ)る 남다

1 '나'는 왜 안심했는가?

1 친구가 큰 병원에 입원했기 때문에

2 큰 병원의 선생님들이 친절했기 때문에

3 병원에서 헤맸지만, 무사히 병실까지 갈 수 있었기 때문에

4 친구가 전처럼 축구를 할 수 있다고 들었기 때문에

해설 밑줄의 이유를 찾는 문제이다. 본문의 밑줄 바로 앞에 「～ので」가 있는 문장 「今まで通り練習できるということだったので」라고 있으므로 정답은 4번이다.

2 쾌유 축하 선물이란 무엇인가?

1 입원해 있던 사람에게 빨리 낫도록 주는 것

2 입원해 있던 사람에게 퇴원을 축하하기 위해 주는 것

3 입원해 있던 사람이 신세 진 병원 사람에게 주는 것

4 입원해 있던 사람이 병문안하러 와 준 사람에게 주는 것

해설 질문의 키워드는 「快気祝い」이므로 이것을 본문에서 찾으면 두 번째 단락에 「快気祝いとは、病気やけがが完治したときに、お見舞いに来てくれた人に対して、お返しとしてあげるものだそうだ」라고 있으므로 정답은 4번이다.

3 쾌유 축하 선물이 세제인 것은 왜인가?

1 세제를 좋아해서

2 집에 남겨 둘 수 있는 것이라서

3 소비할 수 있는 것이 좋아서

4 입원해 있을 때 옷을 빨고 싶어서

해설 본문 마지막 문장에 「後に残らないものがいいらしい」라고 있으므로 3번이 정답이다.

(2) 해석

아이에게 무엇을 배우게 하면 좋을까 고민하는 부모가 많다고 생각합니다. 나도 아이에게 무엇을 배우게 할지 아내와 이야기했습니다. 나는 그림을 못 그려서 아이는 그림을 잘 그렸으면 좋겠다고 생각했기 때문에1 그림 그리기 교실에 다니게 하고 싶다고 생각하고 있었습니다. 그런데 아내는 글씨를 예쁘게 쓰게 하고 싶다고 말해서 결국 글씨쓰기(주)를 배우게 하기로 했습니다. 처음에는 글씨 쓰는 연습은 밋밋해서 아이도 금방 질릴 거라고 생각해서 반대했습니다. 그러나 몇 개월 정도 계속해 가는 동안 아이는 글씨가 매우 예뻐지고 집중력도 생겼습니다.2 그것을 보고 나는 글씨쓰기 배우기도 좋다고 생각하게 되었습니다.

나는 글씨쓰기 배우기에 대한 생각이 바뀌었습니다. 글씨가 예뻐지면 주변 사람에게 성실하고 좋은 인상의 이미지를 줄 수 있습니다. 게다가 성인이 되어 사회에 나가서도 도움이 되는 상황이 늘어날 거라고 생각합니다.3 나는 지금은 아이에게 글씨쓰기를 배우게 하길 잘했다고 생각하고 있습니다.

(주) 습자: 글씨를 바르고 예쁘게 쓰는 연습

어휘 習(なら)い事(ごと) 공부 이외에 취미로 배우는 것 | 悩(なや)む 고민하다 | 絵(え) 그림 | 描(か)く 그리다 | 通(かよ)う 다니다 | 結局(けっきょく) 결국 | 習字(しゅうじ) 글씨쓰기 익히기 | 最初(さいしょ) 맨 처음 | 地味(じみ)だ 수수하다, 밋밋하다 | 飽(あ)きる 질리다, 싫증 나다 | 集中力(しゅうちゅうりょく)がつく 집중력이 생기다 | 好印象(こういんしょう) 좋은 인상 | 与(あた)える 주다 | 役(やく)に立(た)つ 도움이 되다

1 '나'는 왜 그림 그리기 교실에 다니게 하고 싶다고 생각했는가?

1 장래에 화가가 되길 바랐기 때문에

2 다른 아이가 그림을 배우고 있기 때문에

3 어릴 때 부모님에 의해 어쩔 수 없이 배웠기 때문에

4 아이는 그림을 잘 그리길 바랐기 때문에

해설 질문의 키워드는 「どうしてお絵かき教室に通わせたいと～」이므로 이 부분은 지문에서 찾으면 세 번째 문장인 「私は絵が下手で、子どもには絵を上手に描いてほしいと思ったので、お絵かき教室に通わせたいと思っていました」에서 정답의 힌트를 찾을 수 있다.

2 글씨쓰기 배우기도 좋다고 생각하게 되었습니다라고 있는데 그것은 왜인가?

1 아이가 바로 그만두지 않았기 때문에

2 글씨뿐만 아니라 집중력도 좋아졌기 때문에

3 글씨쓰기 배우기가 밋밋하지 않았기 때문에

4 좋은 이미지가 있었기 때문에

해설 밑줄의 이유를 묻는 문제이므로 밑줄 앞 문장인 「しかし、何ヶ月か続けていくうちに、子どもは字がとてもきれいになり、集中力もつきました」에서 정답을 찾으면 2번이다.

3 '나'는 지금 글씨쓰기 배우기에 대해서 어떻게 생각하고 있는가?

1 글씨쓰기를 배우면 성실하게 공부할 수 있어서 좋다고 생각하고 있다.

2 글씨가 예뻐지는 것보다 그림을 잘 그리는 편이 좋다고 생각하고 있다.

3 어른이 되고 나서 배워도 되기 때문에, 지금은 공부에 집중해 주었으면 좋겠다고 생각하고 있다.

4 글씨가 예뻐지면 주변에 좋은 인상을 주고 장래에 도움 되는 일이 많을 거라고 생각하고 있다.

해설 두 번째 단락의 「字がきれいになると、周りの人にまじめで好印象なイメージを与えることができます。さらに、大人になって社会に出てからも、役に立つ場面が増えると思います」에서 정답이 4번이라는 것을 알 수 있다.

실전시험 119 | 내용 이해 : 중문 [2]

▶ 본서2 p.388

정답 (1) **1** 4 **2** 2 **3** 4 (2) **1** 3 **2** 4 **3** 2

(1) 해석

어느 회사가 행복도를 측정하는 실험을 실시했습니다. 40명을 두 개의 그룹으로 나누고 같은 금액의 돈을 건넸습니다. 그리고 정해진 시간 내에, 한쪽 그룹은 자기 자신을 위해서 돈을 쓰도록 지시하고 다른 한쪽 그룹은 타인을 위해서 돈을 쓰도록 지시했습니다.[1]

다시 집합했을 때에 40명 모두의 행복도를 조사했습니다. 실험하기 전에는, 타인보다 자신에게 돈을 쓰는 편이 행복도가 높아질 거라고 예상되고 있었습니다. 그러나 실험 결과를 정리했더니 ①예상과는 다른 결과가 나왔습니다. 타인을 위해서 돈을 쓴 사람 쪽이 자신을 위해서 돈을 쓴 사람보다 행복도가 높다는 결과가 나온 것입니다.[2]

그러나 이처럼 높은 행복도를 느끼더라도 모두 단기적으로밖에 지속되지 않습니다. 전문가에 따르면 사람은 인생에서 최고라고 생각할 정도의 행복을 느꼈다 하더라도 시간이 지나면 지날수록 그 행복이 줄어가서 최종적으로는 행복을 느끼기 전과 비슷한 정도로까지 되돌아간다[3]고 합니다. 장기적으로 행복을 느끼기 위해서는 ②더욱더 연구가 필요하다고 합니다.

어휘 ある 어느, 어떤 | 幸福度(こうふくど) 행복도 | 実験(じっけん) 실험 | 行(おこな)う 행하다, 실시하다 | 金額(きんがく) 금액 | 渡(わた)す 건네다 | 片方(かたほう) 한쪽 | 指示(しじ) 지시 | 他人(たにん) 타인 | 再(ふたた)び 다시 | 調査(ちょうさ) 조사 | まとめる 정리하다 | 短期的(たんきてき) 단기적 | 経(た)つ (시간이) 지나다 | ～ば…ほど ~하면 …할수록 | 薄(うす)れる 엷어지다, 희미해지다, 약해지다 | 戻(もど)る 되돌아가다 | 長期的(ちょうきてき) 장기적 | さらに 더욱더 | 研究(けんきゅう) 연구

1 어떤 실험을 했는가?

1 자기 자신에게 어떻게 돈을 쓰면 행복하다고 생각할지를 조사한 실험

2 타인에게 어떻게 돈을 쓰면 행복하다고 생각할지를 조사한 실험

3 얼마만큼 많은 돈을 쓰면 행복할지를 조사한 실험

4 누구를 위해서 돈을 쓰면 행복하다고 생각할지를 조사한 실험

해설 첫 번째 단락의 「片方のグループは自分自身のためにお金を使うように指示し、もう片方のグループは他人のためにお金を使うように指示しました」를 정리하면 4번이 정답이다.

2 ①예상과는 다른 결과가 나왔습니다라고 있는데 결과란 무엇인가?

1 자신을 위해서 돈을 쓴 사람보다 타인을 위해서 돈을 쓴 사람 쪽이 행복하지 않았다.

2 자신을 위해서 돈을 쓴 사람보다 타인을 위해서 돈을 쓴 사람 쪽이 행복했다.

3 타인을 위해서 돈을 쓴 사람보다 자신을 위해서 돈을 쓴 사람 쪽이 행복해 보이지 않았다.

4 타인을 위해서 돈을 쓴 사람보다 자신을 위해서 돈을 쓴 사람 쪽이 행복한 듯이 보였다.

해설 밑줄이 키워드이므로 본문에서 밑줄 바로 뒤 문장을 보면 정답이 2번이다.

3 ②더욱더 연구가 필요하다라고 있는데 왜인가?

1 사람은 시간이 지나면 지날수록 감정이 없어지기 때문에

2 사람은 인생에서 최고의 행복을 느낄 수가 없기 때문에

3 사람은 단기적으로밖에 사물을 기억할 수 없기 때문에

4 사람은 행복을 느껴도 일정 기간이 지나면 행복을 느끼지 않게 되기 때문에

해설 밑줄이 키워드이므로 두 번째 단락의 「人は人生で一番だと思うくらいの幸せを感じたとしても、時間が経てば経つほどその幸せが薄れていき、最終的には幸せを感じる前と同じくらいにまで戻るそうです」를 보면 4번이 정답이다.

(2) 해석

밖에서 갑자기 비가 내려버리면 우산을 갖고 있지 않아 이동이 힘들어져 버리는 경우도 있죠. 비를 맞으면 옷이나 신발이 젖어 버립니다.

어느 TV 프로그램에서 빨리 옷이 마르는 재미있는 방법 1을 소개했습니다. 그것은 옷을 말릴 때에 두꺼운 옷걸이를 사용하는 것입니다. 얇은 옷걸이라도 옷은 마릅니다만, 옷이 들러붙어 버려서 마르는 데에 시간이 걸려 버립니다. 그러나 두꺼운 옷걸이를 사용하면 옷 앞과 뒤의 천 사이에 공간이 생기기 때문에 빨리 마른다고 합니다.2 게다가 다림질을 하고 나서 말리면 열 때문에 옷이 마르는 속도가 더욱더 빨라진다고 했습니다. 실제로 시도해 봤더니 두꺼운 옷걸이를 사용한 옷은 얇은 것보다 2배 빨리 말랐습니다.

집 옷장을 봤더니 우리 집 옷걸이는 대부분 얇은 것이었습니다. 아까운 느낌도 들지만, 전부 새로 사서 바꾸려고 생각합니다.3

어휘 急(きゅう)に 갑자기 I 傘(かさ) 우산 I 衣服(いふく) 의복 I 濡(ぬ)れる 젖다 I テレビ番組(ばんぐみ) TV 프로그램 I 乾(かわ)く 마르다, 건조하다 I 乾(かわ)かす 말리다 I 太(ふと)い 두껍다 I 細(ほそ)い 가늘다, 얇다 I くっつく 들러붙다 I 布(ぬの) 천 I アイロンをかける 다림질하다 I 実際(じっさい) 실제 I 試(ため)す 시험하다, 시도하다 I ~倍(ばい) ~배 I もったいない 아깝다 I 買(か)い替(か)える 새것으로 바꾸다

1 그것이란 무엇인가?

1 두꺼운 옷걸이를 사용하는 방법

2 비 오는 날에 이동하는 방법

3 옷이 마르는 시간을 짧게 하는 방법

4 옷이나 신발이 젖지 않는 방법

해설 지시사가 가리키는 내용을 찾는 문제이므로 それ의 바로 앞 문장인 「早く服が乾くおもしろい方法」가 정답이다.

2 두꺼운 옷걸이에 대해서 맞는 것은 어느 것인가?

1 2배의 수분이라도 빨리 마른다.

2 다리미를 사용하기 쉬워진다.

3 두꺼운 옷걸이를 사용하면 옷의 천이 붙어서 빨리 마른다.

4 얇은 옷걸이에 비해서 수분이 없어지는 게 빠르다.

해설 두꺼운 옷걸이에 대해 올바르게 설명된 선택지를 찾으면 된다. 두 번째 단락의 「しかし」 뒤에 나오는 내용과 선택지를 비교해 보면 정답은 4번이다.

3 '나'는 이제부터 옷걸이를 어떻게 하려고 생각하고 있는가?

1 집에 있는 옷걸이를 전부 버리려고 생각하고 있다.

2 집에 있는 얇은 옷걸이를 전부 두꺼운 것으로 하려고 생각하고 있다.

3 아까우니까 지금까지 (해온) 대로 사용하려고 생각하고 있다.

4 아까우니까 얇은 것을 일부 남겨 두려고 생각하고 있다.

해설 마지막 문장인 「私の家のハンガーはほとんど細いものでした。もったいない気もしますが、全部買い替えようと思います」에서 2번이 정답임을 알 수 있다. 1번이 오답인 이유는 본문에서 우리 집에 있는 옷걸이는 「ほとんど細いもの(대부분 얇은 것)」라고 했기 때문에 '전부 버린다'의 1번은 답이 될 수 없다.

실전시험 120 | 내용 이해 : 중문 [3]

▸본서2 p.392

정답 (1) **1** 3 **2** 2 **3** 4 (2) **1** 1 **2** 3 **3** 2

(1) 해석

대학교 중에는 대학교를 관광지화하고 있는 곳이 있다. 대학교 캠퍼스는 넓고 박물관이나 식물원이 있는 점1 등이 ①매력이다. 최근에는 외국인 관광객이 견학을 위해 단체로 방문하는 일도 있다고 한다.

그러나 나는 대학교는 공부에 전념하는 장소이고 관광지로 해서는 안 된다고 생각하고 있다. 관광객이 늘면 시끄러워져 버리기 때문에, 수업에 방해가 되는 일도 있기 때문이다.2 또한 관계자 이외 출입금지인 장소에 관광객이 잘못 들어갈 가능성도 있다. 학생은 대학교에 놀러 와 있는 것이 아니라 배우러 와 있는 것이기 때문에 학업을 방해하는 일을 해서는 안 된다.

그래도 관광지화하는 것이라면 대학교는 관광객이 지내기 쉬운 환경을 만들기 전에 입장 제한을 만들거나 주말만 개방하거나 하는 등 학생을 지키는 대책을 ②만들어 주면 좋겠다고 생각하고 있다.

어휘 観光地化(かんこうちか) 관광지화 I キャンパス 캠퍼스 I 博物館(はくぶつかん) 박물관 I 植物園(しょくぶつえん) 식물원 I 魅力(みりょく) 매력 I 団

体(だんたい) 단체 | 訪(おとず)れる 방문하다 | 専念(せんねん) 전념 | 騒(さわ)がしい 시끄럽다, 소란스럽다 | じゃま 방해 | 関係者(かんけいしゃ) 관계자 | 立(た)ち入(い)り禁止(きんし) 출입금지 | 間違(まちが)える 잘못하다, 틀리다 | 可能性(かのうせい) 가능성 | 学業(がくぎょう) 학업 | 妨(さまた)げる 방해하다 | 環境(かんきょう) 환경 | 制限(せいげん) 제한 | 解放(かいほう) 개방 | 守(まも)る 지키다 | 対策(たいさく) 대책

1 ①매력이라고 있는데 어떠한 것인가?

1 대학교를 관광지화하고 있는 것

2 견학을 자유롭게 할 수 있는 것

3 다양한 시설이 있는 것

4 외국인 관광객이 오는 것

해설 '매력'이 있는 문장을 보면「広くて博物館や植物園があること」라고 있고 이 부분을 다른 표현으로 바꾼 3번이 정답이다.

2 '나'는 왜 대학교를 관광지로 해서는 안 된다고 생각하고 있는가?

1 학생이 많아서 시끄러워지기 때문에

2 학생이 학업에 전념할 수 없기 때문에

3 관광객이 수업을 견학하면 방해가 되기 때문에

4 들어가면 안 되는 곳에 들어가서 놀기 때문에

해설 두 번째 단락에 질문의 키워드와 일치하는 문장인「観光客が増えると、騒がしくなってしまうため、授業のじゃまになることもある」를 보면 정답은 2번이다.

3 ②만들어 주면 좋겠다고 생각하고 있는 것은 누구인가?

1 학생

2 관광객

3 대학교

4 나

해설 마지막 단락은 필자의 생각을 말하는 문장이므로 정답은 4번이다.

(2) 해석

옷을 살 때에 프리 사이즈라는 표기를 봅니다. 이 프리 사이즈의 의미를 이해하고 있는 사람은 얼마나 있는 것일까요?

대부분의 사람은 누구든지 입을 수 있는 사이즈[1]라는 의미라고 생각하고 있는 것 같습니다만, 실제로는 ①그렇지 않은데 프리 사이즈로서 판매되고 있는 상품이 많이 있어서 사 봤지만, 입을 수 없었다는 경험을 가진 사람도 많다고 생각합니다. 사실은 프리 사이즈에는 한 가지 더 의미가 있어서 사이즈가 1개밖에 없는 경우에도 사용되기 때문에 그런 일이 일어난다고 합니다. 그런 경우 원 사이즈라고 써야 한다고 생각합니다만, 그렇게 하면 고객의 만족도를 무시한다든가 제품 만들기를 게을리하고 있다든가 들을지도 모르기 때문에[2] ②단어를 선택해서 표기하고 있는 것입니다.

사이즈 표기는 자세한 규제가 있는 것은 아니므로 현시점에서는 괜찮습니다만, 국가에서 적절한 규칙을 만들어 놓지 않으면 언젠가 큰 문제가 일어날지도 모릅니다.[3]

어휘 洋服(ようふく) 양복, 옷 | 表記(ひょうき) 표기 | たいてい 대개, 대체로 | 販売(はんばい) 판매 | 経験(けいけん) 경험 | 満足度(まんぞくど) 만족도 | 無視(むし) 무시 | 製品(せいひん)づくり 제품 만들기 | サボる 땡땡이치다, 게으름 피우다 | 選(えら)ぶ 고르다 | 細(こま)かい 잘다, 자세하다 | 規制(きせい) 규제 | 現時点(げんじてん) 현시점 | 適切(てきせつ)だ 적절하다 | 起(お)こる 일어나다

1 ①그렇지는 무엇을 가리키고 있는가?

1 누구나 입을 수 있는 크기의 옷

2 샀는데 입을 수 없는 옷

3 사이즈가 1개밖에 없는 옷

4 만족도를 생각하지 않은 옷

해설「そう」는 바로 앞의「だれでも着られるサイズ」를 가리킨다.

2 ②단어를 선택해서라는 것은 어떠한 의미인가?

1 사이즈를 잘 알도록 표기하는 것

2 프리 사이즈의 의미를 표기하는 것

3 원 사이즈를 프리 사이즈라고 표기하는 것

4 게으름 피우고 있는 것을 모르게 하는 것

해설 프리 사이즈에는 원 사이즈라는 의미도 포함되어 있는데, 원 사이즈라고 표기하면 고객의 만족도를 무시하거나 제품 만들기를 소홀히 하고 있다고 여겨질지도 모르기 때문에 원 사이즈를 프리 사이즈라고 표기한다고 했으므로 정답은 3번이다.

3 필자가 말하고 싶은 것은 무엇인가?

1 입을 수 없는 옷을 사지 않도록 해 주면 좋겠다.

2 사이즈 표기에 대해서 규칙을 만들어 주면 좋겠다.

3 고객을 생각해서 옷을 만들어 주면 좋겠다.

4 옷을 살 때에는 사이즈 표기를 잘 봐 주면 좋겠다.

해설 마지막 단락의「国で適切なルールを作っておかないと、いつか大きな問題が起こるかもしれません」에서 필자의 생각을 알 수 있으므로 정답은 2번이다.

문제6 **내용 이해 : 장문**

실전시험 121 | 내용 이해 : 장문 [1]

▶ 본서2 p.400

정답 1 3 2 2 3 2 4 3

해석

최근 집 근처에 대형 슈퍼마켓이 생겼다. 가게 내부는 매우 넓어서 전부 보는 데에 상당한 시간이 필요할 정도이다. 가게 앞에는 광범위한 주차장이 펼쳐져 있다. 몇 번인가 방문해 봤지만 손님은 적고 가게는 항상 텅텅 비어 있는 인상이었다. 모처럼 새로 생겼는데 금방 망해버리는 것은 아닌가 하고 조금 걱정했다.1

어느 날 그 슈퍼마켓이 TV에서 소개되고 있었다. TV 정보에 따르면, 그 슈퍼마켓의 매상은 내 걱정과는 반대로 매년 증가하고 있다고 한다.

매상이 증가하고 있는 첫 번째 이유는 슈퍼마켓의 넓이이다. 도심부라면 월세가 부담이 되어 버리지만 이 가게는 교외에 있기 때문에 월세 걱정은 필요 없다. 덕분에 넓은 공간을 확보할 수 있고, 설령 주말 등에 손님이 많이 방문해도 가게가 붐비고 있다고는 느끼기 어렵다.2 그 결과, 쾌적하게 쇼핑을 할 수 있고 또 이 가게를 이용하고 싶다는 손님이 늘어나고 있는 것이다. 가게 내부에 사람이 적은 것에는 이유가 있었던 것이다.

다른 하나의 이유는 한 번 상품의 가격을 정하면 가능하면 그 가격을 유지하는 것이다.3 게다가 낮은 가격의 판매를 실시해서 이 가게에 가면 항상 같은 가격으로 저렴한 상품을 살 수 있다는 손님의 신뢰를 얻음으로써 손님이 몇 번이나 방문하게 되는 것이다.

내가 걱정하고 있던 가게는 순조롭게 매상을 늘리고 있는 것 같다. 가게는 항상 붐비고 있는 것보다도 쇼핑할 때의 스트레스를 가능한 한 줄여서 항상 이용해 주는 단골을 늘리는 편이 중요한 것임을 알았다.4

어휘 大型(おおがた) 대형 | 店内(てんない) 점내, 가게 내부 | かなり 꽤, 상당히 | 広範囲(こうはんい) 광범위 | 駐車場(ちゅうしゃじょう) 주차장 | 広(ひろ)がる 넓어지다, 퍼지다 | 訪(おとず)れる 방문하다 | ガラガラ 텅텅 비어 있는 모양 | 印象(いんしょう) 인상 | せっかく 모처럼 | つぶれる 찌부러지다, 망하다 | 情報(じょうほう) 정보 | 反対(はんたい) 반대 | 増加(ぞうか) 증가 | 都心部(としんぶ) 도심부 | 家賃(やちん) 집세, 월세 | 負担(ふたん) 부담 | 郊外(こうがい) 교외 | おかげで 덕분에 | 確保(かくほ) 확보 | たとえ~ても 비록 ~일지라도 | 快適(かいてき) 쾌적 | ~わけだ ~인 셈이다 | 価格(かかく) 가격 | 維持(いじ) 유지 | 信頼(しんらい) 신뢰 | 得(え)る 얻다 | 順調(じゅんちょう)に 순조롭게 | 伸(の)ばす 늘리다 | 減(へ)らす 줄이다 | リピーター 단골 | 大切(たいせつ)だ 소중하다, 중요하다

1 '나'는 왜 걱정했는가?

1 가게가 너무 넓었기 때문에

2 손님이 적다고 생각했기 때문에

3 가게가 없어져 버릴 거라고 생각했기 때문에

4 가게 매상이 증가하고 있지 않기 때문에

해설 첫 번째 단락 마지막 문장인 「せっかく新しくできたのに、すぐつぶれてしまうのではないかと少し心配した」에서 정답이 3번임을 알 수 있다.

2 가게 내부에 사람이 적은 것에는 이유가 있었던 것이다라고 있는데 어떠한 의미인가?

1 교외에 있기 때문에 차가 없는 사람은 쇼핑할 수 없는 것

2 가게가 넓기 때문에 손님이 많아도 적은 것처럼 보이는 것

3 도심부에 있는 가게에 비해 교통 접근성이 좋지 않은 것

4 쾌적하게 쇼핑은 할 수 있지만 너무 넓어서 지치기 쉬운 것

해설 세 번째 단락을 보면 이 가게는 교외에 있기 때문에 넓어서 손님이 많아도 붐빈다고 느끼기 어렵다고 했으므로 정답은 2번이다.

3 이 글에서는 손님의 신뢰를 얻기 위해서 어떤 것을 해야 한다고 말하고 있는가?

1 가게를 더 넓게 한다.

2 가격을 바꾸지 않고 판다.

3 계속 싸게 해서 판다.

4 세일을 많이 해서 손님을 부른다.

해설 네 번째 단락을 보면 한 번 가격을 결정하면 가능한 한 그 가격을 유지함으로써 손님의 신뢰를 얻는다는 내용이 있으므로 정답은 2번이다.

4 '나'는 이 가게에서 어떤 것을 배웠는가?

1 넓은 가게를 만드는 것이 가장 중요하다.

2 항상 손님이 많이 있는 가게로 하는 것이 중요하다.

3 몇 번이나 이용해 주는 손님을 늘리는 것이 중요하다.

4 가능하면 싼 가격으로 파는 것이 중요하다.

해설 마지막 단락에서 「いつも利用してくれるリピーターを増やすことの方が大切なことがわかった」라고 했으므로 정답은 3번이다.

실전시험 122 | 내용 이해 : 장문 [2]

▶본서2 p.402

정답 1 3 2 2 3 3 4 4

해석

지난 주말 호텔에 근무하고 있는 친구와 오랜만에 만났다. 약속 시간에 꽤 늦게 온 친구는 분명 지쳐 있었고, '오늘은 술을 안 마시는 게 좋을 것 같아'라고 힘없는 목소리를 냈다. 요즘 고객이 늘어서 고맙지만, 늘면 늘수록 분실물도 많아져서 그 탓에 일이 바쁜 것이라고 한다.

①호텔 분실물은 보통 사람이 생각하는 분실물과는 조금 다르다고 한다. 일본의 대다수 호텔에서는 고객이 방에 남겨 두고 간 물건 중에서 쓰레기통에 들어있지 않은 물건은 모두 분실물이 된다.[1] 그 이유는 예를 들면 마시다 만 페트병의 물, 다 읽은 신문, 세면대에 놓아둔 채 있는 화장품 등이 만약 고객에게 있어서 쓰레기였다 하더라도, 호텔 측으로서는 그것을 구별할 수 없기 때문이다. 지갑이나 휴대전화 등 중요한 것만큼은 고객에게 연락하지만, 그 이외는 연락하지 않는다. 그러나 그것들도 일정 기간은 ②맡아 두는 규칙이 있다. 몇 개월부터 몇 년, 식품이라도 며칠 후에 가지러 오는 사람이 있기 때문이다.[2] 그리고 맡아 둔 이상 그것이 언제, 어디에서, 누가 잊어버린 물건인지 기록해야 해서, 그 탓에 매일 몇 시간이나 잔업하고 있다고 한다.

그런 그의 잔업을 줄일 방법은 ③하나밖에 없다. 그것은 고객이 쓰레기통을 사용해 주는 것[3]이다. 쓰레기통에 들어있는 물건과 쓰레기통에 들어있지 않고 옆에 놓여 있는 물건은 쓰레기로서 버릴 수 있기 때문이다.

'종류마다 나누지 않아도 돼, 마시다 만 것이나 먹다 만 것이어도 돼. 필요 없는 물건은 전부 쓰레기통에 넣어주면 좋겠어. 그렇게 하면 매일 몇 시간이나 잔업하지 않아도 되고, 일찍 일을 마치고 편하게 쉴 수 있을 텐데…[4]'라고 말하며 큰 한숨을 쉬었다.

어휘 勤(つと)める 근무하다 | 明(あき)らかに 분명히, 명백히 | ありがたい 감사하다, 고맙다 | ～ば…ほど ~하면 …할수록 | 忘(わす)れ物(もの) 분실물 | そのせいで 그 탓에, 그 때문에 | 残(のこ)す 남기다 | 飲(の)みかけ 마시다 맒 | 洗面所(せんめんじょ) 세면대 | 置(お)きっぱなし 놓아둔 채 | 化粧品(けしょうひん) 화장품 | ～としても ~라 할지라도 | ～側(がわ) ~측 | 区別(くべつ) 구별 | 財布(さいふ) 지갑 | 以外(いがい) 이외 | 一定(いってい) 일정 | 期間(きかん) 기간 | 預(あず)かる 맡다 | ルール 룰, 규칙 | 記録(きろく) 기록 | ～わけにはいかない ~할 수 없다 | 残業(ざんぎょう) 잔업 | 減(へ)らす 줄이다 | 横(よこ) 옆 | 捨(す)てる 버리다 | 種類(しゅるい) 종류 | ～ごとに ~마다 | 食(た)べかけ 먹다 맒 | ため息(いき)をつく 한숨을 쉬다 | うっかり 깜빡

1 ①호텔 분실물은 보통 사람이 생각하는 분실물과는 조금 다르다고 있는데 어떠한 의미인가?

1 호텔에서는 고객이 깜박 놓고 온 것만이 분실물이 된다는 것
2 호텔에서는 고객이 방에 두고 간 것이 전부 분실물이 된다는 것
3 호텔에서는 고객이 쓰레기통을 이용하지 않았던 것이 전부 분실물이 된다는 것
4 호텔에서는 고객으로부터 연락이 있었던 것만이 분실물이 된다는 것

해설 밑줄 뒤를 보면 일본 호텔에서는 손님이 남겨 둔 물건 중에서 쓰레기통에 들어 있지 않는 물건은 전부 분실물이라고 했으므로 정답은 2번이다.

2 ②맡아 두는 규칙이 있다는 것은 왜인가?

1 고객에게 연락하지 않으면 안 되기 때문에
2 고객이 가지러 올지도 모르기 때문에
3 버리는 것은 아깝기 때문에
4 기록하지 않으면 안 되기 때문에

해설 밑줄 뒤의 문장을 보면 가지러 오는 사람이 있기 때문이라고 했으므로 정답은 2번이다.

3 ③하나밖에 없다라고 있는데 그것은 무엇인가?

1 분실물을 기록하지 않도록 하는 것
2 고객에게 연락하지 않도록 하는 것
3 고객의 분실물을 줄이는 것
4 방에 있는 쓰레기통을 사용하지 않도록 하는 것

해설 고객이 쓰레기통을 사용하지 않고 방에 두고 간 물건은 전부 분실물이 되고, 그것을 기록하기 위해 매일 잔업을 하고 있다. 따라서 잔업을 줄이는 방법은 고객의 분실물을 줄이는 방법밖에 없으므로 정답은 3번이다.

4 필자의 친구는 왜 한숨을 쉬었는가?

1 과음해서
2 호텔 고객이 너무 늘어서
3 고객으로부터의 전화가 너무 많아서
4 요즘 잔업이 너무 많아 피곤해서

해설 마지막 단락에 필자의 친구가 한 말과 전체적인 내용을 통해 미루어 보아 정답은 4번이라는 것을 알 수 있다.

실전시험 123 | 내용 이해 : 장문 [3]

▶본서2 p.404

정답 1 2 2 4 3 3 4 1

해석

여러분은 여행으로 처음인 장소에 갔을 때, 갈 때보다 돌아오는 쪽이 가깝게 느껴진 적은 없습니까?[1] 이것은 '귀가 효과(帰宅効果)'라고 불리며, 지금도 많은 연구자에 의해서 연구가 계속되고 있는 테마입니다.

오랫동안 ①그 원인은 갈 때보다 돌아오는 쪽이 익숙하기 때문이라고 생각되어져 왔습니다. 갈 때는 길을 헤매지 않도록 신경 쓰지만, 돌아올 때는 그럴 필요가 없기 때문에 그것도 납득할 수 있습니다. 그러나 어느 연구자의 조사에 의해서 다른 원인이 있다는 것을 알았다고 합니다.

그 조사는 350명이 처음 가는 장소로 여행을 하고, 갈 때와 돌아올 때의 시간 감각을 비교하는 것이었습니다. 돌아올 때를 가깝게 느낀 사람 중에서 갈 때 시간이 너무 걸려서 실망한 사람일수록 귀가 효과(帰宅効果)가 높아졌다고 알게 되었습니다. 또한 출발 전에 '이 여행은 길어요(오래 걸려요)'라고 전달받았던 사람에게는[2] ②귀가 효과(帰宅効果)가 나오지 않았습니다.

이 조사 결과로부터 연구자는 '인간은 가는 데에 걸리는 시간을 짧게 예상해 버려서 그 탓에 목적지까지를 생각했던 것보다 멀게 느낀다. 그것을 반성하고 돌아올 때는 길게 걸릴 거라고 예상하기 때문에 생각했던 것보다 가깝게 느낀다'라는 결론을 내고, '③귀가 효과(帰宅効果)를 잘 이용하면 여러 가지 장면에서 도움이 될 것이다'라고 발표했습니다. 그것은 무언가를 할 때 끝나는 시간을 늦게, 걸리는 시간을 길게 예상해 두는 것입니다. 우리 집이라면 나는 외출 준비에 시간이 걸리는 아내에게 화를 낼 일도 없고,[3] 반대로 아내는 매일 늦게 귀가하는 나에 대해 화내는 일도 없어져서 귀가 효과(帰宅効果)는 평화로운 가정을 이루는 데에 도움이 될지도 모릅니다.

어휘 初(はじ)めて 처음 | 場所(ばしょ) 장소 | 研究(けんきゅう) 연구 | テーマ 테마 | 原因(げんいん) 원인 | 慣(な)れる 익숙해지다 | 道(みち)に迷(まよ)う 길을 헤매다 | 気(き)を遣(つか)う 신경 쓰다, 배려하다 | 納得(なっとく) 납득 | 調査(ちょうさ) 조사 | 他(ほか) 그 밖 | 感覚(かんかく) 감각 | 比(くら)べる 비교하다 | がっかりする 실망하다 | ~ほど ~일수록 | 予想(よそう) 예상 | そのせいで 그 탓에 | 目的地(もくてきち) 목적지 | 反省(はんせい) 반성 | 結論(けつろん) 결론 | 場面(ばめん) 장면 | 役(やく)に立(た)つ 도움이 되다 | 発表(はっぴょう) 발표 | 遅(おそ)めに 늦게 | 長(なが)めに 길게 | 支度(したく) 준비, 채비 | 腹(はら)を立(た)てる 화를 내다 | 逆(ぎゃく) 역, 반대 | 平和(へいわ) 평화로움 | 家庭(かてい)を築(きず)く 가정을 이루다, 가정을 꾸리다

1 ①그라고 있는데 무엇을 가리키고 있는가?

1 여행으로 처음 가는 장소에 가는 것
2 갈 때보다 돌아오는 편을 가깝게 느끼는 것
3 갈 때보다 돌아오는 편을 멀게 느끼는 것
4 지금도 연구가 계속되고 있는 것

해설 '그'는 '帰宅効果(귀가 효과)'를 말하며 이에 대한 설명은 첫 번째 줄에 나와 있으므로 정답은 2번이다.

2 ②귀가 효과(帰宅効果)가 나오지 않았습니다의 이유는 왜인가?

1 여행지까지 멀어서 반성했기 때문에
2 여행지가 잘 알고 있는 장소였기 때문에
3 여행지가 가고 싶지 않은 장소여서 실망했기 때문에
4 여행지까지 시간이 걸리는 것을 알고 있었기 때문에

해설 밑줄의 이유를 묻는 문제이다. 세 번째 단락을 보면 갈 때 시간이 너무 걸려서 실망한 사람일수록 귀가 효과(帰宅効果)가 높게 나타났고, 출발 전에 여행이 길 거라는 것을 전달받은 사람은 귀가 효과(帰宅効果)가 나오지 않았다고 했으므로 정답은 4번이다.

3 ③귀가 효과(帰宅効果)를 잘 이용한다라는 것은 어떠한 것인가?

1 아내가 화났을 때, 빨리 집에 돌아가도록 하는 것
2 여행을 할 때, 오고 가는 시간 감각을 비교하는 것
3 외출할 때, 아내의 준비는 시간이 걸릴 거라고 예상하는 것
4 무언가를 할 때, 끝나는 시간이나 걸리는 시간을 적게 예상하는 것

해설 밑줄의 의미를 묻는 문제이다. 밑줄 다음 문장을 보면 무언가를 할 때 끝나는 시간은 늦게, 걸리는 시간을 길게 예상해 둔다고 했다. 필자는 이것을 외출 준비하는 데에 시간이 걸리는 아내에게 이용하면 화를 내지 않아도 된다고 말하고 있으므로 정답은 3번이다.

4 이 글에서 필자가 가장 말하고 싶은 것은 무엇인가?

1 귀가 효과의 원인과 이용법
2 여행지에서 일찍 돌아오는 방법
3 귀가 효과 연구의 중요성
4 귀가 효과를 느끼기 쉬운 사람의 특징

해설 필자는 귀가 효과(帰宅効果)의 원인에 대해 서술했고, 이것을 잘 이용하면 여러 가지 상황에 도움이 된다고 말하며 그 예로 평화로운 가정을 이룰 수도 있다고 했으므로 정답은 1번이다.

실전시험 124 | 내용 이해 : 장문 [4]

➤본서2 p.406

정답 **1** 2 **2** 2 **3** 3 **4** 4

해석

최근 인터넷으로 물건을 주문해서 집까지 배달해 주는 시스템을 이용하는 사람이 계속해서 늘어나고 있습니다. 그것에 의해 택배업자는 일이 늘어 항상 시간에 맞추도록 빨리 짐을 운반하는 것이 요구됩니다. 그래서 택배업 일을 하고 있는 친구에게 빨리 택배를 행하기 위해서 궁리하고 있는 것을 물었습니다.

'택배업자' 하면 대부분의 사람은 체력이 가장 중요하다고 생각할지 모릅니다. 실제로 택배업자에는 힘이 세고 무

거운 짐을 많이 나를 수 있는 사람이 많습니다.[1] 그러나 ①그러한 사람들은 의외로 짐을 나르는 데 시간이 걸려버리는 경우가 있습니다.

내 친구도 일을 막 시작했을 무렵, 체력에는 자신이 있었기 때문에 별로 피곤하지 않았습니다만, 짐을 전부 다 배달하는데 예상 이상으로 시간이 걸려버렸다고 합니다. 처음에는 시행착오를 겪으면서 짐을 운반했는데, 일을 해 가는 동안 머리를 써야 한다는 것을 깨달았습니다.[2]

빨리 짐을 배달하기 위해서 우선은 배달하는 지역의 지도를 머리에 넣어 둡니다. 그리고 짐을 트럭에 실을 때 머릿속에서 지도를 떠올리며 어떻게 짐을 실으면 효율 좋게 짐을 넣고 뺄 수 있는지를 생각하지 않으면 안 됩니다.[3]

길이 막히거나 날씨가 나쁘거나 하면 여느 때와 마찬가지로 일을 하는 것이 어려워집니다. 평소보다도 짧은 시간에 짐을 배달해야 합니다만 그러한 때에 시간 내에 일을 끝낼 수 있었을 때의 ②기쁨은 잊을 수 없다고 합니다.[4] 나는 여러 가지 일을 생각하면서 더워도 추워도 무거운 짐을 운반해서 손님께 배달하고 있는 친구에 대해서 훌륭하다고 생각했습니다.

어휘 届(とど)ける 배달하다 | どんどん 계속해서 | 宅配業者(たくはいぎょうしゃ) 택배업자 | 間(ま)に合(あ)う 제시간에 맞추다 | 運(はこ)ぶ 운반하다, 나르다 | 求(もと)める 구하다 | そこで 그래서 | 工夫(くふう) 고안, 궁리 | 体力(たいりょく) 체력 | 実際(じっさい)に 실제로 | 意外(いがい)にも 의외로 | 試行錯誤(しこうさくご) 시행착오 | 気(き)がつく 알아차리다, 깨닫다 | 配達(はいたつ) 배달 | 地域(ちいき) 지역 | 地図(ちず) 지도 | 営業所(えいぎょうしょ) 영업소 | 載(の)せる 싣다 | 思(おも)い浮(う)かべる 떠올리다, 연상하다 | 効率(こうりつ) 효율 | 普段(ふだん) 평소 | すばらしい 훌륭하다

1 ①그러한 사람들이란 어떤 사람인가?

1 많은 사람
2 힘이 있는 사람
3 짐을 수취하는 사람
4 짐을 빨리 나르는 사람

해설 밑줄 바로 앞 문장인 「実際に宅配業者には力が強くて、重い荷物をたくさん運べる人が多いです」에서 정답을 찾으면 된다.

2 친구는 일을 하면서 어떤 것을 알아차렸는가?

1 택배 일에 가장 필요한 것은 체력이라는 것
2 여러 가지 생각하면서 일을 해야 하는 것
3 짐을 운반하는 데에 생각했던 것보다 시간이 걸리는 것
4 자신에게 체력이 별로 없는 것

해설 세 번째 단락 마지막 문장 「～仕事をしていくうちに、頭を使わなければならないことに気がつきました」라고 있으므로 정답은 2번이다.

3 친구가 일을 할 때에 하고 있는 궁리란 무엇인가?

1 무거운 짐을 나를 수 있도록 체력을 기르는 것
2 영업소에 가까운 장소부터 짐을 배달하는 것
3 빨리 꺼낼 수 있도록 생각해서 트럭에 짐을 싣는 것
4 머릿속에서 지도를 그리며 길을 외우는 것

해설 네 번째 단락의 「そのため～」의 문장에서 보면 정답은 3번임을 알 수 있다.

4 친구는 어떤 때에 ②기쁨을 느끼는가?

1 어려운 일이 전부 끝났을 때
2 효율 좋게 트럭에 짐을 실을 수 있었을 때
3 평소보다 짐이 많아도 시간 내에 끝냈을 때
4 상황이 나빠도 여느 때처럼 일을 할 수 있었을 때

해설 마지막 단락에서 길이 막히거나 날씨가 나쁘면 평소처럼 일을 하기 어려운데 '그런 때에 시간 내에 일을 끝낼 수 있었을 때'라고 나와 있으므로 정답은 4번이다.

실전시험 125 | 내용 이해 : 장문 [5]

▶본서2 p.408

정답 **1** 3 **2** 3 **3** 2 **4** 4

해석

일본에서 일본어를 공부하고 있는 유학생들에게 일본에서의 식사에 대해서 들은 적이 있다. 일본 음식은 입에 맞지 않는 건 아닐까 생각했지만 의외로 일본 식사는 맛있다는 대답이 돌아와서[1] ①깜짝 놀랐다. 유학생 중에는 매일 편의점 도시락이나 외식으로 때우고 있는 학생이 있어서 그들의 건강 상태도 매우 걱정이다. 그러나 그들은 그것을 신경 쓰기는커녕 편의점 도시락이나 외식을 편리하고 좋은 것이라고 생각하고 있는 것 같았다.

그들에 따르면 슈퍼마켓 재료를 사서 스스로 요리를 하기에는 재료가 너무 많아서 다 쓸 수 없다고 한다. 레퍼토리가 풍부한 것도 아니고 아무리 자신이 만드는 편이 낫다고 해도 매일 비슷한 메뉴로는 견딜 수 없다고 한다.[2] 한편, 편의점 도시락이나 외식이라면 양 조절도 할 수 있고, 매일 다른 것을 먹을 수 있는 데다가 맛도 좋다. 물론 요리를 잘하는 사람은 자신이 만들어 먹는 것도 문제없을지 모르겠지만, 자기 나라에서 공부만 하고 있던 학생은 요리 같은 거 할 수 있을 리가 없어서 스트레스가 쌓여 오히려 몸에 나쁘다고 한다.

또한 ②이런 이야기도 들려왔다. 일본 편의점 도시락은 사용되어지고 있는 재료가 가격 옆에 제대로 써 있기 때문에 안심이라고 한다.[3] 외식하는 곳에서도 재료의 생산지가 벽에 붙어 있는 경우가 많다. 확실히 잘못된 정보가 쓰여 있는 경우는 없다고 생각하지만, 그 재료 자체가 몸에

나쁠 가능성이 있는 것은 생각하고 있지 않은 것 같다.

그들이 본래의 목적인 공부를 제대로 할 수 있도록 건강을 지키는 것은 중요한 일이다. 그렇게 생각하면 현재의 식생활 재고는 그들에게 있어서 중요한 과제가 아닐까?4

어휘 口(くち)に合(あ)わない 입에 맞지 않다 ｜ 弁当(べんとう) 도시락 ｜ 外食(がいしょく) 외식 ｜ 済(す)ませる 끝내다, 때우다 ｜ 健康(けんこう) 건강 ｜ 状態(じょうたい) 상태 ｜ 気(き)にする 신경 쓰다 ｜ どころか ~하기는커녕 ｜ 材料(ざいりょう) 재료 ｜ ます형 + 切(き)れない 다 ~할 수 없다 ｜ 豊富(ほうふ) 풍부 ｜ ～わけでもない ~인 것도 아니다 ｜ いくら～ても 아무리 ~해도 ｜ 耐(た)える 견디다, 참다 ｜ 一方(いっぽう) 한편 ｜ 量(りょう) 양 ｜ 調節(ちょうせつ) 조절 ｜ さらに 게다가 ｜ 逆(ぎゃく)に 반대로 ｜ 値段(ねだん) 가격 ｜ 横(よこ) 옆 ｜ 壁(かべ) 벽 ｜ 貼(は)る 붙이다 ｜ 確(たし)かに 확실히 ｜ 誤(あやま)る 잘못되다 ｜ 情報(じょうほう) 정보 ｜ 目的(もくてき) 목적 ｜ しっかり 제대로 ｜ 保(たも)つ 지키다, 유지하다 ｜ 重要(じゅうよう) 중요 ｜ 現在(げんざい) 현재 ｜ 見直(みなお)し 재고, 다시 생각함 ｜ 課題(かだい) 과제

1 ①깜짝 놀랐다고 있는데 왜 깜짝 놀랐는가?

1 학생의 건강 상태가 나쁘기 때문에

2 요리를 할 수 있는 학생이 적기 때문에

3 일본 요리가 입에 맞는 학생이 많았기 때문에

4 편의점 도시락과 외식만 먹고 있기 때문에

해설 밑줄이 있는 문장에서 정답을 찾으면 된다. 필자는 입에 안 맞을 거라고 생각했는데 의외로 맛있다는 대답이 돌아왔다고 했으므로 정답은 3번이다.

2 학생들에게 있어서 견딜 수 없는 것은 무엇인가?

1 공부만 해야 하는 것

2 건강을 지켜야 하는 것

3 매일 비슷한 요리를 만들어 먹는 것

4 요리를 잘하는 사람이 요리를 너무 많이 만드는 것

해설 두 번째 단락의 내용 파악 문제이다. 따라서 두 번째 단락의 두 번째 문장인 「レパートリーが豊富なわけでもないし、いくら自分で作る方がいいと言っても毎日同じようなメニューでは耐えられないそうだ」에서 알 수 있듯이 정답은 3번이다.

3 ②이런 이야기란 어떤 이야기인가?

1 일본 편의점 도시락은 가격을 알 수 있어서 안심이다.

2 일본 편의점 도시락은 사용된 재료를 알기 쉽다.

3 일본 레스토랑에서는 재료가 어디에서 났는지 알 수 없다.

4 일본 레스토랑에서는 건강에 좋은 재료를 사용하고 있는지 어떤지 모르겠다.

해설 밑줄 문제이므로 밑줄이 있는 문장인 「日本のコンビニの弁当は、使われている材料が値段の横にきちんと書かれているので安心だというのだ」에서 정답을 찾으면 2번이다.

4 필자가 하고 싶은 말은 무엇인가?

1 일본 음식이 유학생의 입에 맞으니까 편의점 상품을 다양화하지 않으면 안 된다.

2 레스토랑이나 도시락에는 재료의 생산지가 표기되어 있으므로 안심하고 먹을 수 있다.

3 외식이나 도시락은 영양의 균형이 맞지 않기 때문에 스스로 제대로 만들어 먹는 편이 좋다.

4 공부하려면 건강을 유지하는 것이 중요하기 때문에 지금까지의 식생활을 다시 생각할 필요가 있다고 생각한다.

해설 필자의 생각은 마지막 단락에 나와 있으므로 정답은 4번이다.

실전시험 126 ｜ 내용 이해 : 장문 [6]

▶본서2 p.410

정답 **1** 4 **2** 3 **3** 4 **4** 2

해석

친구와 가라오케에 갔을 때의 이야기이다. 제일 좋아하고 추억으로 남아있는 노래를 부르고 있었더니 친구가 '이 노래 되게 추억으로 남아 있어'하고 말했다. 이야기를 들어봤더니 대학교 수험공부가 잘되지 않아서 우울해 있을 때 이 노래를 듣고 용기를 얻었다고 한다.1 그 후에도 추억의 노래에 대해서 이야기에 꽃이 피었는데 친구의 이야기 속에는 여러 가지 노래가 나와서 조금 놀랐다. 기뻤을 때, 해외여행 갔을 때, 시합에서 이겼을 때 등 각각의 추억에 다른 곡을 떠올린다고 한다.

어느 날, TV를 보다가 흥미 깊은 내용이 방송되고 있었다. 어느 회사의 조사에 따르면 성별에 따라 추억의 곡에 대한 생각이 다르다는 것을 알았다고 한다. 추억의 곡이 있는가라는 질문에 대해서 남성은 '한 곡'이라고 대답한 사람이 많았던 것2과는 반대로 여성은 '다섯 곡 이상'이라고 대답한 사람이 많았다.

이 결과로부터 생각할 수 있는 것은 남성은 한 곡에 대한 추억이 상당히 강하고, 평생의 추억이 되는 장면이 몇 번인가 있어도 같은 곡을 듣는 일이 많다고 한다. 한편 여성은 다양한 추억에 각각 추억의 곡이 있고 노래를 들으면서 동시에 어느 특정한 장면을 떠올리고 있다는 것을 알았다.3

평소에 어느 정도 음악을 듣는지에 따라서도 다르다고 생각하지만, 친구와 내 추억의 곡 수의 차이는 이 조사 결과에 맞을지도 모른다고 느꼈다. 음악을 많이 듣는 것도 좋다고 생각하지만, 나는 앞으로도 추억이 있는 한 곡을 다양한 장면에서 들으며 소중히 해 가고 싶다고 생각했다.4

> 어휘 思(おも)い出(で) 추억 ㅣ 残(のこ)る 남다 ㅣ 曲(きょく) 곡 ㅣ 受験(じゅけん) 수험 ㅣ 落(お)ち込(こ)む 우울해지다 ㅣ 勇気(ゆうき) 용기 ㅣ 咲(さ)く 피다 ㅣ 驚(おどろ)く 놀라다 ㅣ 嬉(うれ)しい 기쁘다 ㅣ 試合(しあい) 시합 ㅣ 勝(か)つ 이기다 ㅣ 思(おも)い出(だ)す 생각해 내다, 떠올리다 ㅣ ある日(ひ) 어느 날 ㅣ 興味深(きょうみぶか)い 흥미 깊다 ㅣ 放送(ほうそう) 방송 ㅣ 調査(ちょうさ) 조사 ㅣ 性別(せいべつ) 성별 ㅣ 非常(ひじょう)に 상당히 ㅣ 一生(いっしょう) 일생, 평생 ㅣ 場面(ばめん) 장면 ㅣ 様々(さまざま) 다양함 ㅣ 特定(とくてい) 특정 ㅣ 大事(だいじ)だ 중요하다

1 '나'의 추억의 곡은 친구에게 있어서 어떤 곡인가?

1 가라오케에서 들었던 곡
2 시합에서 이길 때마다 들었던 곡
3 학창 시절 매일 들으며 용기를 받았던 곡
4 수험공부가 생각대로 되지 않았을 때 들었던 곡

해설 첫 번째 단락의 친구가 한 말 중에 대학교 수험공부가 잘 되지 않아서 우울할 때 이 노래를 들었다고 했으므로 정답은 4번이다.

2 조사 결과에 대해서 올바른 것은 어느 것인가?

1 여성은 추억의 노래가 한 곡밖에 없다.
2 여성은 추억의 노래가 다섯 곡보다 적다.
3 남성은 추억의 노래가 한 곡뿐이었다.
4 남성은 추억의 노래가 다섯 곡 정도 있었다.

해설 세 번째 단락의 조사 결과에서 남성은 한 곡이라고 나와 있으므로 정답은 3번이다.

3 이 조사 결과로부터 생각할 수 있는 것은 무엇인가?

1 남성은 같은 장면에서 같은 곡을 여러 번 듣는 것
2 남성은 추억에 따라서 듣는 곡이 다른 것
3 여성은 같은 장면에서 같은 곡을 여러 번 듣는 것
4 여성은 추억에 따라서 듣는 곡이 다른 것

해설 세 번째 단락에서 여성에 대한 조사 결과를 보면 「一方女性は、様 な思い出にそれぞれ思い出の曲があり、曲を聞きながら同時にある特定の場面を思い浮かべていることがわかった」라고 있으므로 정답은 4번이다.

4 '나'는 이제부터 추억의 노래를 어떻게 하려고 생각하고 있는가?

1 가능하면 많은 곡을 들어보려고 생각하고 있다.
2 추억이 있는 한 곡을 변함없이 계속 들으려고 생각하고 있다.
3 각각의 추억에 다른 노래를 떠올리도록 하려고 생각하고 있다.
4 다양한 장면에 맞는 곡을 많이 들으려고 생각하고 있다.

해설 마지막 단락에서 「私はこれからも、思い出がある一曲をさまざまな場面で聞き、大事にしていきたいと思った」라고 했으므로 정답은 2번이다.

문제7 정보 검색

실전시험 127 ㅣ 정보 검색 [1]

본서2 p.416

정답 **1** 3 **2** 4

해석

오른쪽 페이지는 어느 설명회 알림이다.

설명회에 협력해 주세요

해외에 거주한 경험이 있는 분에게 경험담을 듣고 싶습니다

장소	동국제포럼 홀A
시간	전반 : 오전 9시~오후 1시 후반 : 오후 2시~오후 6시 * 전반, 후반 둘 중 하나, 또는 양쪽 다 참가할 수 있지만, 지정된 시간엔 반드시 회장에 있어 주세요.
날짜	① 12월3일(금) 중국 ② 12월3일(금) 오스트레일리아 ③ 12월3일(금) 미국 · 캐나다 ④ 12월4일(토) 이탈리아 ⑤ 12월5일(일) 상기 전 지역
응모 자격	• 상기 지역에 유학 · 일로 1년 이상 거주한 적이 있는 분 • 마지막 날은 1년 미만인 분도 참가할 수 있습니다.
응모 마감	11월 30일(화) 단, 선착순이고 응모 인원수가 되면 마감합니다.
신청 방법	• 사전에 홈페이지에서 앙케트에 대답해 주세요. • 전화나 메일로의 신청은 불가능합니다. • 앙케트 회답내용을 확인하고, 이쪽에서 연락을 드립니다.
문의처	야마나카시청 시민과 전화 : 06-7541-1254 이메일 : yamanaka@zaiju.co.jp

> 어휘 協力(きょうりょく) 협력 ㅣ 住(す)む 살다 ㅣ 応募資格(おうぼしかく) 응모 자격 ㅣ 締(し)め切(き)り 마감 ㅣ 申(もう)し込(こ)み 신청 ㅣ 前半(ぜんはん) 전반 ㅣ 後半(こうはん) 후반 ㅣ 両方(りょうほう) 양쪽 ㅣ 参加(さんか) 참가 ㅣ 指定(してい) 지정 ㅣ 必(かなら)ず 반드시 ㅣ 上記(じょう

き) 상기 ㅣ 全地域(ぜんちいき) 전 지역 ㅣ 最終日(さいしゅうび) 마지막 날 ㅣ 未満(みまん) 미만 ㅣ ただし 단, 다만 ㅣ 先着順(せんちゃくじゅん) 선착순 ㅣ 人数(にんずう) 인원수 ㅣ 事前(じぜん)に 사전에 ㅣ さしあげる 드리다 ㅣ 都合(つごう)がいい 사정(스케줄)이 괜찮다 ㅣ 空(あ)いている 비어 있다

1 다음 중 설명회에 참가할 수 있는 사람은 누구인가?

사토시 씨	• 일로 오스트레일리아에 3년 거주한 적이 있다. • 12월 3일 오전 10시부터 오후 12시까지 스케줄이 괜찮다.
유우 씨	• 단기 유학으로 미국에 한 달 거주한 적이 있다. • 12월 5일은 서클 모임이 있어서 참가할 수 없다.
미유키 씨	• 일로 이탈리아에 6년 거주한 적이 있다. • 평일은 바쁘지만, 주말은 일요일 이외는 비어 있다.
스즈키 씨	• 유학으로 중국에서 2년 거주한 적이 있다. • 금요일과 일요일에 영어 수업이 있어서 참가할 수 없다.

1 사토시 씨
2 유우 씨
3 미유키 씨
4 스즈키 씨

해설 <날짜> <응모 자격>란을 확인해야 한다. 3번 미유키 씨는 [이탈리아 / 6년 거주 / 주말은 토요일 시간 있음(*이탈리아는 12월 4일(토)에 회장에 있어야 함)]이므로 모든 조건에 부합하므로 정답이다.
1번 사토시 씨는 12월 3일 전반의 지정 시간인 오전 9시~오후 1시까지 회장에 있어야 하는데 오전 10시~오후 12시까지밖에 있을 수 없고, 2번 유우 씨는 1년 미만 참가자이므로 12월 5일에 참가해야 하는데 서클 모임 때문에 참가할 수 없고, 4번 스즈키 씨는 12월 3일(금)에 참가해야 하는데 금요일, 일요일에 영어 수업이 있으므로 오답이다.

2 신청에 대해서 올바른 것은 어느 것인가?

1 결과는 홈페이지로 확인한다.
2 설명회 당일 앙케트에 답한다.
3 11월 30일까지 홈페이지 또는 메일로 신청한다.
4 모집 인원수가 되면 참가할 수 없다.

해설 <응모 마감>란을 보면 선착순이고 응모 인원수가 되면 마감한다고 했으므로 정답은 4번이다.

실전시험 128 | 정보 검색 [2]

본서2 p.418

정답 **1** 2 **2** 3

해석

오른쪽 페이지는 이벤트 안내이다.

식물을 사용한 체험을 해 보지 않겠습니까?

당 식물원에서는 식물에 관한 다양한 이벤트를 준비하고 있습니다. 가족이나 친구, 커플끼리 꼭 참가해 주세요!

	A 교실	B 교실	C 교실	D 교실
내용	꽃을 사용해서 키홀더를 만들 수 있습니다.	계절 꽃을 사용해서 자신만의 꽃다발을 만들 수 있습니다.	큰 벽에 식물 그림을 그릴 수 있습니다.	퀴즈를 통해서 식물에 관한 지식을 늘릴 수 있습니다.
대상 연령	4세부터	초등학생 이상	초등학생 이상	중학생 이상
인원수 제한	없음	선착순 20명	선착순 30명	없음
요일	매주 월·수·일	매주 화·목·토	매주 일요일	매일
시간	① 10시 ② 13시	① 12시 반 ② 15시	13시	12시 반

• 각 교실의 소요 시간은 1시간입니다.
• 신청은 입구 게이트의 안내센터에서 접수받고 있습니다.
• 어느 코스나 이벤트 당일 3일 전부터 이벤트 개시 20분 전까지 참가를 접수하고 있습니다.
• 이벤트 개시부터 10분 지나면 참가할 수 없으므로 주의해 주십시오.
• 인원 제한이 있는 교실도 있으니 빨리 신청해 주세요.
• 문의는 홈페이지 또는 전화로 부탁드립니다.

【문의처】
식물원 안내 센터
전화 024-378-5935

어휘 植物(しょくぶつ) 식물 ㅣ 用意(ようい) 준비 ㅣ キーホルダー 키홀더 ㅣ 季節(きせつ) 계절 ㅣ 花束(はなたば) 꽃다발 ㅣ 壁(かべ) 벽 ㅣ クイズ 퀴즈 ㅣ ～を通(とお)して ~를 통해서 ㅣ 知識(ちしき) 지식 ㅣ 増(ふ)やす 늘리다 ㅣ 対象(たいしょう) 대상 ㅣ 年齢(ねんれい) 연령 ㅣ 制限(せいげん) 제한 ㅣ なし 없음 ㅣ 先着(せんちゃく) 선착 ㅣ 所要(しょよう) 소요 ㅣ 受(う)け付(つ)ける 접수하다 ㅣ 開始(かいし) 개시 ㅣ 問(と)い合(あ)わせ 문의

1 오늘은 일요일이다. 유카 씨는 초등학교 2학년 아들과 가능한 한 많은 이벤트에 참가하려고 생각하고 있다. 유카 씨와 아들이 참가할 수 있는 이벤트는 어느 것인가?

1 A와 B

2 A와 C

3 A와 C와 D

4 A와 B와 C

해설 [초등학생과 일요일에 할 수 있는 교실]을 찾으면 정답은 2번이다.

2 이벤트에 대해서 올바른 것은 어느 것인가?

1 교실에 따라 소요 시간이 다르다.

2 이벤트 당일 3일 전까지 신청해야 한다.

3 필요 인원수가 되면 참가할 수 없는 교실도 있다.

4 이벤트에 20분 이상 늦으면 참가할 수 없다.

해설 C 교실의 <인원수 제한>란을 보면 '선착순 30명'이라고 했으므로 정답은 3번이다.

실전시험 129 | 정보 검색 [3]

▶본서2 p.420

정답 **1** 3 **2** 2

해석

오른쪽 페이지는 쓰레기 배출에 관한 알림이다.

쓰레기 배출에 관한 부탁

모든 주민이 쾌적하게 생활할 수 있도록 모두의 협력을 부탁드립니다.

【쓰레기 수집일】

주 1회	캔·병·페트병(월요일), 플라스틱·비닐(목요일)
주 2회	음식물 쓰레기·종이 등의 타는 쓰레기(화요일과 금요일)
월 2회	유리·스프레이·소형 가전제품(첫째, 셋째 주 목요일)

*쓰레기 배출은 정해진 날 오전 5시부터 오전 9시까지 내 주세요.

【쓰레기 배출 시 주의점】

- 캔, 병, 페트병은 반드시 빈 상태로 배출해 주세요.
- 플라스틱, 비닐은 오염을 없애고 배출해 주세요. 더러워진 경우 타는 쓰레기와 함께 배출해 주세요.
- 유리 등 위험한 것은 알 수 있도록 표기해 주세요.
- 신문, 잡지, 책 등은 바람으로 날아가지 않도록 한데 모아서 배출해 주세요.

무슨 일이 있으시면 아래로 연락 주십시오.

키츠네하이츠 관리인 : 0798-1234-5678

쓰레기 센터 : 0567-12-3456

어휘 快適(かいてき)に 쾌적하게 | 缶(かん) 캔 | 生(なま)ごみ 음식물 쓰레기 | 燃(も)えるごみ 타는 쓰레기 | 小型(こがた) 소형 | 空(から) 비어 있음 | 危険(きけん) 위험 | 表記(ひょうき) 표기 | 飛(と)ぶ 날다 | 下記(かき) 하기

1 쓰레기 수집일에 관해서 올바른 것은 어느 것인가?

1 깨진 컵은 매주 목요일에 내면 된다.

2 읽지 않게 된 신문지는 주 1회 버릴 수 있다.

3 빈 캔이나 페트병은 매주 월요일에 버릴 수 있다.

4 음식물 쓰레기는 매주 화요일과 금요일 오후에 내놔도 상관없다.

해설 <쓰레기 수집일> 표를 보면 캔, 페트병은 월요일에 버리도록 명기되어 있으므로 정답은 3번이다. 1번 깨진 컵은 월 2회(1주·3주 목요일), 2번 신문은 주 2회(화·금), 음식물 쓰레기는 화·금이 맞지만, 정해진 날의 오전 5시부터 오전 9시까지 배출 가능하므로 오답이다.

2 유우키 씨는 어제 배달을 시켰을 때 나온 플라스틱 쓰레기를 버리려고 한다. 플라스틱은 씻었지만 깨끗해지지 않았다. 유우키 씨는 무슨 요일에 쓰레기를 버리면 되는가?

1 월요일

2 화요일

3 수요일

4 목요일

해설 <쓰레기 배출 시 주의점>에서 두 번째 내용을 보면 더러워진 플라스틱은 타는 쓰레기와 함께 버리라고 했으므로 정답은 2번이다.

실전시험 130 | 정보 검색 [4]

▶본서2 p.422

정답 **1** 2 **2** 3

해석

오른쪽 페이지는 마츠오카시에서 행해지고 있는 자원봉사 포스터이다.

모두 함께 청소(주) 활동을 하지 않겠습니까?

자원봉사 참가자 대모집!

모두 청소활동에 참가해서 마츠오카시를 깨끗이 합시다.

A 활동 역 주변의 청소활동 : 역 주변의 도로나 길을 청소합니다.

- 날짜 : 4월 17일(수) / 4월 27일(토)
- 집합 : 마츠오카역 광장에 오전 7시 반
- 소요시간 : 1시간

B 활동 강 주변의 청소활동 : 강의 생물을 관찰하면서 쓰

레기 줍기 활동을 합니다.

- 날짜 : 4월 20일(토) / 4월 24일(수)
- 집합 : 마츠오카 시민회관 앞에 오전 9시
- 소요시간 : 2시간

C 활동 후루사토 마츠리(고향 축제) 청소활동 : 시민회관 청소를 합니다.

- 날짜 : 4월 20일(토) / 4월 27일(토)
- 집합 : 마츠오카 시민회관에 오후 1시
- 소요시간 : 1시간

※마츠오카시에 살고 있는 18세 이상인 분(18세 미만인 분은 어른과 함께 참가할 수 있습니다)

※B의 경우, 젖을 가능성이 있으므로 갈아입을 옷을 반드시 가져오세요.

※A와 C의 경우, 청소도구를 갖고 오세요.(시에서도 준비하므로 없어도 괜찮습니다)

※C는 자원봉사 활동 전날의 오리엔테이션에 출석해야 합니다.

※당일 비가 오는 경우, 오전 7시까지 시 홈페이지에 중지 알림을 합니다.

※신청은 시 홈페이지(www.matsuoka.com)에서 부탁드립니다.

※전화로의 신청은 받지 않습니다.

마츠오카 시민활동 센터
전화 : 0245-37-8631
이메일 : volnuteer@ccmail.co.jp

㈜ 청소: 청소

어휘 清掃(せいそう) 청소 ㅣ 活動(かつどう) 활동 ㅣ ボランティア 자원봉사(자) ㅣ 駅周辺(えきしゅうへん) 역 주변 ㅣ 道路(どうろ) 도로 ㅣ 日(ひ)にち 날짜 ㅣ 集合(しゅうごう) 집합 ㅣ 生物(せいぶつ) 생물 ㅣ 観察(かんさつ) 관찰 ㅣ ゴミ拾(ひろ)い 쓰레기 줍기 ㅣ ふるさと 고향 ㅣ 祭(まつ)り 축제 ㅣ ぬれる 젖다 ㅣ 着替(きが)え 갈아입을 옷 ㅣ 道具(どうぐ) 도구 ㅣ 希望(きぼう) 희망 ㅣ 確認(かくにん) 확인

1 대학생인 혼다 씨는 친구와 함께 자원봉사 활동에 참가하고 싶다고 생각하고 있다. 평일은 수업이 있어서 주말밖에 할 수 없다. 또, 소요 시간이 짧은 것이 좋다. 혼다 씨의 희망에 맞는 것은 어느 것인가?

1 A 활동, 4월17일
2 A 활동, 4월27일
3 B 활동, 4월24일
4 C 활동, 4월20일

해설 우선 [주말만 가능 / 소요 시간 1시간]에 해당하는 것은 2번과 4번이다. 그러나 표 아래 네 번째 내용을 보면 C 활동은 자원봉사 전날 오리엔테이션에 참가해야 하는데 전날은 19일(금)이므로 참가할 수 없으므로 정답은 2번이다.

2 이 자원봉사 활동의 내용과 맞는 것은 어느 것인가?

1 18세 미만인 사람이 참가할 수 있는 활동은 없다.
2 활동 당일, 특별히 갖고 갈 건 없다.
3 당일 아침, 비가 오면 시 홈페이지에서 확인한다.
4 신청은 전화나 홈페이지로 할 수 있다.

해설 표 아래 다섯 번째 내용을 보면 당일 비가 오는 경우 홈페이지에 알림을 한다고 했으므로 정답은 3번이다. 1번은 18세 미만은 어른과 참가할 수 있고, 2번은 B의 경우 젖을 가능성이 있으니 갈아입을 옷을 꼭 챙기라고 했고, 4번은 전화로는 신청이 불가능하므로 오답이다.

실전시험 131 ㅣ 정보 검색 [5]

▶본서2 p.424

정답 **1** 4 **2** 2

해석

오른쪽 페이지는 댄스스쿨 학생모집 안내이다.

▶▶▶학생모집◀◀◀

코마치 댄스스쿨에서는 신학기를 향해 새로운 학생을 모집하고 있습니다.

처음이신 분도 대환영!

음악과 함께 즐겁게 춤을 춥시다!!

시간	월요일	목요일	토요일
10:00~	10:30~12:00 성인반	10:30~12:00 성인반	11:00~12:00 키즈반
12:00~			
14:00~	15:00~16:00 키즈반	15:00~16:00 키즈반	15:30~17:00 성인반
16:00~	17:00~18:30 주니어반		
18:00~	19:00~20:30 성인반	18:30~20:00 주니어반	
20:00~			

*키즈반 : 5세~초등학생

*주니어반 : 중학생~고등학생

*성인반 : 대학생 이상(3년 이상의 경험이 있으면 고등학생도 가능)

▶체험레슨에 대해서◀

- 처음이신 분은 한 분 무료로 체험레슨을 실시하고 있습니다.
- 실내용 슈즈가 있으면 가지고 오십시오. 없으신 분은 이쪽에서 빌릴 수 있습니다.
- 신청은 반드시 희망하시는 날 전날까지 전화로 부탁드립니다.

코마치 댄스스쿨

전화번호 03-345-5608

어휘 生徒(せいと) 학생 | 募集(ぼしゅう) 모집 | 新学期(しんがっき) 신학기 | 大歓迎(だいかんげい) 대환영 | 踊(おど)る 춤추다 | キッズ 키즈 | ジュニア 주니어 | 可能(かのう) 가능 | 体験(たいけん) 체험 | 前日(ぜんじつ) 전날 | 離(はな)れる 떨어지다, 멀어지다 | 都合(つごう) 사정, 스케줄

1 후루야 씨는 초등학교 때부터 댄스를 배우고 있는 고등학교 2학년이다. 평일은 학교 수업이 끝난 후에 댄스스쿨에서 20분 떨어진 곳에서 19시까지 아르바이트를 하고 있다. 후루야 씨가 수강할 수 있는 레슨은 어느 것인가?

1 월요일 17:00부터인 반

2 월요일 19:00부터인 반

3 목요일 18:30부터인 반

4 토요일 15:30부터인 반

해설 고등학생이므로 주니어반을 수강할 수 있는데 후루야 씨는 초등학교 때부터 배우고 있기 때문에 성인반 수강이 가능하다. 하지만 평일에는 7시까지 아르바이트를 하고 있기 때문에 수강 가능한 반은 4번이다.

2 대학생인 미유키 씨는 목요일의 체험레슨을 받고 싶다. 무엇을 해야 하는가?

1 실내용 슈즈를 산다.

2 수요일에 전화로 신청한다.

3 레슨비를 지불해야 한다.

4 스케줄 괜찮은 시간에 레슨 받으러 간다.

해설 체험레슨에 대한 설명 부분의 세 번째 내용을 보면 신청은 반드시 '희망하는 날 전날까지 전화'를 하라고 했으므로 정답은 2번이다.

실전시험 132 | 정보 검색 [6]

▶본서2 p.426

정답 **1** 1 **2** 4

해석

오른쪽 페이지는 어느 유원지의 티켓 안내이다.

유원지 피로피로 파크

- 당 유원지를 이용해 주셔서 대단히 감사합니다.
- 당 유원지에서는 다양한 용도에 맞춘 티켓을 준비하고 있습니다.

【티켓 요금】

	입장권	프리패스	단체 프리패스	단체학생 프리패스
성인 (13세 이상)	1,300엔	4,000엔	3,700엔	3,200엔
어린이 (4세~12세)	800엔	3,500엔	3,200엔	2,600엔
주의점	놀이기구를 이용할 경우, 별도 요금이 듭니다.	오픈 시간부터 마감 시간까지 자유롭게 놀이기구를 이용하실 수 있습니다.	• 15명 이상 이용 가능. • 1년 내내 이용하실 수 있습니다.	• 15명 이상 • 고등학생까지가 이용할 수 있습니다.

※3세 이하인 어린이는 어른과 함께인 경우, 두 명까지 무료가 됩니다.

※인터넷으로 구입한 경우, 각 가격에서 100엔 할인됩니다.

《데이패스도 발매 중》

- 14시 이후에 입장하시는 분이 실속 있게 이용할 수 있는 티켓입니다.
- 각 가격에서 입장권은 300엔 차감, 프리패스는 500엔 차감됩니다.
- 단체도 이용하실 수 있습니다.

어휘 遊園地(ゆうえんち) 유원지 | 用途(ようと) 용도 | 合(あ)わせる 맞추다 | 用意(ようい) 준비 | 団体(だんたい) 단체 | 乗(の)り物(もの) 놀이기구 | 購入(こうにゅう) 구입 | 値段(ねだん) 가격 | ~引(び)き ~할인, ~차감 | 以降(いこう) 이후 | お得(とく) 알뜰, 실속

1 아미 씨는 남편, 초등학교 2학년 아들, 3세 딸과 함께 유원지에 놀러 왔다. 아미 씨와 딸은 놀이기구를 타지 않을 생각이다. 티켓은 어떻게 사면 되는가?

1 입장권 1장과 프리패스 2장

2 입장권 2장과 프리패스 2장

3 프리패스 4장

4 입장권 4장

해설 남편과 초등학교 2학년 아들은 프리패스를, 아미 씨와 딸은 놀이기구를 안 타기 때문에 입장권만 구입하면 되는데 딸은 3세이고 어른 동반인 경우 무료이므로 한 장만 사면 된다.

2 사야 씨는 대학교 서클 멤버 20명과 함께 아침부터 유원지에 가려고 생각 중이다. 놀이기구도 타려고 한다. 가장 싼 티켓을 구입하기 위해서 어떻게 하면 되는가?

1 당일에 매표소에서 프리패스를 산다.

2 당일에 매표소에서 단체학생 프리패스를 산다.

3 인터넷으로 단체 데이패스를 산다.

4 인터넷으로 단체 프리패스를 산다.

해설 가장 싸게 이용할 수 있는 티켓은 '데이패스'이나, 데이패스는 14시 이후부터 입장 가능하므로 아침부터 가는 사야 씨의 조건과는 맞지 않는다. 단체학생 프리패스도 고등학생까지 이용 가능하므로 맞지 않는다. 그렇다면 단체 프리패스를 구매하되 인터넷으로 구입하면 100엔 할인을 받을 수 있으므로 정답은 4번이다.

04 청해

문제1 과제 이해

기본 음원

1.2배속 음원

실전시험 133 | 과제 이해 [1]

›본서2 p.438

정답 **1** 4 **2** 3 **3** 1 **4** 3 **5** 3 **6** 2

스크립트 및 해석 1ばん

銀行で男の留学生と係りの人が話しています。男の留学生は何を用意しなければなりませんか。

男：すみません。キャッシュカードを作りたいんですが。

女：以前にもこちらの銀行でキャッシュカードを発行されたことはありますか。

男：はい、5年前ぐらいに。でも、ずっと使わなくて、以前のカードがもう見つからないんです。

女：かしこまりました。以前登録された印鑑はお持ちでしょうか。

男：いいえ、どの印鑑を登録したか覚えていません。

女：では、身分証のみご用意ください。それから申込書にお名前とご住所をご記入ください。

男：はい、わかりました。

女：お名前をお呼びいたしますので、あちらのいすにおかけになってお待ちください。番号札は取らなくて結構です。

男：はい、ありがとうございます。

男の留学生は何を用意しなければなりませんか。

1 ア イ　　2 ウ エ

3 イ ウ　　4 イ エ

은행에서 남자 유학생과 담당자가 이야기하고 있습니다. 남자 유학생은 무엇을 준비해야 합니까?

남: 실례합니다. 현금카드를 만들고 싶은데요.

여: 이전에도 저희 은행에서 현금카드를 발행하신 적이 있습니까?

남: 네, 5년 정도 전에. 그런데 계속 사용하지 않아서 이전 카드가 어디 있는지 모르겠어요.

여: 알겠습니다. 이전에 등록하신 인감도장은 가지고 계십

니까?

남: 아니요, 어느 인감도장을 등록했는지 기억이 안 나요.

여: 그럼 신분증만 준비해 주세요. 그리고 신청서에 성함과 주소를 기입해 주세요.

남: 네, 알겠습니다.

여: 성함을 불러드릴 테니 저쪽 의자에 앉으셔서 기다려 주세요. 번호표는 뽑지 않아도 됩니다.

남: 네, 감사합니다.

남자 유학생은 무엇을 준비해야 합니까?

1 ア イ　　2 ウ エ

3 イ ウ　　4 イ エ

1 4

해설 등록한 인감도장을 갖고 있냐는 여자의 물음에 남자가 기억나지 않는다고 했더니 신분증만 준비하라고 했고, 이어서 용지에 성함과 주소를 기입하라고 했다. 번호표는 뽑지 않아도 된다고 했다.

어휘 用意(ようい)する 준비하다 | キャッシュカード 현금카드 | 以前(いぜん) 이전 | 発行(はっこう) 발행 | 見(み)つかる 발견되다, 찾게 되다 | 登録(とうろく) 등록 | 印鑑(いんかん) 인감도장 | 身分証(みぶんしょう) 신분증 | ~のみ ~만 | 申込書(もうしこみしょ) 신청서 | 記入(きにゅう) 기입 | おかけになる 앉으시다

스크립트 및 해석 2ばん

大学の新入生説明会で先生が話しています。学生はまず何をしなければなりませんか。

男：これで新入生説明会を終わります。もうみなさん、自分のクラスは分かっていますね。これから自分のクラスの教室に行ってもらいますが、その前に隣の部屋に寄って、教科書を持っていってください。取り忘れてしまうと明日からの授業の予習をすることができませんから、必ず持っていくように。それから、今日中に健康診断を受けてください。午後3時まで受け付けています。今日受けなかった場合は後日自分で病院に行かなければなりません。

学生はまず何をしなければなりませんか。

1 クラスをかくにんする

2 教室にいく

3 教科書を受け取る

4 健康診断を受ける

대학교 신입생 설명회에서 선생님이 이야기하고 있습니다. 학생은 우선 무엇을 해야 합니까?

남: 이것으로 신입생 설명회를 마칩니다. 이미 여러분, 자신의 반은 알고 있지요. 지금부터 자기 반 교실로 이동하겠습니다만, 그 전에 옆 방에 들러 교과서를 갖고 가 주세요. 잊고 안 가져가 버리면 내일부터의 수업 예습을 할 수 없으니까 반드시 가지고 가도록. 그리고 오늘 중으로 건강진단을 받아 주세요. 오후 3시까지 접수하고 있습니다. 오늘 받지 않은 경우는 나중에 본인이 알아서 병원에 가야 합니다.

학생은 우선 무엇을 해야 합니까?

1 반을 확인한다

2 교실에 간다

3 교과서를 받는다

4 건강진단을 받는다

2 3

해설 자기 반 교실로 이동하기 전에 옆 방(교실)에 들러 교과서를 갖고 가라고 했으므로 정답은 3번이다. 건강검진은 오늘 중으로만 받으면 되므로 4번은 정답이 될 수 없다.

어휘 新入生説明会(しんにゅうせいせつめいかい) 신입생 설명회 | これから 지금부터, 이제부터 | 隣(となり) 옆, 이웃집 | 寄(よ)る 들르다 | 取(と)り忘(わす)れる 잊고 안 가져가다 | 予習(よしゅう) 예습 | 必(かなら)ず 반드시 | ~ように ~하도록 | それから 그리고, 그러고 나서 | 健康診断(けんこうしんだん)を受(う)ける 건강진단을 받다 | 受(う)け付(つ)ける 접수하다 | 後日(ごじつ) 후일, 나중에

스크립트 및 해석 3ばん

店で女の人と男の人が話しています。女の人はこれからどうしますか。

女：店長、商品全部並べ終わりました。

男：わかった。じゃあちょっと見てみるね。うーん、商品はきれいに並べられてるんだけど…。お菓子は人気商品だから、もう一段上に置いた方が見やすくていいんじゃない？

女：わかりました。棚に入りきらなかったものはすぐに片付けましょうか。

男：段を変えたらもう少し入るかもしれないから、片付けるのは後でいいよ。

女：それと、新商品はレジの横に置いたんですけど、お菓子と同じ棚に入れた方がいいですか。

男：それはそのままでいいよ。じゃ、開店までによろしくね。

女：わかりました。

女の人はこれからどうしますか。

1 お菓子を別の棚にならべる
2 人気商品をレジの横に置く
3 余ったお菓子をかたづける
4 新商品をお菓子の棚にならべる

가게에서 여자와 남자가 이야기하고 있습니다. 여자는 이제부터 어떻게 합니까?

여: 점장님, 상품 전부 진열했습니다.

남: 알겠어. 그럼 잠깐 봐 볼게. 음… 상품은 예쁘게 진열했는데… 과자는 인기 상품이니까 한 단 더 위에 놓는 편이 보기 편해서 좋지 않을까?

여: 알겠습니다. 선반에 다 들어가지 않는 물건은 바로 정리할까요?

남: 단을 바꾸면 좀 더 들어갈지 모르니까 정리하는 건 나중에 해도 돼.

여: 그리고 신상품은 계산대 옆에 두었는데 과자와 같은 선반에 넣는 편이 좋을까요?

남: 그건 그대로 괜찮아. 그럼, 개점까지 잘 부탁해.

여: 알겠습니다.

여자는 이제부터 어떻게 합니까?

1 과자를 다른 선반에 진열한다
2 인기 상품을 계산대 옆에 놓는다
3 남은 과자를 정리한다
4 신상품을 과자 선반에 진열한다

3 **1**

해설 대화 첫 부분에서 남자가 과자는 인기 상품이니까 한 단 더 위에 놓는 편이 낫다고 했으므로 정답은 1번이다. 선반에 다 들어가지 않는 것(남은 과자)은 나중에 정리하라고 했으므로 3번은 오답이고, 신상품도 지금 있는 계산대 옆에 그대로 두라고 했으므로 4번도 오답이다.

어휘 **並(なら)べる** 늘어놓다, 진열하다 ㅣ **お菓子(かし)** 과자 ㅣ **一段(いちだん)** 한 단 ㅣ **棚(たな)** 선반 ㅣ **ます형 + きらない** 다 ~하지 않다 ㅣ **片付(かたづ)ける** 정리하다 ㅣ **レジ** 계산대 ㅣ **横(よこ)** 옆 ㅣ **置(お)く** 놓다, 두다 ㅣ **そのまま** 그대로 ㅣ **開店(かいてん)** 개점 ㅣ **余(あま)る** 남다

스크립트 및 해석 4ばん

会社で女の人と男の人が話しています。女の人は資料をどうしますか。

女：先輩、来週のプレゼンテーションで使う資料ができたので、一度見ていただきたいんですが…。作りすぎたでしょうか。

男：量はちょうどいいと思うよ。前回の資料は白黒で何を強調したいかわからなかったけど、今回は色を使って見やすくなっているね。

女：ありがとうございます。

男：会議室は広いから、後ろの方に座っている人は何が書いてあるか見えないんじゃないかな。

女：わかりました。修正しておきます。

男：グラフはちょうどいい大きさだね。見やすいところに入ってるし。パソコンの画面で大きさがわからなかったら、プレゼンテーションの前に会議室を借りて練習してみるといいよ。

女：アドバイスありがとうございます。すぐに直してみます。

女の人は資料をどうしますか。

1 資料の枚数を減らす
2 色をつける
3 字を大きくする
4 グラフを増やす

회사에서 여자와 남자가 이야기하고 있습니다. 여자는 자료를 어떻게 합니까?

여: 선배님, 다음 주 프레젠테이션에서 사용할 자료가 완성되어서 한번 봐 주셨으면 합니다만. 너무 많이 만들었을까요?

남: 양은 딱 좋은 것 같아. 지난번 자료는 흑백이어서 뭘 강조하고 싶은지 몰랐는데 이번에는 색을 사용해서 보기 편해졌네.

여: 감사합니다.

남: 회의실은 넓으니까 뒤쪽에 앉아 있는 사람은 뭐가 쓰여 있는지 안 보이지 않을까?

여: 알겠습니다. 수정해 두겠습니다.

남: 그래프는 딱 좋은 크기네. 보기 편한 곳에 들어가 있고. 컴퓨터 화면에서 크기를 모르겠으면 프레젠테이션 전에 회의실을 빌려서 연습해 보면 좋아.

여: 어드바이스 감사합니다. 바로 수정해 보겠습니다.

여자는 자료를 어떻게 합니까?

1 자료 매수를 줄인다

2 색을 칠한다

3 글씨를 크게 한다

4 그래프를 늘린다

4 **3**

해설 남자가 뒤쪽에 앉은 사람은 뭐가 써 있는지 잘 안 보일 것 같다고 한 말에 여자가 수정하겠다고 했으므로 정답은 3번이다. 자료의 양과, 색을 사용한 점은 적당하다고 했으므로 1, 2번은 오답이고 그래프를 늘린다는 말은 없었다.

어휘 資料(しりょう) 자료 ㅣ 先輩(せんぱい) 선배 ㅣ プレゼンテーション 프레젠테이션 ㅣ 量(りょう) 양 ㅣ ちょうどいい 딱 좋다, 적당하다 ㅣ 白黒(しろくろ) 흑백 ㅣ 強調(きょうちょう) 강조 ㅣ 修正(しゅうせい) 수정 ㅣ 画面(がめん) 화면 ㅣ 借(か)りる 빌리다 ㅣ すぐに 즉시, 당장 ㅣ 直(なお)す 고치다, 수정하다

스크립트 및 해석 5ばん

美容院で店の人と女の人が話しています。女の人はいくら払いますか。

男：お会計は10,000円ちょうどです。ただいまオープン1周年記念で、お会計が10,000円以上の場合、10%割引させていただいております。

女：あ、そうなんですね。あとこれ、ここに通ってる友達からもらった2,000円の割引券なんですけど、使えますか。

男：申し訳ございません。記念セール期間中は割引券はご利用になれません。

女：そうですか。わかりました。

男：それと、こちらは次回お越しくださるときにご利用いただける券です。お会計が5,000円以上の場合、1,000円引きになりますので、ぜひご利用ください。

女：どうもありがとうございます。

女の人はいくら払いますか。

1 5,000円

2 8,000円

3 9,000円

4 10,000円

미용실에서 가게 사람과 여자가 이야기하고 있습니다. 여자는 얼마 지불합니까?

남: 지불하실 금액은 딱 10,000엔입니다. 지금 오픈 1주년 기념으로 합계 10,000엔 이상인 경우, 10% 할인해 드리고 있습니다.

여: 아, 그래요? 그리고 이거 여기에 다니는 친구에게 받은 2,000엔 할인권인데 사용할 수 있나요?

남: 죄송합니다. 기념 세일 기간 중에는 할인권은 이용하실 수 없습니다.

여: 그래요? 알겠습니다.

남: 그리고 이건 다음에 오실 때 이용하실 수 있는 쿠폰입니다. 합계 5,000엔 이상인 경우 1,000엔 할인되니까 꼭 이용해 주세요.

여: 감사합니다.

여자는 얼마 지불합니까?

1 5,000엔

2 8,000엔

3 9,000엔

4 10,000엔

5 **3**

해설 나온 금액은 10,000엔인데 10% 할인행사를 하고 있으므로 여자가 지불해야 할 금액은 9,000엔이다. 2,000엔짜리 할인쿠폰은 기념 세일 기간 중에는 사용할 수 없다고 했다.

어휘 美容院(びよういん) 미용실 ㅣ 払(はら)う 지불하다 ㅣ 会計(かいけい) 계산 ㅣ 1周年(しゅうねん) 1주년 ㅣ 記念(きねん) 기념 ㅣ 割引(わりびき) 할인 ㅣ ~(さ)せていただく (내가) ~하다 ㅣ 通(かよ)う 다니다 ㅣ 次回(じかい) 차회, 다음번 ㅣ お越(こ)しくださる 와 주시다 ㅣ 券(けん) 권, 표, 티켓

스크립트 및 해석 6ばん

お店で女の人と男の人がホームページについて話しています。男の人はこの後すぐホームページのどこを直さなければなりませんか。

女：山田さん、店のホームページ見たんですが、メニューに価格が表示されていないですね。

男：メニューの価格がまだ確定していないので、決まり次第入れようと思っています。

女：わかりました。あ、予約のページには電話番号しかないですね。ホームページでも予約ができるようにすぐ追加してください。

男：はい。

女：あと、前に修正をお願いした営業時間についてですが、どうなりましたか。

男：ラストオーダーの時間を追加しました。すでに修正されています。

女：わかりました。それからスタッフの情報も載せた方がいいですけど…。これは来週面接をしてスタッフが決まってから入れればいいですね。

男の人はこの後すぐホームページのどこを直さなければなりませんか。

1 メニューの価格

2 予約ページ

3 営業時間

4 スタッフの情報

가게에서 여자와 남자가 홈페이지에 대해서 이야기하고 있습니다. 남자는 이후에 바로 홈페이지의 어디를 수정해야 합니까?

여: 야마다 씨, 가게 홈페이지 봤습니다만, 메뉴에 가격이 표시되어 있지 않더군요.

남: 메뉴 가격이 아직 확정되지 않아서 정해지는 대로 넣으려고 생각하고 있습니다.

여: 알겠어요. 아, 예약 홈페이지에는 전화번호밖에 없네요. 홈페이지에서도 예약할 수 있도록 바로 추가해 주세요.

남: 네.

여: 그리고 전에 수정을 부탁한 영업시간에 대해서 말인데요, 어떻게 되었나요?

남: 마지막 주문 시간을 추가했습니다. 이미 수정되어 있어요.

여: 알겠습니다. 그리고 스태프 정보도 싣는 편이 좋습니다만… 이건 다음 주에 면접을 하고 스태프가 정해지고 나서 넣으면 되겠네요.

남자는 이후에 바로 홈페이지의 어디를 수정해야 합니까?

1 메뉴 가격

2 예약 페이지

3 영업시간

4 스태프 정보

6 2

해설 여자가 예약 홈페이지에는 전화번호밖에 없으니 예약 가능한 페이지도 추가하라고 했으므로 정답은 2번이다. 가격은 정해지는 대로 넣을 것이고, 영업시간은 이미 수정해 두었다고 했다. 스태프 정보는 면접하고 나서 추가한다고 했다.

어휘 価格(かかく) 가격 | 表示(ひょうじ) 표시 | 確定(かくてい) 확정 | ます형 + 次第(しだい) ~하는 대로 | 追加(ついか) 추가 | 営業(えいぎょう) 영업 | 情報(じょうほう) 정보 | 載(の)せる 싣다, 게재하다 | 面接(めんせつ) 면접

기본 음원

1.2배속 음원

실전시험 134 | 과제 이해 [2]

본서2 p.440

정답 **1** 1 **2** 4 **3** 2 **4** 1 **5** 1 **6** 3

스크립트 및 해석 1ばん

大学の事務所で女の学生と係りの人が話しています。女の学生はこの後まず何をしますか。

女：あのう、すみません。大学のホームページに出ているボランティア活動に参加したいんですが。

男：あ、国際交流のボランティア活動ですね。ちょうど説明会が始まるところなんですが、出席できますか。

女：あ、今日の授業もう終わったので、出席できます。申し込み用紙はどこでいただけるんですか。

男：説明会の会場で配ります。あ、あと学生証のコピーも要ります。

女：コピー機はどこですか。

男：コピー機は事務所のところにありますので、後でコピーして、記入した申し込み用紙と一緒に提出してください。

女：わかりました。

女の学生はこの後まず何をしますか。

1 説明会に出る

2 学生証を持ってくる

3 コピーをする

4 もうしこみ用紙を出す

대학교 사무소에서 여학생과 담당자가 이야기하고 있습니다. 여학생은 이후에 우선 무엇을 합니까?

여: 저, 죄송합니다. 대학교 홈페이지에 나와 있는 자원봉사 활동에 참가하고 싶습니다만.

남: 아, 국제교류 자원봉사 활동이지요? 지금 막 설명회가 시작되려던 참입니다만, 출석할 수 있나요?

여: 아, 오늘 수업 이미 끝났기 때문에, 출석할 수 있습니다. 신청 용지는 어디에서 받을 수 있어요?

남: 설명회 회장에서 나눠줍니다. 아, 그리고 학생증 복사본도 필요합니다.

여: 복사기는 어디입니까(어디에 있나요)?

남: 복사기는 사무소 쪽에 있으니까 나중에 복사해서 기입한 신청 용지와 함께 제출해 주세요.

여: 알겠습니다.

여학생은 이후에 우선 무엇을 합니까?

1 설명회에 참석한다

2 학생증을 가지고 온다

3 복사를 한다

4 신청 용지를 낸다

1 1

해설 담당자인 남자가 지금 막 설명회가 시작된다고 하자 여학생이 출석할 수 있다고 대답했다. 신청 용지는 설명회 회장에서 나누어 주므로 정답이 될 수 없고, 학생증 복사는 나중에 한 후에 신청서와 함께 제출하라고 했으므로 여학생은 우선 설명회에 출석해야 한다.

어휘 係(かか)りの人(ひと) 담당자 ㅣ ボランティア活動(かつどう) 자원봉사 활동 ㅣ 参加(さんか) 참가 ㅣ 国際交流(こくさいこうりゅう) 국제교류 ㅣ 出席(しゅっせき) 출석 ㅣ 申(もう)し込(こ)み用紙(ようし) 신청 용지 ㅣ いただく 받다(もらう의 겸양) ㅣ 配(くば)る 나눠주다 ㅣ 学生証(がくせいしょう) 학생증 ㅣ 要(い)る 필요하다 ㅣ 記入(きにゅう)する 기입하다 ㅣ 提出(ていしゅつ)する 제출하다

스크립트 및 해석 2ばん

会社で女の人と男の人が話しています。男の人は今日この後何をしなければなりませんか。

女：田中くん、明日海外からお客様がいらっしゃるけど、空港までの出迎えは田中君が行ってくれるんだよね？

男：はい、車で迎えに行こうと思っています。

女：空港に行く前に、大山ホテルに電話して、イベントホールがきちんと使えるようになっているか確認してくれる？

男：わかりました。イベントホールで使う資料は、私がホテルに持って行きましょうか。

女：それは大丈夫。私が明日の午前中にメールで送っておくから。それより、資料の最終確認をしましょう。すぐにコピーして持ってきて。

男：はい、わかりました。

男の人は今日この後何をしなければなりませんか。

1 空港にいく

2 ホテルに電話する

3 メールを送る

4 資料をコピーする

회사에서 여자와 남자가 이야기하고 있습니다. 남자는 오늘 이다음에 무엇을 해야 합니까?

여: 다나카 군, 내일 해외에서 손님이 오시는데 공항까지의 마중은 다나카 군이 가주는 거지?

남: 네, 차로 마중 나가려고 생각합니다.

여: 공항에 가기 전에 오오야마 호텔에 전화해서 이벤트홀을 제대로 사용할 수 있게 되어 있는지 확인해 줄래?

남: 알겠습니다. 이벤트 홀에서 사용할 자료는 제가 호텔에 갖고 갈까요?

여: 그건 괜찮아. 내가 내일 오전 중에 메일로 보낼 거니까. 그보다 자료 최종 확인을 합시다. 바로 복사해서 가져와.

남: 네, 알겠습니다.

남자는 오늘 이다음에 무엇을 해야 합니까?

1 공항에 간다

2 호텔에 전화한다

3 메일을 보낸다

4 자료를 복사한다

2 4

해설 남자가 오늘 이다음에 바로 해야 할 일을 찾는 문제이다. 마지막에 여자가 '그보다 자료 최종 점검할 테니 복사해서 가지고 오라'고 했으므로 정답은 4번이다. 공항 가는 것과 호텔에 전화하는 것은 내일 할 일이다. 메일은 여자가 보낸다고 했다.

어휘 海外(かいがい) 해외 ㅣ お客様(きゃくさま) 고객 ㅣ いらっしゃる 오시다 ㅣ 空港(くうこう) 공항 ㅣ 出迎(でむか)え 마중 ㅣ 迎(むか)える 맞이하다 ㅣ 最終(さいしゅう) 최종

스크립트 및 해석 3ばん

お母さんと息子が話しています。息子は日曜日に何をかばんに入れますか。

母：　けんた君、日曜日の準備どうなってる？動物園に絵を描きに行くんでしょう？絵の具は入れたの？

息子：黄色の絵の具がなかったんだけど、今日学校の帰りに買ってきて、さっきかばんに入れたよ。

母：傘は？雨が降ったら困るじゃない。

息子：傘は大丈夫。屋根があるところも多いし。カメラは友達が持ってくるからいいか。

母：そう。じゃあ、あとは日曜日に食べるお弁当だけね。何作るか考えとかなきゃ。

息子は日曜日に何をかばんに入れますか。

1 カメラ
2 お弁当
3 絵の具
4 傘

엄마와 아들이 이야기하고 있습니다. 아들은 일요일에 무엇을 가방에 넣습니까?

엄마: 겐타 군, 일요일 준비 어떻게 되고 있니? 동물원에 그림 그리러 가지? 물감은 넣었어?

아들: 노란색 물감이 없었는데 오늘 학교에서 돌아오는 길에 사 와서 아까 가방에 넣었어.

엄마: 우산은? 비 오면 곤란하잖아.

아들: 우산은 괜찮아. 지붕 있는 곳도 많고. 카메라는 친구가 가져온다고 했으니까 괜찮겠지?

엄마: 그래. 그럼, 일요일에 먹을 도시락뿐이네. 뭐 만들지 생각해 놔야겠다.

아들은 일요일에 무엇을 가방에 넣습니까?

1 카메라
2 도시락
3 물감
4 우산

3 2

해설 질문의 '일요일'을 잘 들어야 한다. 대화 마지막에 엄마가 일요일에 먹을 도시락만 챙기면 되겠다고 했으므로 정답은 2번이다.

어휘 準備(じゅんび) 준비 | 動物園(どうぶつえん) 동물원 | 絵(え)を描(か)く 그림을 그리다 | 絵(え)の具(ぐ) 물감 | 黄色(きいろ) 노란색 | 傘(かさ) 우산 | 屋根(やね) 지붕 | ～とかなきゃ ~해 두지 않으면 안 된다(～ておかなければ의 축약형)

스크립트 및 해석 4ばん

男の人が作業について説明しています。このチームの人たちはこれからまず何をしますか。

男：本日はご協力いただきありがとうございます。今からみなさんに、カードの束を配ります。カードが配られたら、カードに名前が書いてあるかチェックしてください。名前があれば赤い箱、名前がなければ青い箱に入れてください。分け終わったら、赤い箱を持って隣の教室に移動してください。青い箱の分はもう必要ないものですので、赤い箱を運び終わった後に、中身をごみ袋に入れてください。では、よろしくお願いします。

このチームの人たちはこれからまず何をしますか。

1 名前を確認する
2 もらったカードを箱に入れる
3 隣の教室にいく
4 青い箱の中身を捨てる

남자가 작업에 대해서 설명하고 있습니다. 이 팀 사람들은 이제부터 우선 무엇을 합니까?

남: 오늘 협력해 주셔서 감사합니다. 지금부터 여러분께 카드 다발을 나눠주겠습니다. 카드를 받으면 카드에 이름이 쓰여 있는지 확인해 주세요. 이름이 있으면 빨간 상자, 이름이 없으면 파란 상자에 넣어 주세요. 다 나누면 빨간 상자를 갖고 옆 교실로 이동해 주세요. 파란 상자는 더 이상 필요 없으니 빨간 상자를 다 운반한 후에 내용물을 쓰레기봉투에 넣어주세요. 그럼 잘 부탁합니다.

이 팀 사람들은 이제부터 우선 무엇을 합니까?

1 이름을 확인한다
2 받은 카드를 상자에 넣는다
3 옆 교실에 간다
4 파란 상자의 내용물을 버린다

4 1

해설 처음 부분에 카드를 받으면 이름이 쓰여 있는지 확인해 달라고 했으므로 정답은 1번이다. 「チェックする＝確認する」를 알아 두자.

어휘 作業(さぎょう) 작업 | 協力(きょうりょく) 협력 | 束(たば) 다발, 묶음 | 配(くば)る 나눠주다 | 箱(はこ) 상자 | 分(わ)ける 나누다 | ます형＋終(お)わる 다 ~하다 | 運(はこ)ぶ 운반하다 | 中身(なかみ) 내용물 | ごみ袋(ぶくろ) 쓰레기봉투

스크립트 및 해석 5ばん

テレビで女の人が話しています。仮眠をするときはどんな姿勢で寝ればいいですか。

女：オフィスで集中力が切れてしまったとき、10分から15分ほどの仮眠をとることが大切です。仮眠をとるときは姿勢に注意しましょう。ソファやベッドで横になって寝ると、アラームが鳴ってもなかなか起きられず、予定していた時間より大幅に寝てしまうことがあります。ですから私は、横になるより、座ったまま寝ることをお勧めします。座った状態でタオルを首に巻いてください。そのまま背中をまっすぐ伸ばした状態で寝てください。背中を曲げて寝ないほうがいいです。こうすることで短い時間でも十分な睡眠がとれます。

仮眠をするときはどんな姿勢で寝ればいいですか。

1 
2 
3 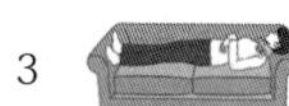
4 

TV에서 여자가 이야기하고 있습니다. 선잠을 잘 때는 어떤 자세로 자면 좋습니까?

여: 사무실에서 집중력이 떨어졌을 때 10분에서 15분 정도의 선잠을 자는 것이 중요합니다. 선잠을 잘 때는 자세에 주의합시다. 소파나 침대에 누워서 자면 알람이 울려도 좀처럼 일어날 수 없어서 예정했던 시간보다 큰 폭으로 자 버리는 경우가 있습니다. 그래서 저는 눕기보다 앉은 채로 자는 것을 추천합니다. 앉은 상태에서 타월을 목에 말아 주세요. 그대로 등을 쭉 편 상태로 자 주세요. 등을 굽히고 자지 않는 편이 좋습니다. 이렇게 함으로써 짧은 시간이라도 충분한 수면을 취할 수 있습니다.

선잠을 잘 때는 어떤 자세로 자면 좋습니까?

1 
2 
3 
4 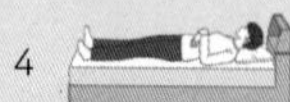

5 **1**

해설 앉은 상태에서 타월을 목에 말고 등을 쭉 편 상태로 자라고 했으므로 정답은 1번이다.

어휘 仮眠(かみん) 선잠 | 姿勢(しせい) 자세 | 集中力(しゅうちゅうりょく)が切(き)れる 집중력이 떨어지다 | 横(よこ)になる 눕다 | アラームが鳴(な)る 알람이 울리다 | なかなか~ない 좀처럼 ~이지 않다 | 大幅(おおはば)に 큰 폭으로, 대폭으로 | 座(すわ)る 앉다 | ~たまま ~한 채 | 勧(すす)める 권장하다, 추천하다 | 状態(じょうたい) 상태 | タオル 타월 | 首(くび)に巻(ま)く 목에 말다 | 背中(せなか) 등 | 伸(の)ばす 펴다, 뻗다 | 曲(ま)げる 굽히다 | 睡眠(すいみん) 수면

스크립트 및 해석 6ばん

学校で男の人と女の人が話しています。男の人はこの後何をしますか。

男：お疲れ様です。部員募集のポスター作ってみたんですけど、見てもらえますか。

女：うーん、悪くないと思うけど、文字だけっていうのはちょっとよくないんじゃない？

男：部の雰囲気を伝えるために部員にインタビューした内容を書いてみたんですが…。

女：字だけのポスターじゃ、目に留まらないよ。もっと印象的なのにしないと。

男：佐々木さんが絵が上手なので頼んでみましょうか。

女：それもいいけど、締め切りに間に合わないと思うから、今から部活の様子撮ってきたら？

男：そうですね。そうします。

女：それから、写真を加えたら、文字数も調節するようにね。

男の人はこの後何をしますか。

1 部員にインタビューをする
2 佐々木さんに頼みにいく
3 部活の写真をとりにいく
4 文字数をかえる

학교에서 남자와 여자가 이야기하고 있습니다. 남자는 이후에 무엇을 합니까?

남: 수고하십니다. 부원 모집 포스터를 만들어 봤는데 봐 줄 수 있나요?

여: 음... 나쁘지 않은데, 문자만이라는 것은 좀 안 좋지 않을까?

남: 부의 분위기를 전달하기 위해서 부원에게 인터뷰한 내용을 써봤습니다만….

여: 글자만 있는 포스터라면 눈에 띄지 않아. 더 인상적으

로 하지 않으면.

남: 사사키 씨가 그림을 잘 그리는데 부탁해 볼까요?

여: 그것도 좋지만, 마감 날짜에 못 맞출 것 같으니까 지금 부터 부 활동 모습을 찍는 게 어때?

남: 그렇네요, 그렇게 하겠습니다.

여: 그리고 사진을 추가하면 글자 수도 조절하도록.

남자는 이후에 무엇을 합니까?

1 부원에게 인터뷰를 한다

2 사사키 씨에게 부탁하러 간다

3 부 활동 사진을 찍으러 간다

4 글자 수를 바꾼다

6 3

해설 마지막 부분에 여자가 부 활동 사진을 찍는 건 어떤지 물었고 남자도 동의했으므로 정답은 3번이다. 그림을 넣는 건 마감까지 시간이 없다고 했으므로 오답이다.

어휘 募集(ぼしゅう) 모집 | 文字(もじ) 문자 | 雰囲気(ふんいき) 분위기 | 伝(つた)える 전하다 | 目(め)に留(と)まる 눈에 띄다 | 印象的(いんしょうてき) 인상적 | 締(し)め切(き)り 마감 | 間(ま)に合(あ)う 제시간에 맞추다 | 様子(ようす) 모습, 상 | 加(くわ)える 더하다, 추가하다 | 調節(ちょうせつ) 조절

기본 음원

1.2배속 음원

실전시험 135 | 과제 이해 [3]

▶본서2 p.442

정답 **1** 3 **2** 1 **3** 4 **4** 1 **5** 3 **6** 3

스크립트 및 해석 1ばん

電話で女の人と男の店員が話しています。女の人はこれからどうしますか。

女：すみません、昨日、そちらのお店にピンクの傘を忘れちゃったみたいですけど…。

男：昨日ですか…。では、確認してみますので少々お待ちください。(3秒後)お客様、昨日は傘の忘れ物はなかったようなんですが…。

女：そうですか。どうしよう…。

男：昨日は予約が多くて満員でしたので、誰かが間違えて持って帰ったかもしれません。

女：そうですね。

男：こちらでももう一度確認してみます。見つかったらご連絡しますので、お電話番号を教えていただけますか。

女：わかりました。他の店にも行ったので、私ももう少し探してみます。ありがとうございます。

女の人はこれからどうしますか。

1 お店にかさを取りにいく

2 うちでさがしてみる

3 お店の人に連絡先をおしえる

4 ほかの店にかくにんする

전화로 여자와 남자 점원이 이야기하고 있습니다. 여자는 이제부터 어떻게 합니까?

여: 미안합니다. 어제 그쪽 가게에 핑크색 우산을 잊어버린 것 같은데요.

남: 어제 말인가요? 그럼 확인해보겠으니 잠시만 기다려 주세요. 고객님, 어제는 우산 분실물은 없었던 것 같은데요.

여: 그래요? 어떡하지….

남: 어제는 예약이 많아서 만원이었기 때문에 누군가가 잘못 가지고 돌아갔을지도 몰라요.

여: 그러게요.

남: 이쪽에서도 한번 확인해 보겠습니다. 찾게 되면 연락드릴 테니 전화번호를 가르쳐 주실 수 있으실까요?

여: 알겠습니다. 다른 가게에도 갔으니까 저도 한번 더 찾아 볼게요. 감사합니다.

여자는 이제부터 어떻게 합니까?

1 가게에 우산을 가지러 간다

2 집에서 찾아본다

3 가게 사람에게 연락처를 가르쳐 준다

4 다른 가게에 확인한다

1 3

해설 지금 남자 가게에는 우산이 없는데, 한번 더 찾아보고 찾으면 연락을 줄 테니 전화번호를 가르쳐 달라고 했으므로 여자는 남자에게 연락처를 가르쳐 주는 게 첫 번째 해야 할 일이다.

어휘 確認(かくにん) 확인 | 忘(わす)れ物(もの) 분실물 | 満員(まんいん) 만원 | 間違(まちが)える 틀리다, 실수하다 | 見(み)つかる 발견되다, 찾게 되다 | ～ていただけますか ~해 주실 수 있으세요? | 探(さが)す 찾다

스크립트 및 해석 2ばん

授業で先生が話しています。生徒は来週どんなテーマでスピーチをしますか。

女：来週のスピーチ内容について説明します。来週は運動について話してもらおうと思います。今まで、体育の授業や習い事、部活などで様々な運動を経験してきたと思います。おもしろかった運動、つまらなかった運動、いろいろあると思いますが、来週は自分に向いている運動について発表してください。今まで経験した運動の中で、向いているものがあればそれを話してもいいですし、もしなければ、向いていそうな運動について話してもいいです。発表した内容はレポートにまとめて後日提出すること。では、みなさん、また来週の授業でお会いしましょう。

生徒は来週どんなテーマでスピーチをしますか。

1 自分に合うと思う運動
2 今まで習ったことがある運動
3 体育の授業でしたい運動
4 おもしろかった運動

수업에서 선생님이 이야기하고 있습니다. 학생은 다음 주 어떤 테마로 스피치를 합니까?

여: 다음 주 스피치 내용에 대해서 설명하겠습니다. 다음 주는 운동에 대해서 이야기하려고 생각합니다. 지금까지 체육 수업이나 학원, 서클 활동 등에서 다양한 운동을 경험해 왔을 거라 생각합니다. 재미있었던 운동, 지루했던 운동, 여러 가지 있을 거라고 생각합니다. 다음 주는 자신에게 맞는 운동에 대해 발표해 주세요. 지금까지 경험했던 운동 중에서 자신에게 맞는 운동이 있다면 그것을 이야기해도 좋고, 만약에 없다면 맞을 것 같은 운동에 대해서 이야기해도 좋습니다. 발표한 내용은 리포트로 정리해서 나중에 제출할 것. 그럼 여러분, 다음 주 수업에서 만납시다.

학생은 다음 주 어떤 테마로 스피치를 합니까?

1 나에게 맞다고 생각하는 운동
2 지금까지 배운 적이 있는 운동
3 체육 수업에서 하고 싶은 운동
4 재미있었던 운동

2 1

해설 지문 중간의 「来週は自分に向いている運動について発表してください」에서 알 수 있듯이 정답은 1번이다.

어휘 体育(たいいく) 체육 | 習(なら)い事(ごと) 취미로 배우는 것 | 部活(ぶかつ) 서클 활동, 동아리 활동 | 様々(さまざま) 다양함 | 経験(けいけん) 경험 | 向(む)いている 어울리다, 맞다 | 発表(はっぴょう) 발표 | 後日(ごじつ) 후일, 나중에 | 提出(ていしゅつ) 제출

스크립트 및 해석 3ばん

男の人と女の人が音楽会について話しています。女の人は音楽会の日までに何をしなければなりませんか。

男：よし、全部並べ終えたね。お客さん、全部で100人だったよね？

女：うん、多めに並べたから全員座れると思うよ。

男：あとは、司会者の人にメールして、当日の確認だね。佐藤さんに連絡してくれるか聞いといてくれる？

女：わかった。楽器もちゃんと演奏できるか今日見ちゃう？

男：それは明日他の部員と一緒にやっとくよ。あ、そうだ。プログラムはどうなったんだっけ？

女：まだだと思うよ。

男：そっか。じゃあ、そっちの方を先にお願いできる？他の人にも手伝うように言っとくから。

女：わかった。

女の人は音楽会の日までに何をしなければなりませんか。

1 いすをならべる
2 司会の人に連絡する
3 楽器を点検する
4 プログラムをつくる

남자와 여자가 음악회에서 이야기하고 있습니다. 여자는 음악회 날까지 무엇을 해야 합니까?

남: 좋아! 전부 다 놓았네. 손님 전부 합해서 100명이었지?

여: 응, 많이 놓았으니까 전부 앉을 수 있을 거라고 생각해.

남: 남은 건 사회자에게 메일 보내고, 당일 확인이네. 사토 씨에게 연락해 줄 수 있는지 물어봐 줄래?

여: 알겠어. 악기도 제대로 연주할 수 있는지 오늘 봐버릴까?

남: 그건 내일 다른 부원과 함께 해 둘게. 아, 맞다. 프로그램은 어떻게 되었지?

여: 아직일 것 같아.

남: 그래? 그럼 그쪽을 부탁할 수 있을까? 다른 사람에게도 도우라고 말해 둘 테니까.

여: 알겠어.

여자는 음악회 날까지 무엇을 해야 합니까?

1 의자를 늘어 놓는다

2 사회자에게 연락한다

3 악기를 점검한다

4 프로그램을 만든다

3 **4**

해설 여러 가지 해야 할 일이 언급되었으나 마지막에 프로그램 진행 상태에 대해 여자가 아직이라고 했고, 이에 대해 남자가 그쪽을 부탁한다고 했으므로 정답은 4번이다.

어휘 多(おお)めに 많이 | 全員(ぜんいん) 전원 | 司会者(しかいしゃ) 사회자 | 楽器(がっき) 악기 | 演奏(えんそう) 연주 | ～ちゃう ~해 버리다(～てしまう의 축약형)

스크립트 및 해석 4ばん

遊園地で女の人と係りの人が話しています。女の人はいくら払いますか。

女：あのう、すみません。遊園地のチケットはどこで買えばいいですか。

男：こちらでご購入いただけます。一日自由券は大人3,000円、子ども2,000円でございます。

女：じゃ、大人2枚と子ども1枚ください。

男：お子様はおいくつですか。

女：4歳です。

男：あ、5歳以下のお子様は子ども料金の半額となります。

女：あ、そうなんですか。あと、大人1人は乗り物に乗らなくていいんですけど。

男：でしたら、一日自由券ではなく、入場券だけお求めになれます。入場券でしたら大人1枚500円でございます。

女：はい、わかりました。

女の人はいくら払いますか。

1　4,500円

2　5,500円

3　7,000円

4　8,000円

유원지에서 여자와 담당자가 이야기하고 있습니다. 여자는 얼마를 지불합니까?

여: 저, 실례합니다. 유원지 티켓은 어디에서 사면 되나요?

남: 여기서 구입하실 수 있습니다. 1일 자유이용권은 어른 3,000엔, 어린이 2,000엔입니다.

여: 그럼 어른 2장과 어린이 1장 주세요.

남: 어린이는 몇 살입니까?

여: 4살입니다.

남: 아, 5살 이하 어린이는 어린이 요금의 반액이 됩니다.

여: 아, 그래요? 그리고 어른 1명은 놀이 기구를 안 타도 되는데요.

남: 그렇다면, 1일 자유이용권이 아닌 입장권만 구매하실 수 있습니다. 입장권이라면 어른 1장에 500엔입니다.

여: 네, 알겠습니다.

여자는 얼마를 지불합니까?

1 4,500엔

2 5,500엔

3 7,000엔

4 8,000엔

4 **1**

해설 유원지에서 지불해야 할 금액을 찾는 문제이다. 처음에 여자는 1일 자유권 어른 2매와 어린이 1매를 사려고 했으나, 나중에 어른 1명은 놀이 기구를 타지 않아도 된다고 했다는 내용과 5살 이하 어린이는 반값이라는 내용을 들어야 한다.

어휘 遊園地(ゆうえんち) 유원지(놀이공원) | チケット 티켓 | 購入(こうにゅう) 구입 | ご＋**한자 명사**＋いただく ~해 주시다, ~하시다 | 大人(おとな) 어른 | お子様(こさま) 어린이(상대방 아이의 높임말) | 以下(いか) 이하 | 料金(りょうきん) 요금 | 半額(はんがく) 반액 | 乗(の)り物(もの) 탈것(놀이 기구) | 入場券(にゅうじょうけん) 입장권

스크립트 및 해석 5ばん

電話で男の人と女の人が話しています。女の人はこれから何をしますか。

男：もしもし、高橋です。ちょっと道が込んでて、新入社員の歓迎会の開始時間ぎりぎりになりそうなんだ。悪いけど、先に準備を進めといてくれない？

女：はい、わかりました。つくえといすを並べないといけませんね。

男：あ、それは昨日林さんがもうしといてくれたから大丈夫。部屋の飾りつけまで済ませてあるよ。

女：ゲームのときに使う音楽はどうなってますか。

男：あ、それも林さんが準備するって言ってたけど、まず本人に確認してみて。それでもしまだだったら、君にお願いするよ。

女：はい、わかりました。

男：食べ物は僕が電話で注文しておくから。

女の人はこれから何をしますか。

1 つくえといすをならべる
2 部屋をかざりつけする
3 林さんにれんらくする
4 音楽を準備する

전화로 남자와 여자가 이야기하고 있습니다. 여자는 이제부터 무엇을 합니까?

남: 여보세요, 다카하시예요. 길이 좀 막혀서 신입사원 환영회 시작 시간에 아슬아슬하게 도착할 것 같아. 미안하지만 먼저 준비를 진행해 놔 줄래?

여: 네 알겠습니다. 책상과 의자를 늘어 놔야겠네요.

남: 아, 그건 어제 하야시 씨가 이미 해 두었으니까 괜찮아. 방 안 장식까지 끝내져 있어.

여: 게임 때에 사용할 음악은 어떻게 되었나요?

남: 그것도 하야시 씨가 준비한다고 했는데, 우선 본인에게 확인해 봐. 그래서 만약 아직이면 좀 부탁할게.

여: 네, 알겠습니다.

남: 음식은 내가 전화로 주문해 둘게.

여자는 이제부터 무엇을 합니까?

1 책상과 의자를 늘어 놓는다
2 방을 꾸민다
3 하야시 씨에게 연락한다
4 음악을 준비한다

5 **3**

해설 남자와 여자의 대화에서 이미 해 놓은 내용을 잘 듣고 오답 처리 하는 것이 포인트이다. 여자가 책상과 의자의 배치를 말하자 어제 하야시 씨가 방 안 장식과 함께 해 놓았다고 했고, 게임에 사용할 음악 준비에 대해 묻자, 남자가 하야시 본인에게 확인해 보고 만약에 아직 준비가 안 되었으면 여자에게 할 것을 부탁하고 있다. 따라서 여자가 먼저 해야 할 일은 3번이다.

어휘 道(みち)が込(こ)む 길이 막히다 ｜ 歓迎会(かんげいかい) 환영회 ｜ 開始(かいし) 개시, 시작 ｜ ぎりぎり 아슬아슬, 간당간당 ｜ 進(すす)める 진행하다 ｜ 飾(かざ)りつけ 장식 ｜ 済(す)ませる 끝내다, 마치다, 해결하다 ｜ ～って言(い)う ~라고 하다(～と言う의 회화체) ｜ 本人(ほんにん) 본인 ｜ 確認(かくにん) 확인

스크립트 및 해석 6ばん

男の人と女の人が電話で話しています。男の人はいつ、女の人の会社を訪問しますか。

男：お世話になっております。田中です。

女：お世話になっております。田中さん、どうかされましたか。

男：実は8月20日の会議の日程を変更していただきたいのですが…。

女：わかりました。いつがよろしいですか。

男：月末はいかがですか。

女：月末はあいにく別件の予定が入っておりまして。来月に入ってからなら空いております。

男：では、9月9日はいかがでしょうか。

女：申し訳ございません。その日は休みをいただいてまして。1週間先なら空いております。

男：かしこまりました。ではその日に伺います。

男の人はいつ、女の人の会社を訪問しますか。

1 9月2日
2 9月9日
3 9月16日
4 9月30日

남자와 여자가 전화로 이야기하고 있습니다. 남자는 언제 여자의 회사를 방문합니까?

남: 신세 지고 있습니다. 다나카입니다.

여: 신세 지고 있습니다. 다나카 씨, 무슨 일 있으세요?

남: 사실은 8월 20일 회의 일정을 변경해 주셨으면 합니다만….

여: 알겠습니다. 언제가 좋으세요?

남: 월말은 어떠세요?

여: 월말은 공교롭게도 다른 건 예정이 있어서요. 다음달 시작되면 시간 있습니다.

남: 그럼 9월 9일은 어떠세요?

여: 죄송해요. 그날은 휴가를 받아서. 1주일 뒤라면 시간 있어요.

남: 알겠습니다. 그럼 그날 찾아 뵙겠습니다.

남자는 언제 여자의 회사를 방문합니까?

1 9월 2일

2 9월 9일

3 9월 16일

4 9월 30일

6 3

해설 남자가 9월 9일을 제시했는데 이 날은 여자가 휴가를 받아서 안 되고, 이날로부터 일주일 뒤에 된다고 했으므로 정답은 9월 16일이다.

어휘 お世話(せわ)になる 신세 지다 ㅣ 実(じつ)は 사실은 ㅣ 日程(にってい) 일정 ㅣ 変更(へんこう) 변경 ㅣ ～ていただきたい ~해 주셨으면 한다 ㅣ 月末(げつまつ) 월말 ㅣ あいにく 공교롭게도 ㅣ 別件(べっけん) 별건, 다른 용무 ㅣ 空(あ)く 비다 ㅣ 伺(うかが)う '방문하다'의 겸양어

문제2 포인트 이해

기본 음원

1.2배속 음원

실전시험 136 ㅣ 포인트 이해 [1]

▶본서2 p.448

정답 **1** 4 **2** 1 **3** 2 **4** 3 **5** 2 **6** 3

스크립트 및 해석 1ばん

男の人と女の人が料理教室について話しています。女の人はどうしてこの教室に興味を持ちましたか。

男：田中さん、料理教室に通っているらしいね。楽しい？

女：ええ、とても楽しいです。先生もおもしろいですし。

男：でも、田中さん、もともと料理が得意だったよね？

女：まあ、趣味で作っているくらいです。

男：じゃあ、どうして通っているの？資格でも取りたいから？

女：いえ、資格までは…。実は、伝統的な日本料理を教えてくれる教室だから、外国からの学生が多いんです。

男：なるほど、外国人との出会いの場なんだね。

女：ええ、普段習っている英会話の実力を試してみたくて。

女の人はどうしてこの教室に興味を持ちましたか。

1 先生がおもしろいから

2 料理が趣味だから

3 伝統的な日本料理を教えてくれるから

4 英語の練習がしたいから

남자와 여자가 요리 교실에 대해서 이야기하고 있습니다. 여자는 왜 이 교실에 흥미를 가졌습니까?

남: 다나카 씨, 요리 교실에 다닌다고 하던데. 재밌어?

여: 네, 너무 즐거워요. 선생님도 재미있고.

남: 그런데 다나카 씨, 원래 요리를 잘했었지?

여: 그저 취미로 만드는 정도입니다.

남: 그러면 왜 다니는 거야? 자격(증)이라도 따고 싶어서?

여: 아니요, 자격(증)까지는…. 사실은 전통적인 일본 요리를 가르쳐 주는 교실이라서 외국에서 온 학생이 많아요.

남: 역시, 외국인과의 만남의 장인 거네?

여: 네, 평소에 배우고 있는 영어 회화 실력을 시험해 보고 싶어서요.

여자는 왜 이 교실에 흥미를 가졌습니까?

1 선생님이 재미있어서

2 요리가 취미여서

3 전통적인 일본 요리를 가르쳐 줘서

4 영어 연습을 하고 싶어서

1 4

해설 남자가 여자에게 요리 교실에 왜 다니는지 물어본 것에 대해 여자가 「実は、～外国からの学生が多いんです。」「ええ、普段習っている英会話の実力を試してみたくて。」라고 대답한 부분을 들으면 된다.

어휘 通(かよ)う 다니다 ㅣ もともと 원래 ㅣ 趣味(しゅみ) 취미 ㅣ 資格(しかく) 자격 ㅣ 伝統的(でんとうてき) 전통적 ㅣ 出会(であ)いの場(ば) 만남의 장 ㅣ 普段(ふだん) 평소 ㅣ 英会話(えいかいわ) 영어 회화 ㅣ 実力(じつりょく) 실력 ㅣ 試(ため)す 시험해 보다

스크립트 및 해석 2ばん

電話で男の人が水族館の係りの人と話しています。男の人はどのチケットを何枚予約しますか。

男：すみません。明日のペンギンショーのチケットを予約したいのですが。

女：ペンギンショーですね。何名様でしょうか。

男：5人です。大人3人と子ども2人です。

女：かしこまりました。お子さんはおいくつでしょうか。

男：3歳と5歳です。

女：6歳までの小学生未満のお子さんは料金をいただいておりません。

男：あ、では、大人分だけお願いします。

女：かしこまりました。明日ショーの前にチケットを受け取ってからご入場ください。

男の人はどのチケットを何枚予約しますか。

1 大人3枚
2 子ども2枚
3 大人3枚と子ども1枚
4 大人3枚と子ども2枚

전화로 남자가 수족관 관계자와 이야기하고 있습니다. 남자는 어느 티켓을 몇 장 예약합니까?

남: 실례합니다. 내일 펭귄 쇼 티켓을 예약하고 싶은데요.

여: 펭귄 쇼 말씀이군요. 몇 분이세요?

남: 5명입니다. 어른 3명과 아이 2명이에요.

여: 알겠습니다. 아이는 몇 살일까요?

남: 3살과 5살입니다.

여: 6살까지 초등학생 미만인 아이는 요금을 받지 않고 있습니다.

남: 아, 그럼 어른 것만 부탁합니다.

여: 알겠습니다. 내일 쇼 전에 티켓을 받고 나서 입장해 주세요.

남자는 어느 티켓을 몇 장 예약합니까?

1 어른 3장
2 아이 2장
3 어른 3장과 아이 1장
4 어른 3장과 아이 2장

2 1

해설 남자가 티켓 예약을 위해 전화했다. 펭귄 쇼에 가는 사람은 어른 3명과 아이 2명인데, 아이 2명은 무료 요금 나이에 해당하기 때문에 어른 것만 예약하면 되므로 정답은 1번이다.

어휘 水族館(すいぞくかん) 수족관 ｜ 係(かか)りの人(ひと) 관계자, 담당자 ｜ 何名様(なんめいさま) 몇 분 ｜ 未満(みまん) 미만

스크립트 및 해석 3ばん

男の人がテレビで社内研修について話しています。男の人は研修をする一番の目的は何だと言っていますか。

男：社内研修では、主に会社で働くときに必要なマナーについて学んでいただきます。言葉づかいや服装はとても重要です。社員一人の行動が、会社全体の印象になります。ビジネスで必要なマナーを学びながら、社会人になる意識をしっかり持ってもらいたいと思います。そして研修を通して私が最も重要だと思うことは、同期や同僚と関係を深めることです。どんな仕事をするかより、だれと仕事をするかが重要だと言われているとおり、社内に相談したり、頼れる人がいることが大切です。安心して仕事ができるように、コミュニケーションがとりやすくて、働きやすい環境を作りましょう。

男の人は研修をする一番の目的は何だと言っていますか。

1 言葉づかいや服装を直すこと
2 いい人間関係をつくること
3 社会人になる意識を持つこと
4 安心して仕事ができるようになること

남자가 TV에서 사내연수에 대해서 이야기하고 있습니다. 남자는 연수를 하는 가장 큰 목적은 무엇이라고 말하고 있습니까?

남: 사내연수에서는 주로 회사에서 일할 때 필요한 매너에 대해서 배웁니다. 말투나 복장은 매우 중요합니다. 사원 한 사람의 행동이 회사 전체의 인상이 됩니다. 비즈니스에서 필요한 매너를 배우면서 사회인이 되는 의식을 확고히 가져 주었으면 합니다. 그리고 연수를 통해서 제가 가장 중요하다고 생각하는 것은 동기나 동료와 관계를 깊이 하는 것입니다. 어떤 일을 하는지보다 누구와 일을 하는지가 중요하다고 일컬어지듯이 사내에 상담하거나 의지할 수 있는 사람이 있는 것이 중요

합니다. 안심하고 일을 할 수 있도록 커뮤니케이션을 취하기 쉽고 일하기 쉬운 환경을 만듭시다.

남자는 연수를 하는 가장 큰 목적은 무엇이라고 말하고 있습니까?

1 말투나 복장을 고치는 것

2 좋은 인간관계를 만드는 것

3 사회인이 되는 의식을 가지는 것

4 안심하고 일을 할 수 있게 되는 것

3 **2**

해설 질문의 포인트는 '가장 큰 목적'이다. 지문의 「そして研修を通して私が最も重要だと思うことは～」 부분이 질문의 포인트와 일치하므로 「同期や同僚と関係を深めることです」를 통해 정답이 2번임을 알 수 있다.

어휘 社内研修(しゃないけんしゅう) 사내연수 | 主(おも)に 주로 | 言葉(ことば)づかい 말투, 말씨 | 服装(ふくそう) 복장 | 重要(じゅうよう) 중요 | 行動(こうどう) 행동 | 印象(いんしょう) 인상 | 意識(いしき) 의식 | しっかり 단단히, 확고히 | ～を通(とお)して ~를 통해서 | 最(もっと)も 가장, 제일 | 同期(どうき) 동기 | 同僚(どうりょう) 동료 | 深(ふか)める 깊게 하다 | 相談(そうだん) 상담 | 頼(たよ)る 기대다, 의지하다 | 環境(かんきょう) 환경

스크립트 및 해석 4ばん

文化センターで女の人と男の人が話しています。次の国際交流会で何をすることにしましたか。

女：次の国際交流会どうしましょうか。この間ネットで他の町の交流会を見たんですけど、国の楽器の体験なんかどうかなって思うんですけど。

男：楽器は運ぶのが大変ですよ。重い楽器もあるだろうし。あ、楽器じゃなくて民族衣装の体験はどうですか。日本とは違う服もたくさんありますよね。

女：確かにそれだと運ぶのは問題ないけど…。借りられる場所を探すのが大変じゃないですか。

男：そうですよね。じゃあ、国の遊びを紹介するのはどうでしょうか。お客さんと留学生で遊んで、お客さんが勝ったらその国のお菓子がもらえるとか。

女：あ、それいいですね。

男：留学生がお客さんと日本語で話すこともできますし。じゃあ、今回はこれにしましょうか。

女：国の景色のパネルを用意して、写真スポットを作ってもいいと思ったけど…。これはまた別の機会にしましょうか。

次の国際交流会で何をすることにしましたか。

1 国の楽器を演奏する

2 国の民族衣装体験をする

3 国の遊びを紹介する

4 国の写真が撮れる場所をつくる

문화센터에서 여자와 남자가 이야기하고 있습니다. 다음 국제교류회에서 무엇을 하기로 했습니까?

여: 다음 국제교류회 어떻게 할까요? 얼마 전에 인터넷에서 다른 동네 교류회를 봤는데 자기 나라의 악기 체험 같은 거 어떨까 생각했는데요.

남: 악기는 운반하는 게 힘들어요. 무거운 악기도 있을 거고. 아, 악기 말고 민족의상 체험은 어때요? 일본과는 다른 옷도 많이 있잖아요.

여: 분명 그거라면 운반하는 것은 문제가 없는데… 빌릴 수 있는 장소를 찾는 게 힘들지 않아요?

남: 그렇네요. 그럼 자기 나라의 놀이를 소개하는 건 어때요? 손님과 유학생이 놀며 손님이 이기면 그 나라의 과자를 받을 수 있다던가.

여: 아, 그거 좋겠네요.

남: 유학생이 손님과 일본어로 이야기할 수도 있고. 그럼, 이번에는 이걸로 할까요?

여: 자기 나라의 경치 패널을 준비해서 사진 스폿을 만들어도 좋을 것 같은데… 이건 또 다음 기회에 할까요?

다음 국제교류회에서 무엇을 하기로 했습니까?

1 자기 나라의 악기를 연주한다

2 자기 나라의 민족의상 체험을 한다

3 자기 나라의 놀이를 소개한다

4 자기 나라의 사진을 찍을 수 있는 장소를 만든다

4 **3**

해설 다음 국제교류회에서 무엇을 할지 정하는 내용이다. 악기는 운반하기에 힘들고, 민족의상은 빌릴 수 있는 곳이 마땅치 않다고 했고, 사진 찍는 장소를 마련하는 것은 '다른 기회에'라고 했으므로 정답은 3번이다.

어휘 国際交流会(こくさいこうりゅうかい) 국제교류회 | 楽器(がっき) 악기 | 体験(たいけん) 체험 | 民族衣装(みんぞくいしょう) 민족의상 | 確(たし)かに 확실히, 분명히 | 借(か)りる 빌리다 | 場所(ばしょ) 장소 | 探(さが)す 찾다 | 紹介(しょうかい) 소개 | 勝(か)つ 이기다 | お菓子(かし) 과자 | 景色(けしき) 경치 | パネル 패

널 | 用意(ようい) 준비 | スポット 스폿, 장소 | 別(べつ) 다름 | 機会(きかい) 기회

스크립트 및 해석 5ばん

家で夫婦が話しています。夫婦は子どもの服をどうしますか。

女：子どもたちが着なくなった服どうする？来週小学校でフリーマーケットがあるからその時に出しちゃう？

男：結構着たからなあ。売るんだったら、もっときれいな服出さないと。

女：そうよね。でも、まだ着れそうだから捨てるのはもったいないしなあ。市役所でもらってくれるみたいだから、出す？

男：いいね。あ、お姉さんのところ、子どもがうちと同じくらいの年じゃなかったっけ？

女：同じくらいだけど、お姉さんのところは、うちの子よりだいぶ大きいからもう着られないよ。

男：そっか。じゃあ、やっぱり捨てるより、もらってくれるところに持って行こう。

夫婦は子どもの服をどうしますか。

1 フリーマーケットに出す
2 市役所に持っていく
3 お姉さんの子どもにあげる
4 ゴミの日に捨てる

집에서 부부가 이야기하고 있습니다. 부부는 아이 옷을 어떻게 합니까?

여: 아이들이 입지 않게 된 옷 어떻게 할까? 다음 주에 초등학교에서 플리마켓이 있는데 그때 내놓을까?

남: 꽤 입었잖아. 팔 거면 더 깨끗한 옷을 갖고 가야지.

여: 그렇네. 하지만 아직 입을 수 있어서 버리는 건 아깝고 말이야. 시청에서 받아주는 것 같던데 내놓을까?

남: 괜찮네. 아, 언니네 아이가 우리 아이들이랑 나이가 비슷하지 않나?

여: 비슷한데 언니네는 우리 아이들보다 제법 크기 때문에 이제 입을 수 없어.

남: 그래? 그럼, 역시 버리는 것보다 받아주는 곳에 가져가자.

부부는 아이 옷을 어떻게 합니까?

1 플리마켓에 내놓는다
2 시청에 가져간다
3 언니네 아이에게 준다
4 쓰레기 버리는 날에 버린다

5 **2**

해설 안 입게 된 아이의 옷을 어떻게 할지 이야기하고 있다. 아내가 시청에서 받아주는 것 같으니까 거기에 내놓자고 했고, 마지막에 남편도 버리는 것보다 그게 좋을 것 같다고 했으므로 정답은 2번이다. 플리마켓에 내놓기는 꽤 입어서 안 된다고 얘기했고, 여자의 언니네 아이는 제법 커서 못 입을 거라고 했다.

어휘 夫婦(ふうふ) 부부 | 着(き)る 입다 | フリーマーケット 플리마켓 | 結構(けっこう) 꽤, 상당히 | 捨(す)てる 버리다 | もったいない 아깝다 | 市役所(しやくしょ) 시청 | 出(だ)す 내놓다, 꺼내다 | ～っけ？ ~인가? ~였던가? | だいぶ 제법

스크립트 및 해석 6ばん

絵画教室で女の人と男の人が話しています。男の人はどうやって絵が上手になりましたか。

女：今日描いた絵、先生にすごくほめられてたね。最近上手になったって言われてたけど、どうやって練習したの？

男：最初はマンガとか他の人の絵を真似して描いてたんだ。やっぱりプロの絵と同じように描くと、自分の絵も上達するよね。

女：へー、そうなんだ。

男：でも、それだと自分の絵じゃないでしょ。だから、この教室に通い始めてから、とにかくたくさん絵を描いたんだ。毎日3枚は描くようにしたよ。

女：すごい！それだけ描いたら上手になるね。

男：僕もたくさん描いたら、描いた分だけ上手になると思ってたんだ。でも、先生に同じような絵をたくさん描いても意味がないって言われて。だから、人とか風景とか物とか…。毎回題材を変えて描いてみることにしたんだ。

女：そうだったんだ。

男：もうちょっと上手になったら、大会に絵を出せるようになりたいな。

男の人はどうやって絵が上手になりましたか。

1 他の人の絵をまねする

2 できるだけたくさん描く

3 いつも描くものを変える

4 大会に出すための絵を練習する

그림 교실에서 여자와 남자가 이야기하고 있습니다. 남자는 어떻게 해서 그림을 잘 그리게 되었습니까?

여: 오늘 그린 그림, 선생님께 되게 칭찬받았지. 요즘 잘 그리게 되었다고 들었는데 어떻게 연습했어?

남: 처음에는 만화나 다른 사람의 그림을 흉내 내서 그렸어. 역시 프로의 그림과 똑같이 그리면 내 그림 실력도 좋아져.

여: 와, 그렇구나.

남: 하지만 그거라면 내 그림이 아니잖아. 그래서 이 교실에 다니기 시작하고 나서부터 어쨌든 많이 그림을 그렸어. 매일 3장은 그리도록 했어.

여: 대단하다! 그만큼 그리면 능숙해지는구나.

남: 나도 많이 그리면 그린 만큼 실력이 좋아질 거라고 생각했어. 그런데 선생님께 같은 그림을 많이 그려도 의미가 없다고 들어서. 그래서 사람이라든지 풍경이라든지 물건이라든지…. 매번 소재를 바꿔서 그려 보기로 했어.

여: 그렇구나.

남: 좀 더 잘하게 되면 대회에 그림을 낼 수 있게 되고 싶어.

남자는 어떻게 해서 그림을 잘 그리게 되었습니까?

1 다른 사람의 그림을 흉내 낸다

2 가능하면 많이 그린다

3 항상 그리는 것을 바꾼다

4 대회에 나가기 위한 그림을 연습한다

6 **3**

해설 남자가 그림을 잘 그리게 된 방법에 대해서 이야기하고 있다. 남자가 한 말에서 다른 사람의 그림을 흉내 내는 건 자신의 그림이 아니고 매일 3장씩 그렸더니 선생님이 그건 의미가 없다고 했다. 그리고 마지막에 매번 그리는 소재를 바꿔 보기로 했다고 했으므로 정답은 3번이다.

어휘 絵画(かいが) 회화, 그림 ㅣ 最初(さいしょ) 처음 ㅣ 真似(まね)する 흉내 내다 ㅣ 描(か)く 그림을 그리다 ㅣ 絵(え) 그림 ㅣ 上達(じょうたつ)する 능숙해지다 ㅣ とにかく 어쨌든 ㅣ 風景(ふうけい) 풍경 ㅣ 題材(だいざい) 소재 ㅣ 大会(たいかい) 대회

기본 음원

1.2배속 음원

실전시험 137 | 포인트 이해 [2]

본서2 p.450

정답 **1** 2 **2** 3 **3** 2 **4** 3 **5** 4 **6** 3

스크립트 및 해석 1ばん

会社で、男の人と女の人が話しています。女の人は新しい部長はどんな人だと言っていますか。

男：今回、新しい部長が来たんだって。

女：うん。部長の経験はないらしいんだけど、とにかく、ユーモアがあるの。いつもおもしろいことを言って笑わせてくれるから、部署全体の雰囲気も変わってきた気がするよ。

男：へえ。

女：アメリカの大企業で長年勤務してたから英語がぺらぺらなんだって。すごく明るい人だよ。

男：そうなんだ。

女：慣れないことが多いみたいだけど、すごくまじめだし、今、海外の取引先を増やそうとしてるから心強いよ。私もいろいろ学ばせてもらおうと思ってるんだ。

男：いい人が来てくれてよかったね。

女の人は、新しい部長はどんな人だと言っていますか。

1 部長の仕事をしたことがある

2 英語が上手で、まじめだ

3 ユーモアはあるが、きびしそうだ

4 海外の取引先で働いた

회사에서 남자와 여자가 이야기하고 있습니다. 여자는 새로 온 부장님은 어떤 사람이라고 말하고 있습니까?

남: 이번에 새 부장님이 왔다며?

여: 응. 부장 경험은 없는 것 같은데, 어쨌든 유머가 있어. 항상 재미있는 말을 해서 웃게 해 주니까 부서 전체 분위기도 바뀐 것 같은 느낌이 들어.

남: 와~.

여: 미국 대기업에서 오랫동안 근무했기 때문에 영어 실력이 유창하대. 되게 밝은 사람이야.

남: 그렇구나.

여: 익숙하지 않은 일이 많은 것 같은데, 되게 성실하고,

지금 해외 거래처를 늘리려고 하고 있어서 마음이 든든해. 나도 여러 가지로 배우려고 생각 중이야.

남: 좋은 사람이 와 주어서 다행이네.

여자는 새로 온 부장님은 어떤 사람이라고 말하고 있습니까?

1 부장 일을 한 적이 있다

2 영어를 잘하고, 성실하다

3 유머가 있지만, 엄격할 것 같다

4 해외 거래처에서 근무했다

1 2

해설 새로 온 부장님에 대한 여자의 말을 잘 정리한다. 부장 경험이 없다고 했고, 해외 거래처를 늘리려 하고 있다는 내용이었으므로 1, 4번은 오답이다. 3번의 '엄격할 것 같다'는 지문에서 언급되지 않았다.

어휘 ～んだって 라며?(확인) / ~래(전달) | 経験(けいけん) 경험 | ユーモアがある 유머가 있다 | 部署(ぶしょ) 부서 | 全体(ぜんたい) 전체 | 雰囲気(ふんいき) 분위기 | 気(き)がする 느낌이 들다 | 大企業(だいきぎょう) 대기업 | 長年(ながねん) 오랜 시간, 오랫동안 | 勤務(きんむ) 근무 | ぺらぺら 술술, 유창함 | 慣(な)れる 익숙해지다 | 海外(かいがい) 해외 | 取引先(とりひきさき) 거래처 | 増(ふ)やす 늘리다 | 心強(こころづよ)い 마음이 든든하다 | 学(まな)ぶ 배우다

스크립트 및 해석 2ばん

男の人と女の人が話しています。女の人はどうしてアクセサリー作りを始めましたか。

男：かわいいキーホルダーですね。どこで買ったんですか。

女：実は最近アクセサリー教室に通い始めて。これ手作りなんです。まだ始めたばかりなので、完成までに時間がかかりますが。

男：手作りですか。すごいですね。ものづくりは昔から好きだったんですか。

女：手先が器用ではないので、昔はそこまで好きではなかったんです。でも、何かを作ると集中するので、ストレスが発散できるんです。

男：いいですね、夢中になれるものがあって。上手になったら将来はお店も出せるんじゃないですか。

女：それはいいアイデアですね。まだまだ先になりそうですけど、まずは友だちにあげて反応がよかったら考えてみます。

女の人はどうしてアクセサリー作りを始めましたか。

1 昔からものづくりが好きだったから

2 つくったものを売りたいから

3 ストレス解消になるから

4 友だちにあげたいから

남자와 여자가 이야기하고 있습니다. 여자는 왜 액세서리 만들기를 시작했습니까?

남: 귀여운 키홀더네요. 어디에서 샀어요?

여: 사실은 요즘 액세서리 교실에 다니기 시작해서. 이거 손으로 만든 거예요. 아직 시작한 지 얼마 안 돼서 완성까지 시간이 걸리지만.

남: 직접 만든 거예요? 대단하네요. 물건 만드는 건 옛날부터 좋아했어요?

여: 손재주가 없어서 옛날에는 그렇게 좋아하지 않았어요. 하지만 무언가를 만들면 집중하기 때문에 스트레스를 발산할 수 있어요.

남: 좋네요, 푹 빠질 수 있는 게 있어서. 능숙해지면 장래에 가게도 낼 수 있는 거 아니에요?

여: 그거 좋은 생각이네요. 아직 먼 일이 될 것 같지만, 우선은 친구에게 주고 반응이 좋으면 생각해 볼게요.

여자는 왜 액세서리를 만들기 시작했습니까?

1 옛날부터 물건 만드는 것을 좋아했기 때문에

2 만든 물건을 팔고 싶기 때문에

3 스트레스 해소가 되기 때문에

4 친구에게 주고 싶기 때문에

2 3

해설 여자가 액세서리를 만들게 된 이유를 찾는 문제이다. 대화 중간에 여자가 무언가를 만들면 집중하기 때문에 스트레스를 발산할 수 있다고 했으므로 정답은 3번이다. 옛날에는 손재주가 없어서 만드는 것은 그다지 좋아하지 않았다고 했으므로 1번은 오답이다.

어휘 手作(てづく)り 손수 만듦, 수제 | **동사 た형** + たばかりだ ~한 지 얼마 안 되었다 | 完成(かんせい) 완성 | ものづくり 물건 만들기 | 昔(むかし) 옛날 | 手先(てさき)が器用(きよう)だ 손재주가 좋다 | 集中(しゅうちゅう) 집중 | 発散(はっさん) 발산 | 夢中(むちゅう)になる 열중하다 | 将来(しょうらい) 장래 | 反応(はんのう) 반응 | 解消(かいしょう) 해소

스크립트 및 해석 3ばん

テレビでアナウンサーがアンケート調査の結果について話しています。アナウンサーは今年、女の子が将来したい仕事の1位は何だったと言っていますか。女の子です。

女：小学校6年生、1,500人に「将来就きたい仕事」について聞いた調査の結果が発表されました。男の子の1位は3年連続でスポーツ選手となりました。サッカー選手や野球選手になりたい生徒が多かったようです。一方、女子は、昨年は小学校の先生が1位でしたが、今回は、保育士になりたい生徒が最も多いという結果になりました。男の子と女の子と結果を合わせると、昨年10位だった漫画家・イラストレーターが3位まであがってきています。来年は、漫画家が1位になるかもしれません。

アナウンサーは今年、女の子が将来したい仕事の1位は何だったと言っていますか。

1 小学校の先生

2 保育士

3 スポーツ選手

4 漫画家

TV에서 아나운서가 앙케트 조사 결과에 대해서 이야기하고 있습니다. 아나운서는 올해 여자아이가 장래에 하고 싶은 직업 1위는 무엇이라고 말하고 있습니까? 여자아이입니다.

여: 초등학교 6학년생 1,500명에게 '장래에 취직하고 싶은 직업'에 대해서 물은 조사 결과가 발표되었습니다. 남자아이의 1위는 3년 연속 스포츠 선수가 되었습니다. 축구 선수나 야구 선수가 되고 싶은 학생이 많았던 것 같습니다. 한편, 여자는 작년에는 초등학교 선생님이 1위였습니다만, 이번에는 보육사가 되고 싶은 학생이 가장 많은 결과가 되었습니다. 남자아이와 여자아이의 결과를 합치면 작년에 10위였던 만화가, 일러스트레이터가 3위까지 올라왔습니다. 내년에는 만화가가 1위가 될지 모르겠네요.

아나운서는 올해 여자아이가 장래에 하고 싶은 직업 1위는 무엇이라고 말하고 있습니까?

1 초등학교 선생님

2 보육사

3 스포츠 선수

4 만화가

3　2

해설 질문의 포인트는 '올해 여자아이가 장래에 하고 싶은 일의 1위'인데, 一方뒤에 今回は保育士になりたい生徒が最も多い라고 했으므로 정답은 2번이다.

어휘 就(つ)く 취직하다, 종사하다 | 調査(ちょうさ) 조사 | 1位(い) 1위 | 連続(れんぞく) 연속 | 選手(せんしゅ) 선수 | 生徒(せいと) 학생 | 一方(いっぽう) 한편 | 女子(じょし) 여자 | 保育士(ほいくし) 보육사 | 最(もっと)も 가장, 제일 | 合(あ)わせる 합치다 | 漫画家(まんがか) 만화가 | イラストレーター 일러스트레이터 | あがる 오르다

스크립트 및 해석 4ばん

女の人と男の人が話しています。男の人は何を見るために家電屋に行きますか。

女：松田さん、この間新しい冷蔵庫買うって言ってましたよね。どれにするかもう決めたんですか。

男：はい、気になるものが2種類あるんです。今度の休みにお店に行ってみようと思ってます。

女：でも、家電ってネットで買ったほうが安いですよ。

男：それはそうなんですが。実は、僕冷蔵庫のドアの重さが気になって。毎日開けるものだし。

女：重かったら毎日使うのは大変ですよね。色はもう決めたんですか。

男：2種類とも1色しかないんですよ。

女：そうなんですね。どちらも大きさは同じなんですか。

男：大きさは少し違うんですけど、それはもう測ったので。それにお店で見ると、家で見るより小さく見えますから、あまり参考にならないですね。

女：確かにそうですね。気に入ったものが見つかるといいですね。

男の人は何を見るために家電屋に行きますか。

1 冷蔵庫の色

2 冷蔵庫の値段

3 冷蔵庫の使いやすさ

4 冷蔵庫の大きさ

여자와 남자가 이야기하고 있습니다. 남자는 무엇을 보기 위해서 가전 매장에 갑니까?

여: 마츠다 씨, 이번에 새로운 냉장고 산다고 말했었죠? 어느 것으로 할지 정했어요?

남: 네, 궁금한 제품이 2종류 있어요. 이번 휴가 때 가게에

가보려고요.

여: 그래도 가전은 인터넷으로 사는 편이 싸요.

남: 그건 그런데. 사실은 저, 냉장고 문의 무게가 궁금해서요. 매일 여는 것이고요.

여: 무거우면 매일 사용하는 것은 힘들죠. 색상은 이미 정했어요?

남: 2종류 다 한 가지 색깔밖에 없어요.

여: 그렇군요. 둘 다 크기는 같나요?

남: 크기는 조금 다른데 그건 벌써 측정했기 때문에. 게다가 가게에서 보면 집에서 보는 것보다 작게 보여서 별로 참고가 되지 않아요.

여: 확실히 그래요. 마음에 드는 거 찾으면 좋겠네요.

남자는 무엇을 보기 위해서 가전 매장에 갑니까?

1 냉장고 색깔

2 냉장고 가격

3 냉장고 사용의 편리함

4 냉장고 크기

4 3

해설 남자가 하는 말 속에서 정답을 찾아야 하고, 매일 여닫는 거라 냉장고 문의 무게가 궁금해서 매장에 직접 간다고 했으므로 정답은 3번이다.

어휘 家電屋(かでんや) 가전 매장 | 冷蔵庫(れいぞうこ) 냉장고 | 種類(しゅるい) 종류 | 重(おも)さ 무게 | 気(き)になる 신경 쓰이다, 궁금하다 | 開(あ)ける 열다 | 色(いろ) 색깔 | 決(き)める 정하다 | ～しかない ~밖에 없다 | 測(はか)る 재다, 측정하다 | 参考(さんこう) 참고 | 確(たし)かに 확실히

스크립트 및 해석 5ばん

ラジオで男の人が話しています。男の人はくしゃみを止めるためにどうしていますか。

男：春になり、花粉症の季節になりました。毎日くしゃみが止まらなくて大変な方もいらっしゃるでしょう。薬を飲んだり、鼻を守るためにマスクをしている方も多いと思います。私は薬に頼ってしまうのは、あまりよくないと思いますし、マスクも一日中付けるのは大変なので、鼻の下を押さえるようにしています。何回もくしゃみが出て、全く止まらないときは諦めて止まるまで待つのもいいですが、我慢するのにも限界があるので大変ですよね。ぜひ、一度試してみてください。驚くくらいすぐにくしゃみが止まりますよ。

男の人はくしゃみを止めるためにどうしていますか。

1 すぐに薬を飲む

2 止まるまで待つ

3 がまんする

4 鼻の下を押さえる

라디오에서 남자가 이야기하고 있습니다. 남자는 재채기를 멈추기 위해서 어떻게 하고 있습니까?

남: 봄이 되어 꽃가루 알레르기의 계절이 되었습니다. 매일 재채기가 멈추지 않아서 힘든 분도 계시겠지요. 약을 먹거나 코를 지키기 위해서 마스크를 하고 있는 분도 많을 거라고 생각합니다. 저는 약에 의지해 버리는 것은 별로 좋지 않다고 생각하고, 마스크도 하루 종일 착용하는 건 힘들기 때문에 코 아래를 누르도록 하고 있습니다. 몇 번이나 재채기가 나와서 전혀 멈추지 않을 때는 포기하고 멈출 때까지 기다리는 것도 좋습니다만, 참는 것에도 한계가 있기 때문에 힘듭니다. 꼭 한번 시도해 보세요. 놀랄 정도로 바로 재채기가 멈춥니다.

남자는 재채기를 멈추기 위해서 어떻게 하고 있습니까?

1 바로 약을 먹는다

2 멈출 때까지 기다린다

3 참는다

4 코 아래를 누른다

5 4

해설 약에 의지하는 건 좋지 않고, 마스크도 하루 종일 착용하는 게 힘들다고 했다. 이 뒤에 이어지는 문장에서 코 아래를 누른다고 했으므로 정답은 4번이다.

어휘 くしゃみ 재채기 | 止(と)める 멈추다, 세우다 | 花粉症(かふんしょう) 꽃가루 알레르기 | 季節(きせつ) 계절 | 鼻(はな) 꽃 | 守(まも)る 지키다 | 頼(たよ)る 기대다, 의지하다 | 一日中(いちにちじゅう) 하루 종일 | マスクを付(つ)ける 마스크를 착용하다 | 押(お)さえる 누르다 | 全(まった)く～ない 전혀 ~이지 않다 | 諦(あきら)める 포기하다 | 我慢(がまん)する 참다 | 限界(げんかい) 한계 | 試(ため)す 시도해 보다 | 驚(おどろ)く 놀라다

스크립트 및 해석 6ばん

文化センターで、女の人と男の人が話しています。来月の交流会で子育て中のお母さんたちと一緒に何をしますか。

女：今月の交流会も無事に終わってよかったです。歯科の先生に来ていただいて、赤ちゃんの歯の磨き方を教えてもらいましたけど、とても参考になったという声が多かったですね。

男：そうでしたね。来月も交流会がありますが、絵本の読み聞かせなんかはどうですか。私たちもできますし。

女：読み聞かせはいいと思うんですが、先月もそうでしたし…。

男：あ、そうでしたね。では、歌いながら手や体を動かすのはどうでしょうか。

女：手遊び歌ですね。お母さんたちにも喜ばれると思います。

男：あとは…。お母さん同士での交流はどうでしょうか。

女：それもいいと思いますけど…。参加者が多いので、難しいと思います。やっぱりさっきのにしましょう。

来月の交流会で子育て中のお母さんたちと一緒に何をしますか。

1 歯の磨き方を習う

2 本を読むことを聞いてもらう

3 歌を歌いながらからだを動かす

4 参加者がいっしょに話す

문화센터에서 여자와 남자가 이야기하고 있습니다. 다음 달 교류회에서 육아 중인 엄마와 함께 무엇을 합니까?

여: 이번 달 교류회도 무사히 끝나서 다행이에요. 치과 선생님이 와 주셔서 아기들 이 닦는 방법을 가르쳐 주셨는데 매우 참고가 되었다는 목소리가 많았어요.

남: 그러게요. 다음 달에도 교류회가 있는데 그림책 낭독 같은 거 어떨까요? 우리들도 할 수 있고.

여: 낭독은 좋긴 한데 지난달에도 했었고…

남: 아, 그랬네요. 그럼 노래하면서 손이나 몸을 움직이는 건 어떨까요?

여: 손동작 노래 말이죠? 엄마들도 좋아할 것 같아요.

남: 나머지는… 엄마들끼리의 교류는 어떨까요?

여: 그것도 좋다고 생각하지만… 참가자가 많으니까 어려울 것 같아요. 역시 아까 걸로 합시다.

다음 달 교류회에서 육아 중인 엄마와 함께 무엇을 합니까?

1 이 닦는 방법을 배운다

2 책을 읽는 것을 들어준다

3 노래를 부르면서 몸을 움직인다

4 참가자가 함께 이야기한다

6 3

해설 남자와 여자의 합의점을 찾으면 된다. 남자가 노래 부르며 손이나 몸을 움직이는 것을 제안했고, 이에 여자도 좋다고 했으므로 정답은 3번이다. 이 닦는 방법은 이번 교류회 때, 낭독은 지난달에 했다고 했다. 엄마들끼리의 교류는 참가자가 많아서 어려울 것 같다고 했다.

어휘 子育(こそだ)て 육아 | 無事(ぶじ) 무사함 | 歯科(しか) 치과 | 磨(みが)き方(かた) 닦는 방법 | 参考(さんこう) 참고 | 絵本(えほん) 그림책 | 読(よ)み聞(き)かせ 낭독 | 動(うご)かす 움직이게 하다 | 喜(よろこ)ぶ 기뻐하다 | ～同士(どうし) ~끼리 | 参加者(さんかしゃ) 참가자

기본 음원

1.2배속 음원

실전시험 138 | 포인트 이해 [3]

▶본서2 p.452

정답 1 2 2 4 3 4 4 3 5 4 6 3

스크립트 및 해석 1ばん

大学の留学センターで男の留学生と係りの人がホームステイについて話しています。男の留学生はどうして二週間のコースに参加できませんか。

男：あのう、すみません。ホームステイの申し込み、まだできますか。

女：はい、間に合いますよ。一週間のコースと二週間のコースがありますが、どちらにしますか。

男：二週間のコースでお願いします。

女：はい、わかりました。参加ははじめてですか。

男：いいえ、半年前に一度参加したことがあります。

女：あっ、すみません。二週間のコースは初めての人のみとなっています。一週間のでしたら、可能ですが。

男：ああ、そうですか。一週間はちょっと短い気がして。国へ帰る前に、もう一度体験したかったんですが…。

男の留学生はどうして二週間のコースに参加できませんか。

1 もうしこみ期間が終わったから

2 さんかしたことがあるから

3　日本に来て半年になるから

4　国へ帰ることになったから

대학교 유학생 센터에서 남자 유학생과 담당자가 홈스테이에 대해서 이야기하고 있습니다. 남자 유학생은 왜 2주일 코스에 참가할 수 없습니까?

남: 저기, 실례합니다. 홈스테이 신청 아직 할 수 있나요?

여: 네, 할 수 있어요. 1주일 코스와 2주일 코스가 있습니다만, 어느 쪽으로 하겠습니까?

남: 2주일 코스로 부탁합니다.

여: 네, 알겠습니다. 참가는 처음입니까?

남: 아니요, 6개월 전에 한 번 참가한 적이 있습니다.

여: 아, 죄송합니다. 2주일 코스는 처음 참가하는 사람만으로 되어 있습니다. 1주일 코스라면 가능합니다만.

남: 아 그래요? 1주일은 좀 짧은 느낌이 들어서. 귀국하기 전에 한 번 더 체험하고 싶었는데….

남자 유학생은 왜 2주일 코스에 참가할 수 없습니까?

1 신청 기간이 끝나서

2 참가한 적이 있어서

3 일본에 온 지 6개월이 되어서

4 귀국하게 되어서

1　**2**

해설　남학생이 2주 코스 홈스테이 참가를 원하고 있다. 담당자가 첫 참가냐고 묻자, 반년 전에 한 번 참가한 적이 있다고 했더니, 2주 코스는 첫 참가만 가능하다고 하고 있다. 따라서 정답은 2번이다.

어휘　申(もう)し込(こ)み 신청 ｜ 間(ま)に合(あ)う 시간에 대다 ｜ はじめて 처음 ｜ 半年(はんとし) 반년, 6개월 ｜ ～のみ ~만 ｜ 可能(かのう) 가능 ｜ 短(みじか)い 짧다 ｜ 気(き)がする 느낌이 들다 ｜ 体験(たいけん) 체험 ｜ 期間(きかん) 기간

스크립트 및 해석 2ばん

会社で男の人と女の人がある商品について話しています。調査によると、この商品が売れるようになったのはどうしてですか。

男：うちの会社で新しく出したジュースの売り上げがかなりいいみたいですね。

女：はい、コンビニ限定販売なんですけど、結構売れていますね。

男：今回はペットボトルを新しくしたんですよね？

女：はい、環境にも優しいペットボトルにして、小さくして捨てられるように工夫しました。

男：お客様へのアンケート調査もしたんでしょう？

女：はい、答えていただいた方にはクーポンをさしあげるイベントで、アンケート調査をしました。ネットではパッケージがかわいいから買う人が多い印象でしたが、この調査では、買いやすい場所で売られているからという声が多かったです。

男：確かにコンビニを利用する人は多いですね。限定販売というのもよかったかもしれませんね。

調査によると、この商品が売れるようになったのはどうしてですか。

1　クーポンがついてくるから

2　環境に優しくて捨てやすいから

3　パッケージがかわいいから

4　コンビニで買う人が多いから

회사에서 남자와 여자가 어떤 상품에 대해서 이야기하고 있습니다. 조사에 따르면 이 상품이 팔리게 된 것은 왜입니까?

남: 우리 회사에서 새로 출시한 주스 매출이 상당히 좋은 것 같아요.

여: 네, 편의점 한정 판매인데 꽤 팔리고 있습니다.

남: 이번에는 페트병을 새롭게 했죠?

여: 네, 친환경적인 페트병으로 해서 작게 해서 버릴 수 있도록 고안했습니다.

남: 고객님에 대한 앙케트 조사도 했지요?

여: 네, 대답해 주신 분에게는 쿠폰을 드리는 이벤트로 앙케트 조사를 했습니다. 인터넷에서는 패키지가 귀여워서 사는 사람이 많은 인상이었습니다만, 이 조사에서는 사기 쉬운 장소에서 팔리고 있기 때문이라는 평판이 많았습니다.

남: 확실히 편의점을 이용하는 사람이 많군요. 한정 판매라는 것도 좋았을지 모르겠네요.

조사에 따르면 이 상품이 팔리게 된 것은 왜입니까?

1 쿠폰이 제공되기 때문에

2 친환경적이고 버리기 쉽기 때문에

3 패키지가 귀엽기 때문에

4 편의점에서 사는 사람이 많기 때문에

2　**4**

해설　질문의 포인트는 '조사 결과에 따른' 상품이 잘 팔리는 이유를 찾는 것이다. 마지막에 여자가「この調査では、買いやすい場所で売られているからという声

が多かったです」라고 했고 「買いやすい場所」는 대화 초반부에 '편의점 한정 판매'라고 했으므로 정답이 4번임을 알 수 있다.

어휘 売(う)れる 팔리다 | コンビニ 편의점 | 限定(げんてい) 한정 | 販売(はんばい) 판매 | 結構(けっこう) 꽤, 상당히 | ペットボトル 페트병 | 環境(かんきょう)に優(やさ)しい 친환경적이다 | 捨(す)てる 버리다 | 工夫(くふう) 고안, 궁리 | クーポン 쿠폰 | さしあげる 드리다 | 印象(いんしょう) 인상

스크립트 및 해석 3ばん

学校で、男の学生と女の学生が話しています。女の学生は卒業したら、まずどうすると言っていますか。

男：鈴木さん、就職活動はどう？うまくいってる？英語専攻だし、やっぱりそれが生かせる会社に行くの？

女：あー、最初はそうしようと思ったんだけど…。実は、今、就職活動してないんだ。

男：えー、そうなんだ。どうして？

女：就職活動してたら、企業のこといろいろ調べるじゃない？ある企業の社長の本読んでたら、経営学勉強したくなっちゃって。

男：じゃあ、卒業したらセミナーとかに通うの？

女：それも考えたんだけど、せっかくなら自分の専攻も生かしたいと思って。海外の大学に入ろうと思ってるんだ。

男：へー、すごいね。将来社長になったら、僕が社員として一生懸命働くからよろしく。

女：えー！じゃあ、副社長になってもらおうかな。

女の学生は卒業したら、まずどうすると言っていますか。

1 英語を使う会社に入る
2 就職活動を続ける
3 経営学のセミナーに通う
4 外国の大学に留学する

학교에서 남학생과 여학생이 이야기하고 있습니다. 여학생은 졸업하면 우선 어떻게 하겠다고 말하고 있습니까?

남: 스즈키 씨 취직활동은 어때? 잘 되어 가고 있어? 영어 전공이어서 역시 그걸 살릴 수 있는 회사에 갈 거야?

여: 아… 처음에는 그렇게 하려고 생각했는데… 사실은 지금 취직활동 안 하고 있어.

남: 아, 그렇구나. 왜?

여: 취직활동 하면 기업에 대해 여러 가지 조사하잖아. 어느 기업의 사장님 책을 읽었더니 경영학 공부하고 싶어져서.

남: 그럼 졸업하면 세미나 같은 데 다니는 거야?

여: 그것도 생각했는데 이왕이면 내 전공도 살리고 싶다고 생각해서. 해외에 있는 대학교에 들어가려고 생각하고 있어.

남: 와, 대단하다. 장래에 사장님이 되면 내가 사원으로서 열심히 일할 테니까 잘 부탁해.

여: 그럼 부사장이 되어 주려나(부사장이라도 시킬까).

여학생은 졸업하면 우선 어떻게 하겠다고 말하고 있습니까?

1 영어를 사용하는 회사에 들어간다
2 취직활동을 계속한다
3 경영학 세미나에 다닌다
4 외국 대학에 유학 간다

3 **4**

해설 여자가 하는 말 속에 정답이 있다. 처음에는 졸업 후 전공을 살려서 취직하려고 했으나, 취직활동을 하는 동안 어떤 책을 읽고 경영학을 공부하고 싶어져서 해외 대학교 입학을 생각하고 있다고 했으므로 정답은 4번이다.

어휘 卒業(そつぎょう) 졸업 | 就職活動(しゅうしょくかつどう) 취직활동 | 英語(えいご) 영어 | 専攻(せんこう) 전공 | 生(い)かす 살리다 | 企業(きぎょう) 기업 | 経営学(けいえいがく) 경영학 | せっかくなら 이왕이면 | 社員(しゃいん) 사원 | 一生懸命(いっしょうけんめい) 열심히 | 副社長(ふくしゃちょう) 부사장

스크립트 및 해석 4ばん

子育てについて先生が話しています。先生は小さい子どもが食事に集中するためにどんな方法がいいと言っていますか。

女：今日は私の経験をお話しします。うちの子どもは2歳のころ、集中してご飯を食べてくれず、いらいらさせられていました。私と同じ経験を持つお父さん、お母さんも多いと思います。2歳から3歳ぐらいの小さい子どもは、集中力が5分ぐらいしかないそうです。ですから、食事中に他のことを始めたり、食べなかったりして食事が思い通りに進まないんですね。そんな時、私は、子どもにみかんなどの果物を渡して皮をむかせるようにしました。そうすると集中力が高くなって果物と一緒にご飯やおかずを食べてくれることが多かったです。一度試してみてください。大きくなれば集中力もつきますし、今だけだと思ってがんばってくださいね。

先生は小さい子どもが食事に集中するためにどんな方法がいいと言っていますか。

1 5分だけ食べさせること

2 食事をやめて遊ばせること

3 くだものをあげること

4 成長するまで待つこと

육아에 대해서 선생님이 이야기하고 있습니다. 선생님은 어린아이가 식사에 집중하기 위해서 어떤 방법이 좋다고 말하고 있습니까?

여: 오늘은 제 경험을 이야기하겠습니다. 저희 아이는 두 살 무렵 집중해서 밥을 먹어 주지 않아서 초조했습니다. 저와 같은 경험을 가진 아버님, 어머님도 많을 거라고 생각합니다. 2세부터 3세 정도의 어린아이는 집중력이 5분 정도밖에 안 된다고 합니다. 그래서 식사 중에 다른 것을 시작하거나 먹지 않거나 해서 식사가 생각대로 진행되지 않는 것입니다. 그런 때 저는 아이에게 귤 등의 과일을 주며 껍질을 까게 하도록 했습니다. 그렇게 했더니 집중력이 높아져서 과일과 함께 밥이나 반찬을 먹어주는 일이 많았습니다. 한번 시도해 보세요. 크면 집중력도 생기니까 지금만이라고 생각하고 분발해 주세요.

선생님은 어린아이가 식사에 집중하기 위해서 어떤 방법이 좋다고 말하고 있습니까?

1 5분만 먹게 할 것

2 식사를 그만두고 놀게 할 것

3 과일을 줄 것

4 성장할 때까지 기다릴 것

4 **3**

해설 화자는 아이가 식사에 집중을 못 하면 과일을 주며 껍질을 까게 하도록 했더니 집중력이 높아져서 식사를 잘하게 되었다고 했으므로 정답은 3번이다.

어휘 子育(こそだ)て 육아 | 方法(ほうほう) 방법 | 経験(けいけん) 경험 | いらいら 안절부절 | 集中力(しゅうちゅうりょく) 집중력 | 他(ほか)のこと 다른 일 | 思(おも)い通(どお)り 생각대로 | 進(すす)む 진행되다 | みかん 귤 | 果物(くだもの) 과일 | 渡(わた)す 건네다, 주다 | 皮(かわ)をむく 껍질을 벗기다 | おかず 반찬 | 試(ため)す 시도해 보다

스크립트 및 해석 5ばん

女の人と男の人が会社で話しています。男の人は今年、取引先からどんな年賀状を受け取ったと言っていますか。

女：今年もタケダホームさんが年賀状送ってくれたよ。はい。

男：へー、今年はいつもとずいぶん違うね。

女：そうなのよ。去年までは社員全員が写ってる写真があったじゃない？

男：あったあった。仕事でお世話になった方を探すのがゲームみたいで楽しかったんだけどな。

女：何年か前は社長が描いた動物の絵のときもあったよね。

男：そうだったね。今年は…、挨拶が書いてあるだけだね。絵も写真もないし。

女：去年の年末は忙しかったのかもね。

男の人は今年、取引先からどんな年賀状を受け取ったと言っていますか。

1 社員の写真があるもの

2 ゲームがあるもの

3 動物の絵が描いてあるもの

4 文字だけ書いてあるもの

여자와 남자가 회사에서 이야기하고 있습니다. 남자는 올해 거래처로부터 어떤 연하장을 받았다고 말하고 있습니까?

여: 올해도 타케다홈에서 연하장 보내주었어. 자.

남: 와, 올해는 여느 때와 많이 다르네.

여: 맞아. 작년까지는 사원 전원이 찍힌 사진이 있었잖아.

남: 있었어 있었어. 일적으로 신세 진 분을 찾는 게 게임 같아서 재미있었는데.

여: 몇 년인가 전에는 사장님이 그린 동물 그림인 때도 있었지.

남: 그랬었지. 올해는… 인사가 쓰여 있을 뿐이네. 그림도 사진도 없고.

여: 작년 연말은 바빴을지도.

남자는 올해 거래처로부터 어떤 연하장을 받았다고 말하고 있습니까?

1 사원의 사진이 있는 것

2 게임이 있는 것

3 동물 그림이 그려져 있는 것
4 문자만 쓰여 있는 것

5 4

해설 남자가 한 말 속에서 정답을 찾아야 한다. 마지막에 남자가 '올해는 그림도 사진도 없이 인사만 쓰여 있다'고 했으므로 정답은 4번이다.

어휘 取引先(とりひきさき) 거래처 | 年賀状(ねんがじょう) 연하장 | 受(う)け取(と)る 수취하다, 받다 | ずいぶん 꽤, 제법 | 写(うつ)る 찍히다 | お世話(せわ)になる 신세 지다 | 探(さが)す 찾다 | 挨拶(あいさつ) 인사 | 年末(ねんまつ) 연말

스크립트 및 해석 6ばん

大学で男の人と女の人が話しています。女の人は今どうやってパソコンを練習していますか。

男：森さん、最近パソコンを使うのが上手になったね。

女：本当ですか？

男：こんなにすごい映像、僕には作れないよ。これも森さんが自分で本を読みながら勉強して作ったの？

女：以前は本を読みながら独学で練習してたんですけど、やっぱり一人では難しくて。

男：じゃあ、今は？パソコン教室にでも通っているの？

女：いえ、受講料が高くて…。パソコンが上手な先輩に、週2回教えてもらっています。インターネット講座を受けようかなと思ったんですけど、続けられそうにないんで。

男：へえ、そうなんだ。

女：先輩っていうより、ベテランの先生って感じです。コンピュータ会社に就職も決まったそうなんです。

男：いい先生が見つかってよかったね！

女の人は今どうやってパソコンを練習していますか。

1 一人で練習する
2 パソコン教室に通う
3 先輩から教わる
4 ネット講座を受講する

대학교에서 남자와 여자가 이야기하고 있습니다. 여자는 지금 어떻게 컴퓨터를 연습하고 있습니까?

남: 모리 씨, 요즘 컴퓨터 사용하는 게 능숙해졌네.

여: 정말이에요?

남: 이렇게 대단한 영상, 나는 못 만들어. 이것도 모리 씨가 혼자서 책 읽으면서 공부해서 만든 거야?

여: 이전에는 책을 읽으면서 독학으로 연습했는데 역시 혼자서는 어려워서.

남: 그럼 지금은? 컴퓨터 교실에라도 다니고 있는 거야?

여: 아니요, 수강료가 비싸서…. 컴퓨터를 잘하는 선배에게 일주일에 두 번 배우고 있어요. 인터넷 강좌를 들을까 생각했는데 계속할 수 있을 것 같지 않아서.

남: 어~ 그렇구나.

여: 선배라기보다 베테랑 선생님이란 느낌이에요. 컴퓨터 회사에 취직도 정해졌다고 합니다.

남: 좋은 선생님을 찾게 돼서 다행이다!

여자는 지금 어떻게 컴퓨터를 연습하고 있습니까?

1 혼자서 연습한다
2 컴퓨터 교실에 다닌다
3 선배에게 배운다
4 인터넷 강좌를 수강한다

6 3

해설 남자의 물음과 그에 대한 여자의 대답을 잘 들어야 한다. 이전에는 독학을 했지만 지금은 아닌 점, 컴퓨터 교실은 수강료가 비싼 점, 인터넷 강좌는 계속 못 할 것 같다는 내용은 오답으로 연결하고 여자가 말한 「パソコンが上手な先輩に、週2回教えてもらっています」에서 정답이 3번이라는 것을 알 수 있다.

어휘 映像(えいぞう) 영상 | 独学(どくがく) 독학 | 通(かよ)う (학교·학원에) 다니다 | 受講料(じゅこうりょう) 수강료 | 先輩(せんぱい) 선배 | 続(つづ)ける 계속하다 | ～っていうより ~라기보다(～というより의 회화체) | 就職(しゅうしょく) 취직 | 見(み)つかる 발견되다, 찾게 되다

문제3 개요 이해

기본 음원

1.2배속 음원

실전시험 139 | 개요 이해 [1]

➤본서2 p.458

정답 **1** 3 **2** 3 **3** 1

스크립트 및 해석 1ばん

女の人がテレビで話しています。

女：最近歯医者に行きました。そしたら虫歯が4本もあると言われて本当にショックでした。治療に時間がかかるので、他の歯も気をつけた方がいいと言われました。なので、医者にどうやったら虫歯にならないか聞きました。医者によると、歯を磨くときは、歯ブラシの大きさに気をつけたほうがいいそうです。いくらいっしょうけんめいきれいに磨いても、歯に合わないものを使っていると意味がないそうです。大きすぎると細かい部分まで磨けないので、できるだけ小さいものを使うことを勧めているとのことでした。

女の人は何について話していますか。

1 歯の磨き方
2 歯医者の通い方
3 歯ブラシの選び方
4 虫歯の治療方法

여자가 TV에서 이야기하고 있습니다.

여: 최근 치과에 갔습니다. 그랬더니 충치가 4개나 있다고 들어 정말 충격이었습니다. 치료에 시간이 걸리기 때문에 다른 치아도 조심하는 편이 좋다고 들었습니다. 그래서 의사에게 어떻게 하면 충치가 안 생기는지 물어봤습니다. 의사에 따르면 이를 닦을 때는 칫솔 크기에 주의하는 편이 좋다고 합니다. 아무리 열심히 깨끗이 닦아도 치아에 맞지 않는 것을 사용하고 있으면 의미가 없다고 합니다. 너무 크면 세세한 부분까지 닦을 수 없기 때문에 가능하면 작은 것을 사용할 것을 권장한다고 합니다.

여자는 무엇에 대해서 이야기하고 있습니까?

1 이 닦는 방법
2 치과 다니는 방법
3 칫솔 고르는 방법
4 충치 치료 방법

1 3

해설 의사에게 충치가 안 생기는 방법을 물었더니 칫솔 크기에 주의해서 선택하는 것이 좋다고 했으므로 정답은 3번이다.

어휘 歯医者(はいしゃ) 치과 | 虫歯(むしば) 충치 | 治療(ちりょう) 치료 | 気(き)をつける 조심하다, 주의하다 | 歯(は)ブラシ 칫솔 | 細(こま)かい 잘다, 작다, 세세하다 | 部分(ぶぶん) 부분 | 磨(みが)く 닦다 | 勧(すす)める 권하다, 추천하다

스크립트 및 해석 2ばん

テレビでアナウンサーが話しています。

女：みなさん、こんにちは。今私は北海道に来ています。さすが北海道、現在の気温はマイナス5度でとても冷え込んでいます。さて、今日から北海道と青森県を結ぶ「北海道新幹線」の運行が始まります。新しい新幹線の運行は12年ぶりだそうです。この歴史的な日を祝うために大勢の人が来てくれました。町の人々は新しい新幹線のおかげで、観光客が増え、もっとにぎやかな町になるのではないかと期待しています。

アナウンサーは主に何についてレポートしていますか。

1 北海道の天気
2 北海道の観光地
3 新しい新幹線の開通
4 新幹線の歴史

TV에서 아나운서가 이야기하고 있습니다.

여: 여러분, 안녕하십니까? 지금 저는 홋카이도에 와 있습니다. 역시 홋카이도, 현재 기온은 영하 5도로 상당히 기온이 내려가 있습니다. 자, 오늘부터 홋카이도와 아오모리현을 잇는 '홋카이도 신칸센' 운행이 시작됩니다. 새로운 신칸센 운행은 12년 만이라고 합니다. 이 역사적인 날을 축하하기 위해 많은 사람들이 와 주었습니다. 지역 주민들은 새로운 신칸센 덕분에 관광객이 늘어서 더욱 활기찬 지역이 되지 않을까 하고 기대하고 있습니다.

아나운서는 주로 무엇에 대해서 리포트를 하고 있습니까?

1 홋카이도의 날씨
2 홋카이도의 관광지
3 새로운 신칸센의 개통
4 신칸센의 역사

2 3

해설 접속사 「さて」 이후부터 전하고자 하는 내용이 서술된다. 「今日は北海道と青森県を結ぶ「北海道新幹線」が開通する日です」에서 정답이 3번이라는 것을 알 수 있다.

어휘 北海道(ほっかいどう) 홋카이도(일본 최북단 지역명) | さすが 과연, 역시 | 現在(げんざい) 현재 | 気温(きおん) 기온 | 冷(ひ)え込(こ)む 갑자기 기온이 내려가다 | さて 자, 그건 그렇고 | 青森県(あおもりけん) 아오모리

현(일본 본토의 최북단 지역) | 運行(うんこう) 운행 | ～ぶり ~만 | 歴史的(れきしてき) 역사적 | 祝(いわ)う 축하하다 | 大勢(おおぜい) 많은 사람, 여럿 | 町(まち) 지역, 동네 | ～おかげで ~덕분에 | 観光客(かんこうきゃく) 관광객 | 増(ふ)える 늘어나다 | にぎやか 활기참, 번화함, 북적임 | ～のではないか ~인 건 아닐까 | 期待(きたい)する 기대하다 | 開通(かいつう) 개통

스크립트 및 해석 3ばん

学校で男の学生と女の学生が話しています。

男：先輩、去年上田教授の「社会心理学」の授業受けてましたよね？どうでしたか？

女：上田先生の授業ね。その授業課題多くてきついよ。

男：え、そうなんですか。僕、去年上田教授の授業受けましたけどそんなことなかったですよ。

女：1年生の授業は基礎を勉強するから、教授も課題を少なめに出してるんだよ。最初から課題が多いとやりたがらない人も増えるから。

男：そうなんですか。発表も多いですか。

女：私が受けてたときは1回もなかったよ。課題さえできていれば、点数はもらえる。

男：大変そうですね。

女：でも、この授業受けたら、授業で勉強したことが他の授業でもかなり役に立つよ。大変だと思うけど頑張って。

男：わかりました。受けてみようと思います。先輩、ありがとうございます。

女の人はこの授業について何と言っていますか。

1 課題は多いが、勉強になる
2 課題は少ないが、発表が多い
3 課題が少ないから、続けられる
4 課題も発表も多くて、大変だ

학교에서 남학생과 여학생이 이야기하고 있습니다.

남: 선배님, 작년에 우에다 교수님의 '사회심리학' 수업 들으셨죠? 어땠어요?

여: 우에다 교수님 수업? 그 수업 과제 많아서 힘들어.

남: 아, 그래요? 저 작년에 우에다 교수님 수업 들었는데 그런 적 없었어요.

여: 1학년 수업은 기초를 공부하기 때문에 교수님도 과제를 적게 내줘. 처음부터 과제가 많으면 하고 싶어 하지 않는 사람도 늘어나니까.

남: 그렇군요. 발표도 많아요?

여: 내가 들었을 때는 한 번도 없었어. 과제만 잘되어 있으면 점수는 받을 수 있어.

남: 힘들 것 같네요.

여: 그래도 이 수업 들으면 수업에서 공부한 것이 다른 수업에서도 꽤 도움이 돼. 힘들겠지만 열심히 해.

남: 알겠습니다. 들어 보려고 생각해요. 선배님, 감사합니다.

여자는 이 수업에 대해서 뭐라고 말하고 있습니까?

1 과제는 많지만 공부가 된다
2 과제는 적지만 발표가 많다
3 과제가 적어서 계속할 수 있다
4 과제도 발표도 많아서 힘들다

3 1

해설 여자가 한 말을 종합해 보면 '과제가 많아서 힘들다, 발표는 한 번도 없었다, 하지만 이 수업에서 공부한 내용이 다른 수업에도 도움이 된다'고 했으므로 정답은 1번이다.

어휘 先輩(せんぱい) 선배 | 教授(きょうじゅ) 교수 | 授業(じゅぎょう)を受(う)ける 수업을 듣다 | 課題(かだい) 과제 | 基礎(きそ) 기초 | 少(すく)なめ 적음 | 最初(さいしょ) 최초, 처음 | やりたがらない 하고 싶어 하지 않는다 | 発表(はっぴょう) 발표 | ～さえ…ば ~만 …하면 | 役(やく)に立(た)つ 도움이 되다 | 大変(たいへん)だ 힘들다

기본 음원

1.2배속 음원

실전시험 140 | 개요 이해 [2]

▶본서2 p.459

정답 **1** 4 **2** 2 **3** 1

스크립트 및 해석 1ばん

男の人がテレビで話しています。

男：私は今、水族館のイルカショーに来ています。イルカたちが、高くジャンプしたり、お客さんに水をかけたりしてとても人気があるショーです。今日はこのイルカショーで特別なイベントがあると聞いて来ました。あ、見てください。ペンギンたちが並んで外を歩いています。この水族館ではイルカショーの時間に、ペンギンが散歩している姿もたまに見られます。飼育員さんによると、最初はイルカや人間を怖がってなかなか外に出られなかったそうですが、今では慣れて、客席を自由に歩き回っているそうです。今、散歩をしているのは3匹ですが、少しずつ散歩メンバーを増やしていくそうです。見られたらとてもラッキーですね。

男の人は何について話していますか。

1 ペンギンの生活パターン
2 ペンギンが怖いと思うもの
3 イルカショーが始まる時間
4 イルカショーで時々見られるイベント

남자가 TV에서 이야기하고 있습니다.

남: 저는 지금 수족관 돌고래 쇼에 와 있습니다. 돌고래들이 높이 점프하거나 손님에게 물을 뿌리거나 해서 매우 인기 있는 쇼입니다. 오늘은 이 돌고래 쇼에서 특별한 이벤트가 있다고 듣고 왔습니다. 보세요. 펭귄들이 줄 서서 밖을 걷고 있습니다. 이 수족관에서는 돌고래 쇼 시간에 펭귄이 산책하고 있는 모습도 가끔 볼 수 있습니다. 사육사에 따르면 처음에는 돌고래나 인간을 무서워해서 좀처럼 밖에 나가지 않았다고 합니다만 지금은 익숙해져서 객석을 자유롭게 걸어 다니고 있다고 합니다. 지금 산책하고 있는 것은 3마리입니다만, 조금씩 산책 멤버를 늘려간다고 합니다. 볼 수 있으면 정말 행운이죠.

남자는 무엇에 대해서 이야기하고 있습니까?

1 펭귄의 생활 패턴
2 펭귄이 무섭다고 생각하는 것
3 돌고래 쇼가 시작되는 시간
4 돌고래 쇼에서 가끔 볼 수 있는 이벤트

1 4

해설 펭귄들이 줄 서서 산책하고 있는 모습을 가끔 볼 수 있는 것이 돌고래 쇼의 특별한 이벤트라고 설명하고 있으므로 정답은 4번이다.

어휘 水族館(すいぞくかん) 수족관 | イルカ 돌고래 | 水(みず)をかける 물을 끼얹다, 물을 뿌리다 | 特別(とくべつ) 특별 | 並(なら)ぶ 줄 서다 | 散歩(さんぽ) 산책 | 姿(すがた) 모습 | 飼育員(しいくいん) 사육사 | 人間(にんげん) 인간 | 怖(こわ)がる 무서워하다 | 外(そと)に出(で)る 밖에 나가다 | なかなか~ない 좀처럼 ~이지 않다 | 慣(な)れる 익숙해지다 | 客席(きゃくせき) 객석 | 自由(じゆう)に 자유롭게 | 歩(ある)き回(まわ)る 걸어 돌아다니다 | 3匹(びき) 3마리 | 少(すこ)しずつ 조금씩 | メンバー 멤버 | 増(ふ)やす 늘리다 | ラッキー 행운

스크립트 및 해석 2ばん

男の人と女の人が話しています。

男：先週公開された映画見た？
女：公開前から主題歌が話題になってた映画だよね。まだ見てない。だれが出てるの？
男：アメリカの有名な俳優だけど…。名前、今思い出せないな。
女：後で調べよう。私、映画を見るとき、好きな俳優が出てるかどうかで決めるんだよね。
男：そうなんだ。どうして？
女：好きな俳優の演技力がすごくよくて。演技が下手な人の映画見てもおもしろくないし。
男：僕はジャンルで決めるかな。映画館って暗いし、興味がないジャンルだと寝ちゃうんだ。
女：確かに映画館、上映している間はとても暗いよね。私この間、映画の最中にトイレに行ったとき、足元ちゃんと見てなくて転んじゃった。
男：危ないよ。ちゃんと見て歩かなきゃ。

二人は何について話していますか。

1 主題歌のよさ
2 映画の選び方
3 映画館の短所
4 好きな俳優

남자와 여자가 이야기하고 있습니다.

남: 지난주에 공개된 영화 봤어?
여: 공개 전부터 주제가가 화제가 됐던 영화지? 아직 안 봤어. 누가 나와?
남: 미국의 유명한 배우인데.. 이름이 지금 생각이 안 나네.
여: 나중에 찾아보자. 나 영화 볼 때, 좋아하는 배우가 나오는가 아닌가로 결정해.
남: 그렇구나. 왜?
여: 좋아하는 배우의 연기력이 너무 좋아서. 연기를 못하는 사람 영화는 봐도 재미없고.
남: 나는 장르로 결정한달까. 영화관은 어두워서 흥미가 없는 장르라면 자 버려.
여: 확실히 영화관은 상영하고 있는 동안은 너무 어두우니까. 나는 얼마 전에 한참 영화 보다가 화장실 갔을 때

발밑 제대로 안 봐서 넘어져 버렸어.

남: 위험해. 제대로 보고 걸어야지.

두 사람은 무엇에 대해서 이야기하고 있습니까?

1 주제곡이 좋은 점

2 영화 고르는 방법

3 영화관의 단점

4 좋아하는 배우

2 2

해설 여자는 배우의 연기력에 따라서, 남자는 장르에 따라서 볼 영화를 선택한다는 내용이므로 정답은 2번이다.

어휘 公開(こうかい) 공개 | 主題歌(しゅだいか) 주제가 | 話題(わだい) 화제 | 俳優(はいゆう) 배우 | 思(おも)い出(だ)す 생각해 내다, 떠올리다 | 調(しら)べる 조사하다 | 演技力(えんぎりょく) 연기력 | ジャンル 장르 | 興味(きょうみ) 흥미 | 上映(じょうえい) 상영 | ～最中(さいちゅう)に 한참 ~하는 중에 | 足元(あしもと) 발밑 | 転(ころ)ぶ 구르다, 자빠지다 | 危(あぶ)ない 위험하다 | ～なきゃ ~하지 않으면(～なければ의 축약형)

스크립트 및 해석 3ばん

セミナーで女の人が話しています。

女：「公園での思い出がありますか」と聞かれて、「ない」と答える人はあまりいないでしょう。公園は主に町の中にあり、子どもからお年寄りまで利用できる場所です。運動したり、おしゃべりをしたり、遊んだり、人によって使い方は様々です。日本に初めて公園ができたのは、150年前のことです。昔は、神社や観光名所など、人が集まる場所を「公園」と呼んでいました。アメリカやヨーロッパのように、日本全国に公園を増やそうと、公園をたくさん作りました。今では、遊び道具がある公園や自然がたくさんある公園、動物がいる公園などいろいろな公園があります。今日は公園がどのようにできたのか、様々な視点で振り返ってみましょう。

女の人は今日のセミナーで公園の何について話しますか。

1 公園の歴史

2 公園の種類

3 公園がある目的

4 公園での思い出

세미나에서 여자가 이야기하고 있습니다.

남: '공원에서의 추억이 있습니까?'라고 들으면 '없다'고 대답하는 사람은 별로 없겠지요. 공원은 주로 동네 안에 있어서 아이부터 노인까지 이용할 수 있는 장소입니다. 운동하거나 수다를 떨거나 놀거나 사람에 따라서 이용 방법은 다양합니다. 일본에 처음 공원이 생긴 것은 150년 전의 일입니다. 옛날에는 신사나 관광명소 등 사람이 모이는 장소를 '공원'이라고 불렀습니다. 미국이나 유럽처럼 일본 전국에 공원을 늘리자고 공원을 많이 만들었습니다. 지금은 놀잇감이 있는 공원이나 자연이 많이 있는 공원, 동물이 있는 공원 등 여러 가지 공원이 있습니다. 오늘은 공원이 어떻게 생겼는지 다양한 시점에서 되돌아봅시다.

여자는 오늘 세미나에서 공원의 무엇에 대해서 이야기합니까?

1 공원의 역사

2 공원의 종류

3 공원이 있는 목적

4 공원에서의 추억

3 1

해설 오늘의 세미나 내용을 묻는 문제이다. 일본에 공원이 생긴 시기와 어떻게 생기게 되었는지를 이야기했고, 마지막에 「今日は公園がどのようにできたのか、様々な視点で振り返ってみましょう」라고 했으므로 정답은 1번이다.

어휘 思(おも)い出(で) 추억 | 主(おも)に 주로 | お年寄(としよ)り 노인 | 利用(りよう) 이용 | 場所(ばしょ) 장소 | おしゃべり 수다 | ～によって ~에 의해서, ~에 따라서 | 様々(さまざま) 다양함 | できる 생기다 | 昔(むかし) 옛날 | 神社(じんじゃ) 신사 | 観光名所(かんこうめいしょ) 관광명소 | 呼(よ)ぶ 부르다 | ヨーロッパ 유럽 | 全国(ぜんこく) 전국 | 道具(どうぐ) 도구 | 自然(しぜん) 자연 | 動物(どうぶつ) 동물 | 視点(してん) 시점 | 振(ふ)り返(かえ)る 뒤돌아보다, 회고하다 | 歴史(れきし) 역사 | 目的(もくてき) 목적

기본 음원

1.2배속 음원

실전시험 141 | 개요 이해 [3]

▶본서2 p.460

정답 **1** 2 **2** 4 **3** 4

스크립트 및 해석 1ばん

女の人がラジオで話しています。

女：最近パソコンで字を入力する人が増えています。

パソコンで文を書くと、手で書くよりはやく書けるので、時間短縮になります。文を直したいときも、一部だけ修正すればいいので、とても楽です。しかし、パソコンを使うことによって、字を書く機会が減っています。字を書かないと漢字を忘れてしまい、どんどん字が汚くなってしまいます。字が汚いと、印象が悪くなってしまいます。手紙などはパソコンの字より、手で書いた方が気持ちが伝わりやすいです。また、字を書くと考えを整理することができます。何かを覚えるときも、書いて覚えるともっと頭に入ってきますよね。私は学校や職場などで、字を書く機会をもっと増やしてほしいと思っています。

女の人が伝えたいことは何ですか。

1 漢字の勉強方法
2 字を書くことの大切さ
3 はやくタイピングする方法
4 手紙を書くことの大切さ

여자가 라디오에서 이야기하고 있습니다.

여: 최근 컴퓨터로 글씨를 입력하는 사람이 늘어나고 있습니다. 컴퓨터로 문장을 쓰면 손으로 쓰는 것보다 빨리 쓸 수 있기 때문에 시간 단축이 됩니다. 문장을 고치고 싶을 때도 일부만 수정하면 되니까 매우 편합니다. 그러나 컴퓨터를 사용하는 것에 의해서 글씨 쓸 기회가 줄어들고 있습니다. 글씨를 쓰지 않으면 한자를 잊어버리고 계속 글씨가 지저분해져 버립니다. 글씨가 지저분하면 인상이 나빠져 버립니다. 편지 등은 컴퓨터 글씨보다 손으로 쓰는 편이 마음이 전달되기 쉽습니다. 또한 글씨를 쓰면 생각을 정리할 수 있습니다. 무언가를 외울 때도 써서 외우면 좀 더 머리에 들어오죠. 저는 학교나 직장 등에서 글씨 쓸 기회를 더욱더 늘려가고 싶다고 생각하고 있습니다.

여자가 전하고 싶은 내용은 무엇입니까?

1 한자 공부 방법
2 글씨 쓰는 것의 소중함
3 빨리 타이핑하는 방법
4 편지를 쓰는 것의 소중함

1 2

해설 컴퓨터로 글씨 쓰는 것의 장점과 단점을 말한 후에 손 글씨의 중요함을 서술하고 있고, 학교나 직장 등에서 손 글씨를 쓸 기회를 늘렸으면 좋겠다고 했으므로 정답은 2번이다.

어휘 字(じ) 글씨 ｜ 入力(にゅうりょく) 입력 ｜ 文(ぶん) 문, 문장 ｜ 短縮(たんしゅく) 단축 ｜ 直(なお)す 고치다, 수정하다 ｜ 一部(いちぶ) 일부 ｜ 修正(しゅうせい) 수정 ｜ 機会(きかい) 기회 ｜ 減(へ)る 줄다 ｜ 漢字(かんじ) 한자 ｜ 汚(きたな)い 더럽다 ｜ 印象(いんしょう)が悪(わる)い 인상이 나쁘다 ｜ 伝(つた)わる 전해지다 ｜ 整理(せいり) 정리 ｜ 覚(おぼ)える 외우다 ｜ 職場(しょくば) 직장 ｜ 増(ふ)やす 늘리다

스크립트 및 해석 2ばん

テレビの人がお店の人にインタビューしています。

女：本日はこちらの店長においしいビールについて話していただきます。店長、ビールをおいしく飲む方法があると聞いたんですが。

男：はい、よくビールは注ぎ方で味が変わると言われています。注ぎ方が違うと泡の量も変わってくるからです。一般的にはビールがグラスの70%、泡が30%になるように注ぐといいと言われていますよね。しかし、どれだけ上手に入れても、泡から飲んでしまってはおいしいビールを味わうことができません。ビールを飲むときには液体と泡が同時に口に入るようにしてください。泡がグラスに残ることによって、液体が空気に触れないため、最後までおいしく飲むことができます。

店長が言いたいことは何ですか。

1 ビールは原料が一番大切だ
2 グラスに注ぐ方法を学んでほしい
3 泡の割合が味を決める
4 飲み方次第で味が変わる

방송국 사람이 매장 사람에게 인터뷰하고 있습니다.

여: 오늘은 여기 점장님께서 맛있는 맥주에 대해서 이야기해주시겠습니다. 점장님, 맥주를 맛있게 마시는 방법이 있다고 들었는데요.

남: 네, 맥주는 따르는 방법으로 맛이 바뀐다고 종종 일컬어지고 있습니다. 따르는 방법이 다르면 거품의 양도 바뀌기 때문입니다. 일반적으로는 맥주가 잔의 70%, 거품이 30%가 되도록 따르면 좋다고 일컬어지고 있지요. 그러나 아무리 잘 따라도 거품부터 마셔버리면 맛있는 맥주를 맛볼 수 없습니다. 맥주를 마실 때는 액체와 거품이 동시에 입으로 들어가도록 해 주세요. 거품이 잔에 남는 것에 의해서 액체가 공기에 닿지 않기 때문에 마지막까지 맛있게 마실 수 있습니다.

점장이 말하고 싶은 것은 무엇입니까?

1 맥주는 원료가 제일 중요하다

2 잔에 따르는 방법을 배우면 좋겠다

3 거품의 비율이 맛을 결정한다

4 마시는 방법에 따라서 맛이 바뀐다

2 4

해설 맥주를 맛있게 마시는 방법에 대해서 설명하고 있다. 일반적으로 맥주와 거품의 비율을 알맞게 따르는 게 맛있다고 하지만 마시는 방법에 따라서 맥주를 끝까지 맛있게 마실 수 있다고 했으므로 정답은 4번이다.

어휘 本日(ほんじつ) 오늘 | 店長(てんちょう) 점장 | 方法(ほうほう) 방법 | 注(そそ)ぎ方(かた) 따르는 방법 | 味(あじ) 맛 | 泡(あわ)の量(りょう) 거품의 양 | 一般的(いっぱんてき) 일반적 | グラス 유리잔 | 注(そそ)ぐ 붓다, 따르다 | どれだけ~ても 아무리 ~해도 | 味(あじ)わう 맛보다 | 液体(えきたい) 액체 | 同時(どうじ)に 동시에 | 残(のこ)る 남다 | 空気(くうき) 공기 | 触(ふ)れる 닿다 | 原料(げんりょう) 원료 | 学(まな)ぶ 배우다 | 割合(わりあい) 비율 | **명사＋次第(しだい)で** (명사)에 따라서

스크립트 및 해석 3ばん

テレビでアナウンサーが話しています。

男：私は今東山公園に来ています。この公園には大きな池の周りにたくさんの木が植えられていて、長い間市民の休息の場として愛されてきました。しかし、最近ゴミや駐車場の問題、マナーの悪い利用客が増えていることによって、来月から利用客に料金をもらうことになりました。これに対して、今まで無料で利用してきた住民たちは反対していますが、きれいな公園を守るためには仕方ないと関係者は話しています。

アナウンサーは何について話していますか。

1 公園の大きさ

2 公園が愛されている理由

3 公園を利用するときのマナー

4 公園の有料化

TV에서 아나운서가 이야기하고 있습니다.

남: 저는 지금 히가시야마 공원에 와 있습니다. 이 공원에는 큰 연못 주변에 많은 나무가 심겨 있어서, 오랫동안 시민의 휴식 장소로서 사랑받아 왔습니다. 그러나, 최근 쓰레기나 주차장 문제, 매너가 나쁜 이용객이 늘어나고 있어서 다음 달부터 이용객에게 요금을 받게 되었습니다. 이에 대해 지금까지 무료로 이용해 왔던 주민들은 반대하고 있습니다만, 깨끗한 공원을 지키기 위해서는 어쩔 수 없다고 관계자는 이야기하고 있습니다.

아나운서는 무엇에 대해서 이야기하고 있습니까?

1 공원의 크기

2 공원이 사랑받고 있는 이유

3 공원을 이용할 때의 매너

4 공원의 유료화

3 4

해설 역접의 접속사「しかし」부터 중요한 내용이 등장한다.「しかし、最近ゴミや駐車場の問題、マナーの悪い利用客が増えていることによって、来月から利用客に料金をもらうことになりました」에서 아나운서가 전하고자 하는 바를 알 수 있다.

어휘 池(いけ) 연못 | 周(まわ)り 주위, 주변 | 木(き) 나무 | 植(う)える 심다 | 市民(しみん) 시민 | 休息(きゅうそく)の場(ば) 휴식의 장소 | 愛(あい)される 사랑받다 | 駐車場(ちゅうしゃじょう) 주차장 | マナー 매너 | 利用客(りようきゃく) 이용객 | ～によって~에 의해서 | ～に対(たい)して ~에 대해서 | 無料(むりょう) 무료 | 住民(じゅうみん) 주민 | 反対(はんたい) 반대 | 守(まも)る 지키다 | 仕方(しかた)ない 어쩔 수 없다 | 関係者(かんけいしゃ) 관계자 | 有料化(ゆうりょうか) 유료화

문제4 발화 표현

기본 음원

1.2배속 음원

실전시험 142 | 발화 표현 [1]

▶본서2 p.466

정답 **1** 3 **2** 1 **3** 3 **4** 2

스크립트 및 해석 1ばん

辞書を忘れたので、友だちの辞書を借りたいです。何と言いますか。

女：1 その辞書、使いなさい。

2 ねぇ、その辞書使ってみるといいよ。

3 あのう、その辞書使わせてもらってもいい？

사전을 잊어서 친구 사전을 빌리고 싶습니다. 뭐라고 말합니까?

여: 1 그 사전 사용하세요.

2 저기 그 사전 사용해 보면 좋아.

3 저, 그 사전 사용해도 되니?

1 3

해설 친구끼리의 대화에서 부탁표현을 찾는 문제이다. 3번의 「~(さ)せてもらう」는 '내가(=말하는 사람이) ~하다'이므로 「使わせてもらう」는 '말하는 사람이 쓰다'로 해석한다. 여기에 「~てもいい(~해도 좋다)」가 접속한 3번이 정답이다. 1번의 「ます형 + なさい」는 가벼운 명령의 '~하세요, ~하시오', 2번의 「~といい」는 '~하면 좋다'이다.

어휘 辞書(じしょ) 사전 | 借(か)りる 빌리다

스크립트 및 해석 2ばん

テーブルの上に携帯があります。友だちはいま帰るところです。何と言いますか。

女：1 携帯、忘れてるよ。

2 携帯、置いておかなきゃ。

3 携帯、持って行かないで。

테이블 위에 휴대 전화가 있습니다. 친구는 지금 돌아가려던 참입니다. 뭐라고 말합니까?

여: 1 휴대 전화 잊었어.

2 휴대 전화 놔두지 않으면 안 돼(놔둬야 해).

3 휴대 전화 갖고 가지 마.

2 1

해설 휴대 전화를 두고 간 친구에게 상황을 알리는 표현을 고르는 문제이므로 정답은 1번이다. 2번의 「~なきゃ」는 「~なければ」의 축약형이다.

어휘 携帯(けいたい) 휴대 전화 | **동사 사전형 + ところだ** 막 ~하려던 참이다 | 置(お)く 놓다, 두다

스크립트 및 해석 3ばん

喫茶店で注文していないものが来ました。店員に何と言いますか。

女：1 それは飲みたくないです。

2 それは注文したことがありません。

3 それは頼んでないんですが。

커피숍에서 주문하지 않은 것이 왔습니다. 점원에게 뭐라고 합니까?

여: 1 그것은 마시고 싶지 않습니다.

2 그것은 주문한 적이 없습니다.

3 그것은 부탁하지 않았는데요(주문하지 않았는데요).

3 3

해설 「~てない」는 「~ていない」의 축약형이다. 2번의 「~たことがありません」은 지난 과거의 경험을 나타내므로 정답이 될 수 없다.

어휘 喫茶店(きっさてん) 커피숍 | 頼(たの)む 부탁하다, 주문하다

스크립트 및 해석 4ばん

レストランで客に注文を聞きます。何と言いますか。

男：1 注文をお決まりください。

2 何になさいますか。

3 何を伺いましょうか。

레스토랑에서 손님에게 주문을 묻습니다. 뭐라고 말합니까?

남: 1 주문을 정해 주세요.

2 뭐로 하시겠습니까?

3 무엇을 들을까요?

4 2

해설 종업원이 손님에게 주문을 묻는 표현은 2번이다. 3번의 伺(うかが)う는 '듣다, 질문하다, 방문하다'의 겸양어이다.

어휘 お + ます형 + ください ~해 주십시오 | なさる 하시다(する의 존경어)

기본 음원

1.2배속 음원

실전시험 143 | 발화 표현 [2]

▶ 본서2 p.468

정답 **1** 1 **2** 2 **3** 3 **4** 2

스크립트 및 해석 1ばん

細かいお金がありません。店で替えたいです。店員に何と言いますか。

女：1 あのう、両替できますか。

2 あのう、おつりをお願いします。

3 あのう、お金要りますか。

잔돈이 없습니다. 가게에서 바꾸고 싶습니다. 점원에게 뭐라고 말합니까?

여: 1 저기, 환전할 수 있나요?

2 저기, 잔돈을 부탁합니다.

3 저기, 돈 필요해요?

1 1

해설 3번의「両替(りょうがえ)」는 큰 돈을 작은 돈으로 바꾸거나 외화로 환전한다는 의미이다.

어휘 細(こま)かいお金(かね) 잔돈 | 要(い)る 필요하다 | おつり 거스름돈, 잔돈 | 両替(りょうがえ) 환전

스크립트 및 해석 2ばん

コンビニの機械でコンサートのチケットを買います。使い方が分かりません。何と言いますか。

女：1　この機械はどうして使いますか。

2　この機械はどうやって使いますか。

3　この機械の使い方を教えましょうか。

편의점 기계에서 콘서트 티켓을 사고 싶습니다만, 사용 방법을 모르겠습니다. 뭐라고 합니까?

여: 1 이 기계는 왜 사용합니까?

2 이 기계는 어떻게 사용합니까?

3 이 기계의 사용 방법을 가르쳐 줄까요?

2 2

해설 어떻게 사용해야 하는지 물어볼 때 쓰는「どうやって(어떻게 해서)」를 들으면 된다. 3번의「教えましょうか」는 말하는 사람이 상대방에게 가르쳐 준다는 의미이므로 오답이다.

어휘 コンビニ 편의점 | 機械(きかい) 기계 | 使(つか)い方(かた) 사용 방법 | どうして 왜, 어째서 | どうやって 어떻게 해서

스크립트 및 해석 3ばん

パンを作りました。食べてもらいたいです。何と言いますか。

女：1　どうぞ、お作りください。

2　では、食べさせていただきます。

3　これ、召し上がってください。

빵을 만들었습니다. (상대방이) 먹어주면 좋겠습니다. 뭐라고 말합니까?

여: 1 자, 만들어 주세요.

2 그럼 먹겠습니다.

3 이거 드세요.

3 3

해설 상대방이 먹기를 바라는 의미이기 때문에 먹는 주체는 '상대방'이다. 따라서 食(た)べる의 존경어인「召(め)し上(あ)がる」에「～てください」를 쓴 3번이 정답이다. 2번의「～(さ)せていただく」는 '(제가) ~하겠다'이다.

어휘 パン 빵

스크립트 및 해석 4ばん

先輩のうちにおもしろそうな本があります。今読んでみたいです。何と言いますか。

男：1　先輩、この本、読ませたらどうですか。

2　先輩、この本、読んでみたいです。

3　先輩、この本、貸してあげたいです。

선배네 집에 재미있을 것 같은 책이 있습니다. 지금 읽어 보고 싶습니다. 뭐라고 말합니까?

남: 1 선배님, 이 책 읽게 하면 어때요?

2 선배님, 이 책 읽어 보고 싶어요.

3 선배님, 이 책 빌려주고 싶어요.

4 2

해설 '내'가 읽어보고 싶다는 의사를 표현해야 하므로 정답은 2번이다. 1번의「～たらどうですか」는 '~하는 게 어때요?', 3번은 내가 상대방에게 빌려주고 싶다는 의미이다.

어휘 先輩(せんぱい) 선배 | 貸(か)す 빌려주다

기본 음원

1,2배속 음원

실전시험 144 | 발화 표현 [3]

▶본서2 p.470

정답 **1** 3 **2** 2 **3** 1 **4** 2

스크립트 및 해석 1ばん

机の上の資料をみなさんに見てもらいたいです。何と言いますか。

男：1　机の上の資料をお見せください。

2　机の上の資料を拝見してもいいですか。

3　机の上の資料をご覧ください。

책상 위의 자료를 모두가 봐주었으면 합니다. 뭐라고 합니까?

남: 1 책상 위의 자료를 보여 주십시오.

2 책상 위의 자료를 봐도 괜찮습니까?

3 책상 위의 자료를 봐주십시오.

1 3

해설 존경의 의뢰 표현인「お + ます형 + ください」를 숙지해 두자.「見(み)る」의 존경어는「ご覧(らん)になる(보시다)」이므로 원칙적으로는「ご覧(らん)になってください」인데, 주로「ご覧(らん)ください」를 쓴다.

1번은「見(み)せる」가 '보여주다'이므로「お見(み)せください」가 되면 '보여 주십시오, 제시해 주십시오'라는 의미가 되기 때문에 오답이다.

어휘 資料(しりょう) 자료 ㅣ 拝見(はいけん)する 보다(見る의 겸양어) ㅣ ご覧(らん)になる 보시다(見る의 존경어)

스크립트 및 해석 2ばん

会社(かいしゃ)です。後輩(こうはい)が荷物(にもつ)を運(はこ)ぼうとしています。手伝(てつだ)ってあげたいです。何(なん)と言(い)いますか。

男：1　荷物(にもつ)、運(はこ)んどいたよ。

2　よかったら一緒(いっしょ)に運(はこ)ぶよ。

3　一緒(いっしょ)に運(はこ)んでもらえる？

회사입니다. 후배가 짐을 운반하려 하고 있습니다. 도와주고 싶습니다. 뭐라고 말합니까?

남: 1 짐, 운반해 두었어.

2 괜찮으면 같이 운반할게.

3 같이 운반해 줄 수 있니?

2 2

해설 선배가 후배를 도와주려는 상황이므로 정답은 2번이다. 1번은「運んでおいた」의 축약형이고, 3번의「~てもらえる？」는 '~해 줄 수 있니?'로 부탁하는 표현이다.

어휘 運(はこ)ぶ 운반하다 ㅣ 手伝(てつだ)う 돕다

스크립트 및 해석 3ばん

図書館(としょかん)です。隣(となり)の人(ひと)のイヤホンの音(おと)がうるさいです。何(なん)と言(い)いますか。

男：1　音(おと)、小(ちい)さくしてもらえませんか。

2　静(しず)かにした方(ほう)がいいでしょうか。

3　音(おと)、気(き)になりますか。

도서관입니다. 옆 사람의 이어폰 소리가 시끄럽습니다. 뭐라고 합니까?

남: 1 소리 작게 해 줄 수 없나요?

2 조용히 하는 편이 좋을까요?

3 소리 신경 쓰이나요?

3 1

해설 상대방에게 부탁하는 표현인「~てもらえませんか(~해 줄 수 없나요?)」를 쓴 1번이 정답이다.

어휘 隣(となり) 옆, 이웃 ㅣ イヤホン 이어폰 ㅣ 音(おと) 소리 ㅣ 気(き)になる 신경 쓰이다

스크립트 및 해석 4ばん

友(とも)だちが料理(りょうり)を作(つく)ってくれました。辛(から)いものが好(す)きではありません。友(とも)だちに何(なん)と言(い)いますか。

女：1　辛(から)いものほど好(す)きなものはないんだ。

2　辛(から)いものはちょっと苦手(にがて)なんだ。

3　辛(から)いものはあまり好(す)きじゃないの？

친구가 요리를 만들어 주었습니다. 매운 것을 좋아하지 않습니다. 친구에게 뭐라고 말합니까?

여: 1 매운 것만큼 좋아하는 건 없어.

2 매운 건 잘 못 먹어.

3 매운 건 별로 안 좋아해?

4 2

해설 자신이 잘 못하거나 싫어하는 것에 대해서 말할 때는「苦手(にがて)だ(질색이다, 서투르다)」를 쓴다. 1번의「~ほど…ない」는 '~만큼 …이지 않다'이다.

어휘 辛(から)い 맵다

문제5 즉시 응답

기본 음원

1.2배속 음원

실전시험 145 ㅣ 즉시 응답 [1]

본서2 p.476

정답 **1** 3 **2** 1 **3** 2 **4** 3 **5** 1 **6** 2 **7** 1 **8** 2 **9** 1

스크립트 및 해석 1ばん

男：ここでの写真撮影(しゃしんさつえい)はご遠慮(えんりょ)ください。

女：1　はい、撮(と)らせていただきます。

2　撮(と)ってもらえないでしょうか。

3　あ、気(き)がつきませんでした。

남: 이곳에서의 사진 촬영은 삼가주세요.
여: 1 네, 찍겠습니다.
 2 찍어 줄 수 없을까요?
 3 아, 몰랐습니다.

1 3

해설 「ご遠慮(えんりょ)ください」는 '삼가세요'라는 뜻으로 '하면 안 된다'는 것을 공손하게 말하는 표현이라고 알아두자. 따라서 정답은 3번이다. 대부분 「すみません」 정도가 정답이 되는 경우가 많지만, 우회적인 대답으로 3번도 출제되고 있음을 알아두자.

어휘 写真撮影(しゃしんさつえい) 사진 촬영 | 撮(と)る (사진을) 찍다 | 気(き)がつく 알아차리다, 깨닫다

스크립트 및 해석 2ばん

男：出かけるの？今にも雨が降り出しそうだよ。
女：1 傘、入れといたよ。
 2 もう降ってるの？
 3 やんだから大丈夫だね。

남: 외출하는 거야? 당장이라도 비가 올 것 같아.
여: 1 우산 넣어 두었어.
 2 벌써 내리고 있어?
 3 그쳤으니까 괜찮아.

2 1

해설 남자는 비가 올 것 같으니까 우산을 챙기라는 의미로 이야기했으므로 1번이 정답이다. 「入(い)れといた」는 「入(い)れておいた」의 축약형이다. 그리고 아직 비가 내리지 않고 있으므로 2, 3번은 오답이다.

어휘 今(いま)にも 당장이라도 | **ます형 + そうだ** ~할 것 같다 | 止(や)む 그치다

스크립트 및 해석 3ばん

男：今日はお目にかかれて、うれしかったです。
女：1 拝見してよかったです。
 2 いいえ、こちらこそ。
 3 すみません。明日また伺います。

남: 오늘 뵐 수 있어서 기뻤습니다.
여: 1 봐서 좋았습니다.
 2 아니요, 저야말로.
 3 죄송합니다. 내일 또 찾아 뵙겠습니다.

3 2

해설 「お目(め)にかかる」는 「会(あ)う」의 겸양어이다. 1번의 「拝見(はいけん)する」는 「見(み)る」의 겸양어이므로 헷갈리지 말자.

어휘 伺(うかが)う '듣다, 질문하다, 방문하다'의 겸양어

스크립트 및 해석 4ばん

男：この荷物、どこに置いときましょうか。
女：1 あそこに置いてあります。
 2 あ、荷物取りに来たんですね。
 3 わざわざありがとうございます。私がもらいます。

남: 이 짐, 어디에 놔둘까요?
여: 1 저기에 놓여 있습니다.
 2 아, 짐 찾으러 왔군요.
 3 일부러… 감사합니다. 제가 받을게요.

4 3

해설 의문사 「どこ」를 듣고 섣불리 장소가 나오는 1번을 고르면 안 된다. 「置(お)いときましょうか」는 「置(お)いておきましょうか」의 축약형이다.

어휘 荷物(にもつ) 짐 | 取(と)りに来(く)る 가지러 오다

스크립트 및 해석 5ばん

男：佐藤さん、会社出るとき、倉庫の鍵かけるのを忘れずにね。
女：1 はい、ちゃんとかけておきます。
 2 倉庫に鍵があったんですか。
 3 開けたままにするんですね。

남: 사토 씨, 회사 나갈 때 창고 열쇠 잠그는 거 잊지 마.
여: 1 네, 잘 잠가 놓겠습니다.
 2 창고에 열쇠가 있었어요?
 3 열어둔 채로 두라는 거죠?

5 1

해설 「忘れずに」는 「忘れないで」의 축약형이다. 따라서 남자는 여자에게 열쇠를 잠그라고 당부하고 있으므로 정답은 1번이다.

어휘 倉庫(そうこ) 창고 | 鍵(かぎ)をかける 열쇠를 잠그다 | ちゃんと 정확히, 빈틈없이 | 開(あ)ける 열다 | **동사 た형 + たまま** ~한 채

스크립트 및 해석 6ばん

男：森さん、野球の試合、見に行くでしょう？クラスのみんなも行くって。
女：1　クラスのみんなを誘って行こう。
　　2　うーん、まだはっきりわからないんだ。
　　3　え？行けなくなったの？

남: 모리 씨, 야구 시합 보러 갈 거지? 반 친구들도 모두 보러 간대.
여: 1 반 친구 모두를 권해서 갑시다.
　2 음, 아직 확실히 모르겠어.
　3 어? 못 가게 된 거야?

6 2

해설 남자는 여자에게 야구 시합 보러 갈 거냐고 확인하고 있으므로 정답은 2번이다. 3번은 상대방(남자)이 갈 수 없게 된 상황일 때 적절하다.

어휘 野球(やきゅう) 야구 I 試合(しあい) 시합 I 誘(さそ)う 꼬시다, 권하다 I はっきり 분명히, 확실히

스크립트 및 해석 7ばん

男：田中さん、荷物運ぶの、手伝ってほしいんだけど。
女：1　今じゃなければいけないの？
　　2　運んでくれたんだね。ありがとう。
　　3　隣の部屋に持ってったの？

남: 다나카 씨, 짐 옮기는 거 도와주면 좋겠는데.
여: 1 지금이 아니면 안 되는 거야?
　2 옮겨 주었구나. 고마워.
　3 옆 방에 가지고 갔어?

7 1

해설 남자는 여자에게 도움을 요청하고 있다. 대답은 항상 '된다/안 된다'만 나올 거라고 생각하지 말고, 우회적인 표현의 1번도 알아 두자. 3번의 「もってった」는 「持って行った」의 축약형이다.

어휘 手伝(てつだ)う 돕다, 거들다 I ～てほしい ~해 주기를 바란다 I 隣(となり) 옆, 이웃

스크립트 및 해석 8ばん

男：この量じゃ、一人で食べられそうにありませんね。
女：1　そうですね。足りないですね。
　　2　本当に量が多いですね。
　　3　値段が高いですからね。

남: 이 양은 혼자서 먹을 수 없을 것 같아요.
여: 1 그러게요. 부족하네요.
　2 정말 양이 많네요.
　3 가격이 비싸니까요.

8 2

해설 남자의 「食(た)べられそうにありません」은 「ますฯ형 + そうにない」'~일 것 같지 않다'로 양태의 そうだ 부정형이다. 이 말에서 음식의 양이 많다는 것을 알 수 있으므로 정답은 2번이다.

어휘 量(りょう) 양 I 足(た)りない 부족하다 I 値段(ねだん) 가격

스크립트 및 해석 9ばん

男：お世話になった人にお礼を言うのは当たり前だよ。
女：1　それが常識というものだね。
　　2　何に当たったの？
　　3　私も意外でした。

남: 신세 진 사람에게 감사 인사를 하는 건 당연한 거야.
여: 1 그게 상식이죠.
　2 뭐에 당첨됐어?
　3 저도 의외였어요.

9 1

해설 「当(あ)たり前(まえ)だ」는 '당연하다'의 의미이다. 남자의 말에 동의하는 의미로 1번이 정답이다. 2번의 「当(あ)たる」는 '당첨되다'의 의미이고 「当たり前だ」와 유사 발음으로 제시된 선택지이므로 헷갈리지 않도록 주의해야 한다.

어휘 お世話(せわ)になる 신세 지다 I お礼(れい)を言(い)う 감사 인사를 하다 I 常識(じょうしき) 상식 I 意外(いがい) 의외

기본 음원

1.2배속 음원

실전시험 146 I 즉시 응답 [2]

▶본서2 p.477

정답 **1** 1 **2** 2 **3** 1 **4** 3 **5** 2 **6** 2 **7** 1 **8** 2 **9** 2

스크립트 및 해석 1ばん

男： すみません。このコピー機、先に使わせていただけませんか。

女： 1　どうぞ、お使いください。

2　はい、先にお願いします。

3　ええ、使いましょうか。

남: 미안합니다. 이 복사기 먼저 사용하게 해 주실 수 없을까요?

여: 1 먼저 쓰세요.

2 네, 먼저 부탁합니다.

3 네, 사용할까요?

1 1

해설 「～(さ)せていただけませんか」는 '~하게 해 주실 수 없을까요?'로 말하는 사람인 '제가' 하게 해 달라고 부탁하는 표현이다. 따라서 허락하는 의미인 1번이 정답이다.

어휘 コピー機(き) 복사기 | 先(さき)に 먼저

스크립트 및 해석 2ばん

男： 日曜日の買い物、付き合ってもらいたいんだけど。

女： 1　なるべく早く返事してください。

2　土曜日はだめですか。

3　一人で行きたくないんですが。

남: 일요일 쇼핑, 같이 가 주면 좋겠는데.

여: 1 가급적 빨리 답장해 주세요.

2 토요일은 안 되나요?

3 혼자서 가고 싶지 않습니다만.

2 2

해설 「付(つ)き合(あ)う」는 '교제하다, 사귀다'라는 의미도 있지만 '행동을 함께하다'라는 의미도 있다. 여기에서는 후자의 의미로 쓰였다. 2번은 '일요일은 안 된다'는 의미를 우회적으로 나타낸 표현이다.

어휘 買(か)い物(もの) 쇼핑 | なるべく 될 수 있으면, 가급적 | 返事(へんじ) 답장

스크립트 및 해석 3ばん

男： 海外出張のこと、田中さんにも連絡しなきゃ。

女： 1　私から伝えときます。

2　飛行機のチケットは？

3　田中さんに聞いたんですか。

남: 해외 출장에 관해서 다나카 씨에게도 연락하지 않으면 안 돼.

여: 1 제가 전달해 두겠습니다.

2 비행기 티켓은?

3 다나카 씨에게 들은 거예요?

3 1

해설 「連絡しなきゃ」는 「連絡しなければ」의 축약형이므로 다나카 씨에게도 해외 출장과 관련해서 꼭 연락해야 한다는 의미이다. 1번은 「伝(つた)えておきます」의 축약형이다.

어휘 海外出張(かいがいしゅっちょう) 해외 출장 | 伝(つた)える 전달하다 | 飛行機(ひこうき) 비행기

스크립트 및 해석 4ばん

男： 部長、山田工業の鈴木さん、ご存じですか。

女： 1　いや、拝見したことないよ。

2　鈴木さんのことはもう聞いたよ。

3　うん、営業部の人でしょう？

남: 부장님, 야마다 공업의 스즈키 씨 알고 계세요?

여: 1 아니, 본 적 없어.

2 스즈키 씨에 대한 건 이미 들었어.

3 응, 영업부 사람이지?

4 3

해설 「ご存(ぞん)じだ」는 「知(し)っている」의 존경어이다.

어휘 工業(こうぎょう) 공업 | 拝見(はいけん)する 見る의 겸양어 | 営業部(えいぎょうぶ) 영업부

스크립트 및 해석 5ばん

男： 山田さんが勧めてくれた映画、すごくおもしろかったよ。

女： 1　映画、楽しみにしているの？

2　時間経つのを忘れるくらいでしょう？

3　うまく進んでないの？

남: 야마다 씨가 추천해 준 영화, 너무 재미있었어요.

여: 1 영화, 기대하고 있어?

2 시간 가는 걸 잊을 정도죠?

3 잘 안 되고 있는 거야?

5 2

해설 남자는 여자(=야마다 씨)가 추천해 준 영화를 본 후에 소감을 말하고 있으므로 정답은 2번이다. 1번은 영화를 보기 전에 할 수 있는 말이고, 3번은 「勧(すす)める」「進(すす)む」 유사 발음에 주의하자.

어휘 勧(すす)める 권하다, 추천하다 | 楽(たの)しみにしている 기대하고 있다 | 時間(じかん)が経(た)つ 시간이 흐르다, 경과하다 | うまい 잘하다, 능숙하다 | 進(すす)む 나아가다, 진행되다

스크립트 및 해석 6ばん

男：林(はやし)さん、昨日(きのう)の会議(かいぎ)の報告書(ほうこくしょ)、いつごろ完成(かんせい)しそう？
女：1 え？もう完成(かんせい)したんですか。
2 ちょうど書(か)き終(お)わったところです。
3 会議(かいぎ)ならとっくに終(お)わったみたいですよ。

남: 하야시 씨, 어제 회의 보고서 언제쯤 완성할 것 같아?
여: 1 네? 벌써 완성했어요?
2 지금 막 다 썼습니다.
3 회의라면 아까 끝난 것 같아요.

6 2

해설 보고서가 'いつ(언제)'쯤 완성될 것 같은지 물었으므로, 마침 지금 다 썼다고 한 2번이 정답이다.

어휘 会議(かいぎ) 회의 | 報告書(ほうこくしょ) 보고서 | 完成(かんせい) 완성 | ちょうど 마침, 꼭, 정확히 | ます형 + 終(お)わる 다 ~하다 | 동사 た형 + ところだ 막 ~했다 | とっくに 진작에, 이미 | ~みたいだ ~인 것 같다

스크립트 및 해석 7ばん

男：駅前(えきまえ)の交差点(こうさてん)で車(くるま)にぶつかるところだったよ。
女：1 危(あぶ)なかったですね。
2 けが人(にん)はいませんか。
3 交差点(こうさてん)はいつも込(こ)んでますね。

남: 역 앞 교차로에서 차에 부딪힐 뻔했어.
여: 1 위험했네.
2 다친 사람은 없어요?
3 교차로는 항상 붐벼요.

7 1

해설 「동사 사전형 + ところだった」는 '~할 뻔했다'이다.

어휘 駅前(えきまえ) 역 앞 | 交差点(こうさてん) 교차로 | ぶつかる 부딪치다, 충돌하다 | 危(あぶ)ない 위험하다 | けが人(にん) 다친 사람 | 込(こ)む 붐비다

스크립트 및 해석 8ばん

男：お客様(きゃくさま)、コーヒーのお代(か)わり、いかがですか。
女：1 他(ほか)に何(なに)がありますか。
2 いいえ、けっこうです。
3 代(か)わりに注文(ちゅうもん)お願(ねが)いします。

남: 고객님, 커피 리필 어떠세요?
여: 1 그 밖에 뭐가 있나요?
2 아니요, 괜찮습니다.
3 대신에 주문 부탁합니다.

8 2

해설 2번의 「けっこうです」는 사양할 때 쓰는 표현이다.

어휘 お代(か)わり 리필 | 代(か)わりに 대신에

스크립트 및 해석 9ばん

男：あの、誘(さそ)ってくださった飲(の)み会(かい)ですけど、どうしても行(い)けなくなったんです。
女：1 飲(の)み会(かい)、やらないことになったんですね。
2 そうですか。じゃ、また今度(こんど)誘(さそ)いますね。
3 行(い)きたかったんですが、残念(ざんねん)です。

남: 저기, 불러 주신 회식 말인데요, 도저히 못 가게 되었습니다.
여: 1 회식, 안 하게 되었군요(취소되었군요).
2 그래요? 그럼, 다음에 또 부를게요.
3 가고 싶었는데 아쉽네요.

9 2

해설 여자가 함께 가자고 한 회식에 도저히 갈 수 없는 상황임을 알리고 있다.

어휘 誘(さそ)う 꼬시다, (함께 하자고) 권하다 | 飲(の)み会(かい) 회식, 술자리 | どうしても 아무리 해도, 도저히 | ~ことになる ~하게 되다 | 残念(ざんねん)だ 유감이다, 아쉽다

Memo

실전 모의고사 1~2회 해설은 QR코드를 스캔해 주세요.
바로보기가 가능합니다.
추가 제공 2회분인 실전 모의고사 3~4회의 문제지와 해설은
파고다북스 홈페이지에서 다운로드 받으실 수 있습니다.
www.pagodabook.com

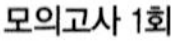

모의고사 1회

모의고사 2회

모의고사 추가 2회분
및 해설 다운로드

차례

실전모의고사 1회

	유형	시험 시간
1교시	**언어지식**(문자・어휘)	30분
	언어지식(문법)・**독해**	70분
2교시	**청해**	45분

にほんごのうりょくしけん　かいとうようし 모의고사 1회

N3 げんごちしき（もじ・ごい）

じゅけんばんごう Examinee Registration Number		なまえ Name	

〈ちゅうい Notes〉
1. くろいえんぴつ（HB、No.2）でかいてください。
   Use a black medium soft (HB or No.2) pencil.
   （ペンやボールペンではかかないでください。）
   (Do not use any kind of pen.)
2. かきなおすときは、けしゴムできれいにけしてください。
   Erase any unintended marks completely.
3. きたなくしたり、おったりしないでください。
   Do not soil or bend this sheet.
4. マークれい Marking Examples

よいれい Correct Example	わるいれい Incorrect Examples
●	⊗ ◯ ◯ ⓪ ◯ ◯ ●

問題 1				
1	①	②	③	④
2	①	②	③	④
3	①	②	③	④
4	①	②	③	④
5	①	②	③	④
6	①	②	③	④
7	①	②	③	④
8	①	②	③	④
問題 2				
9	①	②	③	④
10	①	②	③	④
11	①	②	③	④
12	①	②	③	④
13	①	②	③	④
14	①	②	③	④
問題 3				
15	①	②	③	④
16	①	②	③	④
17	①	②	③	④
18	①	②	③	④
19	①	②	③	④
20	①	②	③	④
21	①	②	③	④
22	①	②	③	④
23	①	②	③	④
24	①	②	③	④
25	①	②	③	④

問題 4				
26	①	②	③	④
27	①	②	③	④
28	①	②	③	④
29	①	②	③	④
30	①	②	③	④
問題 5				
31	①	②	③	④
32	①	②	③	④
33	①	②	③	④
34	①	②	③	④
35	①	②	③	④

にほんごのうりょくしけん　かいとうようし 모의고사 1회

N3 げんごちしき（ぶんぽう）・どっかい

じゅけんばんごう Examinee Registration Number	

なまえ Name	

〈ちゅうい Notes〉

1. くろいえんぴつ（HB、No.2）でかいてください。
   Use a black medium soft (HB or No.2) pencil.
   （ペンやボールペンではかかないでください。）
   (Do not use any kind of pen.)
2. かきなおすときは、けしゴムできれいにけしてください。
   Erase any unintended marks completely.
3. きたなくしたり、おったりしないでください。
   Do not soil or bend this sheet.
4. マークれい Marking Examples

よいれい Correct Example	わるいれい Incorrect Examples
●	⊗ ○ ○ ○ ○ ○ ○

問題 1				
1	①	②	③	④
2	①	②	③	④
3	①	②	③	④
4	①	②	③	④
5	①	②	③	④
6	①	②	③	④
7	①	②	③	④
8	①	②	③	④
9	①	②	③	④
10	①	②	③	④
11	①	②	③	④
12	①	②	③	④
13	①	②	③	④

問題 2				
14	①	②	③	④
15	①	②	③	④
16	①	②	③	④
17	①	②	③	④
18	①	②	③	④

問題 3				
19	①	②	③	④
20	①	②	③	④
21	①	②	③	④
22	①	②	③	④
23	①	②	③	④

問題 4				
24	①	②	③	④
25	①	②	③	④
26	①	②	③	④
27	①	②	③	④

問題 5				
28	①	②	③	④
29	①	②	③	④
30	①	②	③	④
31	①	②	③	④
32	①	②	③	④
33	①	②	③	④

問題 6				
34	①	②	③	④
35	①	②	③	④
36	①	②	③	④
37	①	②	③	④

問題 7				
38	①	②	③	④
39	①	②	③	④

にほんごのうりょくしけん　かいとうようし 모의고사 1회

N3 ちょうかい

じゅけんばんごう Examinee Registration Number	

なまえ Name	

〈ちゅうい Notes〉

1. くろいえんぴつ（HB、No.2）でかいてください。
   Use a black medium soft (HB or No.2) pencil.
   （ペンやボールペンではかかないでください。）
   (Do not use any kind of pen.)
2. かきなおすときは、けしゴムできれいにけしてください。
   Erase any unintended marks completely.
3. きたなくしたり、おったりしないでください。
   Do not soil or bend this sheet.
4. マークれい Marking Examples

よいれい Correct Example	わるいれい Incorrect Examples
●	⊗ ◯ ◯ ⓪ ◯ ① ◯

問題 1				
れい	●	②	③	④
1	①	②	③	④
2	①	②	③	④
3	①	②	③	④
4	①	②	③	④
5	①	②	③	④
6	①	②	③	④

問題 2				
れい	①	②	③	●
1	①	②	③	④
2	①	②	③	④
3	①	②	③	④
4	①	②	③	④
5	①	②	③	④
6	①	②	③	④

問題 3				
れい	●	②	③	④
1	①	②	③	④
2	①	②	③	④
3	①	②	③	④

問題 4			
れい	●	②	③
1	①	②	③
2	①	②	③
3	①	②	③
4	①	②	③

問題 5			
れい	①	●	③
1	①	②	③
2	①	②	③
3	①	②	③
4	①	②	③
5	①	②	③
6	①	②	③
7	①	②	③
8	①	②	③
9	①	②	③

Language Knowledge (Vocabulary)

もんだいようし

N3

げんごちしき（もじ・ごい）

（30ぷん）

ちゅうい
Notes

1. しけんが　はじまるまで、この　もんだいようしを　あけないでください。
   Do not open this question booklet until the test begins.
2. この　もんだいようしを　もって　かえる　ことは　できません。
   Do not take this question booklet with you after the test.
3. じゅけんばんごうと　なまえを　したの　らんに、じゅけんひょうと　おなじように　かいて　ください。
   Write your examinee registration number and name clearly in each box below as written on your test voucher.
4. この　もんだいようしは、ぜんぶで　7ページ　あります。
   This question booklet has 7 pages.
5. もんだいには　かいとうばんごうの　1、2、3…が　ついて　います。かいとうは、かいとうようしに　ある　おなじ　ばんごうの　ところに　マークして　ください。
   One of the row numbers 1, 2, 3 … is given for each question. Mark your answer in the same row of the answer sheet.

じゅけんばんごう Examinee Registration Number	

なまえ Name	

問題1 ＿＿のことばの読み方として最もよいものを、1・2・3・4から一つえらびなさい。

1 腕を組んでいる人が山田(やまだ)先生です。

1 かた　2 こし　3 うで　4 くび

2 ここに郵便番号を書いてください。

1 ゆびん　2 ゆうびん　3 ゆべん　4 ゆうべん

3 重要な約束があります。

1 しゅよう　2 じゅうよう　3 しゅうよう　4 じゅよ

4 何か楽器を一つ習いたい。

1 らっき　2 がっき　3 らっぎ　4 がっぎ

5 友だちにペンを貸してもらった。

1 かえして　2 おして　3 かして　4 さして

6 試合中、けがをした選手と交代しました。

1 こうたい　2 こうだい　3 きょうたい　4 きょうだい

7 ドラマを録画してください。

1 ろくかく　2 りょくかく　3 ろくが　4 りょくが

8 余った薬は捨ててください。

1 くばった　2 なおった　3 はかった　4 あまった

問題2　＿＿＿のことばを漢字で書くとき、最もよいものを、1・2・3・4から一つえらびなさい。

9　明日いこうまた来てください。

1　以後　　2　以降　　3　移向　　4　移行

10　大きく息をすってください。

1　吐って　　2　吹って　　3　吸って　　4　吠って

11　田中選手の活躍をきたいしています。

1　起待　　2　期待　　3　起対　　4　期対

12　畑にたねをまいた。

1　卵　　2　豆　　3　米　　4　種

13　世界の有名なかいがをご紹介します。

1　図画　　2　図両　　3　絵画　　4　絵両

14　外国でくらしたことがありますか。

1　過らした　　2　暮らした　　3　生らした　　4　住らした

問題3 （　　　）に入れるのに最もよいものを、1・2・3・4から一つえらびなさい。

15 狭い道で、前の車を（　　　）のは危ないです。

1 取り込む　　2 繰り返す　　3 追い越す　　4 すれ違う

16 この料理はインターネットの（　　　）を見て作った。

1 タイプ　　2 リスト　　3 ファン　　4 レシピ

17 健康のために毎日運動する習慣を（　　　）みてください。

1 たてて　　2 つけて　　3 ふやして　　4 ためて

18 周りの音が気になって（　　　）できません。

1 注意　　2 防止　　3 集中　　4 流行

19 森（もり）さんは私のおばと結婚して、私たちは（　　　）になりました。

1 親友　　2 親せき　　3 同僚　　4 めい

20 田舎に行くと（　　　）感じがする。

1 だらしない　　2 しかたない　　3 なつかしい　　4 なさけない

21 この分野は自信ありますので、ぜひ私に（　　　）ください。

1 引き受けて　　2 通って　　3 組み立てて　　4 任せて

22 運動はストレスを（　　　）する一番いい方法だと思う。

1 改善　　2 点検　　3 修正　　4 解消

23 （　　　）の流れによって、言葉（ことば）も変化する。

1 時差　　2 時刻　　3 時期　　4 時代

24 そういう話し方だと、相手に（　　　）理解してもらえないでしょう。

1 重大に　　2 特別に　　3 無駄に　　4 確実に

25 まだ仕事が終わっていないから、（　　　）行ってください。

1 結局　　2 先に　　3 少なくとも　　4 かなり

問題4 ＿＿＿に意味が最も近いものを、1・2・3・4から一つえらびなさい。

26 書類は明日提出してください。

1 書いて　　2 考えて　　3 作って　　4 出して

27 結果を見てがっかりした。

1 怒(いか)りを感じた　　2 残念だと思った

3 喜びを感じた　　4 無理だと思った

28 食べ物はこれでたりるでしょう。

1 必要　　2 不満足(ふまんぞく)　　3 じゅうぶん　　4 ぜいたく

29 いい印象(いんしょう)を受けた。

1 マスコミ　　2 イメージ　　3 タイトル　　4 マナー

30 同僚の結婚式で高校の同級生に会った。

1 同じ故郷(こきょう)の人　　2 同じ町の人

3 同じ学校の人　　4 同じ会社の人

問題5　つぎのことばの使い方として最もよいものを、1・2・3・4から一つえらびなさい。

31　宣伝

1　テストの結果は、郵送で宣伝されることになっている。

2　出張のことを田中(たなか)さんにも宣伝しておいてください。

3　日程が決まったら、すぐに宣伝してください。

4　テレビでの宣伝のおかげで商品がよく売れている。

32　もったいない

1　自分の話ばかりする人との会話はもったいない。

2　両親が忙しいので、あの子は毎日もったいなさそうです。

3　残った料理を全部捨てるのはもったいない。

4　大勢の前で転んでしまってとてももったいなかった。

33　呼びかける

1　友だちをキャンプに呼びかけた。

2　交通安全を呼びかけるためにポスターを作った。

3　人が倒れていたから急いで救急車を呼びかけた。

4　名前を呼びかけた人は、教室の前に出てください。

34　縮小

1　木村(きむら)選手は世界記録から2秒以上の縮小に成功した。

2　コピーするときに字を縮小しすぎてよく見えない。

3　人口の縮小が大きな社会問題になっている。

4　交通費を縮小するために、自転車で通勤している。

35 慣れる

1 国際交流会でいろいろな国の人と慣れることができた。

2 海が好きな林(はやし)さんは海の生物に慣れている。

3 東京に来て半年になりますが、やっと慣れてきました。

4 子どもが無事だと聞いて慣れました。

Language Knowledge(Grammar)・Reading

問題用紙

N3

言語知識(文法)・読解

（げんごちしき（ぶんぽう）・どっかい）

（70分）

注　意

Notes

1. 試験が始まるまで、この問題用紙を開けないでください。
   Do not open this question booklet until the test begins.

2. この問題用紙を持って帰ることはできません。
   Do not take this question booklet with you after the test.

3. 受験番号(じゅけんばんごう)と名前を下の欄(らん)に、受験票(じゅけんひょう)と同じように書いてください。
   Write your examinee registration number and name clearly in each box below as written on your test voucher.

4. この問題用紙は、全部(ぜんぶ)で18ページあります。
   This question booklet has 18 pages.

5. 問題には解答番号(かいとうばんごう)の 1 、 2 、 3 … が付(つ)いています。解答(かいとう)は、解答(かいとう)用紙にある同じ番号(ばんごう)のところにマークしてください。
   One of the row numbers 1 , 2 , 3 … is given for each question. Mark your answer in the same row of the answer sheet.

受験番号(じゅけんばんごう) Examinee Registration Number	
なまえ Name	

問題1　つぎの文の（　　　）に入れるのに最もよいものを1・2・3・4から一つえらびなさい。

1　ここから一番近い駅（　　　）行き方を教えてくれませんか。

1　に　　2　への　　3　で　　4　としか

2　アメリカで大人気のハンバーガー屋が（　　　）韓国にもできました。

1　ついに　　2　ほとんど　　3　どんなに　　4　ずっと

3　時計が遅れていた（　　　）、電車に乗り遅れてしまった。

1　のに　　2　とおりに　　3　ばかりで　　4　せいで

4　部長に明日までに報告書を（　　　）ようにと言われた。

1　まとめる　　2　まとめて　　3　まとめた　　4　まとめ

5　来月から野菜の値段が上がるそうだ。（　　　）買っておこう。

1　高くなる前に　　2　高くなるまでに

3　高くするうちに　　4　高くするたびに

6　客　「コーヒーとサンドイッチをください。」

店員　「サンドイッチは注文が多いので、少しお時間かかりますが、よろしいでしょうか。」

客　「じゃあ、急いでるので、コーヒー（　　　）します。」

1　だけで　　2　だけに　　3　を　　4　に

7　A「何か書くものある？」

B「筆記用具(ひっきようぐ)が（　　　）、2階(かい)の事務所(じむしょ)に聞いてみて。」

1　必要だと　　2　必要でも　　3　必要なら　　4　必要だが

8 社長「明日の午後、何かある？」

秘書（ひしょ）「いいえ、特に予定は（　　　）。」

1 いらっしゃいません　　2 なさいません

3 ございません　　4 いたしません

9 会社に持っていこうと思っていたカステラを弟に（　　　）。

1 食べてしまった　　2 食べたままだった

3 食べられてしまった　　4 食べられたままだった

10 （研究室で）

学生「先生、この本、来週まで（　　　）。」

先生「はい、どうぞ。」

1 借りてくださるんですね　　2 お貸ししてくださいませんか

3 借りていただけませんか　　4 貸していただけないでしょうか

11 日本では車は左側（ひだりがわ）を走る（　　　）。

1 にちがいない　　2 ことになっている

3 ようにしている　　4 ことができる

12 部屋が明るすぎてカーテンを閉めたら、かえって（　　　）。

1 暗くしにくかった　　2 暗くなりにくかった

3 暗くしすぎてしまった　　4 暗くなりすぎてしまった

13 国の友だちから大きな箱が（　　　）。

1 送っていきました　　2 送ってきました

3 送られていきました　　4 送られてきました

問題2　つぎの文の＿★＿に入る最もよいものを1・2・3・4から一つえらびなさい。

（問題例）

つくえの＿＿＿　＿＿＿　＿★＿　＿＿＿あります。

1　が　　2　に　　3　上　　4　ペン

（解答のしかた）

1.　正しい答えはこうなります。

つくえの＿＿＿　＿＿＿　＿★＿　＿＿＿あります。 3 上　2 に　4 ペン　1 が

2.　＿★＿に入る番号を解答用紙にマークします。

（解答用紙）（例）①②③❹

14　季節限定商品＿＿＿　＿＿＿　＿★＿　＿＿＿売らない商品のことです。

1　しか　　2　というのは　　3　に　　4　その季節

15　彼はいつも遅れてくるから今日も＿＿＿　＿＿＿　＿★＿　＿＿＿一番早く来ていてびっくりした。

1　のに　　2　と思っていた　　3　そう　　4　だろう

16　彼女は歌手として＿＿＿　＿＿＿　＿★＿　＿＿＿を持っている。

1　デビューしても　　2　不思議ではない

3　才能　　4　いつ

17 中村（なかむら）「鈴木君（すずきくん）、今日疲れてるみたいだね。」
鈴木（すずき）「実は、昨日本を買ったんだけど、少し＿＿＿＿ ＿＿＿＿ ＿★＿ ＿＿＿＿
しまって寝られなかったんだ。」

1 おもしろくて　　　2 読んでみたら

3 止まらなくなって　　　4 あまりにも

18 来年、妹は1年間ドイツに留学に行く。妹が＿＿＿＿ ＿＿＿＿ ＿★＿ ＿＿＿＿
と思っている。

1 いる　　2 行ってみたい　　3 間に　　4 一度は

問題3　つぎの文章を読んで、文章全体の内容を考えて、[19]から[23]の中に入る最もよいものを1・2・3・4から一つえらびなさい。

以下の文章は、ある留学生が書いた作文です。

そばの食べ方

私はうどんやそばといった麺類が好きで、1日3食食べても飽きないくらいです。[19]日本でそばを食べに行ったときのことです。隣の席でそばを食べている日本人が音をたてて食べているのを見てびっくりしました。[20]国では食事のときに音をたてるのはマナー違反だし、絶対にしてはならないと[21]からです。その後もよくそういう光景を目にしたので、日本人の友だちに聞いてみました。

日本でも食事のときに音をたてるのはマナー違反だが、そばを食べるときは例外だと教えてくれました。そばを食べるとき麺と一緒に空気を吸うと、空気が鼻から抜けて、そばの香りを楽しむことができるから、そば本来のおいしさを味わえるそうです。外国人からみればマナーが悪い[22]が、国によって文化は違うものですから、日本にいる間は友だちに[23]、音をたててそばを食べてみるのも悪くないと思いました。

19

1 この日　2 そういう日　3 ある日　4 そのとき

20

1 なぜなら　2 しかし　3 ちなみに　4 ただ

21

1 教わっていく　2 教わってきた

3 教わってみた　4 教わりたかった

22

1 行動でなければならない　2 行動にしてほしい

3 行動かもしれません　4 行動とは思わない

23

1 教えてくれたおかげで　2 教えてもらったせいで

3 教えてくれたから　4 教えてもらったとおり

問題4　つぎの(1)から(4)の文章を読んで、質問に答えなさい。答えは、1・2・3・4から最もよいものを一つえらびなさい。

(1)

これは学校から保護者へのお知らせである。

<table>
<tr><td>

授業見学について

9月20日(月)に授業見学を行います。お子さんが学校でどのように過ごしているか、ぜひご覧ください。

【お願いと注意】

・授業中は動画や写真の撮影は禁止となっております。

・授業中はできるだけ会話をしないで静かに授業をご覧ください。

・室内用のくつをお持ちください。

・車でお越しの方は運動場にお止めください。

・自転車でお越しの方は、教師用の駐輪場をご利用ください。

</td></tr>
</table>

24　保護者がすることと合っていることは何ですか。

1　車は近くのスーパーに駐車する。

2　授業中は子どもと話してもいい。

3　建物の中で履くくつを持っていく。

4　授業中に写真を撮ってもいい。

(2)

私は新幹線に乗るたびに、必ず駅弁を買います。駅弁とは、新幹線などの乗り場で購入できるお弁当のことです。駅弁は100年以上の歴史があると言われています。始めはおにぎりと漬物(注)だけの簡単なものでしたが、だんだんと地域の名物が使われるようになりました。今では2,000を越える種類の駅弁があり、各地域を代表するお弁当が売られています。

(注) 漬物：野菜を塩や味噌、醤油などに長く入れておいたもの

25 駅弁について正しいのはどれか。

1 新幹線の中でしか売っていない。

2 各地域を代表するさまざまな種類のお弁当がある。

3 駅で手軽に食べられるお弁当である。

4 全国的に同じ種類で売られている。

(3)

最近テレビで「太平洋(たいへいよう)ベルト」が紹介されていました。日本の海沿(うみぞ)いに工業が盛んな地域が集まっていることから、この名前がつけられたそうです。製品を作るときに必要なものや、完成した製品を船で運ぶため、海が近い必要があるのでしょう。また、大型(おおがた)トラックが移動しやすいように高速道路が近いところも多いそうです。やはり、工業が盛んな地域はアクセスがいい場所に集まっているようです。

26 どんな場所に工場が多いか。

1 太平洋(たいへいよう)に近いところ

2 交通の便がいいところ

3 海などの自然が多いところ

4 トラックが移動しやすいところ

(4)

ある日、お寺に50以上のくつやスリッパなどが運ばれてきた。寄付されたのではなく、なんとキツネやタヌキなどの動物が、住宅地から盗んで寺まで運んだとのことだった。主にサンダルなどが多く、片方だけ持ってきているようだった。特に夏の人目の少ない夜に盗まれることが多いため、お寺では周りの住民に、くつなどを屋外に置かないことや、もし屋外に出しても、捨ててもいいような古いくつを置くことをすすめている。

27 お寺の人は住民に、何を注意しているか。

1 夏はくつで外に出ないほうがいい。

2 夏の夜は、特にサンダルに気をつけたほうがいい。

3 盗まれないように片方だけ置いたほうがいい。

4 盗まれそうなものは室内に置いておいたほうがいい。

問題5　つぎの(1)と(2)の文章を読んで、質問に答えなさい。答えは、1・2・3・4から最もよいものを一つえらびなさい。

（1）

小学生のとき、宿題を出す日に、クラスメイトの3分の1が宿題を家に忘れて学校に来てしまったことがあった。私のクラスの担任の先生は時間や提出物にはとても厳しい先生で、宿題を忘れた生徒は、家まで取りに帰らされた。

私の家は学校から20分ほどかかり、小学生にとってはかなり遠い距離だった。お母さんに連絡して、学校まで持ってきてもらおうと思ったが、先生に自分で取りに帰りなさいと叱られてしまった。家が近いクラスメイトもいるのに、私の家は遠くて時間がかかってしまう。私は不公平だと思いながら、走って家に取りに帰った。もう二度と家に取りに帰りたくなかったので、この日以降、物を忘れなくなった。

子どものころは次の日に持って行けばいいんじゃないかと容易に考えていたが、大人になって考え方が変わった。社会に出てからは提出期限を絶対に守らなければならないものに、「次の日」はないのだ。あの時、きちんと叱ってくれた先生にはとても感謝している。

28 「私」は先生に何をさせられたか。

1 親に連絡をさせられた。

2 宿題を家まで取りに帰らされた。

3 忘れた提出物を学校でもう一度させられた。

4 走って20分で学校まで戻って来させられた。

29 「私」は何に対して不公平だと思ったか。

1 私の家が遠くて、他のクラスメイトより時間がかかること

2 私の家が近くて、他のクラスメイトより時間がかからないこと

3 私だけ怒られて、他のクラスメイトは怒られなかったこと

4 私は走って取りに帰ったのに、他のクラスメイトは歩いて取りに帰ったこと

30 「私」は今、この出来事についてどう思っているか。

1 今も昔も、提出物は期限を過ぎても次の日に提出すればいい。

2 子どものころは不公平だと思ったし、今でも先生が好きではない。

3 家に取りに帰ったことや先生に叱られたことを忘れてしまった。

4 社会人になると、忘れ物をしてはいけないこともあるから、先生に感謝している。

(2)

ある保険会社は小学生の男女に対し、将来なりたい職業のアンケートを行い、毎年その結果を発表している。今までの結果を見ると、男子はスポーツ選手や医師が、女子では看護師やパティシエがもっとも人気の高い職業になり、男女で多少の差はあるが、毎年ほとんど変わらなかった。しかし、2，3年前から男子の間で名前のない職業というのが人気上昇中だそうだ。

名前のない職業というのは自分で作った動画をインターネットに投稿し、その動画を多くの人が見ることで、広告収入を得ている職業のことだ。数年前に登場したばかりで歴史の浅い仕事だから名前がないのだろう。

情報化社会になり、幼いときからインターネットに触れる機会が多い現代の小学生にとってインターネットの世界はとても身近なものであり、それを利用してかせぐことに憧れる気持ちもわからないことはない。一方、親にとっては子どもになってほしくない職業の1位にもなっていて、生活が不安定であることや、イメージが悪いことが原因のようだ。この職業に正式な名前がついて世間的に認められるまで、子どもと親の希望の差はうまらないかもしれない。

31 アンケートの結果について正しいのはどれか。

1 男の子と女の子にもっとも人気の高い職業は同じである。

2 男の子と女の子に人気の高い職業は毎年全然変わっていない。

3 最近は名前のない職業が男の子の間で人気を集めている。

4 名前のない職業はこれからもっと人気が高くなると予想されている。

32 筆者はどうして名前のない職業だと思っているか。

1 印象がよくない仕事だから

2 最近作られた新しい仕事だから

3 アンケートの結果はずっと同じだから

4 子どもは幼いころからインターネットに触れるから

33 筆者の考えと合うものはどれか。

1 名前のない職業に憧れる子どもの気持ちはわがるが、親に従うべきだ。

2 イメージが悪い仕事は社会的に認められないからなるべく避けたほうがいい。

3 情報化社会だからこれからはインターネットを利用してお金をかせいだほうがいい。

4 名前のない職業が社会的に認められるまで子どもと親の意見の差は縮まらないだろう。

問題6　つぎの文章を読んで、質問に答えなさい。答えは、1・2・3・4から最もよいものを一つえらびなさい。

　私が虫歯の治療で通っているさくら歯科で、大きい工事が行われた。待合室の位置を変えたのだ。待合室とは、病院を訪れたときに、診察室に呼ばれるまで待つ場所のことだ。私はいつも、待合室で雑誌を読んだり、モニターに映っている治療の説明を見たりして過ごしている。

　以前は、待合室の隣に診察室があったため、診察室の音が待合室まで聞こえてくることがあった。この歯科では小さい子どもを見かけることも多いが、子どもは治療を受けるときに泣き叫んでしまう。待合室で待っている他の子どもたちは、それを聞いて治療を怖がってしまうのだ。

　歯医者に対して苦手意識を持っているのは子どもだけではない。歯医者での治療は痛みを伴うだけでなく、何かを削るようなドリルの音がいつも聞こえてくるため、診察前は緊張してしまう大人も少なくはない。そこでこの歯医者では工事を行い、待合室と治療室の距離をとることにした。そうすることによって、待合室で待っている患者は診察の音が一切聞こえなくなり、緊張を軽減することができるのだ。

　たぶん通院が大好きだという人はあまりいないだろう。だれでも痛いことは嫌いだし、できるだけ避けたいことだろう。しかし、苦手意識のせいで治療を後回しにしてしまっては、歯がどんどん悪くなる一方だ。通院する患者のストレスを少しでも減らすために、この歯医者のような取り組みを増やしていってほしいと思う。

34 待合室(まちあいしつ)とはどんな場所か。

1　治療の説明を受ける場所

2　好きな雑誌を読むことができる場所

3　診察を受ける前に待機する場所

4　診察室の隣にある場所

35 他の子どもたちは、なぜ治療を怖がってしまうのか。

1　治療が長いから

2　他の子の泣き声が聞こえるから

3　歯医者の治療は痛いから

4　ドリルの音が聞こえてくるから

36 待合室と治療室の距離をとることはどんな効果があるか。

1　診察室の音があまり聞こえないため、気楽に待っていることができる。

2　診察室の音があまり聞こえないため、子ども連れの親たちに喜ばれる。

3　診察室の音が全然聞こえないため、歯医者が苦手な人の緊張を減らすことができる。

4　診察室の音が全然聞こえないため、静かに雑誌を読みながら待つことができる。

37 この文章を書いた人が一番言いたいことは何か。

1　歯の治療を遅らせてはいけない。

2　歯医者が好きな人はおそらくひとりもいない。

3　苦手意識を持つ患者のストレスをなくしてほしい。

4　歯医者を怖がる人が通いやすい病院が増えてほしい。

問題7　右のページは、バザー用品募集の案内である。これを読んで、下の質問に答えなさい。答えは、1・2・3・4から最もよいものを一つえらびなさい。

38　ひろみさんはもうすぐ引っ越すので使わなくなった物を売りたいと思っている。10時から14時まで、お皿を出す場合、どの広場に申し込めばいいか。

1　空の広場

2　花の広場

3　森の広場

4　星の広場

39　このバザーに品物を出す時、必ずしなければならないことは何か。

1　品物を売りたい場合は、自分で会場まで持っていかなければならない。

2　品物を郵便で送る場合は、送ってから電話で連絡しなければならない。

3　品物を取りに来てほしい場合は、家の住所をメールで送らなければならない。

4　品物を持って行く場合は、4月15日までに持っていかなければならない。

バザー出店者募集中

バザーに出店しませんか？

年に1度の町内イベントを一緒に盛り上げましょう。

　現在さくら町では4月20日に行われるバザーに出店するお店を募集しております。さくら町の住民なら誰でも申し込めますので、ぜひご参加ください。募集期間は4月1日から15日までです。

空の広場	1ブース　600円　10：00～16：00 出せる物：洋服、食器類
花の広場	1ブース　1,000円　9：00～19：00 出せる物：手作りの物（ぬいぐるみ、編み物）
森の広場	1ブース　300円　どの時間帯でも3時間まで 出せる物：食器類
星の広場	1ブース　500円　正午からバザー終了までの間5時間 出せる物：家電製品

◉品物の届け方

・募集期間中に住民センターまで直接お持ちください。バザー当日は受け取ることができません。

・品物が多数ある場合、または重くて運べない場合は、職員がご自宅まで受け取りにうかがいます。バザーの3日前までにご連絡ください。

・品物は郵送でも受け付けております。ご希望の方は、まずお電話でご連絡ください。

さくら町内会　バザー係

miyagawa@sakura.com

担当者：宮川たろう

Listening

問題用紙

N3

聴解(ちょうかい)

(45分)

注　意
Notes

1. 試験が始まるまで、この問題用紙を開けないでください。
Do not open this question booklet until the test begins.

2. この問題用紙を持って帰ることはできません。
Do not take this question booklet with you after the test.

3. 受験番号(じゅけんばんごう)と名前を下の欄(らん)に、受験票(じゅけんひょう)と同じように書いてください。
Write your examinee registration number and name clearly in each box below as written on your test voucher.

4. この問題用紙は、全部(ぜんぶ)で13ページあります。
This question booklet has 13 pages.

5. この問題用紙にメモをとってもいいです。
You may make notes in this question booklet.

受験番号(じゅけんばんごう) Examinee Registration Number	

名　前 Name	

問題1

問題1では、まず質問を聞いてください。それから話を聞いて、問題用紙の1から4の中から、最もよいものを一つえらんでください。

れい

1　8時45分

2　9時

3　9時15分

4　9時30分

모의고사 1회

고사장 버전

1.2배속

1ばん

1 ア イ エ

2 イ エ オ

3 ウ オ

4 ウ エ

2ばん

1 水曜日

2 木曜日

3 金曜日

4 土曜日

3ばん

1 天気予報をかくにんする

2 お客さまにれんらくする

3 案内状をじゅんびする

4 会場をかえる

4ばん

1 メールをかくにんする

2 次の商談の日時を決める

3 林さんにれんらくする

4 林さんの会社にいく

5ばん

1 自分の経験をいれて書きなおす

2 インパクトのある言葉を考える

3 文法の間違いをなおす

4 何回も読んで覚えておく

6ばん

1 ロビー

2 面接会場(めんせつかいじょう)

3 会議室(かいぎしつ)

4 受付(うけつけ)

問題2

問題2では、まず質問を聞いてください。そのあと、問題用紙を見てください。読む時間があります。それから話を聞いて、問題用紙の1から4の中から、最もよいものを一つえらんでください。

れい

1　いそがしくて時間がないから

2　料理がにがてだから

3　ざいりょうがあまってしまうから

4　いっしょに食べる人がいないから

1ばん

1 仕事中に寝てしまったから

2 会社にきちんとした服装でいかなかったから

3 髪をセットしないで会社にいったから

4 お客様と話すときに敬語を使わなかったから

2ばん

1 子どもがいつもうるさいこと

2 子どもが外で遊ばないこと

3 子どもがあまり勉強していないこと

4 子どもの目が悪くなること

3ばん

1　新幹線より値段が安いから

2　個室になっているから

3　朝早く着かなければならないから

4　サービスエリアにいきたいから

4ばん

1　夕方

2　午前中

3　たくさん歩く時間

4　一番疲れている時間

5ばん

1 風呂場にまどをつくる

2 風呂場のドアを開けておく

3 石けんの泡を残す

4 ドアの周りにタオルを置いておく

6ばん

1 よく怒る人

2 よく遅刻する人

3 時間に厳しい人

4 親切な人

もんだい 問題3

問題3では、問題用紙に何もいんさつされていません。この問題は、ぜんたいとしてどんなないようかを聞く問題です。話の前に質問はありません。まず話を聞いてください。それから、質問とせんたくしを聞いて、1から4の中から、最もよいものを一つえらんでください。

— メモ —

問題4

問題4では、えを見ながら質問を聞いてください。やじるし(➡)の人は何と言いますか。1から3の中から、最もよいものを一つえらんでください。

れい

1ばん

2ばん

3ばん

4ばん

問題5

問題5では、問題用紙に何もいんさつされていません。まず文を聞いてください。それから、そのへんじを聞いて、1から3の中から、最もよいものを一つえらんでください。

— メモ —

실전모의고사 2회

	유형	시험 시간
1교시	**언어지식**(문자・어휘)	30분
	언어지식(문법)・**독해**	70분
2교시	**청해**	45분

にほんごのうりょくしけん　かいとうようし 모의고사 2회

N3 げんごちしき (もじ・ごい)

じゅけんばんごう Examinee Registration Number	

なまえ Name	

〈ちゅうい Notes〉

1. くろいえんぴつ (HB、No.2) でかいてください。
   Use a black medium soft (HB or No.2) pencil.
   (ペンやボールペンではかかないでください。)
   (Do not use any kind of pen.)
2. かきなおすときは、けしゴムできれいにけしてください。
   Erase any unintended marks completely.
3. きたなくしたり、おったりしないでください。
   Do not soil or bend this sheet.
4. マークれい Marking Examples

よいれい Correct Example	わるいれい Incorrect Examples
●	⊗ ◯ ◯ ⓪ ◯ ◯ ◯

問題 1				
1	①	②	③	④
2	①	②	③	④
3	①	②	③	④
4	①	②	③	④
5	①	②	③	④
6	①	②	③	④
7	①	②	③	④
8	①	②	③	④
問題 2				
9	①	②	③	④
10	①	②	③	④
11	①	②	③	④
12	①	②	③	④
13	①	②	③	④
14	①	②	③	④
問題 3				
15	①	②	③	④
16	①	②	③	④
17	①	②	③	④
18	①	②	③	④
19	①	②	③	④
20	①	②	③	④
21	①	②	③	④
22	①	②	③	④
23	①	②	③	④
24	①	②	③	④
25	①	②	③	④

問題 4				
26	①	②	③	④
27	①	②	③	④
28	①	②	③	④
29	①	②	③	④
30	①	②	③	④
問題 5				
31	①	②	③	④
32	①	②	③	④
33	①	②	③	④
34	①	②	③	④
35	①	②	③	④

にほんごのうりょくしけん　かいとうようし 모의고사 2회

N3 げんごちしき（ぶんぽう）・どっかい

じゅけんばんごう Examinee Registration Number	

なまえ Name	

〈ちゅうい Notes〉

1. くろいえんぴつ（HB、No.2）でかいてください。
   Use a black medium soft (HB or No.2) pencil.
   （ペンやボールペンではかかないでください。）
   (Do not use any kind of pen.)
2. かきなおすときは、けしゴムできれいにけしてください。
   Erase any unintended marks completely.
3. きたなくしたり、おったりしないでください。
   Do not soil or bend this sheet.
4. マークれい Marking Examples

よいれい Correct Example	わるいれい Incorrect Examples
●	⊗ ◯ ◯ ◯ ◯ ◯ ◯

問題 1				
1	①	②	③	④
2	①	②	③	④
3	①	②	③	④
4	①	②	③	④
5	①	②	③	④
6	①	②	③	④
7	①	②	③	④
8	①	②	③	④
9	①	②	③	④
10	①	②	③	④
11	①	②	③	④
12	①	②	③	④
13	①	②	③	④
問題 2				
14	①	②	③	④
15	①	②	③	④
16	①	②	③	④
17	①	②	③	④
18	①	②	③	④
問題 3				
19	①	②	③	④
20	①	②	③	④
21	①	②	③	④
22	①	②	③	④
23	①	②	③	④

問題 4				
24	①	②	③	④
25	①	②	③	④
26	①	②	③	④
27	①	②	③	④
問題 5				
28	①	②	③	④
29	①	②	③	④
30	①	②	③	④
31	①	②	③	④
32	①	②	③	④
33	①	②	③	④
問題 6				
34	①	②	③	④
35	①	②	③	④
36	①	②	③	④
37	①	②	③	④
問題 7				
38	①	②	③	④
39	①	②	③	④

にほんごのうりょくしけん　かいとうようし 모의고사 2회

N3 ちょうかい

じゅけんばんごう Examinee Registration Number	

なまえ Name	

〈ちゅうい Notes〉
1. くろいえんぴつ（HB、No.2）でかいてください。
Use a black medium soft (HB or No.2) pencil.
（ペンやボールペンではかかないでください。）
(Do not use any kind of pen.)
2. かきなおすときは、けしゴムできれいにけしてください。
Erase any unintended marks completely.
3. きたなくしたり、おったりしないでください。
Do not soil or bend this sheet.
4. マークれい Marking Examples

よいれい Correct Example	わるいれい Incorrect Examples
●	⊗ ◯ ◯ ⓪ ◯ ◯ ◯

問題 1				
れい	●	②	③	④
1	①	②	③	④
2	①	②	③	④
3	①	②	③	④
4	①	②	③	④
5	①	②	③	④
6	①	②	③	④

問題 2				
れい	①	②	③	●
1	①	②	③	④
2	①	②	③	④
3	①	②	③	④
4	①	②	③	④
5	①	②	③	④
6	①	②	③	④

問題 3				
れい	●	②	③	④
1	①	②	③	④
2	①	②	③	④
3	①	②	③	④

問題 4			
れい	●	②	③
1	①	②	③
2	①	②	③
3	①	②	③
4	①	②	③

問題 5			
れい	①	●	③
1	①	②	③
2	①	②	③
3	①	②	③
4	①	②	③
5	①	②	③
6	①	②	③
7	①	②	③
8	①	②	③
9	①	②	③

Language Knowledge (Vocabulary) もんだいようし

N3

げんごちしき（もじ・ごい）

（30ぷん）

ちゅうい

Notes

1. しけんが　はじまるまで、この　もんだいようしを　あけないでください。
   Do not open this question booklet until the test begins.
2. この　もんだいようしを　もって　かえる　ことは　できません。
   Do not take this question booklet with you after the test.
3. じゅけんばんごうと　なまえを　したの　らんに、じゅけんひょうと　おなじように　かいて　ください。
   Write your examinee registration number and name clearly in each box below as written on your test voucher.
4. この　もんだいようしは、ぜんぶで　7ページ　あります。
   This question booklet has 7 pages.
5. もんだいには　かいとうばんごうの　1、2、3 …が　ついて　います。かいとうは、かいとうようしに　ある　おなじ　ばんごうの　ところに　マークして　ください。
   One of the row numbers 1, 2, 3 … is given for each question. Mark your answer in the same row of the answer sheet.

じゅけんばんごう Examinee Registration Number	

なまえ Name	

問題1 ＿＿＿のことばの読み方として最もよいものを、1・2・3・4から一つえらびなさい。

1 この列車は各駅に止まります。

1 かくやく　2 きゃくやく　3 かくえき　4 きゃくえき

2 自己紹介は400文字以内で書くことになっている。

1 ぶんじ　2 もんじ　3 もじ　4 ぶじ

3 通路には荷物を置かないでください。

1 つうろう　2 とおろう　3 つうろ　4 とおろ

4 林君はひげを生やしている。

1 もやして　2 はやして　3 ひやして　4 ふやして

5 曲線で描いてください。

1 きょくせん　2 ぎょくせん　3 きゃくせん　4 ぎゃくせん

6 お腹が痛くて早退した。

1 しょうたい　2 そうたい　3 じょうてい　4 ぞうてい

7 朝晩涼しくなってきました。

1 さびしく　2 したしく　3 けわしく　4 すずしく

8 この品物は販売直後すぐ売り切れた。

1 ひんぶつ　2 ひんもの　3 しなもつ　4 しなもの

問題2 ＿＿＿のことばを漢字で書くとき、最もよいものを、1・2・3・4から一つえらびなさい。

9 ぜんいん集まったら出発しましょう。

1 前院　2 前員　3 全院　4 全員

10 この国ではおもにスペイン語が使われています。

1 本　2 重　3 基　4 主

11 この薬には風邪(かぜ)を予防するこうかがある。

1 高価　2 効果　3 郊菓　4 校菓

12 今年は去年にくらべて寒いです。

1 化べて　2 叱べて　3 比べる　4 批べる

13 夢をじつげんしたい。

1 実減　2 実限　3 実言　4 実現

14 強風で木のえだが折れている。

1 枝　2 葉　3 根　4 実

問題3　（　　　）に入れるのに最もよいものを、1・2・3・4から一つえらびなさい。

15　穴を（　　　）プールを作ることにした。

1　とって　　2　ふんて　　3　ほって　　4　けずって

16　疲れているときは人と話すのが（　　　）です。

1　退屈　　2　感激　　3　まぶしい　　4　面倒くさい

17　となりの部屋がうるさくて（　　　）します。

1　わくわく　　2　とんとん　　3　いらいら　　4　がらがら

18　今からうちの大学の（　　　）をご紹介します。

1　ロビー　　2　キャンパス　　3　レジ　　4　フロント

19　行事の準備はすべて（　　　）しました。

1　解決　　2　理解　　3　完成　　4　完了

20　作品に手を（　　　）ください。

1　たたかないで　　2　ふらないで　　3　出さないで　　4　触れないで

21　1年間アメリカに（　　　）することになった。

1　宿泊　　2　滞在　　3　位置　　4　存在

22　留守番電話に（　　　）を残した。

1　案内　　2　命令　　3　翻訳　　4　伝言

23 治療方法について(　　　)説明してもらった。

1 くわしく　2 かなしく　3 あやしく　4 くるしく

24 海の(　　　)まで見えるほど美しい景色だった。

1 表　2 底　3 外側　4 角

25 落ちたかと思いましたが、ぎりぎりで(　　　)合格しました。

1 ぜったい　2 ほとんど　3 たまたま　4 なんとか

問題4 ＿＿＿に意味が最も近いものを、1・2・3・4から一つえらびなさい。

26 田中(たなか)さんは<u>めずらしい</u>切手を集めている。

1 よく見かける　　2 めったにない
3 どこにでもある　　4 人気のない

27 本日の営業は<u>おしまい</u>です。

1 特別　　2 複雑　　3 締め切り　　4 終わり

28 <u>たびたび</u>連絡してすみません。

1 たまに　　2 無理に　　3 何度も　　4 いつも

29 彼は<u>あきらめた</u>ことがないようだ。

1 心配した　　2 やめた　　3 怒った　　4 泣いた

30 おもちゃが<u>のろのろ</u>動いている。

1 はやく　　2 ゆっくり　　3 かわいく　　4 たのしく

問題5　つぎのことばの使い方として最もよいものを、1・2・3・4から一つえらびなさい。

31　行き先

1　ひさしぶりに行き先に帰った。

2　反対の行き先に行って、道に迷ってしまった。

3　行き先を間違えて、メールを送信してしまった。

4　外出する時は必ず上司に行き先を言わなければいけない。

32　建築

1　この工場では輸出用の機械を建築している。

2　有名人が建築した絵が展示されている。

3　この街には300年前に建築された歴史深い建物が多い。

4　人気作家によって建築された小説がベストセラーになった。

33　進歩

1　子どもの進歩をビデオに撮(と)っておこう。

2　人の言葉がわかるロボットが進歩された。

3　学力を進歩させるためには本を読むことをおすすめします。

4　医学の進歩で人間の寿命(じゅみょう)は伸びてきました。

34　にぎる

1　失敗は自分の成長ににぎると言われている。

2　子どもは母親の手をにぎったまま離さなかった。

3　読まなくなった本はひもでにぎって捨ててください。

4　彼女は髪が短いのに、いつもにぎっている。

35 お互い

1 お互いに考え方を持っている人とは話が通じて会話が楽しいです。

2 人はお互いに助け合いながら生活していくことの大切さを学んでいきます。

3 英語の時間には二人お互いになって問題を解いたり会話をしたりします。

4 動物と植物のお互いの性質を持っている生物もいるそうです。

Language Knowledge(Grammar)・Reading

問題用紙

N3

言語知識（文法）・読解

（70分）

注　意

Notes

1. 試験が始まるまで、この問題用紙を開けないでください。
   Do not open this question booklet until the test begins.
2. この問題用紙を持って帰ることはできません。
   Do not take this question booklet with you after the test.
3. 受験番号と名前を下の欄に、受験票と同じように書いてください。
   Write your examinee registration number and name clearly in each box below as written on your test voucher.
4. この問題用紙は、全部で18ページあります。
   This question booklet has 18 pages.
5. 問題には解答番号の 1 、 2 、 3 … が付いています。解答は、解答用紙にある同じ番号のところにマークしてください。
   One of the row numbers 1 , 2 , 3 … is given for each question. Mark your answer in the same row of the answer sheet.

受験番号 Examinee Registration Number	
なまえ Name	

問題1　つぎの文の（　　　）に入れるのに最もよいものを1・2・3・4から一つえらびなさい。

1　自分（　　　）できないことを探してみることが大切だと思う。

1　での　　2　にしか　　3　こそ　　4　からの

2　今年から留学生（　　　）1年に2回奨学金が支給されることになった。

1　にたいして　　2　につれて

3　という点で　　4　のことで

3　今年こそ（　　　）就職できるよう、がんばります。

1　絶対に　　2　すっかり　　3　たしかに　　4　なかなか

4　娘はかわいい服を見ると（　　　）たがる。

1　買って　　2　買え　　3　買い　　4　買おう

5　彼女は半年も経たない（　　　）また引っ越す予定だそうだ。

1　までに　　2　うちに　　3　ついでに　　4　はじめに

6　環境によってはインターネットが（　　　）、ご了承ください。

1　遅くなることもあるので　　2　遅くなればいいのに

3　遅くなったばかりなので　　4　遅ければいいのに

7　A「もしもし、今どこ？」

B「今『ノダメ』（　　　）カフェにいるけど、知ってる？」

A「うん、すぐ行くね。」

1　が　　2　って　　3　と　　4　なんて

8　A「ここに荷物を（　　　）いいですか。」

B「ええ、かまいませんよ。」

1　お置きになっても　　2　置かせてくださっても

3　お置きできても　　4　置かせていただいても

9　木村（きむら）「吉田（よしだ）さん、私アルバイト探しているんだけど、紹介してもらえないかな。」

吉田（よしだ）「家から（　　　）一つあるけど、いい？」

1　近すぎれば　　2　近くなくてもよければ

3　近すぎてもいいし　　4　近くなくてもいいし

10　（会社で）

部下「部長、今ちょっとよろしいですか。」

部長「あ、ごめん。これから（　　　）。あとでもいい？」

部下「はい、わかりました。」

1　出かけようか　　2　出かけなくちゃいけなくて

3　出かけるようにして　　4　出かけないんだって

11　野菜はどのように（　　　）、栄養に差（さ）が出てきます。

1　調理（ちょうり）するかにおいて　　2　調理（ちょうり）するかによって

3　調理（ちょうり）するかどうかにおいて　　4　調理（ちょうり）するかどうかによって

12　美しい景色を先生に（　　　）、写真を何枚か撮（と）ってきました。

1　見せてもらいたくて　　2　お見せしたくて

3　見えてもらいたくて　　4　お見えしたくて

13　友だちが大声を出して、階段から（　　　）。

1　落ちそうになった　　2　落ちていたそうだ

3　落としていた　　4　落としてあった

問題2　つぎの文の ＿★＿ に入る最もよいものを1・2・3・4から一つえらびなさい。

（問題例）

つくえの＿＿＿　＿＿＿　＿★＿　＿＿＿ありります。

1　が　　　2　に　　　3　上　　　4　ペン

（解答のしかた）

1.　正しい答えはこうなります。

> つくえの＿＿＿　＿＿＿　＿★＿　＿＿＿あります。
> 　　　3 上　2 に　4 ペン　1 が

2.　＿★＿ に入る番号を解答用紙にマークします。

（解答用紙）　|（例）| ①②③❹ |

14　患者「先生、運動をしてもいいですか。」

医者「2、3日＿＿＿　＿★＿　＿＿＿　＿＿＿ですよ。」

1　痛みが　　　2　いい

3　薬を飲んで　　　4　なくなったら

15　会社を＿＿＿　＿＿＿　＿★＿　＿＿＿かというと、他の職場を探すのも大変だからです。

1　やめられない　　　2　やめたくても

3　のは　　　4　なぜ

16　ちょっとした＿＿＿　＿＿＿　＿★＿　＿＿＿こともある。

1　今までにない　　　　2　発想から

3　作られたりする　　　4　ものが

17　このプログラムは、文法を学びながら日常会話も＿＿＿　＿★＿　＿＿＿
＿＿＿です。

1　ぴったり　　　　2　できるように

3　いらっしゃる方に　　　4　なりたいと思って

18　旅行の楽しみはいろいろあるが、その地域＿＿＿　＿＿＿　＿★＿　＿＿＿
のも旅行の魅力だと思う。

1　食べる　　　　2　でしか

3　食べられないもの　　　4　を

問題3　つぎの文章を読んで、文章全体の内容を考えて、[19]から[23]の中に入る最もよいものを1・2・3・4から一つえらびなさい。

以下の文章は、ある留学生が書いた作文です。

お土産

先日、日本人の旅行のお土産に関するアンケート調査の結果を見ました。旅行先でお土産を買うとき、自分のために買うこともありますが、家族や親せき、親しい人のためにお土産を買うと答えた人が多くて驚きました。なぜなら、私の国では旅行の思い出として自分のために買うことはあるのですが、自分以外の人のために買うことは[19]。それで、日本のお土産文化についてネットで調べてみました。

まず、お土産は「土から産まれる」という意味で、その土地の名産のことを[20]。だから、観光地に行くと、その地域を代表する名産品や食べ を売っているお店がたくさん[21]。また、日ごろ言葉でできなかった感謝の気持ちを言葉ではなく「形あるもので返す」という意味も[22]。

今まで私は旅の記念として自分のために買ったことしかないのですが、これからはお世話になっている方々に感謝の気持ちを込めて[23]。

19

1 ほとんどあるからです
2 ほとんどないからです
3 だいたいあるはずです
4 だいたいないはずです

20

1 言われます
2 言わせます
3 言います
4 言えます

21

1 並んでいたところです
2 並んでいたわけです
3 並べていたところです
4 並べていたわけです

22

1 あるようです
2 あったことです
3 あるだけです
4 あったはずがありません

23

1 買いにくそうです
2 買ってみるのもいいと思いました
3 買ってみるならいいです
4 買ってみることになっています

問題4　つぎの(1)から(4)の文章（ぶんしょう）を読んで、質問に答えなさい。答えは、1・2・3・4から最もよいものを一つえらびなさい。

(1)

料理に関するアンケートで、「料理の悩（なや）み」を聞きました。すると、「後片（あとかた）づけをしたくない」が1位で全体の3割（わり）でした。食後は動くことが面倒（めんどう）になってしまい、なかなか後片（あとかた）づけをする気にならない人が多いようです。専門家は、後片（あとかた）づけを楽にするために、料理を作りながら手が空いたときに少しずつ片づけをしたり、食前に後片（あとかた）づけをすることをすすめています。

24　後片（あとかた）づけをしたくない理由として正しいものは何か。

1　食べた後に、動きたくないから

2　食べる前に片づけができないから

3　料理をしたあとは、ごはんを早く食べたいから

4　料理をしながら、片づけをする時間がないから

(2)

部室に貼ってあるメモである。

> 1年生のみんなへ
>
> 今日2年生は社会見学のため、学校にはいません。
>
> 朝の練習メニューはいつもと同じようにしてください。練習メニューが終わって時間があったら、練習室の掃除(そうじ)もしてください。
>
> 放課後(ほうかご)の練習の前に来週の練習で使う資料のコピーをお願いします。1年生部員全員に配ってください。2年生の分はコピーしなくていいです。それと今日、17時から職員室(しょくいんしつ)で、来月の練習室使用の申し込みがあります。いつもは2年生がしますが、今日は1年生がしてください。

25 1年生が頼まれていることは何か。

1 来月の練習で使う資料を作る。

2 部員全員分の資料をコピーする。

3 放課後(ほうかご)の練習が終わった後に必ず練習室の掃除(そうじ)をする。

4 2年生の代わりに練習室使用の申し込みをする。

(3)

私は人前で発表する時は、いつも緊張(きんちょう)して頭が真(ま)っ白(しろ)になってしまいます。緊張(きんちょう)しない友だちに、どうしたらいいか聞いてみたところ、完璧(かんぺき)にしようとしなくてもいいというアドバイスを受けました。つまり、全部きちんと話そうとすると、間違えたときにさらに緊張(きんちょう)してしまいますが、言いたいことがだいたい伝わればいいと楽に考えて発表すれば、うまく話せるのだそうです。

26 友だちはどんなアドバイスをしてくれたか。

1 発表する前に、十分練習をしたほうがいい。

2 準備した内容を、全部きちんと話した方ほうがいい。

3 少しくらいなら、間違えてもいいと考えたほうがいい。

4 発表内容がすべて伝わらなくてもいいと考えたほうがいい。

(4)

植物を育て始めたころは、水やりをしているのにもかかわらず、植物が枯れてしまったり、くさってしまったりして大変でした。調べてみたところ、植物の成長は水をやる回数や時間によって変わるそうです。さらに、季節によって土の状態が変わるので、よく観察しながら適切な量をやらなければならないそうです。今思えば、私は時間や水の量を考えず、気がついたときだけ水やりをしていて、植物の状態をきちんと見ていませんでした。今は方法をしっかり理解したので、気をつけて水をあげるようにしています。

27 水やりについて「私」は今、どのように考えているか。

1 植物が枯れたりくさったりするから難しい。

2 水と植物の関係についてもっと調べたほうがいい。

3 適切な量をやっていれば、気がついたときに水やりをすればいい。

4 植物を注意深く観察して、適当な量の水をやらなければならない。

問題5　つぎの(1)と(2)の文章を読んで、質問に答えなさい。答えは、1・2・3・4から最もよいものを一つえらびなさい。

（1）

①「だまされたと思って食べてみて」と言われることがある。初めてこの言葉を聞いたとき、「値段のわりにはおいしくなくて、だまされた！」という意味だと思ってしまう人が多いようだ。実はこれは、だまされて知らないものを食べさせられたときのように、何も考えずにとりあえず試してみようという意味だ。

私は、初めて蜂の子を見たとき、絶対に食べられないと思った。私は、食べ物は見た目が一番大事だと思っているので、普段見慣れていない虫など、気持ち悪いしおいしくないと思った。

そんなとき、隣にいた友だちに「だまされたと思って食べてみなよ」と言われたので、しかたなく一口食べてみた。味はごはんによく合う濃い味だった。やめられなくなってしまい、気がついたら、お皿にあった蜂の子を完食していた。私は食べた後で、見た目だけで判断してしまい、食べる機会を逃してしまうのは②惜しいことだと思った。

28 ①「だまされたと思って食べてみて」とはどんな意味か。

1 あまり期待しないで食べてみること

2 食べたくないものを無理やり食べること

3 高いけど、あまりおいしくない料理を食べること

4 他の人をだまして知らないものを食べさせること

29 「私」が食べ物を選ぶときもっとも重要視することは何か。

1 食べ物の味

2 食べ物の値段

3 食べ物の形

4 食べ物の食べやすさ

30 ②惜しいこととは何か。

1 値段が高い食べものを食べないこと

2 試(ため)さないで、高い食べ物を食べないこと

3 思い込みで、おいしい物を食べる機会を逃すこと

4 人に勧(すす)められるものを食べないこと

(2)

先日、大阪で開かれたデザインコンクールに行ってきました。私の頭では到底思いつかないような変わったアイデアのものが出展されていました。その中でも、特にショックを受け、印象に残ったものがありました。それは、賞味期限が近づくと変色する牛乳パックです。

その牛乳パックは最初は真っ白なのですが、賞味期限が近づくにつれて、牛乳パックの色が下から上に向かってオレンジ色に変化するというものでした。実際に販売されている商品ではなく、今回のコンクールのためにデザインされたものだそうです。私は、今までにないとても新しい発想に感心しました。

専門家によると、新しいアイデアを出す人は、常に何かと何かを関連づけて考えて、アイデアを出し続けているそうです。さらに、自分自身の経験を超える想像ができる必要があるそうです。そのため、新しい考えが出てこなくなったら、場所を変えて気分転換をしたり、刺激を求めて新しい場所に行くそうです。私は、新しいアイデアを出す人の頭の中を見てみたいと思いました。

31 牛乳パックについて正しいものはどれか。

1 今までにない形をしている。

2 真っ白なバックに賞味期限(しょうみきげん)だけ書いてある。

3 コンクールで賞をもらい、もうすぐ販売される予定だ。

4 賞味期限(しょうみきげん)近づくと、次第に色が変わる。

32 「私」はどうして感心したか。

1 どの作品もすばらしかったから

2 見たことのないアイデアだったから

3 牛乳パックの形が変わっているから

4 コンクールの作品が販売されているから

33 この文章によると、新しいアイデアを出す人とはどんな人か。

1 いつも刺激を受けている人

2 想像力が豊かな人

3 関連があるものを探している人

4 気分転換(きぶんてんかん)のために新しい場所へ行く人

問題6　つぎの文章を読んで、質問に答えなさい。答えは、1・2・3・4から最もよいものを一つえらびなさい。

日本で一番高い山、富士山。噴火活動を続けながら、今の日本一と言われる規模にまでなったと言われています。日本の中心部にあり、全国各地だけでなく世界からも大勢の登山客が訪れる場所です。60年ほど前から富士山では観光化が進み、現在では、毎年20〜30万人もの人が頂上まで登っています。

登山客が増えている一方で、ポイ捨てが問題になっています。「私一人くらいがごみを捨てても大丈夫だろう」という考えを持っている人があまりにも多いのです。主に荷物を少しでも減らしたい人や、山道にごみを捨てることを何とも思っていない人によって、ビニール袋や空き缶、タバコなどが捨てられています。このようなことが増え続けていたら、今後富士山に登れなくなってしまうかもしれません。

美しい自然環境を残すため、地元の学校の生徒や、市民がボランティアでごみ拾いをしていますが、活動が追いついていません。登山客が増えれば増えるほど、ごみは増えていくし、ごみを捨てることに対する意識が改善されない限り、問題は何も解決しないでしょう。

そこで、管理局は登山客に入山料を払ってもらうことにしました。単に山を管理するお金を集める目的もありますが、お金を払うことでごみ捨てに対する意識を持ってもらうためでもあります。私は入山料を取ることは、山に登る目的以外の人が山に入らなくなるので、ごみを捨てる人が減少し、富士山の自然環境も守れるのではないかと考えています。

34 富士山について正しいものはどれか。

1 昔は富士山より高い山があった。

2 60年前から頂上まで登れるようになった。

3 国内外からたくさんの人が集まっている。

4 日本で一番高い山で、噴火(ふんか)活動はもう終わっている。

35 ポイ捨て問題が起きている理由は何か。

1 一人一人の意識が低いから

2 荷物を置いていく人が多いから

3 タバコを吸う人が増加しているから

4 ごみ箱がどこにもないから

36 問題は何も解決しないとは、どういうことか。

1 ごみを各自で持って帰らなければ、ごみは増えつづける。

2 登山客の意識が変わらなければ、ごみは増えつづける。

3 一日の登山客の数を制限しなければ、自然環境を守ることはできない。

4 地元の住民が協力しなければ、自然環境を守ることはできない。

37 筆者は入山料についてどう思っているか。

1 山を管理するために、入山料を取った方がいいと思っている。

2 ポイ捨てをなくすために、入山料を取った方がいいと思っている。

3 観光客の意識改善のために、入山料を取らない方がいいと思っている。

4 たくさんの人が山に登るために、入山料を取らない方がいいと思っている。

問題7　右のページは、あるレストランの案内である。これを読んで、下の質問に答えなさい。答えは、1・2・3・4から最も よいものを一つえらびなさい。

38　キムさんは今週の土曜日のお昼に、妻と中学生の子ども１人、小学生の子ども１人、そして２歳の子どもを連れて食事に行くつもりだ。キムさんは、全部でいくら払わなければならないか。

1　9,000円

2　8,000円

3　7,500円

4　7,000円

39　このお店を利用する時の注意点は何か。

1　昼も夜も大人１人では利用することができる。

2　飲み物は、別料金を払わなければならない。

3　残った食べ物を持って帰る時は、500円払わなければならない。

4　食べ放題(ほうだい)コースを注文する場合は、前日に予約しなければならない。

「しゃぶしゃぶ」食べ放題（ほうだい）！

新鮮なお肉、野菜、すべて食べ放題（ほうだい）！（注）

昼　11：00〜14：30（14：00まで注文可能）	2,000円（中学生以上）
	1,000円（小学生）
	500円（3歳以上5歳以下）

夜　17：00〜23：00（22：30まで注文可能）	2,500円（中学生以上）
	1,500円（小学生）
	500円（3歳以上5歳以下）

✓ 2歳以下の子どもは無料

✓ 65歳以上の方とご一緒の場合は、合計金額（ごうけいきんがく）から1割引（わりび）きさせていただきます。

✓ 食事の制限時間は1時間半です。

【注意】

・ご注文は大人2名様以上からお願いいたします。

・食べ残しが多い場合、500円追加（ついか）料金をいただく場合がございます。

・残ったものを持って帰ることは禁止させていただきます。

・食べ放題に飲み物はついていません。追加（ついか）で注文してください。

・予約は受け付けていません。

（注）食べ放題（ほうだい）：自分の好きなだけ食べること

Listening

問題用紙

N3

聴解（ちょうかい）

（45分）

注意
Notes

1. 試験が始まるまで、この問題用紙を開けないでください。
Do not open this question booklet until the test begins.

2. この問題用紙を持って帰ることはできません。
Do not take this question booklet with you after the test.

3. 受験番号（じゅけんばんごう）と名前を下の欄（らん）に、受験票（じゅけんひょう）と同じように書いてください。
Write your examinee registration number and name clearly in each box below as written on your test voucher.

4. この問題用紙は、全部（ぜんぶ）で13ページあります。
This question booklet has 13 pages.

5. この問題用紙にメモをとってもいいです。
You may make notes in this question booklet.

受験番号（じゅけんばんごう） Examinee Registration Number	

名　前 Name	

もんだい
問題1

問題1では、まず質問を聞いてください。それから話を聞いて、問題用紙の1から4の中から、最もよいものを一つえらんでください。

れい

1　8時45分

2　9時

3　9時15分

4　9時30分

모의고사 2회

고사장 버전

1.2배속

1ばん

1　テストを受(う)ける

2　ひこうきを予約(よやく)する

3　ひこうきのチケットを提出(ていしゅつ)する

4　レポートを書(か)く

2ばん

3ばん

1　ツアーガイドと話す

2　見学にいく

3　昼ご飯を食べる

4　バスに戻る

4ばん

1　子どもの席の隣

2　先生の席の近く

3　入り口の近く

4　学校の教室

5ばん

1　ケースとファイル

2　ファイル

3　ケースと食(た)べ物(もの)

4　食(た)べ物(もの)

6ばん

1　北川(きたがわ)さんに伝言(でんごん)を伝(つた)える

2　北川(きたがわ)さんに来週(らいしゅう)のスケジュールを聞(き)く

3　パンフレットを持(も)っていく

4　メールで写真(しゃしん)を送(おく)る

もんだい
問題2

問題2では、まず質問を聞いてください。そのあと、問題用紙を見てください。読む時間があります。それから話を聞いて、問題用紙の1から4の中から、最もよいものを一つえらんでください。

れい

1　いそがしくて時間がないから

2　料理がにがてだから

3　ざいりょうが　あまってしまうから

4　いっしょに食べる人がいないから

1ばん

1 掃除より時間がかかるから

2 洗ったあと拭くのが嫌だから

3 手が痛くなるから

4 いつもお皿がきれいにならないから

2ばん

1 野球場の近くにあるから

2 優勝したチームが多いから

3 有名な選手がよくいくから

4 名前の音がやきゅうだから

3ばん

1 右の引き出し

2 左の引き出し

3 机の上

4 机の下

4ばん

1 いつも週末に着る服を着ていく

2 会社に行くときに着る服を着ていく

3 新しい服を着ていく

4 同じ色の服を着ていく

5ばん

1 最近ずっと海外だったから

2 社員たちが国内を希望しているから

3 海外は費用が高いから

4 短期間の海外旅行は大変だから

6ばん

1 先生にほめられたこと

2 先生にしかられたこと

3 大学で成績がよかったこと

4 料理がとても上手だったこと

問題3

問題3では、問題用紙に何もいんさつされていません。この問題は、ぜんたいとしてどんなないようかを聞く問題です。話の前に質問はありません。まず話を聞いてください。それから、質問とせんたくしを聞いて、1から4の中から、最もよいものを一つえらんでください。

—メモ—

もんだい
問題4

問題4では、えを見ながら質問を聞いてください。やじるし(➡)の人は何と言いますか。1から3の中から、最もよいものを一つえらんでください。

れい

1ばん

2ばん

3ばん

4ばん

問題5

問題5では、問題用紙に何もいんさつされていません。まず文を聞いてください。それから、そのへんじを聞いて、1から3の中から、最もよいものを一つえらんでください。

― メモ ―

최신 개정판

이상욱 | 저

파고다 JLPT

N3

일본어능력시험

마무리 체크북

PAGODA Books

최신 개정판

파고다 JLPT

N3

일본어능력시험

마무리 체크북

PAGODA Books

차례

시험 직전 문자·어휘 まとめ

문자 파트

1	청탁음 / 장단음에 주의해야 하는 한자
2	촉음에 주의해야 하는 한자
3	음이 여러 개인 한자
4	훈독 한자

‘문자 파트’에서 꼭 알아둬야 할 한자입니다.
시험 직전에 한 번 더 눈에 담아 두세요~!

청탁음 / 장단음에 주의해야 하는 한자

1	□以降	いこう	이후
2	□位置	いち	위치
3	□移転	いてん	이전
4	□営業	えいぎょう	영업
5	□横断	おうだん	횡단
6	□応用	おうよう	응용
7	□温暖	おんだん	온난
8	□改札口	かいさつぐち	개찰구
9	□回復	かいふく	회복
10	□各地	かくち	각지(역)
11	□観客	かんきゃく	관객
12	□観察	かんさつ	관찰
13	□完成	かんせい	완성
14	□機会	きかい	기회
15	□機械	きかい	기계
16	□記事	きじ	기사
17	□疑問	ぎもん	의문
18	□逆	ぎゃく	역, 반대
19	□休日	きゅうじつ	휴일

20	□共通点	きょうつうてん	공통점
21	□興味	きょうみ	흥미
22	□協力	きょうりょく	협력
23	□近所	きんじょ	근처
24	□空席	くうせき	공석
25	□訓練	くんれん	훈련
26	□経営	けいえい	경영
27	□計算	けいさん	계산
28	□血圧	けつあつ	혈압
29	□血液型	けつえきがた	혈액형
30	□件	けん	건
31	□検査	けんさ	검사
32	□現在	げんざい	현재
33	□高価	こうか	고가
34	□効果	こうか	효과
35	□広告	こうこく	광고
36	□交流	こうりゅう	교류
37	□呼吸	こきゅう	호흡
38	□国際	こくさい	국제
39	□黒板	こくばん	칠판
40	□個人	こじん	개인

41	□固定	こてい	고정
42	□支給	しきゅう	지급
43	□指示	しじ	지시
44	□記録	きろく	기록
45	□失業	しつぎょう	실업
46	□住所	じゅうしょ	주소
47	□集中	しゅうちゅう	집중
48	□宿泊	しゅくはく	숙박
49	□手術	しゅじゅつ	수술
50	□首都	しゅと	수도
51	□主要	しゅよう	주요
52	□順番	じゅんばん	순번
53	□商業	しょうぎょう	상업
54	□商品	しょうひん	상품
55	□情報	じょうほう	정보
56	□人口	じんこう	인구
57	□種類	しゅるい	종류
58	□税金	ぜいきん	세금
59	□制服	せいふく	제복
60	□線	せん	선
61	□選手	せんしゅ	선수

62	□想像	そうぞう	상상
63	□早退	そうたい	조퇴
64	□相談	そうだん	상담
65	□卒業	そつぎょう	졸업
66	□増減	ぞうげん	증감
67	□知識	ちしき	지식
68	□中古	ちゅうこ	중고
69	□駐車	ちゅうしゃ	주차
70	□昼食	ちゅうしょく	점심 식사
71	□調査	ちょうさ	조사
72	□朝食	ちょうしょく	조식
73	□直接	ちょくせつ	직접
74	□通知	つうち	통지
75	□停車	ていしゃ	정차
76	□到着	とうちゃく	도착
77	□得意	とくい	잘함
78	□努力	どりょく	노력
79	□熱心	ねっしん	열심
80	□発見	はっけん	발견
81	□発売	はつばい	발매
82	□比較	ひかく	비교

83	□秒	びょう	초
84	□表面	ひょうめん	표면
85	□複数	ふくすう	복수
86	□分類	ぶんるい	분류
87	□平均	へいきん	평균
88	□変化	へんか	변화
89	□法律	ほうりつ	법률
90	□募集	ぼしゅう	모집
91	□歩道	ほどう	보도
92	□命令	めいれい	명령
93	□夕食	ゆうしょく	저녁 식사
94	□郵送	ゆうそう	우송
95	□輸出	ゆしゅつ	수출
96	□容器	ようき	용기, 그릇
97	□洋服	ようふく	양복
98	□録画	ろくが	녹화

2 촉음에 주의해야 하는 한자

99	□一般的	いっぱんてき	일반적
100	□楽器	がっき	악기
101	□各国	かっこく	각국
102	□結果	けっか	결과
103	□結局	けっきょく	결국
104	□決心	けっしん	결심
105	□決定	けってい	결정
106	□欠点	けってん	결점
107	□作曲	さっきょく	작곡
108	□雑誌	ざっし	잡지
109	□実験	じっけん	실험
110	□失敗	しっぱい	실패
111	□物価	ぶっか	물가
112	□薬局	やっきょく	약국

음이 여러 개인 한자

113	□ 文章	ぶんしょう	문장
114	□ 文字	もじ	문자
115	□ 注文	ちゅうもん	주문
116	□ 正解	せいかい	정답
117	□ 正面	しょうめん	정면
118	□ 正直	しょうじき	정직함
119	□ 行動	こうどう	행동
120	□ 行事	ぎょうじ	행사
121	□ 大小	だいしょう	대소
122	□ 大会	たいかい	대회
123	□ 大量	たいりょう	대량
124	□ 景色	けしき	경치
125	□ 外食	がいしょく	외식
126	□ 外科	げか	외과
127	□ 作文	さくぶん	작문
128	□ 作業	さぎょう	작업
129	□ 自由	じゆう	자유
130	□ 経由	けいゆ	경유
131	□ 単語	たんご	단어

132	□伝言	でんごん	전언
133	□土地	とち	토지, 땅
134	□地球	ちきゅう	지구
135	□地元	じもと	고장, 지역, 고향
136	□下線	かせん	밑줄
137	□下車	げしゃ	하차
138	□去年	きょねん	작년
139	□過去	かこ	과거
140	□留守	るす	부재(중)
141	□動作	どうさ	동작
142	□遅い	おそい	늦다
143	□遅れる	おくれる	늦어지다
144	□汚い	きたない	더럽다
145	□汚れる	よごれる	더러워지다
146	□降る	ふる	(눈 · 비가) 내리다
147	□降りる	おりる	(탈것에서) 내리다
148	□頼む	たのむ	부탁하다
149	□頼る	たよる	기대다, 의지하다
150	□数	かず	수, 숫자
151	□数える	かぞえる	(수를) 세다
152	□冷たい	つめたい	차갑다

153	□冷める	さめる	식다
154	□冷える	ひえる	차가워지다
155	□生	なま	날것
156	□生きる	いきる	살다
157	□生える	はえる	(수염 · 풀이) 나다
158	□細い	ほそい	가늘다
159	□細かい	こまかい	잘다, 자세하다
160	□覚える	おぼえる	외우다
161	□覚める	さめる	(눈이) 떠지다
162	□苦しい	くるしい	괴롭다
163	□苦い	にがい	(맛이) 쓰다

4 훈독 한자

164	□ 相手	あいて	상대방
165	□ 汗	あせ	땀
166	□ 油	あぶら	기름
167	□ 泡	あわ	거품
168	□ 息	いき	숨
169	□ 岩	いわ	바위
170	□ 裏	うら	뒷면, 뒤쪽
171	□ 笑顔	えがお	웃는 얼굴
172	□ 角	かど	모서리, 모퉁이
173	□ 傷	きず	상처
174	□ 草	くさ	풀
175	□ 首	くび	목
176	□ 米	こめ	쌀
177	□ 坂道	さかみち	비탈길
178	□ 島	しま	섬
179	□ 波	なみ	파도
180	□ 涙	なみだ	눈물
181	□ 根	ね	뿌리
182	□ 歯	は	이, 치아

183	□葉	は	잎
184	□豆	まめ	콩
185	□湖	みずうみ	호수
186	□緑	みどり	녹색
187	□物語	ものがたり	이야기
188	□夕日	ゆうひ	석양
189	□横	よこ	옆
190	□夜中	よなか	밤중
191	□預ける	あずける	맡기다
192	□現れる	あらわれる	나타나다
193	□植える	うえる	(꽃 · 나무를) 심다
194	□疑う	うたがう	의심하다
195	□打つ	うつ	치다
196	□追う	おう	쫓다
197	□押す	おす	누르다, 밀다
198	□折る	おる	접다, 꺾다
199	□換える	かえる	바꾸다
200	□囲む	かこむ	둘러싸다
201	□枯れる	かれる	시들다
202	□消える	きえる	끄다, 사라지다
203	□配る	くばる	나눠주다

204	□組む	くむ	짜다, 끼다
205	□加える	くわえる	더하다, 추가하다
206	□転ぶ	ころぶ	구르다, 자빠지다
207	□違う	ちがう	다르다
208	□伝える	つたえる	전하다
209	□包む	つつむ	싸다, 포장하다
210	□溶ける	とける	녹다
211	□届ける	とどける	배달하다
212	□並ぶ	ならぶ	늘어서다
213	□逃げる	にげる	도망치다
214	□測る	はかる	재다, 측정하다
215	□干す	ほす	말리다, 널다
216	□曲げる	まげる	구부리다
217	□学ぶ	まなぶ	배우다
218	□燃える	もえる	타다
219	□寄る	よる	들르다
220	□渡す	わたす	건네다

시험 직전 문자·어휘 まとめ

어휘 파트

» '어휘 파트'에서 꼭 알아둬야 할 단어입니다.
시험 직전에 한 번 더 눈에 담아 두세요~!

빈출 명사 ① (する가 붙는 명사)

1	□ 延期	えんき	연기
2	□ 演奏	えんそう	연주
3	□ 応援	おうえん	응원
4	□ 応募	おうぼ	응모
5	□ 会計	かいけい	계산
6	□ 回収	かいしゅう	회수
7	□ 歓迎	かんげい	환영
8	□ 感激	かんげき	감격
9	□ 乾燥	かんそう	건조
10	□ 記憶	きおく	기억
11	□ 希望	きぼう	희망
12	□ 競争	きょうそう	경쟁
13	□ 禁止	きんし	금지
14	□ 緊張	きんちょう	긴장
15	□ 工夫	くふう	고안, 궁리
16	□ 計画	けいかく	계획
17	□ 建築	けんちく	건축
18	□ 交流	こうりゅう	교류
19	□ 故障	こしょう	고장

20	□削除	さくじょ	삭제
21	□参加	さんか	참가
22	□指定	してい	지정
23	□集合	しゅうごう	집합
24	□渋滞	じゅうたい	정체
25	□修理	しゅうり	수리
26	□縮小	しゅくしょう	축소
27	□商売	しょうばい	장사
28	□消費	しょうひ	소비
29	□証明	しょうめい	증명
30	□申請	しんせい	신청
31	□進歩	しんぽ	진보
32	□制限	せいげん	제한
33	□整理	せいり	정리
34	□選択	せんたく	선택
35	□宣伝	せんでん	선전
36	□増加	ぞうか	증가
37	□早退	そうたい	조퇴
38	□滞在	たいざい	체재, 머무름
39	□遅刻	ちこく	지각
40	□登場	とうじょう	등장

41	□納得	なっとく	납득
42	□発展	はってん	발전
43	□否定	ひてい	부정
44	□沸騰	ふっとう	물이 끓어오름
45	□報告	ほうこく	보고
46	□満足	まんぞく	만족
47	□用意	ようい	준비
48	□両替	りょうがえ	환전

빈출 명사 ② (그 밖의 명사)

49	□意志	いし	의지
50	□印象	いんしょう	인상
51	□内側	うちがわ	안쪽
52	□裏	うら	뒤
53	□影響	えいきょう	영향
54	□丘	おか	언덕
55	□片方	かたほう	한쪽
56	□かび	かび	곰팡이
57	□壁	かべ	벽
58	□間隔	かんかく	간격
59	□環境	かんきょう	환경
60	□技術	ぎじゅつ	기술
61	□基礎	きそ	기초
62	□逆	ぎゃく	역, 반대
63	□距離	きょり	거리
64	□研究	けんきゅう	연구
65	□原料	げんりょう	원료
66	□講演	こうえん	강연
67	□姿勢	しせい	자세

68	□自然	しぜん	자연
69	□実際	じっさい	실제
70	□しまい	しまい	끝
71	□しみ	しみ	얼룩
72	□冗談	じょうだん	농담
73	□将来	しょうらい	장래
74	□食欲	しょくよく	식욕
75	□親戚	しんせき	친척
76	□前後	ぜんご	전후
77	□底	そこ	바닥
78	□天井	てんじょう	천정
79	□普段	ふだん	평소
80	□内緒	ないしょ	비밀
81	□中身	なかみ	속, 내용물
82	□農業	のうぎょう	농업
83	□貿易	ぼうえき	무역
84	□目標	もくひょう	목표
85	□屋根	やね	지붕
86	□床	ゆか	마룻바닥
87	□翌日	よくじつ	다음 날
88	□割合	わりあい	비율

[명사 + 동사] 조합

89	□	(枝(えだ)を) 折(お)る	(가지를) 꺾다
90	□	(お金(かね)を) 貯(た)める	(돈을) 모으다
91	□	(目(め)を) 閉(と)じる	(눈을) 감다
92	□	(手(て)を) つなぐ	(손을) 잡다
93	□	(うでを) 組(く)む	(팔짱을) 끼다
94	□	(意見(いけん)を) 述(の)べる	(의견을) 말하다
95	□	(力(ちから)を) 合(あ)わせる	(힘을) 합치다
96	□	(セーターを) 編(あ)む	(스웨터를) 짜다
97	□	(事故(じこ)を) 防(ふせ)ぐ	(사고를) 막다, 방지하다
98	□	(空気(くうき)が) 乾燥(かんそう)している	(공기가) 건조하다
99	□	(川(かわ)が) あふれる	(강이) 넘치다
100	□	(穴(あな)が) あく	(구멍이) 뚫리다
101	□	(底(そこ)に) 沈(しず)む	(바닥에) 가라앉다
102	□	(命令(めいれい)に) 従(したが)う	(명령에) 따르다
103	□	(土(つち)を) 掘(ほ)る	(흙을) 파다
104	□	(箱(はこ)の中(なか)に) しまう	(상자 안에) 넣다, 수납하다
105	□	(レモンを) 搾(しぼ)る	(레몬을) 짜다
106	□	(手(て)をタオルで) 拭(ふ)く	(손을 타월로) 닦다
107	□	(子(こ)どもたちに大人(おとな)が) 交(ま)ざっている	(아이들에 어른이) 섞여 있다

108	□ (犬が) 吠える	(개가) 짖다
109	□ (子どもを) 抱く	(아이를) 안다
110	□ (道が) 渋滞する	(길이) 정체되다, 막히다
111	□ (日程が) 重なる	(일정이) 겹치다
112	□ (りんごの皮を) むく	(사과 껍질을) 벗기다, 까다
113	□ (ドアを) たたく	(문을) 두드리다
114	□ (のどが) かわく	(목이) 마르다
115	□ (テニスボールが頭に) 当たる	(테니스공이 머리에) 맞다
116	□ (かばんに服を) 詰める	(가방에 옷을) 채우다, 채워 넣다
117	□ (予約を) 取り消す	(예약을) 취소하다
118	□ (店の前を) 通り過ぎる	(가게 앞을) 지나가다
119	□ (両親と) 話し合う	(부모님과) 의논하다
120	□ (仕事を) 引き受ける	(일을) 떠맡다

121	□ 諦める	あきらめる	포기하다
122	□ 飽きる	あきる	질리다, 싫증 나다
123	□ 預ける	あずける	맡기다
124	□ 与える	あたえる	주다
125	□ 温める	あたためる	데우다
126	□ 余る	あまる	남다
127	□ 慌てる	あわてる	허둥대다
128	□ 挑む	いどむ	도전하다
129	□ 疑う	うたがう	의심하다
130	□ 奪う	うばう	빼앗다
131	□ 埋める	うめる	묻다, 메우다
132	□ 驚く	おどろく	놀라다
133	□ 輝く	かがやく	빛나다
134	□ 隠す	かくす	숨기다
135	□ 駆ける	かける	전속력으로 달리다
136	□ 重ねる	かさねる	겹치다, 포개다
137	□ くたびれる	くたびれる	지치다, 녹초가 되다
138	□ 越える	こえる	넘어가다, 건너다
139	□ 凍る	こおる	얼다

140	□断る	ことわる	거절하다
141	□こぼす	こぼす	흘리다, 엎지르다
142	□怖がる	こわがる	무서워하다
143	□騒ぐ	さわぐ	떠들다, 소란 피우다
144	□従う	したがう	따르다
145	□しゃべる	しゃべる	수다 떨다
146	□注ぐ	そそぐ	(액체 · 열정 · 힘을) 쏟아 붓다
147	□そろう	そろう	모이다
148	□確かめる	たしかめる	확인하다
149	□積もる	つもる	쌓이다
150	□通り過ぎる	とおりすぎる	지나가다
151	□怒鳴る	どなる	고함치다
152	□取り消す	とりけす	취소하다
153	□踏む	ふむ	밟다
154	□干す	ほす	말리다, 널다
155	□混ぜる	まぜる	섞다
156	□迷う	まよう	헤매다, 망설이다
157	□見つめる	みつめる	(한곳을) 응시하다, 주시하다
158	□ゆでる	ゆでる	데치다
159	□許す	ゆるす	용서하다, 허락하다
160	□寄る	よる	들르다

い형용사

161	□ 怪しい	あやしい	수상하다
162	□ うまい	うまい	잘하다 / 맛있다
163	□ 偉い	えらい	위대하다, 잘나다
164	□ おかしい	おかしい	이상하다
165	□ 惜しい	おしい	아쉽다, 아깝다
166	□ 大人しい	おとなしい	얌전하다
167	□ きつい	きつい	(옷 · 신발이) 꽉 끼다 / (일이) 힘들다
168	□ 厳しい	きびしい	엄격하다
169	□ 詳しい	くわしい	자세하다 / 잘 알고 있다
170	□ 苦しい	くるしい	괴롭다, 힘들다
171	□ 恋しい	こいしい	그립다
172	□ 怖い	こわい	무섭다
173	□ しつこい	しつこい	집요하다
174	□ だるい	だるい	(몸이) 나른하다
175	□ 懐かしい	なつかしい	그립다
176	□ 貧しい	まずしい	가난하다
177	□ まぶしい	まぶしい	눈부시다

な형용사

178	□ 意外だ	いがいだ	의외이다
179	□ 異常だ	いじょうだ	이상하다, 비정상이다
180	□ 確実だ	かくじつだ	확실하다
181	□ 簡単だ	かんたんだ	간단하다
182	□ 盛んだ	さかんだ	성행하다, 활발하다
183	□ 重大だ	じゅうだいだ	중대하다
184	□ 重要だ	じゅうようだ	중요하다
185	□ 正直だ	しょうじきだ	정직하다
186	□ 新鮮だ	しんせんだ	신선하다
187	□ 清潔だ	せいけつだ	청결하다
188	□ そっくりだ	そっくりだ	똑 닮았다
189	□ 退屈だ	たいくつだ	따분하다
190	□ 短気だ	たんきだ	성미가 급하다
191	□ 単純だ	たんじゅんだ	단순하다
192	□ 丁寧だ	ていねいだ	공손하다, 정중하다
193	□ 不安だ	ふあんだ	불안하다
194	□ 複雑だ	ふくざつだ	복잡하다
195	□ 身近だ	みぢかだ	밀접하다
196	□ 立派だ	りっぱだ	훌륭하다

7 부사

197	□ 一応(いちおう)	일단, 우선
198	□ お互いに(たが)	서로
199	□ 主に(おも)	주로
200	□ 必ず(かなら)	반드시
201	□ 急に(きゅう)	갑자기
202	□ 偶然(ぐうぜん)	우연히
203	□ さっそく	즉시, 당장
204	□ 次第に(しだい)	점차, 점점
205	□ ずいぶん	대단히, 상당히
206	□ せっかく	모처럼
207	□ 絶対に(ぜったい)	꼭, 절대로
208	□ たまに	가끔
209	□ ついでに	하는 김에, 내친김에
210	□ なるべく	될 수 있으면
211	□ やっと	겨우, 드디어

8 의성어·의태어

212	□ がっかり	실망하는 모양	試合に負けてがっかりした。 시합에 져서 실망했다.
213	□ しっかり	제대로, 단단히	しっかり勉強する。 제대로 공부하다.
214	□ うっかり	깜빡	うっかり忘れた。 깜빡 잊었다.
215	□ すっかり	완전히	すっかり変わった。 완전히 변했다.
216	□ すっきり	개운한, 산뜻한 모양	大掃除をしてすっきりした。 대청소를 해서 개운했다.
217	□ はっきり	분명히, 확실히	意見をはっきり述べる。 의견을 분명히 말하다.
218	□ ぐっすり	푹 (자다)	朝までぐっすり寝た。 아침까지 푹 잤다.
219	□ ぴったり	딱, 정확히	この服はサイズがぴったりです。 이 옷은 사이즈가 딱 맞습니다.
220	□ そっと	살짝	そっとドアを閉める。 살짝 문을 닫다.
221	□ きっと	분명히	きっとうまく行くよ。 분명히 잘될 거야.
222	□ どっと	한꺼번에, 우르르	どっと疲れが出た。 한꺼번에 피로가 몰려왔다.
223	□ ふらふら	흔들흔들, 비틀비틀	高熱で頭がふらふらする。 고열로 머리가 흔들흔들하다.
224	□ ぶらぶら	빈둥빈둥	街をぶらぶら歩く。 거리를 빈둥빈둥 걷다.
225	□ からから	물기가 없어 마른 모양	のどがからからだ。 목이 칼칼하다(마르다).
226	□ がらがら	텅텅 비어 있는 모양	映画館はがらがらだ。 영화관은 텅텅 비어 있다.
227	□ ばらばら	뿔뿔이	意見はばらばらだった。 의견은 뿔뿔이 흩어졌다(다 달랐다).
228	□ うろうろ	서성거리는 모습	変な人が家の前をうろうろしている。 이상한 사람이 집 앞을 서성거리고 있다.
229	□ ごろごろ	뒹굴뒹굴	一日中家でごろごろしている。 하루 종일 집에서 뒹굴뒹굴 대고 있다.
230	□ そろそろ	슬슬	そろそろ帰ろうか。 슬슬 집에 갈까?

시험 직전 문법 まとめ

꼭 알아둬야 할 표현만 엄선한 N3 필수 문법입니다.
예문과 함께 읽어보면서 시험 직전에 한 번 더 눈에 담아 두세요~!

1 필수 문법 정리

(1) 구별해야 하는 표현

1 □ **ます형 + たい** ~하고 싶다 (1인칭)

예문 私は夏休みに海外旅行に行きたい。나는 여름방학에 해외여행 가고 싶다.

2 □ **ます형 + たがる** ~하고 싶어 하다 (3인칭)

예문 妹は夏休みに海外旅行に行きたがっている。여동생은 여름방학에 해외여행 가고 싶어 하고 있다.

3 □ **ます형 + に行く** ~하러 가다

예문 図書館へ本を返しに行く。도서관에 책을 반납하러 가다.

4 □ **ます형 + に来る** ~하러 오다

예문 遊びに来てください。놀러 오세요.

5 □ **동사 て형 + てくる** ~하고 오다, ~해 오다

예문 飲み物を買ってくる。음료수를 사 오다.
同じ会社で30年間働いてきた。같은 회사에서 30년간 일해 왔다.

6 □ **동사 て형 + ていく** ~하고 가다, ~해 가다

예문 傘を持っていきます。우산을 갖고 갑니다.
人口は減っていくでしょう。인구는 줄어가겠지요.

7 □ **동사 사전형 + ことになる** ~하게 되다 (제3자의 결정)
동사ない + ことになる ~하지 않게 되다

예문 転勤することになった。전근 가게 되었다.
期末テストは行わないことになった。기말시험은 치르지 않게 되었다.

8 □ **동사 사전형 + ことにする** ~하기로 하다 (나의 결정)
동사 ない형 + ことにする ~하지 않기로 하다

예문 留学に行くことにした。유학 가기로 했다.
就職しないことにした。취직하지 않기로 했다.

9 ☐ **동사 사전형 + ようになる** ~하게 되다

가능형 + ようになる ~할 수 있게 되다 (변화)

예문 日本語(にほんご)で話(はな)せるようになった。 일본어로 이야기할 수 있게 되었다.

10 ☐ **동사 사전형 +ようにする** ~하도록 하다 (노력)

예문 日本語(にほんご)で話(はな)すようにする。 일본어로 이야기하도록 하다.

11 ☐ **동사 ない형 + ないで(=ずに)** ~하지 않고, ~하지 말고

예문 本(ほん)を見(み)ないで答(こた)えを書(か)いてください。 책을 보지 말고 답을 써 주세요.

12 ☐ **동사 ない형 + なくて** ~하지 않아서

예문 田中(たなか)さんが来(こ)なくて出発(しゅっぱつ)できない。 다나카 씨가 안 와서 출발할 수 없다.

13 ☐ **~ていただけませんか** ~해 주실 수 없을까요? (상대방에게 해 달라고 부탁)

예문 ここにサインをしていただけませんか。 여기에 사인을 해 주실 수 없을까요?

14 ☐ **~(さ)せていただけませんか** ~하게 해 주실 수 없을까요? (내가 하게 해 달라고 부탁)

~(さ)せていただきます (제가) ~합니다, ~하겠습니다

예문 このいすを使(つか)わせていただけませんか。 이 의자를 사용하게 해 주실 수 없을까요?

お先(さき)に帰(かえ)らせていただきます。 먼저 돌아가겠습니다.

(2) 동사 활용별 접속표현

ます형 접속

15 ☐ **ます형 + やすい** ~하기 쉽다

예문 風邪(かぜ)をひきやすい季節(きせつ)です。 감기에 걸리기 쉬운 계절입니다.

16 ☐ **ます형 + にくい** ~하기 어렵다

예문 この箸(はし)は長(なが)くて、使(つか)いにくいです。 이 젓가락은 길어서 사용하기 불편합니다.

17 ☐ **ます형 + すぎる** 너무(지나치게) ~하다

예문 この花は水をやりすぎないようにしてください。이 꽃은 물을 지나치게 주지 않도록 해 주세요.

18 ☐ **ます형 + 出す** (갑자기) ~하기 시작하다

예문 急に雨が降り出した。갑자기 비가 내리기 시작했다.

19 ☐ **ます형 + 始める** ~하기 시작하다

예문 3月からピアノを習い始めた。3월부터 피아노를 배우기 시작했다.

20 ☐ **ます형 + 続ける** 계속 ~하다

예문 彼女はずっとしゃべり続けています。그녀는 계속 수다 떨고 있습니다.

21 ☐ **ます형 + 終わる** 다 ~하다

예문 パソコンを使い終わったら、ちゃんと消してください。컴퓨터를 다 쓰면, 제대로 꺼 주세요.

22 ☐ **ます형 + 直す** 다시 ~하다

예문 レポートを書き直した。리포트를 다시 썼다.

동사 て형 접속

23 ☐ **~てから** ~하고 나서

예문 よく調べてから購入する。잘 조사하고 나서 구입하다.

24 ☐ **~てしまう(=~ちゃう)** ~해 버리다

예문 いつもの電車に乗れなくて、遅刻してしまった。평소 타는 전철을 못 타서 지각해 버렸다.

25 ☐ **~てみる** ~해 보다

예문 先生に相談してみたらどうですか。선생님께 상담해 보는 게 어때요?

26 ☐ **~ておく** ~해 두다

예문 会議の準備をしておきました。회의 준비를 해 두었습니다.

27 □ **～てもいい / ～てもかまわない** ~해도 좋다 / ~해도 상관없다

예문 遅(おそ)くてもかまいません。늦어도 상관없습니다.

28 □ **～てはならない / ～てはいけない** ~(하)면 안 된다

예문 ここで騒(さわ)いではいけません。여기에서 떠들면 안 됩니다.

동사 た형 접속

29 □ **～たり～たりする** ~하기도 하고 ~하기도 한다

예문 電気(でんき)がついたり消(き)えたりする。전기가 켜지기도 하고 꺼지기도 한다.

30 □ **～たことがある** ~한 적이 있다

예문 通訳(つうやく)をしたことがあります。통역을 한 적이 있습니다.

31 □ **～た方(ほう)がいい** ~하는 편이 좋다

예문 電車(でんしゃ)の乗(の)り方(かた)が分(わ)からないなら、駅員(えきいん)に聞(き)いてみた方(ほう)がいいです。
전철 타는 방법을 모르면, 역무원에게 물어보는 편이 좋습니다.

32 □ **～たまま** ~한 채

예문 エアコンをつけたまま出(で)かけてしまった。에어컨을 켠 채로 외출해 버렸다.

동사 ない형 접속

33 □ **～なければならない / ～なければいけない** ~하지 않으면 안 된다

예문 約束(やくそく)を守(まも)らなければなりません。약속을 지키지 않으면 안 됩니다.

34 □ **～なくてはならない / ～なくてはいけない** ~하지 않으면 안 된다

예문 今日(きょう)の仕事(しごと)は今日(きょう)しなくてはいけません。오늘 일은 오늘 하지 않으면 안 됩니다.

35 □ **～ないと(いけない) / ～ないと(ならない) / ～ないと(だめだ) / ～ないと(困る)**
~하지 않으면(안 된다, 곤란하다)

예문 そろそろ引(ひ)っ越(こ)しの準備(じゅんび)をしないと。슬슬 이사 준비를 하지 않으면…(안 된다).

36 ☐ **～ないでください** ~하지 말아 주세요

예문 作品には手を触れないでください。 작품에는 손을 대지 말아 주세요.

37 ☐ **～なくてもいい** ~하지 않아도 된다
～なくてもかまわない ~하지 않아도 상관없다

예문 明日から来なくてもかまいません。 내일부터 안 와도 상관없어요.

38 ☐ **～ないほうがいい** ~하지 않는 편이 좋다

예문 無理しない方がいいです。 무리하지 않는 편이 좋습니다.

(3) 양태의 そうだ 활용 표현

39 ☐ **ます형 + そうにもない / そうにない / そうもない** ~일 것 같지 않다

예문 この仕事、今日中に終わりそうにないですね。 이 일, 오늘 중으로 안 끝날 것 같아요.

40 ☐ **① い형용사 (い) + くなさそうだ / い형용사 (い) + そうじゃない**
② な형용사 (だ) + じゃなさそうだ / な형용사 (だ) + そうじゃない ~일 것 같지 않다

예문 楽しくなさそうだ。
楽しそうじゃない。 즐겁지 않은 것 같다.
好きじゃなさそうだ。
好きそうじゃない。 좋아하지 않는 것 같다.

(4) 조건법 표현

41 ☐ **～と…た / ～たら…た** ~했더니 …했다

예문 食べてみたら、変な味がした。 먹어 봤더니 이상한 맛이 났다.

42 ☐ **～たらいい / ～ばいい / ～といい** ① ~하면 좋겠다 (바람), ② ~하면 된다 (권유·충고)

예문 ① 明日、晴れるといいな。 내일 날씨가 맑으면 좋겠다.
② 宿題がわからなかったら、先生聞くといいよ。 숙제를 모르면 선생님께 물으면 돼.

43 ☐ **～ばよかった(のに)** ~하면 좋았다(좋았을 텐데)

예문 田中さんも来ればよかったのに。 다나카 씨도 오면 좋았을 텐데.

44 ☐ **보통형 +としたら·とすれば** ~라면, ~하면

예문 海外旅行(かいがいりょこう)に行(い)くとしたら、どこに行(い)きたいですか。해외여행 간다면 어디에 가고 싶어요?

45 ☐ **보통형 + としても** ~라 해도, ~라 할지라도

예문 もし雨(あめ)が降(ふ)ったとしても、スポーツ大会(たいかい)は行(おこな)います。
만약 비가 내렸다 하더라도 스포츠 대회는 실시합니다.

(5) 존경어 · 겸양어 · 정중어

존경어	[상대방이 하시는] 행동
겸양어	[내가 하는] 행동
정중어	[듣는 사람에게 친절함] 을 나타냄

＊ 특수한 형태의 존경어 · 겸양어

기본형	존경어 [상대방이 하시는] 행동	겸양어 [내가 하는] 행동
行(い)く 가다	**いらっしゃる** **おいでになる** 가시다	**まいる** 오다
来(く)る 오다	**いらっしゃる** **おいでになる** **お越(こ)しになる** **見(み)える · お見(み)えになる** 오시다	**まいる** 가다
いる 있다	**いらっしゃる** **おいでになる** 계시다	**おる** 있다
食(た)べる · 飲(の)む 먹다, 마시다	**召(め)し上(あ)がる** 드시다	**いただく** 먹다
する 하다	**なさる** 하시다	**いたす** 하다
言(い)う 말하다	**おっしゃる** 말씀하시다	**申(もう)す · 申(もう)し上(あ)げる** 말하다, 말씀드리다
見(み)る 보다	**ご覧(らん)になる** 보시다	**拝見(はいけん)する** 보다
会(あ)う 만나다		**お目(め)にかかる** 뵙다
知(し)っている 알고 있다	**ご存(ぞん)じだ** 알고 계시다	**存(ぞん)じている** 알고 있다

聞く・質問する・訪問する 듣다, 질문하다, 방문하다		**伺う** 듣다, 여쭙다, 찾아 뵙다
あげる (나 → 남) 주다		**さしあげる** 드리다
くれる (남 → 나) 주다	**くださる** 주시다	
もらう 받다		**いただく** 받다

＊ 존경어 · 겸양어 공식

존경어 공식	겸양어 공식
1) お + ます형 + になる お/ご + 명사 + になる ~하시다 2) れる / られる (수동형) ~하시다 3) お + ます형 + ください お/ご + 명사 + ください ~해 주십시오	お + ます형 + する(いたす) お/ご + 명사 + する(いたす) ~하다, ~해 드리다

＊ 정중어

~です(~입니다) → **~でございます**	예문 トイレはあちらでございます。 화장실은 저쪽입니다.
あります(있습니다) → **ございます**	예문 トイレは階段の近くにございます。 화장실은 계단 근처에 있습니다.

(6) 시간 관련 표현

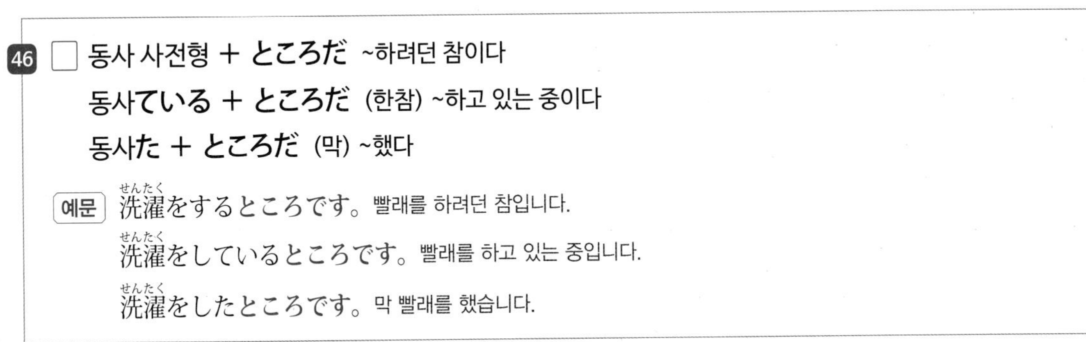

46 □ 동사 사전형 + **ところだ** ~하려던 참이다

동사**ている** + **ところだ** (한참) ~하고 있는 중이다

동사**た** + **ところだ** (막) ~했다

예문 洗濯をするところです。빨래를 하려던 참입니다.

洗濯をしているところです。빨래를 하고 있는 중입니다.

洗濯をしたところです。막 빨래를 했습니다.

47 □ **동사た ＋ ばかりだ** ~한 지 얼마 안 되었다

예문 結婚したばかりです。 결혼한 지 얼마 안 되었습니다.

48 □ **동사て ＋ ばかりいる** ~하고만 있다

예문 一日中寝てばかりいる。 하루 종일 자고만 있다.

49 □ **동사た ＋ まま** ~한 채

예문 キッチンで立ったままごはんを食べた。 부엌에 선 채로 밥을 먹었다.

50 □ **동사 사전형 / 동사 ている / い형용사 い / な형용사 な / 명사の ＋ うちに** ~하는 동안에

예문 赤ちゃんが寝ているうちに、家事を済ませた。 아기가 자고 있는 동안에 집안일을 끝냈다.
明るいうちに、出発しましょう。 밝을 때 출발합시다.
１日でも新鮮なうちに届けたい。 하루라도 신선할 때 배달하고 싶다.

51 □ **동사 ない형 ＋ ないうちに** ~하기 전에

예문 冷めないうちに、どうぞ。 식기 전에 드세요.

52 □ **동사 사전형 ＋ たびに** ~할 때마다

예문 父は出張に行くたびに、お土産を買ってくる。 아빠는 출장 갈 때마다 선물을 사 온다.

(7) 문말 표현

53 □ **보통형 ＋ だろう / でしょう** ~일 것이다 / ~이겠지요

예문 この薬を飲めば治るだろう。 이 약을 먹으면 낫겠지요.

54 □ **보통형 ＋ かもしれない** ~일지도 모른다

예문 明日からは晴れるかもしれません。 내일부터는 맑을지도 모릅니다.

55 □ **보통형 ＋ はずだ** ~임에 틀림없다
보통형 ＋ はずがない ~일 리가 없다

예문 料理が得意な彼女が作ったから、おいしいはずだ。
요리를 잘하는 그녀가 만들었기 때문에 맛있을 것임에 틀림없다.
まじめな田中さんがそんなことをするはずがない。
성실한 다나카 씨가 그런 일을 할 리가 없다.

56 ☐ **보통형 + に違いない** ~임에 틀림없다

예문 木村さんは中国に10年も住んでいたから、中国語が上手に話せる**に違いない**。
기무라 씨는 중국에 10년이나 살았기 때문에 중국어를 능숙하게 말할 수 있을 것임에 틀림없다.

57 ☐ **보통형 + のではないだろうか** ~인 것은 아닐까

예문 このまま不景気が続く**のではないだろうか**。이대로 불경기가 계속되는 것은 아닐까.

58 ☐ **보통형 + んじゃない?** ~인 거 아니야?

예문 ここの数字、間違ってる**んじゃない**? 여기 숫자, 틀린 거 아니야?

59 ☐ **동사 て형 + てもおかしくない**
동사 て형 + ても不思議ではない ~해도 이상하지 않다

예문 いつ雨が降って**もおかしくない**天気ですね。언제 비가 와도 이상하지 않은 날씨네요.
彼はいつ歌手になって**も不思議ではない**です。그는 언제 가수가 되어도 이상하지 않아요.

(8) 외워 두면 점수 올리는 표현

60 ☐ **~によって·~により** ~에 의해서, ~에 따라서

예문 明日の試合は台風**によって**中止することになった。내일 시합은 태풍에 의해서 중지하게 되었다.
このレストランは曜日**によって**メニューが変わる。이 레스토랑은 요일에 따라서 메뉴가 바뀐다.

61 ☐ **~に比べて** ~와/과 비교해서

예문 去年**に比べて**今年の夏の気温は高い。작년에 비교해서 올해 여름 기온은 높다.

62 ☐ **~について** ~에 대해서

예문 来年度の予算**について**話し合いましょう。내년도 예산에 대해서 의논합시다.

63 ☐ **~に対して** ~에 대해서, ~을 상대로

예문 留学生**に対して**奨学金が支給される。유학생을 상대로 장학금이 지급된다.

64 ☐ **~において** ~에 있어서, ~에서

예문 入学式は本校の運動場**において**行われます。입학식은 본교 운동장에서 행해집니다.

65 ☐ **～にとって** ~에게 있어서

예문 この時計は私にとって一番大切なものです。이 시계는 나에게 있어서 가장 소중한 것입니다.

66 ☐ **～にしたがって / ～につれて** ~(함)에 따라

예문 試験の日が近づくにしたがって、だんだん緊張してきた。
시험 날이 다가옴에 따라 점점 긴장하기 시작했다.

67 ☐ **～として** ~로서

예문 親としてするべきこと 부모로서 해야 할 일

68 ☐ **～ことから** ~인 것으로부터, ~이기 때문에

예문 この島は人の鼻の形をしていることから「ハナジマ」と呼ばれている。
이 섬은 사람의 코 모양을 하고 있어서 '하나지마'라고 불리고 있다.

69 ☐ **보통형 / 명사の ＋ ため(に)** ~때문에

예문 大雨のため、イベントは中止になった。폭우 때문에 이벤트는 중지되었다.

70 ☐ **～一方(で)** ~인 한편

예문 インターネットは便利である一方で、危険な道具である。인터넷은 편리한 한편 위험한 도구이다.

71 ☐ **～だけで(は)なく / ～ばかりで(は)なく** ~뿐만 아니라

예문 山田さんはスポーツだけでなく、歌も上手だ。야마다 씨는 스포츠뿐만 아니라 노래도 잘한다.

72 ☐ **～おかげで** ~덕분에

예문 先生のおかげで合格できました。선생님 덕분에 합격했습니다.

73 ☐ **～せいで** ~탓에

예문 山田さんが休んだせいで、残業してしまった。야마다 씨가 쉰 탓에 잔업 해 버렸다.

2 조사

(1) 기본 조사

～へ	~에, ~로 (방향) ~에게 (동작·작용의 대상)	～こそ	~야 말로
～から	~(로)부터, ~이기 때문에	～さえ	~조차
～まで	~까지	～くらい·～ぐらい	~정도
～でも	~라도	～など·～なんか	~등, ~같은 것 (열거·예시)

(2) 필수 암기 조사

1 ☐ **～には** ~에게는

예문 今回の試験は私には易しかった。이번 시험은 나에게는 쉬웠다.

2 ☐ **～のに** ① ~하는 데에 (용도), ② ~하는 데에 (평가)

예문 これは肩をマッサージするのに使います。이것은 어깨를 마사지하는 데 사용합니다.
この本は漢字を覚えるのに役立ちます。이 책은 한자를 외우는 데 도움됩니다.

3 ☐ **～か**(의문사)**か** ~나 ~인가 (예시)

예문 ボールペンか何かで書いてください。볼펜이나 무언가로 써 주세요.

4 ☐ **～ほど…ない** ~만큼 …지 않다

예문 彼ほどおもしろい人はいない。그 사람만큼 재미있는 사람은 없다.

5 ☐ **～ぐらいしか…ない** ~정도밖에

예문 財布に1,000円ぐらいしか残っていない。지갑에는 1,000엔 정도밖에 남아있지 않다.

6 ☐ **～からしか…ない** ~로부터밖에

예문 田中さんからしか返事が来ていない。다나카 씨로부터밖에 답장이 오지 않았다.

7 ☐ **～に…てほしい** ~이/가 …해 주기를 바란다

예문 多(おお)くの人(ひと)に来(き)てほしい。많은 사람이 와 주기를 바란다.

8 ☐ **(동사 사전형)だけだ** ~하기만 하면 된다

예문 材料(ざいりょう)を入(い)れて混(ま)ぜるだけです。재료를 넣고 섞기만 하면 됩니다.

9 ☐ ① **(명사)って(명사)** ~라는, ~라고 하는

② **(명사)って** ~은/는

③ **(보통형)って** ~라고

예문 ①「アエイオウ」ってイタリアンレストラン '아이우에오'라는 이탈리안 레스토랑

② うわさって怖(こわ)いものですね。소문은 무서운 거네요.

③ 田中(たなか)さんは今日(きょう)休(やす)むって言(い)いました。다나카 씨는 오늘 쉰다고 말했습니다.

3 부사

(1) ない와 호응을 이루는 부사

1 ☐ **必ずしも〜ない** 꼭 ~지 않다

예문 頭がいい人が必ずしも成績がいいとは言えない。
머리가 좋은 사람이 반드시 성적이 좋다고는 말할 수 없다.

2 ☐ **決して〜ない** 결코 ~지 않다

예문 日本での思い出は決して忘れません。 일본에서의 추억은 결코 잊을 수 없습니다.

3 ☐ **少しも〜ない / ちっとも〜ない** 조금도 ~지 않다

예문 いくら練習しても少しもうまくならない。 아무리 연습해도 조금도 나아지지 않는다.

4 ☐ **それほど〜ない** 그다지 ~지 않다

예문 すしはそれほど好きではない。 초밥은 그다지 좋아하지 않는다.

(2) 여러 가지 의미를 갖는 부사

5 ☐ **なかなか** ① 꽤, 상당히 ② 좀처럼 ~지 않다

예문 ① なかなかいい歌 꽤 좋은 노래
② バスがなかなか来ない。 버스가 좀처럼 오지 않는다.

6 ☐ **絶対に** ① 반드시, 꼭 ② 절대로 ~하지 않겠다

예문 ① 絶対に勝ちたい。 반드시 이기고 싶다.
② 絶対に行かない。 절대로 가지 않겠다.

7 ☐ **どうしても** ① 무슨 일이 있어도 ~하고 싶다 ② 아무리 해도 ~안 된다

예문 ① どうしても会いたい。 무슨 일이 있어도 만나고 싶다.
② どうしても納得できない。 아무리 해도 납득할 수 없다.

8 ☐ **全く** ① 완전히 ② 전혀 ~지 않다

예문 ① 全く新しいアイデア 완전히 새로운 아이디어
② 全く勉強しない子ども 전혀 공부하지 않는 아이

9 □ **とうとう** ①마침내 ~했다 ②결국 ~하지 않았다

예문 ① とうとう完成(かんせい)した。마침내 완성했다.

② 彼(かれ)はとうとう来(こ)なかった。그는 결국 오지 않았다.

10 □ **ずっと** ①계속 ②훨씬

예문 ① ずっと雨(あめ)が降(ふ)っている。계속 비가 내리고 있다.

② こっちがずっとおいしい。이쪽이 훨씬 맛있다.

(3) 그 밖의 부사

11 □ **今(いま)にも~(ます형)そうだ** 당장이라도 ~할 것 같다

예문 今(いま)にも倒(たお)れそうだ。당장이라도 쓰러질 것 같다.

12 □ **つい~てしまう** 그만(나도 모르게) ~해 버리다

예문 気(き)に入(い)ったら、つい買(か)ってしまう。마음에 들면 나도 모르게 사버린다.

13 □ **あまりに(も)** 너무나도

예문 あまりにも高(たか)い。너무 비싸다.

14 □ **なるべく** 될 수 있는 한

예문 なるべく外(そと)に出(で)ないように。될 수 있는 한 밖에 나가지 않도록.

15 □ **いつの間(ま)にか** 어느샌가

예문 いつの間(ま)にか夜(よる)になっていた。어느샌가 밤이 되었다.

16 □ **必(かなら)ず** 반드시

예문 必(かなら)ず持(も)ってきてください。반드시 갖고 오세요.

17 □ **非常(ひじょう)に** 상당히, 매우

예문 非常(ひじょう)に優(すぐ)れた選手(せんしゅ) 상당히 훌륭한 선수

4 접속사

원인-결과	それで 그래서
	そこで 그래서
	だから 그래서
	したがって 따라서
	そのため 그 때문에
	結局(けっきょく) 결국
연속되는 동작의 결과	すると 그러자
이유	なぜなら 왜냐하면
추가 · 첨가	さらに 게다가
	それに 게다가
	そのうえ 게다가
	また 또, 또한
역접	しかし 그러나
	ところが 그런데
	それでも 하지만
	けれども 하지만
화제 전환	ところで 그런데, 그건 그렇고
	さて 그런데, 그건 그렇고
대비	一方(いっぽう)(で) 한편
바꿔 말하기	つまり 즉, 다시 말해서

시험 직전 독해 まとめ

≫ 독해 지문을 유형별로 분석하여 자주 출제되는 어휘만 엄선했습니다.
유형별 빈출 어휘를 숙지해 두세요~!

지문 유형별 빈출 어휘

❶ 이메일 · 알림 · 메모

案内(あんない) 안내　以降(いこう) 이후　印刷(いんさつ) 인쇄　受付(うけつけ) 접수(처)　営業(えいぎょう) 영업　応募(おうぼ) 응모　行(おこな)う 행하다, 실시하다

会員(かいいん) 회원　改札口(かいさつぐち) 개찰구　開始(かいし) 개시　価格(かかく) 가격　確認(かくにん) 확인　活動(かつどう) 활동　歓迎(かんげい) 환영

完了(かんりょう) 완료　期間(きかん) 기간　急(きゅう)な 갑작스러운　禁止(きんし) 금지　詳(くわ)しい 자세하다　経験(けいけん) 경험

掲示板(けいじばん) 게시판　下旬(げじゅん) 하순　研究(けんきゅう) 연구　現在(げんざい) 현재　工事(こうじ) 공사　交通費(こうつうひ) 교통비　故障(こしょう) 고장

先(さき)に 먼저　参加(さんか) 참가　賛成(さんせい) 찬성　指定(してい) 지정　支払(しはら)う 지불하다　締(し)め切(き)り 마감　集合(しゅうごう) 집합

住所(じゅうしょ) 주소　準備(じゅんび) 준비　知(し)らせる 알리다　資料(しりょう) 자료　信号(しんごう) 신호　製品(せいひん) 제품　全員(ぜんいん) 전원

代金(だいきん) 대금　確(たし)かめる 확인하다　頼(たの)む 부탁하다　駐車場(ちゅうしゃじょう) 주차장　朝食(ちょうしょく) 조식　直接(ちょくせつ) 직접

都合(つごう) 사정, 형편　手袋(てぶくろ) 장갑　当日(とうじつ) 당일　届(とど)く 도착하다, 닿다　取(と)り消(け)し 취소　日程(にってい) 일정

発表(はっぴょう) 발표　貼(は)る 붙이다　引(ひ)き受(う)ける 받아들이다, 떠맡다　増(ふ)やす 늘리다　振(ふ)り込(こ)み (계좌) 이체

文房具(ぶんぼうぐ) 문방구　返事(へんじ) 답장　返信(へんしん) 답장　訪問(ほうもん) 방문　募集(ぼしゅう) 모집　間違(まちが)い 실수　窓口(まどぐち) 창구

申(もう)し込(こ)み 신청　持(も)ち物(もの) 준비물　郵送(ゆうそう) 우송　用事(ようじ) 용무, 볼일　利用(りよう) 이용　割引(わりびき) 할인

❷ 수필

あきらめる 포기하다　合(あ)わせる 맞추다, 합치다　慌(あわ)てる 허둥대다　意外(いがい)に 의외로　急(いそ)ぐ 서두르다

田舎(いなか) 시골　笑顔(えがお) 웃는 얼굴　応援(おうえん) 응원　お小遣(こづか)い 용돈　覚(おぼ)える 외우다, 기억하다　お礼(れい) 감사 인사

思(おも)い出(だ)す (지나간 일, 잊고 있었던 일을) 생각해 내다　思(おも)い出(で) 추억　飼(か)う (동물을) 기르다, 키우다

輝(かがや)く 빛나다　影(かげ) 그림자　囲(かこ)む 둘러싸다, 에워싸다　重(かさ)なる 겹치다, 포개어지다　片(かた)づける 정리하다

価値(かち) 가치　感覚(かんかく) 감각　関係(かんけい) 관계　感謝(かんしゃ) 감사　感想(かんそう) 감상　機会(きかい) 기회　季節(きせつ) 계절　期待(きたい) 기대

記録(きろく) 기록　近所(きんじょ) 근처　計画(けいかく) 계획　景色(けしき) 경치　交換(こうかん) 교환　交通手段(こうつうしゅだん) 교통수단　骨折(こっせつ) 골절

断(ことわ)る 거절하다　誘(さそ)う 꼬시다, 권하다　しかたない 어쩔 수 없다　沈(しず)む 가라앉다　姿勢(しせい) 자세

実家(じっか) 본가　失敗(しっぱい) 실패　順番(じゅんばん) 순번, 차례　紹介(しょうかい) 소개　情報(じょうほう) 정보　食欲(しょくよく) 식욕　過(す)ごす 지내다, 보내다

生徒(せいと) 학생　宣伝(せんでん) 선전　育(そだ)てる 키우다　体重(たいじゅう) 체중　楽(たの)しむ 즐기다　旅(たび) 여행　～たびに ~할 때마다

だんだん 점점　担任(たんにん) 담임　丁寧(ていねい)だ 정중하다, 공손하다　鉄道(てつどう) 철도　途中(とちゅう) 도중　慰(なぐさ)める 위로하다

懐(なつ)かしい 그립다　悩(なや)む 고민하다　慣(な)れる 익숙해지다　初(はじ)めて 처음　話(はな)しかける 말을 걸다

花束(はなたば) 꽃다발　服(ふく)を脱(ぬ)ぐ 옷을 벗다　不思議(ふしぎ)だ 이상하다, 신기하다　普段(ふだん) 평소　平気(へいき)だ 아무렇지 않다

守(まも)る 지키다　周(まわ)り 주변　身近(みぢか)だ 밀접하다, 친근하다　めずらしい 드물다, 진귀하다

目(め)に入(はい)る 눈에 들어오다, 보이다　目的(もくてき) 목적　目標(もくひょう) 목표　戻(もど)す (원위치로) 되돌리다

文句(もんく)を言(い)う 불평을 말하다　優(やさ)しい 상냥하다　夕日(ゆうひ) 석양　翌日(よくじつ) 다음 날　歴史(れきし) 역사　渡(わた)す 건네다

❸ 설명문

嫌(いや)がる 싫어하다　影響(えいきょう)を与(あた)える 영향을 주다　選(えら)ぶ 고르다, 선택하다　大型(おおがた) 대형

抑(おさ)える 억제하다, 줄이다　お互(たが)い 서로　思(おも)いつく (좋은 것, 아이디어를) 생각해 내다　解決(かいけつ) 해결

隠(かく)す 숨기다　我慢(がまん)する 참다　通(かよ)う (정기적으로) 다니다　借(か)りる 빌리다　看板(かんばん) 간판　気温(きおん) 기온

技術(ぎじゅつ) 기술　基礎(きそ) 기초　共同(きょうどう) 공동　協力(きょうりょく) 협력　工夫(くふう) 고안, 궁리　濃(こ)い (맛, 농도가) 진하다

高価(こうか) 고가　行動(こうどう) 행동　交流(こうりゅう) 교류　最低(さいてい) 최저　盛(さか)んだ 활발하다, 성행하다　資源(しげん) 자원　姿勢(しせい) 자세

自然(しぜん) 자연　従(したが)う 따르다　実験(じっけん) 실험　習慣(しゅうかん) 습관　種類(しゅるい) 종류　消費量(しょうひりょう) 소비량　将来(しょうらい) 장래

職人(しょくにん) 장인　調(しら)べる 조사하다　数字(すうじ) 숫자　整理(せいり) 정리　足(た)りない 부족하다　単純(たんじゅん)だ 단순하다

違(ちが)い 차이　到着(とうちゃく) 도착　土地(とち) 토지, 그 지방　泊(と)まる 머무르다, 숙박하다　配達(はいたつ) 배달　運(はこ)ぶ 운반하다

防(ふせ)ぐ 막다, 방지하다　平均気温(へいきんきおん) 평균 기온　ほとんど 거의　問題(もんだい)を解(と)く 문제를 풀다

郵便局(ゆうびんきょく) 우체국　様子(ようす) 모습, 상태　呼(よ)びかける 호소하다, 당부하다

Memo

시험 직전
청해 まとめ

≫ 청해에서 많이 쓰이는 축약형을 정리했습니다.
기본 표현과 잘 연결하여 숙지해 두세요~!

축약형

한국어 표현	원형	축약형	예
~하면, ~해서는	~ては ~では	~ちゃ ~じゃ	入(はい)っては → 入(はい)っちゃ 들어가면, 들어가서는 飲(の)んでは → 飲(の)んじゃ 마시면, 마셔서는
~하고 있다, ~해 있다	~ている ~でいる	~てる ~でる	見(み)ている → 見(み)てる 보고 있다 読(よ)んでいる → 読(よ)んでる 읽고 있다
~해 두다	~ておく ~でおく	~とく ~どく	置(お)いておく → 置(お)いとく 놔 두다 運(はこ)んでおく → 運(はこ)んどく 운반해 두다
~하고 가다, ~해 가다	~ていく ~でいく	~てく ~でく	持(も)っていく → 持(も)ってく 가지고 가다 飛(と)んでいく → 飛(と)んでく 날아 가다
~해 버리다	~てしまう ~でしまう	~ちゃう ~じゃう	忘(わす)れてしまう → 忘(わす)れちゃう 잊어버리다 遊(あそ)んでしまう → 遊(あそ)んじゃう 놀아버리다
~하지 않으면	~なくては	~なくちゃ	話(はな)さなくては → 話(はな)さなくちゃ 이야기하지 않으면
~하지 않으면	~なければ	~なきゃ	払(はら)わなければ → 払(はら)わなきゃ 지불하지 않으면
~이다, ~인 것이다	~のだ	~んだ	あるのだ → あるんだ 있다
~라는	~という	~っていう	森(もり)さんという人(ひと) → 森(もり)さんっていう人(ひと) 모리 씨라는 사람

Memo

파고다 JLPT N3

일본어능력시험

마무리 체크북

MP3 및 부가자료 무료이용 www.pagodabook.com

최신 개정판

이상욱 | 저

파고다 JLPT

N3

일본어능력시험

기반 다지기 및 실전문제

PAGODA Books

최신 개정판

파고다 JLPT

N3

일본어능력시험

기반 다지기 및 실전문제

PAGODA Books

파고다 JLPT N3 활용법

유형별 실전 문제 최다 수록!

» 1교시 학습법

1 기반 다지기 암기 (기출 단어 필수 체크 & 확인 문제로 정리)

2 실전 시험 학습 후, 저자 해설 확인

3 앱을 이용해서 단어 · 표현 복습

4 단어시험지 자동생성기를 이용해 최종 점검

» 2교시 학습법

1 기반 다지기 암기

2 실전 시험 학습 후, 스크립트 및 저자 해설 확인

3 기본 음원 외 1.2배속/고사장 버전 음원으로 복습 (청해 귀 트이기)

4 받아쓰기 연습으로 청해력 제고

| 부가 자료 | www.pagodabook.com

단어암기 앱
(클래스카드) DB 지원

단어시험지
자동생성기

청해 받아쓰기 연습
(PDF+MP3)

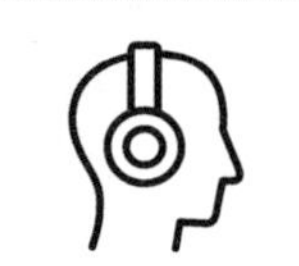

3가지 버전
청해 MP3

차례

* 01 문자·어휘는 각 유형 안에 '기반 다지기'를 나누어 수록했습니다.

1교시

언어지식(문자・어휘)

시험 시간	30분

언어지식(문법) ・ 독해

시험 시간	70분

01

문자 · 어휘

문제 1	한자 읽기
문제 2	한자 표기
문제 3	문맥 규정
문제 4	교체 유의어
문제 5	용법

기초 필수 어휘

명사

秋	あき	秋(あき) 가을
味	あじ	味(あじ) 맛
頭	あたま	頭(あたま) 머리
姉	あね	姉(あね) 언니, 누나
安心	あんしん	安心(あんしん) 안심
案内	あんない	案内(あんない) 안내
以外	いがい	以外(いがい) 이외
意見	いけん	意見(いけん) 의견
以下	いか	以下(いか) 이하
医者	いしゃ	医者(いしゃ) 의사
以上	いじょう	以上(いじょう) 이상
以前	いぜん	以前(いぜん) 이전
一度	いちど	一度(いちど) 한 번
以内	いない	以内(いない) 이내
意味	いみ	意味(いみ) 의미
妹	いもうと	妹(いもうと) 여동생
入り口	いりぐち	入(い)り口(ぐち) 입구
色	いろ	色(いろ) 색
腕	うで	腕(うで) 팔
売り場	うりば	売(う)り場(ば) 매장
運転	うんてん	運転(うんてん) 운전
営業	えいぎょう	営業(えいぎょう) 영업
英語	えいご	英語(えいご) 영어
絵本	えほん	絵本(えほん) 그림책
お祝い	おいわい	お祝(いわ)い 축하
屋上	おくじょう	屋上(おくじょう) 옥상
おつり	おつり	おつり 거스름돈
弟	おとうと	弟(おとうと) 남동생
お願い	おねがい	お願(ねが)い 부탁
お土産	おみやげ	お土産(みやげ) 선물, 기념품
思い出	おもいで	思(おも)い出(で) 추억
おもちゃ	おもちゃ	おもちゃ 장난감
温度	おんど	温度(おんど) 온도
会場	かいじょう	会場(かいじょう) 회장
外食	がいしょく	外食(がいしょく) 외식
会話	かいわ	会話(かいわ) 회화
科学	かがく	科学(かがく) 과학
鏡	かがみ	鏡(かがみ) 거울
菓子	かし	菓子(かし) 과자
家事	かじ	家事(かじ) 가사, 집안일
風	かぜ	風(かぜ) 바람
家族	かぞく	家族(かぞく) 가족
家庭	かてい	家庭(かてい) 가정
画面	がめん	画面(がめん) 화면
体	からだ	体(からだ) 몸

N3에 도전하려면 이것만큼은 알고 시작하자!
본격적으로 N3를 공부하기 전에 N4 레벨의 어휘를 다져 봅시다.

壁	かべ	壁 벽
考え	かんがえ	考え 생각
関係	かんけい	関係 관계
感じ	かんじ	感じ 느낌
関心	かんしん	関心 관심
感動	かんどう	感動 감동
気温	きおん	気温 기온
機械	きかい	機械 기계
機会	きかい	機会 기회
帰国	きこく	帰国 귀국
技術	ぎじゅつ	技術 기술
記入	きにゅう	記入 기입
気分	きぶん	気分 기분
着物	きもの	着物 옷, 기모노 (일본 전통 의상)
給料	きゅうりょう	給料 급여
教師	きょうし	教師 교사
教室	きょうしつ	教室 교실
競争	きょうそう	競争 경쟁
興味	きょうみ	興味 흥미
去年	きょねん	去年 작년
休日	きゅうじつ	休日 휴일
牛肉	ぎゅうにく	牛肉 소고기

近所	きんじょ	近所 근처, 이웃집
具合	ぐあい	具合 상태, 형편
空気	くうき	空気 공기
薬	くすり	薬 약
計画	けいかく	計画 계획
景気	けいき	景気 경기
景色	けしき	景色 경치
見学	けんがく	見学 견학
研究	けんきゅう	研究 연구
公園	こうえん	公園 공원
郊外	こうがい	郊外 교외
後輩	こうはい	後輩 후배
声	こえ	声 목소리
工場	こうじょう	工場 공장
小鳥	ことり	小鳥 작은 새
今度	こんど	今度 이번, 다음
最新	さいしん	最新 최신
最大	さいだい	最大 최대
坂	さか	坂 비탈
魚	さかな	魚 물고기, 생선
作成	さくせい	作成 작성
作文	さくぶん	作文 작문
産業	さんぎょう	産業 산업

☐ 試合	しあい	☐ 試合(しあい) 시합
☐ 仕事	しごと	☐ 仕事(しごと) 일, 직업
☐ 室内	しつない	☐ 室内(しつない) 실내
☐ 失敗	しっぱい	☐ 失敗(しっぱい) 실패
☐ 失礼	しつれい	☐ 失礼(しつれい) 실례
☐ 質問	しつもん	☐ 質問(しつもん) 질문
☐ 自転車	じてんしゃ	☐ 自転車(じてんしゃ) 자전거
☐ 品物	しなもの	☐ 品物(しなもの) 물품, 물건
☐ 支払い	しはらい	☐ 支払い(しはらい) 지불
☐ 自分	じぶん	☐ 自分(じぶん) 자기 자신
☐ 写真	しゃしん	☐ 写真(しゃしん) 사진
☐ じゃま	じゃま	☐ じゃま 방해
☐ 住所	じゅうしょ	☐ 住所(じゅうしょ) 주소
☐ 食料品	しょくりょうひん	☐ 食料品(しょくりょうひん) 식료품
☐ 手術	しゅじゅつ	☐ 手術(しゅじゅつ) 수술
☐ 出発	しゅっぱつ	☐ 出発(しゅっぱつ) 출발
☐ 準備	じゅんび	☐ 準備(じゅんび) 준비
☐ 招待	しょうたい	☐ 招待(しょうたい) 초대
☐ 将来	しょうらい	☐ 将来(しょうらい) 장래
☐ 食堂	しょくどう	☐ 食堂(しょくどう) 식당
☐ 進学	しんがく	☐ 進学(しんがく) 진학
☐ 人口	じんこう	☐ 人口(じんこう) 인구
☐ 心配	しんぱい	☐ 心配(しんぱい) 걱정
☐ 水道	すいどう	☐ 水道(すいどう) 수도

☐ 成功	せいこう	☐ 成功(せいこう) 성공
☐ 生産	せいさん	☐ 生産(せいさん) 생산
☐ 西洋	せいよう	☐ 西洋(せいよう) 서양
☐ 世界	せかい	☐ 世界(せかい) 세계
☐ 説明	せつめい	☐ 説明(せつめい) 설명
☐ 世話	せわ	☐ 世話(せわ) 돌봄
☐ 先輩	せんぱい	☐ 先輩(せんぱい) 선배
☐ 相談	そうだん	☐ 相談(そうだん) 상담
☐ 祖母	そぼ	☐ 祖母(そぼ) 조모, 할머니
☐ 空	そら	☐ 空(そら) 하늘
☐ 大小	だいしょう	☐ 大小(だいしょう) 대소
☐ 台所	だいどころ	☐ 台所(だいどころ) 부엌
☐ 建物	たてもの	☐ 建物(たてもの) 건물
☐ 暖房	だんぼう	☐ 暖房(だんぼう) 난방
☐ 力	ちから	☐ 力(ちから) 힘
☐ 地図	ちず	☐ 地図(ちず) 지도
☐ 茶色	ちゃいろ	☐ 茶色(ちゃいろ) 갈색
☐ 中止	ちゅうし	☐ 中止(ちゅうし) 중지
☐ 地理	ちり	☐ 地理(ちり) 지리
☐ 店員	てんいん	☐ 店員(てんいん) 점원
☐ 当日	とうじつ	☐ 当日(とうじつ) 당일
☐ 都会	とかい	☐ 都会(とかい) 도회지, 도시
☐ 図書館	としょかん	☐ 図書館(としょかん) 도서관
☐ 鳥	とり	☐ 鳥(とり) 새
☐ 夏	なつ	☐ 夏(なつ) 여름

寝坊	ねぼう	寝坊 늦잠
のど	のど	のど 목
場所	ばしょ	場所 장소
春	はる	春 봄
番組	ばんぐみ	番組 방송 프로그램
反対	はんたい	反対 반대
引き出し	ひきだし	引き出し 서랍
美術	びじゅつ	美術 미술
病気	びょうき	病気 병, 질병
閉店	へいてん	閉店 폐점
服	ふく	服 옷
変化	へんか	変化 변화
勉強	べんきょう	勉強 공부
返事	へんじ	返事 답장, 대답, 응답
貿易	ぼうえき	貿易 무역
放送	ほうそう	放送 방송
本屋	ほんや	本屋 서점
翻訳	ほんやく	翻訳 번역
毎朝	まいあさ	毎朝 매일 아침
町	まち	町 동네, 마을
街	まち	街 거리, 시내
間違い	まちがい	間違い 틀림, 잘못, 실수
店	みせ	店 가게
港	みなと	港 항구
約束	やくそく	約束 약속
野菜	やさい	野菜 야채, 채소
夕方	ゆうがた	夕方 저녁때, 해질녘
友人	ゆうじん	友人 친구
夕飯	ゆうはん	夕飯 저녁밥
用意	ようい	用意 준비
用事	ようじ	用事 용무, 볼일
洋服	ようふく	洋服 양복
汚れ	よごれ	汚れ 더러움, 오염
予約	よやく	予約 예약
予想	よそう	予想 예상
予定	よてい	予定 예정
利用	りよう	利用 이용
料金	りょうきん	料金 요금
旅館	りょかん	旅館 여관
連絡	れんらく	連絡 연락

동사

❶ 짝을 이루는 자동사와 타동사

자동사	타동사
集(あつ)まる 모이다	集(あつ)める 모으다
変(か)わる 바뀌다	変(か)える 바꾸다
閉(し)まる 닫히다, 잠기다	閉(し)める 닫다, 잠그다
止(と)まる 멈추다	止(と)める 세우다
売(う)る 팔다	売(う)れる 팔리다
折(お)れる 꺾이다, 접히다	折(お)る 꺾다, 접다

切(き)れる 잘리다	切(き)る 자르다
割(わ)れる 깨지다	割(わ)る 깨다
育(そだ)つ 자라다	育(そだ)てる 키우다, 기르다
立(た)つ 서다	立(た)てる 세우다
汚(よご)れる 더러워지다	汚(よご)す 더럽히다
倒(たお)れる 쓰러지다, 넘어지다	倒(たお)す 쓰러뜨리다, 넘어뜨리다
飛(と)ぶ 날다	飛(と)ばす 날리다
並(なら)ぶ 줄 서다, 늘어서다	並(なら)べる 한 줄로 늘어놓다, 나란히 하다
出(で)る 나가다, 나오다	出(だ)す 꺼내다
落(お)ちる 떨어지다	落(お)とす 떨어뜨리다, 분실하다
入(はい)る 들어가다, 들어오다	入(い)れる 넣다

❷ 그 밖의 동사

空く	あく	空(あ)く (안이) 비다
置く	おく	置(お)く 놓다, 두다
届く	とどく	届(とど)く 도착하다, 닿다
泣く	なく	泣(な)く 울다
急ぐ	いそぐ	急(いそ)ぐ 서두르다
泳ぐ	およぐ	泳(およ)ぐ 헤엄치다
会う	あう	会(あ)う 만나다
合う	あう	合(あ)う 맞다, 어울리다
行う	おこなう	行(おこな)う 행하다, 실시하다
違う	ちがう	違(ちが)う 다르다
払う	はらう	払(はら)う 지불하다
迷う	まよう	迷(まよ)う 헤매다, 망설이다
笑う	わらう	笑(わら)う 웃다
打つ	うつ	打(う)つ 치다
死ぬ	しぬ	死(し)ぬ 죽다
運ぶ	はこぶ	運(はこ)ぶ 운반하다
呼ぶ	よぶ	呼(よ)ぶ 부르다
楽しむ	たのしむ	楽(たの)しむ 즐기다, 좋아하다
押す	おす	押(お)す 누르다, 밀다
貸す	かす	貸(か)す 빌려주다
探す	さがす	探(さが)す 찾다
起きる	おきる	起(お)きる 일어나다
終わる	おわる	終(お)わる 끝나다
踊る	おどる	踊(おど)る 춤추다
飾る	かざる	飾(かざ)る 장식하다
借りる	かりる	借(か)りる 빌리다
座る	すわる	座(すわ)る 앉다
登る	のぼる	登(のぼ)る 오르다
走る	はしる	走(はし)る 달리다
渡る	わたる	渡(わた)る 건너다
教える	おしえる	教(おし)える 가르치다
教わる	おそわる	教(おそ)わる 배우다
感じる	かんじる	感(かん)じる 느끼다
調べる	しらべる	調(しら)べる 조사하다

勤める	つとめる	勤(つと)める 근무하다
別れる	わかれる	別(わか)れる 헤어지다

い형용사

❶ 의미가 반대인 い형용사

明(あか)るい 밝다	⇔	暗(くら)い 어둡다
新(あたら)しい 새롭다	⇔	古(ふる)い 낡다, 오래되다
暑(あつ)い 덥다	⇔	寒(さむ)い 춥다
いい 좋다	⇔	悪(わる)い 나쁘다
重(おも)い 무겁다	⇔	軽(かる)い 가볍다
黒(くろ)い 검다	⇔	白(しろ)い 하얗다
高(たか)い 비싸다	⇔	安(やす)い 싸다
高(たか)い 높다	⇔	低(ひく)い 낮다
近(ちか)い 가깝다	⇔	遠(とお)い 멀다
強(つよ)い 강하다	⇔	弱(よわ)い 약하다
長(なが)い 길다	⇔	短(みじか)い 짧다
広(ひろ)い 넓다	⇔	狭(せま)い 좁다
易(やさ)しい 쉽다	⇔	難(むずか)しい 어렵다

❷ 그 밖의 い형용사

青い	あおい	青(あお)い 파랗다
赤い	あかい	赤(あか)い 빨갛다
忙しい	いそがしい	忙(いそが)しい 바쁘다
辛い	からい	辛(から)い 맵다
汚い	きたない	汚(きたな)い 더럽다
寂しい	さびしい	寂(さび)しい 외롭다
楽しい	たのしい	楽(たの)しい 즐겁다
恥ずかしい	はずかしい	恥(は)ずかしい 부끄럽다
深い	ふかい	深(ふか)い 깊다
優しい	やさしい	優(やさ)しい 상냥하다

な형용사

同じだ	おなじだ	同(おな)じだ 같다
残念だ	ざんねんだ	残念(ざんねん)だ 유감이다
十分だ	じゅうぶんだ	十分(じゅうぶん)だ 충분하다
親切だ	しんせつだ	親切(しんせつ)だ 친절하다
新鮮だ	しんせんだ	新鮮(しんせん)だ 신선하다
心配だ	しんぱいだ	心配(しんぱい)だ 걱정이다
大切だ	たいせつだ	大切(たいせつ)だ 소중하다, 중요하다
得意だ	とくいだ	得意(とくい)だ 잘하다, 특기이다
苦手だ	にがてだ	苦手(にがて)だ 못하다, 서투르다
熱心だ	ねっしんだ	熱心(ねっしん)だ 열심이다
不安だ	ふあんだ	不安(ふあん)だ 불안하다
不便だ	ふべんだ	不便(ふべん)だ 불편하다
便利だ	べんりだ	便利(べんり)だ 편리하다
有名だ	ゆうめいだ	有名(ゆうめい)だ 유명하다
楽だ	らくだ	楽(らく)だ 편하다

문제 1 한자 읽기

» 유형 소개

한자 읽기 (8문항)

밑줄의 한자를 히라가나로 어떻게 읽는지 묻는 문제이며, 8문항이 출제된다. 청음과 탁음(반탁음), 장음과 단음, 촉음의 유무, 예외음, 훈독 한자 읽기 등이 출제된다.

예

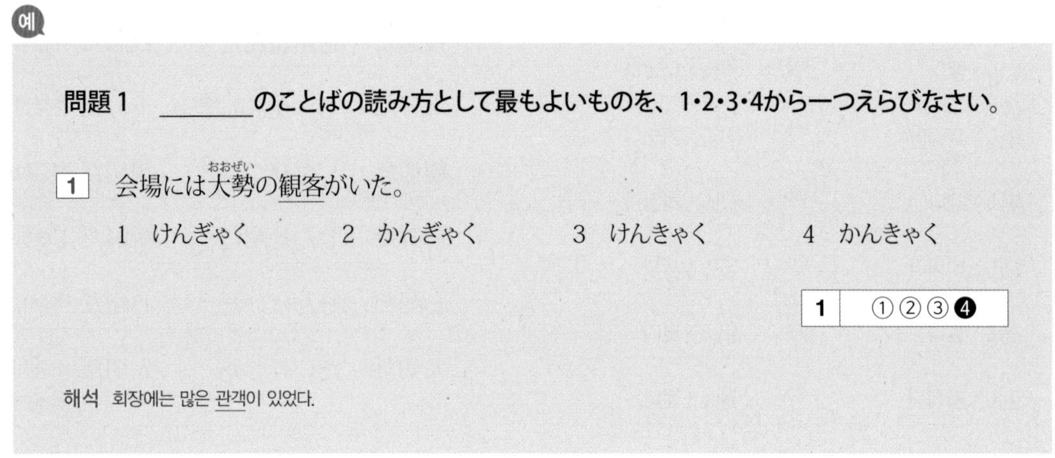

問題 1 ＿＿＿＿のことばの読み方として最もよいものを、1・2・3・4から一つえらびなさい。

1 会場には大勢(おおぜい)の観客がいた。

1 けんぎゃく　2 かんぎゃく　3 けんきゃく　4 かんきゃく

1	①②③❹

해석 회장에는 많은 관객이 있었다.

» 해답 스킬

1. 밑줄의 한자만 보고 선택지에서 정답을 고를 수 있을 만큼 빠른 스피드가 필요하다.
2. 모르는 단어라도 평소에 알고 있던 한자음과 연결해서 답을 찾도록 한다.
3. 문제1에서 시간을 끌면 안 되므로 모르는 문제가 나오면 2번의 방법으로 해결하고, 어휘파트 문제를 풀 시간을 확보해 두어야 한다.

» 학습 대책

1. 하나의 한자에서 파생되는 훈독과 음독의 단어를 정리하고, 특히 예외음이 있는 한자에 주의한다.
2. 「**よほう**(예보)」 「**よぼう**(예방)」와 같은 청음과 탁음의 구별, 「**よやく**(예약)」 「**ようやく**(드디어)」와 같은 장음과 단음의 구별, 「**かくじ**(각자)」 「**かっこく**(각국)」와 같은 「**っ**」의 유무를 체크하며 외운다.
3. 「**由**(말미암을 유)」의 음독은 「**ゆ**」 「**ゆう**」 두 개이다. 이처럼 하나의 한자가 두 개 이상의 음독이나 훈독을 갖는 것에 주의해서 외운다.
4. 한자는 눈으로만 보지 말고 한두 번씩 써 보거나 소리 내어 발음해 본다. 문장을 반복해서 읽는 것도 좋다.
5. 한 번 외운 한자라도 반복해서 외우는 습관을 들인다.

문제 1 기반 다지기

일본어의 한자는 한자의 뜻으로 읽는 훈독과 음으로 읽는 음독이 있다. 하지만 훈독과 음독 중에서도 예외음이나 발음 법칙에 의해 음이 바뀌는 경우가 있다. 이런 내용을 6개의 출제 포인트에 맞춰서 학습하기로 한다. 또한 N3는 기출 단어의 중요도가 매우 높으니까 기출 표시가 되어 있는 단어는 확실히 외워 두자.

1 청음 · 탁음 · 반탁음
2 장음 · 단음
3 촉음
4 음독이 여러 개인 한자
5 훈독 한자
6 훈독이 여러 개인 한자

청음·탁음·반탁음

탁음(˝)·반탁음(°) 표시의 유무를 잘 살피며 외워 봅시다.

	移転	いてん	移転 이전
	違反	いはん	違反 위반
기출	横断	おうだん	横断 횡단
	温暖	おんだん	温暖 온난
	解決	かいけつ	解決 해결
기출	改札口	かいさつぐち	改札(口) 개찰(구)
	画家	がか	画家 화가
기출	各駅	かくえき	各駅 각 역
	学歴	がくれき	学歴 학력
	火事	かじ	火事 화재
	患者	かんじゃ	患者 환자
기출	観客	かんきゃく	観客 관객
기출	完成	かんせい	完成 완성
기출	機械	きかい	機械 기계
	記事	きじ	記事 기사
기출	禁煙	きつえん	禁煙 금연
기출	疑問	ぎもん	疑問 의문
기출	訓練	くんれん	訓練 훈련
기출	計算	けいさん	計算 계산
기출	血圧	けつあつ	血圧 혈압
기출	血液型	けつえきがた	血液型 혈액형
기출	件	けん	件 건
기출	検査	けんさ	検査 검사
기출	現在	げんざい	現在 현재
기출	広告	こうこく	広告 광고
	散歩	さんぽ	散歩 산책
	次回	じかい	次回 다음번
기출	支給	しきゅう	支給 지급
	事件	じけん	事件 사건
	持参	じさん	持参 지참
기출	事情	じじょう	事情 사정
기출	失業	しつぎょう	失業 실업
기출	実力	じつりょく	実力 실력
기출	手術	しゅじゅつ	手術 수술
기출	順番	じゅんばん	順番 순번, 차례
	乗客	じょうきゃく	乗客 승객
기출	商業	しょうぎょう	商業 상업
	小説	しょうせつ	小説 소설
기출	商品	しょうひん	商品 상품
기출	上品	じょうひん	上品 품위 있음
기출	情報	じょうほう	情報 정보
기출	税金	ぜいきん	税金 세금
기출	線	せん	線 선
기출	増減	ぞうげん	増減 증감

기출	한자	읽기	뜻
기출	早退	そうたい	早退(そうたい) 조퇴
기출	卒業	そつぎょう	卒業(そつぎょう) 졸업
기출	単語	たんご	単語(たんご) 단어
	中央	ちゅうおう	中央(ちゅうおう) 중앙
	注目	ちゅうもく	注目(ちゅうもく) 주목
	朝食	ちょうしょく	朝食(ちょうしょく) 조식
기출	到着	とうちゃく	到着(とうちゃく) 도착
기출	得意	とくい	得意(とくい) 잘함
기출	独立	どくりつ	独立(どくりつ) 독립
기출	努力	どりょく	努力(どりょく) 노력

기출	한자	읽기	뜻
기출	秒	びょう	秒(びょう) 초
	表示	ひょうじ	表示(ひょうじ) 표시
기출	部分	ぶぶん	部分(ぶぶん) 부분
기출	分類	ぶんるい	分類(ぶんるい) 분류
기출	変化	へんか	変化(へんか) 변화
	返品	へんぴん	返品(へんぴん) 반품
기출	方角	ほうがく	方角(ほうがく) 방각, 방위
기출	方向	ほうこう	方向(ほうこう) 방향

チェックアップ!
확인문제

다음 한자에 맞는 음을 고르세요.

1 税金 ⓐ せいきん ⓑ ぜいきん
2 広告 ⓐ こうごく ⓑ こうこく
3 得意 ⓐ とくい ⓑ どくい
4 事情 ⓐ しじょう ⓑ じじょう
5 方角 ⓐ ほうかく ⓑ ほうがく
6 努力 ⓐ どりょく ⓑ のうりょく
7 増減 ⓐ じょうげん ⓑ ぞうげん
8 疑問 ⓐ いもん ⓑ ぎもん

정답 1 ⓑ 2 ⓑ 3 ⓐ 4 ⓑ 5 ⓑ 6 ⓐ 7 ⓑ 8 ⓑ

장음·단음

장음이란 앞의 음에 이어서 길게 발음하는 것을 말한다. 일본어는 장음, 단음에 의해서 의미가 달라지는 경우가 많기 때문에, 한자를 공부함에 있어서 중요한 포인트라고 할 수 있다. 대개 우리말에 'ㅇ', 'ㅂ' 받침이 있으면 장음으로 발음된다고 생각하면 된다. 예를 들어 「**営業**」는 우리말로 '영업'이라고 읽고 'ㅇ', 'ㅂ' 받침이 있으니까 일본어로 「**えいぎょう**」 즉, 「**い**」 장음과 「**う**」 장음이 붙는다고 생각하면 된다.

기출	한자	읽기	뜻
	以後	いご	以後(いご) 이후
기출	以降	いこう	以降(いこう) 이후
기출	位置	いち	位置(いち) 위치
	一秒	いちびょう	一秒(いちびょう) 1초
기출	印象	いんしょう	印象(いんしょう) 인상
기출	応募	おうぼ	応募(おうぼ) 응모
기출	応用	おうよう	応用(おうよう) 응용
	給料	きゅうりょう	給料(きゅうりょう) 급여
기출	共通	きょうつう	共通(きょうつう) 공통
	共同	きょうどう	共同(きょうどう) 공동
	協同	きょうどう	協同(きょうどう) 협동
기출	協力	きょうりょく	協力(きょうりょく) 협력
	許可	きょか	許可(きょか) 허가
	空港	くうこう	空港(くうこう) 공항
기출	空席	くうせき	空席(くうせき) 공석
기출	苦労	くろう	苦労(くろう) 고생
기출	経営学	けいえいがく	経営学(けいえいがく) 경영학
	警察	けいさつ	警察(けいさつ) 경찰
	公共	こうきょう	公共(こうきょう) 공공
	工業	こうぎょう	工業(こうぎょう) 공업
기출	交流	こうりゅう	交流(こうりゅう) 교류
	個別	こべつ	個別(こべつ) 개별
	住宅	じゅうたく	住宅(じゅうたく) 주택
	主婦	しゅふ	主婦(しゅふ) 주부
기출	主要	しゅよう	主要(しゅよう) 주요
기출	種類	しゅるい	種類(しゅるい) 종류
기출	制服	せいふく	制服(せいふく) 제복
기출	選手	せんしゅ	選手(せんしゅ) 선수
기출	想像	そうぞう	想像(そうぞう) 상상
	祖父	そふ	祖父(そふ) 조부, 할아버지
기출	駐車	ちゅうしゃ	駐車(ちゅうしゃ) 주차
기출	昼食	ちゅうしょく	昼食(ちゅうしょく) 점심 식사
기출	調査	ちょうさ	調査(ちょうさ) 조사
기출	朝食	ちょうしょく	朝食(ちょうしょく) 조식, 아침 식사
기출	貯金	ちょきん	貯金(ちょきん) 저금
	通学	つうがく	通学(つうがく) 통학
기출	通勤	つうきん	通勤(つうきん) 통근
기출	通知	つうち	通知(つうち) 통지
	道路	どうろ	道路(どうろ) 도로
	読書	どくしょ	読書(どくしょ) 독서

	단어	읽기	정답
	徒歩	とほ	徒歩(とほ) 도보
기출	表面	ひょうめん	表面(ひょうめん) 표면
기출	夫婦	ふうふ	夫婦(ふうふ) 부부
기출	普通	ふつう	普通(ふつう) 보통
	歩道	ほどう	歩道(ほどう) 보도
기출	未来	みらい	未来(みらい) 미래
기출	命令	めいれい	命令(めいれい) 명령
기출	郵送	ゆうそう	郵送(ゆうそう) 우송
기출	有名	ゆうめい	有名(ゆうめい) 유명
기출	予約	よやく	予約(よやく) 예약
	量	りょう	量(りょう) 양
	両親	りょうしん	両親(りょうしん) 양친, 부모님

チェックアップ!
확인문제

다음 한자에 맞는 음을 고르세요.

1 徒歩 ⓐ とぼ ⓑ とほ
2 命令 ⓐ めいれ ⓑ めいれい
3 昼食 ⓐ ちゅしょく ⓑ ちゅうしょく
4 共通 ⓐ きょうつう ⓑ こうつう
5 住宅 ⓐ じゅたく ⓑ じゅうたく
6 想像 ⓐ そうぞ ⓑ そうぞう
7 応募 ⓐ おうぼう ⓑ おうぼ
8 夫婦 ⓐ ふふう ⓑ ふうふ

정답 1 ⓑ 2 ⓑ 3 ⓑ 4 ⓐ 5 ⓑ 6 ⓑ 7 ⓑ 8 ⓑ

3 촉음

촉음 「っ」은 받침이라고 생각하면 됩니다. 아래의 법칙을 기억해 두면 아주 간단합니다.

촉음 법칙 1.

「き・く」 뒤에 「か행」 음이 오면 「き・く」는 촉음으로 바뀐다.

예 **악기** 楽(がく) + 器(き) → 楽(がっ)器(き)

촉음 법칙 2.

「ち・つ」 뒤에 「か・さ・た행」 음이 오면 「ち・つ」는 촉음으로 바뀐다.

예 **일기** 日(にち) + 記(き) → 日(にっ)記(き)

잡지 雑(ざつ) + 誌(し) → 雑(ざっ)誌(し)

출장 出(しゅつ) + 張(ちょう) → 出(しゅっ)張(ちょう)

촉음 법칙 3.

「ち・つ」 뒤에 「は행」 음이 오면 「ち・つ」는 촉음으로 바뀌고, 「は행」 음은 「ぱ행」 음으로 바뀐다.

예 **출발** 出(しゅつ) + 発(はつ) → 出(しゅっ)発(ぱつ)

기출	一般的	いっぱんてき	一般的(いっぱんてき) 일반적
	学科	がっか	学科(がっか) 학과
	活気	かっき	活気(かっき) 활기
	学期	がっき	学期(がっき) 학기
	各国	かっこく	各国(かっこく) 각국
	切符	きっぷ	切符(きっぷ) 표, 티켓
	結果	けっか	結果(けっか) 결과
	骨折	こっせつ	骨折(こっせつ) 골절
	実験	じっけん	実験(じっけん) 실험
	出身	しゅっしん	出身(しゅっしん) 출신
기출	出張	しゅっちょう	出張(しゅっちょう) 출장
기출	食器	しょっき	食器(しょっき) 식기
	特急	とっきゅう	特急(とっきゅう) 특급
기출	発見	はっけん	発見(はっけん) 발견
	発送	はっそう	発送(はっそう) 발송
	発想	はっそう	発想(はっそう) 발상
	発達	はったつ	発達(はったつ) 발달
기출	発表	はっぴょう	発表(はっぴょう) 발표

4 음독이 여러 개인 한자

한 개의 한자가 여러 개의 음독을 가진 것이 있어요. 한자의 '예외음'이라고도 합니다.

去 갈 거	きょ	去年(きょねん) 작년
	こ	[기출] 過去(かこ) 과거
景 볕 경	けい	景気(けいき) 경기　光景(こうけい) 광경　風景(ふうけい) 풍경
	け	景色(けしき) 경치
工 장인 공	こう	工業(こうぎょう) 공업　工事(こうじ) 공사　工場(こうじょう) 공장　人工(じんこう) 인공
	く	工夫(くふう) 고안, 궁리
男 사내 남	だん	男子(だんし) 남자　男性(だんせい) 남성　男女(だんじょ) 남녀
	なん	長男(ちょうなん) 장남　次男(じなん) 차남
団 둥글 단	だん	[기출] 団体(だんたい) 단체　集団(しゅうだん) 집단
	とん	布団(ふとん) 이불
大 큰 대	だい	[기출] 大小(だいしょう) 대소　拡大(かくだい) 확대
	たい	[기출] 大会(たいかい) 대회　大気(たいき) 대기　大使(たいし) 대사　大使館(たいしかん) 대사관 [기출] 大量(たいりょう) 대량　大切だ(たいせつだ) 소중하다
代 대신할 대	だい	代表(だいひょう) 대표　代理(だいり) 대리　時代(じだい) 시대　電話代(でんわだい) 전화 요금
	たい	交代(こうたい) 교대
図 그림 도	ず	[기출] 合図(あいず) (눈짓·몸짓·손짓 등의) 신호　地図(ちず) 지도
	と	図書(としょ) 도서　図書館(としょかん) 도서관

都 도읍 도	と	都会(とかい) 도회　都市(とし) 도시　都心(としん) 도심　기출 首都(しゅと) 수도
	つ	都合(つごう) 사정, 형편
頭 머리 두	ず	기출 頭痛(ずつう) 두통
	とう	先頭(せんとう) 선두
登 오를 등	とう	登校(とうこう) 등교　登場(とうじょう) 등장　登録(とうろく) 등록
	と	登山(とざん) 등산
無 없을 무	む	無理(むり) 무리　無料(むりょう) 무료
	ぶ	無事(ぶじ)だ 무사하다
文 글월 문	ぶん	文(ぶん) 문　文化(ぶんか) 문화　文学(ぶんがく) 문학　기출 分類(ぶんるい) 분류　기출 文章(ぶんしょう) 문장　文房具(ぶんぼうぐ) 문방구　文法(ぶんぽう) 문법
	もん	기출 文句(もんく) 불평, 불만　注文(ちゅうもん) 주문
	も	文字(もじ) 문자
物 물건 물	ぶつ	기출 物価(ぶっか) 물가　見物(けんぶつ) 구경　植物(しょくぶつ) 식물　動物(どうぶつ) 동물
	もつ	기출 荷物(にもつ) 짐
相 서로 상	そう	相互(そうご) 상호　기출 相談(そうだん) 상담
	しょう	首相(しゅしょう) 수상
色 빛 색	しょく	特色(とくしょく) 특색
	しき	景色(けしき) 경치
生 날 생	せい	生徒(せいと) 학생　生物(せいぶつ) 생물　生命(せいめい) 생명　人生(じんせい) 인생
	しょう	一生(いっしょう) 일생, 평생

한자	음독	어휘
楽 음악 **악**/즐거울 **락**	がく	音楽(おんがく) 음악 [기출] 楽器(がっき) 악기
	らく	楽(らく)だ 편하다
言 말씀 **언**	げん	言語(げんご) 언어 方言(ほうげん) 방언
	ごん	[기출] 伝言(でんごん) 전언, 전하는 말, 메시지
外 바깥 **외**	がい	外国(がいこく) 외국 外出(がいしゅつ) 외출 案外(あんがい) 의외, 생각 외 郊外(こうがい) 교외 例外(れいがい) 예외
	げ	[기출] 外科(げか) 외과
右 오른 **우**	う	[기출] 右折(うせつ) 우회전
	ゆう	左右(さゆう) 좌우
由 말미암을 **유**	ゆ	由来(ゆらい) 유래 [기출] 経由(けいゆ) 경유
	ゆう	[기출] 理由(りゆう) 이유 自由(じゆう)だ 자유롭다
留 머무를 **류/유**	りゅう	留学(りゅうがく) 유학
	る	[기출] 留守(るす) 부재중
易 쉬울 **이**/바꿀 **역**	い	安易(あんい)だ 안이하다 容易(ようい)だ 용이하다, 손쉽다
	えき	貿易(ぼうえき) 무역
人 사람 **인**	じん	人口(じんこう) 인구 人物(じんぶつ) 인물 [기출] 個人(こじん) 개인 主人(しゅじん) 주인, 남편 知人(ちじん) 지인 老人(ろうじん) 노인
	にん	人気(にんき) 인기 人形(にんぎょう) 인형 人数(にんずう) 인원수 [기출] 他人(たにん) 타인 犯人(はんにん) 범인
日 날 **일**	にち	日課(にっか) 일과 日記(にっき) 일기 日中(にっちゅう) 한낮, 대낮 日程(にってい) 일정
	じつ	[기출] 休日(きゅうじつ) 휴일 先日(せんじつ) 며칠 전, 지난날 当日(とうじつ) 당일 [기출] 平日(へいじつ) 평일 本日(ほんじつ) 오늘
自 스스로 **자**	じ	自習(じしゅう) 자습 自信(じしん) 자신(감) 自宅(じたく) 자택 自動(じどう) 자동 自分(じぶん) 자기, 자신 各自(かくじ) 각자
	し	[기출] 自然(しぜん) 자연

作 만들 **작**	さく	作品(さくひん) 작품　作文(さくぶん) 작문　作物(さくもつ) 작물　作家(さっか) 작가
	さ	作業(さぎょう) 작업　操作(そうさ) 조작　[기출]動作(どうさ) 동작
財 재물 **재**	ざい	財産(ざいさん) 재산
	さい	財布(さいふ) 지갑
正 바를 **정**	せい	正式(せいしき) 정식　正門(せいもん) 정문　[기출]正確(せいかく)だ 정확하다
	しょう	正月(しょうがつ) 정월, 설　正午(しょうご) 정오　正面(しょうめん) 정면　正直(しょうじき)だ 정직하다
中 가운데 **중**	ちゅう	中間(ちゅうかん) 중간　中古(ちゅうこ) 중고　中心(ちゅうしん) 중심　中旬(ちゅうじゅん) 중순　[기출]集中(しゅうちゅう) 집중　途中(とちゅう) 도중 営業中(えいぎょうちゅう) 영업 중
	じゅう	一日中(いちにちじゅう) 하루 종일　年中(ねんじゅう) 연중
地 땅 **지**	ち	地域(ちいき) 지역　地下(ちか) 지하　[기출]地球(ちきゅう) 지구　地方(ちほう) 지방　土地(とち) 토지　[기출]各地(かくち) 각지
	じ	地震(じしん) 지진　地面(じめん) 지면　地味(じみ)だ 수수하다　[기출]地元(じもと) 고장, 지방, 자기가 살고 있는 지역
直 곧을 **직**	ちょく	直後(ちょくご) 직후　[기출]直接(ちょくせつ) 직접
	じき	正直(しょうじき)だ 정직하다
治 다스릴 **치**	ち	治安(ちあん) 치안　治療(ちりょう) 치료
	じ	政治(せいじ) 정치
台 별 **태**/태풍 **태**/대 **대**	だい	[기출]台所(だいどころ) 부엌　～台(だい) ~대(자동차, 기계를 세는 말)
	たい	台風(たいふう) 태풍　舞台(ぶたい) 무대
土 흙 **토**	ど	土曜日(どようび) 토요일
	と	土地(とち) 토지

한자	음	단어
便 편할 **편**	べん	便利(べんり)だ 편리하다 不便(ふべん)だ 불편하다
	びん	宅配便(たくはいびん) 택배 편 船便(ふなびん) 배편 기출 郵便(ゆうびん) 우편
平 평평할 **평**	へい	기출 平均(へいきん) 평균 기출 平日(へいじつ) 평일 平和(へいわ) 평화 平気(へいき)だ 아무렇지 않다
	びょう	平等(びょうどう) 평등
下 아래 **하**	か	기출 下線(かせん) 밑줄 以下(いか) 이하 地下(ちか) 지하 低下(ていか) 저하
	げ	下車(げしゃ) 하차 下宿(げしゅく) 하숙 下旬(げじゅん) 하순 下水(げすい) 하수 上下(じょうげ) 상하
行 갈 **행**	こう	行動(こうどう) 행동 急行(きゅうこう) 급행 実行(じっこう) 실행 通行(つうこう) 통행 流行(りゅうこう) 유행
	ぎょう	行事(ぎょうじ) 행사 行列(ぎょうれつ) 행렬, 줄
画 그림 **화**/그을 **획**	が	画家(がか) 화가 映画(えいが) 영화 기출 絵画(かいが) 회화, 그림
	かく	計画(けいかく) 계획
形 모양 **형**	けい	形式(けいしき) 형식
	ぎょう	人形(にんぎょう) 인형
後 뒤 **후**	ご	午後(ごご) 오후 今後(こんご) 앞으로 最後(さいご) 최후, 마지막 前後(ぜんご) 전후 直後(ちょくご) 직후
	こう	後者(こうしゃ) 후자

チェックアップ! 확인문제

다음 한자에 맞는 음을 고르세요.

1 発表 ⓐ はつひょう ⓑ はっぴょう

2 自然 ⓐ じぜん ⓑ しぜん

3 留守 ⓐ るす ⓑ りゅうしゅ

4 各地 ⓐ かくじ ⓑ かくち

5 過去 ⓐ かきょ ⓑ かこ

6 動作 ⓐ どうさく ⓑ どうさ

7 外科 ⓐ がいか ⓑ げか

8 集中 ⓐ しゅうじゅう ⓑ しゅうちゅう

정답 1 ⓑ 2 ⓑ 3 ⓐ 4 ⓑ 5 ⓑ 6 ⓑ 7 ⓑ 8 ⓑ

훈독 한자

한자의 뜻으로 읽는 훈독 한자에는 명사뿐만 아니라 동사와 형용사도 많아요. 음독 한자에 비해 외우기 어려우므로 반복해서 보는 게 좋아요.

명사

기출	相手	あいて	相手(あいて) 상대(방)
기출	汗	あせ	汗(あせ) 땀
	油	あぶら	油(あぶら) 기름
기출	息	いき	息(いき) 숨
	池	いけ	池(いけ) 연못
	石	いし	石(いし) 돌
	痛み	いたみ	痛(いた)み 통증, 아픔
	命	いのち	命(いのち) 목숨
기출	岩	いわ	岩(いわ) 바위
기출	裏	うら	裏(うら) 뒷면, 뒤쪽
	絵	え	絵(え) 그림
기출	笑顔	えがお	笑顔(えがお) 웃는 얼굴
	表	おもて	表(おもて) 겉, 겉면, (건물의) 앞, 정면
	貝	かい	貝(かい) 조개
	係	かかり	係(かか)り 담당
	肩	かた	肩(かた) 어깨
	形	かたち	形(かたち) 모양, 형상
기출	角	かど	角(かど) 모서리, 모퉁이
	紙	かみ	紙(かみ) 종이
	髪	かみ	髪(かみ) 머리카락

	代わり	かわり	代(か)わり 대신
	黄色	きいろ	黄色(きいろ) 노랑
	草	くさ	草(くさ) 풀
	果物	くだもの	果物(くだもの) 과일
기출	首	くび	首(くび) 목
	雲	くも	雲(くも) 구름
	氷	こおり	氷(こおり) 얼음
기출	小型	こがた	小型(こがた) 소형
기출	腰	こし	腰(こし) 허리
	米	こめ	米(こめ) 쌀
기출	塩	しお	塩(しお) 소금
기출	島	しま	島(しま) 섬
	砂	すな	砂(すな) 모래
	種	たね	種(たね) 씨앗
	旅	たび	旅(たび) 여행
	血	ち	血(ち) 피
	妻	つま	妻(つま) 처, 아내
	出迎え	でむかえ	出迎(でむか)え 마중
	寺	てら	寺(てら) 절
	隣	となり	隣(となり) 옆, 이웃
기출	根	ね	根(ね) 뿌리

	庭	にわ	庭(にわ) 마당, 정원
기출	残り	のこり	残り(のこり) 남음
기출	歯	は	歯(は) 이, 치아
	箱	はこ	箱(はこ) 상자
	橋	はし	橋(はし) 다리
	畑	はたけ	畑(はたけ) 밭
	鼻	はな	鼻(はな) 코
	林	はやし	林(はやし) 숲
	光	ひかり	光(ひかり) 빛
	昼	ひる	昼(ひる) 낮
	袋	ふくろ	袋(ふくろ) 주머니, 봉지
	他	ほか	他(ほか) 다른 것, 이외, 그 밖
	星	ほし	星(ほし) 별
	骨	ほね	骨(ほね) 뼈
	孫	まご	孫(まご) 손자
	窓口	まどぐち	窓口(まどぐち) 창구
기출	豆	まめ	豆(まめ) 콩
기출	湖	みずうみ	湖(みずうみ) 호수
	昔	むかし	昔(むかし) 옛날
	向こう	むこう	向(む)こう 맞은편, 건너편
	虫	むし	虫(むし) 벌레
	村	むら	村(むら) 마을
기출	申し込み	もうしこみ	申(もう)し込(こ)み 신청
기출	物語	ものがたり	物語(ものがたり) 이야기
	森	もり	森(もり) 숲, 삼림
기출	夕日	ゆうひ	夕(ゆう)日(ひ) 석양
	夢	ゆめ	夢(ゆめ) 꿈
기출	横	よこ	横(よこ) 옆

동사

く・ぐ로 끝나는 동사

解く	とく	解(と)く (문제를) 풀다, 해결하다
届く	とどく	届(とど)く 닿다, 도착하다
引く	ひく	引(ひ)く 끌다, 잡아당기다
吹く	ふく	吹(ふ)く 불다

う・つ로 끝나는 동사

合う	あう	合(あ)う 맞다, 어울리다
味わう	あじわう	味(あじ)わう 맛보다

	争う	あらそう	争(あらそ)う 다투다, 싸우다
	失う	うしなう	失(うしな)う 잃다
기출	疑う	うたがう	疑(うたが)う 의심하다
기출	追う	おう	追(お)う 쫓다
	従う	したがう	従(したが)う 따르다
	違う	ちがう	違(ちが)う 다르다
	問う	とう	問(と)う 묻다
기출	払う	はらう	払(はら)う 지불하다
	向かう	むかう	向(む)かう 향하다
기출	笑う	わらう	笑(わら)う 웃다
기출	勝つ	かつ	勝(か)つ 이기다

ぬ・ぶ・む로 끝나는 동사

기출	遊ぶ	あそぶ	遊(あそ)ぶ 놀다
	選ぶ	えらぶ	選(えら)ぶ 고르다, 선택하다
	悲しむ	かなしむ	悲(かな)しむ 슬퍼하다
	苦しむ	くるしむ	苦(くる)しむ 괴로워하다
기출	転ぶ	ころぶ	転(ころ)ぶ 구르다, 자빠지다
	済む	すむ	済(す)む (일이) 끝나다, 해결되다
기출	包む	つつむ	包(つつ)む 싸다, 포장하다
기출	飛ぶ	とぶ	飛(と)ぶ 날다
	悩む	なやむ	悩(なや)む 고민하다
	学ぶ	まなぶ	学(まな)ぶ 배우다

す로 끝나는 동사

写す	うつす	写(うつ)す 찍다, 베끼다
起こす	おこす	起(お)こす 일으키다, 깨우다
落とす	おとす	落(お)とす 떨어뜨리다
思い出す	おもいだす	思(おも)い出(だ)す 생각해 내다, 회상하다
기출 返す	かえす	返(かえ)す 돌려주다
기출 貸す	かす	貸(か)す 빌려주다
壊す	こわす	壊(こわ)す 고장 내다, 망가뜨리다
指す	さす	指(さ)す 가리키다, 지적하다
기출 示す	しめす	示(しめ)す 가리키다, 보이다, 나타내다
足す	たす	足(た)す 더하다
治す	なおす	治(なお)す (병을) 고치다, 낫게 하다
残す	のこす	残(のこ)す 남기다
기출 干す	ほす	干(ほ)す 말리다, 널다
기출 回す	まわす	回(まわ)す 돌리다
戻す	もどす	戻(もど)す (원래 상태로) 되돌리다

る로 끝나는 동사

❶ ○る

売る	うる	売(う)る 팔다
得る	える	得(え)る 얻다
割る	わる	割(わ)る 깨다 / 나누다

❷ ○○る

	□ 浴びる	あびる	□ 浴びる (물·먼지를) 뒤집어쓰다, (햇볕을) 쬐다, (각광·비난을) 받다
	□ 写る	うつる	□ 写る 찍히다
	□ 売れる	うれる	□ 売れる 팔리다
	□ 起こる	おこる	□ 起こる 일어나다, 발생하다
	□ 怒る	おこる	□ 怒る 화내다
	□ 落ちる	おちる	□ 落ちる 떨어지다
	□ 変わる	かわる	□ 変わる 바뀌다, 변하다
	□ 変える	かえる	□ 変える 바꾸다, 변화시키다
기출	□ 替える	かえる	□ 替える 바꾸다, 교체하다
기출	□ 換える	かえる	□ 換える 바꾸다, 교환하다
	□ 借りる	かりる	□ 借りる 빌리다
	□ 語る	かたる	□ 語る 말하다, 이야기하다
	□ 代わる	かわる	□ 代わる 대신하다
기출	□ 配る	くばる	□ 配る 나눠주다
	□ 過ぎる	すぎる	□ 過ぎる 지나다
	□ 足りる	たりる	□ 足りる 충분하다
	□ 黙る	だまる	□ 黙る 입 다물다, 침묵하다
	□ 連れる	つれる	□ 連れる 동반하다, 동행하다, 함께 가다
	□ 解ける	とける	□ 解ける (문제가) 풀리다, 해결되다
	□ 治る	なおる	□ 治る (병이) 낫다
기출	□ 投げる	なげる	□ 投げる 던지다
	□ 慣れる	なれる	□ 慣れる 익숙해지다
기출	□ 逃げる	にげる	□ 逃げる 도망가다
	□ 濡れる	ぬれる	□ 濡れる 젖다

残る	のこる	残る(のこ) 남다
伸びる	のびる	伸びる(の) 펴지다, 자라다, 발전하다
延びる	のびる	延びる(の) (시일이) 연장되다, 길어지다
述べる	のべる	述べる(の) (의견을) 말하다
기출 測る	はかる	測る(はか) (길이·높이·넓이·깊이를) 재다, 측정하다
量る	はかる	量る(はか) (무게·부피를) 재다, 측정하다
光る	ひかる	光る(ひか) 빛나다
負ける	まける	負ける(ま) 지다
기출 守る	まもる	守る(まも) 지키다
戻る	もどる	戻る(もど) 되돌아가다, 되돌아오다
破る	やぶる	破る(やぶ) 깨다, 부수다, 어기다
기출 割れる	われる	割れる(わ) 깨지다 / 나뉘다

❸ ○○○る

与える	あたえる	与える(あた) 주다
기출 比べる	くらべる	比べる(くら) 비교하다
加わる	くわわる	加わる(くわ) 더해지다
기출 加える	くわえる	加える(くわ) 더하다, 추가하다
壊れる	こわれる	壊れる(こわ) 고장 나다, 망가지다
기출 助ける	たすける	助ける(たす) 돕다
訪ねる	たずねる	訪ねる(たず) 방문하다
기출 伝える	つたえる	伝える(つた) 전하다
勤める	つとめる	勤める(つと) 근무하다
届ける	とどける	届ける(とど) 배달하다, 신고하다
広がる	ひろがる	広がる(ひろ) 넓어지다, 퍼지다

□ 広げる	ひろげる	□ 広(ひろ)げる 넓히다, 확장하다, 펼치다
□ 深まる	ふかまる	□ 深(ふか)まる 깊어지다
□ 深める	ふかめる	□ 深(ふか)める 깊게 하다
□ 認める	みとめる	□ 認(みと)める 인정하다
□ 用いる	もちいる	□ 用(もち)いる 사용하다

❹ ○○○○る

□ 暖まる	あたたまる	□ 暖(あたた)まる (실내·공기가) 따뜻해지다
□ 暖める	あたためる	□ 暖(あたた)める (실내·공기를) 따뜻하게 하다
□ 訪れる	おとずれる	□ 訪(おとず)れる 방문하다, (시기·계절이) 찾아오다
□ 片づける	かたづける	□ 片(かた)づける 정리하다, 치우다
□ 間違える	まちがえる	□ 間違(まちが)える 잘못하다, 틀리다, 실수하다

い형용사

❶ 의미가 반대인 い형용사

기출 □ 厚い	厚(あつ)い 두껍다	⇔	기출 □ 薄い	薄(うす)い 얇다
□ 濃い	濃(こ)い 진하다	⇔	기출 □ 薄い	薄(うす)い (농도가) 연하다
기출 □ 固い	固(かた)い 딱딱하다, 단단하다	⇔	□ 柔らかい	柔(やわ)らかい 부드럽다
기출 □ 悲しい	悲(かな)しい 슬프다	⇔	□ うれしい	うれしい 기쁘다
□ 長い	長(なが)い 길다	⇔	기출 □ 短い	短(みじか)い 짧다
기출 □ 深い	深(ふか)い 깊다	⇔	기출 □ 浅い	浅(あさ)い 얕다
□ 太い	太(ふと)い 두껍다	⇔	□ 細い	細(ほそ)い 가늘다
기출 □ 丸い	丸(まる)い 둥글다	⇔	□ 四角い	四角(しかく)い 네모지다
□ 易しい	易(やさ)しい 쉽다	⇔	기출 □ 難しい	難(むずか)しい 어렵다

❷ 그 밖의 い형용사

暖かい	あたたかい	暖(あたた)かい (방 안·날씨 등이) 따뜻하다
甘い	あまい	甘(あま)い 달다
기출 美しい	うつくしい	美(うつく)しい 아름답다
軽い	かるい	軽(かる)い 가볍다
悔しい	くやしい	悔(くや)しい 분하다
詳しい	くわしい	詳(くわ)しい 자세하다, 상세하다, 자세히 알고 있다
기출 恋しい	こいしい	恋(こい)しい 그립다
親しい	したしい	親(した)しい 친하다
涼しい	すずしい	涼(すず)しい 시원하다, 선선하다
正しい	ただしい	正(ただ)しい 옳다, 바르다
貧しい	まずしい	貧(まず)しい 가난하다
緩い	ゆるい	緩(ゆる)い 느슨하다, 헐겁다, 엄하지 않다

6 훈독이 여러 개인 한자

한 개의 한자가 여러 개의 훈독을 가진 것이 있어요.

覚 외울 **각**	おぼ·える	기출 覚(おぼ)える 외우다, 기억하다
	さ·める さ·ます	覚(さ)める (눈이) 떠지다 覚(さ)ます (눈을) 뜨다
降 내릴 **강**	ふ·る	降(ふ)る (눈·비가) 내리다
	お·りる	기출 降(お)りる (탈것에서) 내리다
苦 쓸 **고**	にが·い	苦(にが)い (맛이) 쓰다 苦手(にがて)だ 질색이다, 서투르다, 못하다
	くる·しい	기출 苦(くる)しい 힘들다, 괴롭다
空 빌 **공**	あ·く	空(あ)く (자리·방이) 비다, (구멍이) 뚫리다
	す·く	空(す)く (도로·전철이) 비다, (배가) 고프다
	から	空(から) 내부가 비어있는 상태
	そら	空(そら) 하늘
冷 차가울 **랭**	つめ·たい	冷(つめ)たい 차갑다
	さ·める さ·ます	冷(さ)める 식다 冷(さ)ます 식히다
	ひ·える ひ·やす	기출 冷(ひ)える 차가워지다 冷(ひ)やす 차게 하다
頼 의뢰할 **뢰**	たの·む	頼(たの)む 부탁하다
	たよ·る	頼(たよ)る 기대다, 의지하다

明 밝을 **명**	あ·ける	明ける 날이 새다, 밝다 / 새해가 되다 / 기간이 끝나다
	あか·るい	明るい 밝다
	あき·らか	明らかだ 분명하다, 뚜렷하다, 명백하다
生 날 **생**	なま	生 날것
	い·きる	生きる 살다
	い·かす	生かす 살리다
	は·える	기출 生える (풀·수염 등이) 나다, 자라다
	は·やす	生やす (수염 등을) 기르다
細 가늘 **세**	ほそ·い	기출 細い 가늘다
	こま·かい	細かい 잘다, 작다, 자세하다
数 셈 **수**	かず	数 수, 숫자
	かぞ·える	数える (수를) 세다
辛 매울 **신**	から·い	辛い 맵다
	つら·い	辛い 힘들다, 괴롭다
新 새로울 **신**	あたら·しい	新しい 새롭다
	あら·ただ	新ただ 새롭다
汚 더러울 **오**	きたな·い	汚い 더럽다
	よご·れる	汚れる 더러워지다, 오염되다
	よご·す	汚す 더럽히다
外 바깥 **외**	そと	外 밖, 바깥
	はず·れる	外れる 벗어나다, 떨어지다, 제외되다
	はず·す	外す 떼다, 떼어내다, 벗기다, 제외시키다

遅 늦을 **지**	おく·れる	기출 遅(おく)れる 늦다, (정해진 시간보다) 늦어지다
	おそ·い	기출 遅(おそ)い 늦다, 느리다, 더디다
指 손가락 **지**	ゆび	指(ゆび) 손가락
	さ·す	指(さ)す 가리키다, 지적하다
重 무거울 **중**	おも·い	重(おも)い 무겁다
	かさ·なる	重(かさ)なる 겹쳐지다, 포개지다
	かさ·ねる	기출 重(かさ)ねる 겹치다, 포개다, 되풀이하다
着 붙을 **착**	き·る	着(き)る 입다
	つ·く	着(つ)く 도착하다
通 통할 **통**	とお·る	通(とお)る 통하다, 통과하다, 지나가다
	とお·す	通(とお)す 통과시키다
	かよ·う	通(かよ)う (학교·학원에) 다니다

チェックアップ!
확인문제

다음 한자에 맞는 음을 고르세요.

		ⓐ	ⓑ
1	丸い	ⓐ まるい	ⓑ かるい
2	小型	ⓐ しょうがた	ⓑ こがた
3	根	ⓐ ね	ⓑ め
4	苦しい	ⓐ にがしい	ⓑ くるしい
5	厚い	ⓐ あつい	ⓑ うすい
6	重ねる	ⓐ かさねる	ⓑ おもねる
7	汚れる	ⓐ よごれる	ⓑ きたれる
8	角	ⓐ よこ	ⓑ かど

정답 1 ⓐ 2 ⓑ 3 ⓐ 4 ⓑ 5 ⓐ 6 ⓐ 7 ⓐ 8 ⓑ

Memo

1 실전 시험 한자 읽기 [1]

(/8) 제한 시간 : 2분

›정답 및 해설 <본서1> p.20

問題1 ＿＿＿＿のことばの読み方として最もよいものを、1・2・3・4から一つえらびなさい。

1 運動をして、たくさん汗をかいた。

1 はだ　2 あせ　3 ち　4 なみだ

2 先生の指示にしたがってください。

1 じし　2 ちし　3 しじ　4 ちじ

3 昨夜(さくや)、この辺りで大きな事件があった。

1 じけん　2 じこ　3 しけん　4 しこ

4 本は期限までに返してください。

1 のこして　2 すごして　3 もどして　4 かえして

5 月の表面を観察した。

1 ひょうめん　2 しょうめん　3 ひょめん　4 しょめん

6 彼はサッカーが得意だ。

1 どくい　2 とくぎ　3 とくい　4 どくぎ

7 会社と反対の方向の電車に乗ってしまった。

1 ほうきょう　2 ほきょう　3 ほうこう　4 ほこう

8 木の枝を折ってはいけません。

1 おって　2 はって　3 わって　4 なって

2 실전 시험 한자 읽기 [2]

(　/8) 제한 시간 : 2분

›정답 및 해설 <본서1> p.20

問題1 ＿＿＿＿のことばの読み方として最もよいものを、1・2・3・4から一つえらびなさい。

1 書類の<u>内容</u>を検討（けんとう）していただけませんか。

1 ないよ　　2 ないゆ　　3 ないよう　　4 ないゆう

2 <u>朝食</u>は簡単に済（す）ませた。

1 しゅうしょく　　2 しょうしょく　　3 ちゅうしょく　　4 ちょうしょく

3 きれいに<u>包んで</u>ください。

1 つつんで　　2 ならんで　　3 とんで　　4 すすんで

4 <u>肩</u>を痛めて、病院に通っています。

1 かた　　2 くび　　3 こし　　4 ゆび

5 習った<u>単語</u>をすぐに会話で使ってみた。

1 だんごう　　2 だんご　　3 たんごう　　4 たんご

6 <u>辛い</u>ものを食べすぎておなかが痛いです。

1 にがい　　2 おそい　　3 あまい　　4 からい

7 山田（やまだ）さんはうちの<u>近所</u>に住んでいます。

1 きんしょ　　2 きんしょう　　3 きんじょ　　4 きんじょう

8 書類を<u>郵送</u>してください。

1 ゆうそう　　2 ゆそう　　3 しゅうそう　　4 しゅそう

3 실전 시험 한자 읽기 [3]

(　/8) 제한 시간 : 2분

›정답 및 해설 <본서1> p.21

問題1 ＿＿＿＿のことばの読み方として最もよいものを、1・2・3・4から一つえらびなさい。

1 町の中学校を訪問するイベントがあります。

1 ほうもん　2 ぼうもん　3 ほうぶん　4 ぼうぶん

2 人前で発表する時はいつも緊張(きんちょう)します。

1 はつひょう　2 はっぴょう　3 はつひょ　4 はっぴょ

3 腰を曲げて姿勢(しせい)を低くしてください。

1 まげて　2 さげて　3 あげて　4 なげて

4 油の多い食事を減らすと、健康にいいです。

1 しお　2 こおり　3 あぶら　4 あわ

5 田舎(いなか)に家を建てたいです。

1 たてたい　2 そだてたい　3 あわてたい　4 すてたい

6 本田(ほんだ)さんは体が弱くて病気がちです。

1 つよくて　2 かるくて　3 よわくて　4 おもくて

7 荷物が重すぎて、一人で持つことができません。

1 しなもつ　2 しなもの　3 にもつ　4 にもの

8 駅前で道路工事が行われている。

1 どろ　2 どろう　3 どうろ　4 どうろう

4 실전 시험 한자 읽기 [4]

(/8) 제한 시간 : 2분

▸정답 및 해설 <본서1> p.21

問題1 ＿＿＿のことばの読み方として最もよいものを、1・2・3・4から一つえらびなさい。

1 今井(いまい)さんはどこの出身ですか。

1 しゅっしん　2 しゅつしん　3 しゅつみ　4 しっしん

2 感動して涙が出た。

1 あせ　2 なみ　3 なみだ　4 いき

3 このお皿は軽いですが、割れやすいです。

1 われ　2 よごれ　3 たおれ　4 こわれ

4 この町は昔から商業都市として知られている。

1 こうぎょう　2 ざんぎょう　3 しょうぎょう　4 じぎょう

5 スペインの首都はどこですか。

1 しゅど　2 しゅと　3 しゅうどう　4 しゅうとう

6 トイレは正面の入り口にあります。

1 せいめん　2 しょめん　3 しょうめん　4 じょうめん

7 佐藤(さとう)さんに3時までに来るように伝えてください。

1 こたえて　2 かぞえて　3 つたえて　4 おしえて

8 寒そうだから厚いコートを着て出かけよう。

1 あつい　2 うすい　3 かたい　4 ふとい

5 실전 시험 한자 읽기 [5]

(　　/8) 제한 시간 : 2분

정답 및 해설 <본서1> p.22

問題1 ＿＿＿＿のことばの読み方として最もよいものを、1・2・3・4から一つえらびなさい。

1 ホテルの人に町の地図を描いてもらった。

1 じと　2 ちと　3 じず　4 ちず

2 新商品は発売されてすぐ売り切れてしまった。

1 はんばい　2 はつばい　3 しょうばい　4 ばいばい

3 大学で心理学を学んだ。

1 えらんだ　2 ならんだ　3 まなんだ　4 よんだ

4 とても美しい景色ですね。

1 うつくしい　2 なつかしい　3 かなしい　4 さびしい

5 このカフェは平日しか営業しません。

1 ほんじつ　2 へいじつ　3 ほんにち　4 へいにち

6 ベッドのシーツを替えた。

1 かえた　2 くわえた　3 むかえた　4 はえた

7 このプールは浅いので、小さな子どもでも入れます。

1 ふかい　2 あつい　3 あさい　4 うすい

8 週末はよく登山に行きます。

1 とうさん　2 とさん　3 とうざん　4 とざん

6 실전 시험 한자 읽기 [6]

(　/8) 제한 시간 : 2분

정답 및 해설 <본서1> p.23

問題1 ＿＿＿＿のことばの読み方として最もよいものを、1・2・3・4から一つえらびなさい。

1 このグラフは性別の割合を表しています。

1　よごして　　2　あらわして　　3　たして　　4　うごかして

2 最近の若者の流行について聞いてみた。

1　りゅこう　　2　りゅうこう　　3　りゅぎょう　　4　りゅうぎょう

3 国民の7割が現在の生活に満足していると答えた。

1　まんぞく　　2　まんそく　　3　ばんぞく　　4　ばんそく

4 いろいろな経験から新しい発想が生(う)まれる。

1　はっぴょう　　2　はっけん　　3　はったつ　　4　はっそう

5 わからない言葉(ことば)は自分で調べてみましょう。

1　しらべて　　2　くらべて　　3　のべて　　4　ならべて

6 バスが急停止する場合もございますので、ご注意ください。

1　ていりゅう　　2　ていし　　3　ていでん　　4　ていしゃ

7 くつひもを固く結んだ。

1　ゆるく　　2　あおく　　3　かるく　　4　かたく

8 口だけじゃなくて、態度で示してください。

1　しめして　　2　おこして　　3　あらわして　　4　さして

7 실전 시험 한자 읽기 [7]

(　/8) 제한 시간 : 2분

›정답 및 해설 <본서1> p.23

問題1 ＿＿＿＿のことばの読み方として最もよいものを、1・2・3・4から一つえらびなさい。

1 日本各地の温泉に行ってみたい。

1 かくじ　　2 かくち　　3 きゃくじ　　4 きゃくち

2 森の中に池があります。

1 もり　　2 はやし　　3 みどり　　4 にわ

3 急に呼吸が苦しくなった。

1 こうきゅう　　2 こきゅう　　3 ごうきゅ　　4 ごきゅ

4 洗濯物をベランダに干してください。

1 わたして　　2 もどして　　3 まわして　　4 ほして

5 試合に負けて悔しい。

1 うけて　　2 たすけて　　3 あずけて　　4 まけて

6 駅の改札口で待ち合わせることになった。

1 かいさつくち　　2 かいせつくち　　3 かいさつぐち　　4 かいせつぐち

7 親から「周りの人に迷惑(めいわく)をかけないように」とよく言われた。

1 となり　　2 まわり　　3 ひだり　　4 あたり

8 200名の主婦の方にアンケートをしました。

1 しゅふう　　2 しゅうふう　　3 しゅふ　　4 しゅうふ

8 실전 시험 한자 읽기 [8]

(/8) 제한 시간 : 2분

›정답 및 해설 <본서1> p.24

問題1 ＿＿＿＿のことばの読み方として最もよいものを、1・2・3・4から一つえらびなさい。

1 集中して仕事をする。

1 しゅうちゅう　2 しゅちゅう　3 しゅうじゅう　4 しゅじゅう

2 他人の悪口(わるぐち)を言ってはいけません。

1 ちじん　2 たじん　3 ちにん　4 たにん

3 この公園を通って通勤します。

1 うつって　2 のぼって　3 なおって　4 とおって

4 父は外科で手術(しゅじゅつ)を受けました。

1 がいか　2 かいか　3 げか　4 けか

5 冬になると、この湖は凍ります。

1 みずうみ　2 みなと　3 いけ　4 いずみ

6 雨のせいか、会場の空席が目立っている。

1 きょうせき　2 こうせき　3 くうせき　4 くせき

7 失業者が増加している。

1 そうか　2 ぞうか　3 しょうか　4 じょうか

8 彼女は食器を集めるのが趣味です。

1 しょくぎ　2 しょっぎ　3 しょくき　4 しょっき

정답 및 해설 <본서1> p.24

問題1 ＿＿＿のことばの読み方として最もよいものを、1・2・3・4から一つえらびなさい。

1　病院で血液検査を受けた。

1　けついき　　2　ちいき　　3　けつえき　　4　ちえき

2　目を疑うような光景だった。

1　おう　　2　うたがう　　3　あつかう　　4　まよう

3　倉庫(そうこ)にある物を事務室に運んでもらえますか。

1　よんで　　2　まなんで　　3　はこんで　　4　えらんで

4　一年中温暖な気候(きこう)です。

1　おんだん　　2　おんど　　3　おんせん　　4　おんわ

5　約束を守らなければならない。

1　まもら　　2　やぶら　　3　のぼら　　4　もどら

6　温度が高くなると、色が変化する花です。

1　ふんか　　2　ぶんか　　3　へんか　　4　べんか

7　到着したら、連絡してください。

1　とちゃく　　2　どちゃく　　3　とうちゃく　　4　どうちゃく

8　船(ふね)に乗っていたらイルカが現れた。

1　おとずれた　　2　うれた　　3　あらわれた　　4　ぬれた

10 실전 시험 한자 읽기 [10]

(　/8) 제한 시간 : 2분

정답 및 해설 <본서1> p.25

問題1 ＿＿＿＿のことばの読み方として最もよいものを、1・2・3・4から一つえらびなさい。

1 インターネットからいろいろな<u>情報</u>を得ている。

1 せいほう　2 しょうぼう　3 じょうほ　4 じょうほう

2 値段を<u>比べて</u>から買い物をします。

1 えらべて　2 しらべて　3 くらべて　4 のべて

3 ビタミンＢの<u>不足</u>で起こる病気ってありますか。

1 ぶぞく　2 ぶうそく　3 ふうぞく　4 ふそく

4 製品を<u>大量</u>に生産する。

1 たいりょ　2 たりょう　3 たいりょう　4 だいりょう

5 <u>相手</u>の話をちゃんと聞いてあげることも大事です。

1 そうしゅ　2 あいしゅ　3 そうて　4 あいて

6 郵便局に<u>寄って</u>から会社へ行った。

1 はって　2 まもって　3 よって　4 たよって

7 電車の時間に間に合わないと思って、<u>急いで</u>家を出た。

1 およいで　2 かいで　3 ふせいで　4 いそいで

8 文明が<u>発達</u>してきた。

1 はいたつ　2 はったつ　3 はつたつ　4 はったち

11 실전 시험 한자 읽기 [11]

(　/8) 제한 시간 : 2분

▶정답 및 해설 <본서1> p.26

問題1 ＿＿＿＿のことばの読み方として最もよいものを、1・2・3・4から一つえらびなさい。

1 このサイトでは過去の天気を見ることができる。

1 かご　2 かこ　3 かきょ　4 かきょう

2 緑のペンで書いてください。

1 みどり　2 あお　3 きいろ　4 くろ

3 朝から頭痛がひどくて薬を飲んだ。

1 とうつう　2 ずうつう　3 とつう　4 ずつう

4 机の上に書類を重ねておいた。

1 おもねて　2 たずねて　3 かさねて　4 はねて

5 夜中に何度も間違い電話で起こされた。

1 よるなか　2 よなか　3 よるちゅう　4 よちゅう

6 この作業は明日までにしなければならない。

1 さくぎょう　2 さくぎょ　3 さぎょう　4 さぎょ

7 雨が降ったら、試合は中止です。

1 じゅうし　2 ちゅうし　3 じゅうじ　4 ちゅうじ

8 息を吸ってから吐(は)きましょう。

1 いき　2 あし　3 いのち　4 きず

12 실전 시험 한자 읽기 [12]

(/8) 제한 시간 : 2분

정답 및 해설 <본서1> p.26

問題1 ＿＿＿＿のことばの読み方として最もよいものを、1・2・3・4から一つえらびなさい。

1 この町は海もあるし、山もあるし、自然が多い所です。

1 じぜん　2 しねん　3 しぜん　4 じねん

2 やっと新しい歯が生えてきた。

1 うえて　2 もえて　3 くわえて　4 はえて

3 彼の考えは一般的ではないと思います。

1 いちはんてき　2 いちばんてき　3 いつはんてき　4 いっぱんてき

4 紅茶(こうちゃ)にミルクを加えて飲みます。

1 くわえて　2 おしえて　3 かぞえて　4 つたえて

5 プリントを学生に配っておいてください。

1 わたって　2 もらって　3 はらって　4 くばって

6 太いペンより細いペンの方が書きにくいです。

1 あつい　2 ゆるい　3 ほそい　4 ふとい

7 新聞に記事を載(の)せる。

1 きし　2 きじ　3 ぎし　4 ぎじ

8 この植物の根は料理の材料として使われる。

1 ね　2 かわ　3 め　4 は

(/8) 제한 시간 : 2분

정답 및 해설 <본서1> p.27

問題1 ＿＿＿＿のことばの読み方として最もよいものを、1・2・3・4から一つえらびなさい。

1 ピアノの個人レッスンを受けている。

1 こにん　2 こうにん　3 こじん　4 こうじん

2 川の生物を観察しよう。

1 けんさい　2 かんさい　3 けんさつ　4 かんさつ

3 毎日お昼ごはんのメニューを決めるのに迷ってしまう。

1 かよって　2 さそって　3 まよって　4 かたって

4 あまりにも似ていて区別がつかない。

1 くうべつ　2 くべつ　3 きゅべつ　4 きゅうべつ

5 新しい広告が作られた。

1 こうこく　2 こうこ　3 ほうこく　4 ほうこ

6 リンさんに中国語を教えてほしいと頼むことにした。

1 なやむ　2 すすむ　3 たのむ　4 このむ

7 100年後の未来を想像してみましょう。

1 そぞう　2 そしょう　3 そうぞう　4 そうじょう

8 直接話すよりメールをしたほうがいいかもしれない。

1 ちゃくせつ　2 ちゃくさつ　3 ちょくせつ　4 ちょくさつ

14 실전 시험 한자 읽기 [14]

(/8) 제한 시간 : 2분

정답 및 해설 <본서1> p.27

問題1 ＿＿＿＿のことばの読み方として最もよいものを、1・2・3・4から一つえらびなさい。

1 車を買うために貯金している。

1 げんきん　2 ぜいきん　3 だいきん　4 ちょきん

2 親から独立して一人暮らしをしています。

1 どくりつ　2 とくりつ　3 どくしん　4 とくしん

3 私は高い所が苦手です。

1 くうしゅ　2 くしゅ　3 にがて　4 にがで

4 練習問題を解いてください。

1 おいて　2 といて　3 かいて　4 ういて

5 すべてが計画通(どお)りうまくいっています。

1 けかく　2 けいかく　3 けが　4 けいが

6 親しい仲間と話すことはストレス解消にもなります。

1 たのしい　2 こいしい　3 はげしい　4 したしい

7 冷めてもおいしい料理です。

1 ひめて　2 やめて　3 つめて　4 さめて

8 荷物を隣の部屋に移した。

1 かした　2 おした　3 うつした　4 わたした

15 실전 시험 한자 읽기 [15]

(　/8) 제한 시간 : 2분

정답 및 해설 <본서1> p.28

問題1 ＿＿＿＿のことばの読み方として最もよいものを、1・2・3・4から一つえらびなさい。

1 順番に並んでください。

1 じゅんばん　2 しゅんばん　3 じゅうばん　4 しゅうばん

2 次の駅で下車して乗り換える。

1 かしゃ　2 げしゃ　3 したくるま　4 したぐるま

3 春はたくさんの行事があります。

1 ぎょうじ　2 こうじ　3 ぎょうし　4 こうし

4 紙に書いてある数だけ持ってきてください。

1 すう　2 かぞ　3 かず　4 るい

5 失敗してもあきらめません。

1 しつばい　2 しつはい　3 しっぱい　4 しっばい

6 国民として税金を払うのは義務(ぎむ)です。

1 せきん　2 せいきん　3 ぜきん　4 ぜいきん

7 出張で一週間ほど留守にしていました。

1 りゅうしゅ　2 るしゅ　3 りゅうす　4 るす

8 文章を書くのが好きです。

1 もんちょう　2 ぶんちょう　3 もんしょう　4 ぶんしょう

16 실전 시험 한자 읽기 [16]

(　　/8) 제한 시간 : 2분

›정답 및 해설 <본서1> p.29

問題1 ＿＿＿＿のことばの読み方として最もよいものを、1・2・3・4から一つえらびなさい。

1 送別会の日時をメールで通知します。

1　とおち　　2　とおし　　3　つうち　　4　つうし

2 満員電車に乗るのが苦しい。

1　あやしい　　2　くるしい　　3　くやしい　　4　かなしい

3 白い服はすぐ汚れてしまう。

1　よごれて　　2　やぶれて　　3　ぬれて　　4　おれて

4 料理教室で習ったことを応用して作ってみた。

1　こうよう　　2　しよう　　3　おうよう　　4　じつよう

5 私の地元では、毎年の8月に大きなお祭(まつ)りが開かれます。

1　ちもと　　2　ちげん　　3　じもと　　4　じげん

6 髪を短く切った。

1　よわく　　2　きつく　　3　みじかく　　4　ゆるく

7 ここにある箱を大きさによって分類してください。

1　ふんりゅう　　2　ぶんりゅう　　3　ふんるい　　4　ぶんるい

8 表紙(ひょうし)のタイトルの位置を変えたらどうですか。

1　いち　　2　ぎち　　3　いじ　　4　ぎじ

17 실전 시험 한자 읽기 [17]

(　/8) 제한 시간 : 2분

▶정답 및 해설 <본서1> p.29

問題1 ＿＿＿＿のことばの読み方として最もよいものを、1・2・3・4から一つえらびなさい。

1 自転車で坂道をのぼる。

1 うらみち　　2 いたみち　　3 さかみち　　4 はんみち

2 商品を比較してみる。

1 ひこう　　2 ひきょう　　3 ひかく　　4 びかく

3 今日の夕方まで激(はげ)しい雨が降るそうです。

1 ゆうかた　　2 ゆうがた　　3 しゃくほう　　4 せきほう

4 合図のチャイムが鳴(な)ったら、テストを始めてください。

1 ごうと　　2 あいとう　　3 ごうず　　4 あいず

5 学生の理解を助けるためにプリントに絵を入れます。

1 とどける　　2 つづける　　3 みつける　　4 たすける

6 佐藤(さとう)さんの笑顔は忘れられない。

1 わらかお　　2 わらがお　　3 えかお　　4 えがお

7 時給の高いアルバイトに応募したい。

1 ようぼう　　2 よぼう　　3 おうぼう　　4 おうぼ

8 この先は横断禁止となっています。

1 よこだん　　2 よこたん　　3 おうだん　　4 おうたん

18 실전 시험 한자 읽기 [18]

(　　/8) 제한 시간 : 2분

▶정답 및 해설 <본서1> p.30

問題1 ＿＿＿＿のことばの読み方として最もよいものを、1・2・3・4から一つえらびなさい。

1 好きな野球選手がいますか。

1 せんしゅ　　2 せんしゅう　　3 ぜんしゅ　　4 ぜんしゅう

2 熱を測ったら、38度だった。

1 かかったら　　2 あずかったら　　3 はかったら　　4 しかったら

3 夜11時までに注文すれば、翌朝配達してもらえます。

1 はいたつ　　2 はいだつ　　3 ばいたち　　4 ばいだち

4 目的地と逆の方向へ行ってしまいました。

1 さか　　2 えき　　3 がく　　4 ぎゃく

5 技術が進歩して、生活が便利になった。

1 じんぼ　　2 しんぽ　　3 じんぼう　　4 しんぽう

6 朝寝坊して会議に遅れてしまった。

1 おくれて　　2 こわれて　　3 はずれて　　4 たおれて

7 この川は深いので、水泳禁止になっています。

1 あさい　　2 ふかい　　3 よわい　　4 かたい

8 来年から上級クラスの学生を指導(しどう)することになった。

1 しょきゅう　　2 しょうきゅう　　3 じょきゅう　　4 じょうきゅう

19 실전 시험 한자 읽기 [19]

(　/8) 제한 시간 : 2분

›정답 및 해설 <본서1> p.30

問題1 ＿＿＿＿のことばの読み方として最もよいものを、1・2・3・4から一つえらびなさい。

1 大学院で研究するテーマを決めましたか。

1 けんきゅ　2 けんきゅう　3 げんしゅ　4 げんしゅう

2 社員たちはテーブルを囲んで話し合っている。

1 はさんで　2 ころんで　3 かこんで　4 まなんで

3 残りの仕事をしてから帰ります。

1 はかり　2 のこり　3 とまり　4 にぎり

4 ビルの外側にポスターが貼(は)ってある。

1 がいそく　2 がいかわ　3 そとかわ　4 そとがわ

5 石油(せきゆ)を輸入している。

1 ゆにゅう　2 ゆしゅつ　3 しゅにゅう　4 しゅしゅつ

6 事故を防ぐために、対策(たいさく)を立てる。

1 およぐ　2 いそぐ　3 ふせぐ　4 かせぐ

7 明日はテストなので遅刻してはいけない。

1 ちかく　2 ちこく　3 じかく　4 じこく

8 大きな事故があったが、全員無事だったそうです。

1 むし　2 ぶし　3 むじ　4 ぶじ

20 실전 시험 한자 읽기 [20]

(/8) 제한 시간 : 2분

›정답 및 해설 <본서1> p.31

問題1 ＿＿＿＿のことばの読み方として最もよいものを、1・2・3・4から一つえらびなさい。

1 在庫をなくすために、<u>価格</u>を下げることにした。

1 かかく　2 かがく　3 がかく　4 ねだん

2 最近、体重の<u>増減</u>が気になる。

1 じょうげん　2 ぞうげん　3 じょうかん　4 ぞうかん

3 鈴木(すずき)さんとは<u>共通点</u>が多い。

1 こうつうてん　2 こうつてん　3 きょうつうてん　4 きょうつてん

4 あのとき彼が何を話したのかよく<u>覚えて</u>います。

1 おぼえて　2 あたえて　3 かかえて　4 くわえて

5 自分の意見をはっきりと<u>述べる</u>人になりたい。

1 ならべる　2 のべる　3 すべる　4 しゃべる

6 来年、帰国しようと<u>決心</u>した。

1 きっしん　2 かくしん　3 けっしん　4 きゃくしん

7 犯人は車で<u>逃げた</u>が、すぐにつかまった。

1 にげた　2 あげた　3 こげた　4 まげた

8 試験の<u>申し込み</u>は来週までです。

1 もしくみ　2 もしこみ　3 もうしくみ　4 もうしこみ

문제 2 한자 표기

» 유형 소개

한자 표기 (6문항)

히라가나로 쓰여진 단어를 한자로 어떻게 표기하는가를 묻는 문제이며, 6문항이 출제된다. 비슷한 모양의 한자 고르기, 음독이 같은 한자 구별하기, 훈독 한자 구별하기 등이 출제된다.

예

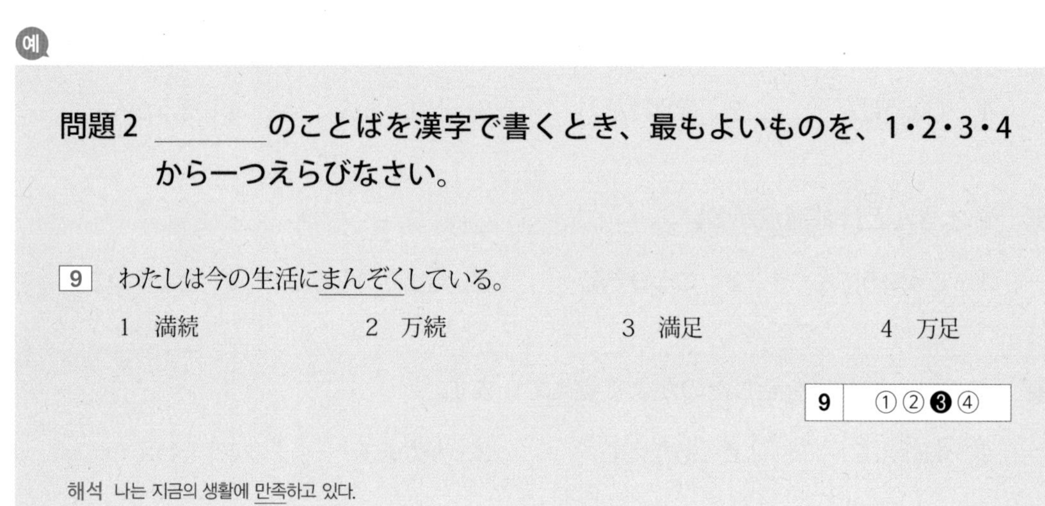

問題 2 ＿＿＿＿のことばを漢字で書くとき、最もよいものを、1・2・3・4 から一つえらびなさい。

9 わたしは今の生活にまんぞくしている。

1 満続　2 万続　3 満足　4 万足

9	① ② ❸ ④

해석 나는 지금의 생활에 만족하고 있다.

» 해답 스킬

1. 전체 문장을 읽고 의미를 파악한 후, 밑줄 친 히라가나의 의미를 추측한다.
2. 한자를 우리말로 읽을 수만 있어도 풀 수 있는 문제가 있다.
3. 「自信(자신)」「地震(지진)」과 같은 동음이의어에 주의한다.
4. 비슷한 모양의 한자는 부수로 의미를 구별한다.

» 학습 대책

1. 같은 음독을 가진 한자는 한국어 뜻과 음을 숙지한다.
2. 「伸びる(늘어나다)」 「延びる(지연되다)」처럼 한자는 다르나 음이 같은 '동음이의어'는 한자의 뜻과 단어의 쓰임도 알아 두면 어휘 공부에도 도움이 된다.
3. 「原(언덕 원, 근원 원)」 「源(근원 원)」과 같이 모양이 비슷한 한자는 부수를 체크하고 각각의 한자에서 파생되는 단어를 정리해 둔다.
4. 「拾う(줍다)」 「捨てる(버리다)」와 같이 의미가 반대인 한자는 함께 외운다.
5. 한자는 눈으로만 보지 말고 한두 번씩 써 보거나 소리 내어 발음해 본다.
6. 한 번 외운 한자라도 반복해서 외우는 습관을 들인다.

문제 2 기반 다지기

한자 표기는 한자의 의미와 우리말 음을 정확히 숙지하면 문제 풀 때 도움이 된다.

1 같은 음독을 가진 한자

2 의미가 비슷한 한자

3 닮은꼴 한자

같은 음독을 가진 한자

1. 「いん」

院 집 **원**	[기출] 退院(たいいん) 퇴원　入院(にゅういん) 입원　病院(びょういん) 병원
員 인원 **원**	会員(かいいん) 회원　全員(ぜんいん) 전원

2. 「か」

仮 거짓 **가**	[기출] 仮定(かてい) 가정
科 과목 **과**	科目(かもく) 과목
課 부과할 **과**/과목 **과**	課長(かちょう) 과장　課題(かだい) 과제　日課(にっか) 일과
過 지날 **과**	過去(かこ) 과거　通過(つうか) 통과

3. 「かい」

絵 그림 **회**	[기출] 絵画(かいが) 회화, 그림
改 고칠 **개**	改札(かいさつ) 개찰　改札口(かいさつぐち) 개찰구
解 풀 **해**	[기출] 解決(かいけつ) 해결　[기출] 正解(せいかい) 정답

4. 「かん」

刊 새길 **간**	[기출] 週刊誌(しゅうかんし) 주간지
官 벼슬 **관**	警察官(けいさつかん) 경찰관
館 집 **관**	大使館(たいしかん) 대사관　図書館(としょかん) 도서관 博物館(はくぶつかん) 박물관　旅館(りょかん) (일본 전통식) 여관

5. 「き」

器 그릇 **기**	[기출] 楽器(がっき) 악기　[기출] 容器(ようき) 용기
機 틀 **기**	[기출] 機械(きかい) 기계　機会(きかい) 기회
期 기약할 **기**	期間(きかん) 기간　[기출] 期待(きたい) 기대　延期(えんき) 연기
記 기록할 **기**	[기출] 記念(きねん) 기념　[기출] 記録(きろく) 기록
規 법 **규**	[기출] 規則(きそく) 규칙

6.「けい」

経 지날 **경**
- 経験(けいけん) 경험　[기출] 経由(けいゆ) 경유

計 셀 **계**
- 時計(とけい) 시계

7.「けつ」

決 결단할 **결**
- [기출] 解決(かいけつ) 해결　決心(けっしん) 결심　決定(けってい) 결정

結 맺을 **결**
- 結果(けっか) 결과　結論(けつろん) 결론

欠 이지러질 **결**
- [기출] 欠席(けっせき) 결석　[기출] 欠点(けってん) 결점

血 피 **혈**
- [기출] 血圧(けつあつ) 혈압　[기출] 血液(けつえき) 혈액

8.「けん」

件 물건 **건**
- [기출] 件(けん) 건　事件(じけん) 사건

見 볼 **견**
- 見学(けんがく) 견학　見物(けんぶつ) 구경

研 갈 **연**
- 研究(けんきゅう) 연구

9.「げん」

現 나타날 **현**
- [기출] 現在(げんざい) 현재　実現(じつげん) 실현

減 덜 **감**
- [기출] 減少(げんしょう) 감소　増減(ぞうげん) 증감

10.「こう」

降 내릴 **강**
- [기출] 以降(いこう) 이후

広 넓을 **광**
- [기출] 広告(こうこく) 광고

工 장인 **공**
- 工業(こうぎょう) 공업　工場(こうじょう) 공장

向 향할 **향**
- 向上(こうじょう) 향상

11.「し」

師 스승 **사**
- [기출] 教師(きょうし) 교사

仕 섬길 **사**
- 仕事(しごと) 일, 직업

12.「じ」

示 섬길 **사**
指示(しじ) 지시　表示(ひょうじ) 표시

事 일 **사**
事務所(じむしょ) 사무소　用事(ようじ) 볼일, 용무

自 스스로 **자**
[기출] 自由(じゆう) 자유　[기출] 自信(じしん) 자신

13.「しょ」

書 쓸 **서**
書店(しょてん) 서점　証明書(しょうめいしょ) 증명서

初 처음 **초**
[기출] 最初(さいしょ) 최초, 처음

14.「しん」

信 믿을 **신**
[기출] 信じる(しんじる) 믿다　信用(しんよう) 신용　[기출] 自信(じしん) 자신

身 몸 **신**
[기출] 身長(しんちょう) 신장, 키　[기출] 独身(どくしん) 독신

15.「せい」

正 바를 **정**
[기출] 正常(せいじょう) 정상　[기출] 正解(せいかい) 정답
[기출] 正確だ(せいかくだ) 정확하다

性 성품 **성**
[기출] 性格(せいかく) 성격

制 절제할 **제**
制度(せいど) 제도　[기출] 制服(せいふく) 제복, 유니폼

16.「たん」

短 짧을 **단**
[기출] 短気(たんき) 성미가 급함　短所(たんしょ) 단점

単 홑 **단**
単純だ(たんじゅんだ) 단순하다　簡単だ(かんたんだ) 간단하다

17.「てい」

定 정할 **정**
仮定(かてい) 가정

庭 뜰 **정**
家庭(かてい) 가정

18.「てん」

点 점 **점**
点数(てんすう) 점수　[기출] 欠点(けってん) 결점　利点(りてん) 이점

店 가게 **점**
店員(てんいん) 점원　開店(かいてん) 개점
閉店(へいてん) 폐점　商店街(しょうてんがい) 상점가

天 하늘 **천**
天気(てんき) 날씨　雨天(うてん) 우천

展 펼 **전**
展示(てんじ) 전시　発展(はってん) 발전

19.「どく」

読 읽을 **독**	読書(どくしょ) 독서
独 홀로 **독**	기출 独身(どくしん) 독신 独立(どくりつ) 독립

20.「ばい」

売 팔 **매**	商売(しょうばい) 장사 発売(はつばい) 발매
倍 곱 **배**	기출 ~倍(ばい) ~배

21.「ほう」

方 모 **방**	기출 方角(ほうがく) 방각, 방위 기출 方向(ほうこう) 방향 기출 方法(ほうほう) 방법 기출 片方(かたほう) 한쪽
法 법 **법**	기출 法律(ほうりつ) 법률 文法(ぶんぽう) 문법

22.「まん」

満 찰 **만**	満員(まんいん) 만원 満席(まんせき) 만석 기출 満足(まんぞく) 만족 満点(まんてん) 만점
万 일만 **만**	万(まん) 만(숫자 단위) 一万(いちまん) 일만

23.「やく」

訳 통변할 **역**	通訳(つうやく) 통역 翻訳(ほんやく) 번역 기출 訳(やく)する 번역하다, 해석하다
役 부릴 **역**	役割(やくわり) 역할
約 맺을 **약**	約(やく) 약 約束(やくそく) 약속

24.「ゆ」

輸 나를 **수**	기출 輸出(ゆしゅつ) 수출 輸入(ゆにゅう) 수입
油 기름 **유**	石油(せきゆ) 석유

2 의미가 비슷한 한자

- 의미가 비슷한 한자는 선택지에 같이 등장하는 경우가 많아요.
- 한자의 한국어 음과 일본어 음독을 연결해서 외우면 효율적이에요.

家 집 **가**	음 か	기출 家具(かぐ) 가구　家事(かじ) 가사, 집안일
室 집 **실**	음 しつ	室内(しつない) 실내　教室(きょうしつ) 교실
宅 집 **택**	음 たく	기출 帰宅(きたく) 귀가

涙 눈물 **루**	훈 なみだ	기출 涙(なみだ) 눈물
泣 울 **읍**	훈 なく	泣(な)く 울다
鳴 울 **명**	훈 なる	鳴(な)る (벨이) 울리다

産 낳을 **산**	음 さん	アメリカ産(さん) 미국산　生産(せいさん) 생산
育 기를 **육**	훈 そだつ そだてる 음 いく	育(そだ)つ (아이·식물이) 자라다 기출 育(そだ)てる (아이·식물을) 키우다 教育(きょういく) 교육

業 일 **업**	음 ぎょう	기출 残業(ざんぎょう) 잔업

勤 부지런할 근	훈 つとめる 음 きん	[기출] 勤(つと)める 일하다, 근무하다 勤務(きんむ) 근무 [기출] 出勤(しゅっきん) 출근
働 일할 동	훈 はたらく	働(はたら)く 일하다
遠 멀 원	훈 とおい 음 えん	遠(とお)い 멀다 遠慮(えんりょ) 사양함, 꺼림
逃 도망칠 도	훈 にげる 음 とう	[기출] 逃(に)げる 도망치다 逃亡(とうぼう) 도망
病 병 병	음 びょう	病気(びょうき) 병
疲 피곤할 피	훈 つかれる 음 ひ	[기출] 疲(つか)れる 지치다, 피곤하다 疲労(ひろう) 피로
席 자리 석	음 せき	[기출] 席(せき) 자리 [기출] 空席(くうせき) 공석 [기출] 欠席(けっせき) 결석 出席(しゅっせき) 출석 同席(どうせき) 동석
座 앉을 좌	훈 すわる 음 ざ	座(すわ)る 앉다 座席(ざせき) 좌석
流 흐를 류	훈 ながれる ながす 음 りゅう	流(なが)れる 흐르다 流(なが)す 흘리다, 흘려 보내다 流行(りゅうこう) 유행
洗 씻을 세	훈 あらう 음 せん	洗(あら)う 씻다 洗濯(せんたく) 세탁
消 사라질 소	훈 きえる けす 음 しょう	消(き)える 꺼지다, 사라지다 [기출] 消(け)す 끄다, 지우다 [기출] 取(と)り消(け)す 취소하다 [기출] 消費(しょうひ) 소비

移 옮길 이	훈 うつる うつす 음 い	기출 移(うつ)る (병이) 옮다, 이동하다 기출 移(うつ)す 옮기다 기출 移動(いどう) 이동
動 움직일 동	훈 うごく 음 どう	動(うご)く 움직이다 기출 動作(どうさ) 동작 기출 運動(うんどう) 운동 기출 活動(かつどう) 활동 기출 感動(かんどう) 감동 行動(こうどう) 행동 기출 自動(じどう) 자동

恋 그리워할 연	훈 こいしい	기출 恋(こい)しい 그립다
愛 사랑 애	음 あい	愛(あい) 사랑 기출 愛用者(あいようしゃ) 애용자
好 좋을 호	훈 すく このむ 음 こう	好(す)きだ 좋아하다 好(す)く 좋아하다 好(この)む 좋아하다, 즐기다, 선호하다 好物(こうぶつ) 좋아하는 음식, 좋아하는 물건

青 푸를 청	훈 あおい	기출 青(あお)い 파랗다
緑 푸를 록	훈 みどり	기출 緑(みどり) 녹색, 초록

願 원할 원	훈 ねがう	기출 願(ねが)う 바라다, 원하다
祈 빌 기	훈 いのる	祈(いの)る 기도하다 お祈(いの)り 기도

焼 불사를 소	훈 やける やく	焼(や)ける 타다, 구워지다 기출 焼(や)く 굽다

燃 탈 **연**	훈 もえる もやす	燃える(もえる) 타다, 연소하다 燃やす(もやす) 태우다, 연소시키다
煙 연기 **연**	훈 けむり 음 えん	煙(けむり) 연기 기출 禁煙(きんえん) 금연
熱 더울 **열**	훈 あつい 음 ねつ	熱い(あつい) 뜨겁다 熱(ねつ) 열　기출 熱心だ(ねっしんだ) 열심이다
急 급할 **급**	훈 いそぐ 음 きゅう	기출 急ぐ(いそぐ) 서두르다 急行(きゅうこう) 급행　기출 急に(きゅうに) 갑자기
速 빠를 **속**	훈 はやい 음 そく	기출 速い(はやい) 빠르다 速度(そくど) 속도
進 나아갈 **진**	훈 すすむ すすめる 음 しん	進む(すすむ) 나아가다, 진행하다 進める(すすめる) 진행시키다 進行(しんこう) 진행　기출 進歩(しんぽ) 진보
眠 잠잘 **면**	훈 ねむい ねむる	眠い(ねむい) 졸리다 기출 眠る(ねむる) 자다, 잠들다
寝 잠잘 **침**	훈 ねる	寝る(ねる) 자다
葉 잎 **엽**	훈 は	기출 葉(は) 잎
草 풀 **초**	훈 くさ	草(くさ) 풀
必 반드시 **필**	훈 かならず 음 ひつ	기출 必ず(かならず) 반드시 必要(ひつよう) 필요

要 요긴할 **요**	훈 いる 음 よう	要(い)る 필요하다 기출 主要(しゅよう) 주요　不要(ふよう) 불요, 불필요
確 굳을 **확**	훈 たしか たしかめる 음 かく	기출 確(たし)か 확실함, 틀림없음 確(たし)かめる 확인하다 確実(かくじつ) 확실　確認(かくにん) 확인
表 겉 **표**	훈 あらわれる あらわす 음 ひょう	表(あらわ)れる (감정·생각이) 나타나다, 드러나다 기출 表(あらわ)す (감정·생각을) 나타내다, 표현하다 表現(ひょうげん) 표현　기출 表面(ひょうめん) 표면　기출 発表(はっぴょう) 발표　기출 代表的(だいひょうてき) 대표적
現 나타날 **현**	훈 あらわれる あらわす 음 げん	기출 現(あらわ)れる (모습이) 나타나다, 드러나다 現(あらわ)す (모습을) 나타내다, 드러내다 現金(げんきん) 현금　기출 現在(げんざい) 현재
泊 머무를 **박**	훈 とまる 음 はく	기출 泊(と)まる 머무르다, 숙박하다 宿泊(しゅくはく) 숙박
留 머무를 **류**	음 りゅう	留学(りゅうがく) 유학　기출 留守(るす) 부재중(예외)
停 머무를 **정**	음 てい	停止(ていし) 정지　停車(ていしゃ) 정차　기출 停電(ていでん) 정전
止 그칠 **지**	훈 とまる とめる 음 し	止(と)まる 멈추다 止(と)める 세우다 기출 禁止(きんし) 금지　中止(ちゅうし) 중지
預 맡길 **예**	훈 あずかる あずける	預(あず)かる 맡다, (남의 것을) 보관하다 기출 預(あず)ける 맡기다
貯 쌓을 **저**	훈 ためる 음 ちょ	기출 貯(た)める (돈을) 모으다, 저축하다 기출 貯金(ちょきん) 저금

한자	읽기	단어
価 갑가	음 か	기출 価格(かかく) 가격 기출 高価(こうか) 고가 物価(ぶっか) 물가
値 갑치	훈 ね	기출 値段(ねだん) 가격
	음 ち	価値(かち) 가치
折 꺾을 절	훈 おれる	기출 折(お)れる 접히다, 꺾어지다
	おる	기출 折(お)る 접다, 꺾다
	음 せつ	기출 右折(うせつ) 우회전 左折(させつ) 좌회전 骨折(こっせつ) 골절
曲 굽을 곡	훈 まがる	기출 曲(ま)がる 구부러지다, 굽다
	まげる	기출 曲(ま)げる 구부리다, 굽히다
	음 きょく	曲(きょく) 곡 曲線(きょくせん) 곡선
上 윗 상	훈 あがる	上(あ)がる 오르다
	あげる	上(あ)げる 올리다
	음 じょう	最上(さいじょう) 최상 上下(じょうげ) 상하 기출 上品(じょうひん)だ 품위가 있다, 고상하다
乗 탈 승	훈 のる	乗(の)る 타다
	음 じょう	乗客(じょうきゃく) 승객 기출 乗車(じょうしゃ) 승차

チェックアップ!
확인문제

다음 히라가나에 맞는 한자를 고르세요.

1 かいが (회화) ⓐ 絵画 ⓑ 改画
2 たいいん (퇴원) ⓐ 退因 ⓑ 退院
3 げんしょう (감소) ⓐ 現小 ⓑ 減少
4 いこう (이후) ⓐ 以向 ⓑ 以降
5 やくする (번역하다) ⓐ 訳する ⓑ 役する
6 そだてる (키우다) ⓐ 育てる ⓑ 産てる
7 かならず (반드시) ⓐ 確ず ⓑ 必ず
8 こうか (고가) ⓐ 高価 ⓑ 高値

정답 1 ⓐ 2 ⓑ 3 ⓑ 4 ⓑ 5 ⓐ 6 ⓐ 7 ⓑ 8 ⓐ

3 닮은꼴 한자

모양이 비슷한 닮은꼴 한자는 '부수변 / 한자의 한국어 음 / 한자의 한국어 뜻'을 꼭 체크해 주세요.

観 볼 **관**	음 かん	기출 観光(かんこう) 관광　観客(かんきゃく) 관객　기출 観察(かんさつ) 관찰
歓 기쁠 **환**	음 かん	歓迎(かんげい) 환영
勧 권할 **권**	음 かん	勧誘(かんゆう) 권유
建 세울 **건**	훈 たつ たてる 음 けん	建つ(た) (건물이) 서다, 지어지다 建てる(た) (건물을) 짓다, 세우다　建物(たてもの) 건물 建設(けんせつ) 건설
健 굳셀 **건**	음 けん	기출 健康(けんこう) 건강
検 검사할 **검**	음 けん	기출 検査(けんさ) 검사
険 험할 **험**	음 けん	危険だ(きけん) 위험하다
験 시험 **험**	음 けん	試験(しけん) 시험　経験(けいけん) 경험　実験(じっけん) 실험　体験(たいけん) 체험
結 맺을 **결**	훈 むすぶ 음 けつ	기출 結ぶ(むす) 묶다, 맺다, 잇다 結果(けっか) 결과　結婚(けっこん) 결혼　結論(けつろん) 결론
組 짤 **조**	훈 くむ 음 そ	기출 組む(く) 끼다, 짜다, 조직하다, 편성하다 組織(そしき) 조직

苦 쓸 **고**	훈 にがい くるしい	苦(にが)い (맛이) 쓰다 苦(くる)しい 힘들다, 괴롭다
若 젊을 **약**	훈 わかい	기출 若(わか)い 젊다
困 곤란할 **곤**	훈 こまる	기출 困(こま)る 곤란하다
因 인할 **인**	음 いん	기출 原因(げんいん) 원인
交 사귈 **교**	훈 まざる 음 こう	交(ま)ざる 섞이다 交際(こうさい) 교제 交通(こうつう) 교통 交換(こうかん) 교환 交替(こうたい) 교체 交代(こうたい) 교대
校 학교 **교**	음 こう	校則(こうそく) 교칙 学校(がっこう) 학교 休校(きゅうこう) 휴교
効 본받을 **효**	훈 きく 음 こう	効(き)く 효과가 있다, 기능을 발휘하다 効果(こうか) 효과 効力(こうりょく) 효력
郊 들 **교**	음 こう	郊外(こうがい) 교외
吸 마실 **흡**	훈 すう 음 きゅう	기출 吸(す)う (공기를) 들이마시다, (담배를) 피우다 기출 呼吸(こきゅう) 호흡
扱 거둘 **급**	훈 あつかう	기출 扱(あつか)う 다루다, 취급하다
級 등급 **급**	음 きゅう	上級(じょうきゅう) 상급 高級(こうきゅう) 고급 中級(ちゅうきゅう) 중급 初級(しょきゅう) 초급

한자	읽기	단어
娘 계집 낭	훈 むすめ	기출 娘(むすめ) 딸
姉 손윗누이 자	훈 あね	姉(あね) 언니, 누나
妹 누이 매	훈 いもうと	妹(いもうと) 여동생

한자	읽기	단어
到 이를 도	음 とう	到着(とうちゃく) 도착
倒 넘어질 도	훈 たおれる たおす 음 とう	倒(たお)れる 넘어지다, 쓰러지다 倒(たお)す 넘어뜨리다, 쓰러뜨리다 倒産(とうさん) 도산

한자	읽기	단어
楽 즐거울 락 음악 악	훈 たのしい たのしむ 음 らく/がく	楽(たの)しい 즐겁다 楽(たの)しむ 즐기다, 기대하다 楽(らく)だ 편하다 音楽(おんがく) 음악
薬 약 약	훈 くすり 음 やく	薬(くすり) 약 기출 薬局(やっきょく) 약국

한자	읽기	단어
令 하여금 령	음 れい	기출 命令(めいれい) 명령
冷 차가울 랭	음 れい	冷蔵庫(れいぞうこ) 냉장고 冷房(れいぼう) 냉방

한자	읽기	단어
録 기록할 록	음 ろく	録音(ろくおん) 녹음 録画(ろくが) 녹화 기출 記録(きろく) 기록 登録(とうろく) 등록
緑 푸를 록	훈 みどり 음 りょく	기출 緑(みどり) 녹색, 초록 緑茶(りょくちゃ) 녹차

門 문 문	음 もん	正門(せいもん) 정문　기출 専門家(せんもんか) 전문가
間 사이 간	음 かん	期間(きかん) 기간　年間(ねんかん) 연간
簡 대쪽 간	음 かん	簡単だ(かんたん) 간단하다
関 관계할 관	음 かん	기출 関係(かんけい) 관계　기출 関心(かんしん) 관심　関連(かんれん) 관련
問 물을 문	훈 とう 음 もん	問う(と) 묻다　問い合わせる(とあ) 문의하다 問題(もんだい) 문제　質問(しつもん) 질문

反 돌이킬 반	음 はん	反対(はんたい) 반대　違反(いはん) 위반
販 팔 판	음 はん	販売(はんばい) 판매
飯 밥 반	음 はん	ご飯(はん) 밥
版 판목 판	음 はん	版画(はんが) 판화　＊出版(しゅっぱん) 출판
板 널빤지 판	훈 いた 음 はん	板(いた) 판자 看板(かんばん) 간판　掲示板(けいじばん) 게시판　기출 黒板(こくばん) 칠판
坂 언덕 판	훈 さか	坂(さか) 비탈　기출 坂道(さかみち) 비탈길
返 돌이킬 반	훈 かえす 음 へん	기출 返す(かえ) 돌려주다 返信(へんしん) (편지·이메일 등의) 답장 返事(へんじ) (질문·부름에 대한) 대답, (편지·이메일 등의) 답장　返品(へんぴん) 반품

한자	읽기	어휘
方 모 **방**	음 ほう	기출 方角(ほうがく) 방각, 방위　기출 方向(ほうこう) 방향　方法(ほうほう) 방법　方面(ほうめん) 방면　地方(ちほう) 지방
訪 찾을 **방**	훈 たずねる おとずれる 음 ほう	訪ねる(たずねる) 방문하다 訪れる(おとずれる) 방문하다, (시기·계절이) 찾아오다 訪問(ほうもん) 방문
放 놓을 **방**	음 ほう	放送(ほうそう) 방송
防 막을 **방**	훈 ふせぐ 음 ぼう	防ぐ(ふせぐ) 막다, 방지하다 防止(ぼうし) 방지　防犯(ぼうはん) 방범　予防(よぼう) 예방
房 방 **방**	음 ぼう	暖房(だんぼう) 난방　冷房(れいぼう) 냉방　文房具(ぶんぼうぐ) 문방구
復 회복할 **복** 다시 **부**	음 ふく	기출 復習(ふくしゅう) 복습　往復(おうふく) 왕복　回復(かいふく) 회복
複 겹칠 **복**	음 ふく	기출 複数(ふくすう) 복수　기출 複雑だ(ふくざつだ) 복잡하다
相 서로 **상**	음 そう	기출 相談(そうだん) 상담
想 생각할 **상**	음 そう	想像(そうぞう) 상상　感想(かんそう) 감상　発想(はっそう) 발상　기출 予想(よそう) 예상　理想(りそう) 이상
紹 이을 **소**	음 しょう	紹介(しょうかい) 소개
招 부를 **초**	음 しょう	招待(しょうたい) 초대

続 계속 **속**	훈 つづく つづける	기출 続く(つづく) 계속되다 続ける(つづける) 계속하다
統 거느릴 **통**	음 とう	統一(とういつ) 통일
安 편안 **안**	훈 やすい 음 あん	安い(やすい) 싸다 安全だ(あんぜんだ) 안전하다　不安だ(ふあんだ) 불안하다
案 책상 **안**	음 あん	기출 案内(あんない) 안내
温 따뜻할 **온**	훈 あたたかい あたためる 음 おん	기출 温かい(あたたかい) (커피·요리·목욕물이) 따뜻하다 温める(あたためる) 데우다 기출 温泉(おんせん) 온천　温度(おんど) 온도　기출 気温(きおん) 기온
湿 젖을 **습**	훈 しめる 음 しつ	湿る(しめる) 축축해지다, 눅눅해지다, 습기 차다 湿気(しっけ) 습기　湿度(しつど) 습도
湯 끓일 **탕**	훈 ゆ	お湯(おゆ) 뜨거운 물
混 섞을 **혼**	훈 まぜる 음 こん	混ぜる(まぜる) 섞다 混雑(こんざつ) 혼잡
責 꾸짖을 **책**	음 せき	責任(せきにん) 책임
績 길쌈할 **적**	음 せき	業績(ぎょうせき) 업적　実績(じっせき) 실적　기출 成績(せいせき) 성적
積 쌓을 **적**	훈 つもる つむ 음 せき	積もる(つもる) 쌓이다 積む(つむ) 쌓다 面積(めんせき) 면적　기출 積極的(せっきょくてき) 적극적

違 어긋날 위	훈 ちがう 음 い	기출 違う(ちがう) 다르다　間違う(まちがう) 잘못되다, 틀리다 違反(いはん) 위반
偉 클 위	훈 えらい 음 い	偉い(えらい) 위대하다, 훌륭하다 偉人(いじん) 위인　偉大だ(いだいだ) 위대하다
意 뜻 의	음 い	意見(いけん) 의견　意志(いし) 의지　意識(いしき) 의식　意味(いみ) 의미
億 억 억	음 おく	億(おく) 억
憶 생각할 억	음 おく	記憶(きおく) 기억
低 낮을 저	훈 ひくい	기출 低い(ひくい) 낮다
底 바닥 저	훈 そこ	底(そこ) 바닥
主 임금 주	훈 おも 음 しゅ	主だ(おもだ) 주되다 主人(しゅじん) 주인, 남편　主張(しゅちょう) 주장　主婦(しゅふ) 주부
注 부을 주	음 ちゅう	注意(ちゅうい) 주의　注目(ちゅうもく) 주목
駐 머무를 주	음 ちゅう	기출 駐車(ちゅうしゃ) 주차
住 살 주	훈 すむ 음 じゅう	住む(すむ) 살다 住所(じゅうしょ) 주소　住民(じゅうみん) 주민

한자	읽기	단어
駐 머무를 **주**	음 ちゅう	기출 駐車(ちゅうしゃ) 주차
駅 정거장 **역**	음 えき	駅(えき) 역　各駅(かくえき) 각 역

한자	읽기	단어
志 뜻 **지**	음 し	意志(いし) 의지
誌 기록할 **지**	음 し	기출 雑誌(ざっし) 잡지　기출 週刊誌(しゅうかんし) 주간지

한자	읽기	단어
直 곧을 **직**	훈 なおる なおす 음 ちょく	直る(なおる) 고쳐지다 直す(なおす) 고치다 直接(ちょくせつ) 직접
植 심을 **식**	훈 うえる 음 しょく	植える(うえる) 심다　植木(うえき) 정원수 植物(しょくぶつ) 식물

한자	읽기	단어
原 언덕 **원** 근본 **원**	음 げん	기출 原因(げんいん) 원인　原則(げんそく) 원칙　기출 原料(げんりょう) 원료
源 근원 **원**	음 げん	資源(しげん) 자원　電源(でんげん) 전원

한자	읽기	단어
眠 잠잘 **면**	훈 ねむい ねむる	眠い(ねむい) 졸리다 기출 眠る(ねむる) 잠자다
眼 눈 **안**	훈 め	眼鏡(めがね) 안경

한자	읽기	어휘
祝 빌 **축**	훈 いわう	祝う(いわう) 축하하다　お祝い(おいわい) 축하
祈 빌 **기**	훈 いのる	祈る(いのる) 기도하다　お祈り(おいのり) 기도
礼 예도 **례**	음 れい	礼儀(れいぎ) 예의　失礼(しつれい) 실례
札 편지 **찰** 뽑을 **찰**	음 さつ	改札(かいさつ) 개찰　改札口(かいさつぐち) 개찰구

한자	읽기	어휘
波 파도 **파**	훈 なみ	[기출] 波(なみ) 파도
池 연못 **지**	훈 いけ	池(いけ) 연못
湖 호수 **호**	훈 みずうみ	湖(みずうみ) 호수
港 항구 **항**	훈 みなと	港(みなと) 항구

한자	읽기	어휘
通 통할 **통**	훈 かよう とおる とおす 음 つう	通う(かよう) (정기적으로) 다니다 通る(とおる) 지나가다, 통과하다 通す(とおす) 통과시키다 通過(つうか) 통과　通勤(つうきん) 통근　通行(つうこう) 통행　通訳(つうやく) 통역　通じる(つうじる) 통하다
痛 아플 **통**	훈 いたい いたむ 음 つう	[기출] 痛い(いたい) 아프다 痛む(いたむ) 아프다　痛み(いたみ) 통증 [기출] 頭痛(ずつう) 두통　腹痛(ふくつう) 복통

한자	읽기	어휘
腹 배 **복**	훈 なか/はら	腹(なか)/腹(はら) 배
腰 허리 **요**	훈 こし	기출 腰(こし) 허리

한자	읽기	어휘
肩 어깨 **견**	훈 かた	肩(かた) 어깨
胃 밥통 **위**	음 い	기출 胃(い) 위

한자	읽기	어휘
則 법칙 **칙**	음 そく	기출 規則(きそく) 규칙　原則(げんそく) 원칙　法則(ほうそく) 법칙
側 곁 **측**	훈 がわ 음 そく	~側(がわ) ~측　기출 内側(うちがわ) 안쪽　外側(そとがわ) 바깥쪽 側面(そくめん) 측면
測 헤아릴 **측**	훈 はかる 음 そく	測(はか)る (길이·높이·넓이·속도 등을) 측정하다 観測(かんそく) 관측　予測(よそく) 예측

チェックアップ!
확인문제

다음 히라가나에 맞는 한자를 고르세요.

1 すう (들이마시다)　ⓐ 扱う　ⓑ 吸う
5 ひくい (낮다)　ⓐ 低い　ⓑ 底い
2 せんもんか (전문가)　ⓐ 専門家　ⓑ 専問家
6 たんき (성미가 급함)　ⓐ 単気　ⓑ 短気
3 ほうがく (방각)　ⓐ 方角　ⓑ 訪角
7 こし (허리)　ⓐ 腰　ⓑ 腹
4 よそう (예상)　ⓐ 予相　ⓑ 予想
8 こくばん (칠판)　ⓐ 黒板　ⓑ 黒坂

정답 1 ⓑ 2 ⓐ 3 ⓐ 4 ⓑ 5 ⓐ 6 ⓑ 7 ⓐ 8 ⓐ

21 실전 시험 한자 표기 [1]

(　　/6) 제한 시간 : 3분

정답 및 해설 <본서1> p.31

問題2 ＿＿＿＿のことばを漢字で書くとき、最もよいものを、1・2・3・4から一つえらびなさい。

1 会社は家から<u>とおい</u>です。

1 近い　　2 遠い　　3 短い　　4 長い

2 悩みがあればいつでも<u>そうだん</u>に乗ります。

1 想談　　2 相談　　3 商談　　4 将談

3 鈴木（すずき）さんは<u>えいぎょう</u>に向いていると思う。

1 宮業　　2 営業　　3 宮事　　4 営事

4 林（はやし）さんの考えは<u>ただしい</u>と思います。

1 直しい　　2 合しい　　3 真しい　　4 正しい

5 <u>ゆうはん</u>のおかずを買ってきた。

1 夕飯　　2 夕飲　　3 夜飯　　4 夜飲

6 木村（きむら）さんの合格<u>いわい</u>に、ワインを贈（おく）ることにした。

1 祝い　　2 祈り　　3 礼い　　4 札い

22 실전 시험 한자 표기 [2]

(　/6) 제한 시간 : 3분

정답 및 해설 <본서1> p.32

問題2 ＿＿＿＿のことばを漢字で書くとき、最もよいものを、1・2・3・4から一つえらびなさい。

1 よく見えるように<u>ふとい</u>ペンで書いてください。

1　大い　　2　犬い　　3　太い　　4　天い

2 昨日残業したので、とても<u>ねむい</u>。

1　眠い　　2　眼い　　3　睡い　　4　瞳い

3 山本（やまもと）さんは何人<u>きょうだい</u>ですか。

1　兄第　　2　兄弟　　3　弟兄　　4　第兄

4 <u>つうきん</u>に30分くらいかかります。

1　通勤　　2　通働　　3　痛勤　　4　痛働

5 彼に連絡する<u>ほうほう</u>がない。

1　方法　　2　方向　　3　訪法　　4　訪向

6 夜10時を過ぎて<u>きたく</u>することが多い。

1　帰家　　2　着家　　3　帰宅　　4　着宅

23 실전 시험 한자 표기 [3]

(　/6) 제한 시간 : 3분

정답 및 해설 <본서1> p.32

問題2 ＿＿＿＿のことばを漢字で書くとき、最もよいものを、1・2・3・4から一つえらびなさい。

1 申請はスマホでかのうです。

1 可能　　2 何能　　3 可態　　4 何態

2 高校をそつぎょうしてからもう20年になります。

1 傘業　　2 終業　　3 卒業　　4 済業

3 ここはきょうどうスペースなのできれいに使ってください。

1 共動　　2 共同　　3 供動　　4 供同

4 友だちと駅前でわかれました。

1 離れ　　2 遠れ　　3 別れ　　4 放れ

5 授業をけっせきしたことはありません。

1 欠度　　2 次度　　3 欠席　　4 次席

6 ゆうこさんはファッションざっしのモデルに選ばれました。

1 難誌　　2 雑誌　　3 難志　　4 雑志

24 실전 시험 한자 표기 [4]

(　　/6) 제한 시간 : 3분

›정답 및 해설 <본서1> p.33

問題2 ＿＿＿＿のことばを漢字で書くとき、最もよいものを、1・2・3・4から一つえらびなさい。

1　家でかんたんにできる運動をご紹介します。

1　間短　　2　間単　　3　簡短　　4　簡単

2　この部屋はひかりが入ってくるので、電気をつけなくても明るいです。

1　光　　2　火　　3　日　　4　明

3　年をとることは、人間としてせいちょうしていくことだと思います。

1　成長　　2　背長　　3　成張　　4　背張

4　24時間営業するやっきょくもある。

1　楽局　　2　楽曲　　3　薬局　　4　薬曲

5　あいてを知ることは大事です。

1　合手　　2　相手　　3　会手　　4　愛手

6　経済がはってんし、人々の生活パターンも大きく変わった。

1　発展　　2　発典　　3　発点　　4　発伝

25 실전 시험 한자 표기 [5]

(　/6) 제한 시간 : 3분

정답 및 해설 <본서1> p.33

問題2 ＿＿＿＿のことばを漢字で書くとき、最もよいものを、1・2・3・4から一つえらびなさい。

1 山本(やまもと)さんはクラスで一番足がはやいです。

1 軽い　　2 短い　　3 進い　　4 速い

2 クラスのだいひょうとして発表することになった。

1 代表　　2 替表　　3 代評　　4 替評

3 図書館の会員になると、本を1週間かりることができます。

1 変りる　　2 換りる　　3 貸りる　　4 借りる

4 思いついたことを忘れないように、ノートにきろくしています。

1 記録　　2 記緑　　3 起録　　4 起緑

5 パスポートの更新(こうしん)についてはたいしかんに問い合わせてください。

1 大史館　　2 大使館　　3 待史館　　4 待使館

6 日本人のこめの消費量は減っているそうだ。

1 薬　　2 草　　3 米　　4 麦

26 실전 시험 한자 표기 [6]

(　　/6) 제한 시간 : 3분

›정답 및 해설 <본서1> p.34

問題2 ＿＿＿＿のことばを漢字で書くとき、最もよいものを、1・2・3・4から一つえらびなさい。

1 これはまだかいけつされていない問題です。

1 解決　　2 解結　　3 改決　　4 改結

2 彼は毎月お金を銀行にあずけている。

1 送けて　　2 預けて　　3 貯けて　　4 任けて

3 博物館(はくぶつかん)で写真をとることはきんしされています。

1 防止　　2 阻止　　3 禁止　　4 停止

4 きかいがあれば、ぜひ行ってみたいです。

1 期回　　2 期会　　3 機回　　4 機会

5 出版(しゅっぱん)記念パーティーにしょうたいされました。

1 紹持　　2 招持　　3 招待　　4 紹待

6 私は20年間教育関係の会社につとめています。

1 勤めて　　2 働めて　　3 勧めて　　4 動めて

27 실전 시험 한자 표기 [7]

(　/6) 제한 시간 : 3분

›정답 및 해설 <본서1> p.34

問題2 ＿＿＿＿のことばを漢字で書くとき、最もよいものを、1・2・3・4から一つえらびなさい。

1 職場にどくしんの女性がかなり多い。

1 読身　2 独身　3 読者　4 独者

2 小学生たちはせいふくを着ています。

1 制服　2 生服　3 制腹　4 生腹

3 このスーパーは夜おそくまで開いている。

1 達く　2 往く　3 後く　4 遅く

4 いろいろな植物をそだてている。

1 建てて　2 育てて　3 守てて　4 助てて

5 ここにすうじを書いてください。

1 枚字　2 数字　3 枚子　4 数子

6 食事の後は、きちんとはを磨(みが)くこと。

1 毛　2 歯　3 胃　4 袋

28 실전 시험 한자 표기 [8]

(　/6) 제한 시간 : 3분

▶정답 및 해설 <본서1> p.35

問題2 ＿＿＿のことばを漢字で書くとき、最もよいものを、1・2・3・4から一つえらびなさい。

1　この化粧品(けしょうひん)は1びょうに1個売れるほど人気がある。

1 秒　　2 砂　　3 秋　　4 税

2　この施設(しせつ)には外国語であんないするサービスもあります。

1 以内　　2 室内　　3 案内　　4 都内

3　今、電車はせいじょうに運行しています。

1 政盛　　2 政常　　3 正盛　　4 正常

4　眠れないときは、牛乳(ぎゅうにゅう)をあたためて飲むといいです。

1 熱めて　　2 煮めて　　3 湯めて　　4 温めて

5　しつぎょうした人のための支援策(しえんさく)が必要です。

1 辞業　　2 矢業　　3 実業　　4 失業

6　はさみは使った後、元(もと)の場所にもどしてください。

1 帰して　　2 返して　　3 回して　　4 戻して

29 실전 시험 한자 표기 [9]

(　/6) 제한 시간 : 3분

정답 및 해설 <본서1> p.35

問題2 ＿＿＿＿のことばを漢字で書くとき、最もよいものを、1・2・3・4から一つえらびなさい。

1 川のながれる音が聞こえる。

1 波れる　2 落れる　3 流れる　4 泳れる

2 星のかんそくをしに行こう。

1 勧側　2 勧測　3 観側　4 観測

3 駅前のレストランがしゅうかんしに載(の)っていた。

1 週刊誌　2 週刊志　3 週間誌　4 週間志

4 エレベーターでは人がおりてから乗るのがマナーです。

1 渡りて　2 降りて　3 落りて　4 移りて

5 包丁(ほうちょう)でゆびを切ってしまった。

1 鼻　2 肩　3 指　4 腕

6 日本のおんせんは、外国人にも人気があります。

1 暖泉　2 温泉　3 暖池　4 温池

30 실전 시험 한자 표기 [10]

(　　/6) 제한 시간 : 3분

정답 및 해설 <본서1> p.36

問題2 ＿＿＿＿のことばを漢字で書くとき、最もよいものを、1・2・3・4から一つえらびなさい。

1 ハンドルを右にまわしてください。

1 回して　　2 曲して　　3 押して　　4 引して

2 交差点でのうせつ事故を防ぐ。

1 左切　　2 左折　　3 右切　　4 右折

3 交通情報をかんりするシステムです。

1 管理　　2 官理　　3 管利　　4 官利

4 私の学校はじゆうな雰囲気(ふんいき)です。

1 自有　　2 自由　　3 事有　　4 事由

5 病気をなおす方法は手術しかありません。

1 治す　　2 直す　　3 改す　　4 定す

6 強風でなみが高くなる恐(おそ)れがあります。

1 滝　　2 港　　3 湖　　4 波

31 실전 시험 한자 표기 [11]

(　/6) 제한 시간 : 3분

정답 및 해설 <본서1> p.36

問題2 ＿＿＿＿のことばを漢字で書くとき、最もよいものを、1・2・3・4から一つえらびなさい。

1　詳しい日程が決まり次第(しだい)、れんらくします。

1　運絡　　2　運格　　3　連絡　　4　連格

2　父はけんさのために入院(にゅういん)している。

1　倹査　　2　検査　　3　険査　　4　験査

3　おなかがすきすぎて、いつものばいぐらい食べてしまった。

1　培　　2　倍　　3　増　　4　部

4　ここにちゅうしゃしないでください。

1　主車　　2　住車　　3　注車　　4　駐車

5　環境保護(かんきょうほご)にかんしんを持つようになった。

1　関心　　2　感心　　3　歓身　　4　換身

6　いのちのあるものを大切にしましょう。

1　生　　2　命　　3　息　　4　皮

32 실전 시험 한자 표기 [12]

(/6) 제한 시간 : 3분

정답 및 해설 <본서1> p.36

問題2 ＿＿＿＿のことばを漢字で書くとき、最もよいものを、1・2・3・4から一つえらびなさい。

1 こまかいことまで気にしすぎるとストレスになる。

1 詳かい　　2 角かい　　3 細かい　　4 小かい

2 新しいはんばいシステムを導入するこ とになった。

1 敗買　　2 販買　　3 敗売　　4 販売

3 暑くなると、髪をむすぶか切るか迷ってしまいます。

1 績ぶ　　2 続ぶ　　3 結ぶ　　4 組ぶ

4 宝くじに当たったとかていしてみましょう。

1 仮定　　2 価定　　3 仮庭　　4 価庭

5 ルールいはんをするなんて、田中さんらしくないですね。

1 偉反　　2 偉犯　　3 違反　　4 違犯

6 おゆを入れて3分待てば、完成です。

1 お温　　2 お湯　　3 お熱　　4 お暑

33 실전 시험 한자 표기 [13]

(　　/6) 제한 시간 : 3분

❯정답 및 해설 <본서1> p.37

問題2 ＿＿＿＿のことばを漢字で書くとき、最もよいものを、1・2・3・4から一つえらびなさい。

1 しゃべりすぎて、のどがいたい。

1　症い　　2　療い　　3　痛い　　4　病い

2 会社のちゅうしょくの時間は12時から1時までです。

1　昼食　　2　重食　　3　中食　　4　宙食

3 人はだれにでもけってんがあります。

1　欠点　　2　決点　　3　欠天　　4　決天

4 体重が5キロもふえてしまった。

1　加えて　　2　増えて　　3　太えて　　4　贈えて

5 今年の冬は去年より寒いとよそくされています。

1　余測　　2　予測　　3　余則　　4　予則

6 彼の告白にどうへんじをすればいいかわからない。

1　反事　　2　坂事　　3　板事　　4　返事

34 실전 시험 한자 표기 [14]

(　　/6) 제한 시간 : 3分

›정답 및 해설 <본서1> p.37

問題2 ＿＿＿＿のことばを漢字で書くとき、最もよいものを、1・2・3・4から一つえらびなさい。

1 完全にかいふくするまでには1週間かかります。

1 回複　　2 回復　　3 解複　　4 解復

2 パンをやいているにおいがします。

1 煮いて　　2 焦いて　　3 焼いて　　4 燃いて

3 木村(きむら)さんが手作(てづく)りのおかしを持ってきた。

1 お菓仕　　2 お果仕　　3 お菓子　　4 お果子

4 毎週水曜日に子育(こそだ)てに関するこうえん会を行っている。

1 講研　　2 構研　　3 講演　　4 構演

5 毎日家事と育児におわれている。

1 追われて　　2 送われて　　3 押われて　　4 折われて

6 学生たちの顔からみると、試験はやさしかったようだ。

1 優しかった　　2 単しかった　　3 易しかった　　4 軽しかった

35 실전 시험 한자 표기 [15]

(　/6) 제한 시간 : 3분

›정답 및 해설 <본서1> p.38

問題2 ＿＿＿のことばを漢字で書くとき、最もよいものを、1・2・3・4から一つえらびなさい。

1 病気のげんいんはまだ明(あき)らかになっていない。

1 元困　　2 元因　　3 原困　　4 原因

2 来年から新しい職場にうつります。

1 移ります　　2 渡ります　　3 動ります　　4 通ります

3 吉田(よしだ)さんは授業が終わったら、いつも黒板(こくばん)の字をけしてくれます。

1 消して　　2 無して　　3 流して　　4 除して

4 最近の夏は蒸し暑くてれいぼうがないと生活できません。

1 令房　　2 令戻　　3 冷房　　4 冷戻

5 日本のかんこうスポットを教えてください。

1 歓察　　2 歓光　　3 観察　　4 観光

6 庭に木のはが落ちている。

1 枯　　2 葉　　3 雲　　4 草

36 실전 시험 한자 표기 [16]

(　　/6) 제한 시간 : 3분

정답 및 해설 <본서1> p.38

問題2 ＿＿＿＿のことばを漢字で書くとき、最もよいものを、1・2・3・4から一つえらびなさい。

1 うちの会社はお客さんとの信頼をきほんに考えてきました。

1　期礎　　2　期本　　3　基礎　　4　基本

2 猫は窓からにげて行った。

1　逃げて　　2　迷げて　　3　追げて　　4　退げて

3 白い服はすぐきたなくなる。

1　清く　　2　汗く　　3　汚く　　4　流く

4 けんこうのため、生活習慣を改善することにした。

1　建康　　2　健康　　3　建降　　4　健降

5 この工場ではゆしゅつ向けの自動車を生産している。

1　輸出　　2　愉出　　3　輸出　　4　論出

6 上から物をなげてはいけません。

1　打げて　　2　投げて　　3　拾げて　　4　当げて

37 실전 시험 한자 표기 [17]

(　　/6) 제한 시간 : 3분

›정답 및 해설 <본서1> p.39

問題2 ＿＿＿＿のことばを漢字で書くとき、最もよいものを、1・2・3・4から一つえらびなさい。

1　中国をけいゆしてヨーロッパに行く。

1　経由　　2　経油　　3　係由　　4　係油

2　暑くてこおりがすぐ溶けてしまった。

1　水　　2　永　　3　氷　　4　泳

3　私の短所は考えるだけですぐにこうどうを起こさないという点です。

1　行動　　2　降動　　3　幸堂　　4　講堂

4　プラスチックのようきは赤い箱に捨ててください。

1　溶具　　2　容具　　3　溶器　　4　容器

5　内容がふくざつでわかりにくい。

1　服雑　　2　腹雑　　3　複雑　　4　復雑

6　クラスメートと先生のお宅をたずねた。

1　放ねた　　2　訪ねた　　3　防ねた　　4　房ねた

38 실전 시험 한자 표기 [18]

(/6) 제한 시간 : 3분

정답 및 해설 <본서1> p.39

問題2 ＿＿＿＿のことばを漢字で書くとき、最もよいものを、1・2・3・4から一つえらびなさい。

1 テストのせいせきでクラスを分けます。

1 成績　2 成積　3 盛績　4 盛積

2 彼は腕(うで)をくんで窓の外を見つめている。

1 絡んで　2 給んで　3 結んで　4 組んで

3 子どものしんちょうを記録している。

1 身長　2 身張　3 伸長　4 伸張

4 ほうりつが改正された。

1 方律　2 法律　3 方立　4 法立

5 料金はじょうしゃするときに払ってください。

1 条車　2 乗車　3 常車　4 上車

6 お客さん来る前に、飲み物をひやしておく。

1 氷やして　2 凍やして　3 冷やして　4 燃やして

39 실전 시험 한자 표기 [19]

(　　/6) 제한 시간 : 3분

정답 및 해설 <본서1> p.40

問題2 ＿＿＿＿のことばを漢字で書くとき、最もよいものを、1・2・3・4から一つえらびなさい。

1 人口のげんしょうにより、いろいろな問題が生じている。

1 現少　2 減少　3 現小　4 減小

2 料理のざいりょうを教えてください。

1 財料　2 材料　3 財科　4 材科

3 今日けつろんが出なかったら、来週また話し合いましょう。

1 結論　2 級論　3 結輪　4 級輪

4 世界には70おく以上の人がいます。

1 意　2 憶　3 億　4 臆

5 人気ドラマの再放送(さいほうそう)がけっていした。

1 欠定　2 決定　3 欠正　4 決正

6 庭にりんごの木をうえた。

1 直えた　2 植えた　3 根えた　4 種えた

40 실전 시험 한자 표기 [20]

(　/6) 제한 시간 : 3분

▸정답 및 해설 <본서1> p.40

問題2 ＿＿＿＿のことばを漢字で書くとき、最もよいものを、1・2・3・4から一つえらびなさい。

1 彼はどりょくをやめない人です。

1 能力　2 怒力　3 態力　4 努力

2 まるい形のめがねをかけたら印象が変わった。

1 員い　2 回い　3 丸い　4 輪い

3 カフェのよこに花屋がある。

1 隣　2 横　3 側　4 向

4 ていでんが発生し、電車が止まりました。

1 流電　2 止電　3 消電　4 停電

5 このチョコレートは冬のきかんにしか味わうことができません。

1 期間　2 期関　3 記間　4 記関

6 このあたりは静かな住宅地です。

1 周り　2 辺り　3 囲り　4 道り

문제 3 문맥 규정

» 유형 소개

문맥 규정 (11문항)

문장을 읽고 괄호 안에 들어가는 단어가 무엇인지를 묻는 문제이며 11문항이 출제된다. 명사, 동사, 형용사, 부사, 가타카나가 출제되고, 선택지에는 의미가 유사한 어휘나 음이 비슷한 어휘가 제시된다.

예

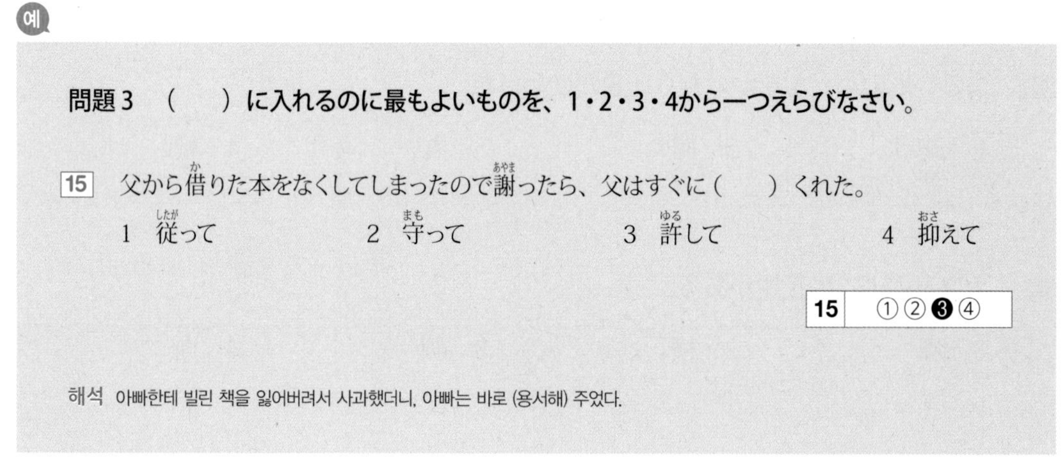

問題 3 （　　）に入れるのに最もよいものを、1・2・3・4から一つえらびなさい。

15 父から借りた本をなくしてしまったので謝ったら、父はすぐに（　　）くれた。

1 従って　　2 守って　　3 許して　　4 抑えて

15	①②❸④

해석 아빠한테 빌린 책을 잃어버려서 사과했더니, 아빠는 바로 (용서해) 주었다.

» 해답 스킬

1. 괄호 앞뒤의 단어에 주의하며, 전체 문장을 정확히 해석한다.
2. 선택지에는 의미가 비슷하거나 모양이 비슷한 어휘가 나오므로 꼼꼼히 봐야 한다.
3. 헷갈리는 문제가 나오면 선택지에서 오답을 먼저 지워 놓고 나머지 단어를 대입시켜서 본다.

» 학습 대책

1. 「**出勤**(출근)」「**出張**(출장)」「**出席**(출석)」와 같이 동일한 한자로 이루어진 어휘는 함께 외운다.
2. 「**壊れる**(고장 나다, 망가지다) – **枯れる**(시들다) – **流れる**(흐르다)」, 「**しっかり**(제대로, 단단히) – **うっかり**(깜빡) – **がっかり**(실망하는 모양)」와 같이 모양이 유사한 어휘는 함께 외운다.
3. 「**お金をためる**(돈을 모으다)」「**病気にかかる**(병에 걸리다)」「**ぐっすり寝る**(푹 자다)」와 같이 명사 – 동사, 부사 – 동사, 형용사 – 명사로 이루어진 것은 함께 외우는 게 효과적이다.
4. [문제 3 문맥 규정] 유형에 나오는 어휘는 [문제 5 용법] 유형에도 출제될 가능성이 높다.

문제 3 기반 다지기

1 명사
2 동사
3 복합 동사
4 い형용사
5 な형용사
6 부사
7 의성어 · 의태어
8 가타카나 단어
9 접두어 · 접미어
10 관용구 및 숙어

1 명사

가장 많이 출제되는 품사이며, 특히 「する(하다)」가 붙는 두 글자 명사의 출제 빈도가 높으므로 정확한 한국어 의미와 함께 외우도록 한다.

する가 붙는 명사

기출	단어	읽기	의미
	意識	いしき	意識 의식
	移転	いてん	移転 이전
	引退	いんたい	引退 은퇴
	運休	うんきゅう	運休 운휴
기출	影響	えいきょう	影響 영향
기출	延期	えんき	延期 연기
기출	演奏	えんそう	演奏 연주
	遠足	えんそく	遠足 소풍
	延長	えんちょう	延長 연장
	遠慮	えんりょ	遠慮 사양, 꺼려함
기출	お祝い	おいわい	お祝い 축하
기출	応援	おうえん	応援 응원
	応答	おうとう	応答 응답
기출	応募	おうぼ	応募 응모
	会計	かいけい	会計 회계, 계산
기출	解決	かいけつ	解決 해결
	開始	かいし	開始 개시
	外出	がいしゅつ	外出 외출
	解消	かいしょう	解消 해소
기출	外食	がいしょく	外食 외식
	改善	かいぜん	改善 개선
	回答	かいとう	回答 회답
	開発	かいはつ	開発 개발
	拡大	かくだい	拡大 확대
	確認	かくにん	確認 확인
기출	我慢	がまん	我慢 참음
	歓迎	かんげい	歓迎 환영
	感激	かんげき	感激 감격
	感謝	かんしゃ	感謝 감사
기출	観察	かんさつ	観察 관찰
기출	完成	かんせい	完成 완성
기출	乾燥	かんそう	乾燥 건조
	観測	かんそく	観測 관측
기출	感動	かんどう	感動 감동
	管理	かんり	管理 관리
	完了	かんりょう	完了 완료
	記憶	きおく	記憶 기억
기출	期待	きたい	期待 기대
기출	記念	きねん	記念 기념
기출	希望	きぼう	希望 희망
	休憩	きゅうけい	休憩 휴게

	休講	きゅうこう	休講(きゅうこう) 휴강
	救助	きゅうじょ	救助(きゅうじょ) 구조
	競争	きょうそう	競争(きょうそう) 경쟁
	共同	きょうどう	共同(きょうどう) 공동
	禁止	きんし	禁止(きんし) 금지
	工夫	くふう	工夫(くふう) 고안, 궁리
기출	訓練	くんれん	訓練(くんれん) 훈련
기출	経営	けいえい	経営(けいえい) 경영
	経験	けいけん	経験(けいけん) 경험
	怪我	けが	怪我(けが) 상처, 부상
	けんか	けんか	けんか 싸움
기출	検査	けんさ	検査(けんさ) 검사
	研修	けんしゅう	研修(けんしゅう) 연수
	限定	げんてい	限定(げんてい) 한정
	見物	けんぶつ	見物(けんぶつ) 구경
	講演	こうえん	講演(こうえん) 강연
기출	交換	こうかん	交換(こうかん) 교환
	講義	こうぎ	講義(こうぎ) 강의
	故障	こしょう	故障(こしょう) 고장
	混雑	こんざつ	混雑(こんざつ) 혼잡
	混乱	こんらん	混乱(こんらん) 혼란
	削除	さくじょ	削除(さくじょ) 삭제
	差別	さべつ	差別(さべつ) 차별
	参加	さんか	参加(さんか) 참가
	参考	さんこう	参考(さんこう) 참고
	賛成	さんせい	賛成(さんせい) 찬성
	支援	しえん	支援(しえん) 지원
	視察	しさつ	視察(しさつ) 시찰
	指示	しじ	指示(しじ) 지시
	支出	ししゅつ	支出(ししゅつ) 지출
	試食	ししょく	試食(ししょく) 시식
	支度	したく	支度(したく) 준비, 채비
	実現	じつげん	実現(じつげん) 실현
	指定	してい	指定(してい) 지정
	指導	しどう	指導(しどう) 지도
	借金	しゃっきん	借金(しゃっきん) 빚
기출	自慢	じまん	自慢(じまん) 자랑
	収集	しゅうしゅう	収集(しゅうしゅう) 수집
기출	就職	しゅうしょく	就職(しゅうしょく) 취직
	修正	しゅうせい	修正(しゅうせい) 수정
기출	渋滞	じゅうたい	渋滞(じゅうたい) 정체
기출	集中	しゅうちゅう	集中(しゅうちゅう) 집중
	終了	しゅうりょう	終了(しゅうりょう) 종료
	出勤	しゅっきん	出勤(しゅっきん) 출근
	出国	しゅっこく	出国(しゅっこく) 출국
	出場	しゅつじょう	出場(しゅつじょう) (경기) 출장
	出席	しゅっせき	出席(しゅっせき) 출석
기출	出張	しゅっちょう	出張(しゅっちょう) 출장
	上達	じょうたつ	上達(じょうたつ) 능숙해짐
	証明	しょうめい	証明(しょうめい) 증명

기출	準備	じゅんび	準備(じゅんび) 준비
	進行	しんこう	進行(しんこう) 진행
기출	申請	しんせい	申請(しんせい) 신청
기출	心配	しんぱい	心配(しんぱい) 걱정
	信用	しんよう	信用(しんよう) 신용
	信頼	しんらい	信頼(しんらい) 신뢰
기출	制限	せいげん	制限(せいげん) 제한
	成長	せいちょう	成長(せいちょう) 성장
	選択	せんたく	選択(せんたく) 선택
	宣伝	せんでん	宣伝(せんでん) 선전
	世話	せわ	世話(せわ) 돌봄
	増加	ぞうか	増加(ぞうか) 증가
	送信	そうしん	送信(そうしん) 송신
기출	想像	そうぞう	想像(そうぞう) 상상
	達成	たっせい	達成(たっせい) 달성
	担当	たんとう	担当(たんとう) 담당
	遅刻	ちこく	遅刻(ちこく) 지각
	調査	ちょうさ	調査(ちょうさ) 조사
	挑戦	ちょうせん	挑戦(ちょうせん) 도전
	追加	ついか	追加(ついか) 추가
기출	通訳	つうやく	通訳(つうやく) 통역
	低下	ていか	低下(ていか) 저하
	提供	ていきょう	提供(ていきょう) 제공
	提出	ていしゅつ	提出(ていしゅつ) 제출
	手入れ	ていれ	手入れ(ていれ) 손질
	手続き	てつづき	手続き(てつづき) 수속, 절차
	点検	てんけん	点検(てんけん) 점검
기출	登場	とうじょう	登場(とうじょう) 등장
	入門	にゅうもん	入門(にゅうもん) 입문
	入力	にゅうりょく	入力(にゅうりょく) 입력
기출	配達	はいたつ	配達(はいたつ) 배달
	発言	はつげん	発言(はつげん) 발언
	発売	はつばい	発売(はつばい) 발매
	発明	はつめい	発明(はつめい) 발명
	反省	はんせい	反省(はんせい) 반성
	判断	はんだん	判断(はんだん) 판단
	日帰り	ひがえり	日帰り(ひがえり) 당일치기
기출	比較	ひかく	比較(ひかく) 비교
	否定	ひてい	否定(ひてい) 부정
	評価	ひょうか	評価(ひょうか) 평가
	不足	ふそく	不足(ふそく) 부족
	分別	ぶんべつ	分別(ぶんべつ) 분별
	変更	へんこう	変更(へんこう) 변경
	貿易	ぼうえき	貿易(ぼうえき) 무역
기출	報告	ほうこく	報告(ほうこく) 보고
기출	命令	めいれい	命令(めいれい) 명령
	面接	めんせつ	面接(めんせつ) 면접
	優勝	ゆうしょう	優勝(ゆうしょう) 우승
	予定	よてい	予定(よてい) 예정
	予報	よほう	予報(よほう) 예보

	理解	りかい	理解(りかい) 이해
기출	流行	りゅうこう	流行(りゅうこう) 유행
기출	両替	りょうがえ	両替(りょうがえ) 환전
	連絡	れんらく	連絡(れんらく) 연락

그 밖의 명사

기출	あくび	あくび	あくび 하품
	辺り	あたり	辺(あた)り 주변, 부근, 근처
	あて先	あてさき	あて先(さき) 받는 사람의 주소 또는 이름
기출	穴	あな	穴(あな) 구멍
기출	泡	あわ	泡(あわ) 거품
기출	意志	いし	意志(いし) 의지
	一部	いちぶ	一部(いちぶ) 일부
	一流	いちりゅう	一流(いちりゅう) 일류
	田舎	いなか	田舎(いなか) 시골
	以来	いらい	以来(いらい) 이래
	色	いろ	色(いろ) 색
기출	印象	いんしょう	印象(いんしょう) 인상
	動き	うごき	動(うご)き 움직임
	うそ	うそ	うそ 거짓말
기출	内側	うちがわ	内側(うちがわ) 안쪽
	裏側	うらがわ	裏側(うらがわ) 뒤쪽
	売り切れ	うりきれ	売(う)り切(き)れ 매진
기출	うわさ	うわさ	うわさ 소문
	映像	えいぞう	映像(えいぞう) 영상
기출	栄養	えいよう	栄養(えいよう) 영양
	枝	えだ	枝(えだ) 가지
	大型	おおがた	大型(おおがた) 대형
	億	おく	億(おく) 억
	奥	おく	奥(おく) 안쪽, 깊숙한 곳
	外見	がいけん	外見(がいけん) 외견
	会費	かいひ	会費(かいひ) 회비
기출	香り	かおり	香(かお)り 향기
	学費	がくひ	学費(がくひ) 학비
	学歴	がくれき	学歴(がくれき) 학력
	影	かげ	影(かげ) 그림자
	形	かたち	形(かたち) 모양, 형태
	片道	かたみち	片道(かたみち) 편도
기출	片方	かたほう	片方(かたほう) 한쪽
	かび	かび	かび 곰팡이
	壁	かべ	壁(かべ) 벽
	皮	かわ	皮(かわ) 껍질, 가죽
	感覚	かんかく	感覚(かんかく) 감각
기출	間隔	かんかく	間隔(かんかく) 간격
	環境	かんきょう	環境(かんきょう) 환경
기출	感じ	かんじ	感(かん)じ 느낌
	感情	かんじょう	感情(かんじょう) 감정
	感想	かんそう	感想(かんそう) 감상
	季節	きせつ	季節(きせつ) 계절

	基礎	きそ	基礎 기초
기출	傷	きず	傷 상처
	気分	きぶん	気分 기분
기출	興味	きょうみ	興味 흥미
	近所	きんじょ	近所 근처, 이웃집
	具合	ぐあい	具合 형편, 상태
	くしゃみ	くしゃみ	くしゃみ 재채기
기출	くせ	くせ	くせ 버릇
	経済	けいざい	経済 경제
	けち	けち	けち 구두쇠, 인색함
	結論	けつろん	結論 결론
	煙	けむり	煙 연기
	現金	げんきん	現金 현금
	玄関	げんかん	玄関 현관
	現象	げんしょう	現象 현상
기출	原料	げんりょう	原料 원료
기출	効果	こうか	効果 효과
기출	合計	ごうけい	合計 합계
	交差点	こうさてん	交差点 교차로
	講師	こうし	講師 강사
	高速	こうそく	高速 고속
	好物	こうぶつ	好物 즐기는 음식, 좋아하는 물건
	後方	こうほう	後方 후방
	国際	こくさい	国際 국제
	小包	こづつみ	小包 소포
	こぶ	こぶ	こぶ 혹
	今後	こんご	今後 이후, 차후
기출	差	さ	差 차, 차이
	在庫	ざいこ	在庫 재고
	最高	さいこう	最高 최고
	財産	ざいさん	財産 재산
	最終	さいしゅう	最終 최종
	最上	さいじょう	最上 최상
기출	最新	さいしん	最新 최신
	最多	さいた	最多 최다
	最大	さいだい	最大 최대
	最中	さいちゅう	最中 한창인 때
기출	材料	ざいりょう	材料 재료
	作物	さくもつ	作物 작물
	資格	しかく	資格 자격
	時期	じき	時期 시기
	事故	じこ	事故 사고
	時差	じさ	時差 시차
기출	資源	しげん	資源 자원
	事実	じじつ	事実 사실
기출	事情	じじょう	事情 사정
기출	自信	じしん	自信 자신(감)
기출	姿勢	しせい	姿勢 자세
	実際	じっさい	実際 실제

	実用的	じつようてき	実用的(じつようてき) 실용적
기출	しみ	しみ	しみ 얼룩
기출	締め切り	しめきり	締(し)め切(き)り 마감
	しゃっくり	しゃっくり	しゃっくり 딸꾹질
	周囲	しゅうい	周囲(しゅうい) 주위
	習慣	しゅうかん	習慣(しゅうかん) 습관
	趣味	しゅみ	趣味(しゅみ) 취미
기출	順番	じゅんばん	順番(じゅんばん) 순번, 차례
	上下	じょうげ	上下(じょうげ) 상하
	条件	じょうけん	条件(じょうけん) 조건
	常識	じょうしき	常識(じょうしき) 상식
기출	冗談	じょうだん	冗談(じょうだん) 농담
	将来	しょうらい	将来(しょうらい) 장래
	食費	しょくひ	食費(しょくひ) 식비
	食欲	しょくよく	食欲(しょくよく) 식욕
	書類	しょるい	書類(しょるい) 서류
	資料	しりょう	資料(しりょう) 자료
	しわ	しわ	しわ 주름
	信号	しんごう	信号(しんごう) 신호
	数学	すうがく	数学(すうがく) 수학
	数字	すうじ	数字(すうじ) 숫자
	成分	せいぶん	成分(せいぶん) 성분
	性別	せいべつ	性別(せいべつ) 성별
	せき	せき	せき 기침
	責任	せきにん	責任(せきにん) 책임

	石油	せきゆ	石油(せきゆ) 석유
기출	前後	ぜんご	前後(ぜんご) 전후
	全体	ぜんたい	全体(ぜんたい) 전체
	全力	ぜんりょく	全力(ぜんりょく) 전력
	早朝	そうちょう	早朝(そうちょう) 조조, 이른 아침
기출	底	そこ	底(そこ) 바닥
	体育	たいいく	体育(たいいく) 체육
기출	代金	だいきん	代金(だいきん) 대금
	体重	たいじゅう	体重(たいじゅう) 체중
	大小	だいしょう	大小(だいしょう) 대소
	体操	たいそう	体操(たいそう) 체조
	体調	たいちょう	体調(たいちょう) 몸 상태
기출	体力	たいりょく	体力(たいりょく) 체력
	立場	たちば	立場(たちば) 입장
	知識	ちしき	知識(ちしき) 지식
	中間	ちゅうかん	中間(ちゅうかん) 중간
기출	調子	ちょうし	調子(ちょうし) 상태
	通路	つうろ	通路(つうろ) 통로
	都合	つごう	都合(つごう) 사정, 형편
	続き	つづき	続(つづ)き 이음, 연결, 계속
	天井	てんじょう	天井(てんじょう) 천정
	道具	どうぐ	道具(どうぐ) 도구
기출	当日	とうじつ	当日(とうじつ) 당일
	同席	どうせき	同席(どうせき) 동석
	同僚	どうりょう	同僚(どうりょう) 동료

기출	特徴	とくちょう	特徴(とくちょう) 특징
기출	土地	とち	土地(とち) 토지
	途中	とちゅう	途中(とちゅう) 도중
기출	内緒	ないしょ	内緒(ないしょ) 비밀
	仲間	なかま	仲間(なかま) 친구, 동료
기출	流れ	ながれ	流れ(なが) 흐름
	中身	なかみ	中身(なかみ) 속에 든 것, 알맹이
	日時	にちじ	日時(にちじ) 일시
	日常	にちじょう	日常(にちじょう) 일상
	農家	のうか	農家(のうか) 농가
	能力	のうりょく	能力(のうりょく) 능력
기출	農業	のうぎょう	農業(のうぎょう) 농업
	番地	ばんち	番地(ばんち) 번지
기출	半日	はんにち	半日(はんにち) 반일, 한나절
	半々	はんはん	半々(はんはん) 반반
	秘書	ひしょ	秘書(ひしょ) 비서
	秘密	ひみつ	秘密(ひみつ) 비밀
	ひも	ひも	ひも 끈
	費用	ひよう	費用(ひよう) 비용
	表情	ひょうじょう	表情(ひょうじょう) 표정
	品質	ひんしつ	品質(ひんしつ) 품질
기출	物価	ぶっか	物価(ぶっか) 물가
	部品	ぶひん	部品(ぶひん) 부품
기출	不満	ふまん	不満(ふまん) 불만
기출	平均	へいきん	平均(へいきん) 평균
기출	方法	ほうほう	方法(ほうほう) 방법
	方面	ほうめん	方面(ほうめん) 방면
	周り	まわり	周り(まわ) 주변, 둘레
	迷惑	めいわく	迷惑(めいわく) 폐, 민폐
	免許	めんきょ	免許(めんきょ) 면허
기출	申込書	もうしこみしょ	申込書(もうしこみしょ) 신청서
기출	目的	もくてき	目的(もくてき) 목적
기출	目標	もくひょう	目標(もくひょう) 목표
기출	文句	もんく	文句(もんく) 불평, 불만
	役割	やくわり	役割(やくわり) 역할
기출	家賃	やちん	家賃(やちん) 집세
	屋根	やね	屋根(やね) 지붕
	有料	ゆうりょう	有料(ゆうりょう) 유료
기출	床	ゆか	床(ゆか) 마룻바닥
	要求	ようきゅう	要求(ようきゅう) 요구
	用紙	ようし	用紙(ようし) 용지
	様子	ようす	様子(ようす) 모습, 상태
	翌朝	よくあさ	翌朝(よくあさ) 다음 날 아침
기출	翌日	よくじつ	翌日(よくじつ) 익일, 다음 날
	汚れ	よごれ	汚れ(よご) 오염, 더러움
	予算	よさん	予算(よさん) 예산
	夜中	よなか	夜中(よなか) 밤중
기출	料金	りょうきん	料金(りょうきん) 요금
	領収書	りょうしゅうしょ	領収書(りょうしゅうしょ) 영수증

	□ 両方	りょうほう	□ 両方(りょうほう) 양쪽
	□ 歴史	れきし	□ 歴史(れきし) 역사
기출	□ 列	れつ	□ 列(れつ) 열, 줄
	□ 連休	れんきゅう	□ 連休(れんきゅう) 연휴
	□ 廊下	ろうか	□ 廊下(ろうか) 복도
	□ 若者	わかもの	□ 若者(わかもの) 젊은 사람
	□ 訳	わけ	□ 訳(わけ) 이유
기출	□ 割合	わりあい	□ 割合(わりあい) 비율

チェックアップ!
확인문제

ⓐ부터 ⓗ 중 알맞은 명사를 고르세요.

1 店を(　　)する。가게를 경영하다.

2 道路が(　　)している。도로가 정체되고 있다.

3 アルバイトに(　　)する。아르바이트에 응모하다.

4 かぜを引いて(　　)が出る。
감기에 걸려서 기침이 나오다.

5 主人公が(　　)する。주인공이 등장하다.

6 石油などの(　　) 석유 등의 자원

8 強い(　　)を持っている。강한 의지를 갖고 있다.

7 上司に出張の(　　)をする。
상사에게 출장 보고를 하다.

ⓐ 意志　ⓑ 報告　ⓒ 応募　ⓓ 渋滞　ⓔ 登場　ⓕ 資源　ⓖ せき　ⓗ 経営

정답 1 ⓗ 2 ⓓ 3 ⓒ 4 ⓖ 5 ⓔ 6 ⓕ 7 ⓐ 8 ⓑ

2 동사

く・ぐ로 끝나는 동사

	浮く	うく	浮く 뜨다
	驚く	おどろく	驚く 놀라다
기출	乾く	かわく	乾く 마르다, 건조하다
	注ぐ	そそぐ	注ぐ (액체를) 붓다, 따르다
기출	叩く	たたく	叩く 치다
	開く	ひらく	開く (닫혀 있거나 접혀 있던 것을) 펴다, 펼치다 (행사를) 열다, 개최하다
기출	拭く	ふく	拭く 닦다, 훔치다
기출	防ぐ	ふせぐ	防ぐ 막다, 방지하다
기출	むく	むく	むく (껍질을) 벗기다

う・つ로 끝나는 동사

	合う	あう	合う 합쳐지다, 맞다
	嫌う	きらう	嫌う 싫어하다
	従う	したがう	従う (지시·명령에) 따르다
기출	しまう	しまう	しまう 넣다, 보관하다, 수납하다
기출	戦う	たたかう	戦う 싸우다
	立つ	たつ	立つ 일어서다
기출	経つ	たつ	経つ (시간이) 흐르다, 경과하다
기출	迷う	まよう	迷う 망설이다, 헤매다

む로 끝나는 동사

기출	編む	あむ	編(あ)む 짜다, 뜨개질하다
	挑む	いどむ	挑(いど)む 도전하다
기출	囲む	かこむ	囲(かこ)む 둘러싸다, 에워싸다
기출	沈む	しずむ	沈(しず)む 가라앉다
기출	畳む	たたむ	畳(たた)む 개다, 접다
	つかむ	つかむ	つかむ (손으로) 잡다
	踏む	ふむ	踏(ふ)む (발로) 밟다

す로 끝나는 동사

기출	隠す	かくす	隠(かく)す 숨기다
기출	過ごす	すごす	過(す)ごす 지내다, 보내다
	直す	なおす	直(なお)す 고치다
	逃す	のがす	逃(のが)す (기회·우승을) 놓치다
기출	延ばす	のばす	延(の)ばす (시일을) 연장시키다, 늘이다
	増やす	ふやす	増(ふ)やす 늘리다, 증가시키다
기출	許す	ゆるす	許(ゆる)す 용서하다, 허락하다

る로 끝나는 동사

❶ ○る

기출	振る	ふる	振(ふ)る 흔들다
	掘る	ほる	掘(ほ)る 파다, 구멍을 뚫다
	寄る	よる	寄(よ)る 들르다

❷ ○○る

기출	□ 飽きる	あきる	□ 飽(あ)きる 질리다, 싫증 나다
기출	□ 当たる	あたる	□ 当(あ)たる 맞다, 명중하다, 적중하다
	□ 余る	あまる	□ 余(あま)る 남다
	□ 受かる	うかる	□ 受(う)かる (시험에) 합격되다
	□ 埋める	うめる	□ 埋(う)める 묻다, 메우다, 채우다
기출	□ 起きる	おきる	□ 起(お)きる 일어나다
기출	□ かかる	かかる	□ かかる (병에) 걸리다, (시간·비용이) 들다
기출	□ 枯れる	かれる	□ 枯(か)れる 시들다
	□ 超える	こえる	□ 超(こ)える (기준·범위·수량을) 넘다, 초과하다
	□ 越える	こえる	□ 越(こ)える (경계·시간을) 넘다
	□ 凍る	こおる	□ 凍(こお)る 얼다
	□ 焦げる	こげる	□ 焦(こ)げる 타다, 눌어붙다
	□ 下げる	さげる	□ 下(さ)げる 내리다
기출	□ 覚める	さめる	□ 覚(さ)める (눈이) 떠지다
	□ 触る	さわる	□ 触(さわ)る 만지다
기출	□ 縛る	しばる	□ 縛(しば)る 단단히 메다, 묶다
기출	□ 搾る	しぼる	□ 搾(しぼ)る (즙을) 짜다
	□ 締める	しめる	□ 締(し)める 죄다, 바싹 조르다
	□ 捨てる	すてる	□ 捨(す)てる 버리다
	□ 滑る	すべる	□ 滑(すべ)る 미끄러지다
기출	□ 貯める	ためる	□ 貯(た)める (돈을) 모으다
기출	□ 頼る	たよる	□ 頼(たよ)る 기대다, 의지하다
	□ 付ける	つける	□ 付(つ)ける 붙이다
기출	□ 溶ける	とける	□ 溶(と)ける 녹다

기출	閉じる	とじる	閉じる (눈을) 감다, (책을) 덮다
	殴る	なぐる	殴る 때리다
	なでる	なでる	なでる 쓰다듬다
	ぬれる	ぬれる	ぬれる 젖다
	載せる	のせる	載せる 위에 놓다, 얹다, (짐을) 싣다
	触れる	ふれる	触れる 닿다, 손을 대다
	ほめる	ほめる	ほめる 칭찬하다
기출	交ざる	まざる	交ざる 섞이다
기출	守る	まもる	守る 지키다
	やせる	やせる	やせる 여위다, 살이 빠지다
	破る	やぶる	破る 찢다, 깨다, 어기다
	辞める	やめる	辞める 그만두다
기출	分ける	わける	分ける 나누다

❸ ○○○る

기출	あふれる	あふれる	あふれる 넘치다
	謝る	あやまる	謝る 사과하다
기출	合わせる	あわせる	合わせる 합치다, 맞추다
	慌てる	あわてる	慌てる 당황하다, 허둥대다
	抑える	おさえる	抑える 억누르다, 억제하다
기출	おぼれる	おぼれる	おぼれる (강에서) 빠지다
	関わる	かかわる	関わる 관계되다
기출	重ねる	かさねる	重ねる 겹치다, 포개다
	固まる	かたまる	固まる 굳다, 딱딱해지다
	感じる	かんじる	感じる 느끼다

	□ 加える	くわえる	□ 加(くわ)える 더하다, 추가하다
기출	□ 断る	ことわる	□ 断(ことわ)る 거절하다
	□ こぼれる	こぼれる	□ こぼれる 넘치다, 엎질러지다
	□ 怖がる	こわがる	□ 怖(こわ)がる 무서워하다
기출	□ 信じる	しんじる	□ 信(しん)じる 믿다
	□ 倒れる	たおれる	□ 倒(たお)れる 쓰러지다, 넘어지다
	□ 尋ねる	たずねる	□ 尋(たず)ねる 묻다
	□ 散らかる	ちらかる	□ 散(ち)らかる 흩어지다, 어질러지다
기출	□ 流れる	ながれる	□ 流(なが)れる 흐르다
	□ 外れる	はずれる	□ 外(はず)れる 빠지다, 빗나가다, 어긋나다
	□ ぶつかる	ぶつかる	□ ぶつかる 부딪다, 부닥치다
기출	□ ぶつける	ぶつける	□ ぶつける 부딪치다
	□ 任せる	まかせる	□ 任(まか)せる 맡기다
	□ まとめる	まとめる	□ まとめる 정리하다
	□ 見つめる	みつめる	□ 見(み)つめる 응시하다
	□ 迎える	むかえる	□ 迎(むか)える 맞이하다
기출	□ 破れる	やぶれる	□ 破(やぶ)れる 찢어지다, 깨지다
기출	□ 別れる	わかれる	□ 別(わか)れる 헤어지다

❹ ○○○○る

	□ 憧れる	あこがれる	□ 憧(あこが)れる 동경하다
기출	□ 確かめる	たしかめる	□ 確(たし)かめる 확인하다
	□ 捕まえる	つかまえる	□ 捕(つか)まえる 붙잡다, 붙들다

복합 동사

受け～

기출 受け入れる (사람·문화를) 받아들이다, (의견·요구·주장을) 받아들이다

受け付ける 접수하다

기출 受け取る 수취하다

追い～

追いかける 뒤쫓다

기출 追い越す (앞차를) 추월하다

기출 追い抜く 앞지르다, 추월하다

기출 追いつく 따라붙다, 따라잡다

思い～

思い出す (잊었던 일을) 생각해 내다, (과거를) 회상하다

思い付く (아이디어를) 생각해 내다

思いやる 배려하다

出～

出会う 우연히 만나다, 마주치다

出迎える 마중하다

通り～

通りかかる (때마침) 지나가다

通り過ぎる 지나가다, 통과하다

取り～

取り上げる 집어 들다, 빼앗다, 거론하다

取り入れる (밖에 있는 것을 안으로) 거두어들이다, (좋은 점을) 받아들이다, (농작물을) 수확하다

取り替える 바꾸다, 갈다, 교체하다

取り囲む 둘러싸다, 에워싸다

기출 取り消す 취소하다

取り込む (밖에 있는 것을 안으로) 거두어들이다, (좋은 점을) 받아들이다

取り出す 꺼내다

取り付ける (기계를) 달다, 설치하다

乗り～

乗り遅れる 늦어서 못 타다

乗り換える 환승하다

乗り越える (어려운 국면을) 극복하다

乗り越す (내릴 역을) 지나치다

乗り過ごす (내릴 역을) 지나치다

話し～

기출 話し合う 서로 이야기하다

話しかける 이야기를 걸다

話し出す 이야기하기 시작하다

引き～

기출 引き受ける 떠맡다, (부탁·요구를) 받아들이다

引き出す 꺼내다

引っかける 걸다

引っ張る 끌어당기다

見～

見上げる 올려다보다

見送る 배웅하다

見下ろす 내려다보다

見かける 눈에 띄다, 언뜻 보다

～合う

知り合う 서로 알다

助け合う 서로 돕다

기출 付き合う 사귀다, 행동을 같이 하다

似合う 어울리다, 잘 맞다

間に合う 시간에 대다, 제시간에 맞추다

～合わせる

打ち合わせる (사전에) 협의하다, 의논하다

問い合わせる 문의하다

기출 待ち合わせる (장소, 시간을 정하고) 만나다

～替える/替える

着替える (옷을) 갈아입다

取り替える 바꾸다, 갈다, 교체하다

～返す

言い返す 되풀이하여 말하다, 말대꾸하다

繰り返す 반복하다

引き返す (원래 위치·원래 상태로) 되돌아가다, 되돌아오다

～切る/切る・～切れる

締め切る 마감하다

区切る 단락을 짓다, 구획 짓다

売り切れる 다 팔리다

～立つ

旅立つ 여행을 떠나다

目立つ 눈에 띄다

役立つ 도움이 되다

~付く

- 片付く 정돈되다
- 気付く 알아차리다, 정신이 들다
- 近付く 가까이 가다, 다가가다

~直す

- 書き直す 다시 쓰다
- かけ直す 다시 걸다
- 作り直す 다시 만들다
- やり直す 다시 하다

그 밖의 복합 동사

- 기출 落ち着く 진정하다, 안정되다, 침착하다
- 組み立てる 조립하다
- 腰かける 걸터앉다
- すれ違う 엇갈리다, 스치듯 지나가다
- 出来上がる 완성되다, 이루어지다
- 振り向く 뒤돌아보다
- 申し込む 신청하다
- 持ち帰る 가지고 돌아가다
- 기출 呼びかける (사람들에게 참가나 협력 등을) 호소하다, 당부하다, 요청하다

チェックアップ! 확인문제

ⓐ부터 ⓗ 중 알맞은 동사를 고르세요.

1 セーターを (　　　)。스웨터를 뜨다.

2 背中を (　　　)。등을 치다.

3 どれを買おうか (　　　)。어느 것을 살지 망설이다.

4 花が (　　　)。꽃이 시들다.

5 お皿を (　　　)。접시를 포개다.

6 名前を (　　　)。이름을 확인하다.

7 部屋が (　　　)。방이 어질러지다.

8 仕事を (　　　)。일을 떠맡다.

ⓐ 確かめる　ⓑ 編む　ⓒ 枯れる　ⓓ 迷う　ⓔ たたく　ⓕ 引き受ける　ⓖ 散らかる　ⓗ 重ねる

정답 1ⓑ 2ⓔ 3ⓓ 4ⓒ 5ⓗ 6ⓐ 7ⓖ 8ⓕ

4 い형용사

い형용사는 어미 「い」가 「く」로 바뀌면 부사로 쓰이는 것도 알아 두자.

○○い

기출	うまい	うまい	うまい 잘하다, 맛있다
	かゆい	かゆい	かゆい 가렵다
기출	きつい	きつい	きつい (옷·신발이) 꽉 끼다, (일이) 힘들다
	臭い	くさい	臭(くさ)い 냄새가 고약하다
	ずるい	ずるい	ずるい 교활하다, 간사하다
	ぬるい	ぬるい	ぬるい 미지근하다
기출	緩い	ゆるい	緩(ゆる)い 느슨하다, 헐렁하다

～しい

	怪しい	あやしい	怪(あや)しい 수상하다
	うらやましい	うらやましい	うらやましい 부럽다
기출	おかしい	おかしい	おかしい 이상하다
기출	惜しい	おしい	惜(お)しい 아깝다, 애석하다
	恐ろしい	おそろしい	恐(おそ)ろしい 무섭다, 두렵다
	大人しい	おとなしい	大人(おとな)しい 얌전하다
	厳しい	きびしい	厳(きび)しい 엄격하다
	詳しい	くわしい	詳(くわ)しい 자세하다 / 잘 알고 있다
기출	悔しい	くやしい	悔(くや)しい 분하다
기출	苦しい	くるしい	苦(くる)しい 힘들다
	険しい	けわしい	険(けわ)しい 험하다
기출	懐かしい	なつかしい	懐(なつ)かしい 그립다

	□ 憎らしい	にくらしい	□ 憎らしい 얄밉다, 밉살스럽다
	□ 激しい	はげしい	□ 激しい 세차다, 격렬하다
	□ 恥ずかしい	はずかしい	□ 恥ずかしい 부끄럽다
	□ まぶしい	まぶしい	□ まぶしい 눈부시다
	□ 珍しい	めずらしい	□ 珍しい 드물다
	□ 優しい	やさしい	□ 優しい 착하다, 상냥하다

～ない

	□ しょうがない	しょうがない	□ しょうがない 어쩔 수 없다, 하는 수 없다
	□ だらしない	だらしない	□ だらしない 칠칠치 못하다, 야무지지 못하다
	□ 情けない	なさけない	□ 情けない 한심하다
기출	□ もったいない	もったいない	□ もったいない 아깝다

그 밖의 い형용사

	□ 細かい	こまかい	□ 細かい 잘다, 작다, 자세하다
기출	□ しつこい	しつこい	□ しつこい 집요하다
기출	□ 面倒くさい	めんどうくさい	□ 面倒くさい 귀찮다

な형용사

な형용사는 어미 「だ」가 「に」로 바뀌면 부사로 쓰이는 것도 알아 두자.

두 글자 한자의 な형용사

	安全だ	あんぜんだ	安全だ 안전하다
기출	意外だ	いがいだ	意外だ 의외이다
기출	確実だ	かくじつだ	確実だ 확실하다
기출	可能だ	かのうだ	可能だ 가능하다
	完全だ	かんぜんだ	完全だ 완전하다
	危険だ	きけんだ	危険だ 위험하다
	重要だ	じゅうようだ	重要だ 중요하다
	主要だ	しゅようだ	主要だ 주요하다
	順調だ	じゅんちょうだ	順調だ 순조롭다
기출	清潔だ	せいけつだ	清潔だ 청결하다
기출	正常だ	せいじょうだ	正常だ 정상이다
	退屈だ	たいくつだ	退屈だ 따분하다
	短気だ	たんきだ	短気だ 성미가 급하다
	単純だ	たんじゅんだ	単純だ 단순하다
	丁寧だ	ていねいだ	丁寧だ 정중하다, 공손하다
	手軽だ	てがるだ	手軽だ 간편하다, 손쉽다
	独特だ	どくとくだ	独特だ 독특하다
	苦手だ	にがてだ	苦手だ 질색이다, 서투르다
	派手だ	はでだ	派手だ 화려하다
기출	複雑だ	ふくざつだ	複雑だ 복잡하다
	無事だ	ぶじだ	無事だ 무사하다

豊富だ	ほうふだ	豊富(ほうふ)だ 풍부하다
身近だ	みぢかだ	身近(みぢか)だ 가깝다, 밀접하다, 친근하다
기출 無駄だ	むだだ	無駄(むだ)だ 쓸데없다
貧乏だ	びんぼうだ	貧乏(びんぼう)だ 빈핍하다, 가난하다
不要だ	ふようだ	不要(ふよう)だ 불필요하다
기출 平気だ	へいきだ	平気(へいき)だ 아무렇지 않다, 걱정 없다, 태연하다
立派だ	りっぱだ	立派(りっぱ)だ 훌륭하다

～的로 쓰이는 な형용사

感情的だ	かんじょうてきだ	感情的(かんじょうてき)だ 감정적이다
間接的だ	かんせつてきだ	間接的(かんせつてき)だ 간접적이다
機械的だ	きかいてきだ	機械的(きかいてき)だ 기계적이다
具体的だ	ぐたいてきだ	具体的(ぐたいてき)だ 구체적이다
効果的だ	こうかてきだ	効果的(こうかてき)だ 효과적이다
実用的だ	じつようてきだ	実用的(じつようてき)だ 실용적이다
기출 自動的だ	じどうてきだ	自動的(じどうてき)だ 자동적이다
人工的だ	じんこうてきだ	人工的(じんこうてき)だ 인공적이다
기출 積極的だ	せっきょくてきだ	積極的(せっきょくてき)だ 적극적이다
기출 代表的だ	だいひょうてきだ	代表的(だいひょうてき)だ 대표적이다

그 밖의 な형용사

おしゃれだ	おしゃれだ	おしゃれだ 멋 내다, 세련되다
主だ	おもだ	主(おも)だ 주되다
기출 盛んだ	さかんだ	盛(さか)んだ 성행하다, 활발하다
さまざまだ	さまざまだ	さまざまだ 여러 가지다

□ ぜいたくだ	ぜいたくだ	□ ぜいたくだ 사치스럽다
□ にぎやかだ	にぎやかだ	□ にぎやかだ 활기차다, 번화하다
□ 不思議だ	ふしぎだ	□ 不思議(ふしぎ)だ 이상하다, 신기하다
□ 豊かだ	ゆたかだ	□ 豊(ゆた)かだ 풍부하다, 풍요롭다
□ 楽だ	らくだ	□ 楽(らく)だ 편하다
□ わがままだ	わがままだ	□ わがままだ 제멋대로다

チェックアップ!
확인문제

ⓐ부터 ⓗ 중 알맞은 형용사를 고르세요.

1 (　　　)人 집요한 사람

2 ズボンが (　　　)。바지가 꽉 끼다.

3 料理するのが (　　　)。요리하는 것이 귀찮다.

4 試合に負けて (　　　)。시합에 져서 분하다.

5 お茶が (　　　)。차가 미지근하다.

6 (　　　)情報 확실한 정보

7 (　　　)作業 단순한 작업

8 貿易が (　　　)所 무역이 활발한 곳

ⓐ ぬるい　ⓑ 単純な　ⓒ きつい　ⓓ しつこい　ⓔ 確実な　ⓕ くやしい　ⓖ 盛んな　ⓗ めんどうくさい

정답 1 ⓓ 2 ⓒ 3 ⓗ 4 ⓕ 5 ⓐ 6 ⓔ 7 ⓑ 8 ⓖ

부사

1. 한자어 부사

- □ 相変(あいか)わらず 변함없이
- □ 一応(いちおう) 일단
- □ いつの間(ま)にか 어느새인가
- □ 今(いま)にも 지금이라도, 당장
- □ 思(おも)わず 엉겁결에, 뜻하지 않게
- 기출 □ 主(おも)に 주로
- □ 必(かなら)ず 반드시, 꼭
- □ 急(きゅう)に 갑자기
- 기출 □ 偶然(ぐうぜん) 우연히
- □ 結局(けっきょく) 결국
- 기출 □ この間(あいだ) 일전에, 얼마 전에
- 기출 □ 先(さき)に 먼저
- □ 絶対(ぜったい)に 절대로, 반드시
- □ 相当(そうとう) 상당히
- □ 多少(たしょう) 다소, 약간, 어지간히
- □ 次々(つぎつぎ)に 잇달아, 연달아
- □ 常(つね)に 항상, 언제나
- 기출 □ 突然(とつぜん) 돌연, 갑자기
- 기출 □ 早(はや)めに 빨리, 일찌감치
- □ 半々(はんはん)に 반반으로
- 기출 □ 別々(べつべつ)に 따로따로
- □ 前(まえ)もって 미리, 사전에

2. 히라가나로 출제되는 부사

- □ かなり 제법, 어지간히
- □ きっと 분명히
- □ けっこう 꽤, 상당히
- 기출 □ さっそく 즉시, 당장
- 기출 □ しばらく 잠시, 잠깐
- □ じゅうぶん 충분히
- □ すべて 모두
- □ せっかく 모처럼
- □ ぜひ 꼭
- □ たいてい 대게, 대체로
- □ だいぶ 상당히, 어지간히
- □ たまたま 우연히
- □ つい 그만, 무심결에
- □ ついでに 하는 김에, 내친김에
- □ ついに 드디어, 결국에
- □ とっくに 진작에, 벌써
- □ とにかく 어쨌든
- 기출 □ なるべく 가능한 한, 되도록
- □ はっきり 똑똑히, 명확히, 분명히
- □ まもなく 머지않아
- □ もうすぐ 이제 곧
- □ わざと 고의로

7 의성어·의태어

1. 비슷한 모양

❶

	□ ざっと 대강, 대충	ざっと読む。대충 읽다.
	□ じっと 가만히	じっと見ている。가만히 보고 있다.
기출	□ そっと 살짝, 몰래	そっと置く。살짝 놓다.
	□ どっと 한꺼번에	どっと疲れが出る。한꺼번에 피로가 몰려오다.
	□ ほっと 안심하는 모양	ほっとする。안심하다.

❷

기출	□ うっかり 깜빡	うっかり忘れる。깜빡 잊다.
기출	□ がっかり 실망하는 모양	コンサートが中止になって、がっかりする。콘서트가 중지돼서 실망하다.
기출	□ しっかり 제대로/단단히	基礎をしっかり身につける。기초를 제대로 익히다. まだ小学生なのにしっかりしている。아직 초등학생인데 야무지다.

❸

□ ぐっすり 푹	朝までぐっすり寝る。아침까지 푹 자다.
□ うっすり 살짝, 희미하게	うっすりと雪が積もっている。살짝 눈이 쌓여 있다.

❹

□ すっかり 완전히/죄다, 모두	約束をすっかり忘れる。약속을 완전히 잊다.
□ すっきり 산뜻한/후련한/말끔한 모양	大掃除をしてすっきりした。대청소를 해서 후련해졌다.

2. 비슷한 발음

❶

기출	□ からから 바싹 마른 모양	のどがからからだ。목이 마르다.
기출	□ がらがら 텅텅 비어 있는 모양	映画館はがらがらだった。영화관은 텅텅 비었다.

❷

□ くらくら 어질어질	立ち上がると頭がくらくらした。일어섰더니 머리가 어질어질했다.
□ ぐらぐら 흔들흔들	歯がぐらぐらする。이가 흔들거리다.

❸

	□ はらはら 조마조마 (걱정·불안)	道で遊んでいる子どもを見るとはらはらする。 길에서 놀고 있는 아이를 보면 조마조마하다.
기출	□ ばらばら 뿔뿔이 (흩어짐)	意見がばらばらだ。의견이 일치하지 않는다(제각각이다).

❹

기출	□ ふらふら 휘청휘청, 비틀비틀, 빙빙	高熱で頭がふらふらする。고열로 머리가 휘청댄다.
기출	□ ぶらぶら 어슬렁어슬렁, 빈둥빈둥	街をぶらぶら歩く。거리를 어슬렁어슬렁 걷다. 何もしないでぶらぶらしている。아무것도 하지 않고 빈둥빈둥하고 있다.

3. 사람의 움직임 · 모습

기출	□ うろうろ 서성서성	家の前をうろうろしている人がいる。집 앞을 서성거리는 사람이 있다.
기출	□ そっくり 꼭 닮음	私と姉は顔がそっくりだ。나와 언니는 얼굴이 꼭 닮았다.
기출	□ にこにこ 싱글벙글, 생긋생긋	にこにこ笑っている。생긋생긋 웃고 있다.
	□ のんびり 유유히, 한가로이	うちでのんびり過ごす。집에서 한가로이 보내다.
기출	□ ぺらぺら 술술, 유창하게	日本語がぺらぺらだ。일본어가 유창하다.

4. 사람의 감각·기분

기출 □ どきどき 두근두근 (긴장·불안)	自己紹介の時はいつもどきどきする。자기소개할 때는 항상 긴장한다.
□ わくわく 두근두근 (기대·기쁨)	初めて海外旅行に行くのでわくわくする。 처음 해외여행 가는 거라서 두근두근 댄다.
□ さらさら (습기가 없이) 바슬바슬, 보송보송	長い髪がさらさらだ。긴 머리카락이 보송보송하다.
기출 □ ずきずき 욱신욱신	虫歯がずきずきと痛む。충치가 욱신욱신 아프다.
□ びっくり 깜짝 놀라는 모양	大きな音がしてびっくりした。큰 소리가 나서 깜짝 놀랐다.
□ ぺこぺこ 배가 고픈 모양	お腹がぺこぺこだ。배가 고프다.

5. 기타

□ ぎりぎり 아슬아슬, 간당간당	ぎりぎり到着する。아슬아슬하게 도착하다.
□ ざあざあ (비가) 좍좍	雨がざあざあ降っている。비가 좍좍 내리고 있다.
□ そろそろ 슬슬	雨も止んだし、そろそろ出かけましょう。비도 그쳤으니까 슬슬 나갑시다.
□ だぶだぶ (옷이나 신발이) 헐렁헐렁	だぶだぶしたズボン 헐렁헐렁한 바지
□ とんとん 똑똑, 톡톡 (가볍게 두드리는 소리)	ドアをとんとんノックする。문을 똑똑 두드리다.
기출 □ ぴったり 딱, 꼭 맞음	くつのサイズがぴったり合った。신발 사이즈가 딱 맞았다.

チェックアップ!
확인문제

ⓐ부터 ⓕ 중 알맞은 부사를 고르세요.

1 (　　　)早く来るように。가능한 한 빨리 오도록.

2 (　　　)にしてください。따로따로 해 주세요.

3 (　　　)来たのに休みだった。
모처럼 왔는데 휴일이었다.

4 朝まで (　　　)寝る。아침까지 푹 자다.

5 のどが (　　　)だ。목이 마르다.

6 虫歯が (　　　)と痛む。
충치가 욱신욱신 아프다.

ⓐ 別々　ⓑ なるべく　ⓒ ずきずき　ⓓ ぐっすり　ⓔ からから　ⓕ せっかく

정답 1 ⓑ 2 ⓐ 3 ⓕ 4 ⓓ 5 ⓔ 6 ⓒ

8 가타카나 단어

- アイデア 아이디어
- アクセス 액세스, 교통수단의 연락
- アクセント 악센트
- 기출 アドバイス 어드바이스, 조언
- アップ 업, 상승
- アナウンス 아나운스, 방송함
- アニメ 애니메이션, 동화
- アルコール 알코올, 술
- アルバム 앨범
- アンケート 앙케트, 설문 조사
- 기출 イメージ 이미지
- インタビュー 인터뷰, 면접
- インフォメーション 인포메이션
- ウェイトレス 웨이트리스, 식당 종업원
- エアコン 에어컨
- エチケット 에티켓, 예의
- 기출 エネルギー 에너지
- エンジン 엔진
- オイル 오일, 기름, 식용유
- オーダー 오더, 주문
- オートバイ 오토바이
- 기출 オーバー 오버
- オープン 오픈
- オフィス 오피스, 사무실
- 기출 カーブ 커브, 곡선
- ガイド 가이드, 안내원
- 기출 カタログ 카탈로그
- カット 컷, 절단
- 기출 カバー 커버, 덮개
- カフェ 카페
- カロリー 칼로리
- ギター 기타
- キャプテン 캡틴, 지도자
- 기출 キャンセル 캔슬, 취소
- クラスメート 클래스메이트, 동급생
- クリーニング 클리닝
- グループ 그룹, 집단
- クレーム 클레임, 불만, 이의 제기
- クレジットカード 신용 카드
- ケース 케이스, 상자, 경우
- ゲーム 게임
- コース 코스
- コーチ 코치
- ゴール 골, 결승점
- コマーシャル 커머셜, 선전
- コミュニケーション 커뮤니케이션

□ コレクション 컬렉션, 수집

□ コンクール 콩쿠르, 경연 대회

□ コンビニ 편의점

□ サービス 서비스

□ サイン 사인, 서명

□ サンプル 샘플, 견본

□ シーズン 시즌, 시기, 계절

□ シャツ 셔츠

□ ジョギング 조깅

□ シリーズ 시리즈

□ シンプル 심플, 단순함

□ スケジュール 스케줄, 일정

□ スタート 스타트, 출발

□ スタイル 스타일, 몸매, 체형

□ ストップ 스톱, 정지

□ ストレス 스트레스

기출 □ スピーチ 스피치, 연설

□ スピード 스피드, 속력, 속도

□ スムーズ 순조로움

□ セール 세일, 할인

기출 □ セット 세트

□ タイトル 타이틀, 제목

□ タイプ 타입

□ タイミング 타이밍

□ ダイヤ 다이어그램, 열차 운행 계획

□ タオル 타월, 수건

□ チーム 팀

□ チェックアウト 체크아웃

□ チェンジ 체인지, 교체

□ チケット 티켓, 표

기출 □ チャレンジ 챌린지, 도전

□ チャンス 찬스, 기회

□ ディスカウント 디스카운트

□ データ 데이터, 자료

□ デート 데이트

기출 □ テーマ 테마, 주제

기출 □ デザイン 디자인

□ テンポ 템포

□ ドライブ 드라이브

□ トラック 트럭

□ トラブル 트러블, 분쟁

□ トラベル 트래블, 여행

□ ドラマ 드라마

□ ドリンク 드링크, 음료수

□ トレーニング 트레이닝, 훈련, 연습

기출 □ ノック 노크

□ パーセント 퍼센트, 백분율

□ パーティー 파티

□ ハイキング 하이킹

기출 □ バケツ 양동이

- パス 통과함, 합격
- パスポート 패스포트, 여권
- バランス 밸런스, 균형
- 기출 パンフレット 팸플릿
- ピクニック 피크닉, 소풍
- ビタミン 비타민
- ピックアップ 픽업, 골라냄
- 기출 ヒント 힌트
- ファイル 파일, 서류철
- ファッション 패션, 유행, 복장
- ブラシ 브러시, 솔
- プラス 플러스, 더하기
- プラン 플랜, 계획
- ブレーキ 브레이크
- プロ 프로
- プログラム 프로그램
- フロント 프런트
- ベテラン 베테랑
- ベンチ 벤치
- (駅(えき)の)ホーム 플랫폼
- ホームページ 홈페이지
- ポスター 포스터
- ポスト 포스트, 우편함
- ボランティア 볼런티어, 자원봉사
- マーク 마크, 상표
- マイナス 마이너스
- マスク 마스크
- マスター 마스터, 숙달함
- 기출 マナー 매너
- マラソン 마라톤
- ミス 미스, 실수
- ミックス 믹스
- メートル 미터
- メッセージ 메시지
- メニュー 메뉴
- メンバー 멤버, 구성원
- 기출 ユーモア 유머
- ユニーク 유니크
- ライバル 라이벌
- ラップ 랩
- ランチ 런치, 점심
- リーダー 리더
- 기출 リサイクル 리사이클, 재활용
- リラックス 릴랙스
- ルール 룰, 규칙
- レジ 계산대
- レシート 리시트, 영수증
- レシピ 레시피
- レジャー 레저, 여가
- レッスン 레슨

- [ ] レベル 레벨
- [ ] レンタル 렌털, 임대
- [ ] ロープ 로프, 줄
- [ ] ロケット 로켓
- [ ] ロッカー 로커, 보관함
- [ ] ロビー 로비

チェックアップ!
확인문제

ⓐ부터 ⓕ 중 알맞은 단어를 고르세요.

1 予約を (　　　) する。예약을 취소하다.

2 明るい (　　　) 밝은 이미지

3 (　　　) 不足 에너지 부족

4 (　　　) がある。유머가 있다.

5 新しいことに (　　　) する。새로운 일에 도전하다.

6 (　　　) に水をためる。양동이에 물을 모으다.

ⓐ ユーモア　ⓑ エネルギー　ⓒ キャンセル　ⓓ バケツ　ⓔ チャレンジ　ⓕ イメージ

정답 1 ⓒ 2 ⓕ 3 ⓑ 4 ⓐ 5 ⓔ 6 ⓓ

9 접두어·접미어

1. 접두어

かく 各~ 각~	各(かく)クラス 각급, 각반
む 無~ 무~	無関係(むかんけい) 무관계
しん 新~ 신~	新工場(しんこうじょう) 새 공장　新番組(しんばんぐみ) 새 프로그램
こう 高~ 고~	高成長(こうせいちょう) 고성장
てい 低~ 저~	低価格(ていかかく) 저비용, 낮은 가격　低料金(ていりょうきん) 저가, 낮은 요금
ぜん 全~ 전~	기출 全世界(ぜんせかい) 전 세계　全地域(ぜんちいき) 전 지역
ちょう 長~ 장~	長期間(ちょうきかん) 장기간　長距離(ちょうきょり) 장거리　長時間(ちょうじかん) 장시간
たん 短~ 단~	短期間(たんきかん) 단기간　短時間(たんじかん) 단시간
ふ 不~ 불(부)~	不完全(ふかんぜん) 불완전　不安定(ふあんてい) 불안정　不自然(ふしぜん) 부자연　不自由(ふじゆう) 부자유

ひ 非~ 비~	非公開(ひこうかい) 비공개
み 未~ 미~	未解決(みかいけつ) 미해결 未完成(みかんせい) 미완성 未成年(みせいねん) 미성년
む 無~ 무~	無意味(むいみ) 무의미 無関心(むかんしん) 무관심 無表情(むひょうじょう) 무표정 無免許(むめんきょ) 무면허

2. 접미어

さん ~産 ~산	기출 アメリカ産(さん) 미국산 韓国産(かんこくさん) 한국산
せい ~製 ~제	アメリカ製(せい) 미제 日本製(にほんせい) 일제
さ ~差 ~차	기출 一点差(いってんさ) 1점 차 個人差(こじんさ) 개인차
りょう ~料 ~료	キャンセル料(りょう) 해약료 기출 使用料(しようりょう) 사용료 手数料(てすうりょう) 수수료
きん ~金 ~금	入学金(にゅうがくきん) 입학금
ひ ~費 ~비	参加費(さんかひ) 참가비 生活費(せいかつひ) 생활비
だい ~代 ~대	電話代(でんわだい) 전화 요금

～的(てき) ~적	間接的(かんせつてき) 간접적　感情的(かんじょうてき) 감정적　機械的(きかいてき) 기계적　基本的(きほんてき) 기본적　具体的(ぐたいてき) 구체적　効果的(こうかてき) 효과적　実用的(じつようてき) 실용적　自動的(じどうてき) 자동적　習慣的(しゅうかんてき) 습관적　世界的(せかいてき) 세계적　消極的(しょうきょくてき) 소극적　積極的(せっきょくてき) 적극적　代表的(だいひょうてき) 대표적　比較的(ひかくてき) 비교적
～化(か) ~화	国際化(こくさいか) 국제화　具体化(ぐたいか) 구체화　デジタル化(か) 디지털화　電子化(でんしか) 전자화
～生(せい) ~생	研修生(けんしゅうせい) 연수생　受験生(じゅけんせい) 수험생
～者(しゃ) ~자	기출 愛用者(あいようしゃ) 애용자　教育者(きょういくしゃ) 교육자　経験者(けいけんしゃ) 경험자　参加者(さんかしゃ) 참가자
～家(か) ~가	音楽家(おんがくか) 음악가　芸術家(げいじゅつか) 예술가　作家(さっか) 작가
～業(ぎょう) ~업	製造業(せいぞうぎょう) 제조업　通信業(つうしんぎょう) 통신업
～部(ぶ) ~부	営業部(えいぎょうぶ) 영업부　国際部(こくさいぶ) 국제부
～集(しゅう) ~집	写真集(しゃしんしゅう) 사진집　問題集(もんだいしゅう) 문제집
～券(けん) ~권	乗車券(じょうしゃけん) 승차권　入場券(にゅうじょうけん) 입장권　割引券(わりびきけん) 할인권
～発(はつ) ~발	成田発(なりたはつ) 나리타발　ソウル発(はつ) 서울발

～着(ちゃく) ~착

大阪着(おおさかちゃく) 오사카 도착　プサン着(ちゃく) 부산 도착

～地(ち) ~지

出身地(しゅっしんち) 출신지　現在地(げんざいち) 현재지, 현재 있는 장소

～書(しょ) ~서

領収書(りょうしゅうしょ) 영수증　証明書(しょうめいしょ) 증명서　申込書(もうしこみしょ) 신청서　参考書(さんこうしょ) 참고서

～用(よう) ~용

子供用(こどもよう) 어린이용　仕事用(しごとよう) 업무(작업)용

～向(む)き

① ~향, ~방향
② ~에 적합함

기출 東向(ひがしむ)き 동향　南向(みなみむ)き 남향

夏向(なつむ)き 여름철에 적합함

～向(む)け

~용, ~대상

子供向(こどもむ)け 어린이(아동)용　大人向(おとなむ)け 어른(성인)용

～沿(ぞ)い ~가

川沿(かわぞ)い 강가, 냇가　海沿(うみぞ)い 해안가

～込(こ)み ~포함

税込(ぜいこ)み 세금 포함

～建(だ)て

~층(구조)

一階建(いっかいだ)て 단층집(1층집)

10 관용구 및 숙어

気(き) 기분, 마음

- 気が合(あ)う 마음이 맞다
- 気が進(すす)む 마음이 내키다
- 気が進(すす)まない 마음이 내키지 않는다
- 気がする 기분이 들다
- 気がつく 알아차리다
- 気に入(い)る 마음에 들다
- 気にする 신경 쓰다, 걱정하다
- 気になる 걱정이 되다
- 気を遣(つか)う 신경을 쓰다
- 気をつける 조심하다

口(くち) 입

- 口が重(おも)い 과묵하다
- 口が堅(かた)い 입이 무겁다
- 口が軽(かる)い 입이 가볍다
- 口に合(あ)う 입에 맞다
- 口を出(だ)す 말참견하다

手(て) 손

- 手が空(あ)く 손이 비다, 짬이 나다
- 手に入(い)れる 손에 넣다
- 手にする 차지하다, 손에 넣다, 쥐다
- 手を貸(か)す 손을 빌려주다, 돕다

顔(かお) 얼굴

- 顔が広(ひろ)い 발이 넓다
- 顔に出(で)る (감정이) 얼굴에 드러나다
- 顔を出(だ)す (모임 등에) 얼굴을 내밀다, 얼굴을 비치다

耳(みみ) 귀

- 耳にする 듣다

首(くび) 목

- 首になる (직장에서) 잘리다

腹(はら) 배

- 腹が立(た)つ 화나다

身(み) 몸

- 기출 身につける 몸에 익히다

～がする ~가 나다, ~가 들다

- 味(あじ)がする 맛이 나다
- 音(おと)がする 소리가 나다
- 기출 香(かお)りがする 향기가 나다
- 感(かん)じがする 느낌이 들다

□ 匂(にお)いがする 냄새가 나다

～をかく

□ 汗(あせ)をかく 땀을 흘리다

□ 恥(はじ)をかく 창피를 당하다

그 밖의 숙어

□ うそをつく 거짓말을 하다

□ お世話(せわ)になる 신세 지다

□ 席(せき)を外(はず)す 자리를 비우다

□ 匂(にお)いをかぐ 냄새를 맡다

기출 □ のどがかわく 목이 마르다

기출 □ 病気(びょうき)にかかる 병에 걸리다

□ 道(みち)に迷(まよ)う 길을 헤매다

□ 迷惑(めいわく)をかける 폐를 끼치다

チェックアップ!
확인문제

ⓐ부터 ⓕ 중 알맞은 단어를 고르세요.

1 技術を (　　　)。기술을 익히다.

2 汗を (　　　)。땀을 흘리다.

3 気に (　　　)。신경 쓰이다.

4 (　　　) がする。냄새가 나다.

5 病気に (　　　)。병에 걸리다.

6 腹が (　　　)。화가 나다.

ⓐ におい　ⓑ 身につける　ⓒ かかる　ⓓ なる　ⓔ 立つ　ⓕ かく

정답 1 ⓑ 2 ⓕ 3 ⓓ 4 ⓐ 5 ⓒ 6 ⓔ

Memo

41 실전 시험 문맥 규정 [1]

問題3（　　）に入れるのに最もよいものを、1・2・3・4から一つえらびなさい。

1 運動不足なので、自転車で（　　）している。

1 出国　　2 出勤　　3 出張　　4 出席

2 部長に会議の（　　）をした。

1 発言　　2 交流　　3 報告　　4 証明

3 使われていない（　　）に公園が作られた。

1 土地　　2 住宅　　3 住所　　4 近所

4 人がたくさんいる公共(こうきょう)の場(ば)では、マナーを（　　）ください。

1 つきあって　　2 くんで　　3 まもって　　4 つけて

5 （　　）は上がるのに、収入は増えない。

1 物価　　2 代金　　3 合計　　4 値段

6 うちの製品に（　　）を持ってくださってありがとうございます。

1 趣味　　2 興味　　3 好物　　4 見物

7 森(もり)さんと（　　）なりたくて、声をかけてみた。

1 やさしく　　2 やわらかく　　3 おとなしく　　4 したしく

정답 및 해설 <본서1> p.41

8 (　　)寒くなって、風邪(かぜ)をひいてしまいました。

1 急に　　2 早めに　　3 続々(ぞくぞく)と　　4 次第(しだい)に

9 自分に(　　)を持つためには、他人と比較をしないことです。

1 関心　　2 自信　　3 感覚　　4 実力

10 事故を(　　)ように車の点検(てんけん)をしっかりしておきましょう。

1 ゆるさない　　2 とおさない　　3 おこさない　　4 なくさない

11 この絵は有名な小説から(　　)を得て描いたんです。

1 カット　　2 ノック　　3 バック　　4 ヒント

42 실전 시험 문맥 규정 [2]

問題3（　　）に入れるのに最もよいものを、1・2・3・4から一つえらびなさい。

1 庭に咲いている花からいい（　　）がする。

1 香り　　2 味　　3 色　　4 気分

2 申し訳(もうわけ)ありませんが、レシートがないと（　　）できません。

1 返事　　2 返信　　3 返品　　4 返却

3 ゆうべの強い風で看板が（　　）。

1 こわした　　2 たおれた　　3 けずった　　4 くずれた

4 荷物を午前中に送ると、（　　）配送も可能です。

1 日時　　2 現在　　3 半年　　4 当日

5 この用紙に名前と連絡先を（　　）してください。

1 調査　　2 完成　　3 記入　　4 提出

6 ここは関係者（　　）は入れません。

1 以下　　2 以上　　3 以外　　4 以内

7 最近、仕事で（　　）が多くて上司(じょうし)に怒られてばかりいます。

1 ミス　　2 ストレス　　3 マスター　　4 トレーニング

›정답 및 해설 <본서1> p.41

8 (　　)寝たので、疲れが取れた。

1　そっくり　　2　うっかり　　3　がっかり　　4　ぐっすり

9 友だちを映画に(　　)が、断られた。

1　ゆるした　　2　ながした　　3　さそった　　4　おこなった

10 すみませんが、ちょっと手を(　　)もらえませんか。

1　助けて　　2　合わせて　　3　貸して　　4　入れて

11 肉より(　　)野菜や果物を中心とした食生活を心がけています。

1　たしかな　　2　せいけつな　　3　あらたな　　4　しんせんな

43 실전 시험 문맥 규정 [3]

問題３（　　）に入れるのに最もよいものを、1・2・3・4から一つえらびなさい。

1　インフルエンザに（　　）、会社を休んだ。

1　ひろがって　　2　はやって　　3　あたって　　4　かかって

2　部下(ぶか)に（　　）ばかりする上司にはなりたくないです。

1　文句　　2　注文　　3　指示　　4　主張

3　うちは週に２日は（　　）するようにしています。

1　食欲　　2　外食　　3　試食　　4　食費

4　人を（　　）だけで判断(はんだん)してはいけない。

1　外見　　2　外側　　3　内容　　4　中身

5　彼は（　　）があって、クラスの雰囲気(ふんいき)を明るくしてくれます。

1　マナー　　2　ルール　　3　イメージ　　4　ユーモア

6　警察は火事の詳しい（　　）を調べています。

1　実際　　2　情報　　3　調子　　4　原因

7　プレゼンで使う（　　）の内容をまとめておいてください。

1　見本　　2　材料　　3　資料　　4　原料

정답 및 해설 <본서1> p.42

8　毎日忙しく過ごしているうちに、(　　)夏が終わってしまった。

1　じゅうぶん　　2　しばらく　　3　いつのまにか　　4　まもなく

9　うちの子は家では(　　)いい子なのに、外ではわがままを言ったりして困っている。

1　おとなしくて　　2　つまらなくて

3　ありがたくて　　4　きびしくて

10　犬が吠えて目が(　　)。

1　冷めた　　2　覚めた　　3　閉じた　　4　開いた

11　今から試験を始めますので、本はかばんの中に(　　)ください。

1　はいって　　2　つめて　　3　しまって　　4　とりかえて

44 실전 시험 문맥 규정 [4]

問題3（　　）に入れるのに最もよいものを、1・2・3・4から一つえらびなさい。

1 工事中なので、いつもより道路が（　　）している。

1 経由　2 混乱　3 渋滞（じゅうたい）　4 集中

2 テニスの試合で緊張（きんちょう）して（　　）を出せなかった。

1 知識　2 常識　3 効力　4 実力

3 この部屋は南（みなみ）（　　）で日当たりがいいです。

1 建（だ）て　2 込（こ）み　3 沿（ぞ）い　4 向（む）き

4 急用ができて、ホテルの予約を（　　）した。

1 チェックアウト　2 レンタル　3 キャンセル　4 オーバー

5 チーム全員が力を（　　）、全力で戦（たたか）った。

1 合わせて　2 重ねて　3 混ぜて　4 加えて

6 年を取って、だんだん（　　）がなくなっている気がする。

1 体操　2 体力　3 体重　4 体育

7 店員が（　　）ついてくるお店は買い物しにくいです。

1 くわしく　2 えらく　3 まずしく　4 しつこく

›정답 및 해설 <본서1> p.43

8 (　　)来てくれたのに、会えなくて残念でした。

1 さっそく　2 せっかく　3 しばらく　4 もうすぐ

9 頭痛がひどかったら(　　)しないで薬を飲んだほうがいい。

1 誤解(ごかい)　2 反省(はんせい)　3 我慢(がまん)　4 苦労

10 アルバイトの応募者がいなくて、締(し)め切(き)りを1週間(　　)。

1 うつした　2 のばした　3 すごした　4 くわえた

11 この割引券は期限が(　　)いるので、使えません。

1 移って　2 止めて　3 切れて　4 消えて

45 실전 시험 문맥 규정 [5]

問題3（　　）に入れるのに最も よいものを、1・2・3・4から一つえらびなさい。

1 出版会社に（　　）しようと思っています。

1 進行　2 通訳　3 就職　4 暗記

2 工場見学を希望する人は40人（　　）でした。

1 前後　2 大小　3 多少　4 最大

3 ばらばらだったみんなの意見が、やっと（　　）。

1 かたづいた　2 まとまった　3 ならんだ　4 できあがった

4 このファッション雑誌は毎月2回（　　）されています。

1 案内　2 生産　3 発行　4 完成

5 薬の（　　）には個人差があります。

1 勝負　2 結果　3 効果　4 結論

6 買って10年にもなる車は（　　）だらけになっている。

1 傷（きず）　2 けが　3 しわ　4 しみ

7 好きな歌手の歌は何度聞いても（　　）。

1 こわがらない　2 あきらめない　3 きらわない　4 あきない

›정답 및 해설 <본서1> p.44

8 私には（　　）服装や化粧(けしょう)が似合わない。

1　さかんな　　2　はでな　　3　りっぱな　　4　きがるな

9 大型台風が近づいてきたから（　　）外出しないでください。

1　あいかわらず　　2　おもに　　3　なるべく　　4　まったく

10 なかなかいい（　　）が浮(う)かばない。

1　アイデア　　2　サービス　　3　リーダー　　4　スタート

11 問題が（　　）すぐ部長に報告してください。

1　立ったら　　2　起きたら　　3　育ったら　　4　開いたら

46 실전 시험 문맥 규정 [6]

問題3（　　）に入れるのに最もよいものを、1・2・3・4から一つえらびなさい。

1　（　　）クラスに大きいスクリーンが設置（せっち）された。

1 新（しん）　2 各（かく）　3 皆（みな）　4 毎

2　車は横断歩道（おうだんほどう）では、一度（　　）しなければならない。

1 発車　2 駐車　3 停車　4 乗車

3　就職説明会で先輩にいい（　　）をしてもらいました。

1 ディスカウント　2 ピックアップ

3 アドバイス　4 コミュニケーション

4　コーヒーを入れますので、お湯を（　　）ください。

1 わかして　2 ゆでて　3 むして　4 やいて

5　このごろ、24時間（　　）しているカフェが増えてきた。

1 営業　2 作業　3 商業　4 工業

6　子どもの頃、（　　）遊びをして親に叱（しか）られたことがあります。

1 重大な　2 複雑な　3 単純な　4 危険な

›정답 및 해설 <본서1> p.45

7　ごはんをやわらかく(　　)には、水の量を少し多めにすればいい。

1　やく　　2　いためる　　3　ぬく　　4　たく

8　風が冷たすぎて手の(　　)がなくなってきた。

1　感情　　2　感覚　　3　感動　　4　感想

9　彼女は恥ずかしくなると髪(かみ)の毛(け)を触(さわ)る(　　)があります。

1　くせ　　2　決まり　　3　長所　　4　好み

10　携帯(けいたい)の画面を見ながら歩いていたら、壁(かべ)に(　　)しまった。

1　なぐって　　2　たたいて　　3　ぶつかって　　4　とおって

11　高熱が出て(　　)している。

1　ぐっすり　　2　ふらふら　　3　だぶだぶ　　4　ざっと

47 실전 시험 문맥 규정 [7]

問題3 (　　)に入れるのに最もよいものを、1・2・3・4から一つえらびなさい。

1 イベントの準備にかかった費用は(　　)いくらですか。

1　会計　　2　貯金　　3　割引　　4　合計

2 デパートの(　　)で迷子(まいご)になった子どもを探している。

1　スピーチ　　2　アナウンス　　3　メッセージ　　4　コマーシャル

3 留学中、お世話になった人々に心から(　　)しています。

1　感心　　2　信用　　3　共感　　4　感謝

4 まじめすぎる父には(　　)が言えない。

1　うそ　　2　うわさ　　3　冗談(じょうだん)　　4　感想

5 申(もう)し訳(わけ)ありませんが、部長の鈴木(すずき)はただいま席を(　　)おります。

1　かたづけて　　2　はずして　　3　離(はな)して　　4　立てて

6 腰が痛い時はどんな(　　)で寝ればいいですか。

1　様子(ようす)　　2　印象　　3　姿勢(しせい)　　4　性格

7 佐藤(さとう)さんの部屋には季節の花が(　　)ある。

1　かこんで　　2　やせて　　3　かざって　　4　わたして

›정답 및 해설 <본서1> p.46

8 この映画には有名人がたくさん(　　)する。

1　発生　　2　登場　　3　代表　　4　開始

9 年間休日の(　　)は110日くらいです。

1　中間　　2　数字　　3　平均　　4　結果

10 緊張したせいか、発表は(　　)できなかった。

1　うまく　　2　えらく　　3　あかるく　　4　ただしく

11 険(けわ)しい山道を3時間歩いて、(　　)山頂(さんちょう)に着いた。

1　はやめに　　2　つねに　　3　やっと　　4　たいてい

48 실전 시험 문맥 규정 [8]

問題3 (　　)に入れるのに最もよいものを、1・2・3・4から一つえらびなさい。

1 一人でできなかったら、(　　)の人に助けてもらってもいいです。

1 辺り　　2 仲間　　3 行き先　　4 周囲

2 大学生の基礎学力が(　　)しているそうです。

1 減少　　2 縮小　　3 低下　　4 以下

3 先輩が(　　)してくれたおかげで、調査が早く終わった。

1 行動　　2 協力　　3 救助　　4 注目

4 (　　)手でコンセントを触らないでください。

1 ひえた　　2 あげた　　3 ふいた　　4 ぬれた

5 彼女は結婚することを同僚にまだ(　　)にしている。

1 中身　　2 内緒　　3 後方　　4 裏側

6 実験結果には個人(　　)があります。

1 比　　2 別　　3 用　　4 差

7 人が動くと(　　)に電気がつきます。

1 感情的　　2 具体的　　3 自動的　　4 効果的

❯정답 및 해설 <본서1> p.47

8 責任者の命令に(　　)行動してください。

1　したがって　　2　ことわって　　3　ゆるして　　4　かかわって

9 大人になってからも親に(　　)ばかりいるのはよくない。

1　預かって　　2　頼って　　3　寄って　　4　訪ねて

10 生まれた町に20年ぶりに行ったが、(　　)変わっていてどこがどこなのかわからなかった。

1　しっかり　　2　はっきり　　3　すっきり　　4　すっかり

11 この先(さき)は急な(　　)があるので、スピードを落としてください。

1　カーブ　　2　パンク　　3　コース　　4　ブレーキ

49 실전 시험 문맥 규정 [9]

問題3（　　）に入れるのに最もよいものを、1・2・3・4から一つえらびなさい。

1 スポーツというのは、短期間で（　　）できるものではありません。

1 上達　　2 成長　　3 進化　　4 進歩

2 さっきからお腹(なか)の調子が（　　）。

1 かゆい　　2 たいへんだ　　3 おかしい　　4 らくだ

3 （　　）のバランスのとれた食事は大事です。

1 影響　　2 栄養　　3 成分　　4 食品

4 何事にも一度（　　）してみることが重要です。

1 セット　　2 アクセス　　3 ゴール　　4 チャレンジ

5 ネットサイトに広告を（　　）売り上げが去年より30パーセント増加した。

1 ためたら　　2 のせたら　　3 かさねたら　　4 くわえたら

6 買ったばかりのパソコンが壊れたので、（　　）してもらいました。

1 終了　　2 変更　　3 交換　　4 変化

7 高速道路では、前の車と充分に（　　）をとってください。

1 穴　　2 順番　　3 間隔　　4 位置

›정답 및 해설 <본서1> p.48

8 他の商品と比べてどんな(　　)がありますか。

1　競争　　2　特徴　　3　要求　　4　意識

9 この店では輸入した食材を(　　)いるそうだ。

1　あつかって　　2　ひろって　　3　おこなって　　4　うばって

10 山下(やました)さんに「大事な話があるから来てくれ」と言われたので(　　)行ってみた。

1　さっそく　　2　ふだん　　3　ぴったり　　4　びっくり

11 雪が降って地面が凍(こお)っているから、(　　)ように気をつけてください。

1　しずまない　　2　すべらない　　3　おぼれない　　4　たおれない

50 실전 시험 문맥 규정 [10]

問題 3 (　　)に入れるのに最もよいものを、1・2・3・4から一つえらびなさい。

1 彼女が結婚したという(　　)を聞いた。

1 けんか　2 いたずら　3 じゃま　4 うわさ

2 今日の話し合いの(　　)は何ですか。

1 クイズ　2 メリット　3 テーマ　4 リスト

3 アルバイトに応募するには(　　)を書かなければならない。

1 請求書　2 履歴書　3 参考書　4 証明書

4 豊かな(　　)を楽しめる旅行スポットを紹介します。

1 空気　2 農業　3 季節　4 自然

5 廊下(ろうか)で名前を呼ばれて(　　)。

1 追いかけた　2 ふりむいた　3 話し合った　4 通りすぎた

6 この道具は(　　)を立てるときに使います。

1 泡　2 奥　3 皮　4 実

7 飛行機が飛ばなくなり、出張の(　　)に変更が出ました。

1 日程　2 期限　3 規則　4 約束

›정답 및 해설 <본서1> p.49

8 リボンをきれいに(　　)方法を教えてもらいました。

1　しばる　　2　あむ　　3　しぼる　　4　むすぶ

9 山下(やました)さんはつらいはずなのに、(　　)顔をしている。

1　残念な　　2　平気な　　3　熱心な　　4　かわいそうな

10 この公園には森に(　　)美しい湖があった。

1　かこまれた　　2　うえられた　　3　まわされた　　4　まげられた

11 割れやすいので(　　)置(お)いてください。

1　やっと　　2　そっと　　3　きっと　　4　じっと

51 실전 시험 문맥 규정 [11]

問題3（　　）に入れるのに最もよいものを、1・2・3・4から一つえらびなさい。

1 地震が（　　）してから、今日で1週間ですね。

1 発明　　2 発生　　3 発見　　4 発展

2 セーターはハンガーにかけるより、（　　）収納(しゅうのう)したほうがいいです。

1 締(し)めて　　2 曲げて　　3 たたんで　　4 折って

3 相手の意見に（　　）する前に、自分の考えをはっきり述べる必要があります。

1 否定　　2 禁止　　3 反対　　4 非難

4 15世紀の画家の絵を見て、強い（　　）を受けました。

1 構造　　2 意識　　3 気分　　4 印象

5 事故を（　　）ために作られた装置(そうち)です。

1 ゆずる　　2 やめる　　3 ふせぐ　　4 さわる

6 この地域は米や野菜作りを中心とした（　　）が盛んでした。

1 景色　　2 作物　　3 田舎(いなか)　　4 農業

7 友人に1時間も待たされて少し（　　）が立ちました。

1 腰(こし)　　2 腹(はら)　　3 頭(あたま)　　4 肩

(　　/11) 제한 시간 : 7분

정답 및 해설 <본서1> p.49

8 帰国する日が(　　)きて、物の整理に忙しい毎日です。

1　すれ違って　　2　ひっぱって　　3　見送って　　4　ちかづいて

9 どこへ行っても(　　)で明るい人は周りの人に好(す)かれます。

1　積極的(せっきょくてき)　　2　間接的(かんせつてき)　　3　代表的(だいひょうてき)　　4　実用的(じつようてき)

10 歯が(　　)しているなら、早期(そうき)に抜いた方がいいです。

1　ちかぢか　　2　ぐらぐら　　3　うろうろ　　4　ぴかぴか

11 エアコンを使わない時期には(　　)をかけておきましょう。

1　マスク　　2　ストップ　　3　カバー　　4　クリーニング

52 실전 시험 문맥 규정 [12]

問題3（　　）に入れるのに最もよいものを、1・2・3・4から一つえらびなさい。

1 東京(とうきょう)を1日で（　　）することはできないだろう。

1　活動　　2　感想　　3　利用　　4　見物

2 二つを（　　）していい物を選んでください。

1　分類　　2　整理　　3　比較　　4　競争

3 封筒(ふうとう)の（　　）を当ててみてください。

1　中身　　2　内容　　3　内側　　4　成分

4 他人に（　　）をかけないでください。

1　不満　　2　差別　　3　限界　　4　迷惑

5 高橋(たかはし)さんは読んでいた本を（　　）何かを書き始めた。

1　とじて　　2　さげて　　3　しめて　　4　つぶして

6 今日の最高気温は35度らしく、汗を（　　）止まらない。

1　ふれても　　2　ふいても　　3　なでても　　4　おさえても

7 地域によって（　　）される番組が違うこともあります。

1　掲示　　2　移転　　3　放送　　4　活躍

›정답 및 해설 <본서1> p.50

8 娘は走っている汽車(きしゃ)に向かって、手を(　　)。

1　にぎった　　2　さわった　　3　はなした　　4　ふった

9 長年一人暮らしをしていると、人が(　　)なるものです。

1　めずらしく　　2　けわしく　　3　ほしく　　4　こいしく

10 家電製品の(　　)をもらってきた。

1　サイン　　2　ヒント　　3　パンフレット　　4　サンプル

11 街を(　　)歩くのが好きです。

1　ふらふら　　2　ぶらぶら　　3　がらがら　　4　からから

53 실전 시험 문맥 규정 [13]

問題3（　　）に入れるのに最もよいものを、1・2・3・4から一つえらびなさい。

1 食料品などを自宅まで（　　）してくれるサービスが人気です。

1　訪問　　2　輸入　　3　移動　　4　配達

2 数字に間違いがあるかどうか何回も（　　）して送った。

1　理解　　2　確認　　3　検査　　4　研究

3 この箱は古い新聞紙を（　　）して作りました。

1　リサイクル　　2　チェンジ　　3　コレクション　　4　カット

4 これは冷たい水にも（　　）やすい砂糖（さとう）です。

1　こおり　　2　なくなり　　3　こげ　　4　とけ

5 山本（やまもと）選手は今シーズンが終わったら（　　）したいと話した。

1　引退　　2　解散　　3　退場　　4　終了

6 食事の（　　）に時間がかかりすぎる。

1　手続（てつづ）き　　2　道具（どうぐ）　　3　支度（したく）　　4　調節（ちょうせつ）

7 りんごは皮（かわ）を（　　）食べたほうがいいです。

1　きらないで　　2　ぬがないで　　3　むかないで　　4　やぶらないで

›정답 및 해설 <본서1> p.51

8 ランチセットは30分で(　　)になってしまった。

1　人気　　2　売り切れ　　3　在庫　　4　割引

9 時間が(　　)のは早いですね。

1　すごす　　2　たまる　　3　たつ　　4　うつる

10 さっきから(　　)人が家の前をうろうろしている。

1　だらしない　　2　きびしい　　3　あやしい　　4　めんどうくさい

11 高校を卒業したら、みんな(　　)になってしまうので寂(さび)しいです。

1　はらはら　　2　ばらばら　　3　ぐらぐら　　4　ぼろぼろ

54 실전 시험 문맥 규정 [14]

問題3（　　）に入れるのに最もよいものを、1・2・3・4から一つえらびなさい。

1 新人選手の活躍を（　　）しています。

1 歓迎　　2 感動　　3 賛成　　4 期待

2 台風の（　　）で電車が止まった。

1 結果　　2 影響　　3 原因　　4 制限

3 来年は新しい分野の仕事に（　　）つもりです。

1 戦う(たたか)　　2 踏む(ふ)　　3 挑む(いど)　　4 争う(あらそ)

4 来週アメリカに行くので、ウォンをドルに（　　）した。

1 貯金　　2 計算　　3 借金　　4 両替

5 この家具は日本（　　）です。

1 産(さん)　　2 品(ひん)　　3 作(さく)　　4 製(せい)

6 最近の天気予報は（　　）ばかりで、本当に信じられない。

1 くずれる　　2 にげる　　3 はずれる　　4 やぶれる

7 奨学金(しょうがくきん)がもらえても、留学の（　　）はかなりかかると思う。

1 価格　　2 費用　　3 計算　　4 価値

정답 및 해설 <본서1> p.52

8 佐藤（さとう）さんはこの業界（ぎょうかい）で長年経験を（　　）きました。

1　積んで　　2　広げて　　3　逃して　　4　つかんで

9 まだ着られる服を捨てるのは（　　）。

1　もったいない　　2　なさけない　　3　ずるい　　4　しつこい

10 夜空に星が（　　）光っている。

1　ぎりぎり　　2　わくわく　　3　にこにこ　　4　きらきら

11 日本に住んでいる外国人を対象にアンケートをして、（　　）を集めました。

1　タイプ　　2　ファイル　　3　データ　　4　ケース

55 실전 시험 문맥 규정 [15]

問題 3（　　）に入れるのに最もよいものを、1・2・3・4から一つえらびなさい。

1 彼は会うたびに、自分の息子を（　　）する。

1 自慢　　2 我慢　　3 感激　　4 遠慮

2 （　　）だと腰が痛いので、いつもソファーに座ります。

1 天井　　2 底　　3 屋根　　4 床

3 湿度が高いと壁などに（　　）が生えやすい。

1 かび　　2 汚れ　　3 しみ　　4 こぶ

4 夢を（　　）させるには、日々(ひび)の努力が欠(か)かせません。

1 現在　　2 表示　　3 実際　　4 実現

5 セーターを（　　）友だちにあげるつもりです。

1 まぜて　　2 つないで　　3 あんで　　4 にぎって

6 動物の（　　）をしているお菓子が人気だ。

1 印象　　2 様子　　3 形　　4 外見

7 今日もたくさんの（　　）がスタジオに集まりました。

1 訪問　　2 観客　　3 相手　　4 歓迎

❯정답 및 해설 <본서1> p.53

8 結婚に(　　)いる女性はあまりいないようだ。

1　あこがれて　　2　もとめて　　3　目指して　　4　追って

9 もう少しのところで負けて、(　　)たまらない。

1　しかたなくて　　2　はずかしくて　　3　くやしくて　　4　うらやましくて

10 親と相談して、(　　)大学院の進学をあきらめた。

1　きちんと　　2　結局(けっきょく)　　3　いよいよ　　4　やっと

11 同僚(どうりょう)と(　　)があっても、落ち着いて対応してください。

1　トラベル　　2　トラブル　　3　カロリー　　4　バランス

56 실전 시험 문맥 규정 [16]

問題 3 (　　)に入れるのに最もよいものを、1・2・3・4から一つえらびなさい。

1 この乗り物は危ないので年齢(ねんれい)が(　　)されている。

1 限界　　2 禁止　　3 有効　　4 制限

2 テストが終わると、問題用紙は(　　)することになっている。

1 分別　　2 整理　　3 回収　　4 集合

3 (　　)に満(み)ちた街です。

1 活気　　2 活発　　3 一流　　4 人気

4 中村(なかむら)選手はこれまでの記録を(　　)、世界一位となった。

1 こわして　　2 なぐって　　3 やぶって　　4 かくして

5 強い(　　)があれば、短期間で合格することも可能です。

1 努力　　2 意志　　3 動作　　4 選択

6 さっき飲んだ薬がもうすぐ(　　)くると思います。

1 治って　　2 切れて　　3 効いて　　4 外れて

7 田中(たなか)さんの部屋は足の踏(ふ)み場(ば)もないほど(　　)いる。

1 こぼれて　　2 ちらかって　　3 ころがって　　4 つまって

›정답 및 해설 <본서1> p.54

8 20代も後半になり、(　　)の人生について考えなければと思った。

1　以前　　2　以来　　3　今後　　4　当時

9 太陽(たいよう)が(　　)カーテンを閉めておいた。

1　まぶしくて　　2　むしあつくて　　3　しょうがなくて　　4　はげしくて

10 参加者は(　　)20代だった。

1　主(おも)に　　2　思わず　　3　いまにも　　4　とっくに

11 ゴルフの経験がある方は上の(　　)のクラスに申し込んでください。

1　レベル　　2　マーク　　3　スムーズ　　4　ブレーキ

57 실전 시험 문맥 규정 [17]

問題3 (　　)に入れるのに最もよいものを、1・2・3・4から一つえらびなさい。

1 失敗したら、また(　　)すればいいです。

1 希望　2 目標　3 挑戦　4 覚悟

2 野球の試合中、ボールに(　　)あざができてしまった。

1 打って　2 離れて　3 当たって　4 包んで

3 町を(　　)するために高いタワーが建てられました。

1 提供　2 宣伝　3 供給　4 登場

4 職場(しょくば)に気が(　　)人がいて本当によかったです。

1 進む　2 する　3 つく　4 合う

5 申し込みに関(かん)する(　　)はメールでお願いします。

1 合図　2 あて先　3 締め切り　4 問い合わせ

6 近所で事故でもあったのか、救急車が(　　)。

1 待ち合わせた　2 通り過ぎた　3 取り上げた　4 取りつけた

7 虫歯が(　　)痛い。

1 ずきずき　2 たびたび　3 さらさら　4 とんとん

정답 및 해설 <본서1> p.55

8 ドアを(　　)音がした。

1　たたく　　2　なでる　　3　ふれる　　4　なげる

9 時間を(　　)したくないので、計画的な生活をしている。

1　単純に　　2　無駄に　　3　苦手に　　4　順調に

10 彼は(　　)なので、ちょっとしたことでもすぐ怒ってしまう。

1　まれ　　2　慎重　　3　短気　　4　面倒

11 今日は真夏のような暑さで、何か(　　)した物が食べたい。

1　にっこり　　2　のんびり　　3　すっかり　　4　さっぱり

58 실전 시험 문맥 규정 [18]

問題3（　　）に入れるのに最もよいものを、1・2・3・4から一つえらびなさい。

1 字が小さいから（　　）して印刷(いんさつ)してください。

1 最大　　2 最上　　3 拡大　　4 向上

2 遠足(えんそく)の（　　）はもう決まりましたか。

1 片道　　2 往復　　3 行き先　　4 あて先

3 みんな（　　）した悩みを持っている。

1 感覚　　2 特徴　　3 評価　　4 共通

4 勉強する時間がないなら、勉強方法を（　　）してみましょう。

1 想像　　2 工夫　　3 観察　　4 予測

5 今回の課題は（　　）に分かれて行うことにします。

1 キャプテン　　2 ベテラン　　3 グループ　　4 コーチ

6 外国語を習う時、（　　）発音してみることをおすすめします。

1 追(お)いついて　　2 繰(く)り返(かえ)して　　3 組(く)み立(た)てて　　4 引(ひ)き出(だ)して

7 風邪(かぜ)の（　　）には、手洗いとうがいがいいです。

1 防止　　2 解消　　3 除去　　4 予防

정답 및 해설 <본서1> p.56

8 中山(なかやま)さんは30種類以上のメニューを(　　)で覚えた。

1　翌週　　2　半日　　3　月末　　4　日中

9 大変混雑しておりますので、(　　)に並んでお待ちください。

1　線　　2　点　　3　列　　4　面

10 ひろしさんはこの業界(ぎょうかい)では(　　)が広いです。

1　足　　2　頭　　3　顔　　4　目

11 給料日は(　　)無駄遣(むだづか)いしてしまう。

1　せめて　　2　せっかく　　3　つい　　4　わざと

59 실전 시험 문맥 규정 [19]

問題3 (　　)に入れるのに最もよいものを、1・2・3・4から一つえらびなさい。

1 昨日(　　)を見て気になった化粧品(けしょうひん)を買ってみました。

1 プラス　　2 マイナス　　3 セール　　4 コマーシャル

2 医者の言うとおりに(　　)すれば、すぐによくなるでしょう。

1 修理　　2 治療(ちりょう)　　3 回復　　4 早退(そうたい)

3 スピーチコンテストの前日、日本人の先輩(せんぱい)に発音を(　　)してもらった。

1 成長　　2 研究　　3 学習　　4 指導

4 この料理は簡単そうだが、作ってみると意外に(　　)がかかる。

1 手段　　2 手間　　3 手続き　　4 手入れ

5 通帳(つうちょう)はベッドの下に(　　)ある。

1 埋めて　　2 預けて　　3 隠して　　4 失って

6 イベントの参加(　　)は、当日受(う)け付(つ)けで支払うことになっています。

1 賃(ちん)　　2 金(きん)　　3 値(ち)　　4 費(ひ)

7 いすに座って(　　)の足を前に出してください。

1 片方(かたほう)　　2 一部　　3 上下　　4 部分

정답 및 해설 <본서1> p.56

8 森(もり)さんは何もしないで人のやることに（　　）ばかり言っている。

1　皮肉(ひにく)　　2　けち　　3　文句　　4　迷惑

9 着なくなった服をひもで（　　）おいた。

1　しばって　　2　はこんで　　3　つないで　　4　あんで

10 スポーツも語学も（　　）なことが身についていないと上達しない。

1　世界的(せかいてき)　　2　間接的(かんせつてき)　　3　比較的(ひかくてき)　　4　基本的(きほんてき)

11 3番ホームの列車は（　　）発車いたします。

1　まもなく　　2　ようやく　　3　ほぼ　　4　とにかく

60 실전 시험 문맥 규정 [20]

問題3（　　）に入れるのに最もよいものを、1・2・3・4から一つえらびなさい。

1 実家(じっか)ではお米(こめ)を（　　）しています。

1 作業　　2 生産　　3 建設　　4 製造

2 歌いながら楽器を（　　）するのはむずかしい。

1 講演　　2 行動　　3 発表　　4 演奏(えんそう)

3 姉に（　　）、夏休みの間、語学研修に行くことにした。

1 なぐさめられて　　2 のぞまれて

3 すすめられて　　4 まかせられて

4 社会に役立(やくだ)つ人材を育成するのがわが社の（　　）です。

1 規則　　2 基礎(きそ)　　3 解決　　4 目標

5 最近、のどの（　　）が悪くて、声が出ない。

1 都合　　2 調子　　3 事情　　4 態度

6 主人は頼まれたら何でも（　　）しまう。

1 話し合って　　2 引(ひ)き受(う)けて　　3 話(はな)しかけて　　4 区切(くぎ)って

정답 및 해설 <본서1> p.57

7 男性の中に女性も（　　）いる。

1　似合って　　2　はさんで　　3　まざって　　4　あふれて

8 （　　）して涙が止まらない。

1　支援　　2　感動　　3　要求　　4　信頼

9 地下鉄は（　　）運行している。

1　丁寧(ていねい)に　　2　正直に　　3　正常に　　4　盛んに

10 品質がよければ、値段が（　　）高くてもかまいません。

1　しばらく　　2　案外(あんがい)　　3　たまに　　4　多少(たしょう)

11 子どもがまだ小さいうちは、おもちゃを（　　）したほうが経済的だ。

1　アクセス　　2　レンタル　　3　オープン　　4　プラン

문제 4 교체 유의어

» 유형 소개

교체 유의어 (5문항)

문장 속 밑줄이 있는 어휘와 의미적으로 가까운 것이 무엇인지를 묻는 문제이며 5문항이 출제된다. 주로 딱딱한 한자어를 가벼운 회화체의 표현으로, 한자어를 가타카나로, 난이도가 있는 어휘를 쉬운 레벨의 어휘와 연결시키는 문제이다.

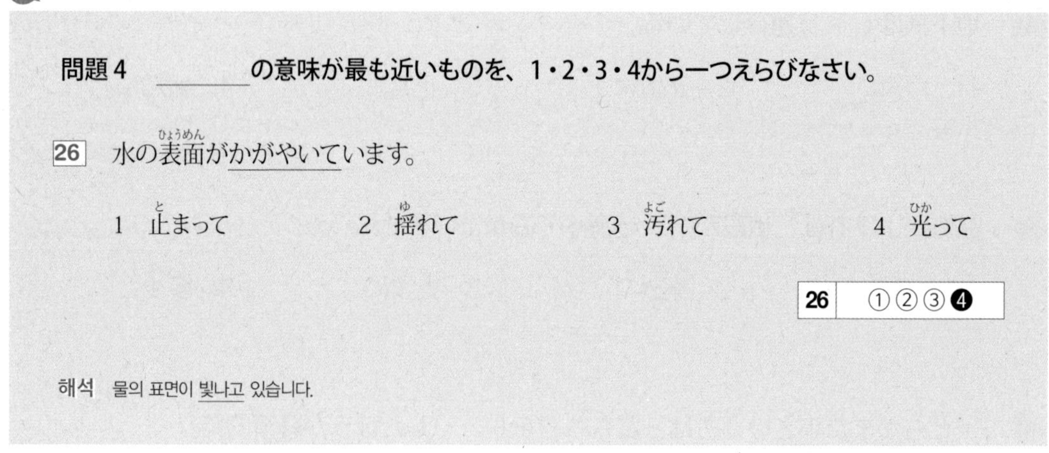

問題 4 ＿＿＿の意味が最も近いものを、1・2・3・4から一つえらびなさい。

26 水の表面(ひょうめん)がかがやいています。

1 止(と)まって　2 揺(ゆ)れて　3 汚(よご)れて　4 光(ひか)って

26 ①②③❹

해석 물의 표면이 빛나고 있습니다.

» 해답 스킬

1. 단어가 가지고 있는 원래의 의미도 있지만, 문장 속에서 어떤 의미로 쓰였는지를 알아야 하므로 문제를 읽고 밑줄이 있는 단어(표현)의 의미를 파악한다.
2. 밑줄 친 단어(표현)와 선택지의 단어(표현)를 다 알고 있어야 풀 수 있는 문제가 대부분이다. 따라서 밑줄 친 단어(표현)의 의미를 모른다고 선택지의 단어(표현)들을 하나씩 대입해서 풀게 될 경우 전부 다 의미가 통하는 경우도 있기 때문에 주의해야 한다.

» 학습 대책

1. 단어를 외울 때 비슷한 의미의 단어까지 묶어서 공부하는 습관을 기른다. 특히, 독해 지문과 선택지의 유의어, 청해 지문과 선택지의 유의어를 정리하는 것도 좋은 방법이다.
2. 일일사전(일본 국어사전) 찾는 습관을 기른다. 일일사전에서 설명된 단어 설명을 메모해 두자. 어휘력을 늘릴 수 있는 좋은 방법이다.
3. 평소에 단어의 의미를 일본어로 생각해 연습을 해 보는 것도 좋다.

문제 4 기반 다지기

비슷한 의미의 표현을 묶어서 외워 두면 문자·어휘뿐만 아니라 독해, 청해도 대비할 수 있다.

1 명사

2 동사

3 형용사

4 부사

1 명사

- 기출 案(あん) 안
  - ≒ アイデア 아이디어
- 案内(あんない) 안내
  - ≒ ガイド 가이드, 안내
- 辺(あた)り 부근, 근처
  - ≒ 近(ちか)く 근처
- 기출 位置(いち) 위치
  - ≒ 場所(ばしょ) 장소
- 印象(いんしょう) 인상
  - ≒ イメージ 이미지
- 기출 おい 남자 조카
  - ≒ 姉(あね)の息子(むすこ) 언니(누나)의 아들
- 기출 横断禁止(おうだんきんし) 횡단 금지
  - ≒ 渡(わた)ってはいけない 건너면 안 된다
- 기출 おこづかい 용돈
  - ≒ お金(かね) 돈
- 기출 おしまい 끝
  - ≒ 終(お)わり 끝
- 기출 価格(かかく) 가격
  - ≒ 値段(ねだん) 가격
- 기출 感謝(かんしゃ) 감사
  - ≒ お礼(れい) 감사 인사, 감사 선물
- 기출 機会(きかい) 기회
  - ≒ チャンス 기회
- 기출 キッチン 키친
  - ≒ 台所(だいどころ) 부엌
- 기출 決(き)まり 결정, 규칙
  - ≒ 規則(きそく) 규칙
  - ≒ ルール 룰
- 기출 逆(ぎゃく) 역
  - ≒ 反対(はんたい) 반대
- 기출 共通点(きょうつうてん) 공통점
  - ≒ 同(おな)じところ 같은 부분
- 苦情(くじょう) 불평
  - ≒ クレーム 클레임
- 기출 グラウンド 그라운드
  - ≒ 運動場(うんどうじょう) 운동장
- 기출 欠点(けってん) 결점
  - ≒ 悪(わる)いところ 나쁜 점
  - ≒ よくないところ 좋지 않은 점
- 기출 このごろ 요즈음
  - ≒ 最近(さいきん) 최근
- 기출 サイズ 사이즈
  - ≒ 大(おお)きさ 크기
- 기출 指定(してい)の場所(ばしょ) 지정된 장소
  - ≒ 決(き)められた場所(ばしょ) 정해진 장소
- 収集(しゅうしゅう) 수집
  - ≒ コレクション 컬렉션
- 기출 手段(しゅだん) 수단
  - ≒ やり方(かた) 방법
- 知(し)り合(あ)い 아는 사람
  - ≒ 知人(ちじん) 지인

기출 スケジュール 스케줄
≒ 予定(よてい) 예정

기출 団体(だんたい) 단체
≒ グループ 그룹

通行止め(つうこうどめ) 통행금지
≒ 通(とお)ってはいけない 지나가면 안 된다

기출 トレーニング 트레이닝
≒ 練習(れんしゅう) 연습

日程(にってい) 일정
≒ スケジュール 스케줄

方法(ほうほう) 방법
≒ やり方(かた) 하는 방식

기출 孫(まご) 손자
≒ 娘(むすめ)の息子(むすこ) 딸의 아들

見本(みほん) 견본
≒ サンプル 샘플

기출 めい 여자 조카
≒ 兄弟(きょうだい)の娘(むすめ) 형제의 딸

文句(もんく) 불평, 불만
≒ 不満(ふまん) 불만

기출 翌年(よくとし) 다음 해
≒ 次(つぎ)の年(とし) 다음 해

留守(るす) 부재중
≒ 外出中(がいしゅつちゅう) 외출 중
≒ だれもいない 아무도 없다

기출 訳(わけ) 이유
≒ 理由(りゆう) 이유

2 동사

기출 ☐ あきらめる 포기하다
≒ やめる 그만두다

기출 ☐ 明(あ)ける (기간이) 끝나다
≒ 終(お)わる 끝나다

기출 ☐ 与(あた)える 주다
≒ あげる 주다

기출 ☐ 余(あま)る 남다
≒ 多(おお)すぎて残(のこ)る 너무 많아서 남다

☐ 謝(あやま)る 사과하다
≒ おわびする 사죄하다

기출 ☐ 慌(あわ)てる 허둥대다
≒ 急(いそ)いだようだ 서두르는 것 같다

기출 ☐ 暗記(あんき)する 암기하다
≒ 覚(おぼ)える 외우다

기출 ☐ 疑(うたが)う 의심하다
≒ 本当(ほんとう)ではないと思(おも)う 진짜가 아닐 것이라고 생각하다

☐ 打(う)ち消(け)す 부정하다
≒ 否定(ひてい)する 부정하다
≒ 正(ただ)しくないと言(い)う 올바르지 않다고 말하다

기출 ☐ 奪(うば)われる 빼앗기다
≒ 取(と)られる 빼앗기다

기출 ☐ 売(う)り切(き)れる 매진되다
≒ 全部(ぜんぶ)売(う)れる 다 팔리다

기출 ☐ 延期(えんき)になる 연기되다
≒ 後(あと)の別(べつ)の日(ひ)にやる 나중에 다른 날로 하다

☐ 延長(えんちょう)する 연장하다
≒ のばす 연장하다, 연기하다

기출 ☐ カーブしている 굽어 있다
≒ 曲(ま)がっている 굽어 있다

기출 ☐ 回収(かいしゅう)する 회수하다
≒ 集(あつ)める 모으다

기출 ☐ 輝(かがや)く 빛나다
≒ 光(ひか)る 빛나다

기출 ☐ 駆(か)ける 전속력으로 달리다
≒ 走(はし)る 달리다, 뛰다

기출 ☐ がっかりする 실망하다
≒ 残念(ざんねん)だと思(おも)う 유감이라고 생각하다

기출 ☐ 気(き)に入(い)る 마음에 들다
≒ 好(す)きだ 좋아하다

☐ 気(き)をつける 조심하다
≒ 注意(ちゅうい)する 주의하다

기출 ☐ 協力(きょうりょく)する 협력하다
≒ 手伝(てつだ)う 돕다

기출 ☐ くたびれる 지치다, 녹초가 되다
≒ 疲(つか)れる 피곤하다

☐ 故障(こしょう)する 고장 나다
≒ 壊(こわ)れる 고장 나다
≒ 使(つか)えない 사용할 수 없다

기출 ☐ 混雑(こんざつ)している 혼잡한 상태이다
≒ 客(きゃく)がたくさんいる 손님이 많이 있다

기출 ☐ さぼる 땡땡이치다
≒ 遊(あそ)びたくて学校(がっこう)を休(やす)む 놀고 싶어서 학교를 쉬다

기출 ☐ 指導(しどう)する 지도하다
≒ 教(おし)える 가르치다

[기출] □ しゃべる 수다 떨다
≒ 話(はな)す 이야기하다

□ 渋滞(じゅうたい)する 정체되다
≒ 道(みち)が込(こ)む 길이 혼잡하다

□ 修理(しゅうり)する 수리하다
≒ 直(なお)す 고치다

[기출] □ 信(しん)じる 믿다
≒ 本当(ほんとう)だと思(おも)う 사실이라고 생각하다

[기출] □ 済(す)ませる 마치다, 끝내다
≒ 終(お)わらせる 끝내다

[기출] □ 整理(せいり)する 정리하다
≒ 片(かた)づける 정리하다

□ そろう 모이다
≒ 集(あつ)まる 모이다

[기출] □ 確(たし)かめる 확인하다
≒ チェックする 체크하다

[기출] □ 経(た)つ (시간이) 흐르다, 경과하다
≒ 過(す)ぎる (시간이) 지나다

[기출] □ たまっている 쌓여 있다
≒ たくさん残(のこ)っている 많이 남아있다

[기출] □ だまる 입 다물다
≒ 話(はな)さない 아무 말 안 하다

□ 足(た)りる 충분하다
≒ 十分(じゅうぶん)だ 충분하다

[기출] □ 注文(ちゅうもん)する 주문하다
≒ 頼(たの)む 부탁하다

[기출] □ 通勤(つうきん)する 통근하다
≒ 仕事(しごと)に行(い)く 일하러 가다

□ 出来上(できあ)がる 완성되다
≒ 完成(かんせい)する 완성되다

□ 手(て)に入(い)れる 손에 넣다
≒ 買(か)う 사다

[기출] □ どなる 고함치다
≒ 大声(おおごえ)で怒(おこ)る 큰소리로 화내다

[기출] □ 内緒(ないしょ)にする 비밀로 하다
≒ だれにも話(はな)さない 아무에게도 말 안 하다

[기출] □ 納得(なっとく)する 납득하다
≒ とてもよくわかる 매우 잘 이해하다

□ 似合(にあ)う 어울리다
≒ ぴったりだ 딱 어울리다

□ 流行(はや)る 유행하다
≒ 流行(りゅうこう)する 유행하다
≒ ブームになる 붐이 되다

[기출] □ 触(ふ)れる (손을) 대다
≒ 触(さわ)る 만지다

[기출] □ 減(へ)る 줄다
≒ 少(すく)なくなる 적어지다

[기출] □ 報告(ほうこく)する 보고하다
≒ 知(し)らせる 알리다

[기출] □ 学(まな)ぶ 배우다
≒ 勉強(べんきょう)する 공부하다

□ 申(もう)し込(こ)む 신청하다
≒ 申請(しんせい)する 신청하다

[기출] □ やり直(なお)す 다시 하다
≒ もう一度(いちど)やる 한번 더 하다

□ 喜(よろこ)ぶ 기뻐하다
≒ うれしく思(おも)う 기쁘게 생각하다

3 형용사

- ☐ 新ただ 새롭다
  ≒ 新しい 새롭다
- 기출 ☐ あらゆる 모든
  ≒ 全部の 전부인
- ☐ うまい 잘하다
  ≒ 上手だ 잘하다, 능숙하다
- 기출 ☐ おかしい 이상하다
  ≒ 変だ 이상하다
- ☐ 惜しい 아쉽다, 안타깝다
  ≒ 残念だ 유감이다, 안타깝다
- 기출 ☐ 恐ろしい 두렵다, 무섭다
  ≒ 怖い 무섭다
- 기출 ☐ おなかがぺこぺこだ 배가 고프다
  ≒ おなかがすいている 배가 고프다
- 기출 ☐ きつい (옷·신발이) 꼭 끼다 / 힘들다
  ≒ 小さい 작다
  ≒ 大変だ 힘들다
- 기출 ☐ 詳しい 자세하다, 정통하다
  ≒ 細かい 자세하다
  ≒ よく知っている 잘 알고 있다
- 기출 ☐ さまざまだ 다양하다
  ≒ いろいろだ 여러 가지이다
- ☐ 仕方ない 하는 수 없다
  ≒ 方法がない 방법이 없다
- ☐ 親しい 친하다
  ≒ 仲がいい 사이가 좋다
- ☐ 重要だ 중요하다
  ≒ 大事だ 중요하다
- 기출 ☐ 退屈だ 따분하다
  ≒ つまらない 지루하다, 재미없다
- 기출 ☐ 短気だ 성미가 급하다
  ≒ すぐ怒る 금방 화내다
- 기출 ☐ 単純だ 단순하다
  ≒ わかりやすい 알기 쉽다
- 기출 ☐ 得意だ 잘하다, 특기이다
  ≒ 上手にできる 능숙하게 할 수 있다
  ≒ とても上手だ 매우 잘하다
- 기출 ☐ 不安だ 불안하다
  ≒ 心配だ 걱정이다
- 기출 ☐ ぺらぺらだ 유창하다
  ≒ 上手に話せる 능숙하게 말할 수 있다
- 기출 ☐ まぶしい 눈부시다
  ≒ 明るすぎる 너무 밝다
- ☐ 豊かだ 풍요롭다
  ≒ 十分にある 풍요롭다, 풍족하다
- ☐ ユニークだ 유니크하다
  ≒ 独特だ 독특하다
- ☐ 緩い 느슨하다, 헐겁다
  ≒ 大きい 크다
- 기출 ☐ 楽だ 편하다
  ≒ 簡単だ 간단하다
- ☐ 冷静だ 냉정하다, 침착하다, 이성적이다
  ≒ 落ち着いている 침착하다

4 부사

기출 ☐ 相変(あいか)わらず 변함없이
≒ 前(まえ)と同(おな)じで 이전과 같이

☐ のどがからからだ 목이 마르다
≒ のどがかわく 목이 마르다

☐ がらがらだ 텅텅 비어 있다
≒ すいている 비어 있다

☐ 偶然(ぐうぜん) 우연히
≒ たまたま 우연히

기출 ☐ さっき 아까
≒ 少(すこ)し前(まえ)に 좀 전에

기출 ☐ 次第(しだい)に 점차, 서서히
≒ 少(すこ)しずつ 조금씩
≒ だんだん 점점, 차차

☐ じっと 가만히, 꼼짝 않고
≒ 動(うご)かないで 움직이지 않고

☐ 真剣(しんけん)に 진지하게
≒ まじめに 진지하게

☐ すっかり 완전히
≒ 完全(かんぜん)に 완전히

기출 ☐ すべて 모든
≒ 全部(ぜんぶ) 전부

기출 ☐ 絶対(ぜったい)に 절대로, 꼭
≒ 必(かなら)ず 반드시, 꼭

기출 ☐ ずいぶん 상당히
≒ 非常(ひじょう)に 상당히

☐ そっくりだ 꼭 닮다
≒ 似(に)ている 닮다

기출 ☐ そっと 살짝, 몰래
≒ 静(しず)かに 조용히

기출 ☐ そのまま 그대로
≒ 何(なに)も変(か)えずに 아무것도 바꾸지 않고

기출 ☐ 多少(たしょう) 다소
≒ ちょっと 조금

☐ たっぷり 듬뿍
≒ たくさん 많이
≒ 十分(じゅうぶん) 충분히

기출 ☐ 当然(とうぜん) 당연
≒ もちろん 물론
≒ 当(あ)たり前(まえ) 당연

☐ とっくに 진작에, 이미
≒ ずっと前(まえ)に 한참 전에, 이미

☐ 突然(とつぜん) 돌연
≒ いきなり 갑자기

기출 ☐ 年中(ねんじゅう) 항상
≒ いつも 언제나

기출 ☐ 普段(ふだん) 평소
≒ いつも 항상, 평소

☐ おなかがぺこぺこだ 배가 고프다
≒ おなかがすく 배가 고프다

☐ ほっとする 안심하다
≒ 安心(あんしん)する 안심하다

☐ ほぼ 거의
≒ だいたい 대체로

기출 ☐ まったく～ない 전혀 ~지 않다
≒ 全然(ぜんぜん)～ない 전혀 ~지 않다

☐ まもなく 곧, 머지않아

≒ もうすぐ 곧, 머지않아

☐ もっとも 가장

≒ 一番(いちばん) 제일

기출 ☐ 約(やく) 약

≒ だいたい 대략

≒ およそ 대략

☐ ようやく 겨우, 드디어

≒ やっと 겨우, 드디어

チェックアップ!
확인문제

ⓐ부터 ⓕ 중 의미가 유사한 표현을 고르세요.

1 まもなく ≒ (　　)

2 退屈だ ≒ (　　)

3 親しい ≒ (　　)

4 すべて ≒ (　　)

5 まぶしい ≒ (　　)

6 触れる ≒ (　　)

ⓐ 全部　ⓑ 触る　ⓒ 仲がいい　ⓓ もうすぐ　ⓔ 明るすぎる　ⓕ つまらない

정답 1 ⓓ 2 ⓕ 3 ⓒ 4 ⓐ 5 ⓔ 6 ⓑ

Memo

61 실전 시험 교체 유의어 [1]

(　　/5) 제한 시간 : 3분

›정답 및 해설 <본서1> p.58

問題4 ＿＿＿に意味が最も近いものを、1・2・3・4から一つえらびなさい。

1 一日中歩き回ってくたびれた。

1　つかれた　　2　いそがしかった
3　こわかった　　4　ねむくなった

2 今日の練習はとてもきつかった。

1　たいへんだった　　2　らくだった
3　つまらなかった　　4　たのしかった

3 規則を破ってはいけない。

1　ルーズ　　2　ルール　　3　パンク　　4　ポイント

4 彼女は英語がぺらぺらです。

1　英語の発音がいいです　　2　英語で自由に話せます
3　英語であいさつができます　　4　英語が下手です

5 価格が非常に高い。

1　少し　　2　もう　　3　とても　　4　ほとんど

62 실전 시험 교체 유의어 [2]

(　　/5) 제한 시간 : 3분

›정답 및 해설 <본서1> p.59

問題4 ＿＿＿に意味が最も近いものを、1・2・3・4から一つえらびなさい。

1 留守(るす)にしておりますので、伝言を残(のこ)してください。

1 サービス　　2 メッセージ　　3 テーマ　　4 アンケート

2 アメリカにいるはずの友だちが現れて、びっくりした。

1 出てきて　　2 いなくなって

3 連絡してきて　　4 見つかって

3 サッカー部は朝から晩までトレーニングにはげんでいます。

1 練習　　2 予習　　3 自習　　4 復習

4 このごろ、話題になっている小説を買ってみた。

1 先日　　2 日常　　3 時々　　4 最近

5 智子(ともこ)さんの元気な姿を見ることができてほっとした。

1 うれしかった　　2 やさしかった

3 安心した　　4 満足した

63 실전 시험 교체 유의어 [3]

(　　/5) 제한 시간 : 3분

정답 및 해설 <본서1> p.59

問題4 ＿＿＿に意味が最も近いものを、1・2・3・4から一つえらびなさい。

1 夜が明(あ)けたら、出発しましょう。

1 日がしずんだら　　2 空が晴れたら

3 日がのぼったら　　4 空が暗くなったら

2 祝日(しゅくじつ)の遊園地(ゆうえんち)は家族連(づ)れで混雑していた。

1 人がたくさんいた　　2 人があまりいなかった

3 物がたくさんあった　　4 物があまりなかった

3 最後にたまごを入れると、できあがりです。

1 発見　　2 到着　　3 完成　　4 最高

4 のどがからからで、大きな声が出せなかった。

1 つまっていて　　2 かわいていて

3 ぬれていて　　4 枯れていて

5 彼が何を話しているのか、さっぱりわかりません。

1 全部　　2 全然　　3 けっこう　　4 もっと

64 실전 시험 교체 유의어 [4]

(　　/5) 제한 시간 : 3분

›정답 및 해설 <본서1> p.59

問題4 ＿＿＿に意味が最も近いものを、1・2・3・4から一つえらびなさい。

1 机の上の書類を整理してください。

1 もってきて　　2 おくって　　3 かたづけて　　4 わたして

2 いまさら後悔してもしかたないです。

1 方法がありません　　2 よくわかりません

3 こまります　　4 つまらないです

3 必要なものをすべて書いてください。

1 いろいろ　　2 全部　　3 なんとか　　4 なにか

4 私はゆるい感じの服装が好きです。

1 重い　　2 軽い　　3 大きい　　4 小さい

5 彼は周りを気にしないタイプです。

1 こまかく見る　　2 楽しくする

3 かまわない　　4 信じない

65 실전 시험 교체 유의어 [5]

(　　/5) 제한 시간 : 3분

정답 및 해설 <본서1> p.60

問題4 ＿＿＿に意味が最も近いものを、1・2・3・4から一つえらびなさい。

1 どうしても会いたい人がいます。

1　ときどき　　2　自然に　　3　ぜひ　　4　適当に

2 旅行の計画を立てているところです。

1　アドレス　　2　プラン　　3　システム　　4　マネー

3 つらい経験をしたことがありますか。

1　しんぱいな　　2　くるしい

3　気分がいい　　4　ふあんな

4 メンバー全員そろいました。

1　呼びました　　2　集まりました

3　帰りました　　4　入りました

5 いろいろなできごとが取り上げられた。

1　人物　　2　事件　　3　場所　　4　商品

66 실전 시험 교체 유의어 [6]

(　　/5) 제한 시간 : 3분

▶정답 및 해설 <본서1> p.60

問題4 ＿＿＿に意味が最も近いものを、1・2・3・4から一つえらびなさい。

1 自分が悪いと思ったら、心から謝りなさい。

1 「おだいじに」と言いなさい　　2 「しつれいします」と言いなさい

3 「ごめんなさい」と言いなさい　　4 「しょうちしました」と言いなさい

2 昨日、孫が生まれました。

1 息子の妻(つま)　　2 親せき　　3 子ども　　4 娘の息子

3 荷物(にもつ)は翌日(よくじつ)には届(とど)くと思います。

1 まえの日　　2 まえのまえの日

3 つぎの日　　4 つぎのつぎの日

4 海外で日本食(にほんしょく)がブームらしい。

1 高くなっている　　2 はやっている

3 有名になっている　　4 作られている

5 だれもが納得する話でした。

1 おどろく　　2 よくわかる

3 知っている　　4 こわがる

67 실전 시험 교체 유의어 [7]

(　　/5) 제한 시간 : 3분

정답 및 해설 <본서1> p.61

問題4 ＿＿＿に意味が最も近いものを、1・2・3・4から一つえらびなさい。

1 はげしい雨が降っている。

1 強い　　2 大きい　　3 たくさんの　　4 ずっと

2 社会生活を送る上でもっとも重要なのは人間関係です。

1 ずっと　　2 最近　　3 一番　　4 たしかに

3 そんなこと言われなくても、当然知っていますよ。

1 おもに　　2 もちろん　　3 しっかり　　4 はっきり

4 夜遅くにさわがないでほしい。

1 うるさくしないで　　2 走らないで

3 出かけないで　　4 連絡しないで

5 美術館ではさまざまな展示(てんじ)が年中行われています。

1 いつか　　2 つねに　　3 たまたま　　4 たまに

68 실전 시험 교체 유의어 [8]

(　　/5) 제한 시간 : 3분

▸정답 및 해설 <본서1> p.61

問題4 ＿＿＿に意味が最も近いものを、1・2・3・4から一つえらびなさい。

1 間違いがあるかどうか<u>確認</u>してください。

1 カンニング　　2 リスニング
3 チェック　　4 ショック

2 週末は<u>日程が重なって</u>困っている。

1 急にスケジュールが入って　　2 同じ日にスケジュールが入って
3 スケジュールがキャンセルになって　　4 スケジュールが多くて

3 妹の部屋はいつも<u>ちらかっている</u>。

1 物が落ちている　　2 かたづいていない
3 きれいだ　　4 とてもうるさい

4 今日の試合は、<u>惜しい</u>結果になった。

1 さびしい　　2 きびしい　　3 残念な　　4 複雑な

5 いい<u>案</u>があれば、どんどん言ってください。

1 プロジェクト　　2 スタイル
3 アイデア　　4 コミュニケーション

69 실전 시험 교체 유의어 [9]

(　　/5) 제한 시간 : 3분

정답 및 해설 <본서1> p.61

問題4 ＿＿＿に意味が最も近いものを、1・2・3・4から一つえらびなさい。

1 今日、会社をさぼってしまった。

1 遊びたくて、会社を休んでしまった

2 遊びたくて、会社をやめてしまった

3 具合が悪くて、会社を休んでしまった

4 具合が悪くて、会社をやめてしまった

2 山の奥(おく)にはめずらしい動物がたくさん住んでいる。

1 山の深い所　　2 山から近い所

3 山の隣の所　　4 山から遠い所

3 おかしなことを経験しました。

1 かっこいい　　2 つまらない　　3 さまざまな　　4 不思議(ふしぎ)な

4 景気は次第(しだい)によくなるそうです。

1 やっと　　2 すぐに　　3 だんだん　　4 いまにも

5 1年間の田舎(いなか)暮らしを通して、自然のありがたさを感じることができた。

1 活動　　2 風景　　3 住民　　4 生活

70 실전 시험 교체 유의어 [10]

(　　/5) 제한 시간 : 3분

›정답 및 해설 <본서1> p.62

問題4 ＿＿＿に意味が最も近いものを、1・2・3・4から一つえらびなさい。

1 このことは絶対に秘密にしてください。

1 たぶん　　2 もちろん　　3 ちょっと　　4 かならず

2 教師も学生からいろいろ教わるときがある。

1 おしえる　　2 はなす　　3 ならう　　4 そだつ

3 くわしいことは決まり次第、お知らせします。

1 代表的な　　2 具体的な　　3 基本的な　　4 最終的な

4 楽しい時間をたっぷり過ごしてきました。

1 ほとんど　　2 じゅうぶん　　3 なんとなく　　4 とても

5 サンプルを見たあとで決めましょう。

1 資料　　2 見本　　3 価格　　4 材料

71 실전 시험 교체 유의어 [11]

(　/5) 제한 시간 : 3分

▶정답 및 해설 <본서1> p.62

問題4 ＿＿＿に意味が最も近いものを、1・2・3・4から一つえらびなさい。

1 5時になると、日がくれます。

1 空が暗くなります　　2 空が明るくなります

3 空がくもります　　4 空がはれます

2 仕事中、森(もり)さんにこっそり呼ばれた。

1 急に　　2 何度も

3 元気のない声で　　4 周りに気づかれないように

3 今日の高橋(たかはし)さんはふだんとは違う様子でした。

1 平日　　2 前日　　3 さっき　　4 いつも

4 かわいいおいに会うのが楽しみです。

1 妹のむすこ　　2 妹のむすめ　　3 母の弟　　4 母の姉

5 立派(りっぱ)な作品が多い。

1 すぐれた　　2 感動的な　　3 とんでもない　　4 変な

72 실전 시험 교체 유의어 [12]

(　/5) 제한 시간 : 3分

›정답 및 해설 <본서1> p.62

問題4 ＿＿＿に意味が最も近いものを、1・2・3・4から一つえらびなさい。

1 宅配が届くから受け取ってください。

1 あげて　2 買って　3 見て　4 もらって

2 休みの日には家でごろごろしています。

1 休んで　2 運動して　3 仕事して　4 勉強して

3 先輩(せんぱい)にいろいろアドバイスしてもらった。

1 案内　2 助言　3 心配　4 命令

4 私の弟は単純(たんじゅん)な性格なので、何をするのかすぐに予想できる。

1 わかりやすい　2 わかりにくい

3 何でも知っている　4 あまり知らない

5 SNSに時間をうばわれてはいませんか。

1 捨てられて　2 とめられて　3 とられて　4 よばれて

73 실전 시험 교체 유의어 [13]

(　/5) 제한 시간 : 3분

정답 및 해설 <본서1> p.63

問題4 ＿＿＿に意味が最も近いものを、1・2・3・4から一つえらびなさい。

1 一番気に入っているデザインは何ですか。

1 シンプルな　2 特別な　3 ユニークな　4 好きな

2 この先は工事中ですので、ただいま通行止(つうこうど)めとなっております。

1 とおってはいけません　2 はしってはいけません

3 はいってはいけません　4 うごいてはいけません

3 たまたま同じアパートに住んでいたことから20年付き合いの友人になりました。

1 予想どおり　2 いっしょに　3 偶然(ぐうぜん)　4 たまに

4 電車はがらがらだった。

1 ひろかった　2 せまかった　3 すいていた　4 こんでいた

5 機会があればぜひ行ってみたい。

1 チャレンジ　2 チャンス　3 レベル　4 ライバル

74 실전 시험 교체 유의어 [14]

(　/5) 제한 시간 : 3분

▶정답 및 해설 <본서1> p.63

問題4 ＿＿＿に意味が最も近いものを、1・2・3・4から一つえらびなさい。

1 そんなにどならないでください。

1 大きく笑わないで　　2 大きく歌わないで

3 大声を出さないで　　4 大声で答えないで

2 指輪（ゆびわ）が輝いている。

1 ゆれて　　2 ひかって　　3 消えて　　4 現れて

3 いろいろな手段があります。

1 アイデア　　2 書きかた　　3 理由　　4 やりかた

4 いつも冷静な田中（たなか）さんが、今日はとても怒っていました。

1 しずかな　　2 動かない

3 落ち着いている　　4 つめたい

5 出席できない場合は、前もって連絡してください。

1 同時に　　2 後で　　3 事前（じぜん）に　　4 すぐに

75 실전 시험 교체 유의어 [15]

(　/5) 제한 시간 : 3분

▶정답 및 해설 <본서1> p.64

問題4 ＿＿＿に意味が最も近いものを、1・2・3・4から一つえらびなさい。

1 洗濯したらセーターが縮(ちぢ)んでしまった。

1 きれいになってしまった　　2 小さくなってしまった

3 大きくなってしまった　　4 かるくなってしまった

2 暑くて、じっとしていても、汗が出る。

1 うごかないで　　2 見ないで

3 はなさないで　　4 おこらないで

3 学校を休んだわけを聞いてみた。

1 態度　　2 理由　　3 場所　　4 具合

4 予約を取(と)り消(け)すときは電話でお願いします。

1 リフレッシュする　　2 オーダーする

3 キャンセルする　　4 チェンジする

5 今日はたいくつな一日を過ごしました。

1 することがない　　2 のんびりした

3 ひまがない　　4 すっきりした

Memo

문제 5 용법

유형 소개

용법 (5문항)

제시된 단어가 문장 속에서 어떻게 사용되는지를 묻는 문제이며 5문항이 출제된다. 단어의 올바른 쓰임새를 묻는 문제이므로 단어의 의미만으로는 문제를 풀 수가 없기 때문에 학생들이 가장 어려워하는 유형 중에 하나이다. 단어의 품사부터 시작해서 어떤 문장에서 어떻게 쓰이는지 사용법을 정확히 알아야 한다.

問題5　つぎのことばの使い方として最もよいものを、1・2・3・4から一つえらびなさい。

31　まげる

1　今朝は寒かったので、マフラーを首(くび)にまげて出かけた。

2　けがは良(よ)くなったが、腕(うで)を伸(の)ばしたりまげたりすると、まだ少し痛(いた)む。

3　一つのパンを半分にまげて、二人で分けて食べた。

4　シャツをきちんとまげたら、たんすの引き出しにしまってください。

해석　구부리다, 굽히다

1　오늘 아침은 추웠기 때문에 머플러를 목에 구부리고 외출했다. → 두르고

2　상처는 나아졌는데, 팔을 펴거나 굽히거나 하면 아직 조금 아프다.

3　하나의 빵을 반으로 굽혀서, 둘이서 나눠 먹었다. → 쪼개서

4　셔츠를 제대로 굽혀서, 옷장 서랍에 넣어 주세요. → 개서

» 해답 스킬

1. 문제의 품사를 확인하고 품사의 활용에 맞게 쓰인 선택지를 고른다. 특히 명사와 **な**형용사의 구별이 중요하다.
2. 선택지를 꼼꼼히 읽어야 하며, 만약 정답을 모르겠는 경우에는 문제의 단어와 비슷한 의미 카테고리에 있는 문장을 선택지에서 고른다.
3. 결국 문제의 단어를 모르면 문제 푸는 데에 한계가 있으므로 문장을 통해 단어의 정확한 쓰임을 숙지해 둔다.

» 학습 대책

1. 용법 문제는 [문제 1 한자 읽기] ~ [문제 4 교체 유의어]의 기반 다지기에 제시된 한자와 어휘를 꼼꼼히 외우면 비교적 쉽게 해결되는 유형이다.
2. 문제로 주어진 단어의 품사를 파악해야 한다. 왜냐하면 품사에 따라 활용형이나 쓰임이 달라지기 때문이다. 예를 들어 「**不安**(ふあん)(불안)」은 '불안하다'일 경우, 「**不安する**」가 아닌 「**不安だ**」의 **な**형용사이다.
3. 단어와 함께 자주 사용되는 구문을 외운다. 예를 들어 「**握る**(にぎ)(쥐다, 잡다)」라는 동사가 있으면 「**母の手を握る**(はは)(て)(엄마 손을 잡다)」 「**ロープを握る**(로프를 잡다)」와 같이 외워 둔다.
4. 다른 품사들도 마찬가지이지만 특히 **い**형용사, **な**형용사, 부사는 예문과 함께 외워 두도록 한다.

문제 5 기반 다지기

용법 문제에 출제되는 어휘는 [문제 3 문맥 규정]과 겹치는 어휘가 많다는 것을 염두에 두고, 제시한 예문과 함께 암기하도록 한다.

1 명사

2 동사

3 형용사

4 기타 (부사 및 의성어/의태어, 관용구)

1 명사

する가 붙는 명사

기출	暗記(あんき) 암기	・文章を暗記する。문장을 암기하다.
기출	移動(いどう) 이동	・席を移動する。자리를 이동하다.
	延期(えんき) 연기	・試合を延期する。시합을 연기하다.
	応援(おうえん) 응원	・好きなチームを応援する。좋아하는 팀을 응원하다.
기출	回収(かいしゅう) 회수	・解答用紙を回収する。해답 용지를 회수하다.
	仮定(かてい) 가정	・彼の話が事実だと仮定する。그의 이야기가 사실이라고 가정하다.
기출	活動(かつどう) 활동	・地域を紹介する活動をしている。지역을 소개하는 활동을 하고 있다.
	希望(きぼう) 희망	・進学を希望する。진학을 희망하다.
기출	緊張(きんちょう) 긴장	・面接の前は緊張する。면접 전에는 긴장한다.
기출	区別(くべつ) 구별	・仕事とプライベートを区別する。일(업무)과 사적인 일을 구별하다.
기출	経由(けいゆ) 경유	・大阪を経由する。오사카를 경유하다.
기출	減少(げんしょう) 감소	・人口が減少する。인구가 감소하다.
기출	建設(けんせつ) 건설	・空港が建設される。공항이 건설되다.
기출	建築(けんちく) 건축	・新しい建物が建築される。새로운 건물이 건축되다.
기출	交流(こうりゅう) 교류	・外国人と交流する。외국인과 교류하다.
	差別(さべつ) 차별	・差別を受ける。차별을 받다.
	支給(しきゅう) 지급	・交通費を支給する。교통비를 지급하다.
기출	集合(しゅうごう) 집합	・ロビーに集合してください。로비에 집합해 주세요.
기출	修理(しゅうり) 수리	・コピー機を修理する。복사기를 수리하다.
기출	縮小(しゅくしょう) 축소	・画面を縮小する。화면을 축소하다.
	主張(しゅちょう) 주장	・意見を主張する。의견을 주장하다.
기출	消費(しょうひ) 소비	・エネルギーを消費する。에너지를 소비하다.

기출	進歩(しんぽ) 진보	• 技術(ぎじゅつ)が進歩(しんぽ)する。기술이 진보하다.
기출	整理(せいり) 정리	• 棚(たな)を整理(せいり)する。선반을 정리하다.
기출	早退(そうたい) 조퇴	• 学校(がっこう)を早退(そうたい)する。학교를 조퇴하다.
기출	滞在(たいざい) 체재, 머무름	• 一週間(いっしゅうかん)、大阪(おおさか)に滞在(たいざい)する。일주일간 오사카에 체재한다.
	達成(たっせい) 달성	• 記録(きろく)を達成(たっせい)する。기록을 달성하다.
	追加(ついか) 추가	• メニューを追加(ついか)する。메뉴를 추가하다.
기출	発生(はっせい) 발생	• 問題(もんだい)が発生(はっせい)する。문제가 발생하다.
기출	発展(はってん) 발전	• 経済(けいざい)が発展(はってん)する。경제가 발전하다.
기출	沸騰(ふっとう) 비등, 물이 끓어오름	• お湯(ゆ)が沸騰(ふっとう)する。물이 끓어오르다.
기출	分類(ぶんるい) 분류	• 年代別(ねんだいべつ)に本(ほん)を分類(ぶんるい)する。연대별로 책을 분류하다.
	変更(へんこう) 변경	• スケジュールを変更(へんこう)する。스케줄을 변경하다.
기출	訪問(ほうもん) 방문	• 会社(かいしゃ)を訪問(ほうもん)する。회사를 방문하다.
기출	募集(ぼしゅう) 모집	• 生徒(せいと)を募集(ぼしゅう)する。학생을 모집하다.
기출	翻訳(ほんやく) 번역	• 日本語(にほんご)を英語(えいご)に翻訳(ほんやく)する。일본어를 영어로 번역하다.
기출	割引(わりびき) 할인	• すべての物(もの)を10パーセント割引(わりびき)する。모든 물건을 10퍼센트 할인한다.

그 밖의 명사

기출	行(い)き先(さき) 행선지, 목적지	• 上司(じょうし)に行(い)き先(さき)を報告(ほうこく)する。상사에게 행선지를 보고한다.
	以降(いこう) 이후	• 明日(あした)以降(いこう)、また来(き)てください。내일 이후에 또 오세요.
기출	空(から) 빔, 속이 비어 있음	• 空(から)になったビンはここに捨(す)ててください。빈 병은 여기에 버려주세요.
기출	期限(きげん) 기한	• 期限(きげん)までに支払(しはら)う。기한까지 지불하다.
기출	距離(きょり) 거리	• 距離(きょり)を計算(けいさん)する。거리를 계산하다.
기출	欠点(けってん) 결점	• だれでも欠点(けってん)はある。누구든지 결점은 있다.
	締(し)め切(き)り 마감	• 締(し)め切(き)りは明日(あした)です。마감은 내일입니다.
기출	性格(せいかく) 성격	• 性格(せいかく)が似(に)ている。성격이 닮았다.

	□ 成分(せいぶん) 성분	• 薬(くすり)の成分(せいぶん)を確(たし)かめる。약 성분을 확인하다.
기출	□ 中古(ちゅうこ) 중고	• 中古(ちゅうこ)のテレビを買(か)う。중고 TV를 사다.
기출	□ 中旬(ちゅうじゅん) 중순	• 行事(ぎょうじ)は3月中旬(がつちゅうじゅん)に行(おこな)われる。행사는 3월 중순에 행해진다.
	□ 調子(ちょうし) 상태	• 体(からだ)の調子(ちょうし)が悪(わる)い。몸 상태가 나쁘다.
기출	□ 満員(まんいん) 만원	• 朝(あさ)の電車(でんしゃ)はいつも満員(まんいん)です。아침 전철은 항상 만원입니다.
기출	□ 見本(みほん) 견본	• 新(あたら)しい商品(しょうひん)の見本(みほん)を見(み)る。새로운 상품의 견본을 보다.
기출	□ 未来(みらい) 미래	• 地球(ちきゅう)の未来(みらい)のために私(わたし)たちができること 지구의 미래를 위해서 우리들이 할 수 있는 것
기출	□ ユーモア 유머	• ユーモアのある人(ひと)が好(す)きだ。유머 있는 사람을 좋아하다.

2 동사

기출	あきらめる	포기하다	• 試合をあきらめる。시합을 포기하다.
기출	預ける	맡기다	• ホテルに荷物を預ける。호텔에 짐을 맡기다.
	温める	데우다	• 冷めたごはんを温める。식은 밥을 데우다.
	あふれる	넘치다	• 川の水があふれる。강물이 넘치다.
기출	余る	남다	• プリントが余る。프린트가 남다.
기출	植える	심다	• 庭に花を植える。마당에 꽃을 심다.
기출	埋める	묻다, 메우다	• 穴を埋める。구멍을 메우다.
기출	断る	거절하다	• 誘いを断る。권유를 거절하다.
	焦げる	(음식이) 타다, 눌어붙다	• 何か焦げるにおいがしてきた。뭔가 타는 듯한 냄새가 나기 시작했다.
기출	こぼす	쏟다, 흘리다	• ジュースをこぼす。주스를 쏟다.
기출	転ぶ	구르다, 자빠지다	• 階段で転ぶ。계단에서 자빠지다.
	誘う	꼬시다, 권하다	• 友だちを誘う。친구를 꼬시다.
기출	貯まる	(돈이) 모이다	• お金が貯まったら、車を買おう。돈이 모이면 차를 사자.
기출	詰める	채우다, 채워 넣다	• 本を箱に詰める。책을 상자에 채워 넣다.
기출	伝わる	전해지다	• 西洋の技術が伝わる。서양 기술이 전해지다.
기출	抱く	(팔에) 안다	• 子どもを抱いている。아이를 안고 있다.
기출	怒鳴る	고함치다, 호통치다	• いたずらをして、親に怒鳴られた。장난을 해서 부모님께 야단맞았다.
기출	慰める	위로하다	• 落ち込んでいる友だちを慰める。우울해 있는 친구를 위로하다.
기출	握る	꽉 쥐다	• ロープを握る。로프를 꽉 쥐다.
기출	量る	(무게·부피를) 재다, 측정하다	• 体重を量る。체중을 재다.
기출	離す	떼다, 떼어 놓다	• 危ないから火から離しておく。위험하니까 불에서 떼어 놓다.
	拭く	닦다, 훔치다	• 廊下をぞうきんで拭く。복도를 걸레로 닦다.
기출	吠える	짖다	• 犬が吠える。개가 짖다.

□	干す 말리다, 널다	• 洗濯物を干す。빨래를 말리다.
기출 □	曲げる 구부리다, 굽히다	• 腰を曲げる。허리를 굽히다.
기출 □	混ぜる 섞다	• 材料を混ぜる。재료를 섞다.
기출 □	ゆでる 데치다, 삶다	• 野菜をゆでる。채소를 데치다.

복합 동사

기출 □	受け入れる (사람·문화를) 받아들이다, (의견·주장을) 받아들이다	• 留学生を受け入れる。유학생을 받아들이다.
기출 □	受け取る 수취하다	• 荷物を受け取る。짐을 수취하다.
□	追い越す (앞차를) 추월하다	• 前の車を追い越す。앞차를 추월하다.
기출 □	追い抜く 앞지르다, 추월하다	• マラソンで前の人を追い抜く。마라톤에서 앞사람을 추월하다.
기출 □	落ち着く 침착하다, 안정되다	• 落ち着いて行動する。침착하게 행동하다.
기출 □	かき混ぜる (휘저어) 뒤섞다	• コーヒーに砂糖を入れてかき混ぜる。커피에 설탕을 넣고 뒤섞다.
기출 □	気づく 알아차리다	• 自分の誤りに気づく。자신의 잘못을 알아차리다.
기출 □	区切る 단락을 짓다, 구획 짓다	• 部屋をカーテンで区切る。방을 커튼으로 나누다.
기출 □	知り合う 서로 알게 되다	• 旅行先で知り合う。여행지에서 서로 알게 되다.
기출 □	通り過ぎる 지나치다, 통과하다	• 急行列車が通り過ぎる。급행열차가 통과하다.
기출 □	似合う 어울리다	• 短い髪型がよく似合う。짧은 헤어스타일이 잘 어울린다.
기출 □	話しかける 말을 걸다	• 知らない人に話しかけられた。모르는 사람이 말을 걸었다.
기출 □	引き受ける 떠맡다, (부탁·요구를) 받아들이다	• 頼まれた仕事を引き受ける。부탁 받은 일을 떠맡다.
기출 □	見送る 배웅하다	• 駅で友だちを見送る。역에서 친구를 배웅하다.
□	呼びかける 호소하다, 당부하다	• 注意を呼びかける。주의를 당부하다.

형용사

い형용사

	□ かゆい 가렵다	• 肌(はだ)がかゆい。피부가 가렵다.
기출	□ 親(した)しい 친하다	• 一緒(いっしょ)にカラオケに行(い)ってから親(した)しくなった。함께 가라오케에 가고 나서 친해졌다.
기출	□ だるい (몸이) 나른하다	• 熱(ねつ)があって、体(からだ)がだるい。열이 있어서 몸이 나른하다.
기출	□ 貧(まず)しい 가난하다	• 貧(まず)しい国(くに)の子(こ)どもたちを救(すく)う。가난한 나라의 아이들을 구하다.
	□ もったいない 아깝다	• 残(のこ)った料理(りょうり)を捨(す)てるのはもったいない。남은 요리를 버리는 것은 아깝다.
기출	□ 緩(ゆる)い 느슨하다, 헐렁하다	• ズボンが緩(ゆる)くなった。바지가 느슨해졌다.

な형용사

기출	□ 異常(いじょう)だ 이상하다, 정상이 아니다	• 今年(ことし)の夏(なつ)は異常(いじょう)に暑(あつ)かった。올여름은 이상하게 더웠다.
기출	□ 急(きゅう)だ 갑작스럽다	• 急(きゅう)に雨(あめ)が降(ふ)り出(だ)した。갑자기 비가 내리기 시작하다.
기출	□ 健康(けんこう)だ 건강하다	• 毎日(まいにち)ジョギングをしているから健康(けんこう)です。매일 조깅을 하고 있어서 건강합니다.
기출	□ 盛(さか)んだ 성행하다, 활발하다	• 外国(がいこく)との交流(こうりゅう)が盛(さか)んです。외국과의 교류가 활발합니다.
기출	□ 重大(じゅうだい)だ 중대하다	• 重大(じゅうだい)な問題(もんだい)が見(み)つかる。중대한 문제가 발견되다.
기출	□ 新鮮(しんせん)だ 신선하다	• 新鮮(しんせん)な野菜(やさい)を売(う)っている。신선한 채소를 팔고 있다.
기출	□ 正直(しょうじき)だ 정직하다	• 田中(たなか)さんは正直(しょうじき)な人(ひと)です。다나카 씨는 정직한 사람입니다.
	□ 正確(せいかく)だ 정확하다	• 正確(せいかく)な温度(おんど) 정확한 온도
기출	□ 清潔(せいけつ)だ 청결하다	• 清潔(せいけつ)に掃除(そうじ)されている。청결히 청소되어 있다.
기출	□ そっくりだ 꼭 닮다	• 顔(かお)も声(こえ)もそっくりだ。얼굴도 목소리도 꼭 닮았다.
기출	□ なだらかだ 완만하다	• なだらかな坂道(さかみち)をのぼる。완만한 비탈길을 오르다.
	□ 不安(ふあん)だ 불안하다	• 何(なに)が起(お)こるか不安(ふあん)だ。무슨 일이 일어날지 불안하다.
	□ 楽(らく)だ 편하다	• 楽(らく)な仕事(しごと) 편한 일

4 기타

1. 부사 및 의성어/의태어

기출	□ お互いに 서로, 상호 간에	• お互いに助け合う。서로 돕다.
	□ 次第に 차츰, 점차, 차차	• 次第に寒くなる。점차 추워지다.
기출	□ そろそろ 슬슬	• そろそろ始めましょう。슬슬 시작합시다.
	□ やっと 겨우, 드디어	• やっと完成した。드디어 완성했다.
기출	□ にこにこ 싱글벙글, 싱긋싱긋	• うれしそうににこにこしている。기쁜 듯이 싱글벙글하고 있다.
	□ のんびり 느긋하게, 유유히	• のんびり過ごす。느긋하게 보내다.

2. 관용구

기출	□ 身につける 익히다, 습득하다	• 技術を身につける。기술을 익히다.

チェックアップ!
확인문제

일본어로 작문하세요.

1 학생을 모집하다.

2 외국인과 교류하다.

3 오사카에 체재하다.

4 강물이 넘치다.

5 재료를 섞다.

6 로프를 꽉 쥐다.

7 몸이 나른하다.

8 청결한 방

정답 1 生徒を募集する。 2 外国人と交流する。 3 大阪に滞在する。 4 川の水があふれる。 5 材料を混ぜる。 6 ロープを握る。 7 体がだるい。 8 清潔な部屋

Memo

76 실전 시험 용법 [1]

(　　/5) 제한 시간 : 5분

정답 및 해설 <본서1> p.64

問題5 つぎのことばの使い方として最もよいものを、1・2・3・4から一つえらびなさい。

1 移動

1 3月から事務所を移動します。

2 この紙は温度によって色が移動します。

3 ポイントは商品と移動することができます。

4 教科書をもらった人は隣の教室に移動してください。

2 未来

1 未来は海外で働きたいと思っています。

2 地球の未来のためにできることは何ですか。

3 社会人としての未来の目標について話してください。

4 この問題は未来の課題として研究していきたいと思います。

3 預ける

1 財布を忘れて、友だちに1万円預けてもらった。

2 ホテルの受付に荷物を預けて出かけた。

3 料理の食べ残しは冷蔵庫に預けないほうがいいです。

4 お金を預けてボタンを押すと、ジュースが出てきます。

4 新鮮

1 昨日公開された新鮮な映画を見に行った。

2 新年を迎え、新鮮な計画を立てようと思います。

3 今年の新鮮な学生は100人くらいです。

4 このスーパーでは新鮮な野菜を少しずつ買うことができる。

5 うっかり

1 人気のお店だから期待していたが、一口食べてうっかりした。

2 クーラーをつけたら、窓はうっかり閉めてください。

3 今朝、うっかりしてかぎをかけないで家を出てしまった。

4 夜になったら疲れがうっかり出てきた。

77 실전 시험 용법 [2]

(/5) 제한 시간 : 5分

정답 및 해설 <본서1> p.64

問題5 つぎのことばの使い方として最もよいものを、1・2・3・4から一つえらびなさい。

1 以降

1 もう時間がないから、急いで1時間以降に終わらせましょう。

2 スケジュールは明日以降会議をして決めましょう。

3 同じ失敗をしないように、以降注意します。

4 今年の花火大会には1万人以降が訪れたそうだ。

2 からから

1 お腹がからからで仕事ができない。

2 鈴木(すずき)さんはフランス語をからから話す。

3 週末なのに映画館がからからだった。

4 朝起きたら、のどがからからで痛かった。

3 親しい

1 日本の生活にもだいぶ親しくなってきました。

2 山田(やまだ)さんとは中学生のときから親しくなりました。

3 キムさんは釣りが趣味なので、魚の種類にとても親しい。

4 このかばんは軽くてたくさん入れられるので、とても親しいです。

4 楽

1 子どもたちは楽そうに話しています。

2 山田(やまだ)さんは自分の都合しか考えない楽な人です。

3 今の仕事は前の仕事に比べると楽で給料もいいです。

4 うちのクラスが体育大会で優勝して本当に楽です。

5 詰める

1 寒いからコートのボタンをしっかり詰めた。

2 大事なスケジュールはノートに詰めておきます。

3 テーブルに料理を詰めておいてください。

4 娘が好きなお菓子やチョコレートを箱に詰めて送った。

78 실전 시험 용법 [3]

(/5) 제한 시간 : 5분

정답 및 해설 <본서1> p.65

問題5 つぎのことばの使い方として最もよいものを、1・2・3・4から一つえらびなさい。

1 収集

1 父は世界のめずらしい切手を収集するのが趣味だ。

2 聴解の試験の結果がよくないのは、収集できなかったからだ。

3 課外授業はいつも現地で収集して解散することになっている。

4 この店は今、アルバイトを収集している。

2 正確

1 彼は正確な顔をして昨日のことを話しはじめた。

2 新聞やニュースは正確した情報を伝えるべきだ。

3 正確なミスをした木村(きむら)さんは首になったそうだ。

4 山下(やました)さんは時間に正確な人だから、遅れることはないだろう。

3 ぴったり

1 疲れていたのか、夫はソファーでぴったり寝ている。

2 スペイン語を5年も習っているのに、まだぴったり話せない。

3 春から大学生になるのだから、もう少しぴったりしてください。

4 この服は色もサイズも私にぴったりで気に入っています。

4 仮定

1 台風がいつ来るか仮定するのはむずかしい。

2 本当に地震が起きたと仮定して訓練(くんれん)を行った。

3 仮定にはだれでも宇宙へ行けるでしょう。

4 30年後の自分を仮定して絵を描いた。

5 あふれる

1 この川はゆっくりあふれています。

2 大雨のため、川の水があふれました。

3 テーブルが揺(ゆ)れて、コップの水があふれてしまいました。

4 冬になると、たくさんの鳥が海をあふれてやってきます。

79 실전 시험 용법 [4]

(　　/5) 제한 시간 : 5분

›정답 및 해설 <본서1> p.65

問題5 つぎのことばの使い方として最もよいものを、1・2・3・4から一つえらびなさい。

1 似合う

1 お正月には、家族が似合うので楽しみだ。

2 みんなの意見が似合わなくて、会議がなかなか終わらない。

3 息子の宿題を見てみると、答えが全部似合っていた。

4 誕生日にあげた帽子は、彼によく似合っている。

2 主張

1 彼は誰が何といっても自分の主張を曲げない人です。

2 明日から中国に1週間主張することになった。

3 新商品のアイデアについて主張があれば言ってください。

4 私の趣味は本の主張を書くことです。

3 安全

1 赤ちゃんが寝ているので、ドアを安全に閉めました。

2 彼は周りの人に対していつも安全にしてくれます。

3 製品を安全に使用していただくための注意点が書いてある。

4 この駐車場は大きな車でも駐車できますので、ご安全ください。

4 修理

1 計画を修理して、最初からやり直すことにした。

2 先日出してもらった資料に修理が必要な部分があります。

3 購入して1年以内に故障した場合は無料で修理させていただきます。

4 後ろまで聞こえないので、音を修理してもらえませんか。

5 そっくり

1 みんなの意見がそっくりで困っている。

2 重要な会議があることをそっくり忘れていた。

3 私と姉は顔も声もそっくりで、よく間違われます。

4 まだ時間ありますから、そっくりしてもいいですよ。

80 실전 시험 용법 [5]

(　　/5) 제한 시간 : 5분

정답 및 해설 <본서1> p.66

問題5 つぎのことばの使い方として最もよいものを、1・2・3・4から一つえらびなさい。

1 募集

1 学校の正門の前で募集して行きましょう。

2 パスポートの募集に必要な書類を教えてもらえませんか。

3 読まなくなった本を募集して、古本屋(ふるほんや)に持っていった。

4 販売の仕事に興味のある方を募集しています。

2 誘う

1 先生、誘いたいことがあるんですが、今よろしいでしょうか。

2 田中(たなか)さんを映画に誘ったが、まだ返事がない。

3 自分を誘うことができたら、何事でもうまくいくはずです。

4 新しくできた洋服屋は目を誘いたくなるほど安い値段だった。

3 焦(こ)げる

1 今日は注文が多いから、いつもより早くパンを焦(こ)げはじめた。

2 気づいたら、台所で何か焦(こ)げるにおいがしてきてびっくりした。

3 うどんを上手に焦(こ)げる方法を教えてください。

4 長い間雨が降らなくて、木や花が全部焦(こ)げてしまった。

4 のんびり

1 道が込んでいて、車がのんびり走っている。

2 壊れやすいので、のんびり触ってください。

3 急いでいるのにタクシーがなかなか来なくてのんびりしました。

4 連休は出かけないで家でのんびり過ごすことにした。

5 まずしい

1 やることが多くて、24時間がまずしい。

2 あのレストランは安くて、量がまずしいらしい。

3 私の家は、壁(かべ)がまずしいので隣の人の声がよく聞こえる。

4 昔はまずしくて、教育を受けられない人も多かった。

81 실전 시험 용법 [6]

(/5) 제한 시간 : 5분

›정답 및 해설 <본서1> p.66

問題5 つぎのことばの使い方として最もよいものを、1・2・3・4から一つえらびなさい。

1 不安

1 新しい制度に対して不安を持つ人が多い。

2 事故のお知らせを聞いて不安したが、無事だとわかって安心した。

3 考えてみれば、20代の時は不安な毎日を過ごしていた。

4 親に不安をさせたくないから、毎日電話しています。

2 思い出す

1 この写真を見るたびに、子どものときを思い出します。

2 いい考えを思い出したら連絡してください。

3 いつか外国に住みたいと思い出したことがあります。

4 生まれたばかりなのに、娘が結婚する日を思い出してしまいます。

3 変更

1 問題が生じたら、必ず係りの者に変更しなければならない。

2 山の天気は変更しやすいので、気をつけたほうがいい。

3 大都市の人口の変更が与える影響について調べてください。

4 飛行機が飛ばなくなって、出張の日程を変更することになりました。

4 活動

1 この団体は日本の文化を外国に紹介する活動をしている。

2 ここはお店の入口なので、車を活動してくれませんか。

3 工場の機械が正常に活動しているかどうか、常にチェックする必要があります。

4 島村(しまむら)さんは活動した人なので、誰とでも仲良くできる。

5 リーダー

1 父はリーダーされてから毎日家にいる。

2 森(もり)さんの送別会は、私がリーダーしておきます。

3 娘は、好きなアニメを何度もリーダーしたがる。

4 彼はクラスのリーダーとして責任感を持っている。

82 실전 시험 용법 [7]

(　　/5) 제한 시간 : 5분

정답 및 해설 <본서1> p.67

問題5 つぎのことばの使い方として最もよいものを、1・2・3・4から一つえらびなさい。

1 はかる

1 去年と今年の売り上げをはかって社長に報告した。

2 山本（やまもと）さんは30代だとはかったが、20代だったのでびっくりした。

3 3歳の息子は1から10まではかることができます。

4 ダイエットを始めてから毎日同じ時間に体重をはかっている。

2 急

1 全員そろったし、急にパーティーを始めましょう。

2 終電に乗るために、急に会社を出た。

3 空が暗くなり、急に雨が降り出した。

4 二人で協力すれば、この作業も急に終わるでしょう。

3 分類

1 私は部屋を分類するのが苦手です。

2 最近、妻と娘の声が分類できなくなってきました。

3 道路側に木を植えて、車道と歩道を分類しています。

4 1,000枚もあるCDをジャンル別に分類した。

4 達成

1 3時間の議論の末、ついに一つの結論に達成した。

2 野球チームは優勝という目標を達成するために、日々努力を重ねている。

3 出発してから6時間かかって、やっと目的地に達成した。

4 計画したことをそのまま達成に移すのは簡単ではないと思う。

5 支給

1 橋本（はしもと）さんは早朝、新聞を支給するアルバイトをしている。

2 面接の交通費を支給してくれる会社は少なくなった。

3 当ホテルに宿泊してくださったお客様に朝食サービスを支給いたします。

4 夏休みの企画として親子で楽しめるイベントが支給されています。

83 실전 시험 용법 [8]

(/5) 제한 시간 : 5분

정답 및 해설 <본서1> p.68

問題5 つぎのことばの使い方として最もよいものを、1・2・3・4から一つえらびなさい。

1 あきらめる

1 消費者があきらめることなく使い続ける商品を作っていきたい。
2 楽しみにしていた計画がキャンセルになってあきらめた。
3 生活習慣をあきらめてから、健康がよくなった。
4 何があっても夢をあきらめない彼の姿に感動しました。

2 呼吸

1 お子さんのことで話があると言って担任の先生に呼吸されました。
2 緊張しているときはゆっくり呼吸をすると気分が落ち着きます。
3 母は何か心配事でもあるのかさっきから呼吸ばかりついている。
4 みなさん、呼吸を吸いながら腰を曲げてください。

3 許す

1 バスや電車などでは、お年寄りや体の不自由な方に席を許しましょう。
2 飼っていた犬を捨てるなんて人間として許すことができない。
3 監督(かんとく)に実力を許してもらって、次の試合に出場することができた。
4 このサイトには青少年を犯罪から許すための情報が掲載(けいさい)されています。

4 なだらか

1 林(はやし)さんはなだらかな性格でめったに怒らない。
2 なだらかな坂道(さかみち)を下りたところに海があった。
3 この先、ならだかなカーブが続きます。
4 母の手術がなだらかに終わって、家族みんな安心した。

5 見送る

1 国に帰る友人を空港まで見送った。
2 なくなったCDをベッドの下で見送った。
3 中村(なかむら)さんはさっきからずっと私を見送っている。
4 先週注文したワンピースがまだ見送っていない。

84 실전 시험 용법 [9]

(/5) 제한 시간 : 5분

정답 및 해설 <본서1> p.68

問題5 つぎのことばの使い方として最もよいものを、1・2・3・4から一つえらびなさい。

1 温める

1 熱いお風呂を温めようと思って水を入れた。

2 寒いので、暖房をつけて部屋を温めます。

3 冷蔵庫にあるものが凍るときは温度を温めてください。

4 コンビニには電子レンジで温めるだけですぐ食べられるものが多い。

2 応援

1 まだまだ経済的な応援が必要な人がたくさんいます。

2 マンションの設備(せつび)にトラブルが発生した場合、24時間応援いたします。

3 おばあさんが高いところから荷物を下(お)ろすのを応援しました。

4 周りからの応援が、かえって負担(ふたん)になることもあります。

3 そろそろ

1 この歌手のコンサートのチケットはそろそろ取れないそうです。

2 最近は入社してそろそろやめる人が多いそうです。

3 彼はメッセージを送ったらそろそろ返信してくれます。

4 うちの家具はもう20年も使っているので、そろそろ買い替えたい。

4 支払い

1 店員さん、ここのテーブル、支払いお願いします。

2 今財布には支払い1万円しかない。

3 代金の支払いは現金とカード、どちらになさいますか。

4 このお店は支払いだと、割引してくれますよ。

5 希望

1 新年会の場所はみんなから希望を聞いて決めてください。

2 会場にはアイドルを希望見る中高生たちがたくさん集まった。

3 コンサートは希望していたほどではなかった。

4 祖母(そぼ)の病気が早く治ることを希望しました。

85 실전 시험 용법 [10]

(　/5) 제한 시간 : 5분

▶정답 및 해설 <본서1> p.69

問題5　つぎのことばの使い方として最もよいものを、1・2・3・4から一つえらびなさい。

1　延期

1　申込書の作成が遅くなって、延期して送ってしまいました。

2　信号機の故障して、列車の運行は延期しております。

3　会社の事情により、映画の一般公開を一週間延期することになりました。

4　新入社員の田中さんは3か月前より営業力がずいぶん延期しました。

2　たまる

1　こんなに雪がたまっているのは生まれてはじめて見た。

2　お金がたまったら、世界一周旅行がしたいです。

3　テレビに紹介されたお店だからか、朝から行列がたまっている。

4　市民マラソン大会には全国から3,000人を超える参加者がたまった。

3　うろうろ

1　道路で遊んでいる子どもを見ていると、うろうろしてしまいます。

2　はじめて彼女とデートした日、うろうろしてうまく話せなかった。

3　今日は特にすることがなくて一日中家でうろうろしていた。

4　マンションの入り口をうろうろしていたら、変な人に見られた。

4　追加

1　今の苦労がこれからの人生に追加になるはずだと信じている。

2　スマートフォンに知らない人の連絡先が追加されていた。

3　アルバイトと社員の人数を追加すると全部で300人になる。

4　会社を辞めて自分のお店を開く人が追加しているそうだ。

5　受け入れる

1　ボランティアは、昨日からインターネットで受け入れている。

2　参加申込書は1階(かい)の事務室で受け入れてください。

3　市ではたくさんの外国人観光客を受け入れる準備をしている。

4　新入社員のアイデアを受け入れて、新製品の発売に成功した。

86 실전 시험 용법 [11]

(　　/5) 제한 시간 : 5분

›정답 및 해설 <본서1> p.69

問題5 つぎのことばの使い方として最もよいものを、1・2・3・4から一つえらびなさい。

1 転ぶ

1 風邪気味(ぎみ)だったら、部屋で少し転んでください。

2 海で転んでいる人を助ける時には、まず落ち着くこと。

3 ハイヒールは転びやすいので、あまり履かないようにしている。

4 冬になると毎週、スキー場に転びに行きます。

2 にっこり

1 彼女が何を考えているか、一度にっこりと聞いてみたい。

2 朝は忙しくて新聞ににっこり目を通すだけです。

3 彼に「ありがとう」とお礼を言われて、にっこりと笑い返した。

4 留学に関するすべての問題が解決できて、にっこりした。

3 こぼす

1 街の古い建物は、来年こぼされることになった。

2 石けんを使ったあとは、必ずシャワーでこぼしてください。

3 割れやすいものが入っているので絶対にこぼさないでください。

4 書類にコーヒーをこぼして、字が見えなくなってしまった。

4 だるい

1 急に空がだるくなってきたので、天気予報を確認した。

2 子どもはいつも服がだるくなって帰ってくる。

3 海はだるいほど明るい青い色をしていた。

4 寝不足のせいか、朝から体がだるいです。

5 ユーモア

1 彼は授業中、ユーモアしてみんなを笑わせた。

2 二人が結婚するというニュースはただのユーモアだった。

3 彼はおもしろい話をしながらユーモアに笑っていた。

4 高橋(たかはし)先生はユーモアがあって、いつも授業が楽しい。

87 실전 시험 용법 [12]

(　　/5) 제한 시간 : 5분

정답 및 해설 <본서1> p.70

問題5 つぎのことばの使い方として最もよいものを、1・2・3・4から一つえらびなさい。

1 清潔（せいけつ）

1 清潔（せいけつ）に流れている川を見ると、気分がよくなります。

2 清潔（せいけつ）した空気を吸いながら散歩をした。

3 ホテルの部屋は清潔（せいけつ）で、快適に過ごすことができました。

4 頭が痛い時は、少し寝たら清潔（せいけつ）になるでしょう。

2 発展

1 今度のプロジェクトは問題が多くて何度会議をしても発展しない。

2 10年ぶりに来たこの国は、以前より発展していて驚いた。

3 工事中の遊園地は、来年の春に発展するそうです。

4 海外出張が多すぎて、子どもの発展を近くで見ることができない。

3 空（から）

1 空（から）になったビンは、月曜日に捨てることになっています。

2 隣の家は共働（ともばたら）きなので、いつも空（から）です。

3 会議の日を決めなければならないから、空（から）の日を教えてください。

4 参加する人数が空（から）だったので、登山は中止になりました。

4 問い合わせる

1 道に迷って近くの人に問い合わせました。

2 イベントの詳しいことに関してはメールで問い合わせてください。

3 履歴書（りれきしょ）に漢字の間違いがないかどうか、先輩に問い合わせました。

4 最新の日本のドラマを毎日インターネットで問い合わせています。

5 混ぜる

1 今回のイベントには2日混ぜると500人以上が参加したそうだ。

2 甘いものを混ぜて、カロリーを調節しよう。

3 このチーズケーキは袋に入っている材料を混ぜて焼くだけです。

4 二つのアルバイトの給料を混ぜると、ほしかったかばんが買えそうだ。

88 실전 시험 용법 [13]

(/5) 제한 시간 : 5분

정답 및 해설 <본서1> p.70

問題5 つぎのことばの使い方として最もよいものを、1・2・3・4から一つえらびなさい。

1 翻訳(ほんやく)

1 この本はもう完成するので、今からデザインを翻訳(ほんやく)するのは無理だろう。

2 新聞記者になるため、長い文章を短く翻訳(ほんやく)する練習をしている。

3 新しい単語を翻訳(ほんやく)してから、授業を受けるようにしています。

4 外国語が話せても、小説や専門書などを翻訳(ほんやく)するのは難しいです。

2 植える

1 花屋の車には、注文された花がたくさん植えてあります。

2 土であいてしまった穴を植えておきました。

3 この公園には、あちこちにゴミ箱が植えられています。

4 卒業した高校に創立100周年を記念する木を植えました。

3 身につける

1 重そうな荷物を身につけて、どこに行くんですか。

2 田中さんは、人の名前や顔をすぐに身につけるらしいです。

3 パンを焼く技術を身につけて、自分のお店を開きたいです。

4 英語が上手になるためには、毎日身につけたほうがいいです。

4 締(し)め切(き)り

1 問題を起こした歌番組は今日で締(し)め切(き)りになる。

2 クレジットカードの締(し)め切(き)りが切れた場合は、再発行が必要です。

3 締(し)め切(き)りまであと1か月、急がないと間に合わないかもしれない。

4 友だちによると、結婚は締(し)め切(き)りではなく、始まりらしいです。

5 距離(きょり)

1 昼と夜の距離(きょり)がほぼ同じ日が、1年に2回あるそうだ。

2 このスカートの距離(きょり)は、私には少し短いようだ。

3 歩いて15分の距離(きょり)をタクシーに乗ったら30分もかかった。

4 出勤時間帯は列車が5分距離(きょり)で来る。

89 실전 시험 용법 [14]

(　　/5) 제한 시간 : 5분

▶정답 및 해설 <본서1> p.71

問題5 つぎのことばの使い方として最もよいものを、1・2・3・4から一つえらびなさい。

1 かゆい

1 壁(かべ)にぶつかったところがかゆいです。

2 この赤い薬はかゆいうちはずっと塗(ぬ)ってください。

3 熱が出てかゆいのに、出勤しなければなりません。

4 かゆくて、だれもいない部屋でこっそり泣いた。

2 輸入

1 母は夕食の材料を輸入しに行った。

2 私の家の食器は、外国から輸入した特別なものです。

3 日本に輸入する外国人観光客は年々(ねんねん)増加しています。

4 事務用品は、会社のカードで輸入できるそうだ。

3 断る

1 たばこの値段が上がったから、断ることにした。

2 友だちにキャンプに誘われたが、別の用事があって断った。

3 このごろ失敗の連続で、もう断ったほうがいいかもしれない。

4 彼は30代に会社を断って、留学に行った。

4 離す

1 机とベッドはつけないで離しておいたほうがいいです。

2 5年間付き合っていた二人は結局離してしまった。

3 父は幼いころから何か離している存在でした。

4 教室に財布が離しているのを見かけた。

5 緊張

1 このすばらしい映画をずっと緊張しておきたいです。

2 はじめて虹(にじ)を見て、胸が緊張しました。

3 新しい社長はとても緊張して怖いです。

4 人前で話す時はいつも緊張しすぎて手が震える。

90 실전 시험 용법 [15]

(/5) 제한 시간 : 5분

▶정답 및 해설 <본서1> p.71

問題5 つぎのことばの使い方として最もよいものを、1・2・3・4から一つえらびなさい。

1 成分

1 この袋の成分には、昨日とったばかりのりんごが入っていた。

2 恋人からもらった手紙の成分を母に読まれてはずかしくなった。

3 このお菓子は、体に悪い成分が入っていることから販売中止になった。

4 今日はお好み焼きを作るので成分を買いにスーパーに行ってきた。

2 慰める

1 高橋先生は私のことを娘のように慰めてくれた。

2 面接が終わって落ち込んでいる私を友人が慰めてくれた。

3 何事でも人とのつながりを慰めてほしい。

4 彼女は誰に対しても笑顔で慰めてくれます。

3 追い抜く

1 バスで居眠りをしていて、3つも追い抜いてしまった。

2 ここで降りて急行に追い抜いてください。

3 カフェの窓側に座って追い抜く人々を見ていた。

4 マラソン大会でゴール直前に前の人を追い抜いて優勝した。

4 盛んだ

1 決勝の日までまだ時間は盛んです。

2 妹は子どもの時から歌が盛んでした。

3 息子の学校は3年前から日本の高校と盛んに交流しています。

4 このレストランは野菜や魚などの材料が盛んでおいしいです。

5 差別

1 カタカナの「リ」と「ソ」は今も差別するのが難しい。

2 この店は、外国人にはサービスが悪くて、差別されている気がします。

3 今住んでいるアパートはお風呂とトイレが差別されています。

4 ごみは必ず差別して出してくださいね。

Memo

1교시

언어지식(문자 · 어휘)

시험 시간	30분

언어지식(문법) · 독해

시험 시간	70분

02

문법

문제 1	문법 형식 판단
문제 2	문장 완성
문제 3	글의 문법

기초 필수 문법 다지기

동사 활용

동사 종류	ます형	て/た형	ない형
1그룹 동사	う단 → い단 + ます	く·ぐ → いて·いで / いた·いだ う·つ·る → って / った ぬ·ぶ·む → んで / んだ す → して	う단 → あ단 + ない
2그룹 동사	る → ます	る → て / た	る → ない
3그룹 동사	来(く)る → 来(き)ます する → します	来(く)る → 来(き)て / 来(き)た する → して / した	来(く)る → 来(こ)ない する → しない

1. 동사 「ます형」에 접속하는 표현

1 ～たい ～하고 싶다

해설 말하는 사람(私)의 희망을 나타내는 표현이므로, 3인칭 주어에는 쓸 수 없다. い형용사 활용을 한다.

예문
- 20年後(ねんご)には田舎(いなか)でのんびり暮(く)らしたい。
  20년 후에는 시골에서 느긋하게 살고 싶다.
- 今日(きょう)は仕事(しごと)をしたくなくて、ドライブに行(い)った。
  오늘은 일을 하고 싶지 않아서 드라이브하러 갔다.

2 ～たがる ～하고 싶어 하다

해설 「～たい」의 「い」를 「がる」로 바꾼 표현으로 3인칭의 희망을 나타낸다. 1그룹 동사 활용을 한다.

예문
- 森(もり)さんは彼女(かのじょ)に会(あ)いたがっています。
  모리 씨는 그녀를 만나고 싶어 합니다.
- 子(こ)どもは野菜(やさい)を食(た)べたがらない。
  아이는 채소를 먹고 싶어 하지 않는다.

3 ～ながら ～하면서

해설 두 가지 동작을 동시에 하는 '동시 동작'을 나타낸다.

예문
- 運転(うんてん)しながら電話(でんわ)してはいけません。 운전하면서 전화하면 안 됩니다.
- コーヒーでも飲(の)みながら、待(ま)ちましょうか。 커피라도 마시면서 기다릴까요?

4 ～やすい ～하기 쉽다, ～하기 편하다

해설 い형용사 활용을 한다. 응용 표현 「～やすくなる(～하기 쉬워지다)」도 함께 알아두자.

예문
- 風邪(かぜ)をひきやすい季節(きせつ)です。 감기에 걸리기 쉬운 계절입니다.
- 資料(しりょう)を作成(さくせい)するとき、表(ひょう)やグラフを使(つか)うと分(わ)かりやすくなる。
  자료를 작성할 때, 표나 그래프를 사용하면 이해하기 쉬워진다.

5 ～にくい ～하기 어렵다, ～하기 불편하다

해설 い형용사 활용을 한다. 응용 표현 「～にくくなる(～하기 어려워지다)」도 함께 알아두자.

예문
- この箸(はし)は長(なが)くて、何(なん)だか使(つか)いにくいです。 이 젓가락은 길어서 왠지 사용하기 불편합니다.
- 説明(せつめい)が長(なが)くなると、理解(りかい)しにくくなります。 설명이 길어지면 이해하기 어려워집니다.

6 ～すぎる 너무 ～하다, 지나치게 ～하다

해설 2그룹 동사 활용을 한다. 응용 표현 「～すぎないように(지나치게 ～하지 않도록)」 「～すぎてしまう(너무 ～해 버리다)」도 함께 알아두자.

예문
- この花(はな)は水(みず)をやりすぎないようにしてください。 이 꽃은 물을 지나치게 주지 않도록 해 주세요.
- 母(はは)は料理(りょうり)をしたらいつも作(つく)りすぎてしまう。 엄마는 요리를 하면 항상 많이 만들어 버린다.

TIP

＊「～すぎ(너무 ～함, 지나치게 ～함)」의 형태로 명사형도 된다.

- たばこの吸(す)いすぎは健康(けんこう)に悪(わる)いです。 지나친 흡연은 건강에 나쁩니다.

＊い형용사・な형용사의 어간에도 접속한다.

- コピーの字(じ)が薄(うす)すぎて、よく見(み)えません。 복사본의 글자가 너무 연해서 잘 보이지 않습니다.
- 吉田(よしだ)さんはまじめすぎて、冗談(じょうだん)が通(つう)じない。 요시다 씨는 너무 성실해서 농담이 통하지 않는다.

7 ~出す (갑자기) ~하기 시작하다

해설 「ます형 + はじめる」에 비해 '갑자기'의 느낌이 강하다.

예문
- 急に雨が降り出した。
  갑자기 비가 내리기 시작했다.
- 電車の中で赤ちゃんが泣き出して困った。
  전철 안에서 아기가 울기 시작해서 곤란했다.

8 ~始める ~하기 시작하다

예문
- 桜が咲き始めた。벚꽃이 피기 시작했다.
- 3月からピアノを習い始めた。3월부터 피아노를 배우기 시작했다.

9 ~続ける 계속 ~하다

예문
- 彼女はずっとしゃべり続けています。
  그녀는 계속 수다 떨고 있습니다.
- パソコンの画面を見続けていると、すぐ目が疲れてしまう。
  컴퓨터의 화면을 계속 보고 있으면 금방 눈이 피로해져 버린다.

10 ~終わる 다 ~하다

예문
- パソコンを使い終わったら、ちゃんと消してください。
  컴퓨터를 다 쓰면, 제대로 꺼 주세요.
- 作文を書き終わった人は帰ってもいいです。
  작문을 다 쓴 사람은 돌아가도 좋습니다.

11 ~直す 다시 ~하다

예문
- 書類を書き直した。서류를 다시 썼다.
- 最初からやり直す。처음부터 다시 하다.

12 ～方(かた) ～하는 방법

예문 • おいしいコーヒーの入(い)れ方(かた)を教(おし)えてもらった。
맛있는 커피를 타는 방법을 가르쳐 주었다.

• この料理(りょうり)は食(た)べ方(かた)がさまざまです。
이 요리는 먹는 방법이 다양합니다.

13 ～に行(い)く / ～に来(く)る ～하러 가다 / ～하러 오다

해설 조사「に(하러)」의 해석에 주의하자.

예문 • 図書館(としょかん)へ本(ほん)を返(かえ)しに行(い)った。도서관에 책을 반납하러 갔다.

• ぜひ遊(あそ)びに来(き)てください。꼭 놀러 오세요.

TIP

＊「동작성 명사(する가 붙는 명사)」에도 접속한다.

• 旅行(りょこう)に行(い)く前(まえ)に、パスポートを更新(こうしん)した。
여행 가기 전에 여권을 갱신했다.

＊「～ていく(～하고 가다, ～해 가다)」「～てくる(～하고 오다, ～해 오다)」와 선택지에 같이 출제되는 경우가 많으므로 접속 방법과 의미를 정확히 구별해 두자.

2. 동사「て형」에 접속하는 표현

1 ～てから ～하고 나서

해설「AてからB」의 형태로 A의 동작이 끝나고 나서 바로 B를 한다는 의미이다.

예문 • 電気製品(でんきせいひん)はよく調(しら)べてから買(か)ったほうがいい。
전기 제품은 잘 알아보고 나서 사는 편이 좋다.

• バスが止(と)まってから、席(せき)を立(た)ってください。
버스가 멈추고 나서 자리에서 일어나세요.

2 ～てしまう ～해 버리다

해설 「～てしまう」는 '완료의 강조'와 '해 버린 것에 대한 후회, 유감, 비난'의 두 가지 뉘앙스가 있다.

예문
- 300ページもある小説を一晩で読んでしまった。
  300페이지나 되는 소설을 하룻밤에 읽어 버렸다.
- いつもの電車に乗れなくて、遅刻してしまった。
  평소 타는 전철을 못 타서 지각해 버렸다.

TIP

＊ 청해에서는 축약형의 활용 형태가 자주 나오므로 꼭 알아 두자.

「～てしまう」 → 「～ちゃう」

「～でしまう」 → 「～じゃう」

예 食べてしまう → 食べちゃう $\xrightarrow{\text{て형}}$ 食べちゃって
$\xrightarrow{\text{た형}}$ 食べちゃった

예 飲んでしまう → 飲んじゃう $\xrightarrow{\text{て형}}$ 飲んじゃって
$\xrightarrow{\text{た형}}$ 飲んじゃった

3 ～てみる ～해 보다

해설 응용 표현 「～てみてください(～해 보세요)」 「～てみたらどうですか(～해 보는 게 어때요?)」도 함께 알아 두자.

예문
- お口に合うかどうか、食べてみてください。
  입에 맞는지 어떤지 먹어 보세요.
- 先生に相談してみたらどうですか。
  선생님께 상담해 보는 게 어때요?

4 ～ておく (미리) ～해 두다

예문
- 会議の準備をしておきました。
  회의 준비를 해 두었습니다.
- 週末は人が多いから、事前に予約しておいたらどう？
  주말은 사람이 많으니까 사전에 예약해 두는 편이 어때?

TIP

* 청해에서는 축약형의 활용 형태가 자주 나오므로 꼭 알아 두자.

「～ておく」 → 「～とく」

「～でおく」 → 「～どく」

예 書いておく → 書いとく

読んでおく → 読んどく

5 ～ている

❶ ～하고 있다 (동작의 진행)

예문 • 公園を歩いている。공원을 걷고 있다.

• 魚を焼いている。생선을 굽고 있다.

❷ ～해져 있다 (자동사의 상태 표현)

예문 • お皿が割れていた。부엌에 접시가 깨져 있었다.

• 夜空に星が輝いている。밤하늘에 별이 빛나고 있다.

6 ～てある ～해져 있다 (타동사의 상태 표현)

예문 • 部屋にはきれいな花が飾ってある。
방에는 예쁜 꽃이 장식되어 있다.

• もうホテルは予約してあります。
이미 호텔은 예약되어 있습니다.

7 ～てもいい ～해도 좋다 ～てもかまわない ～해도 상관없다

해설 '허가, 허락'의 의미이다.

예문 • 30分待って来なかったら、先に帰ってもいいです。
30분 기다려서 안 오면, 먼저 돌아가도 좋습니다.

• 遅くてもかまわないので、連絡してください。
늦어도 상관없으니까 연락해 주세요.

8 ～てはならない・～てはいけない ～(하)면 안 된다

해설 두 표현 모두 금지를 나타낸다. 「～てはならない」는 사회의 룰이나 규칙 등에 근거해서 판단하기 때문에 특정 개인이 아닌 불특정 다수에게 사용하는 경우가 많다.

예문
- 動物(どうぶつ)をいじめてはならない。
  동물을 괴롭히면 안 된다.
- 図書館(としょかん)で騒(さわ)いではいけません。
  도서관에서 떠들면 안 됩니다.

TIP

＊「～ては」의 축약형은 「～ちゃ」이고, 「～では」의 축약형은 「～じゃ」이다.

예 いじめてはならない → いじめちゃならない
騒(さわ)いではいけない → 騒いじゃいけない

3. 동사 「た형」에 접속하는 표현

1 ～た後(あと)で ～한 후에

예문
- プリントを配(くば)った後(あと)で説明(せつめい)します。
  프린트를 배부한 후에 설명하겠습니다.
- コーヒーでも一杯(いっぱい)飲(の)んだ後(あと)で、出発(しゅっぱつ)しましょう。
  커피라도 한 잔 마신 후에 출발합시다.

TIP

＊「명사の後で」의 형태로도 쓰인다.

- この薬(くすり)は食事(しょくじ)の後(あと)で、飲(の)んでください。이 약은 식사 후에 복용하세요.

2 ～たり～たりする ～하기도 하고 ～하기도 한다

예문
- 駅(えき)では人(ひと)を押(お)したり階段(かいだん)を走(はし)ったりしてはいけません。
  역에서는 사람을 밀거나 계단을 뛰거나 하면 안 됩니다.
- 週末(しゅうまつ)はカフェで本(ほん)を読(よ)んだりしています。
  주말에는 카페에서 책을 읽거나 하고 있습니다.

TIP

＊ **い형용사・な형용사・명사의「た형」에도 접속한다.**

- 暑かったり、寒かったり 덥거나 춥거나
- 上手だったり、下手だったり 잘하거나 못하거나
- パンだったり、ご飯だったり 빵이거나 밥이거나

3 ～たことがある / ～たこともある ～한 적이 있다 / ～한 적도 있다

해설 과거의 경험을 나타내는 표현이다.

- 通訳をしたことがあります。통역을 한 적이 있습니다.
- 翻訳をしたこともあります。번역을 한 적도 있습니다.

TIP

＊「동사 사전형 + ことがある」는 '(가끔) ～하는 경우가 있다, (가끔) ～할 때가 있다'의 의미이다.

- ときどき携帯電話を持たないで出かけることがあります。
  휴대 전화를 안 들고 나가는 경우가 있습니다.

4 ～た方がいい ～하는 편이 좋다

해설 상대방에게 충고나 조언을 할 때 쓰는 표현이다.

예문
- 道がこむかもしれないから、早めに出発した方がいい。
  길이 막힐지도 모르니까 빨리 출발하는 편이 좋다.
- 電車の乗り方が分からないなら、駅員に聞いてみた方がいいです。
  전철 타는 방법을 모르면, 역무원에게 물어보는 편이 좋습니다.

5 ～たまま ～한 채

해설 ～한 상태를 유지한 채, 다른 행위나 동작이 일어남을 의미한다.

예문
- 眼鏡をかけたまま寝てしまった。
  안경을 쓴 채 자 버렸다.
- エアコンをつけたまま出かけてしまった。
  에어컨을 켠 채로 외출해 버렸다.

TIP

＊「명사のまま」의 표현도 있다.

- この野菜は生のまま食べた方がおいしいです。

  이 채소는 날것인 채로 먹는 편이 맛있습니다.

4. 동사「**ない**형」에 접속하는 표현

1 ～なくてもいい ～하지 않아도 된다
～なくてもかまわない ～하지 않아도 상관없다

해설 '～할 필요가 없다'는 의미를 나타낸다.「～なくてもかまわない」는「～なくてもいい」보다 정중한 표현이다.

예문
- 大丈夫ですから、気にしなくてもいいです。

  괜찮으니까 신경 쓰지 않아도 돼요.

- 明日から来なくてもかまいません。

  내일부터 안 와도 상관없어요.

TIP

＊ 동사 ない형 이외에도 い형용사・な형용사・명사의 ない형에도 접속한다. 시험과 직결되는 표현이므로 반드시 확인해 두자.

접속 い형용사 (い) + くなくてもいい / くなくてもかまわない

- 人が多くなくてもいい。사람이 많지 않아도 된다.
- 駅から近くなくてもかまわない。역에서 가깝지 않아도 상관없다.

접속 な형용사 (だ) + でなくてもいい / でなくてもかまわない

- 日本語が上手でなくてもいい。일본어를 잘하지 않아도 된다.
- 交通が便利でなくてもかまわない。교통이 편리하지 않아도 상관없다.

접속 명사 (だ) + でなくてもいい / でなくてもかまわない

- 今日でなくてもいい。오늘이 아니어도 된다.
- 日本人でなくてもかまわない。일본인이 아니어도 상관없다.

2 ～ない方(ほう)がいい ～하지 않는 편이 좋다

해설 상대방에게 충고나 조언을 할 때 쓰는 표현이다.

예문 • 疲(つか)れたときは、無理(むり)しない方(ほう)がいいです。
피곤할 때는 무리하지 않는 편이 좋습니다.

• 胃(い)が痛(いた)かったら、コーヒーは飲(の)まない方(ほう)がいいよ。
위가 아프면 커피는 마시지 않는 편이 좋아.

3 ～ないでください ～하지 말아 주세요

해설 의뢰, 금지, 염려의 의미를 나타낸다.

예문 • 作品(さくひん)には手(て)を触(ふ)れないでください。
작품에는 손을 대지 말아 주세요.

• 心配(しんぱい)しないでください。
걱정하지 마세요.

4 ～なくてはならない・～なくてはいけない・～なければならない ～하지 않으면 안 된다

해설 「～なければならない」는 행위자의 의지와는 상관없이 반드시 해야 한다는 의미를 나타낸다.

예문 • 今度(こんど)の試験(しけん)では絶対(ぜったい)いい点(てん)を取(と)らなくてはならない。
이번 시험에서는 꼭 좋은 점수를 따지 않으면 안 된다.

• 今日(きょう)の仕事(しごと)は今日(きょう)しなくてはいけません。
오늘 일은 오늘 하지 않으면 안 됩니다.

• 商品(しょうひん)の値段(ねだん)を安(やす)くしなければならない。
상품의 가격을 싸게 하지 않으면 안 된다.

TIP

＊「～なければ」의 축약형은 「～なきゃ」이고, 「～なくては」의 축약형은 「～なくちゃ」이다.

＊ 동사 ない형 이외에도 い형용사・な형용사・명사의 ない형에도 접속한다.

접속 い형용사 い + くなくてはならない / くなくてはいけない / くなければならない

・参加者が多いので、会場は広くなくてはならないです。

참가자가 많아서 회장은 넓지 않으면 안 됩니다.

접속 な형용사 だ + でなくてはならない / でなくてはいけない / でなければならない

・トイレはいつも清潔でなくてはいけない。

화장실은 항상 청결하지 않으면 안 된다.

접속 명사 だ + でなくてはならない / でなくてはいけない / でなければならない

・作文は500字以内でなければならない。

작문은 500자 이내가 아니면 안 된다.

5 ～ないといけない ~하지 않으면 안 된다

해설 '반드시 해야 한다'는 의무를 나타낸다.

예문 ・そろそろ引っ越しの準備をしないといけない。

슬슬 이사 준비를 하지 않으면 안 된다.

・今日中に作らないといけない資料がある。

오늘 중으로 만들지 않으면 안 되는 자료가 있다.

TIP

＊「いけない」를 생략한 「～ないと」의 형태로도 출제되며, 이 경우 뒤 문장에는 「안 된다, 곤란하다, 좋지 않다」의 뉘앙스를 가진 문장이 이어진다.

・約束の時間に遅れそうだから、連絡しないと。

약속 시간에 늦을 것 같으니 연락하지 않으면 (안 된다).

・外は寒いから、コートを着ないと。

밖은 추우니까 코트를 입지 않으면 (안 된다).

6 ~ないで ~하지 않고, ~하지 말고

해설 「AないでB」로 'A하지 않은 상태로 B를 한다', 'A하지 말고 B를 한다'는 의미를 나타낸다.

예문
- 昨夜、部屋の電気を消さないで、寝てしまった。어젯밤, 방 전기를 끄지 않고 자 버렸다.
- 遊んでばかりいないで、勉強しなさい。놀고만 있지 말고 공부해라.

TIP

＊「~ないで」의 축약형은 「~ずに」이다.

예 言わないで → 言わずに
忘れないで → 忘れずに

단, 「する」는 「しずに」가 아닌 「せずに」로 써야 한다.

예 連絡しないで → 連絡せずに

7 ~なくて ~하지 않아서

해설 「AなくてB」로 'A하지 않았기 때문에 B'라는 '이유'의 의미를 나타낸다.

예문
- 何を話しているのかわからなくて、困った。무슨 얘기를 하고 있는 건지 몰라서 곤란했다.
- 山下さんが来なくて、出発できません。야마시타 씨가 안 와서 출발할 수 없습니다.

チェックアップ! 확인문제

ⓐ, ⓑ 중에서 알맞은 것을 고르세요.

1 3年前からゴルフを ⓐ習い ⓑ習って 続けている。

2 来週、引っ越しをするのでちょっと ⓐ手伝って ⓑ手伝いに 来てくれませんか。

3 お金が ⓐないで ⓑなくて 何も買えなかった。

4 森さんは新しいスマホを ⓐほしいです ⓑほしがっています 。

5 もう8時だよ。早く出発 ⓐしなきゃ ⓑしないで 。

6 田中さんがいなかったから、10分後に電話を ⓐかけなおした ⓑかけたりした 。

정답 1 ⓐ 2 ⓑ 3 ⓑ 4 ⓑ 5 ⓐ 6 ⓐ

시험과 직결되는 필수 문법

1. そうだ

「**そうだ**」에는 어딘가에서 들은 것을 제3자에게 전달하는 '전문'과, 대상의 겉모습을 보고 느껴지는 인상이나 곧 일어날 것 같은 일을 예측하는 '양태', 두 가지 용법이 있다.

	~そうだ (전문)	**~そうだ (양태)**
접속 방법	모든 품사의 보통형 + **そうだ**	동사 ます형 い형용사 (い) + **そうだ** な형용사 (だ) * **いい → よさそうだ** **ない → なさそうだ**
의미	~라고 한다 (정보 전달)	① ~일 것 같다, ~인 것 같다 (눈으로 본 느낌 전달) ② 당장이라도 ~할 것 같다 (곧 일어날 것 같은 일)

반드시 시험에 나오는 표현

1 전문의 「そうだ」 ~라고 한다

해설 부정형(そうじゃない), 과거형(そうだった/そうでした), 명사수식형(~そうな), 부사형(~そうに) 등으로 활용할 수 없다.

예문
- ニュースによると、昨日(きのう)大(おお)きい事故(じこ)があったそうでした。(×)
- ニュースによると、昨日(きのう)大(おお)きい事故(じこ)があったそうです。(○)

2 양태의 「そうだ」 ~인 것 같다, (당장이라도) ~할 것 같다

해설 な형용사 활용을 한다. 이 중에서도 특히 부정형은 N2, N1에서도 출제되고 있다.

정중형	~そうです　~인 것 같습니다, ~일 것 같습니다
과거형	~そうだった　~인 것 같았다, ~일 것 같았다 ~そうでした　~인 것 같았습니다, ~일 것 같았습니다 • 田中(たなか)さん、忙(いそが)しそうだった。다나카 씨 바쁜 것 같았어.

명사수식형	~そうな + 명사 ~인 것 같은, ~인 듯한 / ~할 것 같은, ~할 듯한 ・おいしそうな料理 맛있을 것 같은 요리 ・今にも泣きそうな顔 당장이라도 울 것 같은 얼굴
부사형	~そうに + 서술어 ~인 듯이, ~할 듯이, ~인 것처럼 ・子どもたちは楽しそうに話しています。 아이들은 즐거운 듯이 이야기하고 있습니다 ・山下さんは暇そうに見えます。 야마시타 씨는 한가한 것처럼 보입니다.
부정형	① 동사 ます형 + そうにもない / そうにない / そうもない ~일 것 같지 않다, ~할 것 같지 않다 ・雨が止みそうにないです。비가 그칠 것 같지 않습니다. ・レポートは今日中にできそうにないです。 리포트는 오늘 중으로 못할 것 같습니다. ・忙しくて、行けそうにないです。 바빠서 못 갈 것 같습니다.
	② い형용사 ~~い~~ + くなさそうだ な형용사 ~~だ~~ + じゃなさそうだ ③ い형용사 ~~い~~ + そうでは(じゃ)ない な형용사 ~~だ~~ + そうでは(じゃ)ない ~일 것 같지 않다, ~인 것 같지 않다 ・この車は高くなさそうです。 이 차는 비싸지 않을 것 같습니다. ・彼は真面目じゃなさそうです。 그는 성실하지 않을 것 같습니다.

3 ~てしまいそうだ ~해 버릴 것 같다, ~할 뻔하다

해설 「~てしまう(~해 버리다)」와 「양태의 そうだ(~일 것 같다, ~할 것 같다)」가 연결된 표현이다. 과거형인 「~てしまいそうだった(~해 버릴 것 같았다, ~해 버릴 뻔했다)」도 알아 두자.

예문
・頭がおかしくなってしまいそうだ。
머리가 이상해져 버릴 것 같다.
・腹が立って、彼にひどいことを言ってしまいそうだった。
화가 나서 그에게 심한 말을 해 버릴 뻔했다.

4 ～てもよさそうだ ～해도 좋을 것 같다
～なくてもよさそうだ ～하지 않아도 좋을 것 같다

해설 「～てもいい(～해도 좋다) / なくてもいい(하지 않아도 좋다)」와 「いい」의 양태 표현인 「よさそうだ」가 연결된 표현이다.

예문
- 急(いそ)ぎじゃないから、ゆっくり考(かんが)えてみてもよさそうです。
  급한 것 아니니까 천천히 생각해도 좋을 것 같습니다.
- 用事(ようじ)がなければ、来(こ)なくてもよさそうです。
  볼일이 없으면 안 와도 될 것 같습니다.

5 ～た方(ほう)がよさそうだ ～하는 편이 좋을 것 같다
～ない方(ほう)がよさそうだ ～하지 않는 편이 좋을 것 같다

해설 「～た方(ほう)がいい(～하는 편이 좋다) / ～ない方(ほう)がいい(～하지 않는 편이 좋다)」와 「いい」의 양태 표현인 「よさそうだ」가 연결된 표현이다.

예문
- いやなら、断(ことわ)った方(ほう)がよさそうだけど。
  싫으면 거절하는 편이 좋을 것 같은데.
- 参加者(さんかしゃ)が少(すく)ないから、たくさん作(つく)らない方(ほう)がよさそうです。
  참가자가 적으니까 많이 만들지 않는 편이 좋을 것 같습니다.

チェックアップ!
확인문제

한국어를 일본어로 써 보세요.

1 量が多くて全部 (먹을 수 있을 것 같지 않다 → ________)。

2 電車はまだ (안 올 것 같다 → ________)。

3 この本、あまり (재미있을 것 같지 않다 → ________)。

정답 1 食べられそうにない 2 来そうにない 3 おもしろくなさそうだ/おもしろそうじゃない

2. 조건법

대표적인 조건법으로는 「**と**」·「**たら**」·「**ば**」·「**なら**」가 있다. 각각의 조건법이 가지고 있는 의미용법은 기본적으로 숙지해 두자.

	접속	용법
「**~と**」	모든 품사의 보통형	① A하면 (항상, 반드시) B • 春になると、花が咲きます。 봄이 되면 꽃이 핍니다. ② 「~ないと」의 형태로 '경고, 곤란함'을 나타낸다. • 今出ないと、間に合いません。 지금 나가지 않으면 시간에 못 맞춥니다. ③ 문장의 끝에 의지, 명령, 희망 등의 표현을 쓸 수 없다. • 日本に到着すると、電話してください。(×)
「**~たら**」	모든 품사의 た형	① (만약) A라면: 가정 조건 • もし、宝くじに当たったら、世界旅行をしたいです。 만약 복권에 당첨되면 세계 여행을 하고 싶습니다. ② A하면 B: 확정 조건 • 5時になったら、帰りましょう。 5시가 되면 돌아갑시다.
「**~ば**」	동　사 う단 → え단 + ば い형용사 (い) → ければ な형용사 (だ) → なら(ば) 명　사 (だ) → なら(ば) ない형 → なければ	(만약) A라면 B: B를 실현하기 위해서 필요한 조건이 A • あなたが行けば、私も行く。 당신이 가면 나도 갈 거야. (=あなたが行かなければ、私も行かない。 당신이 가지 않으면 나도 안 갈 거야.)
「**~なら**」	동　사 보통형 + なら い형용사 보통형 + なら な형용사 (だ) / 보통형 + なら 명　사 (だ) / 보통형 + なら	A 라면: 상대방이 말한 것(A)에 대한 충고, 제안, 의견을 말할 때 • A「初めて日本旅行に行きますが、どこがいいですか。」 처음 일본 여행 갑니다만, 어디가 좋을까요? B「初めての日本旅行なら、東京がいいですよ。」 처음 일본 여행 가는 거라면, 도쿄가 좋아요.

반드시 시험에 나오는 '조건법' 표현

1 ～と・～たら ～했더니, ～하자

해설 'A를 했더니 B라는 결과가 생겼다', 'A를 했더니 B라는 사항을 발견하게 되었다'는 의미를 나타낸다.

예문
- 箱を開けると、空っぽだった。 상자를 열었더니 텅 비어있었다.
- 家に帰ったら、電気がついていた。 집에 갔더니 전기가 켜져 있었다.

2 ～といい・～たらいい・～ばいい ～하면 좋겠다, ～하면 좋다

해설 ① 희망이나 바람을 나타낸다.

예문
- もっと雨が降るといいな。 좀 더 비가 오면 좋겠다.
- みんなまた会えるといいですね。 모두 또 만날 수 있으면 좋겠네요.

해설 ② 상대방에게 권유하거나 충고하는 의미를 나타낸다.

예문
- 内容が分からなかったら、先生に聞くといいですよ。
  내용이 이해되지 않으면 선생님에게 물으면 돼요.
- ダイエットに成功したいなら、ごはんの量を減らすといいですよ。
  다이어트에 성공하고 싶으면 밥의 양을 줄이면 돼요.

3 ～たらどうですか ～하는 게 어때요?

해설 상대방에게 제안할 때 쓰는 표현이며, 친구끼리는 「～たら?(～하는 게 어때?)」로, 존경의 대상에게는 「～たらいかがですか / ～たらいかがでしょうか」로 정중한 표현을 사용한다.

예문
- まずは両親と相談したらどうですか。 우선은 부모님과 상담하는 게 어때요?
- 具合が悪かったら、少し休んだらどうですか。 몸 상태가 좋지 않으면, 조금 쉬는 게 어때요?

4 ～ばよかった(のに) ～하면 좋았다(좋았을 텐데)
～なければよかった(のに) ～하지 않으면 좋았다(좋았을 텐데)

해설 실제로 일어나지 않은 일 또는, 일어난 일에 대해 후회하거나 유감스러움을 나타낸다.

예문
- この話は彼女に言わなければよかった。 이 이야기는 그녀에게 말하지 않는 게 좋았다.
- こんなに並ぶのだったら、もっと早く来ればよかったのに。
  이렇게 줄 설 거라면 좀 더 빨리 오면 좋았을 텐데.

5 ～てもよければ ～해도 괜찮으면 ～なくてもよければ ～하지 않아도 괜찮으면

해설 「～てもいい / ～なくてもいい」가 조건법 「ば」에 접속한 표현이다.

예문
- 駅から遠くてもよければ、安い部屋はいくらでもあります。
  역에서 멀어도 괜찮으면, 싼 방은 얼마든지 있습니다.
- いろいろな機能がなくてもよければ、この携帯電話などどうですか。
  여러 가지 기능이 없어도 되면, 이 휴대전화 같은 건 어때요?

6 ～方がよければ ～하는 편이 좋다면, ～하는 편이 낫다면

해설 「～方がいい」가 조건법 「ば」에 접속한 표현이다.

예문
- 軽い方がよければ、やっぱりこのかばんですね。가벼운 편이 좋다면, 역시 이 가방이지요.
- 日程を変更した方がよければ、連絡してください。
  일정을 변경하는 편이 낫다면, 연락해 주세요.

7 ～ば…ほど ～하면 …할수록

접속 동사 ば형 + 동사 사전형 ほど
い형용사 ば형 + い형용사 사전형 ほど
な형용사 ば형 + な형용사 だ → **な**ほど

해설 「～ば」 부분이 생략되어 쓰이는 경우도 있으며, 「ほど」는 「ぐらい」로 치환할 수 없다.

예문
- このドラマは見れば見るほどおもしろい。이 드라마는 보면 볼수록 재미있다.
- 会社は家から近ければ近いほどいいです。회사는 집에서 가까우면 가까울수록 좋습니다.
- 交通が便利なら(ば)便利なほど家賃は高くなります。교통이 편리하면 편리할수록 집값은 비싸집니다.

8 ～さえ…ば ～만 …한다면

접속 명사さえ + 각 품사의 ば형

해설 '～만 실현된다면 그걸로 됐다', '～만 갖추어지면 그걸로 충분하다'는 의미를 나타낸다.

예문
- お金さえあれば、幸せになると思っている人が多いです。
  돈만 있으면 행복해진다고 생각하는 사람이 많습니다.
- あなたさえよければ、私は別にかまいません。당신만 좋다면 나는 별로 상관없습니다.

9 ~としたら・~とすれば (만약) ~라면

접속 보통형 + としたら・とすれば

해설 ① 가정 조건을 나타낸다. 「もし(만약)」 「仮に(가령, 설령)」의 부사와 함께 쓰이는 경우가 많다.

예문 ・もし、一年間休めるとしたら、何がしたいですか。 만약 1년간 쉴 수 있다면 무엇을 하고 싶습니까?

・その話が本当だとすれば、大変なことになるかもしれない。
그 이야기가 진짜라면 큰일 날지도 모릅니다.

해설 ② 확정 조건을 나타낸다. 현재 상황이나 상대방의 정보에 근거해서 '~한 상황이나 사실을 토대로 하자면'이라는 의미를 나타낸다.

예문 ・明日から3日間道路工事をするとしたら、遠回りするしかないですね。
내일부터 3일간 도로공사를 한다면 멀리 돌아갈 수밖에 없겠네요.

チェックアップ!
확인문제

ⓐ, ⓑ 중에서 알맞은 것을 고르세요.

1 教室に ⓐ 行くと ⓑ 行けば 誰もいなかった。

2 疲れていたら早く ⓐ 寝ないほうがいいよ ⓑ 寝たらどうですか 。

3 駅から近ければ ⓐ 近いさえ ⓑ 近いほど いいですよ。

4 遅刻しそうだ。もっと早く ⓐ 起きて ⓑ 起きれば よかった。

정답 1 ⓐ 2 ⓑ 3 ⓑ 4 ⓑ

3. 수동형

동사의 종류	수동형 만들기
1그룹 동사	う단 → あ단 + れる *う → われる
2그룹 동사	る → られる
3그룹 동사	来る → 来られる する → される

해설 ① 수동형은 동작의 행위자가 있고, 그 동작을 받은(당한) 사람의 입장에서 서술하는 표현으로, 우리말의 '~당하다, ~되다, ~받다'로 해석된다. 행위자는 조사 「に」로 표현한다. 단, 수동형의 동사가 우리말의 '~되다'로 해석되는 경우, 행위자는 「から」를 써도 된다.

예문
- 土曜日なのに、朝7時に母に起こされた。
  토요일인데 아침 7시에 엄마가 깨웠다.
- 高橋先生はクラスのみんなから尊敬されている。
  다카하시 선생님은 반 모두로부터 존경받고 있다.

해설 ② '행위를 받은 사람이 피해를 입었다, 번거로움을 느꼈다'는 의미를 나타내는 수동문이다.

예문
- 登山の途中、雨に降られました。
  등산 도중 비를 맞았다.
- 電車の中で、赤ちゃんに泣かれて困りました。
  전철 안에서 아기가 울어서 곤란했습니다.

해설 ③ 일반적인 사실을 나타내는 수동문이다. 또한 「描く(그리다) / 書く(쓰다) / 作る(만들다) / 発見する(발견하다) / 発明する(발명하다)」 등과 같이 작품을 창조하거나 만드는 의미를 나타내는 동사가 수동문이 되면 행위자는 조사 「に(~에게)」가 아닌 「によって(~에 의해서)」로 표현한다.

예문
- このビルは1920年に設計された。
  이 빌딩은 1920년에 설계되었다.
- この映画は今年一番の映画として選ばれました。
  이 영화는 올해 최고의 영화로서 뽑혔습니다.
- この美術館には19世紀の画家によって描かれた作品が展示されている。
  이 미술관에는 19세기 화가에 의해서 그려진 작품이 전시되어 있다.

4. 사역형과 사역형 관련 표현

동사의 종류	사역형 만들기
1그룹 동사	う단 → あ단 + せる *う → わせる
2그룹 동사	る → させる
3그룹 동사	来(く)る → 来(こ)させる する → させる

해설 ① 사역형은 동작을 시키는 사람의 입장에서 서술하는 표현으로 우리말의 '~하게 하다, ~시키다'로 해석된다.

예문
- 監督(かんとく)は毎日選手(まいにちせんしゅ)たちを2時間走(じかんはし)らせます。감독은 매일 선수들을 2시간 달리게 합니다.
- 最近(さいきん)は小学生(しょうがくせい)を塾(じゅく)に通(かよ)わせる親(おや)が多(おお)い。최근에는 초등학생을 학원에 보내는 부모가 많다.

해설 ② 동사의 의미에 따라서는 '허가, 허락'의 의미를 나타낸다.

예문
- 母(はは)は子(こ)どもに好(す)きなテレビ番組(ばんぐみ)を見(み)させます。
  엄마는 아이에게 좋아하는 TV 프로그램을 보게 합니다.
- うちの社長(しゃちょう)は社員(しゃいん)に自由(じゆう)に意見(いけん)を言(い)わせます。
  우리 사장님은 사원에게 자유롭게 의견을 말하게 합니다.

해설 ③ 감정 동사가 사역형이 되면 감정을 유발시키는 의미가 된다.

예문
- 山下(やました)さんはうそをついて、先生(せんせい)を怒(おこ)らせました。
  야마시타 씨는 거짓말을 해서 선생님을 화나게 했습니다.
- 彼(かれ)はいつも冗談(じょうだん)を言(い)って、みんなを笑(わら)わせます。
  그는 항상 농담을 해서 모두를 웃게 합니다.

반드시 시험에 나오는 '사역 응용' 표현

1
~(さ)せたい ~하게 하고 싶다, ~시키고 싶다
~(さ)せたくない ~하게 하고 싶지 않다, ~시키고 싶지 않다

해설 사역형 「(さ)せる」에 「~たい / ~たくない」가 연결된 표현이다.

예문
- 娘(むすめ)を家(いえ)から近(ちか)い学校(がっこう)に行(い)かせたいです。딸을 집에서 가까운 학교에 보내고 싶습니다.
- 私(わたし)を応援(おうえん)しているみんなをがっかりさせたくない。
  나를 응원하고 있는 모두를 실망시키고 싶지 않다.

2 ~(さ)せてください ~하게 해 주세요, ~시켜 주세요

해설 사역형 「(さ)せる」에 「~てください」가 연결된 표현이다.

예문
- 娘さんと結婚させてください。 따님과 결혼하게 해 주세요.
- もうちょっと考えさせてください。 좀 더 생각하게 해 주세요.

3 ~(さ)せないでください ~하게 하지 말아주세요, ~시키지 말아 주세요

해설 사역형 「(さ)せる」에 「~ないでください」가 연결된 표현이다.

예문
- 子どもを一人で遊ばせないでください。 아이를 혼자서 놀게 하지 말아 주세요.
- 変な質問をして先生を困らせないでください。
  이상한 질문을 해서 선생님을 곤란하게 하지 말아 주세요.

4 ~(さ)せてやる・~(さ)せてあげる ~하게 해 주다

해설 사역형 「(さ)せる」에 「~てやる / ~てあげる(내가 ~해 주다)」가 연결된 표현이다.

예문
- いままで頑張ってくれた社員たちに1週間休みをとらせてあげましょう。
  지금까지 열심히 해 준 사원들에게 일주일간 휴가를 갖게 해 줍시다.
- 両親を海外旅行に行かせてあげようと思っています。
  부모님을 해외여행을 보내 주려고 생각하고 있습니다.

5 ~(さ)せてくれる ~하게 해 주다

해설 사역형 「(さ)せる」에 「~てくれる(상대방이 ~해 주다)」가 연결된 표현이다.

예문
- 店長に体の調子が悪いと言ったら、早く帰らせてくれました。
  점장에게 컨디션이 나쁘다고 말했더니 빨리 돌아가게 해 주었습니다.
- 母は私たちに好きなことをさせてくれます。 엄마는 우리에게 좋아하는 것을 하게 해 줍니다.

6 ~(さ)せておく ~하게 해 두다

해설 사역형 「(さ)せる」에 「~ておく」가 연결된 표현이다.

예문
- 私は子どもが泣き出したら、泣かせておきます。 저는 아이가 울기 시작하면 울게 해 둡니다.
- この仕事、今日中に必ず終わらせておきましょう。 이 일, 오늘 안으로 반드시 끝내 둡시다.

5. 사역수동형

동사의 종류	사역수동형 만들기
1그룹 동사	う단 → あ단 + せられる あ단 + される *う → わせられる わされる *-す → -させられる (○) -さされる (×)
2그룹 동사	③ → させられる
3그룹 동사	来(く)る → 来(こ)させられる する → させられる

해설 사역수동형은 '누군가가 시킨 것(사역)을 당하다(수동)'의 의미로 하고 싶지 않지만 억지로 해야 할 때 쓰는 표현이다. '~에 의해 어쩔 수 없이 ~하다'로 해석한다.

예문
- 子(こ)どものとき、よく母(はは)に家事(かじ)を手伝(てつだ)わされました。
  어렸을 때 자주 엄마가 시켜서 어쩔 수 없이 집안일을 도왔습니다.
- デートのとき、いつも彼女(かのじょ)に待(ま)たされます。
  데이트 할 때 항상 그녀에 의해 어쩔 수 없이 기다립니다. (어쩔 수 없이 항상 그녀를 기다립니다.)
- また大阪(おおさか)へ出張(しゅっちょう)に行(い)かされました。
  어쩔 수 없이 또 오사카로 출장 가게 되었습니다.

チェックアップ!
확인문제

ⓐ, ⓑ 중에서 알맞은 것을 고르세요.

1 先輩(せんぱい)にお酒(さけ)を ⓐ飲(の)んだ ⓑ飲(の)まされた 。
2 お客(きゃく)さんを長(なが)い時間(じかん) ⓐ待(ま)たれては ⓑ待(ま)たせては いけません。
3 一(ひと)つ質問(しつもん) ⓐされて ⓑさせて ください。
4 私(わたし)は遅刻(ちこく)して先生(せんせい)に ⓐ注意(ちゅうい)されて ⓑ注意(ちゅうい)させて しまった。
5 宿題(しゅくだい)がたくさんあるのに、母(はは)に買(か)い物(もの)に ⓐ行(い)かされた ⓑ行(い)かせた 。
6 来週(らいしゅう)から夏祭(なつまつ)りが ⓐ行(おこな)います ⓑ行(おこな)われます 。

정답 1ⓑ 2ⓑ 3ⓑ 4ⓐ 5ⓐ 6ⓑ

6. 경어

【존경어, 겸양어 개념 이해하기】

– 존경어는 상대방의 행동을 높이는 표현으로, 행위자는 '상대방(손윗사람, 처음 만나는 사람)'

– 겸양어는 자신의 행동을 낮추어 상대방을 높이는 표현으로, 행위자는 '말하는 사람(나)'

❶ 특별한 형태의 존경어와 겸양어

아래의 동사는 특별한 형태의 존경어·겸양어를 갖는다. 정해진 규칙 없이 전혀 다른 형태로 변화하므로 반드시 외워두자.

기본형	존경어(상대방이 '하시는' 행동)	겸양어(내가 '하는' 행동)
行く 가다	いらっしゃる おいでになる 가시다	まいる 가다
来る 오다	いらっしゃる おいでになる 오시다 お越しになる 見える・お見えになる	まいる 오다
いる 있다	いらっしゃる 계시다	おる 있다
～ている ~하고 있다	～ていらっしゃる ~하고 계시다	～ておる ~하고 있다
食べる・飲む 먹다, 마시다	召し上がる 드시다	いただく 먹다, 마시다
する 하다	なさる 하시다	いたす 하다
言う 말하다	おっしゃる 말씀하시다	申す・申し上げる 말하다, 말씀드리다
見る 보다	ご覧になる 보시다	拝見する 보다
会う 만나다		お目にかかる 뵙다
知っている 알고 있다	ご存じだ 알고 계시다	存じている 알고 있다
聞く・質問する・訪問する 듣다, 질문하다, 방문하다		伺う 듣다, 여쭙다, 찾아뵙다
あげる (나 → 남) 주다		さしあげる 드리다
くれる (남 → 나) 주다	くださる 주시다	
もらう 받다		いただく 받다

존경

- 山田部長はいらっしゃいますか。야마다 부장님은 계십니까?
- 意見がある方は、おっしゃってください。의견이 있으신 분은 말씀해 주세요.
- 部長、この資料をご覧になりましたか。부장님, 이 자료를 보셨습니까?
- みなさん、明日のスケジュール、ご存じですよね。여러분, 내일 일정 알고 계시지요.
- 今日の昼食は何を召し上がりましたか。오늘 점심은 무엇을 드셨습니까?

겸양

- 私はキムと申します。韓国からまいりました。
  저는 김(○○)이라고 합니다. 한국에서 왔습니다.
- あのう、奨学金のことでちょっと伺いたいことがありますが。
  저, 장학금과 관련해서 잠깐 여쭤보고 싶은 것이 있습니다만.
- 先日、セミナーで森田先生にお目にかかりました。
  일전에 세미나에서 모리타 선생님을 뵈었습니다.
- その件に関しては、私が説明いたします。
  그 건에 관해서는 제가 설명드리겠습니다.
- 山中先生の住所を存じています。
  야마나카 선생님의 주소를 알고 있습니다.

❷ 존경어와 겸양어 공식

특별한 형태의 존경어와 겸양어를 갖는 동사를 제외하고는 아래의 공식으로 활용한다.

존경어 공식 (상대방이 '하시는' 행동)	겸양어 공식 (내가 '하는' 행동)
① お + **ます**형 + になる お/ご + 명사(する) + になる ~하시다 ② れる / られる(수동형) ~하시다 ③ お + **ます**형 + ください お/ご + 명사(する) + ください ~해 주십시오	① お + **ます**형 + する(いたす) お/ご + 명사(する) + する(いたす) ~하다, ~해 드리다 ② お + **ます**형 + できる お/ご + 명사(する) + できる ~할 수 있다, ~해 드릴 수 있다

☐ 존경

① • 先生はもうお帰りになりました。 선생님은 벌써 귀가하셨습니다.

• 社長、明日の会議にご出席になりますか。 사장님, 내일 회의에 출석하십니까?

② • 山本先生がこの本を書かれました。

야마모토 선생님이 이 책을 쓰셨습니다.

• 鈴木さんが会社を辞められるそうです。

스즈키 씨가 회사를 그만두신다고 합니다.

③ • こちらにお名前とご住所をお書きください。

이쪽에 성함과 주소를 써 주십시오.

• 10階まではこのエレベーターをご利用ください。

10층까지는 이 엘리베이터를 이용해 주십시오.

• 熱いのでご注意ください。 뜨거우니 주의해 주십시오.

☐ 겸양

① • 私が荷物をお持ちします。 제가 짐을 들어 드리겠습니다.

• 何かお手伝いしましょうか。 뭔가 도와 드릴까요?

• 今日のニュースをお伝えします。 오늘 뉴스를 전해 드리겠습니다.

② • 私の家族をご紹介します。

제 가족을 소개해 드리겠습니다.

• 飛行機の便が決まったら、ご連絡いたします。

비행기 편이 정해지면 연락드리겠습니다.

• この資料はお貸しできません。

이 자료는 빌려 드릴 수 없습니다.

❸ 정중어

대상을 높이거나 낮추는 게 아닌, 듣는 사람에 대해 경의를 표하며 친절함을 나타내는 경어이다. 시험에 출제되는 아래의 두 가지 정중어를 꼭 외워 두자.

＊ ～です(～입니다) → ～でございます(～입니다)

• 電気製品売り場は5階です。

→ 電気製品売り場は5階でございます。

전기제품 매장은 5층입니다.

・ こちらは今月発売された新商品です。

→ こちらは今月発売された新商品でございます。

이것은 이번 달 발매된 신상품입니다.

＊ **ありますː(있습니다) → ございます(있습니다)**

・ トイレはエレベーターの近くにあります。

→ トイレはエレベーターの近くにございます。

화장실은 엘리베이터 근처에 있습니다.

・ 何か質問がありますか。

→ 何か質問がございますか。

뭔가 질문이 있습니까?

❹ 접두어 「お・ご」

① 일본 고유어(주로 훈독으로 읽히는 한자어)에는 「お」

・ お話、お車、お酒、お知らせ、お皿、お金、お手洗い 등

② 두 글자 한자어(주로 음독으로 읽히는 한자어)에는 「ご」

・ ご注意、ご案内、ご説明、ご利用 등

＊단, 일상생활에서 자주 쓰이는 음독 한자어에는 「お」

・ お電話、お時間、お料理、お食事、お野菜 등

チェックアップ!
확인문제

ⓐ, ⓑ 중에서 알맞은 것을 고르세요.

1 ごはんとパンとどちらに ⓐ なさいますか ⓑ いたしますか 。

2 社長が ⓐ 申しました ⓑ おっしゃいました 。

3 セミナーで先生に ⓐ 拝見した ⓑ お目にかかった 。

4 お席にご案内 ⓐ します ⓑ いらっしゃいます 。

5 トイレは左側に ⓐ ございます ⓑ おります 。

정답 1 ⓐ 2 ⓑ 3 ⓑ 4 ⓐ 5 ⓐ

7. 수수표현 (あげる·くれる·もらう)

수수표현은 물건이나 행위를 주고받을 때 쓰는 표현이다. '주다'에는 「**あげる·くれる**」 두 가지가 있으므로 잘 구별해 두자.

	사물의 수수	행위의 수수
(내가 남에게) 주다	さしあげる 드리다 (겸양)	～てさしあげる ～해 드리다 ＊ 손윗사람에 대해서 잘 쓰지 않는 표현이다. 대신 「お + ます형 + する(いたす)」를 쓴다.
	あげる 주다	～てあげる ～해 주다
	やる 주다 ＊ 식물에 물을 주고, 동물에게 먹이를 주는 경우에 자주 쓰인다. ＊ 가족끼리 부모가 자식에게, 언니·오빠가 동생에게 쓴다.	～てやる ～해 주다 ＊ 아빠나 엄마가 아이에게 해 주는 경우에 쓴다.
(남이 나에게) 주다	くださる 주시다 (존경)	～てくださる ～해 주시다 (존경)
	くれる 주다	～てくれる ～해 주다
(남에게) 받다	いただく 받다	～ていただく ～해 받다 (겸양)
	もらう 받다	～てもらう ～해 받다 (～해 주다)

반드시 시험에 나오는 표현

아래의 1~4는 상대방이 해 주기를 부탁하는 표현이다. 따라서 행위를 하는 주체는 '상대방'이다. 문법뿐만 아니라 청해에서도 자주 출제된다.

1 **～てくれませんか** ～해 주지 않겠습니까?
～てくださいませんか ～해 주시지 않겠습니까?

- この荷物(にもつ)を運(はこ)んでくれませんか。 이 짐을 옮겨 주지 않겠습니까?
- 会社(かいしゃ)の近(ちか)くにいいお店(みせ)があれば、紹介(しょうかい)してくださいませんか。
  회사 근처에 좋은 가게가 있으면 소개해 주시지 않겠습니까?

2 ～てもらえませんか ～해 줄 수 없습니까?, ～해 줄 수 없을까요?
～ていただけませんか ～해 주실 수 없습니까?, ～해 주실 수 없을까요?

- これ、プレゼント用なので、包装してもらえませんか。이거 선물용이라서 포장해 줄 수 없을까요?
- すみませんが、少し静かにしていただけませんか。죄송하지만, 조용히 해 주실 수 없을까요?

Tip 「～てもらえないでしょうか / ～ていただけないでしょうか」는 더 정중하고 부드러운 인상을 주는 표현이다.

3 ～てもらいたいんですが ～해 주면 좋겠습니다만
～ていただきたいんですが ～해 주셨으면 합니다만

- 引っ越しの準備、手伝ってもらいたいんですが。이사 준비, 도와주면 좋겠습니다만.
- お願いした資料、メールで送っていただきたいんですが。
  부탁한 자료, 메일로 보내주셨으면 합니다만.

4 ～てほしいです ～해 주면 좋겠습니다, ～해 주기를 바랍니다
～ないでほしいです ～하지 않으면 좋겠습니다

- 息子にいい大学に入ってほしいです。아들이 좋은 대학에 들어가 주길 바랍니다.
- 私のことを忘れないでほしいです。저를 잊지 않으면 좋겠습니다.

아래의 5～8은 내가 하게 해 달라고 부탁하는 표현이다. 따라서 행위를 하는 주체인 '나 = 말하는 사람'이다.

5 ～(さ)せてくれませんか ～하게 해 주지 않겠습니까?, ～시켜 주지 않겠습니까?
～(さ)せてくださいませんか ～하게 해 주시지 않겠습니까?, ～시켜 주시지 않겠습니까?

- 中に入らせてくれませんか。안에 들어가게 해 주지 않겠습니까?
- ここで働かせてくださいませんか。여기에서 일하게 해 주시지 않겠습니까?

6 ～(さ)せてもらえませんか ～하게 해 줄 수 없을까요?, ～시켜 줄 수 없습니까?
～(さ)せていただけませんか ～하게 해 주실 수 없을까요?, ～시켜 주실 수 없습니까?

- ここに荷物を置かせてもらえませんか。여기에 짐을 놓게 해줄 수 없을까요?
- 店長、今日国から両親が来るので、早く帰らせていただけませんか。
  점장님, 오늘 고국에서 부모님이 오기 때문에 일찍 돌아가게 해 주실 수 없을까요?

7 **～(さ)せてもらいたいんですが** ～하게 해 주면 좋겠습니다만, ～시켜 주면 합니다만
～(さ)せていただきたいんですが ～하게 해 주시면 좋겠습니다만, ～시켜 주셨으면 합니다만

- 私が好きなのを選ばせてもらいたいんですが。내가 좋아하는 것은 고르게 해 주면 좋겠습니다만.
- 私にも意見を言わせていただきたんですが。저에게도 의견을 말하게 해 주시면 좋겠습니다만.

8 **～(さ)せてほしいです** ～하게 해 주면 좋겠습니다, ～시켜 주면 좋겠습니다
～(さ)せないでほしいです ～하게 하지 않으면 좋겠습니다, ～시키지 않으면 좋겠습니다

- アメリカ出張は私に行かせてほしいです。미국 출장은 저에게 가게 해 주면 좋겠습니다.
- 同じことを何度も言わせないでほしいです。같은 것을 몇 번이나 말하게 하지 않으면 좋겠습니다.

TIP

＊ ～(さ)せていただく
사역형 「(さ)せる」에 「～ていただく(손윗사람이 ～해 주시다)」가 연결된 표현으로 '(제가) ～하다'로 해석된다. 일종의 겸양 표현이라고 생각하면 된다.

- お先に帰らせていただきます。먼저 퇴근하겠습니다.
- 大事に使わせていただきます。소중히 쓰겠습니다.

チェックアップ!
확인문제

ⓐ, ⓑ 중에서 알맞은 것을 고르세요.

1 従業員に写真を撮って ⓐくれた ⓑもらった 。
2 友だちにノートを貸して ⓐあげた ⓑくれた 。
3 試験が始まりますので、携帯の電源を ⓐ切って ⓑ切らせて いただけませんか。
4 アメリカ出張、私に ⓐ行って ⓑ行かせて いただけますか。
5 本日は 私 が ⓐ説明して ⓑ説明させて いただきます。

정답 1ⓑ 2ⓐ 3ⓐ 4ⓑ 5ⓑ

8. 지시사

실제로 눈에 보이는 사물이나 사람을 가리키는 지시사가 아닌, 대화 속에 나오는 사물이나 사람 등을 가리키는 지시사는 「**そ**」「**あ**」가 있다. 「**そ**」는 어느 한쪽만이 알고 있는 정보에 대해 서술할 때에 쓰이고, 「**あ**」는 이야기하는 사람과 듣는 사람이 공통으로 알고 있는 정보에 대해 서술할 때 쓰인다. 이 두 개의 지시사는 우리말의 '그'로 해석되는 점에 주의해야 한다.

・A「鈴木さん、病気で倒れたんだって。」
  스즈키 씨, 아파서 쓰러졌대.
 B「えー？それ、本当ですか。」
  에? 그거 정말이에요?

・A「部長、さっき山下さんという人がいらっしゃいました。」
  부장님, 아까 야마시타 씨라는 사람이 오셨습니다.
 B「え？山下さん？その人何の用だった？」
  응? 야마시타 씨? 그 사람 무슨 용건이었나?

・A「昨日、ゆうこちゃんとテレビ番組に出てたイタリアンレストランに行ってきたよ。」
  어제, 유우코와 TV 프로그램에 나왔던 이탈리안 레스토랑에 갔다 왔어.
 B「へえ、この前出てたレストランでしょう？あそこ、どうだった？」
  어, 지난번에 나왔던 레스토랑 말이지? 거기 어땠어?

・A「西村さんを知っていますか。」
  니시무라 씨를 알고 있습니까?
 B「ええ、一度会ったことがあります。あの人、まじめで仕事ができる人ですね。」
  네, 한 번 만난 적이 있습니다. 그 사람, 성실하고 일을 잘하는 사람이죠.

・A「木村さん、明日の食事会に来られないって連絡があったんだ。」
  기무라 씨, 내일 회식에 올 수 없다고 연락이 있었어.
 B「どうして？あんなに楽しみにしていたのに。」
  왜? 그렇게 기대하고 있었는데.

9. 보통형의 명사수식

명사수식에 관한 문제는 [문제2 문장 완성(별표 문제)]에 자주 출제된다. 명사를 수식하는 형태는 **い**형용사, **な**형용사의 명사수식형과 명사**の**, 모든 품사의 보통형이 명사를 수식한다.

- 旅行の日 여행 가는 날
- 昔住んでいた所 옛날 살았던 곳
- 話を聞いている時 이야기를 듣고 있을 때
- 雰囲気がよかったレストラン 분위기가 좋았던 레스토랑
- 大変だった一日 힘들었던 하루
- 誰もいない部屋 아무도 없는 방

チェックアップ!
확인문제

ⓐ, ⓑ 중에서 알맞은 것을 고르세요.

1 A 「昨日読んだ小説、すごくおもしろかったよ。」
B 「 ⓐ その ⓑ あの 小説、図書館で借りられる?」

2 A 「去年一緒に ⓐ 買った ⓑ 買う スカート、小さくなったよ。」
B 「もう着られないってこと? ⓐ それ ⓑ あれ かわいいのに、残念。」

3 来週の会議で ⓐ 使う ⓑ 使って 資料を作っておいてください。

정답 1 ⓐ 2 ⓐ/ⓑ 3 ⓐ

반드시 구별해야 하는 표현

이 부분은 선택지에 함께 제시되는 경우가 많으므로 정확한 차이를 구별해 두자.

1. 「なる」 - 「する」

「なる」는 행위의 변화나 결과에 주목한 표현을 만들고, 「する」는 사람의 의지적인 행위에 주목한 표현을 만든다. 아래와 같은 응용 표현이 있으며, N1, N2에도 나오므로 반드시 숙지해 두자.

1 ～くなる・～になる ~해 지다, ~이/가 되다

접속 い형용사 (い) + くなる
な형용사 (だ) + になる
명사 + になる

해설 자연적인 결과 변화를 나타낸다.

예문
- 暖房(だんぼう)をつけたので、部屋(へや)が暖(あたた)かくなりました。
  난방을 켰기 때문에 방이 따뜻해졌습니다.
- 夜(よる)になると、街(まち)は静(しず)かになる。
  밤이 되면 거리는 조용해진다.
- 歓迎会(かんげいかい)は来週(らいしゅう)の木曜日(もくようび)になりました。
  환영회는 다음 주 목요일이 되었습니다. (다음 주 목요일에 하게 되었습니다.)

2 ～くする・～にする ~하게 하다, ~로 (정)하다

접속 い형용사 (い) + くする
な형용사 (だ) + にする
명사 + にする

해설 말하는 사람의 행위에 의한 결과, 주관적인 결정을 나타낸다.

예문
- 暖房(だんぼう)をつけて、部屋(へや)を暖(あたた)かくした。
  난방을 켜서 방을 따뜻하게 했다.
- 図書館(としょかん)では静(しず)かにしてください。
  도서관에서는 조용히 해 주세요.
- 今日(きょう)の夕飯(ゆうはん)はハンバーグにしよう。
  오늘 저녁은 햄버그스테이크로 하자.

3 ～ことになる ～하게 되다
～ないことになる ～하지 않게 되다

접속 동사 사전형 + ことになる

동사 ない형 + ないことになる

해설 자신의 의지와 관계없이 제3자나 회사, 학교 등에 의해 정해진 사항(결정)을 나타내는 표현이다.

예문
- 大阪(おおさか)に転勤(てんきん)することになりました。
  오사카로 전근 가게 되었습니다.
- 急(きゅう)に国(くに)へ帰(かえ)ることになりました。
  갑자기 고국으로 돌아가게 되었습니다.
- 社員旅行(しゃいんりょこう)は行(い)かないことになりました。
  사원 여행은 가지 않게 되었습니다.
- 明日(あした)の会議(かいぎ)は行(おこな)わないことになりました。
  내일 회의는 하지 않게 되었습니다.

4 ～ことになっている ～하기로 되어 있다
～ないことになっている ～하지 않기로 되어 있다

접속 동사 사전형 + ことになっている

동사 ない형 + ないことになっている

해설 「～ことになる(～하게 되다)」의 상태가 계속 이어져서 그 사항이 현재 규칙, 약속, 룰로서 정해져 있다는 의미를 나타낸다.

예문
- 毎週土曜日(まいしゅうどようび)、友達(ともだち)と英語(えいご)の勉強(べんきょう)をすることになっている。
  매주 토요일, 친구와 영어 공부를 하기로 되어 있다.
- 学校(がっこう)を休(やす)むときは事前(じぜん)に先生(せんせい)に連絡(れんらく)することになっています。
  학교를 쉴 때는 사전에 선생님께 연락하게 되어 있습니다.
- この部屋(へや)には、関係者以外(かんけいしゃいがい)は入(はい)ってはいけないことになっている。
  이 방에는 관계자 이외는 들어가서는 안 되게 되어 있다.
- 試験(しけん)の途中(とちゅう)、外(そと)に出(で)てはいけないことになっています。
  시험 도중 밖으로 나가서는 안 되게 되어 있습니다.

5 ~ことにする ~하기로 하다
~ないことにする ~하지 않기로 하다

접속 동사 사전형 + ことにする

동사 ない형 + ないことにする

해설 말하는 사람의 의지로 결정한 사항을 나타낸다.

예문
- 母(はは)の誕生日(たんじょうび)プレゼントはスカーフにすることにした。
  엄마 생일 선물은 스카프로 하기로 했다.
- 残(のこ)りの仕事(しごと)は明日(あした)することにしましょう。
  남은 일은 내일 하기로 합시다.
- 留学(りゅうがく)はしないことにした。 유학은 하지 않기로 했다.
- 今日(きょう)は午後(ごご)から大雨(おおあめ)になるそうだから、外(そと)に出(で)ないことにした。
  오늘은 오후부터 큰비가 내린다고 해서 밖에 나가지 않기로 했다.

6 ~ことにしている ~하기로 하고 있다
~ないことにしている ~하지 않기로 하고 있다

접속 동사 사전형 + ことにしている

동사 ない형 + ないことにしている

해설 말하는 사람의 의지로 결정한 결과가 습관화되어 있다는 의미를 나타낸다.

예문
- 毎日(まいにち)日本語(にほんご)で日記(にっき)を書(か)くことにしている。
  매일 일본어로 일기를 쓰기로 하고 있다.
- 老後(ろうご)のために、毎月貯金(まいつきちょきん)することにしています。
  노후를 위해 매월 저금하기로 하고 있습니다.
- 7時以降(じいこう)は何(なに)も食(た)べないことにしている。
  7시 이후는 아무것도 먹지 않기로 하고 있다.
- 3年前(ねんまえ)からたばこは吸(す)わないことにしています。
  3년 전부터 담배를 피지 않기로 하고 있습니다.

7 ~ようになる ~하게 되다, ~할 수 있게 되다

접속 동사 사전형 + ようになる

동사 가능형 + ようになる

해설 '~한 상태로 바뀌다'라는 의미로 이전에는 안 하거나 못했던 것을 할 수 있게 되었다는 능력, 습관 등의 변화를 나타낸다.

예문 • 子どもが生まれてから、家の掃除に気を使うようになりました。
아이가 태어나고 나서 집 청소를 신경 쓰게 되었습니다.

• たくさんの人がスマホを使うようになった。
많은 사람이 스마트폰을 사용하게 되었다.

• 日本語で上手に話せるようになりたいです。
일본어로 능숙하게 말할 수 있게 되고 싶습니다.

• 高速列車のおかげで、日帰り旅行ができるようになった。
고속열차 덕분에 당일치기 여행을 할 수 있게 되었다.

TIP

*** '~하지 않게 되다'라는 표현은「동사 ない형 + ないようになる」도 쓰지만,「동사 ない형 + なくなる」도 쓸 수 있다.**

• 子どもたちが外で遊ばなくなりました。
아이들이 밖에서 놀지 않게 되었습니다.

• 大雪で道が込んで、家に帰れなくなりました。
폭설로 길이 막혀 집으로 돌아갈 수 없게 되었습니다.

8 ~ようになっている ~하게 되어 있다, ~할 수 있게 되어 있다
~ないようになっている ~하지 않게 되어 있다

접속 동사 사전형 + ようになっている
동사 가능형 + ようになっている
동사 ない형 + ないようになっている

해설 어떠한 목적을 위해서 그렇게 만들어져 있다는 의미를 나타낸다.

예문 • ここにお金を入れると、切符が出るようになっています。
여기에 돈을 넣으면 표가 나오게 되어 있습니다.

• この本は漢字にふりがながつけてあって、外国人も読めるようになっています。
이 책은 한자에 후리가나가 달려 있어서 외국인도 읽을 수 있게 되어 있습니다.

• 安井市の図書館は、市の住民なら誰でも利用できるようになっています。
야스이 시의 도서관은 시 주민이라면 누구든지 이용할 수 있게 되어 있습니다.

• 未成年者にはお酒を売ってはいけないようになっている。
미성년자에게는 술을 팔아서는 안 되게 되어 있다. (미성년자는 술을 살 수 없게 되어 있다.)

9 ~ようにする ~하도록 하다
~ないようにする ~하지 않도록 하다

접속 동사 사전형 + ようにする

동사 ない형 + ないようにする

해설 어떠한 목적을 위해서 '~하도록 노력하다'는 의미를 나타낸다.

예문
- 明日から早寝早起きするようにします。
  내일부터 일찍 자고 일찍 일어나도록 하겠습니다.
- 毎日1リットルのお水を飲むようにします。
  매일 1리터의 물을 마시도록 하겠습니다.
- 二度と同じミスはしないようにしましょう。
  두 번 다시 같은 실수는 하지 않도록 합시다.
- 人から聞いたことはなるべくほかの人に言わないようにしてください。
  남에게 들은 것은 가능한 한 다른 사람에게 말하지 않도록 해 주세요.

10 ~ようにしている ~하도록 하고 있다
~ないようにしている ~하지 않도록 하고 있다

접속 동사 사전형 + ようにしている

동사 ない형 + ないようにしている

해설 '현재에도 ~하도록 노력하고 있다', '지금도 ~를 목표로 열심히 한다'는 습관을 나타낸다.

예문
- 聴解のために、NHKニュースを聞くようにしています。
  청해를 위해서 NHK 뉴스를 듣도록 하고 있습니다.
- エレベーターより階段を利用するようにしている。
  엘리베이터보다 계단을 이용하도록 하고 있다.
- ゲームはやりすぎないようにしている。
  게임은 너무 많이 하지 않도록 하고 있다.
- 今日しなければならないことはメモをしておいて、忘れないようにしています。
  오늘 하지 않으면 안 되는 일은 메모를 해 두고, 잊지 않도록 하고 있습니다.

2. 「まで」-「までに」

우리말로는 '~까지'로 해석되지만 다음과 같은 차이점이 있다.

1 ~まで ~까지

접속 동사 사전형 / 명사 + まで

해설 「~まで」의 뒤 문장에는 '~할 때까지 행위가 계속 진행됨'을 나타내는 문장이 온다.

예문
- レポートは昨日の夜10時まで書いた。
  리포트는 어젯밤 10시까지 썼다. (리포트를 10시까지 계속 썼다.)
- 今月15日まで、休みです。
  이번 달 15일까지 휴가입니다. (15일까지 계속 쉰다.)

2 ~までに ~까지

접속 동사 사전형 / 명사 + までに

해설 「~までに」의 뒤 문장에는 '~할 때까지 동작이 끝남'을 나타내는 문장이 온다. 따라서 「までに」는 '기한, 마감'을 나타내는 경우가 많다.

예문
- 今月15日までに、家賃を払ってください。
  이번 달 15일까지 집세를 내주세요. (15일이 집세 납기 기한. 15일 전까지 집세 납부가 끝나야 한다.)
- レポートは今週の金曜日までに提出してください。
  리포트는 이번 주 금요일까지 제출해 주세요.
  (이번 주 금요일이 제출 마감. 금요일 전까지 제출하는 행위가 끝나야 한다.)

3. 「間」-「間に」

우리말로는 '~하는 사이에'로 해석되지만 다음과 같은 차이점이 있다.

1 ~間 ~하는 사이에

접속 동사ている / 명사の + 間

해설 「間」의 뒤 문장에는 '~하는 사이에 동작이나 상태가 계속 진행됨'을 나타내는 문장이 온다.

예문
- 日本に留学している間、とんかつ屋でアルバイトをしていた。
  일본에 유학하고 있는 사이에 돈가스 가게에서 아르바이트를 했다.
  (유학하는 동안에 돈가스 가게에서 계속 아르바이트를 했다.)

・留守の間、友だちにペットを預かってもらった。

부재중인 사이에 친구가 애완견을 맡아 주었다. (부재중인 동안에 계속 친구가 애완견을 돌봐 주었다.)

2 ~間に ~하는 사이에

접속 동사ている / 명사の + 間に

해설 「間に」의 뒤 문장에는 '~하는 사이에 일어나는 행위나 동작, 한 번의 행위'를 나타내는 문장이 온다.

예문 ・日本に留学している間に、京都を訪れたことがある。

일본에 유학하고 있는 사이에 교토를 방문한 적이 있다. (유학하는 동안에 교토 방문한 경험이 있다.)

・留守の間に、泥棒が入ってきた。

부재중인 사이에 도둑이 들어왔다. (부재중인 동안에 도둑이 들어온 것은 한 번의 사건이다.)

4. 「か」-「かどうか」

「か」와 「かどうか」는 불확실을 나타냄에 있어서는 공통되나 쓰임이 다르다.

1 ~か ~인지, ~일지

접속 보통형(단, な형용사 だ / 명사 だ) + か

해설 의문사와 함께 쓰인다.

예문 ・森田さん、いつ帰国するか、知っていますか。

모리타 씨 언제 귀국하는지 알고 있나요?

・待ち合わせの場所までどうやって行けばいいか、調べてみた。

약속 장소까지 어떻게 해서 가면 되는지 찾아봤다.

2 ~かどうか ~인지 어떤지, ~인지 어떨지

접속 보통형(단, な형용사 だ / 명사 だ) + かどうか

해설 「か」와 달리 의문사와 함께 쓰이지 않는다.

예문 ・卒業したら、すぐ就職できるかどうか、わかりません。

졸업하면 바로 졸업할 수 있을지 어떨지 모르겠습니다.

・あの話が本当かどうか、本人に聞いてみましょう。

그 이야기가 진짜인지 어떤지 본인에게 물어봅시다.

5. 「てくる」-「ていく」

1 ~てくる ~해(하고) 오다, ~하기 시작하다

접속 동사 て형 + てくる

해설 ① 말하는 사람 쪽으로의 이동을 나타낸다.

예문
- 妹がヨーロッパ旅行のお土産を買ってきた。
  여동생이 유럽 여행 선물을 사 왔다.
- 大型台風が近づいてきたそうです。대형 태풍이 접근해 왔다고 합니다.

해설 ② 과거부터 현재까지의 동작의 계속과 상태의 변화를 나타낸다.

예문
- 私はこの会社で30年間働いてきました。저는 이 회사에서 30년간 일해 왔습니다.
- 一人暮らしの生活には、少しずつ慣れてきた。
  혼자 사는 생활에는 조금씩 익숙해져 왔다.

해설 ③ 지금까지 없었던 일이 나타나거나, 무언가가 시작되는 의미를 나타낸다.

예문
- 突然、雨が降ってきた。갑자기 비가 내리기 시작했다.
- 友だちの外車を見て、私もほしくなってきた。
  친구 외제차를 보고 나도 갖고 싶어졌다.

2 ~ていく ~해(하고) 가다, ~해져 가다

접속 동사 て형 + ていく

해설 ① 말하는 사람으로부터 멀리 떨어진 이동을 나타낸다.

예문
- 夫は急いで出ていった。남편은 서둘러서 나갔다.
- 猫は窓から逃げていった。고양이는 창문으로 도망갔다.

해설 ② 현재부터 미래로 향하는 동작의 계속과 상태의 변화를 나타낸다.

예문
- 国へ帰っても、日本語の勉強は続けていきたいです。
  고국으로 돌아가더라도 일본어 공부는 계속해 가고 싶습니다.
- 子どもはどんどん大きくなっていきます。아이는 계속 커 갑니다.

해설 ③ 말하는 사람의 눈앞이나 기억으로부터 사라지는 것을 나타낸다.

예문
- 太陽が沈んでいきます。태양이 지고 있습니다.
- 一生懸命単語を覚えても、忘れていくばかりです。
  열심히 단어를 외워도 잊혀져 갈 뿐입니다.

6. 「こと」-「の」

「こと」와 「の」는 '것'으로 해석이 되지만 쓰임의 차이가 있다.

1 こと ~것

접속 보통형＋ こと
단, な형용사 ~~だ~~ ＋ なこと
명사 ~~だ~~ ＋ のこと

해설 ① 'A는 B인 것이다'로 문장의 서술어 역할을 한다.

예문
- 私の仕事は子どもに英語を教えることです。
  제 직업은 아이에게 영어를 가르치는 것입니다.
- 私の趣味は音楽を聞くことです。
  내 취미는 음악을 듣는 것입니다.

해설 ② '~라는 것, ~라는 사항, ~에 관한 일'을 나타내며, 주로 「伝える(전하다)」「知らせる(알리다)」「話す(이야기하다)」「知る(알다)」「考える(생각하다)」「悩む(고민하다)」 등의 동사들과 자주 쓰인다.

예문
- さっき山下さんから電話があったことを部長に伝えてください。
  아까 야마시타 씨에게 전화가 왔던 것을 부장님께 전해 주세요.
- 高橋さんは将来のことで悩んでいる。
  다카하시 씨는 장래에 관한 일로(장래에 대해서) 고민하고 있다.

2 の ~것

접속 보통형＋ の
단, な형용사 ~~だ~~ ＋ なの
명사 ~~だ~~ ＋ なの

해설 ① 지각 동사가 오는 경우에는 「の」를 쓴다.

~のが聞こえる ~것이 들리다 **~のを聞く** ~것을 듣다
~のが見える ~것이 보이다 **~のを見る** ~것을 보다

예문
- 隣の家でケンカをしているのが聞こえます。
  옆집에서 싸우고 있는 것이 들립니다.
- 子どもが歌っているのを聞いています。
  아이가 노래하고 있는 것을 듣고 있습니다.
- うちは空港から近いので、飛行機が飛んでいくのが見えます。
  우리 집은 공항에서 가깝기 때문에 비행기가 날아가는 것이 보입니다.

- 交差点で車がぶつかるのを見ました。
  교차로에서 자동차가 충돌하는 것을 봤습니다.

해설 ② '~것'이 '사람, 사물, 장소, 시간, 이유'를 나타낼 때는 「の」를 쓴다.

예문
- 赤いコートを着ているのが山田君だよ。
  빨간 코트를 입고 있는 것(사람)이 야마다 군이야.
- サッカーの練習に行けなかったのは、風邪を引いたからです。
  축구 연습에 갈 수 없었던 것(이유)은 감기에 걸렸기 때문입니다.

チェックアップ!
확인문제

ⓐ, ⓑ 중에서 알맞은 것을 고르세요.

1 髪を ⓐ 短くなって ⓑ 短くして もらった。

2 部長の命令で出張する ⓐ ことになった ⓑ ようになった 。

3 スマホでいろいろなことができる ⓐ ようになった ⓑ ことにした 。

4 料金は土曜日 ⓐ まで ⓑ までに 支払ってください。

5 日本語の勉強がおもしろくなって ⓐ きました ⓑ いきました 。

정답 1 ⓑ 2 ⓐ 3 ⓐ 4 ⓑ 5 ⓐ

4 출제 빈도가 높은 표현

1. 접미사

접미사는 단독으로 쓸 수 없으며 다른 단어에 접속해서 의미를 첨가하거나 문법적인 기능을 한다. N1, N2에서도 출제되고 있다.

1 ～がる ～해 하다

접속 い형용사(い) + がる
な형용사(だ) + がる

해설 1인칭 감정을 나타내는 형용사 어미를 「がる」로 바꾸면 3인칭의 감정을 나타내는 표현이 된다. 이 경우, 「～がる」는 1그룹 동사 활용을 한다.

예문
- 子(こ)どもがおもちゃをほしがっている。
  아이가 장난감을 원하고 있다.
- 息子(むすこ)は最初(さいしょ)はピアノ教室(きょうしつ)に行(い)くのを嫌(いや)がっていたが、今(いま)は楽(たの)しそうに通(かよ)っている。
  아들은 처음에는 피아노 교실에 가는 것을 싫어했지만, 지금은 즐거운 듯이 다니고 있다.

TIP

＊ 선택지에 「～がる」가 있으면 문제의 주어가 1인칭인지 3인칭인지 확인할 것!

2 ～さ ～함, ～임

접속 い형용사(い) + さ
な형용사(だ) + さ

해설 형용사를 명사로 만든다.

예문
- おいしさ 맛있음 / 暑(あつ)さ 더위 / 高(たか)さ 높이
- 親切(しんせつ)さ 친절함 / 静(しず)かさ 조용함 / 大切(たいせつ)さ 소중함

3 ～らしい ～답다

접속 명사 + らしい

해설 「らしい」는 추량의 의미 '～인 것 같다'가 대표적이지만, 접미사로서의 「명사 + らしい(～답다)」도 출제된다. い형용사 활용을 하므로 활용형도 함께 숙지해 두자.

예문
- 春らしい天気になりました。
  봄다운 날씨가 되었습니다.
- 今日の山下さん、いつもの山下さんらしくないですね。
  오늘 야마시타 씨, 평소의 야마시타 씨답지 않네요.
- 田中君、大人らしくなってきましたね。
  다나카 군, 어른다워지기 시작했네요.

2. ようだ 관련 표현

접속 보통형 (단, な형용사 だ → な / 명사の) + ようだ

TIP

＊「ようだ」의 회화체인 「みたいだ」도 함께 알아두자. 단, 「みたいだ」의 접속 방법은 「らしい」와 같으므로 이것만 유의하자.

보통형(단, な형용사 だ / 명사) + みだいだ

1 ～ようだ ～와 같다

해설 ① '비유'를 나타낸다. 「まるで～ようだ(마치 ～와 같다)」의 형태로 자주 쓰인다. 또한 「동사 보통형 + かのようだ(～인 듯하다)」의 표현도 있다.

예문
- 宝くじに当たるなんて、夢のような話です。
  복권에 당첨되다니 꿈같은 이야기입니다.
- 彼女はまるで魚のように泳いでいる。
  그녀는 마치 물고기처럼 헤엄치고 있다.
- 桜の花びらがまるで雪が降っているかのように落ちてくる。
  벚꽃 잎이 마치 눈이 내리고 있는 것처럼 떨어진다.

해설 ② '예시'를 나타낸다.

예문
- アイスクリームのような冷たいものが食べたいです。
  아이스크림 같은 차가운 것을 먹고 싶습니다.
- 山田さんのようにまじめでユーモアのある人と結婚したいです。
  야마다 씨처럼 성실하고 유머 있는 사람과 결혼하고 싶습니다.

2 ～ようなら(ば)・～ようだったら ～일 것 같으면, ~할 것 같으면

해설 「ようだ」의 조건표현으로, '~인 경우에는'이라는 의미를 나타낸다. N2 시험에도 출제되므로 꼭 알아두자.

예문
- もし、遅れるようなら電話してください。
  만약 늦어질 것 같으면 전화하세요.
- 薬を飲んでも、熱が下がらないようだったら、また来てください。
  약을 먹어도 열이 안 내려 가는 것 같으면 또 오세요.

3. ように 관련 표현

1 ～ように ~하도록, ~할 수 있도록
～ないように ~하지 않도록

접속 동사 사전형 + ように

동사 가능형 + ように

동사 ない형 + ないように

해설 ① 목적이나 목표를 나타낸다.

예문
- 黒板の字がよく見えるように、前の席に座った。
  칠판 글씨가 잘 보이도록 앞자리에 앉았다.
- 試合に勝てるように、毎日欠かさず練習しています。
  시합에서 이길 수 있도록 매일 빠지지 않고 연습하고 있습니다.
- 同じ間違いをしないように、いつも気をつけています。
  같은 실수를 하지 않도록 항상 조심하고 있습니다.

해설 ② 희망이나 기원을 나타낸다.

예문
- 父の病気が早く治りますように。아빠의 병이 빨리 낫도록
- 試験に合格できるように祈りました。시험에 합격할 수 있도록 기도했습니다.

해설 ③ 「ように」 뒤에 「言う(말하다)· 言われる(듣다) / 頼む(부탁하다)· 頼まれる(부탁받다) / 伝える(전하다)」 등의 동사를 붙여서 상대방에게 의뢰하거나 명령하는 의미를 나타낸다.

예문
- 先輩に2時まで研究室に来るように言われた。
  선배에게 2시까지 연구실로 오라고 들었다.
- 上司に会議の時間を変更するようにと頼まれた。
  상사에게 회의 시간을 변경하도록 부탁받았다.
- 夏祭りのボランティアに参加するように伝えてください。
  여름 축제의 자원봉사에 참가하도록 전해 주세요.

해설 ④ 상대방에 대한 지시나 충고를 나타낸다.

예문
- 手伝ってもらったら、お礼を言うようにしましょう。
  도움을 받았다면 감사 인사를 하도록 합시다.
- 図書館では隣の人とおしゃべりしないように注意してください。
  도서관에서는 옆 사람과 수다를 떨지 않도록 주의해 주세요.
- 授業中は携帯を触らないように。
  수업 중에는 휴대전화를 만지지 않도록.

2 ～てしまわないように ～해 버리지 않도록

접속 동사 て형 + てしまわないように

해설 「てしまう(～해 버리다)」의 ない형에 「ように(～하도록)」가 접속한 표현이다.

예문
- クレジットカードを使いすぎてしまわないように、気をつけています。
  신용 카드를 지나치게 사용하지 않도록 주의하고 있습니다.
- この本はなくしてしまわないように、大事にしてください。
  이 책은 잃어버리지 않도록 소중히 해 주세요.

4. ために

1 목적의 「ために」 ～하기 위해서

접속 동사 사전형 + ために

명사の + ために

해설 「Aために、B」는, A에는 확실한 목표, 목적이 나오고 그것을 위해 B를 한다는 의미이다. 「ために」의 に는 생략 가능하다.

예문
- 就職するために、いろいろな資格を取りました。
  취직하기 위해서 여러 가지 자격을 땄습니다.
- 車に乗ったら、安全のために、シートベルトをしめてください。
  차에 타면 안전을 위해서 안전벨트를 매 주세요.

2 이유의 「ために」 ~때문에

접속 보통형(단, な형용사 だ → な / 명사の) + ために

해설 「Aために、B」는 A가 원인이 되어 B가 일어났다는 것을 나타낸다. 딱딱한 문장체 표현이다. 「ために」의 に는 생략 가능하다.

예문
- 今年(ことし)の夏(なつ)は暑(あつ)かったために、エアコンがよく売(う)れました。
  올해 여름은 더웠기 때문에 에어컨이 잘 팔렸습니다.
- 強風(きょうふう)のため、飛行機(ひこうき)は欠航(けっこう)した。 강풍으로 비행기는 결항됐다.

チェックアップ!
확인문제

ⓐ, ⓑ 중에서 알맞은 것을 고르세요.

1 風邪(かぜ)の ⓐ ため ⓑ で 学校(がっこう)を休(やす)んだ。

2 物価(ぶっか)の ⓐ 高(たか)く ⓑ 高(たか)さ に驚(おどろ)いた。

3 優勝(ゆうしょう)できる ⓐ ように ⓑ ために 毎日(まいにち)トレーニングしている。

4 スケジュールを変(か)える ⓐ よう ⓑ こと に頼(たの)まれました。

5 健康(けんこう)の ⓐ ために ⓑ ように 運動(うんどう)している。

정답 1 ⓐ 2 ⓑ 3 ⓐ 4 ⓐ 5 ⓐ

5. 의지를 나타내는 표현

1 동사의 의지형

해설 우리말의 '~하자, ~해야지'로 해석되는 동사 활용형이다. 「~(よ)うか」는 상대방에게 권유하는 '~할까'의 의미로 쓰인다.

동사의 종류	의지형 만들기
1그룹 동사	う단 → お단 + う
2그룹 동사	る → よう
3그룹 동사	来(く)る → 来(こ)よう する → しよう

예문 • 決勝戦(けっしょうせん)で必(かなら)ず優勝(ゆうしょう)するようにがんばろう。
결승전에서 반드시 우승할 수 있도록 분발하자.

• 荷物(にもつ)、持(も)ってあげようか。 짐 들어 줄까?

2 ~(よ)う + と思(おも)う ~하려고 생각하다

접속 동사 의지형 + と思(おも)う

해설 말하는 사람의 의지나 예정을 나타낸다.

예문 • 今年(ことし)こそ自分(じぶん)の家(いえ)を買(か)おうと思(おも)います。
올해야말로 내 집을 사려고 생각합니다.

• 来年(らいねん)、転職(てんしょく)しようと思(おも)っている。 내년에 전직하려고 생각하고 있다.

3 ~(よ)う + とする ~하려고 하다

접속 동사 의지형 + とする

해설 ① 'A하기 직전', 'A하기 바로 전'의 의미를 나타낸다. 이 경우 A는 아직 일어나지 않은 동작임을 알아두어야 한다.

예문 • お風呂(ふろ)に入(はい)ろうとしたとき、電話(でんわ)がかかってきた。
목욕하려고 했을 때 전화가 걸려 왔다.

• 猫(ねこ)を触(さわ)ろうとしたら、逃(に)げていってしまった。
고양이를 만지려고 했더니 도망가 버렸다.

해설 ② 'A가 실현되도록 시도하다, 노력하다'의 의미를 나타낸다.

예문 • 週末も早起きしようとしていますが、なかなかできません。
주말에도 일찍 일어나려고 하고 있는데, 좀처럼 안 되네요.

• 締め切りまでに原稿を終わらせようとしています。
마감까지 원고를 끝내려고 하고 있습니다.

TIP

＊「~(よ)う + とする」의 여러 가지 활용형도 함께 알아 두자.

• 見ようとしたとき 보려고 했을 때
• 見ようとしているところ(に) 보려고 하고 있을 때
• 見ようとしたら 보려고 했더니
• 見ようとすると 보려고 했더니
• 見ようとしても 보려고 해도
• 見ようとしたが 보려고 했지만
• 見ようとしている 보려고 하고 있다
• 見ようと(も)しない 보려고(도) 하지 않는다

4 ~つもりだ ~할 생각이다 / ~ないつもりだ ~하지 않을 생각이다

접속 동사 사전형 + つもりだ
동사 ない형 + ないつもりだ

해설 ① 말하는 사람의 의지, 의도를 나타낸다.

예문 • 国から家族が来たら、温泉のある旅館に泊まるつもりです。
고국에서 가족이 오면 온천이 있는 여관에 묵을 생각입니다.

• 卒業したら、どうするつもりですか。졸업하면 어떻게 할 생각이에요?

TIP

＊「つもりだ」는 '(실제로는 그렇지 않지만, 나만) 그렇게 생각하다, 그렇게 믿고 있다'는 표현도 있다.

접속 동사 た / ている + つもりだ
い형용사 사전형 + つもりだ
な형용사 だ → な + つもりだ
명사 の + つもりだ

예문 • 私はほめたつもりですが、彼女を怒らせてしまいました。
나는 칭찬할 생각이었는데, 그녀를 화나게 해 버렸습니다.

• おかしいね。スマホ、ちゃんとかばんに入れたつもりなのに。
이상하네. 스마트폰 분명 가방에 넣었는데.

해설 ②「～つもりはない」는 '~할 생각은 없다'로 해석되며, 명확하게 그럴 생각이 없다는 의지를 전달하는 표현이다.

예문 • 娘(むすめ)「お母(かあ)さん、この洗濯機(せんたくき)、そろそろ買(か)い替(か)える時期(じき)じゃない?」
엄마, 이 세탁기, 슬슬 새로 사야 할 시기 아니야?
母(はは)「何(なに)言(い)ってるの?まだまだ使(つか)えるから買(か)うつもりはないよ。」
무슨 소리야? 아직 쓸 수 있으니까 살 생각은 없어.

해설 ③「～つもりではない」는 '~할 생각은 아니다'로 해석되며, 자신의 행동에 오해를 일으킬 것 같은 상황에 '그럴 의도는 없었다'는 의미로 사용되는 표현이다.

예문 • そういうつもりではなかったけど、誤解(ごかい)を与(あた)えてしまってごめんなさい。
그럴 의도는 아니었지만, 오해를 줘버려 미안합니다.

6. 명령과 금지를 나타내는 표현

1 동사의 명령형과 금지형

해설 명령형은 우리말의 '~해', 금지형은 '~하지 마'로 해석되는 동사 활용형이다.

동사의 종류	명령형 만들기	금지형 만들기
1그룹 동사	う단 → え단	사전형 + な
2그룹 동사	る → ろ	
3그룹 동사	来(く)る → 来(こ)い する → しろ	

예문 • もっと早(はや)く走(はし)れ! 더 빨리 뛰어!
• 教室(きょうしつ)で騒(さわ)ぐな。교실에서 떠들지 마.

2 なさい ~하시오, ~하세요

접속 동사 ます형 + なさい

해설 주로 부모가 자식에게, 교사가 학생에게 명령할 때 쓰이는 표현이다. 시험 문제에서의 지시문 등에도 쓰인다.

예문 • ごはんを食(た)べたら、すぐ歯(は)を磨(みが)きなさい。밥을 먹으면 바로 이를 닦으세요.
• 次(つぎ)の質問(しつもん)に答(こた)えなさい。다음 질문에 답하시오.

3 ～こと ～할 것
～ないこと ～하지 말 것

접속 동사 사전형 + こと

동사 ない형 + ないこと

해설 규칙이나 주의를 전달하는 표현이다.

예문 ・ 車(くるま)は駐車場(ちゅうしゃじょう)に止(と)めること。차는 주차장에 세울 것.

・ 危(あぶ)ないからここで泳(およ)がないこと。위험하니까 여기에서 헤엄치지 말 것.

7. 「～と思(おも)う」 관련 표현

「～と思(おも)う」는 다양한 표현에 접속해서 쓰인다. 이 부분은 [문제2 문장 완성(별표 문제)]에서 자주 등장한다.

1 ～と思(おも)う ～라고 생각한다

접속 보통형 + と思(おも)う

해설 말하는 사람(1인칭)의 주관적인 판단이나 의견을 상대방에게 전하는 표현이다.

예문 ・ 山田(やまだ)さんはきっと来(く)ると思(おも)います。야마다 씨는 분명 올거라고 생각합니다.

・ あなたに出会(であ)って本当(ほんとう)によかったと思(おも)っています。

당신을 만나서 정말 다행이라고 생각하고 있어요.

2 ～たいと思(おも)う ～하고 싶다고 생각한다

접속 동사 ます형 + たいと思(おも)う

해설 말하는 사람의 희망을 나타내며, 「～たい」보다 부드럽고 완곡한 느낌의 표현이다.

예문 ・ 子(こ)どもが二十歳(はたち)になったら、一人(ひとり)で海外旅行(かいがいりょこう)に行(い)かせたいと思(おも)っています。

아이가 20살이 되면 혼자서 해외여행을 보내고 싶다고 생각하고 있습니다.

・ 人(ひと)と人(ひと)とのつながりを大切(たいせつ)にしたいと思(おも)います。

사람과 사람과의 관계를 소중히 하고 싶다고 생각합니다.

3 ～だろうと思(おも)う ～일 거라고 생각하다

접속 보통형(단, な형용사 ~~だ~~ / 명사 ~~だ~~) + だろうと思(おも)う

해설 추측을 나타내는「～だろう」와 함께 써서 자신의 생각을 단정적으로 말하지 않고 부드럽게 말하는 표현이다.

예문 ・ 来年からは外国人観光客がもっと増えるだろうと思います。

내년부터는 외국인 관광객이 더욱더 늘어날 거라고 생각합니다.

・ 森さんはこの案を引き受けないだろうと思います。

모리 씨는 이 안을 받아들이지 않을 거라고 생각합니다.

4 ～かと思う ~인가라고 생각한다

접속 보통형(단, な형용사 ~~だ~~ / 명사 ~~だ~~) + かと思う

해설 불확실의 조사 「～か」와 함께 자신의 생각을 단정적으로 말하지 않고 부드럽게 말하는 표현이다.

예문 ・ 仕事で病気になったとき、本当にこのままでいいのかと思ったことがある。

일 때문에 병이 났을 때, 정말 이대로 괜찮은걸까라고 생각한 적이 있다.

8. 「～って」 관련 표현

1 ～って ~래, ~라고

접속 보통형 + って

해설 인용의 「～と」의 회화체이다. 단독으로 쓰이거나 「言う(말하다)」 「頼む(부탁하다)」와 함께 쓰이기도 한다.

예문 ・ 高橋さん、今日病気で休むって。 다카하시 씨 오늘 아파서 쉰대.

・ 彼女は10分以内に着くよって言ったのに、30分経っても来ない。
(=と言った)

그녀는 10분 이내로 도착한다고 했는데 30분이 지나도 안 온다.

2 ～って ~라고 하는, ~라는

접속 명사 1 + って + 명사 2

해설 「～という」의 회화체이다. 명사 1은 명사 2의 이름이나 명칭을 나타내며, 문법뿐만 아니라 청해에서도 자주 나오므로 꼭 숙지해 두자.

예문 ・ オアシスってレストラン、知ってる? 오아시스라는 레스토랑 알아?
(=という)

・ A 「あの紫色の花は何と言いますか。」 저 보라색 꽃은 뭐라고 하나요?

B 「あじさいって花です。」 수국이라는 꽃이에요.
(=という)

3 ～って ~라고 하는 것은, ~은/는

접속 명사＋って

해설 「～とは」「～というのは」의 회화체이다. 「～って」 앞의 내용을 화제로 삼아서 이야기할 때 쓰인다.

예문
- この本って日本でしか買えないの？
  이 책은 일본에서밖에 살 수 없나요?
- 鈴木さんっていつも忙しそうですね。
  스즈키 씨는 항상 바쁜 것 같아요.

9. 「～ても」 관련 표현

접속 동사て형 ＋ても / 동사 ない형 ＋なくても
い형용사 く(て) ＋ても / く(ない) ＋なくても
な형용사 (て) ＋でも / じゃ(ない) ＋なくても
명　사 (て) ＋でも / じゃ(ない) ＋なくても

해설 「Aても(なくても)B」의 형태로 '~해도, ~라 할지라도 / ~하지 않아도'로 해석되며 A에서 예상되는 결과와 반대되는 일이 B에 온다. 또한 회화체로는 「～たって · ～だって」가 있다.

1 ～ても・～でも ~해도, ~라 할지라도

예문
- 無理だと言われても、挑戦してみようと思っている。
  (＝言われたって)
  무리라고 들을지라도 도전해 보려고 생각하고 있다.
- 彼は病気でも、休まず働いている。그는 아파도 쉬지 않고 일하고 있다.
  (＝病気だって)

2 いくら～ても どんなに～ても 아무리 ~해도

예문
- いくら電話しても、出なかった。
  아무리 전화해도 받지 않았다.
- どんなに眠くても、今日することは全部してから寝ます。
  아무리 졸려도 오늘 할 일은 전부 하고 나서 잡니다.

3 たとえ～ても 비록 ～일지라도, 비록 ～할지라도

예문
- たとえ周りから反対されても、この仕事を最後まで実行しようと思っている。
  비록 주위에서 반대당하더라도 이 일을 끝까지 실행하려고 생각하고 있다.
- たとえ冗談でも言っていいことと悪いことがある。
  비록 농담일지라도 말해도 괜찮은 것과 나쁜 것이 있다.

4 보통형 + としても ～라 하더라도, ～라 할지라도

예문
- 明日雨が降ったとしても、予定されている決勝戦は行います。
  내일 비가 오더라도 예정되어 있는 결승전은 실시합니다.
- 試験に合格できたとしても、合格点は低いと思う。
  시험에 합격할 수 있더라도 합격점은 낮을 거라고 생각한다.

TIP

＊ 조건법 표현에 있었던 「～としたら・～とすれば(만약 ～라면)」와 선택지에 같이 나오는 경우가 많다.

10. 「ところ」와 「ばかり」를 사용한 표현

접속 방법과 함께 외워두자.

1	동사 사전형 + ところだ 막 ～하려던 참이다	• これから夕食を作るところです。 이제부터 저녁밥을 만들려던 참입니다.
2	동사ている + ところだ 한참 ～하고 있는 중이다	• 今、会議をしているところです。 지금 회의를 하고 있는 중입니다.
3	동사た + ところだ 막 ～했다	• 父はただいま帰ってきたところです。 아빠는 지금 막 돌아왔습니다.
4	동사た + ばかりだ 막 ～했다, ～한지 얼마 안 되었다	• 授業が始まったばかりです。 수업이 막 시작되었습니다. (수업이 시작된 지 얼마 안 되었습니다.)
5	동사て + ばかりいる ～하고만 있다	• 弟は大学卒業後、就職もしないで遊んでばかりいる。 남동생은 대학 졸업 후, 취직도 하지 않고 놀고만 있다.

TIP

＊「～たところだ」와「～たばかりだ」

두 표현은 '동작이나 행위가 지금 막 끝났다'는 의미로 쓰일 때는 치환이 가능하다.

- 学校に着いたところだ。(◯) 학교에 막 도착했다.
- 学校に着いたばかりだ。(◯) 학교에 도착한 지 얼마 안 되었다.

그러나「～たばかりだ」는 말하는 사람이 느끼기에 동작이나 행위가 끝나고 시간이 얼마 지나지 않았음을 나타낼 때에도 쓰인다(주관적인 시간의 경과). 이 경우「～たところだ」는 쓸 수 없다.

- 지난 달에 산 휴대전화를 잃어버렸다. → 先月買ったところの携帯をなくしてしまった。(×)
  → 先月買ったばかりの携帯をなくしてしまった。(◯)

11. 시간·때 관련 표현

1 ～うちに ~하는 동안에, ~하는 사이에 / ～ないうちに ~하기 전에

접속 동사 사전형·ている ＋うちに
い형용사 い ＋うちに
な형용사 だ → な ＋うちに
명사 の ＋うちに
동사 ない형 ＋ないうちに

해설 「Aうちに、B」의 형태로 'A가 행해지는 동안 B를 끝내자'는 의미와 'A가 행해지는 동안 B라는 변화가 생겼다'는 의미가 있다. 「Aないうちに、B」는 동사 ない형에만 접속하고, '~하기 전에'라고 해석해야 한다. N2 시험에도 자주 출제되는 표현이므로 반드시 숙지해 두자.

예문
- 何回か会っているうちに、彼のことが好きになった。
  몇 번인가 만나는 동안에 그를 좋아하게 되었다.
- 温かいうちにお召し上がりください。 따뜻할 때 드세요.
- 留守のうちに、ベランダの花が咲いていた。
  부재중인 동안에 베란다의 꽃이 피어 있었다.
- 暗くならないうちに、用事を全部済ませておいた。
  어두워지기 전에 용무를 전부 끝내 두었다.

2 ~たびに ~할 때마다

접속 동사 사전형 + たびに

명사の + たびに

해설 「Aたびに、B」의 형태로, A할 때마다 항상 B의 결과가 된다는 의미이다.

예문 • 彼(かれ)に会(あ)うたびに、見習(みなら)いたい人(ひと)だと思(おも)う。
그를 만날 때마다 본받고 싶은 사람이라고 생각한다.

• 引(ひ)っ越(こ)しのたびに、荷物(にもつ)が増(ふ)える。이사할 때마다 짐이 늘어난다.

3 ~ごとに ~마다

접속 조수사 / 명사 + ごとに

해설 조수사에 접속하면 규칙성, 명사에 접속하면 '~마다 각각'의 의미를 나타낸다.

예문 • 目覚(めざ)まし時計(どけい)は3分(ぷん)ごとにセットしてある。알람은 3분마다 맞춰져 있다.

• 隣(となり)の子(こ)どもは会(あ)う人(ひと)ごとに挨拶(あいさつ)をする。옆집 아이는 만나는 사람마다 인사를 한다.

4 ~ついでに ~하는 김에

접속 동사 보통형 / 명사の + ついでに

해설 「Aついでに、B」의 형태로, 원래 하려던 A의 시간을 이용해서 B를 한다는 의미이다.

예문 • 大阪(おおさか)へ出張(しゅっちょう)に行(い)ったついでに、友人(ゆうじん)に会(あ)った。오사카에 출장 간 김에 친구를 만났다.

• 犬(いぬ)の散歩(さんぽ)のついでに、買(か)い物(もの)もしてきた。강아지 산책 겸 장도 봐 왔다.

5 ~てからでないと・~てからでなければ ~하고 나서가 아니면

접속 동사 て형 + てからでないと・てからでなければ

해설 「Aてからでないと、B」「Aてからでなければ、B」의 형태로 'A하고 나서가 아니면 B할 수 없다', 즉 'A해야지만 B할 수 있다'는 의미이다. B에는 「~ない・無理(むり)だ・だめだ」 등의 부정적인 표현이 온다.

예문 • 担当者(たんとうしゃ)の許可(きょか)をもらってからでないと、この部屋(へや)には入(はい)れません。
담당자의 허가를 받고 나서가 아니면 이 방에는 들어갈 수 없습니다.

• レベルテストを受(う)けてからでなければ、会話(かいわ)の授業(じゅぎょう)は登録(とうろく)できません。
레벨 테스트를 받고 나서가 아니면 회화 수업은 등록할 수 없습니다.

チェックアップ!
확인문제

ⓐ, ⓑ 중에서 알맞은 것을 고르세요.

1 お風呂に ⓐ入ろうとした ⓑ入るとした とき、電話がかかってきた。

2 次の質問に ⓐ答えて ⓑ答え なさい。

3 危ないからここで泳がない ⓐこと ⓑもの 。

4 午後から雨が ⓐ降っている ⓑ降るだろう と思って傘を持ってきた。

5 オアシス ⓐと ⓑって レストラン、知っている?

6 たとえ親に ⓐ反対されたのに ⓑ反対されても 留学に行くつもりだ。

7 A「宿題は終わった?」

B「ちょうど今 ⓐ終わったところ ⓑ終わったつもり です。」

8 ⓐ暗くないうちに ⓑ暗くならないうちに 早く帰りましょう。

정답 1ⓐ 2ⓑ 3ⓐ 4ⓑ 5ⓑ 6ⓑ 7ⓐ 8ⓑ

12. 이유를 나타내는 표현

1 ~おかげで / ~おかげだ ~덕분에 / ~덕분이다

접속 보통형(단, な형용사 だ → な / 명사の) + おかげで・おかげだ

해설 「Aおかげで、B」의 형태로, 'A 덕분에 B라는 좋은 결과가 생겼다'는 의미이다.

예문
- 森さんが来てくれたおかげで、もっと楽しい時間になったよ。
  모리 씨가 와 준 덕분에 더 즐거운 시간이 되었어.
- 優勝することができたのは、みなさんの応援のおかげです。
  우승할 수 있었던 것은 여러분의 응원 덕분입니다.

2 ~せいで / ~せいだ / ~せいか ~탓에 / ~탓이다 / ~탓인지

접속 보통형(단, な형용사 だ → な / 명사の) + せいで・せいだ・せいか

해설 「Aせいで、B」의 형태로 'A 때문에 B라는 좋지 않은 결과가 생겼다'는 의미이다. 「~おかげで(덕분에)」와 반대되는 표현이라고 생각하면 된다.

예문 · 雨が降らないせいで、水不足が深刻になっている。
비가 내리지 않은 탓에 물 부족이 심각해지고 있다.

· 自分の失敗を人のせいにしないでください。
자신의 실패를 남의 탓으로 하지 마세요.

· 最近運動不足のせいか、体重が5キロも増えてしまった。
요즘 운동 부족 탓인지 몸무게가 5킬로그램이나 늘어버렸다.

3 ～のだ・～んだ ~이다, ~인 것이다

접속 보통형(단, な형용사 だ → な / 명사の) + のだ・～んだ

해설 현재 화제가 되고 있는 이야기의 원인이나 이유를 설명하거나, 대화를 이어 나갈 때 사용하며 회화체는 「んだ」이다.

예문 · この写真、どこで撮ったんですか。きれいに撮れましたね。
이 사진 어디서 찍은 거예요? 예쁘게 찍혔네요.

· A「どこへ行くんですか。」 어디에 가는 건가요?
B「友だちを迎えに行くんです。」 친구를 마중하러 가는 거예요.

4 どうして～かというと…からだ / なぜ～かというと…からだ 왜 ~인가 하면 …이기 때문이다

해설 「どうしてAかというとBからだ」의 형태로, A에는 결과나 현재 상황의 내용이 오고, B에는 그 이유가 서술되는 표현이다. 「どうしてかというと…からだ」「なぜかというと…からだ」의 형태로도 출제된다.

예문 · どうしてフランスに留学したかというと、世界的に有名なファッションスクールに入りたかったからです。 왜 프랑스에 유학갔냐 하면 세계적으로 유명한 패션 스쿨에 들어가고 싶었기 때문입니다.

· 私は通勤に電車やバスを利用している。なぜかというと、環境を考えているからである。
나는 통근할 때 전철이나 버스를 이용하고 있다. 왜냐하면 환경을 생각하고 있기 때문이다.

13. 추량을 나타내는 표현

1 ～かもしれない ~일지도 모른다

접속 보통형(단, な형용사 だ / 명사 だ) + かもしれない

해설 그러한 일이 일어날 가능성이 있지만, 반대로 일어나지 않을 가능성이 있다는 의미도 포함하고 있는 표현이다. 「もしかして / もしかしたら(어쩌면)」와 호응 표현이기도 하다.

예문 ・ 雨が降るかもしれないから、傘を持っていった方がいいよ。
비가 내릴지도 모르니까 우산을 가져가는 편이 좋겠어.

・ A「週末の登山、行くの?」 주말에 등산 갈 거야?

B「行くかもしれないし、行かないかもしれない。」 갈지도 모르고 안 갈지도 몰라.

2 ～だろう / ～でしょう ～이겠지 / ～이겠지요

접속 보통형(단, な형용사 (~~だ~~) / 명사 (~~だ~~)) + だろう・でしょう

해설 「かもしれない(~일지도 모른다)」에 비해 그러한 일이 일어날 가능성이 더 높다는 의미를 나타낸다. 일기 예보에서 자주 쓰인다. 「～でしょう」는 「～だろう」의 정중한 표현이며, 둘 다 「きっと」 「たぶん」과 같은 부사와 함께 쓰이기도 한다.

예문 ・ 鈴木さんの実力なら、合格は問題ないだろう。
스즈키 씨의 실력이라면 합격은 문제없을 것이다.

・ 明日は今日より気温が上がるでしょう。 내일은 오늘보다 기온이 오르겠지요.

3 ～はずだ ～임에 틀림없다
～はずがない ～일 리가 없다

접속 모든 품사의 보통형(단, な형용사 (~~だ~~) → な / 명사の) + はずだ・はずがない

해설 「はずだ」는 말하는 사람이 어떠한 근거를 토대로 당연히 그렇다라고 강하게 확신하고 있는 사항을 나타낸다. 「はずがない」는 부정형으로 '~일 가능성은 없다'는 의미이다.

예문 ・ 地下の商店街に行けば、レストランがあるはずだから、そこで食事しましょう。
지하 상점가에 가면 레스토랑이 있을 거니까 거기서 식사합시다.

・ 部長に頼まれた仕事、今日中にできるはずがないよ。
부장님께 부탁받은 일, 오늘 중으로 할 수 있을 리가 없어.

4 ～に違いない ～임에 틀림없다

접속 보통형(단, な형용사 (~~だ~~) / 명사 (~~だ~~)) + に違いない

해설 몇 가지 근거를 토대로 말하는 사람이 강하게 확신하고 있음을 나타낸다.

예문 ・ 彼女はさっきから何も話さないでいる。何かあったに違いない。
그녀는 아까부터 아무 말도 하지 않고 있다. 무언가 있었음에 틀림없다.

・ まじめなリンさんが欠席した。何か理由があるに違いない。
성실한 린 씨가 결석했다. 무언가 이유가 있음에 틀림없다.

14. 문말 표현

최근에 시험에 자주 출제되고 있는 문말 표현들을 잘 숙지해 두자.

1 ~っけ ~였나? ~이었지?

접속 보통형 + っけ

해설 잊어버린 사항이나 불확실한 사항을 다시 확인할 때 쓰는 표현이다.

예문
- あれ、ケーキ食べないの？甘いもの嫌いだっけ。
  어라, 케이크 안 먹는 거야? 단 거 싫어했었나?
- 私たち会うの、いつ以来だっけ。우리 만나는 거, 언제 이후였지?

2 ~てもおかしくない ~해도 이상하지 않다, ~해도 당연하다

접속 모든 품사의 て형 + てもおかしくない

해설 주로 의문사「いつ」와 함께 쓰여서 '언제 어떻게 되어도 이상하지 않다', '당연히 ~하다'는 의미를 나타낸다.

예문
- このテレビ、買ってからもう20年経ったから、いつ壊れてもおかしくない。
  이 TV, 산 지 벌써 20년 지났기 때문에 언제 고장 나도 이상하지 않다.
- 彼は有能で外見もいいので、いつ結婚してもおかしくない。
  그는 유능하고 외모도 좋아서 언제 결혼해도 이상하지 않다.

3 ~ても不思議ではない ~해도 이상하지 않다, ~해도 의심스럽지 않다

접속 모든 품사의 て형 + ても不思議ではない

해설 '언제 어떻게 되어도 이상하지 않다', '당연히 ~하다'는 의미를 나타낸다.

예문
- 彼のような不真面目な人間が失敗しても不思議ではない。
  그처럼 성실하지 않은 인간이 실패해도 이상하지 않다.
- 実力に差がないから、誰が勝っても不思議ではない。
  실력에 차이가 없기 때문에 누가 이겨도 이상하지 않다.

4 ~んだって ~래

접속 모든 품사의 보통형(단, な형용사 だ → な / 명사な) + んだって

해설 전문「そうだ」의 격의 없는 표현이다.

예문 ・木村さん、何の連絡もしないで会社休んだんだって。
기무라 씨 아무 연락도 없이 회사 쉬었대.

・イベントに参加すると、いいものが当たるんだって。
이벤트에 참가하면 좋은 것이 당첨된대.

5 ~んじゃない ~인 거 아니야?

접속 모든 품사의 보통형(단, な형용사 だ → な / 명사な) + んじゃない

해설 「~のではないか」의 격의 없는 표현으로, 말하는 사람의 판단이나 의견을 서술할 때 쓰는 표현이다. 「~んじゃないですか」의 형태도 쓴다.

예문 ・A「元気ないね。悩み事でもあるんじゃない。」 힘이 없네. 걱정거리라도 있는 거야?
B「ううん、おなかすいているだけよ。」 아니, 배가 고플 뿐이야.

・やればできるんじゃない? 하면 할 수 있는 거 아니야?

6 ~のではないだろうか ~인 것은 아닐까

접속 모든 품사의 보통형(단, な형용사 だ → な / 명사な) + のではないだろうか

해설 말하는 사람의 추측적 판단이나 자신의 의견을 강하게 말하고 싶지 않을 때 쓰는 표현이다.

예문 ・自分の考えをはっきり言った方がいいのではないだろうか。
자신의 생각을 분명히 말하는 편이 좋은 것은 아닐까.

・これからSNSの利用者はもっと増えるのではないでしょうか。
앞으로 SNS의 이용자는 더욱더 늘어나는 것은 아닐까요.

15. 형식명사를 활용한 표현

형식명사란 명사로서의 실질적인 의미를 갖지 않고, 형식적·보조적인 역할로 사용되는 명사를 말한다. 여러 종류의 형식명사 중에서 「**こと**」와 「**わけ**」가 쓰인 표현을 숙지하도록 하자.

1 ~ことから ~인 것으로부터, ~이기 때문에

접속 보통형(단, な형용사 だ → な) + ことから

해설 뒤 문장의 이유나 근거, 또는 명칭의 유래를 나타낸다.

예문 ・テレビがつけてあることから、部屋にだれかが入ってきたようだ。
TV가 켜져 있는 것으로 보아, 방에 누군가가 들어왔던 것 같다.

- 林先生は顔がたぬきに似ていることから、学生に「たぬき先生」と呼ばれている。
  하야시 선생님은 얼굴이 너구리를 닮았기 때문에 학생에게 '너구리 선생님'이라고 불리고 있다.

2 ～ことなく ～하지 않고

접속 동사 사전형 + ことなく

해설 「～ないで」와 같은 의미로서 'A하지 않고 B한다'는 의미를 나타낸다. 문장체 표현이다.

예문
- 彼は慌てることなく行動した。
  그는 당황하지 않고 행동했다.
- ほしかった服が半額セール中だったので、迷うことなく買ってしまった。
  갖고 싶었던 옷이 반액 세일 중이었기 때문에 망설이지 않고 사 버렸다.

3 ～ことはない ～할 필요는 없다, ～하지 않아도 된다

접속 동사 사전형 + ことはない

해설 상대방을 격려하거나 충고할 때 쓰는 표현이다.

예문
- メールを送るだけでいいから、わざわざ行くことはないよ。
  메일을 보내기만 하면 되니까 일부러 갈 필요는 없어.
- これはみんなの責任だから、あなただけが責任をとることはないと思う。
  이것은 모두의 책임이니까 너만이 책임을 질 필요는 없다고 생각해.

4 ～わけだ ～인 것이다, ～한 것이다, ～인 셈이다

접속 보통형(단, な형용사 だ → な / 명사な) + わけだ

해설 ①「から」「ので」 등과 함께 쓰여 결론을 나타낸다. '…한 이유가 있으니까 ～한 것은 당연하다'의 의미에 가깝다.

예문
- 彼は長年日本で留学していたのだから、日本についてよく知っているわけです。
  그는 오랫동안 일본에서 유학했기 때문에 일본에 대해서 잘 알고 있는 것입니다.
- 先月の売り上げ、よくないんだって？それで、部長の機嫌が悪いわけだね。
  지난달 매출 좋지 않다며? 그래서 부장님 심기가 불편한 거군.

해설 ② 앞서 서술한 표현을 바꿔 말할 때 쓰인다. 「つまり(즉, 다시 말해서)」「すなわち(즉, 다시 말해서)」「言い換えれば(바꿔 말하면)」 등의 접속사와 함께 쓰이는 경우가 많다.

예문
- 50ページのレポートを書かなければならない。つまり、1日に5ページ書けば、10日で終わるわけです。 50페이지의 리포트를 써야 한다. 즉, 하루에 5페이지 쓰면 10일 만에 끝나는 셈이다.

・ソウルから東京まで2時間半くらいかかるから、9時の飛行機に乗ると、11時半には着くわけだ。서울에서 도쿄까지 2시간 반 정도 걸리기 때문에 9시 비행기를 타면 11시 반에 도착하는 셈이다.

5 ～わけではない ～인 것은 아니다 ～わけでもない ～인 것도 아니다

접속 보통형(단, な형용사 だ → な / 명사な) + わけではない・わけでもない

해설 「必ずしも(반드시, 꼭)～わけではない」「…といっても(라고 해도)～わけではない」 등의 형태로 부분 부정을 나타낸다.

예문 ・歌が下手だといっても、カラオケに行くのが嫌いなわけではありません。
노래를 못한다고 해서 가라오케에 가는 것을 싫어하는 건 아닙니다.

・彼女の気持ちわからないわけでもないが、ちょっとわがままな気もします。
그녀의 기분을 모르는 건 아니지만, 좀 제멋대로인 것도 같습니다.

チェックアップ!
확인문제

ⓐ, ⓑ 중에서 알맞은 것을 고르세요.

1 雨が降らない ⓐおかげで ⓑせいで 水不足が深刻になっている。

2 ⓐどうして ⓑどうやって フランスに行ったかというと、ファッションの勉強がしたかったからだ。

3 まじめなリンさんが欠席した。何か理由がある ⓐっけ ⓑにちがいない 。

4 実力に差はないから、だれが ⓐ勝ってもおかしくない ⓑ勝つはずがない 。

5 テレビがつけてある ⓐことから ⓑことなく 部屋にだれかいるようだ。

정답 1 ⓑ 2 ⓐ 3 ⓑ 4 ⓐ 5 ⓐ

16. 외워두면 점수 올리는 표현

문장 안에서 조사와 같은 역할을 하는 표현들이다. 단어처럼 외우기만 해도 점수를 올릴 수 있는 표현이니 시험 전에 꼭 한 번은 보고 가자.

1 ～かけ / ～かける ～하다 맒 / ～하다 말다

접속 동사 ます형 + かけ・かける

해설 동작을 하는 도중이라는 의미로, 「～かけ」는 명사 활용을 한다.

예문 ・ まだやりかけの仕事があるので、先に帰ってください。
아직 하다 만 일이 남아 있으니까 먼저 퇴근하세요.

・ レポートを書きかけたまま、眠ってしまった。
리포트를 쓰다 만 채로 잠들어 버렸다.

2 ～きる / ～きれる / ～きれない 다 ~하다 / 다 ~할 수 있다 / 다 ~할 수 없다

접속 동사 ます형 + きる・きれる・きれない

해설 '전부 다 ~하다, 끝까지 ~하다'는 의미를 나타낸다.

예문 ・ 一晩で本を読みきった。하룻밤 만에 다 읽었다.

・ コンサートのチケットは10分で売りきれた。
콘서트 티켓은 10분 만에 다 팔렸다.

・ 数えきれないほどの星がある。셀 수 없을 만큼의 별이 있다.

3 ～によって・～により ~에 의해서, ~에 따라서

접속 명사 + によって・により

해설 이유, 수단, 수동문의 행위자, 차이의 의미를 나타낸다.

예문 ・ 事故によって道が込んでいる。
사고에 의해 길이 막히고 있다. (이유)

・ みなさんのご協力により、夏祭りを無事終了することができました。
모두의 협력에 의해서 여름 축제를 무사히 마칠 수 있었습니다. (수단)

・ この絵はレオナルドダヴィンチによって描かれた。
이 그림은 레오나르도 다빈치에 의해서 그려졌다.

・ 曜日によって授業の時間が変わります。
요일에 따라서 수업 시간이 바뀝니다. (차이)

4 ～に比べて・～に比べ ~에 비교해서, ~에 비해서

접속 명사 + に比べて・に比べ

해설 두 가지 사항을 비교할 때 쓰는 표현이다. 「~と比べて」로도 쓰인다.

예문 ・ 東京に比べて大阪の方が物価が安い。도쿄에 비해서 오사카 쪽이 물가가 쌉니다.

・ 半年前に比べて、日本語が上達しました。반년 전에 비해서 일본어 실력이 향상되었습니다.

5 ～について ～에 대해서

접속 명사 + について

해설 '～에 관계해서'라는 의미이다. 「～に関して(～에 관해서)」도 같은 의미이다.

예문
- 次の時間は自分の好きな物について話し合いましょう。
  다음 시간은 자신이 좋아하는 것에 대해서 서로 이야기합시다.
- 製品についてもっと詳しく知りたい方は、メールか電話で問い合わせてください。
  제품에 대해서 더 자세히 알고 싶은 분은 메일이나 전화로 문의해 주세요.

6 ～に対して・～に対し ～에 대해서, ～을 상대로

접속 명사 + に対して・に対し

해설 「Aに対してB」의 형태로 A에는 동작, 태도, 감정이 향해지는 대상이 온다.

예문
- 留学生に対して奨学金が支給された。
  유학생에 대해서 장학금이 지불되었다.
- 国民は政府に対して不満を持っている。
  국민은 정부에 대해 불만을 갖고 있다.

7 ～において ～에 있어서, ～에서

접속 명사 + において

해설 장소, 시대, 상황, 분야를 나타내는 명사와 함께 쓰인다. 조사 「で」로 치환해서 쓸 수 있다.

예문
- 山田先生の講演会は10月30日、大学のホールにおいて行われる予定です。
  야마다 선생님의 강연회는 10월 30일 대학교 홀에서 행해질 예정입니다.
- 8月 5日から 8日まで、東山公園において夏祭りが行われます。
  8월 5일부터 8일까지 히가시야마 공원에서 여름 축제가 열립니다.

8 ～にとって ～에게 있어서

접속 명사 + にとって

해설 '～의 입장에서 생각한다'는 의미이다.

예문
- 外国人にとって、日本語の敬語はかなり難しいです。
  외국인에게 있어서 일본어 경어는 꽤 어렵습니다.

- このチームにとって、彼はなくてはならない存在です。
  이 팀에게 있어서 그는 없어서는 안 되는 존재입니다.

9 ～につれて・～につれ ～にしたがって・～にしたがい ～(함)에 따라

접속 동사 사전형 / 명사 + につれて・にしたがって

해설 「AにつれてB」「AにしたがってB」의 형태로 A가 변함에 따라 B도 변한다는 '인과관계'의 의미를 나타낸다.

예문
- 秋が深まるにつれて、山の景色も変わっていく。
  가을이 깊어짐에 따라 산의 경치도 변해 간다.
- 子どもの数が減るにしたがって、学校の数も減ってきた。
  아이의 수가 줄어듦에 따라 학교 수도 줄어들기 시작했다.

10 ～に代わって・～に代わり ～을/를 대신해서 ～の代わりに ～대신에

접속 명사 + に代わって・に代わり
명사 + の代わりに

해설 '~대리로, 대체로'라는 의미이다.

예문
- これからはガソリン自動車に代わって、電気自動車を持つ人が増えるだろう。
  앞으로는 휘발유 자동차를 대신해서 전기 자동차를 소유하는 사람이 늘어날 것이다.
- ダイエット中なので、夜はご飯の代わりに豆腐だけ食べている。
  다이어트 중이라서 밤에는 밥 대신에 두부만 먹고 있다.

11 ～を中心に ～를 중심으로

접속 명사 + を中心に

해설 ~를 중심으로 한 행위나 상태의 범위를 나타낸다. 같은 표현으로 「～を中心として」가 있다. 뒤에 조사 「に」가 붙는다는 것을 꼭 알아두자.

예문
- 台風の影響で、関東地方を中心に強い雨が降る可能性があります。
  태풍의 영향으로 관동 지방을 중심으로 강한 비가 내릴 가능성이 있습니다.
- この雑誌は30代の独身女性を中心によく売れている。
  이 잡지는 30대 독신 여성을 중심으로 잘 팔리고 있다.

12 ～はもちろん ～는 물론(이고)

접속 명사 + はもちろん

해설 '～는 말할 필요도 없이'라는 의미를 나타내며, 앞의 사항에 대한 추가적인 내용이 뒤에 서술된다.

예문
- 彼ははサッカーはもちろん、テニスも水泳も上手だ。그는 축구는 물론 테니스도 수영도 잘한다.
- この地域は30年前までは電車はもちろんバスもなくて、自転車がないと生活しにくかった。
  이 지역은 30년 전까지는 전철은 물론 버스도 없어서 자전거가 없으면 생활하기 불편했다.

13 ～だけでなく・～ばかりでなく・ばかりか ～뿐만 아니라

접속 보통형(단, な형용사 だ → な / 명사) + だけでなく・ばかりでなく

해설 앞의 내용에 대한 추가나 첨가를 나타낸다. 조사「だけ」「ばかり」가 쓰인 표현이라는 것을 꼭 알아 두자.

예문
- 教科書だけでなく、宿題もうっかり忘れて家に戻った。
  교과서뿐만 아니라 숙제도 깜빡해서 집으로 돌아갔다.
- 初めて日本に来た時は、漢字ばかりでなくひらがなも書けなかった。
  처음 일본에 왔을 때는 한자뿐만 아니라 히라가나도 쓸 수 없었다.
- 昼ご飯をごちそうになったばかりか、家まで送ってくださってありがとうございます。
  점심 식사를 대접받았을 뿐만 아니라 집까지 바래다주셔서 감사합니다.

14 ～として ～로서

접속 명사 + として

해설 신분, 자격, 입장, 명목 등을 나타내는 표현이다.

예문
- 10年前留学生として来日したことがあります。10년 전 유학생으로서 일본에 온 적이 있습니다.
- 日本の会社で通訳として働いている。일본 회사에서 통역으로서 일하고 있다.

15 ～という ～라는, ～라고 하는

접속 문장 + という + 명사

해설 (문장)은 という 뒤의 (명사)를 설명해 주는 문장이다. 시험에는「～ということ」「～という点」「～という理由」「～という案」으로 출제되었다.

예문
- ある本を読んで、人生は何かということについて考えてみた。
  어떤 책을 읽고, 인생은 무엇인가라는 것에 대해서 생각해 봤다.

・中村さんの作品は独創的だという点で高く評価されている。

나카무라 씨의 작품은 독창적이라는 점에서 높게 평가되고 있다.

・会議の決定に賛成できないという人は手を挙げてください。

회의 결정에 찬성할 수 없다라고 하는 사람은 손을 들어 주세요.

16 ～とおり(に)・～どおり(に) ～한 대로, ～인 대로

접속 동사 사전형 / た형 / 명사の ＋ とおり(に)

명사 ＋ どおり(に)

해설 '～인 그대로, ～와 마찬가지로'의 의미를 나타낸다.

예문 ・本に書いてあるとおりに作っても、なかなかおいしくならない。

책에 쓰여져 있는 대로 만들어도 좀처럼 맛있어지지 않는다.

・予定どおり、福岡には5時に着いた。

예정대로 후쿠오카에는 5시에 도착했다.

17 ～くせに ～인 주제에

접속 보통형(단, な형용사 だ → な / 명사の) ＋ くせに

해설 역접의 의미를 나타내며, 기대한 행동을 하지 않는 것에 대해 불평, 불만, 비난 등의 의미를 나타낸다.

예문 ・彼女は自分は何もしないくせに、文句ばかり言っている。

그녀는 자기는 아무것도 하지 않는 주제에 불평만 말하고 있다.

・何も知らないくせに、知っているふりをするな。

아무것도 모르는 주제에 알고 있는 척하지 마.

18 ～一方(で) ～하는 한편

접속 보통형(단, な형용사 だ → な・である / 명사である) ＋ 一方で

해설 하나의 대상에 서로 다른 대조적인 면이 있음을 나타내는 표현이다.

예문 ・スマホは人々の生活を便利にしてくれた一方で、犯罪の道具としても使われるようになった。

스마트폰은 사람들의 생활을 편리하게 해 준 한편, 범죄 도구로서도 사용되어지게 되었다.

・今住んでいる所は自然環境がいい一方で、会社が遠くて不便な点もある。

지금 살고 있는 곳은 자연환경은 좋은 한편, 회사가 멀어서 불편한 점도 있다.

19 ～の他に ～이외에

접속 명사＋の他に

해설 '～이외에도 그 밖에'라는 의미를 나타낸다.

예문
- この日本語学校にはアジアの国の他にヨーロッパやアメリカの学生も大勢います。
  이 일본어 학교에는 아시아 국가 외에 유럽이나 미국 학생도 많이 있습니다.
- コンビニでは、買い物の他に荷物を送ったりコピーをしたりすることもできます。
  편의점에서는 쇼핑 외에 짐을 보내거나 복사를 하거나 할 수도 있습니다.

20 ～からといって ～라고 해서

접속 보통형＋からといって

해설 '～라는 이유만으로 다 그런 것은 아니다'라는 의미를 나타낸다.

예문
- 親が頭がいいからといって、子どもも頭がいいというわけではない。
  부모가 머리가 좋다고 해서 아이도 머리가 좋은 것은 아니다.
- 日本人だからといって、漢字を全部覚えているとは言えないだろう。
  일본인이라고 해서 한자를 전부 외우고 있다고는 말할 수 없을 것이다.

チェックアップ!
확인문제

ⓐ, ⓑ 중에서 알맞은 것을 고르세요.

1 曜日 ⓐによって ⓑにくらべて 授業の時間が変わる。

2 入学式は大学のホール ⓐにたいして ⓑにおいて 行われた。

3 外国人 ⓐとして ⓑにとって 敬語は難しい。

4 関東地方 ⓐを中心に ⓑはもちろん 強い雨が降っている。

5 秋が深まる ⓐ一方で ⓑにつれて 山の景色も変わっていく。

6 コンビニでは買い物 ⓐのほかに ⓑとおりに コピーをすることもできる。

정답 1ⓐ 2ⓑ 3ⓑ 4ⓐ 5ⓑ 6ⓐ

5 필수 조사

1. で

1 ~에서 (행위의 장소)	• 広告会社で働いている。 광고회사에서 일하고 있다.
2 ~로 (수단·방법)	• 箸で食べます。 젓가락으로 먹습니다.
3 ~으로, ~때문에 (이유)	• 大雨で電車が止まった。 큰비로 전철이 멈췄다.
4 ~로 (재료)	• 米で作ったパンです。 쌀로 만든 빵입니다.
5 ~에 (합계)	• 5つで1,000円です。 5개에 1,000엔입니다.
6 ~로, ~에 (기한·한정)	• 作業を1週間で終わらせる。 작업을 1주일 만에 끝내다.
7 ~에서 (범위의 한정)	• 世界で一番高い山はエベレストです。 세계에서 가장 높은 산은 에베레스트입니다.
8 ~이서, ~와 함께 (동작을 행하는 집단이나 그룹)	• 家族で海外旅行に行った。 가족과 함께 해외여행 갔다.

2. に

1 ~에 (존재 장소)	• あそこにコンビニがある。 저기에 편의점이 있다.
2 ~에 (동작이 행해지는 때)	• 毎朝7時に起きます。 매일 아침 7시에 일어납니다.
3 ~에게 (상대·대상)	• 友だちにプレゼントをあげた。 친구에게 선물을 주었다.
4 ~에 (목적지·이동 장소)	• 駅に着いた。 역에 도착했다.
5 ~하러 (동작의 목적)	• 家族に会いに行きたい。 가족을 만나러 가고 싶다.
6 ~에게 (수동문·사역문에서의 동작주)	• 先生にほめられた。 선생님에게 칭찬받았다. • 子どもに野菜を食べさせた。 아이에게 채소를 먹게 했다.
7 ~에게 (소유자)	• 私にはお金も暇もありません。 나에게는 돈도 여유도 없습니다.

3. へ

1	~로 (방향)	• 台風は北へ向かっている。태풍은 북쪽으로 향하고 있다.
2	~로 (움직임이 전개되는 방향)	• 彼らの人気は世界へ広がっている。 그들의 인기는 세계로 넓어지고 있다.
3	~에게 (동작·작용의 대상)	• 先生へ贈り物をする。선생님께 선물을 한다.

4. から

1	~부터 (기점·출발점)	• 授業は10時から始まります。수업은 10시부터 시작됩니다.
2	~부터 (순서)	• 鈴木さんから自己紹介お願いします。 스즈키 씨부터 자기소개를 부탁합니다.
3	~로 부터 (수동문에서)	• この本は世界中の誰からも愛されている。 이 책은 전 세계의 누구로부터도(누구에게나) 사랑받고 있다.
4	~로 (재료)	• 牛乳からチーズを作ります。우유로 치즈를 만듭니다.
5	~때문에 (이유)	• 寒いから、早く帰ろう。추우니까 빨리 집에 가자.

5. まで

1	~까지 (도착점)	• 彼が来るまで待っていた。그가 올 때까지 기다리고 있었다.
2	~까지 (범위의 확장)	• 昨日授業をサボったことが母の耳にまで入ってしまった。 어제 수업을 땡땡이친 일이 엄마 귀에까지 들어가 버렸다.
3	~까지 (극단적인 예)	• 家族までも私を信じてくれなかった。 가족까지도 나를 믿어주지 않았다.

6. か

1 ~인지, ~인가 (불확실)	• いつできるか教(おし)えてください。언제 가능할지 가르쳐 주세요.
2 ~이나, ~인지 (선택)	• 明日(あした)か明後日(あさって)また来(き)てください。내일이나 모레 또 오세요.

7. も

1 ~도 (추가·첨가)	• 私(わたし)も参加(さんか)します。저도 참가하겠습니다.
2 ~이나 (양이 많음을 강조)	• お腹(なか)がすきすぎて、餃子(ぎょうざ)を20個(こ)も食(た)べてしまった。 배가 너무 고파서 만두를 20개나 먹어 버렸다.
3 ~도 (극단적인 예)	• そんなこと、子(こ)どもも知(し)っているはずだよ。 그런 건 아이도 알고 있을 거다.
4 ~도 (의문사와 함께)	• 起(お)きてから何(なに)も食(た)べていない。일어나서 아무것도 먹지 않았다.

8. でも

1 ~라도 (예시)	• 一緒(いっしょ)に食事(しょくじ)でもしませんか。함께 식사라도 하지 않겠습니까?
2 ~라도 (최저한의 성립 요건)	• それくらいのことは私(わたし)でもできます。 그 정도의 일은 저도 할 수 있습니다.
3 ~든지 (의문사와 함께 쓰임)	• 日本語(にほんご)の本(ほん)ならいくらでも持(も)っています。 일본어 책이라면 얼마든지 갖고 있습니다.

9. さえ

1 ~조차 (최소한의 예)	• この料理(りょうり)は塩(しお)と卵(たまご)さえあれば作(つく)れる。 이 요리는 소금과 달걀만 있으면 만들 수 있다.
2 ~조차 (극단적인 예)	• 日本語(にほんご)の先生(せんせい)でさえ敬語(けいご)を間違(まちが)う時(とき)がある。 일본어 선생님조차 경어를 틀릴 때가 있다.

10. だけ

1 ~만 (한정)	• クラスで私だけスマホを持っていない。 반에서 나만 스마트폰을 갖고 있지 않다. • このカメラは画面をタッチするだけで、写真がきれいに撮れます。이 카메라는 화면을 터치하는 것만으로 사진을 예쁘게 찍을 수 있습니다.
2 ~만큼 (범위의 한계)	• 必要なだけ、どうぞ。필요한 만큼 가져가세요.

11. ばかり

1 ~만 (한정)	• 先週から雨ばかり降っている。지난주부터 비만 내리고 있다. • 弟はゲームばかりしていて、いつも母に怒られている。 남동생은 게임만 하고 있어서 항상 엄마에게 혼난다.

12. しか

1 ~밖에 (부정과 함께 쓰임)	• 1時間しか残っていない。1시간밖에 남지 않았다.

13. くらい・ぐらい

1 ~정도 (대략적인 정도)	• 毎朝30分ぐらい散歩している。매일 아침 30분 정도 산책하고 있다.
2 ~정도 (비유)	• トイレに行く時間もないくらい忙しい一日でした。 화장실에 갈 시간도 없을 정도로 바쁜 하루였다.
3 ~정도 (최저한의 정도)	• 帰ってきたら、手ぐらいは洗いなさいよ。 집에 오면 손 정도는 씻으세요.

14. ほど

1 ~정도 (대략적인 정도)	• 東京には1週間ほどいた。 도쿄에는 일주일 정도 있었다.
2 ~정도 (비유)	• この料理は涙が出るほど辛い。 이 요리는 눈물이 날 정도로 맵다.
3 「~ほど…ない」의 형태로 '~만큼…이지 않다' (비교급 / 최상급)	• 今年の試験は去年ほど難しくなかった。 올해 시험은 작년만큼 어렵지 않았다. • 田中さんほど優しい人はいない。 다나카 씨만큼 착한 사람은 없다.

15. など・なんか

1 ~등 (열거)	• 机の上にはノートパソコンなどが置いてある。 책상 위에 노트북 등이 놓여 있다.
2 ~등, ~같은 것 (예시)	• 父の日の贈り物としてビールなどいかがですか。 아버지의 날 선물로서 맥주 같은 건 어떠세요?
3 ~같은 것, ~따위 (경시)	• こんな仕事なんか、一日でできますよ。 이런 일 따위, 하루면 할 수 있어요.

16. こそ

1 ~야말로 (강조)	• 今年こそ合格したい。 올해야말로 합격하고 싶다.

17. ずつ

1 ~씩 (일정한 만큼의 반복)	• 一日に単語を10個ずつ覚えている。 하루에 단어를 10개씩 외우고 있다.

18. ~をしている ~을/를 하고 있다

해설 모양, 형태, 성질을 띠고 있음을 나타낸다.

1
- テーブルは丸い形をしている。테이블은 둥근 모양을 하고 있다.
- 泣き出しそうな顔をしている。울 것 같은 얼굴을 하고 있다.
- 昨日咲いた花はきれいな色をしている。어제 핀 꽃은 예쁜 색을 하고 있다.

19. 동사 사전형 + のに / 명사 + に ~(하는) 데에

해설 용도나 목적, 어떠한 일을 하는 데에 소요되는 시간이나 비용을 나타낸다.

1
- この公園は犬を散歩させるのにいいです。
  이 공원은 개를 산책시키기에 좋습니다.
- この仕事をするには上級レベルの日本語能力が必要です。
  이 일을 하려면 상급 레벨의 일본어 능력이 필요합니다.

チェックアップ!
확인문제

ⓐ, ⓑ 중에서 알맞은 것을 고르세요.

1 作業を1時間 ⓐに ⓑで 終わらせる。

2 わたし ⓐに ⓑで はお金も時間もない。

3 それくらいのことは子ども ⓐでも ⓑずつ 知っている。

4 この料理は卵 ⓐさえ ⓑほど あれば作れる。

5 田中さん ⓐほど ⓑだけ 優しい人はいない。

6 1時間 ⓐくらい ⓑしか 残っていない。

정답 1ⓑ 2ⓐ 3ⓐ 4ⓐ 5ⓐ 6ⓑ

6 필수 부사

1. 부정 표현과 호응을 이루는 부사

	표현	예문
1	必ずしも~ない 반드시(꼭) ~지 않다	• 頭がいい人が必ずしも成績がいいとは言えない。 머리가 좋은 사람이 반드시 성적이 좋다고는 말할 수 없다.
2	決して~ない 결코 ~지 않다	• 日本での思い出は決して忘れません。 일본에서의 추억은 결코 잊을 수 없습니다.
3	まったく~ない 전혀 ~지 않다	• 先生の説明を聞いてもまったくわからなかった。 선생님 설명을 들어도 전혀 이해가 안 갔다.
4	少しも~ない 조금도 ~지 않다	• いくら練習しても少しもうまくならない。 아무리 연습해도 조금도 나아지지 않는다.
5	ちっとも~ない 조금도 ~지 않다	• ゴルフがちっとも上手にならない。골프가 조금도 능숙해지지 않는다.
6	それほど~ない 그다지 ~지 않다	• すしはそれほど好きではない。초밥은 그다지 좋아하지 않는다.

2. 문법 표현과 호응을 이루는 부사

	표현	예문
1	今にも + (동사 ます형)そうだ 당장이라도 ~할 것 같다	• 今にも看板が倒れそうです。당장이라도 간판이 쓰러질 것 같습니다.
2	せっかく~のだから 모처럼 ~니까 せっかく~のに 모처럼 ~는데	• せっかく海外旅行に来たんだから、じゅうぶん楽しんで行こう。 모처럼 해외여행 왔으니까 충분히 즐기다 가자. • せっかく遠くまで来たのに、定休日だなんて。 모처럼 멀리까지 왔는데 정기 휴일이라니.
3	どうせ~だから 어차피 ~니까 どうせ~なら 어차피 ~라면	• タクシーに乗ってもどうせ遅れるのだから、電車で行こう。 택시를 타도 어차피 늦을 거니까 전철로 가자. • どうせやるなら、早めに終わらせよう。어차피 할 거라면 빨리 끝내자.

4	つい～てしまう 그만 ～해 버리다	• おなかがすいていたから、つい食べすぎてしまった。 배가 고파서 그만 과식해 버렸다.

3. 변화의 속도를 나타내는 부사

1	次第に 점차, 서서히	• 科学が発展して、人々の生活は次第に豊かになってきた。 과학이 발전해서 사람들의 생활은 점차 풍요로워졌다.
2	だんだん 점점	• 空がだんだん明るくなってきた。하늘이 점점 밝아졌다.

4. 결과를 나타내는 부사

1	ついに 마침내, 드디어 (오랜 시간 끝에)	• 新しいスマホがついに発売された。 새로운 스마트폰이 마침내 발매되었다.
2	やっと 겨우, 간신히	• ほしかった服をやっと見つけた。갖고 싶었던 옷을 겨우 발견했다.
3	ようやく 겨우, 간신히	• うちの近所にも、ようやくバス停ができた。 우리 집 근처에도 겨우 버스 정류장이 생겼다.

5. 추측·확신의 의미를 나타내는 부사

1	きっと 꼭, 분명히	• 困ったときは、きっと誰かが助けてくれるよ。 곤란할 때는 꼭 누군가가 도와줄 거야.
2	確かに 확실히, 틀림없이	• 書類は確かに受け取りました。서류는 확실히 받았습니다.
3	たぶん 아마, 아마도	• たぶん鈴木さんも来るでしょう。아마 스즈키 씨도 오겠지요.

6. 여러 가지 의미를 갖는 부사

1 なかなか

① 꽤, 상당히

- なかなかいい映画(えいが)だった。 꽤 좋은 영화였다.

② 좀처럼 ~않다 (부정 표현과 호응)

- 好(す)きな人(ひと)の前(まえ)では恥(は)ずかしくてなかなか話(はな)せません。
  좋아하는 사람 앞에서는 부끄러워서 좀처럼 말을 못합니다.

2 ほとんど

① 거의, 대부분

- レポートはほとんど完成(かんせい)した。 리포트는 거의 완성했다.

② 거의 ~않다 (부정 표현과 호응)

- お酒(さけ)はほとんど飲(の)みません。 술은 거의 마시지 않습니다.

3 必(かなら)ず

① 반드시 (강한 의지)

- 10時(じ)までには必(かなら)ず来(く)るので、待(ま)っていてください。
  10시까지는 반드시 올 테니 기다리고 있어 주세요.

② 꼭 (희망·요망)

- 必(かなら)ず連絡(れんらく)してください。 꼭 연락해 주세요.

③ 꼭 (약속)

- 週末(しゅうまつ)は必(かなら)ず家族(かぞく)と過(す)ごすようにしている。
  주말에는 꼭 가족과 보내도록 하고 있다.

④ 반드시 (의무)

- 宿題(しゅくだい)は必(かなら)ずしなければならない。 숙제는 반드시 해야 한다.

4 絶対(ぜったい)(に)

① 반드시, 무슨 일이 있어도 (강한 의지)

- 今度(こんど)こそ絶対(ぜったい)に金(きん)メダルをとりたいです。
  이번에야말로 꼭 금메달을 따고 싶습니다.

② 절대로, 결코 ~하지 않겠다 (부정 표현과 호응)

- 同(おな)じミスをしたら、絶対(ぜったい)許(ゆる)さないぞ。
  같은 실수를 하면 절대로 용서하지 않겠어.

5 どうしても	① 무슨 일이 있어도, 꼭 (~하고 싶다) ・**どうしても**行きたいのなら、一人で行きなさい。 무슨 일이 있어도 가고 싶다면 혼자 가세요. ② 아무리 해도, 도저히 ~안 된다 (부정 표현과 호응) ・**どうしても**好きになれない人がいる。 아무리 해도 좋아질 수 없는 사람이 있다.
6 とうとう	① 마침내, 결국 (오랫동안 노력해서 이룸) ・2年かけて建てていた家が、今日**とうとう**完成した。 2년 걸려서 짓고 있던 집이 오늘 마침내 완성되었다. ② 결국 ~하지 않았다 (부정 표현과 호응) ・2時間も待っていたのに、**とうとう**彼は来なかった。 2시간이나 기다리고 있었는데 결국 그는 오지 않았다.
7 すっかり	① 완전히 (변화가 이루어짐) ・春になって**すっかり**暖かくなりました。 봄이 되어 완전히 따뜻해졌습니다. ② 전부 (잊어버림) ・宿題をするのを**すっかり**忘れていた。 숙제하는 것을 완전히 잊고 있었다.
8 ずっと	① 계속 ・子どもはさっきから**ずっと**泣きつづけている。 아이는 아까부터 계속 울고 있다. ② 훨씬 ・私より彼の方が**ずっと**英語が上手です。 나보다 그가 훨씬 영어를 잘합니다.

7. 그 밖의 부사

1	あまりに(も) 너무나도	• コンサートのチケットが5万円らしいけど、**あまりにも**高くない? 콘서트 티켓이 5만 엔이라는데, 너무 비싸지 않니?
2	いつか 언젠가	• **いつか**また会える日を楽しみにしています。 언젠가 또 만날 수 있는 날을 기대하고 있겠습니다.
3	いつでも 언제든지	• わからないことがあったら、**いつでも**聞いてください。 모르는 게 있으면 언제든지 물어보세요.
4	いつの間にか 어느샌가	• 本を読んでいたら**いつの間にか**夜が明けてしまった。 책을 읽고 있었더니 어느샌가 날이 밝아 버렸다.
5	すぐに 곧바로	• **すぐに**伺います。곧바로 찾아뵙겠습니다.
6	ずいぶん 상당히, 꽤	• 山田さんは**ずいぶん**酔っぱらっているようだ。 야마다 씨는 상당히 취한 것 같다.
7	そろそろ 슬슬	• みんな集まったし、**そろそろ**出発しましょう。 모두 모였으니 슬슬 출발합시다.
8	できるだけ 가능한 한	• **できるだけ**規則的な生活をした方がいいです。 가능한 한 규칙적인 생활을 하는 편이 좋습니다.
9	なるべく 될 수 있으면, 가능한 한	• 週末も**なるべく**早く起きるようにしている。 주말도 될 수 있으면 일찍 일어나도록 하고 있다.
10	なんて 어쩜, 정말(감탄, 놀람)	• **なんて**きれいなんだろう。어쩜 이렇게 예쁠까.
11	非常に 상당히, 매우	• **非常に**悲しいできごとがあった。매우 슬픈 사건이 있었다.
12	もちろん 물론	• 明日の記念パーティーには**もちろん**出席します。 내일 기념 파티에는 물론 출석(참석)합니다.
13	最も 가장, 제일	• 人生で**最も**幸せだった瞬間はいつですか。 인생에서 가장 행복했던 순간은 언제예요?

필수 접속사

1. 원인-결과를 나타내는 접속사

	접속사	예문
1	そこで 그래서	・1時間待っても彼女は来なかった。そこで、彼女の家に電話をかけてみた。 1시간 기다려도 그녀는 오지 않았다. 그래서 그녀의 집에 전화를 걸어 봤다.
2	それで 그래서	・今日財布をうっかりして持ってこなかった。それで、山下さんに1,000円借りた。 오늘 지갑을 깜빡하고 가지고 오지 않았다. 그래서 야마시타 씨에게 1,000엔 빌렸다.
3	だから 그래서	・風邪をひいた。だから、今日は一日中寝ていた。 감기에 걸렸다. 그래서 오늘은 하루 종일 잤다.
4	したがって 따라서	・中山さんは先月失業しました。したがって、現在収入がないです。 나카야마 씨는 지난달 실업했습니다. 따라서 현재 수입이 없습니다.
5	そのため 그 때문에	・今年の夏は去年より暑かった。そのため、エアコンがよく売れた。 올여름은 작년보다 더웠다. 그 때문에 에어컨이 잘 팔렸다.
6	すると 그러자	・窓を開けた。すると、涼しい風が入ってきた。 창문을 열었다. 그러자 시원한 바람이 들어왔다.

2. 이유를 나타내는 접속사

	접속사	예문
1	なぜなら 왜냐하면	・彼にこの仕事は無理でしょう。なぜなら、経験がないですから。 그에게 이 일은 무리일 거예요. 왜냐하면 경험이 없기 때문에.

3. 역접을 나타내는 접속사

	접속사	예문
1	しかし 그러나	・森さんは1年間熱心に勉強した。しかし、試験に落ちてしまった。 모리 씨는 1년간 열심히 공부했다. 그러나 시험에 떨어져 버렸다.

2	だが 하지만	• 会場に到着した。だが、誰もいなかった。 회장에 도착했다. 하지만 아무도 없었다.
3	でも・それでも 하지만	• A「バスで行こうか?」 버스로 갈까? B「でも、今日は土曜日で道が混んでるから、歩いて行った方が早いかもしれないよ。」 하지만 오늘은 토요일이라서 길이 막히니까 걸어가는 편이 빠를지도 몰라.
4	ところが 그런데	• 鈴木さんは私より年上だと思っていた。ところが、私より2個下だそうだ。 스즈키 씨는 나보다 연상 일거라고 생각했다. 그런데 나보다 2살 아래라고 한다.

4. 추가를 나타내는 접속사

1	さらに 게다가	• 彼女は国語の先生である。さらに、2児のママでもある。 그녀는 국어 선생님이다. 게다가 두 아이의 엄마이기도 하다.
2	しかも 게다가	• この店の料理はおいしい。しかも、量も多い。 이 가게의 요리는 맛있다. 게다가 양도 많다.
3	そのうえ 게다가	• ソウルは人口が多い。そのうえ、物価も高い。 서울은 인구가 많다. 게다가 물가도 비싸다.
4	それに 게다가	• このワンピースは色もデザインもいい。それに、値段も安い。 이 원피스는 색도 디자인도 좋다. 게다가 가격도 싸다.
5	また 또한	• たばこは体に悪い。また、周りの人にも迷惑だ。 담배는 몸에 나쁘다. 또한 주위 사람에게도 민폐이다.
6	ちなみに 덧붙여 이야기하면, 참고로	• 明日は8時までに集まってください。ちなみに、お弁当とお水は各自で持ってきてください。 내일은 8시까지 모여 주세요. 참고로 도시락과 물은 각자 가지고 오세요.

5. 바꿔 말하기를 나타내는 접속사

1	すなわち 즉, 다시 말해서	• 私が住んでいる家は、母の弟、すなわち叔父が建てたんです。 내가 살고 있는 집은 엄마의 남동생, 즉 삼촌이 지었습니다.
2	つまり 즉, 다시 말해서	• A「もう少しお金があれば、買えるのに…。」 좀 더 돈이 있으면 살 수 있는데…. B「つまり、買えないということですね。」 다시 말해서 살 수 없다는 거군요.

6. 둘 중 하나를 나타내는 접속사

1	それとも 아니면, 혹은	• 和食にしましょうか。それとも洋食にしましょうか。 일식으로 할까요? 아니면 양식으로 할까요?
2	または 또는	• 申し込みは電話またはホームページでお願いします。 신청은 전화 또는 홈페이지에서 부탁합니다.
3	あるいは 또는	• 書類は郵便あるいはファクスでお願いします。 서류는 우편 또는 팩스로 부탁합니다.

7. 화제 바꾸기를 나타내는 접속사

1	それでは では(=じゃ) 그럼	• それでは、今日の天気をお伝えします。 그럼 오늘의 날씨를 전해드리겠습니다. • では、さっそく本論に入りましょう。 그럼 바로 본론으로 들어갑시다.
2	ところで 그런데, 그건 그렇고	• 今日も暑いね。ところで、夏休みには何するの? 오늘도 덥네. 그런데 여름 방학에는 뭘 할 거야?
3	さて 그건 그렇고	• さて、先日お話しした件なんですが。 그건 그렇고 지난번에 말씀드린 건 말인데요.

8. 두 가지 의미가 있는 접속사

1 それから

① 그러고 나서(행위의 순서)

・会社(かいしゃ)に来(く)るとまずメールをチェックして、それから仕事(しごと)を始(はじ)める。

회사에 오면 먼저 메일을 확인하고, 그러고 나서 일을 시작한다.

② 그리고(나열)

・ビールと日本酒(にほんしゅ)と、それからワインも買(か)ってきた。

맥주와 일본술과, 그리고 와인도 사 왔다.

チェックアップ!
확인문제

ⓐ, ⓑ 중에서 알맞은 것을 고르세요.

1 ⓐ たぶん ⓑ せっかく 遠(とお)くまで来(き)たのに、定休日(ていきゅうび)だなんて。

2 ゴルフが ⓐ ちっとも ⓑ どうせ うまくならない。

3 ⓐ いまにも ⓑ やっと 看板(かんばん)が倒(たお)れそうだ。

4 空(そら)が ⓐ つい ⓑ だんだん 明(あか)るくなってきた。

5 ⓐ どうしても ⓑ ずいぶん 行(い)きたいのなら、一人(ひとり)で行(い)きなさい。

6 ⓐ なるべく ⓑ なんて きれいなんだろう。

정답 1 ⓑ 2 ⓐ 3 ⓐ 4 ⓑ 5 ⓐ 6 ⓑ

문제 1 문법 형식 판단

» 유형 소개

문법 형식 판단 (13문항)

문장의 내용에 맞는 문법 형식인가를 판단할 수 있는지 묻는 문제로 13문항이 출제된다. 문제는 주로 기초 문법에서 다루었던 내용들을 응용한 문제, 기능어 문제, 호응 표현이 있는 부사 문제로 구성되어 있다. 문장의 흐름과 문장 구조를 제대로 이해하지 못하면 해결하기 어렵다.

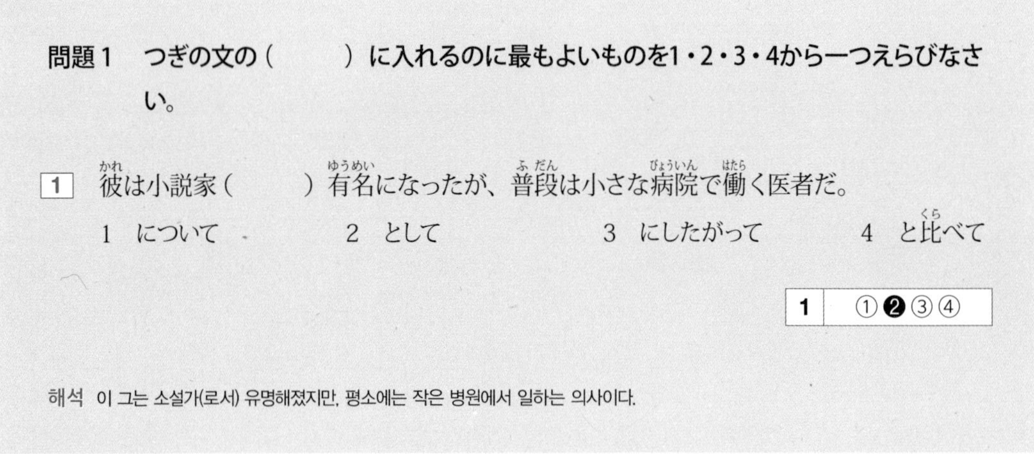

問題1　つぎの文の（　　　）に入れるのに最もよいものを1・2・3・4から一つえらびなさい。

1　彼は小説家（　　　）有名になったが、普段は小さな病院で働く医者だ。

1　について　　2　として　　3　にしたがって　　4　と比べて

1	①❷③④

해석　이 그는 소설가(로서) 유명해졌지만, 평소에는 작은 병원에서 일하는 의사이다.

» 해답 스킬

1. 「**～について**(～에 대해서)」와 같이 조사와 동사가 연결된 기능어는 문제의 해석만 잘하면 빨리 해결할 수 있는 문제이다.
2. 문제의 괄호 위치를 확인한다. 괄호가 문제의 중간에 있으면 앞뒤 문장의 의미관계를 묻는 문제이고, 괄호가 문제의 마지막에 있으면 문말 표현을 묻는 문제이다.
3. 수수 표현, 수동, 사역, 사역수동, 존경어, 겸양어 문제가 출제되면 먼저 문장의 주어(행위자)를 찾는다.
4. 부사 문제는 호응을 이루는 문법 형식을 찾아서 해결한다.

» 학습 대책

1. N3에서 요구하는 문법 내용은 난이도가 그다지 높지 않다. 즉, 기초 문법에 근거한 문제들이 대다수 출제되므로 동사 활용형별 접속 문형, 조건법, 추량 표현, 수수 표현, 수동, 사역, 사역수동, 존경어, 겸양어 등을 숙지해 두고 문제 접근법을 익혀서 단시간에 문제를 해결할 수 있도록 한다.
2. 조사와 동사가 연결된 기능어 및 문법적인 요소와 호응을 이루는 부사는 단어 외우듯이 외우며, 예문 한 개 정도를 숙지해 둔다.
3. 평소에 독해와 청해 지문을 수시로 읽으며 문장에 대한 이해력과 흐름을 파악해 두는 것도 좋은 학습 방법이다.

Memo

91 실전 시험 문법 형식 판단 [1]

問題1 つぎの文の（　　）に入れるのに最もよいものを1・2・3・4から一つえらびなさい。

1 このソファーはおもしろい形（　　）している。

1 も　　2 の　　3 が　　4 を

2 久しぶりに会った友だちと話していたら、（　　）夜（よ）が明（あ）けてしまった。

1 ずっと　　2 もっと　　3 そろそろ　　4 いつのまにか

3 同じ内容でも書き方（　　）違う意味になることもある。

1 にとって　　2 によって　　3 に対して　　4 につれて

4 これから毎月、本を1冊ずつ（　　）と思っている。

1 読む　　2 読み　　3 読んで　　4 読もう

5 A「すみませんが、このプリンター、（　　）。」
B「はい、どうぞ。」

1 使ったらいかがですか　　2 使っていただけないでしょうか
3 使わせていただけませんか　　4 使わせてくださいましょうか

6 この果物（くだもの）は（　　）食べても安心です。

1 洗わなければ　　2 洗わなくて　　3 洗わないで　　4 洗わないと

7 上司（じょうし）「山田（やまだ）さん、営業部から書類ができたという連絡があったけど。」
部下（ぶか）「あ、はい。今すぐ取りに（　　）。」

1 行っていたします　　2 行ってまいります
3 来ていたします　　4 来てまいります

정답 및 해설 <본서1> p.72

8 キッチンを整理したら、もっと(　　)。

1　使いやすくなった　　2　使いつづけてみた

3　使ってみようとした　　4　使うことになった

9 先生と相談している(　　)、だんだん落ち着いてきた。

1　あいだ　　2　うちに　　3　時間に　　4　ころに

10 小学校3年生になった子どもが最近学校に(　　)困っています。

1　行きたくなくて　　2　行きたがらなくて

3　行きたかったまま　　4　行きたがっていたまま

11 あのお店は7時(　　)営業していないんです。

1　ぐらいまで　　2　までしか　　3　ぐらいだけ　　4　まででも

12 A「今、どこ？ 7時までに来られる？」

B「ごめん、仕事がなかなか終わらなくて、(　　)んだ。先に食べてね。」

1　間に合いそうにない　　2　間に合うことになっている

3　間に合わなければならない　　4　間に合うにちがいない

13 (会社で)

木村(きむら)「森田(もりた)さん、会議室、一緒に片づけようか。」

森田(もりた)「ありがとう。パソコンはこの後、また使うから、電源は(　　)。」

1　つけたままにしておいてね　　2　つけたままではだめだよ

3　つけてしたままにしておいてね　　4　つけてしたままではだめだよ

92 실전 시험 문법 형식 판단 [2]

問題1 つぎの文の(　　)に入れるのに最もよいものを1・2・3・4から一つえらびなさい。

1 男性(　　)女性のほうが平均寿命(へいきんじゅみょう)が長いという。

1 にくらべて　　2 について　　3 の一方で　　4 のことで

2 最近忙しすぎて、休日(　　)出勤している。

1 ほど　　2 まで　　3 なんか　　4 とでも

3 赤ちゃんは(　　)泣き出しそうな顔をしている。

1 たぶん　　2 だんだん　　3 きっと　　4 いまにも

4 子どもがノートパソコンをほしがっていたから(　　)あげた。

1 買わされて　　2 買って　　3 買われて　　4 買えて

5 (会議で)

今日の会議は、先日社長が(　　)件についてお話ししたいと思います。

1 申(もう)し上(あ)げた　　2 おっしゃった

3 うかがった　　4 言ってあげた

6 母「もう8時だよ。早くしないと、また遅刻(　　)よ。」

娘「わかったよ。」

1 しちゃう　　2 しなきゃ　　3 しとく　　4 してる

7 レポートは必ず締(し)め切(き)り(　　)終わらせてください。

1 までは　　2 までに　　3 までで　　4 までと

정답 및 해설 <본서1> p.73

8　A「この前、一緒に行った寿司屋覚えてる？」

B「仕事帰りに行った(　　)でしょう？覚えてるよ。」

1　あそこ　　2　そこ　　3　あちら　　4　どちら

9　(メールで)

「林(はやし)先生、卒業祝いにくださったペン、大切に(　　)。」

1　使っていただきます　　2　使っていらっしゃいます

3　使わせていただきます　　4　使ってまいります

10　いくら疲れていても、(　　)。

1　寝すぎるのがいいです　　2　寝やすくなります

3　寝すぎるのはよくないです　　4　寝やすくします

11　新しいシステムの開発に費用がどのぐらい(　　)説明してください。

1　かかるかどうかにつれて　　2　かかるかにつれて

3　かかるかどうかについて　　4　かかるかについて

12　先生、レポートの(　　)相談したいことがあるんですが、今よろしいですか。

1　場合に　　2　ものなら　　3　ことで　　4　ほうに

13　A「駅前の道路、どうなってる？」

B「昨日から工事が(　　)。」

1　行われたところです　　2　行っているところです

3　行われているところです　　4　行うところです

93 실전 시험 문법 형식 판단 [3]

問題1 つぎの文の(　　)に入れるのに最もよいものを1・2・3・4から一つえらびなさい。

1 A「(　　)本、読んだことある？」
B「うん、この前読んだよ。」
1 家族って　2 家族なんか　3 家族と　4 家族も

2 A「そろそろ帰るね。」
B「もう帰るの？(　　)来たんだから、もっとゆっくりして行けばいいのに。」
1 せっかく　2 もっとも　3 まったく　4 いまにも

3 5年前から貿易会社で通訳(　　)働いています。
1 により　2 にたいして　3 とくらべ　4 として

4 課長(かちょう)「森田(もりた)さん、この報告書、たくさん間違いがあるじゃないか。」
森田(もりた)「あ、申(もう)し訳(わけ)ございません。すぐに(　　)。」
1 書くところです　2 書きだします
3 書くそうです　4 書きなおします

5 中学生のとき、10キロも太ってしまって毎晩(まいばん)母に1時間も(　　)ことがあります。
1 歩かれる　2 歩かせた　3 歩かされた　4 歩かされて

6 事件の原因が明(あき)らかに(　　)、何も変わらないだろう。
1 なるとすると　2 なるなら
3 なったとしても　4 なりたかったら

7 A「この自動車はどこで生産されましたか。」
B「ドイツ(　　)。」
1 ございます　2 がございます　3 にございます　4 でございます

정답 및 해설 <본서1> p.74

8 一度会った(　　)どんな人かわからない。

1　だけでは　　2　ことで　　3　ままでは　　4　からで

9 A「もしもし、山田(やまだ)産業の森田(もりた)と申しますが、鈴木(すずき)部長はいらっしゃいますか。」

B「鈴木(すずき)はただいま留守にしております。戻りましたら、お電話(　　)。」

A「はい、お願いします。」

1　あげましょうか　　2　さしあげましょうか

3　もらいましょうか　　4　おかけになりましょうか

10 島田(しまだ)さんの家に(　　)、ちょうど森(もり)さんが来ていた。

1　遊びに行ったら　　2　遊びに来たら

3　遊んで行ったら　　4　遊んで来たら

11 いつも母に「部屋を(　　)」って言われているけど、なかなかできない。

1　片づけろ　　2　片づけるな

3　片づけてしまう　　4　片づけるか

12 5年間の留学生活で新しい自分を(　　)。

1　見つかるのだ　　2　見つかるにちがいない

3　見つけることができた　　4　見つけておいた

13 鈴木(すずき)「田中(たなか)さん、毎日英語のニュースを見ているんですか。」

田中(たなか)「はい、早く英語で(　　)なりたいんです。」

1　話されるために　　2　話されるように

3　話せるために　　4　話せるように

94 실전 시험 문법 형식 판단 [4]

問題1 つぎの文の（　　）に入れるのに最もよいものを1・2・3・4から一つえらびなさい。

1 今日は蒸し暑く気温も高いので、（　　）外に出ない方がいいです。

1 せっかく　2 やっと　3 決して　4 なるべく

2 この本は日本語がわからない留学生（　　）難しいと思います。

1 へ　2 には　3 か　4 より

3 今日は「自分（　　）一番大切なものは何か」について話してみましょう。

1 として　2 とでも　3 によって　4 にとって

4 バスは1時間（　　）来るので、ちょっと不便です。

1 ぶりに　2 ずつに　3 ごとに　4 ごろに

5 商品の感想を聞かれたが、実際に（　　）何とも言えない。

1 使ったあとで　2 使ってからで

3 使った以上　4 使ってからでなければ

6 先生の研究室のドアには「ノックしてから（　　）。」という紙が貼ってある。

1 入りなさい　2 入るな　3 入るよ　4 入るね

7 山田（やまだ） 「森山（もりやま）さん、何か悩み事でもあるんですか。」
森山（もりやま） 「子どもが学校に行きたがらないんです。」
山田（やまだ） 「それでは、専門家に（　　）。」

1 相談しておくつもりですか　2 相談してしまってもいいですか

3 相談してみたらどうですか　4 相談しているかもしれませんか

정답 및 해설 <본서1> p.75

8 私は読書が大好きで、ときどき食事の時間さえ(　　)。

1　忘れたばかりだ　　2　忘れてしまうこともある
3　忘れることにした　　4　忘れてはいけない

9 A「説明は以上です。質問がある方はどうぞ。」
B「あの、一つ質問(　　)。」

1　をくださいませんか　　2　されてもらいます
3　してください　　4　させてください

10 海で泳げる(　　)、毎日2時間ずつ練習をしています。

1　ようになるまで　　2　ようになる前に
3　ことができるまで　　4　ことができる前に

11 学生「先生、論文(ろんぶん)のことで研究室に(　　)んですが、よろしいでしょうか。」
先生「ええ、3時ごろに来てください。」

1　うかがいたい　　2　拝見(はいけん)したい
3　お見えになりたい　　4　お聞きしたい

12 朝、目が覚めたら、遠くの山から鳥が鳴(な)いている(　　)。

1　のが聞こえてきた　　2　のが聞こえていった
3　ことが聞こえてきた　　4　ことが聞こえていった

13 妹「ちょっとコンビニ行くけど、必要なものある？」
姉「じゃあ、牛乳を(　　)？」
妹「わかった。」

1　買ってきてもらわない　　2　買っていってもらわない
3　買ってきてくれない　　4　買っていってくれない

95 실전 시험 문법 형식 판단 [5]

問題1 つぎの文の（　　）に入れるのに最もよいものを1・2・3・4から一つえらびなさい。

1 図書館内（　　）飲食はご遠慮ください。

1 への　　2 からの　　3 での　　4 にの

2 (花屋で)

A 「この花、見て。」

B 「わあ、（　　）美しい花なんだろう。」

1 なんか　　2 なんて　　3 なんで　　4 なんとなく

3 子どもを海外へ（　　）母親が増えている。

1 留学させようとする　　2 留学させるとする

3 留学しようとする　　4 留学するとする

4 このドラマは感動（　　）希望も与えた。

1 だけでなく　　2 ことでなく　　3 べきでなく　　4 しかでなく

5 成績や語学能力の高い人が必ずしもいい会社に（　　）。

1 入るはずがない　　2 入るかもしれない

3 入るとは言えない　　4 入るつもりはない

6 ビールを早く冷やす（　　）、冷凍庫に入れておきました。

1 そうに　　2 ために　　3 ように　　4 ほどに

7 佐藤先生に（　　）、本当に素敵な方だと思います。

1 拝見するたびに　　2 お会いになるころに

3 お目にかかるたびに　　4 お会いするころに

(　 /13) 제한 시간 : 10분

정답 및 해설 <본서1> p.76

8 （メモで）

「私がいないとき、頼みたいことがあれば、中村さん（　　）に言ってください。」

1　かだれか　　　　2　かだれ

3　をだれか　　　　4　をだれ

9 （レストランで）

A「6時に予約した鈴木ですが、人数が増えて広い部屋に（　　）。」

B「はい、わかりました。」

1　替えてくれたのですか　　　　2　替えてほしいんですが

3　替えていただきますか　　　　4　替えることもできますが

10 この割引券は期限が（　　）お使いください。

1　切れるあいだに　　　　2　切れないで

3　切れないさきに　　　　4　切れないうちに

11 うそが重なるにつれて、本当のことを（　　）しまった。

1　言いにくくなって　　　　2　言いそうになって

3　言いにくくして　　　　4　言えそうになって

12 A「本の感想文、もう書いた？」

B「いや、まだ（　　）。」

1　書かない　　　　2　書けない

3　書いていない　　　　4　書かなかった

13 地震や火災の時は、エレベーターを使わない（　　）。

1　ことにしてください　　　　2　ことになってください

3　ようにしてください　　　　4　ようになってください

96 실전 시험 문법 형식 판단 [6]

問題1 つぎの文の（　　）に入れるのに最もよいものを1・2・3・4から一つえらびなさい。

1 会社で鈴木さん（　　）仕事ができる人はいないと思います。

1　だけ　　2　ように　　3　ほど　　4　さえ

2 （天気予報で）

「朝は気温が低く寒いですが、午後から（　　）気温が上がるでしょう。」

1　たしかに　　2　もちろん　　3　次第に　　4　ついに

3 地球温暖化が進む（　　）、季節の変化にも問題が出てきた。

1　として　　2　にして　　3　において　　4　にしたがって

4 この病気は熱（　　）下がれば大丈夫ですので、ご安心ください。

1　も　　2　さえ　　3　くらい　　4　で

5 鈴木「田中さん、疲れているように見えますね。」

田中「昨夜、赤ちゃんに（　　）犬に（　　）して、寝られなかったんです。」

1　泣いたり /起きたり　　2　泣かれたり /起こさせたり

3　泣かせたり /起こされたり　　4　泣かれたり /起こされたり

6 大雪で電車が止まってしまい、今日中に（　　）そうにない。

1　帰る　　2　帰れ　　3　帰らない　　4　帰り

7 A「西川さん（　　）いつもにこにこしていますね。」

B「そうですね。だから、みんなに好かれているのかな。」

1　の　　2　って　　3　だって　　4　くらい

정답 및 해설 <본서1> p.78

8 A「昨日プレゼントもらったときの森(もり)さんの顔見た？」

B「見た見た。(　　)喜(よろこ)んでくれるとは思わなかった。」

1　こう　　　2　あんなに

3　どんな　　　4　すっかり

9 部下(ぶか)「部長(ぶちょう)、森永(もりなが)産業の清水(しみず)さんを(　　)。」

部長(ぶちょう)「うん、1回会ったことがあるんだ。」

1　ご存(ぞん)じですか　　　2　なさいますか

3　いらっしゃいますか　　　4　申(もう)しますか

10 自分が親になってから、子どもの(　　)何でもするという親心がわかってきた。

1　ためで　　　2　ためなら

3　ようで　　　4　ようなら

11 A「来月からビルの中は全面禁煙になるんだって。」

B「へえ、室内ではたばこを(　　)ってこと？」

1　吸いたがらない　　　2　吸わないつもり

3　吸っちゃいけなくなる　　　4　吸わなきゃならなくなる

12 A「山田(やまだ)さんに聞いたんだけど、金曜日の授業、休講(きゅうこう)に(　　)よ。」

B「へえ、そうなったらいいな。」

1　なるらしい　　　2　なるはずだ

3　なってもいい　　　4　なったほうがよさそうだ

13 彼女はいつ歌手(　　)。子どものころから音楽に才能(さいのう)があったからだ。

1　になるはずだ　　　2　になるといい

3　になってもおかしくない　　　4　になってもしかたがない

97 실전 시험 문법 형식 판단 [7]

問題1 つぎの文の（　　）に入れるのに最もよいものを1・2・3・4から一つえらびなさい。

1 新しくできた列車（れっしゃ）は東京（とうきょう）から大阪（おおさか）まで1時間（　　）行けるらしい。

1 に　　2 で　　3 まで　　4 を

2 彼女はどんなにつらいことがあっても、（　　）いやな顔は見せなかった。

1 ようやく　　2 あまりにも　　3 どうか　　4 少しも

3 ガイドブックに描いてある（　　）来たが、道に迷（まよ）ってしまいました。

1 場合に　　2 ほかに　　3 とおりに　　4 ほうに

4 スーパーやコンビニなどでは賞味期限（しょうみきげん）が切れた商品は（　　）ことになっている。

1 捨てない　　2 捨てて　　3 捨てた　　4 捨てる

5 A「森（もり）さんの結婚祝い、何にしましょうか。」

B「森（もり）さん、ワインよく飲むから、ワインセット（　　）どう？」

1 に　　2 なんか　　3 こそ　　4 くらい

6 田中（たなか）「木村（きむら）さん、明日になっても体調がよくない（　　）、病院に行ってください。」

1 ようだったら　　2 ようになったら

3 そうだったら　　4 そうになったら

7 先生「キムさん、留学に行ったら、韓国人（　　）遊ばないで、いろいろな国の人と交流した方がいいですよ。」

キム「はい、わかりました。」

1 とばかり　　2 ばかりと　　3 にだけ　　4 だけに

정답 및 해설 <본서1> p.79

8 お菓子の袋には「危ないですから、お年寄りや子どもには（　　）。」と書いてあります。

1 食べないでください　　2 食べることになっています

3 食べさせないでください　　4 食べさせることになっています

9 私が成功(せいこう)したのは、小さいときから父に「失敗(しっぱい)しても（　　）。」と言われたおかげだと思います。

1 あきらめよう　　2 あきらめるな

3 あきらめなさい　　4 あきらめるんだ

10 A「この近くに銀行がありますか。」

B「はい、このビルの向かいに（　　）。」

1 なさいます　　2 いらっしゃいます

3 ございます　　4 おります

11 紅葉(こうよう)が全部（　　）見に行きたいです。

1 落ちてしまううちに　　2 落ちてしまうときに

3 落ちてしまわないうちに　　4 落ちてしまわないときに

12 エンジンから何か変な音（　　）ので、あわてて車を止めた。

1 をしにいた　　2 をしていった

3 がしてあった　　4 がしてきた

13 A「道込むかもしれないから、早めに（　　）ね。」

B「そうだね。早めに出発しよう。」

1 出発したほうがいいかもしれない　　2 出発するにちがいない

3 出発してはいけなさそうだ　　4 出発しなくてもよさそうだ

98 실전 시험 문법 형식 판단 [8]

問題1 つぎの文の（　　）に入れるのに最もよいものを1・2・3・4から一つえらびなさい。

1 仕事中、スマホを（　　）触ってしまいます。

1 ようやく　　2 つい　　3 あまりにも　　4 どうしても

2 ニュースやドラマなどは外国語を学習する（　　）役に立つと思います。

1 か　　2 のに　　3 ほど　　4 から

3 父は働いて（　　）いて、結局体を壊してしまった。

1 まで　　2 はじめて　　3 だけ　　4 ばかり

4 ゲームをしている（　　）、だれかが来たようだ。

1 あいだ　　2 あいだに　　3 あいだで　　4 あいだと

5 妻「太郎、静かだね。まじめに勉強しているのかな。」
夫「僕が（　　）。」

1 見にきて　　2 見てくるよ　　3 見にいって　　4 見ていくよ

6 車で出勤するのは（　　）、維持費がかなりかかってしまうという短所もある。

1 楽だとしたら　　2 楽であるから
3 楽だからといって　　4 楽である一方で

7 もうこれからは両親を悲しませる（　　）しません。

1 ようなことは　　2 そうなことは　　3 ようなのは　　4 そうなのは

8 このタワーは町の（　　）見えるくらい高い。

1 どこにも　　2 どこへも　　3 どこから　　4 どこからでも

정답 및 해설 <본서1> p.80

9 （観光案内所で）

観光客　「ここの自転車はだれでも使えますか。」

案内人　「はい、観光客ならどなたでも（　　）。」

1　お使いできます　　　2　お使いになれます

3　お使いいただきます　　　4　使ってくださいます

10 （会社で）

社員　「部長、体調が悪いので、早退してもよろしいでしょうか。」

部長　「そうですか、わかりました。」

社員　「ありがとうございます。では、お先に（　　）。」

1　帰ってください　　　2　帰ってもらえませんか

3　帰らせていただきます　　　4　帰られます

11 いろいろな旅行のプランを（　　）決めたいと思います。

1　確認したから　　　2　確認した後で

3　確認したのに　　　4　確認しているうちに

12 （電話で）

部下　「はい、山田です。」

上司　「あ、山田君？鈴木君、今事務室にいる？」

部下　「ああ、います。ちょうど会社に（　　）。」

1　戻ってきたことがあります　　　2　戻っていったことがあります

3　戻ってきたところです　　　4　戻っていったところです

13 （ラジオ番組で）

送っていただいた写真を見ますと、家の中に物が多いですね。まずは、中が見える箱を買って種類別に（　　）。

1　入ることにします　　　2　入っておきます

3　入れてありましょう　　　4　入れてしまいましょう

99 실전 시험 문법 형식 판단 [9]

問題1 つぎの文の（　　）に入れるのに最もよいものを1・2・3・4から一つえらびなさい。

1 5年ぶりに開催（かいさい）される花火大会なので、たくさんの人（　　）見に来てほしい。

1 は　　2 も　　3 に　　4 へ

2 高橋先生（たかはしせんせい）の講演（こうえん）を聞（き）いて、人生（　　）仕事とは何かを考えてみることができました。

1 において　　2 にくらべて　　3 にまで　　4 にだけ

3 10年間の外国での生活を終え、（　　）国へ帰ることになりました。

1 とうとう　　2 絶対に　　3 なかなか　　4 まったく

4 今日、本田（ほんだ）さんは本田（ほんだ）さん（　　）行動をして周（まわ）りを驚（おどろ）かせた。

1 でない　　2 そうな
3 らしくない　　4 という

5 彼女に（　　）としたら、外に出ていってしまった。

1 話しかけた　　2 話しかけて
3 話しかけない　　4 話しかけよう

6 お弁当を（　　）、デザートも買って帰った。

1 買ううちに　　2 買うついでに
3 買うところに　　4 買うまえに

7 この商品は大人気だから早めに（　　）、売り切れてしまうよ。

1 買うと思うと　　2 買えると思って
3 買わないで　　4 買わないと

정답 및 해설 <본서1> p.81

8 自分では丁寧に（　　）、まだ慣れない日本語のせいで誤解されることもある。

1　お願いできて　　2　お願いしようと

3　お願いしたつもりでも　　4　お願いしてほしくても

9 A「この辞書、ちょっと（　　）よろしいですか。」

B「はい、お使いください。」

1　貸してやったら　　2　貸してくれたら

3　貸してあげても　　4　貸してもらっても

10 鈴木「部長、新入社員の履歴書、メールでお送りしましたが、（　　）。」

部長「あ、まだなんだけど。今日中にチェックしておくよ。」

1　なさいましたか　　2　ご覧になりましたか

3　お目にかかりましたか　　4　いただきましたか

11 両親と住んでいたときより、一人暮らしを（　　）自己管理できるようになった。

1　したいのは　　2　してからのほうが

3　したいなら　　4　するまでのほうが

12 （博物館で）

A「へえ、今日休館日だって。」

B「前もって（　　）ね。」

1　確認したらいい　　2　確認しておいて

3　確認すればよかった　　4　確認してみたい

13 私はストレスがたまると、甘いものが（　　）。

1　やめられなくなる　　2　やめられたままだ

3　やめましょう　　4　やめやすい

100 실전 시험 · 문법 형식 판단 [10]

問題1 つぎの文の（　　）に入れるのに最もよいものを1・2・3・4から一つえらびなさい。

1 （　　）買いたい本があるけど、在庫切れ(ざいこぎ)で1か月待たないといけないらしい。

1　必ずしも　　2　いつでも

3　どうしても　　4　たぶん

2 初(はじ)めて行く国は、大都市(だいとし)を中心（　　）旅行の計画を立てたほうがいいです。

1　は　　2　で　　3　に　　4　も

3 （地下鉄の路線図(ろせんず)を見ながら）

「ここは何（　　）いう駅ですか。」

1　って　　2　など　　3　を　　4　の

4 先生に指導(しどう)していただいた（　　）、無事卒業することができました。

1　せいで　　2　とすれば　　3　おかげで　　4　くせに

5 このお店には、日本人（　　）外国人観光客も買い物に来る。

1　のほかに　　2　について

3　の一方で　　4　にしたがって

6 このお寺は季節ごとにきれいな花が（　　）、毎年多くの人が訪れます。

1　咲かせるかわりに　　2　咲かせるときに

3　咲くついでに　　4　咲くため

7 宿題をかばんの中に入れた（　　）なのに、見つからない。

1　とおり　　2　ばかり　　3　ところ　　4　はず

(/13) 제한 시간 : 10분

정답 및 해설 <본서1> p.82

8 （学校で）

木村(きむら)「先生、来月の国際(こくさい)シンポジウムでの通訳(つうやく)、ぜひ私に（　　）。」

先生「ちょっと検討(けんとう)してみます。」

1　いたしましょうか　　2　してもらいましょうね

3　させていただけないでしょうか　　4　させてはいかがでしょうか

9 図書館ではイヤホンの音が（　　）ように注意しましょう。

1　大きくなりすぎない　　2　大きくなりにくい

3　大きくしすぎない　　4　大きくしにくい

10 みずきさんを動物にたとえる（　　）さるですね。

1　点で　　2　としたら

3　ように　　4　ほかに

11 係(かか)りの人「こちらに置いてあるパンフレットはご自由に（　　）。」

1　お取りしましょう　　2　お取りできます

3　お取りになってもよろしいですか　　4　お取りください

12 このゲーム、子どものころに（　　）。

1　やってみたところだ　　2　やっておいたところだ

3　やってみたことがある　　4　やっておいたことがある

13 人気のお菓子が販売中止になるそうだから、もう（　　）。

1　買わなくなる　　2　買いおわるはずだ

3　買わないといけない　　4　買えないだろう

문제 2 문장 완성

» 유형 소개

문장 완성 (5문항)

문장 구조에 맞게 의미가 통하는 문장으로 만들 수 있는지를 묻는 문제로 5문항이 출제된다. 작문 시험을 볼 수 없기 때문에 이 문제 유형을 통해 문장을 만드는 능력을 측정하기 위함이라고 할 수 있겠다. 따라서 단순히 해석에 의존해서 풀게 되면 실수를 범할 수 있으므로 기본적인 문장의 구조를 익혀 두도록 한다.

예

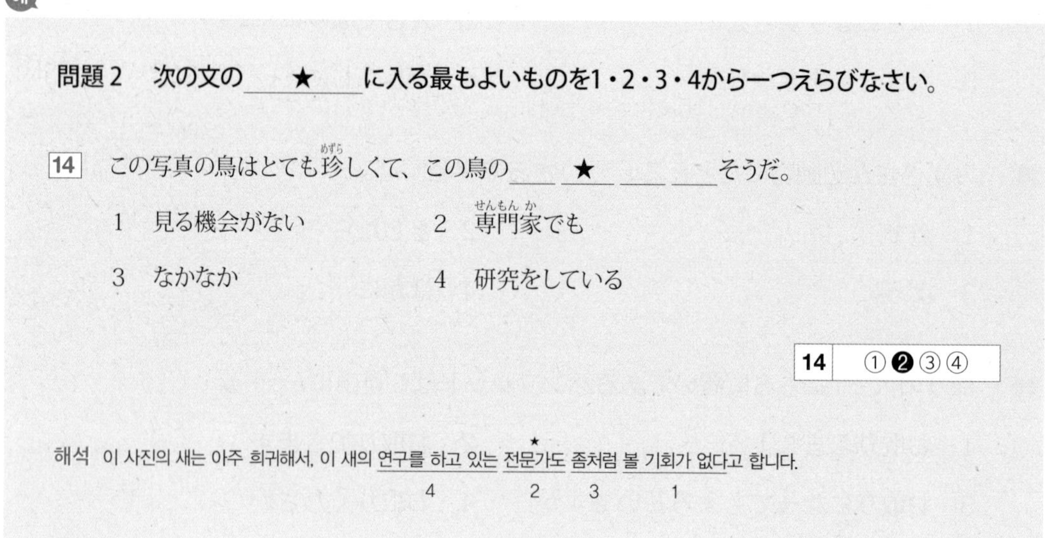

問題 2　次の文の ＿＿★＿＿ に入る最もよいものを1・2・3・4から一つえらびなさい。

14　この写真の鳥はとても珍(めずら)しくて、この鳥の＿＿ ＿★＿ ＿＿ ＿＿そうだ。

1　見る機会がない　　2　専門家(せんもんか)でも

3　なかなか　　4　研究をしている

14	① ❷ ③ ④

해석　이 사진의 새는 아주 희귀해서, 이 새의 연구를 하고 있는(4) 전문가도(2 ★) 좀처럼(3) 볼 기회가 없다고(1) 합니다.

» 해답 스킬

1. 선택지에 문형(기능어)이 있으면 문형의 접속 방법에 따라서 문장을 만든다.
2. 목적어(**を**)가 있으면 타동사 앞에 배치하고, **い**형용사·**な**형용사·명사**の**·보통형은 명사수식, 부사는 서술어를 수식하는 것을 잊지 말아야 한다.
3. 문장을 만들고 난 후에는 전체 문장을 꼭 다시 해석해 본다.

» 학습 대책

1. 문장의 기본인 「주어 + 서술어」 「주어 + 목적어 + 타동사」를 알아 둔다.
2. 문형을 비롯해서 **「~と思う」**와 같은 표현의 접속 방법을 알아 둔다.
3. 품사의 개념을 정확히 이해한 후, 명사를 수식하는 것과 부사를 수식하는 형태를 숙지하도록 한다. 평소 독해 지문을 읽을 때 수식어 찾는 연습을 해 두면 좋다.

Memo

101 실전 시험 문장 완성 [1]

(　　/5) 제한 시간 : 5분

정답 및 해설 <본서1> p.83

問題2 つぎの文の＿＿★＿＿に入る最もよいものを1・2・3・4から一つえらびなさい。

1 地域の小学生＿＿ ＿★＿ ＿＿ ＿＿ボランティア団体は、毎週土曜日にゴミ拾いをしている。

1 中心に　　2 この

3 作られた　　4 を

2 彼女が描(か)いた絵は、＿＿ ＿＿ ＿★＿ ＿＿美しかった。

1 写真　　2 まるで

3 ように　　4 の

3 彼はさっきから＿＿ ＿＿ ＿★＿ ＿＿誰かを待っている。

1 不安　　2 顔を

3 そうな　　4 して

4 この会社の非正社員(ひせいしゃいん)は正社員(せいしゃいん)＿＿ ＿＿ ＿★＿ ＿＿150人である。

1 以上　　2 と比べて

3 多い　　4 5倍

5 今になって思うのですが、学生の時＿＿ ＿＿ ＿★＿ ＿＿です。

1 よかった　　2 おけば

3 チャレンジして　　4 いろいろなことに

102 실전 시험 문장 완성 [2]

(　　/5) 제한 시간 : 5분

›정답 및 해설 <본서1> p.83

問題2 つぎの文の＿＿★＿＿に入る最もよいものを1・2・3・4から一つえらびなさい。

1 いくら＿＿ ＿★＿ ＿＿ ＿＿、従業員(じゅうぎょういん)のサービスが悪ければ行きたくない。

1　人気の　　2　でも
3　ある　　4　お店

2 水泳を習ってからもう１年に＿＿ ＿＿ ＿★＿ ＿＿やめようと思います。

1　ちっとも　　2　なるのに
3　しなくて　　4　上達(じょうたつ)

3 朝から空が＿＿ ＿＿ ＿★＿ ＿＿と思って傘を持って出かけた。

1　雨が降る　　2　ので
3　曇(くも)っていた　　4　だろう

4 エアコンを＿＿ ＿＿ ＿★＿ ＿＿電気を消費(しょうひ)してしまうから、気をつけましょう。

1　つけたり消したり　　2　多くの
3　かえって　　4　していると

5 母は10年間ケーキ屋(や)をしているが、甘いものが＿＿ ＿＿ ＿★＿ ＿＿新しいメニューを開発している。

1　人のために　　2　好きではない
3　それほど　　4　という

정답 및 해설 <본서1> p.84

問題2　つぎの文の＿＿★＿＿に入る最もよいものを1・2・3・4から一つえらびなさい。

1　日本にいるうちに＿＿ ＿★＿ ＿＿ ＿＿、自転車で日本一周（いっしゅう）をすることです。

1　してみたい　　2　もっとも

3　ひとつは　　4　ことの

2　この小説はいつだれ＿＿ ＿＿ ＿★＿ ＿＿まだ知られていない。

1　よって　　2　に

3　か　　4　書かれた

3　今まで出会った人の中で＿＿ ＿＿ ＿★＿ ＿＿いなかったです。

1　おもしろい　　2　ほど

3　人は　　4　彼

4　あと1週間で終わると＿＿ ＿＿ ＿★＿ ＿＿心配です。

1　卒業論文が　　2　終わらなくて

3　予想していた　　4　なかなか

5　今度の夏休みには勉強ではなく、子供が＿＿ ＿＿ ＿★＿ ＿＿と思っています。

1　やろう　　2　ことを

3　やらせて　　4　したがる

(/5) 제한 시간 : 5分

▶정답 및 해설 <본서1> p.85

問題2 つぎの文の ＿＿★＿＿ に入る最もよいものを1・2・3・4から一つえらびなさい。

1 休日出勤は＿＿ ＿★＿ ＿＿ ＿＿職場(しょくば)があることに感謝(かんしゃ)しながら家を出る。

1 だ　　2 働ける

3 大変　　4 けれども

2 大切な人からもらったものだから＿＿ ＿＿ ＿★＿ ＿＿持っています。

1 今でも　　2 要(い)らなく

3 捨てずに　　4 なった

3 初めて東京(とうきょう)に行ったとき、地図を見ても＿＿ ＿＿ ＿★＿ ＿＿困ったことがあります。

1 の　　2 わからなくて

3 駅から　　4 道が

4 山田和夫(やまだかずお)さんは演技(えんぎ)が上手な＿＿ ＿＿ ＿★＿ ＿＿できるそうです。

1 有名ですが　　2 作曲も

3 ことで　　4 演技(えんぎ)だけでなく

5 飲み物＿＿ ＿＿ ＿★＿ ＿＿ので待っていてください。

1 だけで　　2 仕事帰りに

3 よければ　　4 買っていく

105 실전 시험 문장 완성 [5]

(　　/5) 제한 시간 : 5분

›정답 및 해설 <본서1> p.85

問題2　つぎの文の＿＿★＿＿に入る最もよいものを1・2・3・4から一つえらびなさい。

1　先月発売されたおもちゃは子どもに悪い影響(えいきょう)を＿＿ ＿★＿ ＿＿ ＿＿になったらしい。

1　販売中止　　2　可能性がある

3　与える　　4　という理由で

2　もっとおいしく作りたくて、テレビで＿＿ ＿★＿ ＿＿ ＿＿のか全然おいしくなかった。

1　お水を　　2　見たとおりに

3　入れすぎた　　4　作ってみたけど

3　自分が母になってはじめて、仕事を＿＿ ＿＿ ＿★＿ ＿＿わかりました。

1　家事や育児をすることが　　2　大変なことか

3　どんなに　　4　しながら

4　この家は家族6人＿＿ ＿＿ ＿★＿ ＿＿です。

1　には　　2　狭(せま)い

3　で　　4　住む

5　月曜から土曜まで働いているので、＿＿ ＿＿ ＿★＿ ＿＿過ごします。

1　せずに　　2　ほとんど

3　日曜は　　4　何も

106 실전 시험　문장 완성 [6]

(　/5) 제한 시간 : 5분

정답 및 해설 <본서1> p.86

問題2　つぎの文の＿＿★＿＿に入る最もよいものを1・2・3・4から一つえらびなさい。

1　最初(さいしょ)は慣(な)れない＿＿＿ ＿★＿ ＿＿＿ ＿＿＿好きになっていくでしょう。

1　生活すれば　　2　だんだん

3　するほど　　4　土地(とち)でも

2　来年＿＿＿ ＿＿＿ ＿★＿ ＿＿＿？

1　って　　2　留学

3　するんだ　　4　イギリスに

3　宿題を家に＿＿＿ ＿＿＿ ＿★＿ ＿＿＿いけない。

1　きたから　　2　取りに

3　置いて　　4　戻(もど)らないと

4　この島は＿＿＿ ＿＿＿ ＿★＿ ＿＿＿「トラ島」と呼ばれている。

1　ことから　　2　している

3　形を　　4　トラのような

5　東(ひがし)病院なら向こうの＿＿＿ ＿＿＿ ＿★＿ ＿＿＿をご利用ください。

1　の　　2　バス停(てい)から

3　無料バス　　4　病院まで

107 실전 시험 문장 완성 [7]

(　　/5) 제한 시간 : 5분

›정답 및 해설 <본서1> p.86

問題2 つぎの文の＿＿★＿＿に入る最もよいものを1・2・3・4から一つえらびなさい。

1 私が最初に小林(こばやし)先生に＿★＿ ＿＿ ＿＿ ＿＿時でした。

1 お目にかかった　　2 入試面接の

3 2年前の　　4 のは

2 みなさんは一度＿＿ ＿＿ ＿★＿ ＿＿と思うところがありますか。

1 から　　2 いい

3 で　　4 行ってみたい

3 このごろ試合の成績が悪くて落ち込んでいたが、今まで＿＿ ＿＿ ＿★＿ ＿＿気持ちで頑(がん)張(ば)っていきたいと思います。

1 最初から　　2 やり直す

3 ファンのためにも　　4 応援(おうえん)してくださった

4 引き出しの中には友だちに＿＿ ＿＿ ＿★＿ ＿＿手紙があった。

1 書き　　2 とした

3 かけの　　4 送ろう

5 料理大会まであと1週間。＿＿ ＿＿ ＿★＿ ＿＿つもりだ。

1 作れる　　2 練習する

3 レシピを見ないで　　4 ように

108 실전 시험 문장 완성 [8]

(　　/5) 제한 시간 : 5分

▶정답 및 해설 <본서1> p.87

問題2 つぎの文の＿＿★＿＿に入る最もよいものを1・2・3・4から一つえらびなさい。

1 道で転んで服を汚してしまったが、家に戻って着替える時間＿＿ ＿★＿ ＿＿ ＿＿服で出勤するしかなかった。

1 なかったから　　2 など

3 ままの　　4 汚れた

2 悩んでばかり＿＿ ＿＿ ＿★＿ ＿＿生活は大きく変わります。

1 いないで　　2 行動してみる

3 ことで　　4 考えたことを

3 A「山田さんは来ないんですか？」

B「あ、＿＿ ＿＿ ＿★＿ ＿＿が、急用ができて来られないそうだよ。」

1 はず　　2 だった

3 んです　　4 来る

4 最近、＿＿ ＿＿ ＿★＿ ＿＿約束を忘れてしまうことが多い。

1 年の　　2 誕生日や

3 せいか　　4 人との

5 A「林さんは毎朝英語の新聞を読んでいますね。」

B「ええ、せっかく習った＿＿ ＿＿ ＿★＿ ＿＿しているんです。」

1 毎日読むように　　2 英語を

3 しまわないように　　4 忘れて

109 실전 시험 문장 완성 [9]

(　　/5) 제한 시간 : 5분

정답 및 해설 <본서1> p.88

問題2 つぎの文の ＿＿★＿＿ に入る最もよいものを1・2・3・4から一つえらびなさい。

1 入院する＿＿＿ ＿★＿ ＿＿＿ ＿＿＿そうだ。

1 かどうかは　　2 よって

3 検査の結果に　　4 決まる

2 同じ服を着ている＿＿＿ ＿＿＿ ＿★＿ ＿＿＿見かけた。

1 何回も　　2 今日まで

3 人を　　4 で

3 この講座では、社会人になった＿＿＿ ＿＿＿ ＿★＿ ＿＿＿ほしいマナーを教えます。

1 知って　　2 ばかりの

3 おいて　　4 みなさんに

4 年(とし)をとるにつれて、自分＿＿＿ ＿＿＿ ＿★＿ ＿＿＿考えるようになってきた。

1 生きる　　2 どういうことか

3 というのが　　4 らしく

5 海外の企業(きぎょう)に就職(しゅうしょく)したいなら＿＿＿ ＿＿＿ ＿★＿ ＿＿＿学んでおいたほうがいいです。

1 語学能力　　2 経済(けいざい)や文化

3 はもちろん　　4 についても

110 실전 시험 문장 완성 [10]

(　　/5) 제한 시간 : 5분

정답 및 해설 <본서1> p.88

問題2 つぎの文の＿＿★＿＿に入る最もよいものを1・2・3・4から一つえらびなさい。

1 12時から始まった決勝戦は、強風＿＿＿ ＿＿＿ ＿★＿ ＿＿＿再開することになった。

1 による　　2 のため

3 被害　　4 2時から

2 遊園地に行くと、＿＿＿ ＿＿＿ ＿★＿ ＿＿＿気分になる。

1 まるで　　2 のような

3 に戻ったか　　4 子ども時代

3 沖縄(おきなわ)のある＿＿＿ ＿＿＿ ＿★＿ ＿＿＿迎えてくれるそうです。

1 ホテルではロボットが　　2 宿泊客(しゅくはくきゃく)を

3 人間に　　4 代わって

4 息子はピアノ教室に行きたくないと＿＿＿ ＿＿＿ ＿★＿ ＿＿＿みたいだ。

1 やっぱりきらいではない　　2 のを見ると

3 よく言っているが　　4 それでも毎日通っている

5 このかばんは素材(そざい)を変えて＿＿＿ ＿＿＿ ＿★＿ ＿＿＿なりました。

1 さらに　　2 丈夫に

3 軽くて　　4 前より

문제 3 글의 문법

» 유형 소개

글의 문법 (5문항)

문장의 흐름에 맞는 문장이 어떤 것인지 판단할 수 있는가를 묻는 문제로 5문항이 출제된다. 처음부터 끝까지 글의 흐름을 파악해 읽으면서 어휘, 지시사, 접속사, 문말 표현 등을 찾는 문제이다.

問題3　つぎの文章を読んで、文章全体の内容を考えて、[19]から[23]の中に入る最もよいものを1・2・3・4から一つえらびなさい。

下の文章は、留学生が書いた作文です。

日本人の天気の話

日本へ来て、多くの人が天気の話をすることに気がつきました。アパートの管理人さんは朝会うと、「おはよう。」の後に「今日は暑いね。」とか「いい天気だね。」と言います。あちこちで、多くの人があいさつに続けて天気の話をしているのを聞きました。[19]、私の国では天気の話をあまりしないので、なぜ天気の話をするのかわかりませんでした。私はしてもしなくてもいいと考え、自分からはしていませんでした。

ところが、ある冬の寒い朝、日本人の友達に会ったとき、「おはよう。」の後で自然に「寒いね。」と[20]。友達は「本当だね。」と答え、その後、寒い冬に食べるとおいしい食べ物や冬の服の話になりました。天気の話が天気に関係した話に[21]、おもしろいと思いました。

私の国は一年中暑いですが、日本は四季があって気温の変化が大きいし、天気もよく変わります。そのため、多くの日本人が天気に関心を[22]。

最近は管理人さんともよく天気の話をするようになって、天気の話は誰とでもしやすいことに気づきました。[23]も天気の話をする人が多い理由の一つだと思います。

19　1　そのうえ　　2　つまり　　3　けれども　　4　すると

⋮

19	① ② ❸ ④

⋮

해석　아래 글은 유학생이 쓴 작문입니다.

일본인의 날씨 이야기

일본에 와서 많은 사람이 날씨 이야기를 한다는 것을 깨달았습니다. 공동주택 관리인 분은 아침에 만나면 '안녕.'한 후에 '오늘은 덥네.'라든가 '날씨가 좋네.'라고 말합니다. 여기저기에서 많은 사람이 인사에 이어서 날씨 이야기를 하고 있는 것을 들었습니다. 19 하지만, 우리나라에서는 그다지 날씨 이야기를 하지 않아서, 왜 날씨 이야기를 하는 건지 이해할 수 없었습니다. 저는 해도 그만, 안 해도 그만이라고 생각해서 저 자신은 하지 않고 있었습니다.

그런데, 어느 겨울날 추운 아침에, 일본인 친구를 만났을 때, '안녕.'이라 한 후에 자연스럽게 '춥네.'라고 20 말해버리고 말았습니다. 친구는 '정말이네.'라고 대답해, 그 후, 추운 겨울에 먹으면 맛있는 음식이나 겨울옷 이야기가 되었습니다. 날씨 이야기가 날씨에 관계된 이야기로 19 확장되어, 재미있다고 생각했습니다.

우리나라는 일 년 내내 덥습니다만, 일본은 사계절이 있어 기온의 변화가 크고, 날씨도 곧잘 바뀝니다. 그 때문에, 많은 일본인이 날씨에 관심을 22 가지는 것일지도 모릅니다.

요즘에는 관리인 분과도 곧잘 날씨 이야기를 하게 되어, 날씨 이야기는 누구하고든지 하기 쉬운 것임을 깨달았습니다. 23 이것도 날씨 이야기를 하는 사람이 많은 이유 중 하나라고 생각합니다.

19　1　게다가　　2　즉　　3　하지만　　4　그러자

⋮

» 해답 스킬

1. 괄호 앞뒤의 문장만으로는 문제를 풀 수 없으므로, 처음부터 내용 파악을 하며 읽어 내려간다. 특히 주어와 서술어, 시제, 문말 표현 등에 주의하며 읽어 내려가야 한다.
2. 괄호가 나오면 우선은 선택지에 지시사가 있는지, 문말 표현이 있는지, 또는 어떠한 동사로 선택지가 이루어졌는지를 확인하며 문제의 의도를 파악하고, 읽었던 문장과 연결해서 말을 만들어 본다.
3. 지시사가 나오면 반드시 지시사가 가리키는 내용을 찾아야 한다. 그렇게 하지 않으면 뒤로 갈수록 내용이 헷갈리게 되기 때문이다.

» 학습 대책

1. 접속사를 의미별로 구별하여 공부한다. 예를 들어 원인과 결과를 나타내는 순접 접속사(**したがって**·**それで**·**そこで**), 이유를 나타내는 접속사(**なぜなら**), 역접을 나타내는 접속사(**しかし**·**だが**·**でも**) 등으로 구별하여 실제 문장 안에서 글의 흐름을 어떻게 바꾸는지 등을 확인하는 연습을 한다.

2. 「**こと**」「**もの**」「**はず**」「**わけ**」 등이 만드는 문말 표현을 정리한다. 긍정인지 부정인지, 부정이면 전체 부정인지 부분 부정인지, 확실한 결론인지 추측인지 등을 구별한다.

3. 「**~てくる**·**~ていく**」의 방향성, 수동·사역·사역수동, 수수 표현 등도 출제되므로 문장의 주어(행위자)를 지문에서 찾는 연습도 해 둔다.

Memo

問題3 つぎの文章を読んで、文章全体の内容を考えて、[1]から[5]の中に入る最もよいものを1・2・3・4から一つえらびなさい。

以下の文章は、ある留学生が書いた作文です。

ビール工場見学

今日は学校の行事としてビール工場見学に行ってきました。日本に来る前から、日本のビールをよく飲んでいましたから、すごく[1]。1時間電車に乗って駅で降りてからまた15分くらい歩かなければいけなかったから、ちょっと疲れました。でも、工場に着いて見学をしているうちに、疲れが全部とれました。

私たちが訪問した工場は日本国内で2番目に古く、毎年日本人だけでなく、外国人もたくさん[2]。工場ではビールの原料を実際に手で触ったり、食べてみたりしました。職員さんの丁寧な説明のおかげで、ビールがどのような環境で[3]作られているかについてもよくわかりました。また、世界のビールの展示場では、自分の国のビールや好きなビールを探したりする人もいました。[4]見学の最後にはできあがったばかりのビールを飲んでみる時間もありました。いつも缶や瓶に入っているビールしか飲んだことのないみんなにとても貴重な体験でした。

帰り道に他のビール工場も見学してみたいと思いました。今度、ビールが大好きな友だちを[5]一緒に行ってみるつもりです。

›정답 및 해설 <본서1> p.89

1

1　楽しんでいると思います　　2　楽しんでいるはずです
3　楽しみにしていました　　4　楽しみにしているからです

2

1　訪れるかもしれません　　2　訪れるそうです
3　訪れたところです　　4　訪れたことです

3

1　どんなに　　2　ああいう　　3　どうやって　　4　こう

4

1　そして　　2　やはり　　3　つまり　　4　ところが

5

1　誘われて　　2　誘ってもらって
3　誘って　　4　誘わせて

112 실전 시험 글의 문법 [2]

問題3 つぎの文章を読んで、文章全体の内容を考えて、[1]から[5]の中に入る最もよいものを1・2・3・4から一つえらびなさい。

以下の文章は、ある留学生が書いた作文です。

駅弁

日本に来てからもう2年になりました。学校の勉強とアルバイトで毎日忙しいですが、私は旅行が大好きなので、休みの日はよく旅行に行きます。遠いところに旅行するときは新幹線に乗って移動することが多いですが、そのときは必ず「駅弁」を食べます。

[1]「駅」と「弁当」を組み合わせて作られた言葉であり、新幹線などで旅行するとき、車内で食べるお弁当のことです。日本の駅弁は種類も多く、地元でとれた材料を使ったものが多いので、地域の特色や個性が生かされています。また、特定の野菜や魚を入れたり入れなかったりする[2]、駅弁を食べる人に季節を感じさせます。[3]日本の駅弁は日本の地域性や日本の四季がよく表現されたものです。目で見るだけでなく、舌で日本を味わうことができる魅力的なものなので、鉄道旅行では必ず体験しなければならないもののようです。

今度の夏休みに国から友だちが遊びに来ますが、友だちと新幹線[4]旅行を計画しています。そのとき友だちにもぜひ駅弁を[5]あげたいと思っています。

›정답 및 해설 <본서1> p.89

1

1 駅弁とは　　2 駅弁について
3 駅弁のことは　　4 駅弁には

2

1 一方で　　2 のに　　3 ことで　　4 ために

3

1 でも　　2 このように　　3 たとえば　　4 ところで

4

1 からの　　2 でなら　　3 での　　4 さえ

5

1 体験(たいけん)されて　　2 体験(たいけん)させられて
3 体験(たいけん)して　　4 体験(たいけん)させて

113 실전 시험 글의 문법 [3]

問題3 つぎの文章を読んで、文章全体の内容を考えて、[1]から[5]の中に入る最もよいものを1・2・3・4から一つえらびなさい。

以下の文章は、ある留学生が書いた作文です。

自動販売機

東京に来て印象的だったのがいくつかありますが、その中で一番驚いたのは自動販売機です。私の国にもありますが、日本ほど数も種類も多くないです。

私がよく利用しているのはドリンクの自動販売機です。時間と場所に関係なくどこでも簡単に買えるからです。コーヒー、お茶、お水はもちろん、その季節[1]売らないドリンクまでそろっています。[2]、日本の自動販売機には冷たいものと温かいものが一つの機械の中にあるから、とても便利です。最近は冷たいドリンクを好まない人のために「常温のドリンク」というものも扱っていると友だちから[3]。また、商品の見本があるため、初めて目にするドリンクでも、どんな飲み物なのかイメージしやすいです。

日本人には当たり前な自動販売機かもしれませんが、外国人の私にはめずらしく思われます。これを日本独自の文化の[4]。今度国から友だちが遊びに来たら、有名なお店もいいけど、日本の自動販売機の文化を[5]。

(/5) 제한 시간 : 7분

정답 및 해설 <본서1> p.90

1

1 へだけ　2 へしか　3 にだけ　4 にしか

2

1 一方　2 すると　3 それに　4 ところが

3

1 聞きました　2 聞かれました
3 聞こえます　4 聞かせてくれました

4

1 一つでなければなりません
2 一つであると言ってもいいでしょう
3 一つでなくてもしかたないです
4 一つであるはずだったです

5

1 紹介してみましょう
2 紹介したほうがいいんでしょうか
3 紹介してもよさそうだと思っています
4 紹介することになっています

114 실전 시험 글의 문법 [4]

問題3　つぎの文章を読んで、文章全体の内容を考えて、[1]から[5]の中に入る最もよいものを1・2・3・4から一つえらびなさい。

以下の文章は、ある留学生が先生に書いた手紙です。

島田先生、ごぶさたしています。お元気ですか。

大阪は春らしい天気が続いて、桜が満開を迎えています。大阪に来てから[1]1年が過ぎてしまいました。大阪で生活しながら、ときどき東京の語学学校で先生に教えていただいたときのことを[2]。長年留学生を指導してきた先生のおかげで日本語だけでなく、日本の文化まで学ぶことができました。また、健康保険や外国人登録など、生活面でもいろいろサポートしてくださって、思ったより早く日本の生活に慣れることができたと思っています。そして、先生のおかげで日本語が上達し、来月からは通訳のアルバイトを[3]。大学卒業後、通訳の仕事を目指していたので、とてもいい機会だと思ってがんばっていきたいと思います。

今年のゴールデンウィークのとき、東京に行く計画を立てています。その時、先生にもぜひ[4]と思っています。もしご都合のいい日がありましたら、メールでお返事を[5]。

それではお待ちしております。

(/5) 제한 시간 : 7분

정답 및 해설 <본서1> p.91

1

1 しばらく　　2 あっというまに

3 そのまま　　4 だんだん

2

1 思い出させます　　2 思い出そうとします

3 思い出したりします　　4 思い出すことができました

3

1 するのでしょうか　　2 するそうです

3 したがっています　　4 することになりました

4

1 お目にかかりたい　　2 拝見(はいけん)したい

3 ご覧(らん)になりたい　　4 お見えになりたい

5

1 いただけないでしょうか　　2 さしあげたらいかがですか

3 いただいてはいかがですか　　4 さしあげてもよろしいでしょうか

115 실전 시험 글의 문법 [5]

問題3 つぎの文章を読んで、文章全体の内容を考えて、[1]から[5]の中に入る最もよいものを1・2・3・4から一つえらびなさい。

以下の文章は、留学生が書いた作文です。

大切な言葉

今日は私の心に残っている言葉について書きたいと思います。

高校2年生のとき、友人とうまくいかなかった時期がありました。先生に何か悩みごとでもあるのかと[1]、本当のことを話したら、「人を変えることはできないけど、自分は変わることができるよ。」と言ってくださいました。最初はどうして私だけが変わらなければいけないのかと疑問でしたが、だんだんその意味が[2]。私はそれまで何かをするとき、私の思うとおりにしたくて相手に求めるばかりで、自分でできることを探す努力なんかしていなかったのに気づきました。それで友人とトラブルがあったのだと[3]。

「人を変えることはできないけど、自分は変わることができる。」

[4]のおかげで、今まで周りと大きなトラブルもなく、あまりストレスもたまらなくなりました。私を大人に[5]大切な言葉です。

› 정답 및 해설 <본서1> p.91

1

1 聞いて　　2 聞かれて
3 聞かせて　　4 聞いてくれて

2

1 わかるところでした　　2 わかってきたらしいです
3 わかってもいいです　　4 わかってきました

3

1 考えてもらったらいいです　　2 考えることができたらいいです
3 考えることができたのです　　4 考えることもあったのです

4

1 ある言葉　　2 この言葉
3 どういう言葉　　4 どちらかの言葉

5

1 成長させてくれた　　2 成長してほしかった
3 成長させてもらった　　4 成長してやった

1교시

언어지식(문자 · 어휘)

시험 시간	30분

언어지식(문법) · 독해

시험 시간	70분

03

독해

문제 4	내용 이해 : 단문
문제 5	내용 이해 : 중문
문제 6	내용 이해 : 장문
문제 7	정보 검색

독해 기반 다지기

1. 지문 유형별 빈출 어휘

❶ 이메일 · 알림 · 메모

案内(あんない) 안내　以降(いこう) 이후　印刷(いんさつ) 인쇄　受付(うけつけ) 접수(처)　営業(えいぎょう) 영업　応募(おうぼ) 응모　行(おこな)う 행하다, 실시하다
会員(かいいん) 회원　改札口(かいさつぐち) 개찰구　開始(かいし) 개시　価格(かかく) 가격　確認(かくにん) 확인　活動(かつどう) 활동　歓迎(かんげい) 환영
完了(かんりょう) 완료　期間(きかん) 기간　急(きゅう)な 갑작스러운　禁止(きんし) 금지　詳(くわ)しい 자세하다　経験(けいけん) 경험　掲示板(けいじばん) 게시판
下旬(げじゅん) 하순　研究(けんきゅう) 연구　現在(げんざい) 현재　工事(こうじ) 공사　交通費(こうつうひ) 교통비　故障(こしょう) 고장　先(さき)に 먼저　参加(さんか) 참가
賛成(さんせい) 찬성　指定(してい) 지정　支払(しはら)う 지불하다　締(し)め切(き)り 마감　集合(しゅうごう) 집합　住所(じゅうしょ) 주소　準備(じゅんび) 준비
知(し)らせる 알리다　資料(しりょう) 자료　信号(しんごう) 신호　製品(せいひん) 제품　全員(ぜんいん) 전원　代金(だいきん) 대금　確(たし)かめる 확인하다
頼(たの)む 부탁하다　駐車場(ちゅうしゃじょう) 주차장　朝食(ちょうしょく) 조식　直接(ちょくせつ) 직접　都合(つごう) 사정, 형편　手袋(てぶくろ) 장갑
当日(とうじつ) 당일　届(とど)く 도착하다, 닿다　取(と)り消(け)し 취소　日程(にってい) 일정　発表(はっぴょう) 발표　貼(は)る 붙이다
引(ひ)き受(う)ける 받아들이다, 떠맡다　増(ふ)やす 늘리다　振(ふ)り込(こ)み (계좌) 이체　文房具(ぶんぼうぐ) 문방구　返事(へんじ) 답장
返信(へんしん) 답장　訪問(ほうもん) 방문　募集(ぼしゅう) 모집　間違(まちが)い 실수　窓口(まどぐち) 창구　申(もう)し込(こ)み 신청　持(も)ち物(もの) 준비물
郵送(ゆうそう) 우송　用事(ようじ) 용무, 볼일　利用(りよう) 이용　割引(わりびき) 할인

❷ 수필

あきらめる 포기하다　合(あ)わせる 맞추다, 합치다　慌(あわ)てる 허둥대다　意外(いがい)に 의외로　急(いそ)ぐ 서두르다
田舎(いなか) 시골　笑顔(えがお) 웃는 얼굴　応援(おうえん) 응원　お小遣(こづか)い 용돈　覚(おぼ)える 외우다, 기억하다　お礼(れい) 감사 인사
思(おも)い出(だ)す (지나간 일, 잊고 있었던 일을) 생각해 내다　思(おも)い出(で) 추억　飼(か)う (동물을) 기르다, 키우다
輝(かがや)く 빛나다　影(かげ) 그림자　囲(かこ)む 둘러싸다, 에워싸다　重(かさ)なる 겹치다, 포개어지다　片(かた)づける 정리하다
価値(かち) 가치　感覚(かんかく) 감각　関係(かんけい) 관계　感謝(かんしゃ) 감사　感想(かんそう) 감상　機会(きかい) 기회　季節(きせつ) 계절　期待(きたい) 기대
記録(きろく) 기록　近所(きんじょ) 근처　計画(けいかく) 계획　景色(けしき) 경치　交換(こうかん) 교환　交通手段(こうつうしゅだん) 교통수단　骨折(こっせつ) 골절
断(ことわ)る 거절하다　誘(さそ)う 꼬시다, 권하다　しかたない 어쩔 수 없다　沈(しず)む 가라앉다　姿勢(しせい) 자세

実家(じっか) 본가　失敗(しっぱい) 실패　順番(じゅんばん) 순번, 차례　紹介(しょうかい) 소개　情報(じょうほう) 정보　食欲(しょくよく) 식욕　過(す)ごす 지내다, 보내다

生徒(せいと) 학생　宣伝(せんでん) 선전　育(そだ)てる 키우다　体重(たいじゅう) 체중　楽(たの)しむ 즐기다　旅(たび) 여행　～たびに ~할 때마다

だんだん 점점　担任(たんにん) 담임　丁寧(ていねい)だ 정중하다, 공손하다　鉄道(てつどう) 철도　途中(とちゅう) 도중　慰(なぐさ)める 위로하다

懐(なつ)かしい 그립다　悩(なや)む 고민하다　慣(な)れる 익숙해지다　初(はじ)めて 처음　話(はな)しかける 말을 걸다

花束(はなたば) 꽃다발　服(ふく)を脱(ぬ)ぐ 옷을 벗다　不思議(ふしぎ)だ 이상하다, 신기하다　普段(ふだん) 평소　平気(へいき)だ 아무렇지 않다

守(まも)る 지키다　周(まわ)り 주변　身近(みぢか)だ 밀접하다, 친근하다　めずらしい 드물다, 진귀하다

目(め)に入(はい)る 눈에 들어오다, 보이다　目的(もくてき) 목적　目標(もくひょう) 목표　戻(もど)す (원위치로) 되돌리다

文句(もんく)を言(い)う 불평을 말하다　優(やさ)しい 상냥하다　夕日(ゆうひ) 석양　翌日(よくじつ) 다음 날　歴史(れきし) 역사　渡(わた)す 건네다

❸ 설명문

嫌(いや)がる 싫어하다　影響(えいきょう)を与(あた)える 영향을 주다　選(えら)ぶ 고르다, 선택하다　大型(おおがた) 대형

抑(おさ)える 억제하다, 줄이다　お互(たが)い 서로　思(おも)いつく (좋은 것, 아이디어를) 생각해 내다　解決(かいけつ) 해결

隠(かく)す 숨기다　我慢(がまん)する 참다　通(かよ)う (정기적으로) 다니다　借(か)りる 빌리다　看板(かんばん) 간판　気温(きおん) 기온

技術(ぎじゅつ) 기술　基礎(きそ) 기초　共同(きょうどう) 공동　協力(きょうりょく) 협력　工夫(くふう) 고안, 궁리　濃(こ)い (맛, 농도가) 진하다

高価(こうか) 고가　行動(こうどう) 행동　交流(こうりゅう) 교류　最低(さいてい) 최저　盛(さか)んだ 활발하다, 성행하다　資源(しげん) 자원　姿勢(しせい) 자세

自然(しぜん) 자연　従(したが)う 따르다　実験(じっけん) 실험　習慣(しゅうかん) 습관　種類(しゅるい) 종류　消費量(しょうひりょう) 소비량　将来(しょうらい) 장래

職人(しょくにん) 장인　調(しら)べる 조사하다　数字(すうじ) 숫자　整理(せいり) 정리　足(た)りない 부족하다　単純(たんじゅん)だ 단순하다

違(ちが)い 차이　到着(とうちゃく) 도착　土地(とち) 토지, 그 지방　泊(と)まる 머무르다, 숙박하다　配達(はいたつ) 배달　運(はこ)ぶ 운반하다

防(ふせ)ぐ 막다, 방지하다　平均気温(へいきんきおん) 평균 기온　ほとんど 거의　問題(もんだい)を解(と)く 문제를 풀다　郵便局(ゆうびんきょく) 우체국

様子(ようす) 모습, 상태　呼(よ)びかける 호소하다, 당부하다

2. 독해 해답 스킬

1. 무턱대고 지문을 먼저 읽으면 안 된다. 반드시 문제를 먼저 읽고 나서 포인트를 어디에 두고 읽어야 할지 판단한 후에 지문에서 정답이 되는 부분을 찾아서 읽기 시작한다.
2. 중문, 장문 독해는 단락 하나가 한 문제의 정답으로 연결되는 경우가 많다. 따라서 지문을 처음부터 끝까지 다 읽지 말고 문제를 읽고 나서 지문에서 정답이 되는 부분을 찾는 방식으로 문제를 해결해 간다.
3. 역접의 접속사(**しかし·でも·ところが** 등)가 나오면 세모(△) 표시를 해 둔다. 본문의 흐름이 바뀌는 부분을 바로 확인할 수 있으며 이는 곧 정답과도 연결된다.
4. 본문에 지시사가 나오면 무슨 내용을 가리키는지 꼭 확인하면서 읽어야 한다. 그렇지 않으면 정확한 내용 파악이 어려워지기 때문에 읽었던 부분을 반복해서 읽어야 하는 일이 생기고, 이렇게 되면 시간만 허비하게 되는 것이다.
5. 중문, 장문 독해는 지문이 길기 때문에 각 단락 간에 내용 연결을 잘 생각하며 읽어야 지문 전체의 흐름을 파악할 수 있다.
6. 문제 유형별 해답 찾는 요령을 숙지해서 실전 문제 풀기에 적용해 본다.

▶ 지시사나 지시사가 들어간 밑줄의 의미를 묻는 문제

예 この状態とあるが、何か。

지시사가 있는 경우는 그 앞 문장에 정답이 있는 경우가 대부분이다. 선택지에서 정답을 고른 후에 본문의 지시사 자리에 대입하여 해석해 본다.

▶ 밑줄 친 문장의 의미를 묻는 문제

예 表情が表す意味は一つではないとあるが、どういうことか。

밑줄이 있는 문장의 앞뒤에 정답이 숨어 있다. 본문의 표현과 유사한 표현으로 서술된 선택지가 정답이 되는 경우가 많다.

▶ 이유를 묻는 문제

예 いつも私のそばにあったとあるが、どうしてか。

밑줄이 있는 문장의 앞뒤에 있는 「**から・ので・ため・のである**」 등을 힌트로 삼아 문제를 푼다.

▶ 밑줄이 없이 특정 단어나 문장의 의미를 묻는 문제

예 調査によると、傘を買うときに、女性と男性が最も大切にしていることは何か。

밑줄이 없는 문제는 본인이 밑줄 문제로 만들면 된다.
예를 들어 위의 문제에서 「**傘を買うときに、女性と男性が最も大切にしていること**」를 지문에서 빨리 찾은 후에 밑줄을 긋고, 앞뒤의 내용을 잘 읽으면 된다.

▶ **필자의 생각을 묻는 문제**

예 この文章で一番言いたいことは何か。

중문 독해, 장문 독해에서의 필자의 생각은 본문의 마지막 단락에 서술되어 있는 경우가 많으며, 만약 마지막 단락이 짧을 경우에는 이미 풀어놓은 앞 문제의 정답과 함께 내용을 연결해서 유추해서 풀 수도 있다.

▶ **정보 검색 문제**

정보 검색 문제는 무작정 본문을 읽으면 절대 안 된다. 우선은 질문에 제시된 조건을 파악해서 메모를 해두고, 그 부분에 해당하는 정보만 찾아서 문제를 해결해 나가야 한다.

3. 독해 학습 대책

1. 70분의 시험시간 동안 문법과 독해를 함께 풀어야 하므로 시간 배분이 중요하다. 문법을 푸는 데 너무 많은 시간을 허비하면 그만큼 독해를 풀 수 있는 시간이 줄어들게 되어 결국 좋은 점수를 못 받게 될 수도 있다. 따라서 평소에 제한된 시간 안에 문제 푸는 연습을 하는 것이 중요하다.
2. 키워드 찾기 연습을 한다. 무작정 본문을 먼저 읽게 되면 어디에 포인트를 두고 읽어야 하는지 감이 오지 않고 이것은 독해를 시간 내에 풀 수 없게 만드는 주범이다. 따라서 문제를 먼저 읽고, 문제와 본문이 일치하는 부분을 키워드로 잡아 문제를 해결해 가도록 연습한다.
3. 문자·어휘와 문법의 기초지식을 쌓아 놓는다. 특히 문장을 연결해 주는 순접, 역접의 문법 표현과 조사를 정확히 해석하는 연습을 해 둔다.
4. 지문을 읽을 때에는 최대한 본인의 생각은 배제하고 읽어야 한다. 가끔 본문 해석을 한 후에 문제를 풀 때 본인의 생각에 의해 문제를 풀게 되는 경우가 있는데 이는 오답으로 가는 지름길이다.
5. 문제를 풀고 나서 정답을 맞춘 후에는 반드시 나머지 3개의 보기가 왜 오답인지를 파악하는 연습을 한다.

문제 4 내용 이해 : 단문

» 유형 소개

내용 이해 : 단문 (4문항)

150~200자 정도의 이메일, 편지, 알림, 메모, 안내문, 수필 등의 지문이 출제된다. 4개의 지문으로 구성되며 각 지문당 문항 수는 1개이다. 주로 내용 파악과 필자의 생각을 묻는 문제가 출제된다.

예

問題4　つぎの(1)から(4)の文章（ぶんしょう）を読んで、質問に答えなさい。答えは、1・2・3・4から最もよいものを一つえらびなさい。

（1）これは大学から学生に届（とど）いたメールである。

あて先　: kinkyu@oyama-daigaku.ac.jp
件　　名 : 大雪による休講のお知らせ
送信日時 : 2023年 12月 1日 7:00

学生のみなさん

現在、大雪のため、多くの公共交通機関が止まっています。そのため、午前の授業（じゅぎょう）は行われません。午後の授業（じゅぎょう）は、10時までに公共交通機関が動き始めれば、いつもの通り行います。授業（じゅぎょう）を行うかどうか10時にメールでお知らせしますので、必ず確認（かくにん）してください。

なお、クラブ活動やサークル活動なども、午前中は中止してください。

大山大学　事務室（じむ）

---

24 このメールからわかることは何か。

1 今日の午前の授業(じゅぎょう)は、10時から始まる。

2 午前も午後も、今日はクラブ活動を中止しなければならない。

3 今日の午後の授業(じゅぎょう)があるかどうか、10時に事務室(じむ)からメールが届(とど)く。

4 10時に事務室(じむ)からメールが届(とど)いたら、今日の午後の授業(じゅぎょう)はある。

24	① ② ❸ ④

해석 이것은 대학교로부터 학생에게 도착한 메일이다.

수신인: kinkyu@oyama-daigaku.ac.jp

건 명: 대설에 의한 휴강 안내

송신일시: 2023년 12월 1일 7시

학생 여러분(께)

현재, 대설 때문에 많은 공공교통기관이 멈춰있습니다. 그 때문에 오전 수업은 진행하지 않습니다. 오후 수업은 10시까지 공공교통기관이 운행을 시작하면, 여느 때처럼 실시합니다. 수업을 진행할지 어떨지 10시에 메일로 안내해 드릴 테니 반드시 확인해 주세요.

또한, 클럽 활동이나 서클 활동 등도 오전 중에는 중지해 주세요.

오야마대학 사무실

---

24 이 메일에서 알 수 있는 것은 무엇인가?

1 오늘 오전 수업은 10시부터 시작된다.

2 오전에도 오후에도 오늘은 클럽 활동을 중지해야 한다.

3 오늘 오후 수업이 있을지 어떨지, 10시에 사무실로부터 메일이 올 것이다.

4 10시에 사무실에서 메일이 오면, 오늘 오후 수업은 있을 것이다.

» 해답 스킬

1. 질문을 먼저 읽고 질문의 포인트를 파악한다.
2. 본문을 읽으며 질문의 포인트가 나오면 밑줄을 친다.
3. 질문의 포인트와 가까운 곳이 정답이므로, 이 부분과 가장 유사한 의미의 선택지를 정답으로 고른다.
4. 필자의 생각을 묻는 문제인 경우 「**つまり**(다시 말해서)」와 같은 접속사를 확인한다.
5. 본문에 없는 내용은 당연히 정답이 될 수 없으므로, 어설프게 해석해서 오답을 고르지 않도록 주의한다.

» 학습 대책

1. 질문의 포인트와 일치하는 부분을 키워드로 잡아 문제를 해결해 가는 연습을 한다.
2. 본문을 읽을 때는 본인의 생각은 배제하고 읽어야 한다.
3. 문제를 풀고 정답을 맞힌 후에는 선택지의 나머지 3개가 왜 오답인지를 생각해야 한다.

Memo

116 실전 시험 내용 이해 : 단문 [1]

問題4 つぎの（1）から（4）の文章(ぶんしょう)を読んで、質問に答えなさい。答えは、1・2・3・4から最もよいものを一つえらびなさい。

(1)

これはまなみさんがたかしくんに送ったメールである。

> たかしくんへ
>
> 先週は久しぶりに会えて、うれしかったです。高校の卒業以来だったけど、あのときとあまり変わっていなくてびっくりしました。そのときに話に出てきた本が実家(じっか)で見つかったので、昨日送りました。あさってには届くと思うので、届いたら連絡ください。
>
> あと、本を探すとき部屋を掃除していたら、高校1年生のコンクールの写真を発見したので添付(てんぷ)します。写真を見ていたらとても懐(なつ)かしくなったので、今度当時の部員(ぶいん)で集まりましょう。
>
> まなみ

1 そのときとはいつか。

1 先週会ったとき

2 高校生のとき

3 卒業のとき

4 コンクールのとき

정답 및 해설 <본서1> p.92

(2)

最近新しいカバンを買った。友だちが持っているものと同じような小さくてかわいいカバンだ。今まで大きいカバンしか使ったことがなかったから、小さいカバンは新鮮だった。その新しいカバンを持って初めて出かけようと思った時、私はとてもびっくりした。全然物が入らないのだ。大きいカバンに慣れていた私は、小さいカバンの物の入らなさにびっくりしたと同時に、友だちはカバンの中に何を入れているんだろうと、とても不思議(ふしぎ)に思った。

2 「私」は小さいカバンについてどう思っているか。

1　物がたくさん入らなくて驚いた。

2　小さくてかわいいから気に入っている。

3　大きいカバンと同じだ。

4　小さくて不思議に思った。

(3)

これは教授から学生へのお知らせである。

秋学期レポートの提出期限について

提出(ていしゅつ)枚数は5枚、3月15日までに出してください。レポートの内容は中間試験後の授業中に話しましたが、この授業の掲示板(けいじばん)に載(の)っているので、忘れた人は掲示板(けいじばん)で確認してください。提出(ていしゅつ)期限を過ぎた場合、正式なものとして認(みと)められません。今回のレポートは成績の70%になりますので、レポートを提出(ていしゅつ)しない場合は成績がつけられません。必ず提出(ていしゅつ)してください。

3 レポートについて正しいものはどれか。

1 レポートの内容は自由である。

2 期限(きげん)までに提出しないと成績が悪くなる。

3 レポートで70点以上とらなければならない。

4 レポート枚数に制限(せいげん)がない。

(4)

ある調査によると、常に前向きな人は、そうじゃない人に比べて成功体験が多いという結果が出た。成功体験が少ないと、いつも失敗することを想像してしまうため、チャレンジしないで終わってしまうことが多い。しかし成功体験が多いと、たとえ失敗をしても、チャレンジすることに意味があると考えるため、行動を起こすのがはやいのだそうだ。

4 いつも前向きな人とはどんな人か。

1 成功を想像する人

2 行動する速度が速い人

3 何事にもまず挑戦する人

4 失敗しないように、計画を立てる人

117 실전 시험 내용 이해 : 단문 [2]

問題4 つぎの（1）から（4）の文章を読んで、質問に答えなさい。答えは、1・2・3・4から最もよいものを一つえらびなさい。

(1)

先週の日曜日、娘の幼稚園で、発表会が開かれました。娘のクラスは劇をするとのことだったので、いい席で見ようと朝早くに出かけました。劇が始まって、娘が登場したとき、たくさんの人の前で、娘が何もできなくなってしまうのではないかとはらはらしながら見ていました。しかし、娘は緊張もしないで、練習したセリフを大きい声で言っていました。娘の成長が見られてとてもうれしい一日でした。

1 はらはらしながらとあるが、なぜか。

1 娘の声が小さくて何も聞こえなかったから

2 娘が発表会で、たくさんの人の前に登場しなかったから

3 娘が緊張して、動けなくなってしまうと思ったから

4 朝早く行かないと、いい席で見られないと思ったから

정답 및 해설 <본서1> p.93

(2)

私は一人暮らしをしている。一人暮らしは自由でいいが、掃除や洗濯などの家事を一人で全部しなければならない。私が何より困っていることは、食べ物が食べきれないことだ。野菜や果物はすぐに腐ってしまうので、早く食べなければならないが、一人暮らしでは全部消費することが難しい。結局いつも捨ててしまうので、本当にもったいないと思っている。

2 「私」が最も困っていることは何か。

1　家事が大変なこと

2　一人では食べ物を全部食べられないこと

3　野菜や果物をあまり食べなくなったこと

4　掃除をしなければならないこと

(3)

これは野球クラブのメンバーに送られたメールである。

> ライオンズクラブのみなさま
>
> 12月23日(金)のドラゴンズクラブとの試合の後で、19時から毎年開かれている忘年会を行います。場所は駅から徒歩10分の居酒屋です。今年1年の試合を振り返りながら話し合い、今年最もいい試合をした選手を決めましょう。選ばれた方には商品券をさしあげます。その他にも、温泉旅行が当たるゲームなどをしようと思っています。忘年会に参加される方は15日までにメールをください。
>
> ライオンズクラブ代表
>
> 北田

3 忘年会についてこのメールからわかることは何か。

1 一番活躍した選手を決める。

2 参加しない人もメールしなければならない。

3 忘年会をした後でみんなで温泉旅行に行く。

4 23日の試合についてみんなで話す。

(4)

ある日、家の時計が止まった。その時計には電池が4個使われていたが、家に新しい電池が3個しかなかった。夜遅かったし、買いに行く時間もなかったので、新しい電池3個と古い電池1個を入れてみた。時計が動き出したので、そのままにしていたが、3週間後にまた時計が止まった。後から知った話だが、電池は、新しいものと古いものを混ぜて使うと、新しい電池の消費が加速してしまうらしい。結局また新しい電池を買わなければならなくなった。

4 この文章でわかることは何か。

1 電池は、3個だけでもいい。

2 電池は、古いものと混ぜて使うと時計が動かない。

3 電池は、新しいものを常に家に置いておいたほうがいい。

4 電池は、新しいものと古いものを一緒に使うとすぐに切れてしまう。

문제 5 내용 이해 : 중문

» 유형 소개

내용 이해 : 중문 (6문항)

350자 정도의 설명문, 수필 등의 지문이 출제된다. 2개의 지문으로 구성되며 각 지문당 문항 수는 3개이다. 주로 지시사나 특정 단어가 가리키는 내용이나 단락의 내용을 묻는 문제, 필자의 생각을 묻는 문제가 출제된다.

예

問題5　つぎの(1)と(2)の文章を読んで、質問に答えなさい。答えは、1・2・3・4から最もよいものを一つえらびなさい。

(1)

私は本が好きで、よく本を買うのですが、先日①失敗をしてしまいました。家で買ったばかりの本を読んでいたら、前に読んだことがあるような気がしてきたのです。もしかしたら持っている本かもしれないと思って本棚を探してみたら、やっぱりありました。そして、その本を読んだことも思い出したのです。

私はたまにこんな失敗をします。読んだことがある本なのに、買ったことも内容も忘れているのです。

それが面白くない本だったときは、つまらない本のために二度もお金を払ったことが悔しくなります。でも、面白くて感動した本だったときには、悔しいだけではなく②自分が嫌になります。いいと思った本のことを忘れてしまった自分が情けないのです。

これからも同じようなことをしてしまうかもしれません。でも、本を読むのは楽しいので、本屋通いはやめられそうもありません。

28　①失敗とあるが、どのようなことか。

1　買ったばかりの本を本棚に入れたまま、読むのを忘れてしまったこと
2　前に読んだことを忘れて、同じ本をまた買ってしまったこと
3　持っていない本なのに、本棚にあるはずだと思って探してしまったこと
4　初めて読む本なのに、前に読んだことがあると思ってしまったこと

⋮

28	① ❷ ③ ④

⋮

해석 저는 책을 좋아해서, 종종 책을 삽니다만, 얼마 전 ①실패를 해버리고 말았습니다. 집에서 산 지 얼마 안 된 책을 읽고 있었더니, 전에 읽었던 적이 있는 듯한 기분이 들기 시작했던 것입니다. 혹시 가지고 있는 책일지도 모른다고 생각해 책장을 찾아보니, 역시 있었습니다. 그리고 그 책을 읽었던 것도 생각났습니다.

저는 가끔 이런 실패를 합니다. 읽었던 적이 있는 책인데도, 샀던 것도 내용도 잊어버리는 것입니다.

이것이 재미있지 않았던 책이었을 때는, 재미없는 책 때문에 두 번이나 돈을 낸 것이 분해집니다. 그런데 재미있고 감동했던 책이었을 때는 분할 뿐만 아니라 ②나 자신이 싫어집니다. 좋다고 생각했던 책에 대해 잊어버린 자신이 한심한 것입니다.

앞으로도 똑같은 행동을 할지도 모릅니다. 하지만 책을 읽는 것은 즐겁기 때문에, 서점 다니기는 그만둘 것 같지 않습니다.

28 ①실패라고 있는데, 어떤 것인가?

1 막 구매한 책을 책장에 넣어둔 채, 읽는 것을 잊어버린 일

2 전에 읽었던 것을 잊고, 같은 책을 또 사버렸던 일

3 가지고 있지 않은 책인데, 책장에 있다고 생각해 찾았던 일

4 처음 읽는 책인데, 전에 읽은 적이 있다고 생각해 버린 일

⋮

» 해답 스킬

1. 중문 독해는 하나의 지문에 질문이 3개이다. 한 단락에 질문이 하나씩 대입된다고 생각하면 된다.
2. 단문 독해와 마찬가지로 질문의 포인트를 잡고 이 포인트와 일치하는 부분을 정답의 힌트로 활용하면 된다.
3. 질문 유형별 정답 찾는 스킬을 숙지해서 실전 문제 풀기에 적용해 본다.

질문 유형 1

▶ **지시사나 지시사가 들어간 밑줄의 의미를 묻는 문제**

예 **この状態とあるが、何か。**

지시사가 있는 경우는 그 앞 문장에 정답이 있는 경우가 대부분이다. 선택지에서 정답을 고른 후에 본문의 지시사 자리에 대입하여 해석해 본다.

질문 유형 2

▶ **밑줄 친 문장의 의미를 묻는 문제**

예 **表情が表す意味は一つではないとあるが、どういうことか。**

밑줄이 있는 문장의 앞뒤에 정답이 숨어있다. 본문의 표현과 유사한 표현으로 서술된 선택지가 정답이 되는 경우가 많다.

질문 유형 3

▶ **이유를 묻는 문제**

예 **いつも私のそばにあったとあるが、どうしてか。**

밑줄이 있는 문장의 앞뒤에 있는 「**から、ので、ため、のである**」 등을 힌트로 삼아 문제를 푼다.

질문 유형 4

▶ **밑줄이 없이 특정 단어나 문장의 의미를 묻는 문제**

예 **調査によると、傘を買うときに、女性と男性が最も大切にしていることは何か。**

밑줄이 없는 문제는 본인이 밑줄 문제로 만들면 된다. 예를 들어, 위의 문제에서 「**傘を買うときに、女性と男性が最も大切にしていること**」를 본문에서 빨리 찾은 후에 밑줄을 긋고, 앞뒤의 내용을 잘 읽으면 된다.

질문 유형 5

▶ 필자의 생각을 묻는 문제

예 **この文章で一番言いたいことは何か。**

중문 독해에서 필자의 생각은 본문 마지막 단락에서 정답을 찾으면 되고, 이미 풀어놓은 앞 문제의 정답 내용을 연결하면 본문 전체의 의미와 더불어 필자의 생각도 유추할 수 있다.

Memo

118 실전 시험 내용 이해 : 중문 [1]

問題5 つぎの（1）と（2）の文章（ぶんしょう）を読んで、質問に答えなさい。答えは、1・2・3・4から最もよいものを一つえらびなさい。

（1）

同じサッカー部の友だちがけがをした。骨折（こっせつ）をしたらしく、町の小さい病院でみてもらったあと、大きい病院に移動することになった。移動した病院は、先生たちがとても優しかった。私が病院で迷ってしまったとき、病室まで案内してくれる先生もいた。友だちのけがは、手術をしたあとでリハビリをすれば、今まで通り練習できるということだったのでほっとした。

入院していた友だちが退院したとき、友だちに快気祝い（かいき）で洗剤（せんざい）をもらった。快気祝い（かいき）とは、病気やけがが完治したときに、お見舞いに来てくれた人に対して、お返しとしてあげるものだそうだ。友だちが入院していたときに何回かお見舞いに行ったが、完治したあとにお返しをもらうとは思わなかったからびっくりした。どうして洗剤（せんざい）なのかわからなかったから聞いてみたところ、快気祝い（かいき）に贈るものは、後に残らないものがいいらしい。

› 정답 및 해설 <본서1> p.95

1 「私」はどうしてほっとしたか。

1　友だちが大きい病院に入院したから

2　大きい病院の先生たちが優しかったから

3　病院で迷ったけど、無事に病室まで行けたから

4　友だちが前と同じようにサッカーができると聞いたから

2 快気祝いとは何か。

1　入院していた人に、早く治るようにあげるもの

2　入院していた人に、退院を祝うためにあげるもの

3　入院していた人が、お世話になった病院の人にあげるもの

4　入院していた人が、お見舞いに来てくれた人にあげるもの

3 快気祝いが洗剤なのはなぜか。

1　洗剤が好きだから

2　家に残しておけるものだから

3　消費できるものがいいから

4　入院していたときを服を洗いたいから

(2)

子どもにどんな習い事をさせればいいか悩む親が多いと思います。私も子どもにどんな習い事をさせるか、妻と話し合いました。私は絵が下手で、子どもには絵を上手に描いてほしいと思ったので、お絵かき教室に通わせたいと思っていました。しかし、妻は、字をきれいに書かせたいと言い、結局、習字(しゅうじ)(注)を習わせることにしました。最初は、字を書く練習は地味だし、子どももすぐに飽きるだろうと思って反対しました。しかし、何ヶ月か続けていくうちに、子どもは字がとてもきれいになり、集中力もつきました。それを見て、私は習字(しゅうじ)もいいなと思うようになりました。

私は習字(しゅうじ)に対する考えが変わりました。字がきれいになると、周りの人にまじめで好印象なイメージを与えることができます。さらに、大人になって社会に出てからも、役に立つ場面が増えると思います。私は今は、子どもに習字(しゅうじ)を習わせてよかったと思っています。

(注) 習字(しゅうじ)：字を正しくきれいに書く練習

1 「私」はどうしてお絵かき教室に通わせたいと思ったか。

1　将来画家になってほしいから

2　他の子どもが絵を習っているから

3　子どものときに、親に習わされたから

4　子どもには絵が上手になってほしかったから

2 習字(しゅうじ)もいいなと思うようになりましたとあるが、それはなぜか。

1　子どもがすぐに辞めなかったから

2　字だけでなく集中力もよくなったから

3　習字(しゅうじ)が地味ではなかったから

4　いいイメージがあったから

3 「私」は今、習字(しゅうじ)についてどう思っているか。

1　習字(しゅうじ)を習うと、まじめに勉強できていいと思っている。

2　字がきれいになるより絵が上手になったほうがいいと思っている。

3　大人になってから習ってもいいので、今は勉強に集中してほしいと思っている。

4　字がきれいになると、周りにいい印象を与え、将来役立つことが多いと思っている。

119 실전 시험 내용 이해 : 중문 [2]

問題5 つぎの（1）と（2）の文章を読んで、質問に答えなさい。答えは、1・2・3・4から最もよいものを一つえらびなさい。

(1)

ある会社が、幸福度を測る実験を行いました。40人を2つのグループに分け、同じ金額のお金を渡しました。そして、決められた時間内に、片方のグループは自分自身のためにお金を使うように指示し、もう片方のグループは他人のためにお金を使うように指示しました。

再び集合したときに、40人すべての幸福度を調査しました。実験する前は、他人より自分にお金を使った方が、幸福度が高くなると予想されていました。しかし、実験結果をまとめたところ、①予想とは違う結果が出ました。他人のためにお金を使った人の方が、自分のためにお金を使った人より幸福度が高いという結果が出たのです。

しかし、このように高い幸福度を感じても、すべて短期的にしか続きません。専門家によると、人は人生で一番だと思うくらいの幸せを感じたとしても、時間が経てば経つほどその幸せが薄れていき、最終的には幸せを感じる前と同じくらいにまで戻るそうです。長期的に幸せを感じるためには、②さらに研究が必要だとのことです。

(/6) 제한 시간 : 12분

정답 및 해설 <본서1> p.96

1 どんな実験をしたか。

1 自分自身にどのようにお金を使ったら幸せだと思うかを調査した実験

2 他人にどのようにお金を使ったら幸せだと思うかを調査した実験

3 どれだけたくさんのお金を使ったら幸せだと思うかを調査した実験

4 だれのためにお金を使ったら幸せだと思うかを調査した実験

2 ①予想とは違う結果が出ましたとあるが、結果とは何か。

1 自分のためにお金を使った人より、他人のためにお金を使った人の方が幸せじゃなかった。

2 自分のためにお金を使った人より、他人のためにお金を使った人の方が幸せだった。

3 他人のためにお金を使った人より、自分のためにお金を使った人の方が幸せに見えなかった。

4 他人のためにお金を使った人より、自分のためにお金を使った人の方が幸せそうに見えた。

3 ②さらに研究が必要だとあるが、なぜか。

1 人は時間が経てば経つほど感情がなくなるから

2 人は人生で一番の幸せを感じることができないから

3 人は短期間しか、ものを覚えることができないから

4 人は幸せを感じても、一定期間が過ぎると幸せを感じなくなるから

(2)

外で急に雨が降ってしまうと、傘を持っておらず、移動が大変になってしまうこともあるでしょう。雨に降られると、衣服やくつが濡れてしまいます。

あるテレビ番組で早く服が乾くおもしろい方法を紹介していました。それは、服を乾かすときに、太いハンガーを使うことです。細いハンガーでも服は乾きますが、服がくっついてしまい、乾くのに時間がかかってしまいます。しかし、太いハンガーを使うと、服の前と後ろの布の間に空間ができるため、早く乾くのだそうです。さらに、アイロンをかけてから乾かすと、熱で服が乾く速度が、もっと早くなるとのことでした。実際に試してみると、太いハンガーを使った服は、細いものより2倍早く乾きました。

家のクローゼットを見てみると、私の家のハンガーはほとんど細いものでした。もったいない気もしますが、全部買い替えようと思います。

1 それとは何か。

1　太いハンガーを使う方法

2　雨の日に移動する方法

3　服が乾く時間を短くする方法

4　服やくつが濡れない方法

2 太いハンガーについて合っているものはどれか。

1　2倍の水分でも早く乾く。

2　アイロンが使いやすくなる。

3　太いハンガーを使うと服の布がついて早く乾く。

4　細いハンガーに比べて水分がなくなるのが早い。

3 「私」はこれからハンガーをどうしようと思っているか。

1　家にあるハンガーを全部捨てようと思っている。

2　家にある細いハンガーを全部太いものにしようと思っている。

3　もったいないから、今まで通りに使おうと思っている。

4　もったいないから、細い物を一部残しておこうと思っている。

120 실전 시험 내용 이해 : 중문 [3]

問題5 つぎの（1）と（2）の文章（ぶんしょう）を読んで、質問に答えなさい。答えは、1・2・3・4から最もよいものを一つえらびなさい。

（1）

大学の中には、大学を観光地化しているところがある。大学のキャンパスは、広くて博物館や植物園があることなどが①魅力（みりょく）だ。最近では外国人観光客が、見学のために団体で訪れることもあるそうだ。

しかし私は、大学は勉強に専念する場所であり、観光地にするべきではないと思っている。観光客が増えると、騒（さわ）がしくなってしまうため、授業のじゃまになることもあるからだ。また、関係者以外立（た）ち入（い）り禁止（きんし）の場所に、観光客が間違えて入ってしまう可能性もある。学生は大学に遊びに来ているのではなく、学びに来ているのだから、学業を妨（さまた）げるようなことをしてはいけない。

それでも、観光地化するのであれば、大学は観光客が過ごしやすい環境（かんきょう）を作る前に、入場制限を作ったり、週末だけの開放にしたりするなど、学生を守る対策（たいさく）を②作ってほしいと思っている。

정답 및 해설 <본서1> p.97

1　①魅力とあるが、どのようなことか。

1　大学を観光地化していること

2　見学が自由にできること

3　さまざまな施設があること

4　外国人観光客が来ること

2　「私」はどうして大学を観光地にするべきではないと思っているか。

1　学生が多くて騒がしくなってしまうから

2　学生が学業に専念できないから

3　観光客が授業を見学してじゃまになるから

4　入ってはいけない所に入って遊ぶから

3　②作ってほしいと思っているのは誰か。

1　学生

2　観光客

3　大学

4　私

(2)

洋服を買う時にフリーサイズという表記を目にします。このフリーサイズの意味を理解している人はどれだけいるのでしょうか。

たいていの人はだれでも着られるサイズという意味だと思っているようですが、実際には①そうではないのにフリーサイズとして販売されている商品が多くあり、買ってみたが、着られなかったという経験を持つ人も多いと思います。実はフリーサイズにはもう一つ意味があり、サイズが1つしかない場合にも使われるのでそんなことが起こるのだそうです。その場合、ワンサイズと書くべきだと思うのですが、そうすると客の満足度を無視しているとか、製品づくりをサボっているとか言われるかもしれないので、②言葉を選んで表記しているのです。

サイズの表記は細かい規制(きせい)があるわけではありませんので現時点では大丈夫ですが、国で適切なルールを作っておかないと、いつか大きな問題が起こるかもしれません。

1 ①そうは何を指しているか。

1 だれでも着られる大きさの服

2 買ったのに着られなかった服

3 サイズが1つしかない服

4 満足度を考えていない服

2 ②言葉を選んでとはどういう意味か。

1 サイズをよくわかるように表記すること

2 フリーサイズの意味を表記すること

3 ワンサイズをフリーサイズと表記すること

4 サボっていることがわからないようにすること

3 筆者が言いたいことは何か。

1 着られない服を買わないようにしてほしい。

2 サイズ表記について決まりを作ってほしい。

3 客のことを考えて服を作ってほしい。

4 服を買うときには、サイズ表記をよく見てほしい。

문제 6 내용 이해 : 장문

» 유형 소개

내용 이해 : 장문 (4문항)

550자 정도의 설명문, 수필, 주장문 등의 지문이 출제된다. 1개의 지문으로 구성되며 문항 수는 4개이다. 주로 지시사나 특정 단어가 가리키는 내용이나 단락의 내용을 묻는 문제, 필자의 생각을 묻는 문제가 출제된다.

問題6　つぎの文章を読んで、質問に答えなさい。答えは、1・2・3・4から最もよいものを一つえらびなさい。

　先日、テレビであるタクシー会社の話が紹介されていた。

　タクシーの運転手は、利用者から「急いでください。」と言われることが多いので、急ぐことがサービスになると思っている人が多い。それで、走り出してすぐにスピードを上げたり、前の車が遅いときは追い越したりしていた。ところが、その会社が利用者にアンケート調査を行ってみると、70%以上の人が「ゆっくり走ってほしいと思ったことがある」と答えたそうだ。

「①驚きました。多くのお客様が希望しているサービスは、私たちが考えていたのとは反対のものだったんです。」と会社の人は話していた。

　会社は、この結果から、必ずしも急ぐ必要がある人ばかりではないと気がついた。急ごうとすると、どうしても車が大きく揺れてしまうことがある。小さい子供を連れた人や車に酔いやすい人など、ゆっくり丁寧に運転してほしいと思う利用者もいるのだ。しかし、急いでくれている運転手に「急がなくてもいいから、丁寧に運転してください。」とは言いにくい人が多いのだろうと考えた。

　そこで、この会社では、利用者が座る席の前にボタンをつけ、利用者がそのボタンを押せば、いつもよりゆっくり丁寧に運転するというサービスを開始した。これなら、希望を言い出しにくい人でも、遠慮なく希望を運転手に伝えることができる。

　このサービスを喜ぶ利用者は多く、会社のイメージも上がって、予約が15%もアップしたそうだ。それに、丁寧に運転するとガソリンの消費量も減り、環境にも優しい。そう考えると、これは②素晴らしいアイデアなのではないだろうか。

34 このタクシー会社が調査をして、わかったことはどのようなことか。

1 急ぐことが利用者へのサービスになると思っている運転手が多い。

2 スピードを急に上げたり、前の車を追い越(こ)したりする運転手が多い。

3 運転手は丁寧(ていねい)な運転をしてくれていると考えている利用者が多い。

4 ゆっくり運転してもらいたいと思ったことがある利用者が多い。

⋮

34	①②③❹

⋮

해석 얼마 전에, TV에서 어느 택시회사의 이야기가 소개되었다.

택시 운전수는 이용자로부터 '서둘러 주세요.'라는 말을 듣는 경우가 많기 때문에, 서두르는 것이 서비스가 된다고 생각하는 사람이 많다. 그래서, 달려서 금방 스피드를 올리거나 앞차가 느릴 때는 추월하거나 하고 있다. 그런데, 그 회사가 이용자에게 앙케트 조사를 실시해보니, 70% 이상의 사람들이 '천천히 달렸으면 좋겠다고 생각한 적이 있다'고 대답했다고 한다.

'①놀랐습니다. 많은 승객이 희망하고 있는 서비스는 우리가 생각하고 있던 것과는 반대였던 것입니다.'라고 회사 관계자가 이야기했다.

회사는, 이 결과로부터, 꼭 서두를 필요가 있는 사람뿐인 것은 아니라고 깨달았다. 서두르려고 하면, 어떻게든 차가 크게 흔들려 버리는 경우가 있다. 어린아이를 동반한 사람이나 차멀미하기 쉬운 사람 등, 천천히 주의 깊게 운전했으면 좋겠다고 생각하는 이용자도 있는 것이다. 하지만, 서둘러 가주고 있는 운전수에게 '서두르지 않아도 되니까, 조심스럽게 운전해 주세요.'라고는 말하기 어려운 사람이 많을 거라고 생각했다.

거기서, 이 회사에서는, 이용자가 앉는 좌석 앞에 버튼을 설치해, 이용자가 그 버튼을 누르면, 평소보다 천천히 주의 깊게 운전한다는 서비스를 개시했다. 이것이라면 원하는 바를 말로 꺼내기 힘든 사람에게도 기탄없이 원하는 바를 운전수에게 전달할 수 있다.

이 서비스를 기꺼워하는 이용자가 많아, 회사 이미지도 좋아졌고, 예약이 15%나 상승했다고 한다. 게다가 조심스럽게 운전하면 휘발유 소비량도 줄어, 환경에도 좋다. 그렇게 생각하면, 이것은 ②굉장한 아이디어인 것은 아닐까.

34 택시회사가 조사를 해서 알게 된 것은 어떤 것인가?

1 서두르는 것이 이용자를 위한 서비스가 된다고 생각하고 있는 운전수가 많다.

2 스피드를 갑자기 올리거나 앞차를 추월하거나 하는 운전수가 많다.

3 운전수가 조심스럽게 운전해주고 있다고 생각하고 있는 이용자가 많다.

4 천천히 운전해줬으면 좋겠다고 생각한 적이 있는 이용자가 많다.

» 해답 스킬

1. 장문 독해는 하나의 지문에 질문이 4개이다. 한 단락에 질문이 하나씩 대입된다고 생각하면 된다.
2. 중문 독해 해답 스킬 2, 3번을 토대로 문제를 풀어 본다.
3. 지문이 길기 때문에 단락의 내용이 어떻게 연결되는지 생각하며 읽어야 지문 전체의 흐름을 파악할 수 있다.
4. 특히 역접의 접속사 「**しかし**(그러나), **でも**(하지만), **ところが**(그런데)」 등이 나오면 세모(△) 표시를 해 둔다. 지문의 흐름이 바뀌는 부분을 바로 확인할 수 있으며 이는 곧 정답과도 연결된다.

» 학습 대책

1. 키워드 찾기 연습을 한다. 무작정 본문을 먼저 읽게 되면 어디에 포인트를 두고 읽어야 할지 감이 오지 않고, 이것은 독해를 시간 내에 풀 수 없게 만드는 주범이다. 따라서 질문을 먼저 읽고 질문과 본문이 일치하는 부분을 키워드로 잡아 문제를 해결해 가도록 연습한다.
2. 아는 만큼 보인다고 했다. 문자·어휘와 문법의 기초지식을 잘 쌓고, 특히 문장을 연결해 주는 순접/역접의 문법 표현과 조사, 접속사를 정확히 해석하도록 한다.
3. 지문을 읽을 때는 최대한 본인의 생각은 배제하고 읽어야 한다. 가끔 본문 해석을 한 후에 나도 모르게 본인의 생각을 가미해서 문제를 푸는 경우가 있는데 이는 오답으로 가는 지름길이다.

Memo

121 실전 시험 내용 이해 : 장문 [1]

問題6 つぎの文章を読んで、質問に答えなさい。答えは、1・2・3・4から最もよいものを一つえらびなさい。

最近、家の近くに大型スーパーができた。店内はとても広く、全部見るにはかなりの時間が必要なくらいだ。店の前には広範囲で駐車場が広がっている。何回か訪れてみたが、客は少なく、店はいつもガラガラな印象だった。せっかく新しくできたのに、すぐつぶれてしまうのではないかと少し心配した。

ある日、そのスーパーがテレビで紹介されていた。テレビの情報によると、そのスーパーの売り上げは私の心配とは反対に、毎年増加しているそうだ。

売り上げが増加している一つ目の理由は、スーパーの広さだ。都心部だと家賃が負担になってしまうが、この店は郊外にあるため、家賃の心配はいらない。おかげで広いスペースが確保でき、たとえ週末などに客がたくさん訪れても、店が混んでいるとは感じにくくなる。その結果、快適に買い物ができて、またこの店を利用したいという客が増えているのだ。店内の人の少なさには理由があったわけだ。

もう一つの理由は、一度商品の価格を決めたら、できるだけその価格を維持することだ。しかも低価格販売を行い、この店に行けば、いつも同じ価格で安い商品が買えるという客の信頼を得ることで、客が何度も訪れるようになるのである。

私が心配していた店は、順調に売り上げを伸ばしているようだ。店は、いつも混んでいることよりも、買い物をする時のストレスをできるだけ減らし、いつも利用してくれるリピーターを増やすことの方が大切なことがわかった。

›정답 및 해설 <본서1> p.99

1 「私」はなぜ心配したのか。

1 店が広すぎるから

2 客が少ないと思ったから

3 店がなくなってしまうと思ったから

4 店の売り上げが増加していないから

2 店内の人の少なさには理由があったわけだとあるがどういうことか。

1 郊外にあるため、車がない人は買い物できないこと

2 店が広いため、客が多くても少ないように見えること

3 都心部にある店に比べ、交通のアクセスがよくないこと

4 快適に買い物はできるが、あまりにも広くて疲れやすいこと

3 この文章では客の信頼を得るために、どんなことをするべきだと言っているか。

1 店をもっと広くする。

2 値段を変えないで売る。

3 どんどん安くして売る。

4 セールをたくさんして客を呼ぶ。

4 「私」はこの店からどんなことを学んだか。

1 広い店を作ることが最も大切だ。

2 いつも客がたくさんいる店にすることが大切だ。

3 何回も利用してくれる客を増やすことが大切だ。

4 できるだけ安い値段で売ることが大切だ。

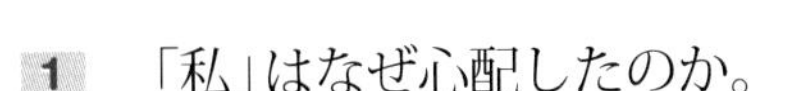

122 실전 시험 내용 이해 : 장문 [2]

問題6 つぎの文章(ぶんしょう)を読んで、質問に答えなさい。答えは、1・2・3・4から最もよいものを一つえらびなさい。

先週末、ホテルに勤めている友だちと久しぶりに会った。約束の時間にだいぶ遅れて来た彼は明(あき)らかに疲れていて、「今日はお酒を飲まない方がよさそうだ。」と、元気のない声を出した。最近、お客様が増えてありがたいのだが、増えれば増えるほど忘れ物も多くなり、そのせいで仕事が忙しいのだそうだ。

①ホテルの忘れ物は、普通の人が考える忘れ物とは少し違うらしい。日本の多くのホテルでは、お客様が部屋に残していった物の中で、ごみ箱に入っていない物は全部忘れ物になる。その理由は、例えば飲みかけのペットボトルの水、読み終わった新聞、洗面所(せんめんじょ)に置きっぱなしの化粧品などが、もしお客様にとってごみだったとしても、ホテル側としてはそれが区別できないからだ。財布や携帯(けいたい)電話など、重要なものだけはお客様に連絡するが、それ以外は連絡しない。しかし、それらも一定の期間は②預かっておくルールがある。数か月から数年、食品でも数日後に取りに来る人がいるためだ。そして預かっておく以上、それがいつ・どこで・だれが忘れた物なのか記録しないわけにはいかず、そのせいで毎日何時間も残業しているのだそうだ。

そんな彼の残業を減らす方法は③一つしかない。それはお客様にごみ箱を使ってもらうことだ。ごみ箱に入っている物とごみ箱に入らず横に置いてある物は、ごみとして捨てることができるからだ。

「種類ごとに分けなくてもいい、飲みかけや食べかけでもいい。必要のない物は全部ごみ箱に入れてほしい。そうすれば、毎日何時間も残業しなくていいし、早く仕事を終えて、ゆっくり休めるのに…。」と言って、大きなため息をついた。

(　 /4) 제한 시간 : 10분

›정답 및 해설 <본서1> p.100

1 ①ホテルの忘れ物は、普通の人が考える忘れ物とは少し違うとあるが、どういう意味か。

1　ホテルではお客様がうっかり置き忘れたものだけが忘れ物になるということ

2　ホテルではお客様が部屋に置いてきたものが全部忘れ物になるということ

3　ホテルではお客様がごみ箱を利用しなかったものが全部忘れ物になるということ

4　ホテルではお客様から連絡があったものだけが忘れ物になるということ

2 ②預かっておくルールがあるのはなぜか。

1　お客様に連絡しなければならないから

2　お客様が取りに来るかもしれないから

3　捨てるのはもったいないから

4　記録しなければならないから

3 ③一つしかないとあるが、それは何か。

1　忘れ物を記録しないようにすること

2　お客様に連絡をしないようにすること

3　お客様の忘れ物を減らすこと

4　部屋のごみ箱を使わないようにすること

4 筆者の友だちは、どうしてため息をついたのか。

1　お酒を飲み過ぎてしまったから

2　ホテルのお客様が増えすぎたから

3　お客様からの電話が多すぎるから

4　最近、残業が多くなって疲れているから

問題6 つぎの文章を読んで、質問に答えなさい。答えは、1・2・3・4から最もよいものを一つえらびなさい。

みなさんは、旅行で初めての場所に行ったとき、行きより帰りの方が近く感じたことはありませんか。これは「帰宅効果」と呼ばれ、今でも多くの研究者によって研究が続けられているテーマです。

長い間、①その原因は行きより帰りの方が慣れるからだと考えられてきました。行きは道に迷わないように気を遣いますが、帰りはその必要がないのでそれも納得できます。しかし、ある研究者の調査によって、他の原因があることがわかったそうです。

その調査は、350人に初めての場所へ旅行をしてもらい、行き帰りの時間感覚を比べるというものでした。帰りの方が近く感じた人の中で、行きに時間がかかりすぎてがっかりした人ほど、帰宅効果が高くなったとわかりました。また、出発前に「この旅行は長いですよ」と伝えられていた人には②帰宅効果が出ませんでした。

この調査結果から、研究者は「人間は行きにかかる時間を短く予想してしまい、そのせいで目的地までが思ったより遠く感じる。それを反省して帰りは長くかかると予想するので、思ったより近く感じる。」という結論を出し、「③帰宅効果を上手に利用すれば、いろいろな場面で役に立つだろう。」と発表しました。それは、何かをする時、終わる時間を遅めに、かかる時間を長めに予想しておくということです。私の家でなら、私は出かける支度に時間がかかる妻に腹を立てることもなく、逆に妻は毎日遅く帰る私を怒ることもなくなり、帰宅効果は平和な家庭を築くのに役に立つかもしれません。

(　　/4) 제한 시간 : 10분

›정답 및 해설 <본서1> p.100

1 ①そのとあるが、何を指しているか。

1　旅行で初めての場所に行くこと

2　行きより帰りの方が近く感じること

3　行きより帰りの方が遠く感じること

4　今でも研究が続けられていること

2 ②帰宅効果が出ませんでしたの理由はなぜか。

1　旅行先まで遠くて反省(はんせい)したから

2　旅行先がよく知っている場所だったから

3　旅行先が行きたくない場所でがっかりしたから

4　旅行先まで時間がかかることを知っていたから

3 ③帰宅効果を上手に利用するとはどういうことか。

1　妻に怒られた時、早く家に帰るようにすること

2　旅行をするとき、行き帰りの時間感覚を比べること

3　出かける時、妻の支度(したく)は時間がかかると予想すること

4　何かをする時、終わる時間やかかる時間を少なめに予想すること

4 この文章で筆者が最も言いたいことは何か。

1　帰宅効果(きたくこうか)の原因と利用法

2　旅行先から早く帰る方法

3　帰宅効果の研究の重要性

4　帰宅効果を感じやすい人の特徴(とくちょう)

124 실전 시험 내용 이해 : 장문 [4]

問題6 つぎの文章(ぶんしょう)を読んで、質問に答えなさい。答えは、1・2・3・4から最もよいものを一つえらびなさい。

近年、インターネットで物を注文して家まで届けてもらうシステムを利用する人がどんどん増えています。それにより、宅配業者(たくはいぎょうしゃ)は仕事が増え、いつも時間に間に合うように早く荷物を運ぶことが求められます。そこで、宅配業の仕事をしている友人に、早く配達を行うために工夫していることを聞きました。

宅配業者(たくはいぎょうしゃ)と聞くと、多くの人は体力が最も重要だと考えるかもしれません。実際に宅配業者(たくはいぎょうしゃ)には力が強くて、重い荷物をたくさん運べる人が多いです。しかし、①そういう人たちは意外にも、荷物を運ぶのに時間がかかってしまうことがあるのです。

私の友だちも、仕事を始めたばかりのころ、体力には自信があったのであまり疲れませんでしたが、荷物を全部届け終わるのに予想以上に時間がかかってしまったそうです。最初は試行錯誤(しこうさくご)しながら、荷物を運んでいましたが、仕事をしていくうちに、頭を使わなければならないことに気がつきました。

早く荷物を届けるために、まずは配達する地域の地図を頭に入れておきます。それから荷物をトラックに載せるとき、頭の中で地図を思い浮かべて、どのように荷物を載せれば効率よく荷物の出し入れができるかを考えなければなりません。

道が込んでいたり、天気が悪かったりすると、いつも通り仕事を行うことが難しくなります。普段(ふだん)よりも短い時間で荷物を届けなければならないですが、そのようなときに時間内に仕事を終わらせることができたときの②うれしさは、忘れられないそうです。私はいろいろなことを考えながら、暑くても寒くても、重い荷物を運んでお客さんに届けている友だちのことをすばらしいと思いました。

›정답 및 해설 <본서1> p.101

1 ①そういう人たちとはどんな人か。

1 多くの人

2 力がある人

3 荷物を受け取る人

4 荷物をはやく運ぶ人

2 友だちは仕事をしながらどんなことに気がついたか。

1 配達の仕事に最も必要なことは体力だということ

2 いろいろ考えながら仕事をしなければならないこと

3 荷物を運ぶのに思ったより時間がかかること

4 自分には体力があまりないこと

3 友だちが仕事をするときにしている工夫とは何か。

1 重い荷物が運べるように、体力をつけること

2 営業所に近い場所から、荷物を届けること

3 早く出せるように考えて、トラックに荷物を載せること

4 頭の中で地図を思い描いて、道を覚えること

4 友だちはどんなときに②うれしさを感じるか。

1 難しい仕事が全部終わったとき

2 効率よく、トラックに荷物を載せられたとき

3 いつもより荷物が多くても時間内に終わらせたとき

4 状況が悪くても、いつも通りに仕事ができたとき

125 실전 시험 내용 이해 : 장문 [5]

問題6 つぎの文章(ぶんしょう)を読んで、質問に答えなさい。答えは、1・2・3・4から最もよいものを一つえらびなさい。

日本で日本語を勉強している留学生たちに、日本での食事について聞いたことがある。日本の食べ物は口に合わないのではないかと思っていたが、意外にも日本の食事はおいしいという答えが返ってきて①びっくりした。留学生の中には、毎日コンビニの弁当や外食で済ませている学生がいて彼らの健康状態がとても心配だ。しかし、彼らはそれを気にするどころか、コンビニの弁当や外食を便利でいい物だと思っているようだった。

彼らによると、スーパーで材料を買って自分で料理をするには材料が多すぎて、使い切れないらしい。レパートリーが豊富(ほうふ)なわけでもないし、いくら自分で作る方がいいと言っても毎日同じようなメニューでは耐(た)えられないそうだ。一方、コンビニの弁当や外食なら、量の調節(ちょうせつ)もできるし、毎日違うものが食べられるし、さらに味もよい。もちろん、料理が得意な人は自分で作ることも問題ないかもしれないが、自分の国で勉強ばかりしていた学生は料理なんてできるはずがなく、ストレスがたまって逆に体に悪いそうだ。

また、②こんな話も聞こえてきた。日本のコンビニの弁当は、使われている材料が値段の横にきちんと書かれているので安心だというのだ。外食先でも、材料の生産地が壁に貼ってあることが多い。確かに誤った情報が書かれていることはないと思うが、その材料自体が体に悪い可能性があることは、考えていないようだ。

彼らが本来の目的である勉強をしっかりできるように、健康を保(たも)つことは重要なことである。そう考えると、現在の食生活の見直しは彼らにとって一番の課題ではないだろうか。

정답 및 해설 <본서1> p.102

1 ①びっくりしたとあるが、なぜびっくりしたのか。

1 学生の健康状態が悪いから

2 料理ができる学生が少ないから

3 日本の料理が口に合う学生が多かったから

4 コンビニの弁当と外食ばかり食べているから

2 学生たちにとって耐えられないことは何か。

1 勉強ばかりしなければならないこと

2 健康を保(たも)たなければならないこと

3 毎日似たような料理を作って食べること

4 料理が上手な人が料理を作りすぎること

3 ②こんな話とはどんな話か。

1 日本のコンビニの弁当は、値段がわかるから安心だ。

2 日本のコンビニの弁当は、使われている材料が分かりやすい。

3 日本のレストランでは、材料がどこでとれたかわからない。

4 日本のレストランでは、健康にいい材料を使っているかどうかわからない。

4 筆者が言いたいことは何か。

1 日本の食べ物が留学生の口に合うから、コンビニの商品を多様化しなければならない。

2 レストランやお弁当には材料の生産地が表記されているので、安心して食べられる。

3 外食やお弁当は栄養のバランスが合わないため、自分でちゃんと作って食べた方がいい。

4 勉強するには健康を維持(いじ)することが大切だから、今までの食生活を考え直す必要があると思う。

126 실전 시험 내용 이해 : 장문 [6]

問題6 つぎの文章を読んで、質問に答えなさい。答えは、1・2・3・4から最もよいものを一つえらびなさい。

友だちとカラオケに行ったときの話だ。一番好きで思い出に残っている曲を歌っていたら、友だちが、「この曲、すごく思い出に残ってるんだよね」と話していた。話を聞いてみると、大学の受験勉強がうまくいかなくて落ち込んでいたときにこの曲を聞いて、勇気づけられたそうだ。その後も、思い出の曲について話に花が咲いたのだが、友だちの話の中にはいろいろな曲が出てきて少し驚いた。嬉しかったとき、海外旅行に行ったとき、試合で勝ったときなど、それぞれの思い出に違う曲を思い出すのだそうだ。

ある日、テレビを見ていたら、興味深い内容が放送されていた。ある会社の調査によると、性別によって思い出の曲に対する考えが違うことがわかったそうだ。思い出の曲があるかという質問に対して、男性は「1曲」と答えた人が多かったのに対し、女性は「5曲以上」と答えた人が多かった。

この結果から考えられるのは、男性は1曲に対しての思いが非常に強く、一生の思い出になるような場面が何回かあっても、同じ曲を聞くことが多いということだ。一方、女性はさまざまな思い出にそれぞれ思い出の曲があり、曲を聞きながら同時にある特定の場面を思い浮かべていることがわかった。

普段どのくらい音楽を聞くかにもよると思うが、友だちと私の思い出の曲の数の違いは、この調査結果に合っているかもしれないと感じた。音楽をたくさん聞くこともいいと思うが、私はこれからも、思い出のある一曲をさまざまな場面で聞き、大事にしていきたいと思った。

(/4) 제한 시간 : 10분

정답 및 해설 <본서1> p.103

1 「私」の思い出の曲は、友だちにとってはどんな曲か。

1 カラオケで耳にした曲

2 試合で勝つたびに聞いた曲

3 学生時代、毎日聞いて勇気(ゆうき)をもらった曲

4 受験勉強が思い通りにならなかったときに聞いた曲

2 調査結果について正しいものはどれか。

1 女性は思い出の曲が1曲しかない。

2 女性は思い出の曲が5曲より少ない。

3 男性は思い出の曲が1曲だけだった。

4 男性は思い出の曲が5曲ほどあった。

3 この調査結果から考えられることは何か。

1 男性は同じ場面で同じ曲を何回も聞くこと

2 男性は思い出によって、聞く曲が違うこと

3 女性は同じ場面で同じ曲を何回も聞くこと

4 女性は思い出によって、聞く曲が違うこと

4 「私」はこれから思い出の曲をどうしようと思っているか。

1 なるべくたくさんの曲を聞いてみようと思っている。

2 思い出のある一曲を変わらず聞き続けようと思っている。

3 それぞれの思い出に違う曲を思い出すようにしようと思っている。

4 さまざまな場面に合う曲をたくさん聞こうと思っている。

문제 7 정보 검색

유형 소개

정보 검색 (2문항)

600자 정도의 광고, 팸플릿, 전단지 등의 지문이 출제된다. 1개의 지문으로 문항 수는 2개이다. 자신에게 필요한 정보를 단시간 내에 얼마나 정확하게 고를 수 있는가를 묻는 유형이다.

問題7 右のページは、動物園のポスターである。これを読んで、下の質問に答えなさい。答えは、1・2・3・4から最もよいものを一つえらびなさい。

38 今日は日曜日である。ソフィさんは14時に入園し、このポスターを見た。動物園が昼間に行っている案内や教室の中で、今から参加できるものはどれか。

1 Aだけ　　2 AとB　　3 AとBとC　　4 BとD

⋮

大原動物園をもっと楽しむために

昼のイベント

いろいろなイベントに参加して、動物のことをもっとよく知ってください。

A 動物園案内	**B 動物教室**
専門の係の説明を受けながら、動物園の中を歩きます。必要時間は約1時間です。 毎日3回 ① 10時半～、② 14時半～、③ 16時～	普段知ることのできない、動物たちの生活について話を聞くことができます。 毎週日曜 13時半～15時 (途中(とちゅう)からでも参加できます)
C 台所見学	**D 川の生き物教室**
動物たちのえさを準備しているところが見られます。必要時間は約45分～1時間です。 毎週土曜 14時半～	川の生き物に実際に触ったりしながら、楽しく学べます。 毎週火曜、木曜 15時～16時 毎週土曜 13時～14時 毎週日曜 11時～12時

申し込み、参加料金　すべて不要
集合場所 A、C、D：正面口　　B：資料館1階受付（途中参加の人も）

夜の動物園

昼とは違う、夜の動物たちの様子を見てください。

日時　8月2日、9日、16日、23日、30日
各日17時半～21時（入園は19時半まで）

入園料　昼と同じ入園料がかかります。
昼の最終入園時間（16時半）までに入園された方は、17時の閉園時に一度園の外に出て、17時半に夜の動物園が開園後、もう一度入園料を支払って入園していただく必要があります。

入り口　東口は17時で閉めますので、正面口からお入りください。

レストラン、売店　営業しています。

38 ①❷③④

⋮

해석　오늘은 일요일이다. 소피 씨는 14시에 입장해, 이 포스터를 봤다. 동물원이 낮에 실시하고 있는 안내나 교실(수업) 중에서 지금부터 참가할 수 있는 것은 어느 것인가?

1　A만　　2　A와 B　　3　A와 B와 C　　4　B와 D

⋮

오하라 동물원을 더욱 잘 즐기기 위해서

낮 이벤트

다양한 이벤트에 참가해서, 동물에 대해 더욱 잘 알아주세요.

A 동물원 안내	**B 동물 교실**
전문 담당자의 설명을 들으며, 동물원 안을 걷습니다. 필요 시간은 약 1시간입니다. 매일 3회 ① 10시 반~, ② 14시 반~, ③ 16시~	평소 알지 못했던, 동물들의 생활에 관해 이야기를 들을 수 있습니다. 매주 일요일 13시 반~15시 (중간부터도 참가 가능합니다)
C 부엌 견학	**D 강의 생물 교실**
동물들의 먹이를 준비하는 곳을 볼 수 있습니다. 필요 시간은 약 45분~1시간입니다.	강에 사는 생물체를 실제로 만져보면서 즐겁게 배웁니다.

매주 토요일 14시 반~	매주 화요일, 목요일 15시~16시 매주 토요일 13시~14시 매주 일요일 11시~12시

신청, 참가 요금 모두 불필요

집합 장소 A, B, C: 정면 출입구 B: 자료관 1층 접수처 (도중에 참가하는 사람도)

밤의 동물원

낮과는 다른, 밤의 동물들의 모습을 봐 주세요.

일시 8월 2일, 9일, 16일, 23일, 30일
각일 17시 반~21시 (입장은 19시 반까지)

입장료 낮과 동일한 입장료가 듭니다.
낮의 최종 입장 시간(16시 반)까지 입장하신 분은, 17시 폐원 시에 한 차례 동물원 밖에 나갔다가, 17시 반에 밤의 동물원이 개장한 후 한 번 더 입장료를 지불하고 입장해 주실 필요가 있습니다.

입구 동쪽 출입구는 17시에 닫기 때문에, 정면 출입구로 들어와 주세요.

레스토랑, 매점 영업하고 있습니다.

» 해답 스킬

1. 자주 나오는 질문 유형은 [신청을 어떻게 해야 하는가] [얼마를 지불해야 하는가] [희망에 맞는 프로그램은 무엇인가] 등이다.
2. 질문에 제시된 조건을 파악해서 표시해 두고, 지문에서 그 부분에 해당하는 정보를 찾아가며 문제를 해결해 간다. 특히 나이, 직업, 지역, 요일, 기간 등을 잘 따져 봐야 한다.
3. 급하게 풀면 오히려 실수를 범할 수 있으니 침착하게 푸는 것이 좋다.

» 학습 대책

1. 정보 검색은 꼼꼼히 읽으면 읽을수록 손해이니 필요한 부분만 빨리 찾아내어 정답을 도출해 낼 수 있어야 한다. 그러기 위해서는 위에서 언급한 필요 정보 캐치가 중요하다.
2. 요금 문제의 경우 예외 조건이 적용되어 금액이 달라질 수 있으니 * 표시나 ※ 표시에 있는 내용을 꼭 확인한다.

Memo

127 실전 시험 정보 검색 [1]

問題7 右のページは、ある説明会のお知らせである。これを読んで、下の質問に答えなさい。答えは、1・2・3・4から最もよいものを一つえらびなさい。

1 次の人のうち、説明会に参加できるのは誰か。

さとしさん	• 仕事でオーストラリアに3年住んだことがある。 • 12月3日の午前10時から午後12時まで都合がいい。
ゆうさん	• 短期留学でアメリカに1ヶ月住んだことがある。 • 12月5日はサークルの集まりがあって参加できない。
みゆきさん	• 仕事でイタリアに6年住んだことがある。 • 平日は忙しいが、週末は日曜日以外は空いている。
すずきさん	• 留学で中国に2年住んだことがある。 • 金曜日と日曜日に英語の授業があって参加できない。

1 さとしさん　　2 ゆうさん
3 みゆきさん　　4 すずきさん

2 申し込みについて正しいのはどれか。

1 結果はホームページで確認する。

2 説明会の当日、アンケートに答える。

3 11月30日までにホームページまたはメールで申し込む。

4 募集人数(ぼしゅうにんずう)になったら参加できない。

정답 및 해설 <본서1> p.104

説明会にご協力ください

海外に住んだ経験がある方に経験談をお話ししていただきたいです

場所	東国際フォーラム　ホールA
時間	前半：午前9時～午後1時 後半：午後2時～午後6時 ＊前半・後半のどちらか、または両方参加できますが、指定の時間は必ず会場にいてください。
日にち	① 12月3日（金）　中国 ② 12月3日（金）　オーストラリア ③ 12月3日（金）　アメリカ・カナダ ④ 12月4日（土）　イタリア ⑤ 12月5日（日）　上記全地域
応募資格	• 上記の地域に留学・仕事で1年以上住んだことがある方 • 最終日は1年未満でも参加できます。
応募締め切り	11月30日（火） ただし、先着順とし、募集人数になったら締め切ります。
申し込み方法	• 事前にホームページでアンケートにお答えください。 • 電話やメールでの申し込みはできません。 • アンケートの回答内容を確認して、こちらから連絡をさしあげます。
問い合わせ先	山中市役所市民課 電話：06-7541-1254 Eメール：yamanaka@zaizu.co.jp

128 실전 시험 정보 검색 [2]

問題7 右のページは、イベントの案内である。これを読んで、下の質問に答えなさい。答えは、1・2・3・4から最もよいものを一つえらびなさい。

1 今日は日曜日である。ゆかさんは小学校2年生の息子とできるだけたくさんのイベントに参加しようと思っている。ゆかさんと息子が参加できるイベントはどれか。

1 AとB

2 AとC

3 AとCとD

4 AとBとC

2 イベントについて正しいのはどれか。

1 教室によって所要(しょよう)時間が違う。

2 イベント当日の3日前まで申し込まなければならない。

3 必要人数になったら参加できない教室もある。

4 イベントに20分以上遅れると参加できない。

정답 및 해설 <본서1> p.105

植物(しょくぶつ)を使った体験をしてみませんか？

当植物園(とうしょくぶつえん)では、植物(しょくぶつ)に関するさまざまなイベントをご用意しております。
ご家族や、ご友人、カップルなどでぜひご参加ください！

	A教室	B教室	C教室	D教室
内容	花を使ってキーホルダーを作ることができます。	季節(きせつ)の花を使って自分だけの花(はな)束(たば)を作ることができます。	大きな壁(かべ)に植物の絵を描くことができます。	クイズを通(とお)して植物(しょくぶつ)に関する知識を増やすことができます。
対象年齢(たいしょうねんれい)	4歳から	小学生以上	小学生以上	中学生以上
人数制限(にんずうせいげん)	なし	先着(せんちゃく)20名	先着(せんちゃく)30名	なし
曜日	毎週 月・水・日	毎週 火・木・土	毎週 日曜	毎日
時間	① 10時 ② 13時	① 12時半 ② 15時	13時	12時半

- 各教室の所要(しょよう)時間は1時間です。
- 申し込みは入口ゲートの案内センターで受け付けております。
- どのコースもイベント当日の3日前からイベント開始20分前まで参加を受(う)け付(つ)けています。
- イベント開始から10分過ぎると、参加できませんので、ご注意ください。
- 人数制限のある教室もありますので、早めにお申し込みください。
- お問い合わせはホームページまたは電話でお願いします。

【問(と)い合(あ)わせ先(さき)】

植物園案内(しょくぶつえんあんない)センター

電話　024-378-5935

129 실전 시험 정보 검색 [3]

問題7 右のページは、ごみ出しに関するお知らせである。これを読んで、下の質問に答えなさい。答えは、1・2・3・4から最もよいものを一つえらびなさい。

1 ごみ収集日(しゅうしゅうび)について正しいものはどれか。

1 割れたコップは毎週木曜日に出せばいい。

2 読まなくなった新聞紙は週1回捨てることができる。

3 空き缶やペットボトルは毎週月曜日に捨てることができる。

4 生ごみは毎週火曜日と金曜日の午後に出してもかまわない。

2 ゆうきさんは昨日デリバリーを頼んだ時に出たプラスチックのごみを捨てようと思っている。プラスチックは洗ったが、きれいにならなかった。ゆうきさんは何曜日にごみを捨てればいいか。

1 月曜日

2 火曜日

3 水曜日

4 木曜日

정답 및 해설 <본서1> p.106

ごみ出しに関するお願い

すべての住民が快適に生活できるように、みなさんのご協力をお願いいたします。

【ごみ収集日】

週1回	缶・ビン・ペットボトル（月曜日）、プラスチック・ビニール（木曜日）
週2回	生ごみ・紙などの燃えるごみ（火曜日と金曜日）
月2回	ガラス・スプレー・小型家電製品（第1、第3木曜日）

＊ごみ出しは決められた日の午前5時から午前9時までに出してください。

【ごみを出すときの注意点】

- 缶、ビン、ペットボトルは必ず空の状態で出してください。
- プラスチック、ビニールは汚れを取って捨ててください。
  汚れている場合は燃えるごみと一緒に出してください。
- ガラスなど危険なものは、わかるように表記してください。
- 新聞、雑誌、本などは、風で飛んでいかないようにまとめて出してください。

何かありましたら、下記までご連絡ください。

キツネハイツ管理人：0798-1234-5678

ごみセンター：0567-12-3456

130 실전 시험 정보 검색 [4]

問題7 右のページは、松岡市で行われているボランティアのポスターである。これを読んで、下の質問に答えなさい。答えは、1・2・3・4から最もよいものを一つえらびなさい。

1 大学生の本田さんは友だちといっしょにボランティア活動に参加したいと思っている。平日は授業があるので、週末しかできない。また、所要時間が短いのがいい。本田さんの希望に合うのはどれか。

1 A活動、4月17日

2 A活動、4月27日

3 B活動、4月24日

4 C活動、4月20日

2 このボランティア活動の内容と合っているのはどれか。

1 18歳未満の人が参加できる活動はない。

2 活動の当日、特に持って行く物はない。

3 当日の朝、雨であれば、市のホームページを確認する。

4 申し込みは電話かホームページでできる。

정답 및 해설 <본서1> p.106

みんなで清掃(注)活動をしませんか？

ボランティア参加者大募集！

みんなで清掃活動に参加して、松岡市をきれいにしましょう。

A活動　駅周辺の清掃活動：駅周辺の道路や道を掃除します。

・日にち：4月17日(水) / 4月27(土) ・集合：松岡駅の広場に午前7時半 ・所要時間：1時間

B活動　川周辺の清掃活動：川の生物を観察しながら、ゴミ拾いの活動をします。

・日にち：4月20日(土) / 4月24日(水) ・集合：松岡市民会館の前に午前9時 ・所要時間：2時間

C活動　ふるさと祭り清掃活動：市民会館の掃除をします。

・日にち：4月20日(土) / 4月27日(土) ・集合：松岡市民会館に午後1時 ・所要時間：1時間

※松岡市に住んでいる、18歳以上の方（18歳未満の方は大人と一緒に参加できます）
※Bの場合、ぬれる可能性がありますので、着替えを必ず持ってきてください。
※AとCの場合、掃除道具を持ってきてください。（市でも準備していますので、なくても大丈夫です）
※Cはボランティア活動の前日のオリエンテーションに出席しなければなりません。
※当日、雨の場合は、午前7時までに市のホームページに中止のお知らせをします。
※申し込みは市のホームページ(www.matsuoka.com)でお願いします。
※電話でのお申し込みは受け付けません。

松岡市市民活動センター
電話：0245-37-8631
Eメール：volunteer@ccmail.co.jp

(注) 清掃：掃除

131 실전 시험 정보 검색 [5]

問題7 右のページは、ダンススクールの学生募集案内である。これを読んで、下の質問に答えなさい。答えは、1・2・3・4から最も よいものを一つえらびなさい。

1 ふるやさんは小学生のころからダンスを習っている高校2年生だ。平日は学校の授業が終わった後でダンススクールから20分離(はな)れた場所で19:00までバイトをしている。ふるやさんが受けられるレッスンはどれか。

1 月曜日 17:00からのクラス

2 月曜日 19:00からのクラス

3 木曜日 18:30からのクラス

4 土曜日 15:30からのクラス

2 大学生のみゆきさんは木曜日の体験レッスンを受けたい。何をしなければならないか。

1 室内用シューズを買う。

2 水曜日に電話で申し込む。

3 レッスン料を払わなければならない。

4 都合のいい時間にレッスンを受けに行く。

정답 및 해설 <본서1> p.107

▸▸▸生徒募集◂◂◂

こまちダンススクールでは新学期に向けて新しい生徒さんを募集しております。

初めての方でも大歓迎！！

音楽と一緒に楽しく踊りましょう！！

時間	月曜日	木曜日	土曜日
10:00〜	10:30~12:00 大人クラス	10:30~12:00 大人クラス	11:00~12:00 キッズクラス
12:00〜			
14:00〜	15:00~16:00 キッズクラス	15:00~16:00 キッズクラス	15:30~70:00 大人クラス
16:00〜	17:00~18:30 ジュニアクラス		
18:00〜	19:00~20:30 大人クラス	18:30~20:00 ジュニアクラス	
20:00〜			

＊ キッズクラス：5歳〜小学生

＊ ジュニアクラス：中学生〜高校生

＊ 大人クラス：大学生以上（3年以上の経験があれば高校生も可能）

▶体験レッスンについて◀

- 初めての方はお一人様無料で体験レッスンを行っております。
- 室内用シューズがあれば持って来てください。持っていない方はこちらで借りられます。
- 申し込みは必ずご希望の日の前日までにお電話でお願いします。

こまちダンススクール

電話番号　03-345-560

132 실전 시험 정보 검색 [6]

問題7 右のページは、ある遊園地のチケットの案内である。これを読んで、下の質問に答えなさい。答えは、1・2・3・4から最もよいものを一つえらびなさい。

1 あみさんは夫、小学2年生の息子、3歳の娘と一緒に遊園地に遊びに来た。あみさんと娘は乗り物に乗らないつもりだ。チケットはどのように買えばいいか。

1 入園パス1枚とフリーパス2枚

2 入園パス2枚とフリーパス2枚

3 フリーパス4枚

4 入園パス4枚

2 さやさんは、大学のサークルのメンバー20人と一緒に朝から遊園地に行こうと思っている。乗り物にも乗ろうと思っている。一番安くチケットを購入するためにはどうすればいいか。

1 当日、チケット売り場でフリーパスを買う。

2 当日、チケット売り場で団体学生フリーパスを買う。

3 インターネットで団体デイパスを買う。

4 インターネットで団体フリーパスを買う。

정답 및 해설 <본서1> p.108

遊園地ピロピロパーク

- 当遊園地(とうゆうえんち)をご利用いただき誠(まこと)にありがとうございます。
- 当遊園地(とうゆうえんち)ではさまざまな用途(ようと)に合わせたチケットをご用意しております。

【チケット料金】

	入園(にゅうえん)パス	フリーパス	団体フリーパス	団体学生フリーパス
大　人 (13歳以上)	1,300円	4,000円	3,700円	3,200円
子ども (4歳~12歳)	800円	3,500円	3,200円	2,600円
注意点	乗り物を利用する場合、別料金がかかります。	開園(かいえん)から閉園(へいえん)までご自由に乗り物がご利用できます。	• 15名以上でご利用可能。 • 1年中ご利用いただけます。	• 15名以上。 • 高校生までがご利用できます。

※3歳以下のお子様は、大人と一緒の場合、二人まで無料になります。
※インターネットで購入(こうにゅう)した場合、各値段から100円引きになります。

《デイパスも発売中》
ー14時以降に入園(にゅうえん)される方がお得にご利用できるチケットです。
ー各値段から入園(にゅうえん)パスは300円引き、フリーパスは500円引きになります。
ー団体もご利用になれます。

2교시

청해

시험 시간	45분

N3

04

청해

문제 1	과제 이해
문제 2	포인트 이해
문제 3	개요 이해
문제 4	발화 표현
문제 5	즉시 응답

청해 기반 다지기

청해를 하면서 내가 듣고 이해한 것과 전혀 다른 의미의 단어가 쓰인 것을 확인한 경험은 누구나 있을 것이다. 이런 것이 반복되면 지문의 내용이 잘못 이해되어 오답으로 이어질 가능성이 높다. 이런 실수를 피하기 위해 아래의 내용을 잘 숙지하고 청해 학습 시, 귀로 듣지만 말고 직접 소리 내어 발음하는 공부 습관을 들이면 좋다.

1. 헷갈리기 쉬운 발음 구별하기

1) 촉음 「っ」의 유무 구별

촉음 「っ」는 일본어의 받침으로 한 박자로 발음된다.

「**来て** 오고, 오며, 와서」는 촉음이 없으므로 「**き** + **て**」 → 두 박자

「**切手** 우표」는 촉음이 있으므로 「**き** + **っ** + **て**」 → 세 박자

- して 하고, 하며, 해서 : 知って 알고, 알며, 알아서
- いて 있고, 있으며, 있어서 : 行って 가고, 가며, 가서
- かえた(変えた) 바꿨다 : かえった(帰った) 돌아갔다
- おと(音) 소리 : おっと(夫) 남편
- ぶか(部下) 부하 : ぶっか(物価) 물가

2) 장단음과 청탁음 구별

장음도 촉음과 마찬가지로 한 박자로 발음된다.

「**おじさん** 아저씨, 삼촌」은 장음이 없으므로 → 네 박자

「**おじいさん** 할아버지」은 장음 「**い**」가 있으므로 → 다섯 박자

- よやく(予約) 예약 : ようやく 겨우, 드디어
- ちず(地図) 지도 : チーズ 치즈
- さっか(作家) 작가 : サッカー 축구
- ビル 맥주 : ビール 빌딩

청탁음도 의미의 차이를 가져온다.

- つき(月) 달 : つぎ(次) 다음
- また 또한 : まだ 아직
- ペット 애완동물 : ベッド 침대

3) 동음이의어 구별

발음이 같고 의미가 다른 것을 동음이의어라고 한다. 일본어에는 동음이의어가 상당히 많은 편인데 독해라면 한자로 의미 파악을 해야 하고, 청해는 앞뒤에 사용된 단어나 전체 문장의 뉘앙스 또는 억양으로 의미 파악을 해야 한다.

- 紙(かみ) 종이 : 髪(かみ) 머리카락
- 風(かぜ) 바람 : 風邪(かぜ) 감기
- 感覚(かんかく) 감각 : 間隔(かんかく) 간격
- 漢字(かんじ) 한자 : 感(かん)じ 느낌
- 乾燥(かんそう) 건조 : 感想(かんそう) 감상
- いつか 언젠가 : 5日(いつか) 5일
- 着(き)る 입다 : 切(き)る 자르다
- 冷(さ)める 식다 : 覚(さ)める (눈이) 떠지다
- 分(わ)かれる 나뉘다 : 別(わか)れる 헤어지다
- 泊(と)まる 숙박하다 : 止(と)まる 멈추다
- 来(き)てみる 가 보다 : 着(き)てみる 입어 보다
- 来(く)るまで 올 때까지 : 車(くるま)で 차로

4) 유사 발음 구별

유사 발음도 동음이의어와 마찬가지로 앞뒤에 사용된 단어나 전체 문장의 뉘앙스로 의미 파악을 해야 하고 평소 단어 외울 때 소리 내어 읽는 연습을 하면 효과적이다.

- 心配(しんぱい) 걱정 : 失敗(しっぱい) 실패
- 本当(ほんとう) 정말 : ほとんど 거의
- 健康(けんこう) 건강 : けっこう 꽤, 상당히
- 最近(さいきん) 최근 : さっき 아까
- 沸(わ)かす (물을) 끓이다 : 乾(かわ)かす 말리다, 건조시키다
- きれいだ 예쁘다 : きらいだ 싫어하다
- ちょうど 딱, 정확히 : ちょっと 조금, 약간

2. 축약형

친한 사람과 이야기하는 경우에는 축약형을 많이 사용한다. 청해에서도 축약형 표현이 많이 나오므로 아래 제시한 표현들은 꼭 알아 두도록 하자.

한국어 표현	원형	축약형	예
~하면, ~해서는	~ては ~では	~ちゃ ~じゃ	入(はい)っては → 入(はい)っちゃ 들어가면, 들어가서는 飲(の)んでは → 飲(の)んじゃ 마시면, 마셔서는
~하고 있다, ~해 있다	~ている ~でいる	~てる ~でる	見(み)ている → 見(み)てる 보고 있다 読(よ)んでいる → 読(よ)んでる 읽고 있다
~해 두다	~ておく ~でおく	~とく ~どく	置(お)いておく → 置(お)いとく 놔 두다 運(はこ)んでおく → 運(はこ)んどく 운반해 두다
~하고 가다, ~해 가다	~ていく ~でいく	~てく ~でく	持(も)っていく → 持(も)ってく 가지고 가다 飛(と)んでいく → 飛(と)んでく 날아 가다
~해 버리다	~てしまう ~でしまう	~ちゃう ~じゃう	忘(わす)れてしまう → 忘(わす)れちゃう 잊어버리다 遊(あそ)んでしまう → 遊(あそ)んじゃう 놀아버리다
~하지 않으면	~なくては	~なくちゃ	話(はな)さなくては → 話(はな)さなくちゃ 이야기하지 않으면

~하지 않으면	~なければ	~なきゃ	払(はら)わなければ → 払(はら)わなきゃ 지불하지 않으면
~이다, ~인 것이다	~のだ	~んだ	あるのだ → あるんだ 있다
~라는	~という	~っていう	森(もり)さんという人(ひと) → 森(もり)さんっていう人(ひと) 모리 씨라는 사람

3. 청해 학습 대책

1. 문제를 많이 풀어보고 각 유형에 대해 충분히 숙지해 둔다.
2. 문제를 풀고 정답을 맞힌 후 다시 한번 들으면서 오답인 선택지가 왜 오답인지 정리해야 한다.
3. 모르는 어휘나 표현은 노트에 정리해 둔다. 유사 어휘나 표현이 시험에 등장하는 경우가 많기 때문이다.
4. 음원을 틀어 놓고 성우와 같은 속도로 따라 읽는다. 이것을 반복하면 구문으로 외우게 되어서 회화 능력 향상도 기대할 수 있다.
5. [문제 3 개요 이해]는 지문 전에 문제가 나오지 않으므로 전체적인 글의 흐름을 잡는 연습을 한다. 또한 선택지가 없어서 집중력이 흐려질 수 있다. 평소에 쉬운 뉴스나 짧은 이야기 등을 음원으로 듣는 연습을 많이 해 두면 좋다.
6. 자주 출제되는 문법 요소와 표현을 꼭 숙지해 두자. 눈으로 봤을 때 이해되는 문법이라도 귀로 들었을 때 알아듣기 어려운 경우가 종종 생기기 때문이다. 자주 출제되는 문법 요소와 표현에는 존경어·겸양어, 수동·사역·사역수동, 권유, 의뢰, 이유 묻기, 불평, 후회, 유감, 금지, 허가 등의 표현이 있다.
7. 상황별로 일어날 수 있는 지문(상사와 부하, 선생님과 학생, 점원과 손님 등)을 자주 접하고, 드라마를 보는 것도 도움이 된다.
8. 필수 표현을 반드시 학습하고, 이것을 키워드로 삼아 문제 풀기에 적용한다.

문제 1 과제 이해

» 유형 소개

과제 이해 (6문항)

문제 1은 6문항이 출제되며, 대화문이나 독백을 듣고, 앞으로 해야 할 일과 주어진 일이 무엇인지 이해하는 문제이다. 따라서 동작의 순서를 나타내는 표현과 상대방에게 의뢰, 지시, 제안, 의견 등을 나타내는 표현에 주의해서 들어야 한다. 주로 '(남자/여자/두 사람)은 먼저 무엇을 해야 합니까?'의 문제가 출제되며, 그 밖에도 금액, 날짜, 시간 등을 묻는 문제도 출제된다. 문제에 「**今日**(오늘)」「**明日**(내일)」「**来週**(다음 주)」 등과 같은 특정한 시제가 있는 경우에는 시제와 관련한 표현도 잘 들어 두어야 한다. 선택지는 문장으로 나오는 경우가 대부분이며 가끔 그림으로도 출제된다. 문제는 《① 문제지의 선택지를 확인하고 상황 설명문과 문제 듣기, ② 지문 듣기, ③ 문제 한 번 더 듣기, ④ 선택지에서 정답 고르기》의 순서로 풀면 된다.

問題 1

問題1では、まず質問を聞いてください。それからを聞いて、問題用紙の1から4の中から、最もよいものを一つえらんでください。

순서		문제
음성 듣기	상황 설명문	**1ばん** 会社で男の人と女の人が歓迎会について話しています。
	질문문	女の人はこのあとまず何をしますか。
	본문	M：再来週の新入社員の歓迎会、僕が準備することになってたでしょう。ちょっと手伝ってほしいんだけど。 F：うん、いいよ。 M：営業課全員に出られるかどうかを聞いてくれる？もう店は決まってて、大体の人数は伝たえてあるんだけど、そろそろ最終的な人数をお店に連絡しなきゃならないんだ。 F：分かった。 M：全員に聞いたら、店に電話して、人数を連絡しておいてくれる？その店、今日は休みだから、明日以降でいいよ。それから、メンバーが決まったら、僕にもメールで教えて。参加する人確認したい

		から。 F：うん。ほかに何(なに)かない？ M：歓迎会(かんげいかい)で何(なに)をするか、内容(ないよう)を決(き)めなくちゃいけないんだけど。それは自分(じぶん)でやっておくよ。じゃ、よろしく。
	질문문	女(おんな)の人(ひと)はこのあとまず何(なに)をしますか。
답고르기	**선택지**	1　さんかしゃを　かくにんする 2　店(みせ)に電話(でんわ)する 3　メールをかくにんする 4　ないようを決(き)める

1	❶②③④

해석　회사에서 남자와 여자가 환영회에 관해 이야기하고 있습니다. 여자는 이다음 먼저 무엇을 합니까?

남: 다음다음 주 신입사원 환영회, 내가 준비하게 됐잖아. 좀 도와줬으면 좋겠는데.
여: 응, 좋아.
남: 영업과 전원에게 올지 어떨지 물어봐 줄래? 이미 가게는 정해졌고, 대략적인 인원수는 전달해 두었는데, 슬슬 최종적인 인원수를 가게에 연락해야 해서 말이야.
여: 알겠어.
남: 전원에게 들으면, 가게에 전화해서 인원수를 연락해 둬 줄래? 그 가게, 오늘은 휴일이니까 내일 이후에 괜찮아. 그리고 멤버가 정해지면, 나한테도 메일로 알려줘. 참가하는 사람 확인하고 싶으니까.
여: 응. 그 밖에 다른 건 없어?
남: 환영회에서 뭘 할지, 내용을 정해야 하는데. 그건 내가 해 둘게. 그럼, 부탁해.

여자는 이다음 먼저 무엇을 합니까?

1　참가자를 확인한다
2　가게에 전화한다
3　메일을 확인한다
4　내용을 정한다

» 해답 스킬

1. 상황 설명문을 잘 듣고, 대화문인지 독백인지 구별한다.
2. 문제가 나오기 전에 선택지를 확인해 둔다.
3. 문제의 주어를 메모한다. 대화문인 경우 문제의 주어와 반대되는 성별의 말 속에 답이 있고, 독백인 경우에는 문제의 주어가 '나'라고 생각한다.
4. 문제에서 특정 시제가 언급되면 메모해 둔다.
5. 선택지의 한자나 히라가나에 밑줄을 긋거나 한국어로 메모해 둔다.
6. 지문 속의 표현이 선택지와 일치하거나 비슷하게 나오기 시작하면 ○ / × 할 준비를 한다.
7. 대화문인 경우 상대방의 의견, 생각에 대한 대답을 체크한다.

» 필수 표현

1. 동작의 순서를 나타내는 표현

먼저, 미리		당장	
先(さき)に	먼저	さっそく	즉시
事前(じぜん)に	사전에, 미리	すぐに	즉시, 바로
まず・とりあえず	우선	急(いそ)いで	서둘러, 급히
～ておく(～とく)	～해 두다	なるべく早(はや)く	될 수 있는 한 빨리

나중에, ~후에		동작의 순서	
この後(あと)	이후에	A。次(つぎ)にB	A. 다음에 B
後(あと)で	나중에	A。それからB	A. 그리고 나서 B
		AてからB	A하고 나서 B
		Aた後(あと)でB	A한 후에 B
		Aが済(す)んだらB	A가 끝나면 B
		A前(まえ)にB	A하기 전에 B

아직, 이제 곧		완료된 상태	
まだ	아직	もう ～た	이미 ～했다
もうすぐ	이제 곧	もう ～ておいた	이미 ～해 두었다
(ちょうど) 동사 사전형 + ところだ	(막) ～하려던 참이다	～てある	～(해)져 있다

2. 의뢰, 지시, 제안, 의견을 나타내는 표현

의뢰		지시	
～てくれる?	～해 줄래?	～てください	～해 주세요
～てもらえる?	～해 줄 수 있니?	동사 사전형 + ように	～(하)도록
～ていただけませんか	～해 주실 수 없습니까?	동사 사전형 + こと	～할 것
お願(ねが)いします	부탁합니다	동사 ない + こと	～하지 말 것
お願(ねが)いできる?	부탁할 수 있을까?	～てほしいと伝(つた)えてください	～해 주었으면 좋겠다고 전해 주세요
頼(たの)む	부탁해		

제안		판단/의견	
～たらどう?	～하는 게 어때?	～たほうがいい	～하는 편이 좋다
どうですか	어떻습니까?	～と思(おも)う	～라고 생각한다
～てみて	～해 봐	～んじゃない?	～인 거 아니야?
		～なくていい	～하지 않아도 돼

問題1

問題1では、まず質問を聞いてください。それから話を聞いて、問題用紙の1から4の中から、最もよいものを一つえらんでください。

1ばん

1 ア イ

2 ウ エ

3 イ ウ

4 イ エ

2ばん

1 クラスをかくにんする

2 教室にいく

3 教科書を受け取る

4 健康診断を受ける

›정답 및 해설 <본서1> p.109

(　　/6)

청해 01_01

고사장 버전

3ばん

1 お菓子を別の棚にならべる

2 人気商品をレジの横に置く

3 余ったお菓子をかたづける

4 新商品をお菓子の棚にならべる

4ばん

1 資料の枚数を減らす

2 色をつける

3 字を大きくする

4 グラフを増やす

5ばん

1 5,000円

2 8,000円

3 9,000円

4 10,000円

6ばん

1 メニューの価格

2 予約ページ

3 営業時間

4 スタッフの情報

134 실전 시험 과제 이해 [2]

問題1

問題1では、まず質問を聞いてください。それから話を聞いて、問題用紙の1から4の中から、最もよいものを一つえらんでください。

1ばん

1 説明会に出る

2 学生証を持ってくる

3 コピーをする

4 もうしこみ用紙を出す

2ばん

1 空港にいく

2 ホテルに電話する

3 メールを送る

4 資料をコピーする

3ばん

1 カメラ

2 お弁当

3 絵の具

4 傘

(/6)

4ばん

1　名前(なまえ)を確認(かくにん)する

2　もらったカードを箱(はこ)に入(い)れる

3　隣(となり)の教室(きょうしつ)にいく

4　青(あお)い箱(はこ)の中身(なかみ)を捨(す)てる

5ばん

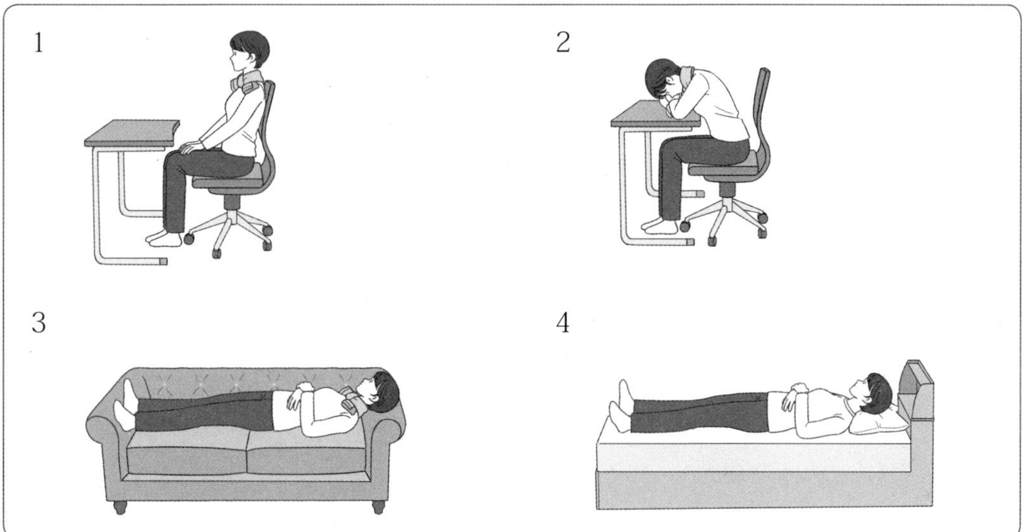

6ばん

1　部員(ぶいん)にインタビューをする

2　佐々木(ささき)さんに頼(たの)みにいく

3　部活(ぶかつ)の写真(しゃしん)をとりにいく

4　文字数(もじすう)をかえる

135 실전 시험 과제 이해 [3]

問題1

問題1では、まず質問を聞いてください。それから話を聞いて、問題用紙の1から4の中から、最もよいものを一つえらんでください。

1ばん

1 お店にかさを取りにいく

2 うちでさがしてみる

3 お店の人に連絡先をおしえる

4 ほかの店にかくにんする

2ばん

1 自分に合うと思う運動

2 今まで習ったことがある運動

3 体育の授業でしたい運動

4 おもしろかった運動

3ばん

1 いすをならべる

2 司会の人に連絡する

3 楽器を点検する

4 プログラムをつくる

❯정답 및 해설 <본서1> p.117

(/6)

청해 01_03

고사장 버전

4ばん

1 4,500円

2 5,500円

3 7,000円

4 8,000円

5ばん

1 つくえといすをならべる

2 部屋(へや)をかざりつけする

3 林(はやし)さんにれんらくする

4 音楽(おんがく)を準備(じゅんび)する

6ばん

1 9月2日

2 9月9日

3 9月16日

4 9月30日

문제 2 포인트 이해

» 유형 소개

포인트 이해 (6문항)

문제 2는 6문항이 출제되며 대화문이나 독백을 듣고, 사건의 이유, 말하는 사람의 감정, 부탁 내용, 충고 등의 포인트를 이해하는 문제이다. 주로 「**どうして**(왜, 어째서)」「**何**(무엇)」에 해당하는 내용을 묻는 문제가 출제되며, 의견이나 생각, 어드바이스를 묻는 문제도 출제된다. 따라서 이유나 결론을 나타내는 표현에 주의해서 들어야 한다. 선택지는 문장으로 나온다.

문제는 《① 상황설명문과 문제 듣기, ② 보기 읽어 두기(10초 정도의 시간이 주어짐), ③ 지문 듣기, ④ 문제 한 번 더 듣기, ⑤ 선택지에서 정답 고르기》의 순서로 풀면 된다.

問題2

問題2では、まず質問を聞いてください。そのあと、問題用紙を見てください。読む時間があります。それから話を聞いて、問題用紙の1から4の中から、最もよいものを一つえらんでください。

<table>
<tr><th colspan="2">순서</th><th>문제</th></tr>
<tr><td rowspan="4">음성듣기</td><td>상황 설명문</td><td>1ばん　うちで夫と妻が話しています。</td></tr>
<tr><td>질문문</td><td>妻はどうして昨日新しい掃除機を買いませんでしたか。</td></tr>
<tr><td>선택지 읽기</td><td>1　気に入ったのがなかったから
2　今すぐ買うひつようが　なくなったから
3　ねだんが高かったから
4　おっとといっしょに　えらびたかったから</td></tr>
<tr><td>본문</td><td>M：昨日掃除機の調子が悪いから新しいの買いに行くって言ってたけど、どうした？何か広告見て気に入ったのがあったんだろ？
F：あのね、今まで使ってたあの掃除機、壊れたと思ってたんだけど、また動くようになったの。
M：えっ。</td></tr>
</table>

		F：あの広告で見てた掃除機、値段もそんなに高くなかったし、もうそれを買おうって決めてたんだけど。まだ動くんだったら、買わなくてもいいと思って、やめたんだ。 M：そっか。だけどすぐ壊れるんじゃない？僕、明日休みだし、一緒に買に行こうか。 F：いいよ。壊れたら、そのときは、一緒に新しいの見に行こ。
	질문문	妻はどうして昨日新しい掃除機を買いませんでしたか。
답고르기	선택지 읽기	1　気に入ったのがなかったから 2　今すぐ買うひつようが　なくなったから 3　ねだんが高かったから 4　おっとといっしょに　えらびたかったから

1	①❷③④

해석　집에서 남편과 아내가 이야기하고 있습니다. 아내는 어째서 어제 새 청소기를 사지 않았습니까?

남: 어제 청소기 상태가 나쁘니까 새것을 사러 간다고 말했는데, 어떻게 됐어? 뭔가 광고에서 보고 마음에 들었던 것이 있었지?

여: 있잖아, 지금까지 썼던 그 청소기, 고장 났다고 생각했는데, 다시 작동하게 된 거야.

남: 어?

여: 그 광고에서 봤던 청소기, 가격도 그렇게 비싸지 않았고, 이제 그걸 사려고 정했는데. 다시 작동한다면, 사지 않아도 되겠다고 생각해서 그만뒀어.

남: 그래. 그래도 곧 고장 나는 거 아냐? 나, 내일 휴가이기도 하고, 같이 사러 갈까?

여: 좋아. 고장 나면, 그때는 같이 새것 보러 가자.

아내는 어째서 어제 새 청소기를 사지 않았습니까?

1　마음에 든 것이 없었기 때문에
2　지금 바로 살 필요가 없어졌기 때문에
3　가격이 비쌌기 때문에
4　남편과 같이 고르고 싶었기 때문에

» 해답 스킬

1. 문제의 주어를 메모한다. 대화문인 경우 문제의 주어가 하는 말이 정답과 연결된다.
2. 상대방의 질문이나 추측에 대한 문제의 주어의 대답이 Yes인지 No인지 체크한다.
3. 독백의 지문일 경우, 문제 내용에 귀를 기울인다.
4. 선택지의 한자나 히라가나에 밑줄을 긋거나 한국어로 메모해 둔다.
5. 지문 속의 표현이 선택지와 일치하거나 비슷하게 나오기 시작하면 ○ / × 할 준비를 한다.

» 필수 표현

이유/결론		~보다/역시/가장	
~から・~ので	~기 때문에	それより	그것보다
~のだ・~んだ	~인 것이다	何(なに)より	무엇보다
実(じつ)は	실은, 사실은	やはり・やっぱり	역시
それで	그래서	何(なん)といっても	뭐니 뭐니 해도
そこで	그래서	もっとも	가장, 제일
で	그래서		
だから	그래서, 그러니까		
そうじゃなくて	그게 아니라		

역접		의견/어드바이스	
でも	그래도, 하지만	~と思(おも)う	~라고 생각한다
しかし	그러나	~ようにしてください	~하도록 해 주세요
~けど	~지만	~ば…でしょう	~하면 …이겠지요

Memo

136 실전 시험 포인트 이해 [1]

問題2

問題2では、まず質問を聞いてください。そのあと、問題用紙を見てください。読む時間があります。それから話を聞いて、問題用紙の1から4の中から、最もよいものを一つえらんでください。

1ばん

1　先生がおもしろいから

2　料理が趣味だから

3　伝統的な日本料理を教えてくれるから

4　英語の練習がしたいから

2ばん

1　大人3枚

2　子ども2枚

3　大人3枚と子ども1枚

4　大人3枚と子ども2枚

3ばん

1　言葉づかいや服装を直すこと

2　いい人間関係をつくること

3　社会人になる意識を持つこと

4　安心して仕事ができるようになること

›정답 및 해설 <본서1> p.121

(　　/6)

청해 02_01

고사장 버전

4ばん

1　国の楽器を演奏する

2　国の民族衣装体験をする

3　国の遊びを紹介する

4　国の写真が撮れる場所をつくる

5ばん

1　フリーマーケットに出す

2　市役所に持っていく

3　お姉さんの子どもにあげる

4　ゴミの日に捨てる

6ばん

1　他の人の絵をまねする

2　できるだけたくさん描く

3　いつも描くものを変える

4　大会に出すための絵を練習する

137 실전 시험 포인트 이해 [2]

問題2

問題2では、まず質問を聞いてください。そのあと、問題用紙を見てください。読む時間があります。それから話を聞いて、問題用紙の1から4の中から、最もよいものを一つえらんでください。

1ばん

1 部長の仕事をしたことがある

2 英語が上手で、まじめだ

3 ユーモアはあるが、きびしそうだ

4 海外の取引先で働いた

2ばん

1 昔からものづくりが好きだったから

2 つくったものを売りたいから

3 ストレス解消になるから

4 友だちにあげたいから

3ばん

1 小学校の先生

2 保育士

3 スポーツ選手

4 漫画家

›정답 및 해설 <본서1> p.125

(　/6)

청해 02_02

고사장 버전

4ばん

1　冷蔵庫(れいぞうこ)の色(いろ)

2　冷蔵庫(れいぞうこ)の値段(ねだん)

3　冷蔵庫(れいぞうこ)の使(つか)いやすさ

4　冷蔵庫(れいぞうこ)の大(おお)きさ

5ばん

1　すぐに薬(くすり)を飲(の)む

2　止(と)まるまで待(ま)つ

3　がまんする

4　鼻(はな)の下(した)を押(お)さえる

6ばん

1　歯(は)の磨(みが)き方(かた)を習(なら)う

2　本(ほん)を読(よ)むことを聞(き)いてもらう

3　歌(うた)を歌(うた)いながらからだを動(うご)かす

4　参加者(さんかしゃ)がいっしょに話(はな)す

問題2

問題2では、まず質問を聞いてください。そのあと、問題用紙を見てください。読む時間があります。それから話を聞いて、問題用紙の1から4の中から、最もよいものを一つえらんでください。

1ばん

1 もうしこみ期間が終わったから

2 さんかしたことがあるから

3 日本に来て半年になるから

4 国へ帰ることになったから

2ばん

1 クーポンがついてくるから

2 環境に優しくて捨てやすいから

3 パッケージがかわいいから

4 コンビニで買う人が多いから

3ばん

1 英語を使う会社に入る

2 就職活動を続ける

3 経営学のセミナーに通う

4 外国の大学に留学する

›정답 및 해설 <본서1> p.129

(　　/6)

청해 02_03

고사장 버전

4ばん

1　5分(ふん)だけ食(た)べさせること

2　食事(しょくじ)をやめて遊(あそ)ばせること

3　くだものをあげること

4　成長(せいちょう)するまで待(ま)つこと

5ばん

1　社員(しゃいん)の写真(しゃしん)があるもの

2　ゲームがあるもの

3　動物(どうぶつ)の絵(え)が描(か)いてあるもの

4　文字(もじ)だけ書(か)いてあるもの

6ばん

1　一人(ひとり)で練習(れんしゅう)する

2　パソコン教室(きょうしつ)に通(かよ)う

3　先輩(せんぱい)から教(おそ)わる

4　ネット講座(こうざ)を受講(じゅこう)する

문제 3 개요 이해

» 유형 소개

개요 이해 (3문항)

문제3은 3문항이 출제되며 대화문이나 독백을 듣고, 말하는 사람의 주장이나 말하는 의도가 무엇인지 이해하는 문제이다. 주로 '필자가 무엇에 대해서 이야기를 하는지'를 묻는 문제가 출제된다. 따라서 전체적인 글의 흐름을 이해하며 들어야 한다.

문제는 〈① 상황설명문 듣기, ② 지문 듣기, ③ 문제 듣기, ④ 선택지(1번~4번) 듣고 정답 고르기〉의 순서로 풀면 된다.

問題3

問題3では、問題用紙に何もいんさつされていません。この問題は、ぜんたいとしてどんなないようかを聞く問題です。話の前に質問はありません。まず話を聞いてください。それから、質問とせんたくしを聞いて、1から4の中から、最もよいものを一つえらんでください。

순서		문제
음성 듣기	상황 설명문	**1ばん** テレビでアナウンサーが話しています。
	본문	F：皆さん、突然ですが、私、左利きなんです。マイクを持つのも左手、はしを持つのも左手です。今来ているこちらのお店、文房具など、ちょっと見たところよくある普通のものが売られていますが、大変人気があって、全国からお客さんが集まってくるそうです。すべての商品が左利きの人のためのものなんです。普段はあまり意識しないかもしれませんが、普通のはさみ、包丁などは右手で使うように作られています。こちらのお店には、日常使うものからパソコンのキーボードなどの電気製品、ギターなどの楽器まであるんですよ。すごいですね。
	질문문	アナウンサーは主に何について話していますか。

	선택지	1 左利き用の道具の特徴 2 左利きの人の苦労 3 この店で扱っている商品 4 この店の利用客の感想
답 고르기		

1	① ② ❸ ④

해석 TV에서 아나운서가 이야기하고 있습니다.

女: 여러분, 갑작스럽습니다만, 저, 왼손잡이입니다. 마이크를 드는 것도 왼손, 젓가락을 잡는 것도 왼손입니다. 지금 와 있는 이 가게, 문방구 등, 종종 본 적 있는 평범한 것을 팔고 있는데, 굉장히 인기가 있어, 전국에서 손님이 모여들고 있다고 합니다. 모든 상품이 왼손잡이인 사람을 위한 것입니다. 평소에는 그다지 의식하지 않을지도 모르지만, 보통의 가위, 식칼 등은 오른손으로 사용하도록 만들어져 있습니다. 이 가게에는 일상에서 사용하는 것부터 컴퓨터 키보드 등의 전자제품, 기타 등의 악기까지 있습니다. 굉장하네요.

아나운서는 주로 무엇에 관해서 이야기하고 있습니까?

1 왼손잡이용 도구의 특징
2 왼손잡이인 사람의 고충
3 이 가게에서 취급하고 있는 상품
4 이 가게의 이용객의 감상

» 해답 스킬

1. 상황 설명문을 잘 듣고, 독백인지 대화문인지 판단해 둔다.

   예 テレビで専門家が話しています。(독백)

   学校で男の学生と女の学生が話しています。(대화문)

2. 독백 지문을 듣는 요령은 다음과 같다.

   ▶ 선생님, 유학생, 운동선수, 아나운서, 가이드 등의 이야기가 출제된다.

   ▶ 첫 문장을 잘 듣고, 접속사를 체크하며 이야기의 흐름을 잡는다.

   ▶ 예시(**たとえば / ～や…など / ～たり～たり**)는 가볍게 듣는다.

   ▶ 「**もちろん**(물론)」「**なお**(또한)」 이후의 문장은 가볍게 듣는다.

   ▶ 간단히 메모하며 듣는다.

   ▶ 모르는 단어가 나와도 연연해하지 말고 앞뒤 맥락을 통해서 전체 의미를 파악하는 데 신경 쓴다.

   ▶ 주로 출제되는 문제 유형은 「**～は主に何について話していますか**(~은/는 주로 무엇에 대해서 이야기하고 있습니까?)」이다.

3. 대화문 지문을 듣는 요령은 다음과 같다.

   ▶ 주로 학교나 회사에서의 남녀의 대화가 출제된다.

   ▶ 처음 2~3문장에 대화의 의도가 숨어 있다.

   ▶ 이야기의 주제에 대한 남자 또는 여자의 생각을 정리하며 듣는다.

   ▶ 간단히 메모하며 듣는다.

   ▶ 모르는 단어가 나와도 연연해하지 말고 앞뒤 맥락을 통해서 전체 의미를 파악하는 데 신경 쓴다.

   ▶ 주로 출제되는 문제 유형은 「**～が言いたいことは何ですか**(~이/가 말하고 싶은 것은 무엇입니까?)」, 「**～が伝えたいことは何ですか**(~이/가 전달하고 싶은 것은 무엇입니까?)」「**～は…についてどう思っていますか**(~은/는 …에 대해서 어떻게 생각하고 있습니까?)」이다.

» 필수 표현

1. 독백의 지문인 경우

내용 추가 접속사		결과, 결론 접속사	
また	또한	それで	그래서
さらに	게다가	そこで	그래서
それに	게다가	そのため	그 때문에
それから	그리고	つまり	다시 말해서

역접 접속사		의견, 추측	
でも	그래도, 하지만	～と思(おも)う	～라고 생각한다
しかし	그러나	～ようだ	～인 것 같다
ただ	단, 다만		
ところが	그런데		

2. 대화문 지문인 경우

대화의 시작, 의도 알림		제안, 권유, 부탁	
ねえ	저기, 있잖아	～たらどう?	～하는 게 어때?
あのう	저…	～てもらえない?	～해 줄 수 없니?
～(な)んですが	～입니다만		
～んだって	～래 / ～라며?		
実(じつ)は	실은, 사실은		
(ご相談(そうだん)·お話(はなし)·お願(ねが)い)がある	(상담, 이야기, 부탁)이 있다		

04 청해 문제3 개요 이해

› 정답 및 해설 <본서1> p.133

139 실전 시험 개요 이해 [1]

(/3)

問題3

問題3では、問題用紙に何もいんさつされていません。この問題は、ぜんたいとしてどんなないようかを聞く問題です。話の前に質問はありません。まず話を聞いてください。それから、質問とせんたくしを聞いて、1から4の中から、最もよいものを一つえらんでください。

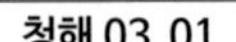

— メ モ —

청해 03_01　고사장 버전

정답 및 해설 <본서1> p.135

140 실전 시험 개요 이해 [2]

(/3)

問題3

問題3では、問題用紙に何もいんさつされていません。この問題は、ぜんたいとしてどんなないようかを聞く問題です。話の前に質問はありません。まず話を聞いてください。それから、質問とせんたくしを聞いて、1から4の中から、最もよいものを一つえらんでください。

— メ モ —

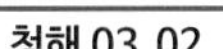

청해 03_02

고사장 버전

›정답 및 해설 <본서1> p.137

141 실전 시험 개요 이해 [3]

(/3)

問題3

問題3では、問題用紙に何もいんさつされていません。この問題は、ぜんたいとしてどんなないようかを聞く問題です。話の前に質問はありません。まず話を聞いてください。それから、質問とせんたくしを聞いて、1から4の中から、最もよいものを一つえらんでください。

— メ モ —

청해 03_03

고사장 버전

Memo

문제 4 발화 표현

» 유형 소개

발화 표현 (4문항)

문제 4는 4문항이 출제되며 문제지의 그림을 보면서 상황 설명을 듣고, 적절한 발화를 선택할 수 있는지 묻는 문제이다. 그림 속 화살표가 가리키는 사람이 어떤 말을 해야 하는지 선택해야 하므로 어떤 상황에서 대화가 이루어지고 있는지를 주의 깊게 듣고 동작의 주체가 누구인지를 잘 생각해야 한다.

문제는 〈① 문제지의 그림을 보면서 상황설명문과 문제 듣기, ② 선택지(1번~3번) 듣고 정답 고르기〉의 순서로 풀면 된다.

問題4

問題4では、えを見ながら質問を聞いてください。やじるし（➡）の人は何と言いますか。1から3の中から、最もよいものを一つえらんでください。

순서		문제
음성 듣기	상황 설명문	1ばん ホテルのテレビが壊れています。何と言いますか。
	그림 보기	

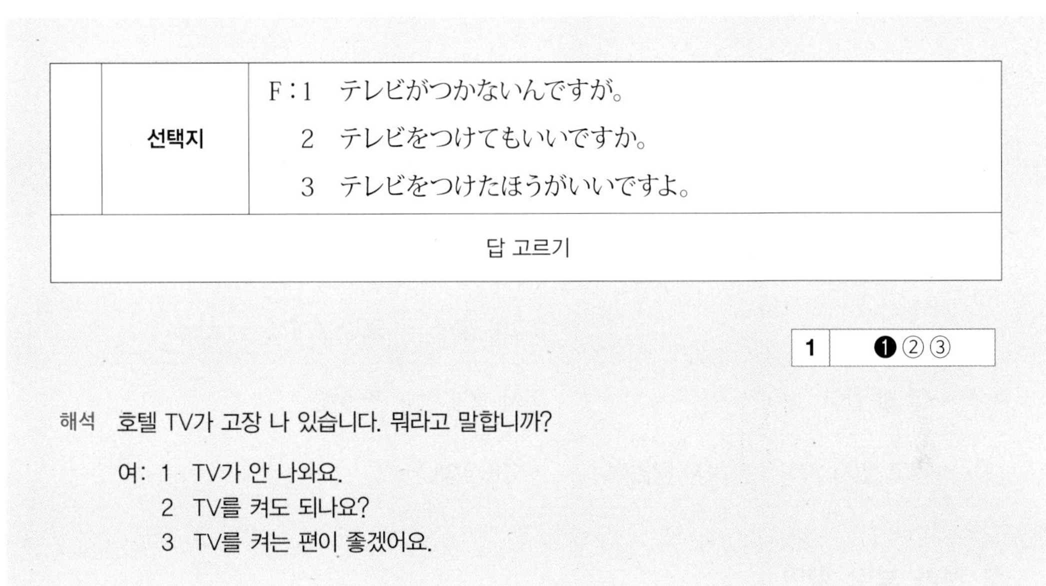

	선택지	F：1　テレビがつかないんですが。 2　テレビをつけてもいいですか。 3　テレビをつけたほうがいいですよ。
	답 고르기	

1	❶②③

해석　호텔 TV가 고장 나 있습니다. 뭐라고 말합니까?

여: 1　TV가 안 나와요.
　　2　TV를 켜도 되나요?
　　3　TV를 켜는 편이 좋겠어요.

» 해답 스킬

1. 문제지의 그림을 보며 이야기가 이루어지고 있는 장소, 두 사람의 관계 등 상황을 미리 예측한다.
2. 그림에 화살표가 되어 있는 사람이 '나'라고 생각한다.
3. 상황 설명문을 잘 들으면 동작의 주체가 누구인지 구별할 수 있고, 주의 주기·문제 알림·부탁 등의 상황 판단이 가능하다.
4. 선택지를 듣고 나서 오래 생각할 시간이 없으므로, 해결하지 못한 문제에 대해서는 미련을 버리고 다음 문제에 집중한다.

» 필수 표현

1. 주의 주기, 문제 알리기

~하면 안 돼	~てはいけない / ~ちゃだめだ
~하지 마 (금지형)	동사 사전형 + な
~하지 않으면 안 돼, ~해야 해	~なくてはならない = ~なくちゃ
~해 (명령형)	1그룹 う단 → え단 2그룹 る → ろ 3그룹 来(く)る → 来(こ)い / する → しろ
~할 것 같아	동사 ます형 + そうだ
~하고 있지 않아 / ~하지 않았어	~て(い)ない

2. 허가, 부탁, 확인

~해 주지 않을래?	~てくれない?
~해 줄 수 없니?	~てもらえない?
~해 주면 좋겠는데	~てもらいたいんだけど ~てほしいんだけど
~하게 해 주지 않을래?	~(さ)せてくれない?
~하게 해 줄 수 없니?	~(さ)せてもらえない?
~하게 해 주면 좋겠는데	~(さ)せてもらいたいんだけど ~(さ)せてほしいんだけど
~해 주실 수 없습니까?	~ていただけませんか?
~해 주셨으면 합니다만	~ていただきたいんですが
~해 주십시오 (존경)	お + ます형 + ください

~하게 해 주실 수 없습니까?	~(さ)せていただけませんか?
~하게 해 주셨으면 합니다만	~(さ)せていただきたいんですが

3. 도움 주기와 도움 요청하기

~할까? / ~할까요?	~(よ)うか / ~ましょうか
(제가) ~하겠습니다	お + ます형 + します(いたします)
어떻게 ~하면 좋을까요?	どう ~ばいいでしょう
어떻게 해서 ~합니까?	どうやって ~ますか

問題(もんだい)4

問題(もんだい)4では、えを見(み)ながら質問(しつもん)を聞(き)いてください。やじるし(➡)の人(ひと)は何(なん)と言(い)いますか。1から3の中(なか)から、最(もっと)もよいものを一(ひと)つえらんでください。

1ばん

2ばん

›정답 및 해설 <본서1> p.139

(　　/4)

청해 04_01

고사장 버전

3ばん

4ばん

143 실전 시험 발화 표현 [2]

問題4

問題4では、えを見ながら質問を聞いてください。やじるし(➡)の人は何と言いますか。1から3の中から、最もよいものを一つえらんでください。

1ばん

2ばん

▸정답 및 해설 <본서1> p.140

(　　/4)

청해 04_02

고사장 버전

3ばん

4ばん

144 실전 시험 발화 표현 [3]

問題4

問題4では、えを見ながら質問を聞いてください。やじるし(➡)の人は何と言いますか。1から3の中から、最もよいものを一つえらんでください。

1ばん

2ばん

(　　/4)

청해 04_03

고사장 버전

3ばん

4ばん

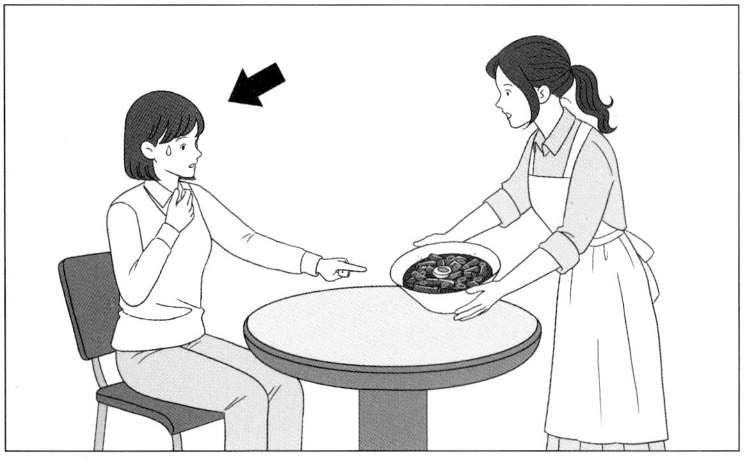

문제 5 즉시 응답

» 유형 소개

즉시 응답 (9문항)

문제 5는 9문항이 출제되며, 권유, 의뢰, 이유 묻기, 불평, 후회, 사과 등의 짧은 문장을 듣고, 그에 적절한 대답 표현을 선택하는 문제이다. 문제와 문제 사이의 시간이 짧아서 오래 생각할 시간이 없다. 순발력과 집중력을 발휘해서 문제를 풀어야 한다.

문제는 〈① 짧은 문장 듣기, ② 선택지(1번~3번) 듣고 정답 고르기〉의 순서로 풀면 된다.

問題5

問題5では、問題用紙に何もいんさつされていません。まず文を聞いてください。それから、そのへんじを聞いて、1から3の中から、最もよいものを一つえらんでください。

<table>
<tr><th colspan="2">순서</th><th>문제</th></tr>
<tr><td rowspan="2">음
성
듣
기</td><td>짧은 문장</td><td>1ばん
M：山田さん、作り直してくれた資料、見やすくなってましたよ。</td></tr>
<tr><td>선택지</td><td>F：1　ありがとうございます。よかったです。
2　分かりました。すぐに直します。
3　もっと簡単にするんですか。</td></tr>
<tr><td colspan="3">답 고르기</td></tr>
</table>

1	❶②③

해석 남: 야마다 씨, 다시 만들어준 자료, 보기 편해졌네요.
여: 1 감사합니다. 다행이에요.
2 알겠습니다. 바로 고치겠습니다.
3 좀 더 간단하게 할까요?

» 해답 스킬

1. 동작의 주체가 누구인지, 이미 일어난 일인지, 아직 일어나지 않은 일인지를 빨리 판단해야 한다.
2. 감사 인사에 대한 대답, 혼났을 때의 대응 표현 등 정해진 발화 표현을 잘 숙지해 둔다.
3. 질문에 나왔던 표현이 선택지에서 들리면 오답일 가능성이 높다.
4. 유사 발음에 주의한다.
5. 청해의 마지막 문제 유형이므로 집중력이 현저히 떨어진다. 한 문제 한 문제 포기하지 말고 끝까지 풀어야 한다.
6. 선택지를 듣고 나서 오래 생각할 시간이 없으므로, 해결하지 못한 문제에 대해서는 미련을 버리고 다음 문제에 집중한다.

» 필수 표현

1. 존경어, 겸양어

오시다, 가시다, 계시다 (존경)	いらっしゃる
드시다 (존경)	召(め)し上(あ)がる
하다 (겸양) / 하시다 (존경)	いたす / なさる
보시다 (존경)	ご覧(らん)になる
주시다 (존경)	くださる
삼가 듣다, 여쭙다, 찾아 뵙다 (겸양)	伺(うかが)う
~하시다 (존경 공식)	お + ます형 + になる
~하다 (겸양 공식)	お + ます형 + する(いたす)
~해 주십시오 (존경)	お + ます형 + ください

2. 부탁, 의뢰, 허가

~해 주지 않을래?	~てくれない?
~해 줄 수 없니?	~てもらえない?
~하게 해 줄 수 없니?	~(さ)せてもらえない?
~하게 해 주실 수 없습니까?	~(さ)せていただけませんか?
부탁할 수 없을까?	お願(ねが)いできない?

3. 권유, 제안

괜찮으시다면 ~어떻습니까?	よろしければ ~どうですか
~하는 게 어때?	~たらどう?
~해 보지 않을래?	~てみない?

4. 이유, 감상 묻기

무슨 일이에요?	どうしたんですか
왜, 어째서	なんで / どうして
어땠어?	どうだった?

5. 주의 주기

~하지 않도록	~ないように
~하지 말아 주세요	~ないでください
삼가십시오	ご遠慮(えんりょ)ください

6. 사실 알리기, 사실 확인하기

~라고 한다	~そうだ / ~と言(い)う / ~って言(い)う
아직 ~ 안 됐어?	まだ ~て(い)ない?
~인 거 아니야?	~んじゃない?
~래 / ~라며?	~んだって

7. 빈출 문형

~할 것 같다	동사 ます형 + そうだ
~할 것 같지 않다	동사 ます형 + そうにもない / そうにない / そうもない
~할 뻔했다	동사 사전형 + ところだった
막 ~했다, ~한 지 얼마 안 되었다	동사 た형 + ばかりだ
~하려고 하다	동사 의지형 + とする
(명사) 답다	명사 + らしい
~하면 좋았을 텐데	~ばよかったのに
모처럼 ~인데	せっかく ~のに
~덕분이다 / ~탓이다	~おかげだ / ~せいだ

정답 및 해설 <본서1> p.142

145 실전 시험 즉시 응답 [1]

(/9)

問題5

問題5では、問題用紙に何もいんさつされていません。まず文を聞いてください。それから、そのへんじを聞いて、1から3の中から、最もよいものを一つえらんでください。

— メモ —

청해 05_01

고사장 버전

❯정답 및 해설 <본서1> p.144

146 실전 시험 즉시 응답 [2] (/9)

問題5

問題5では、問題用紙に何もいんさつされていません。まず文を聞いてください。それから、そのへんじを聞いて、1から3の中から、最もよいものを一つえらんでください。

— メ モ —

청해 05_02

고사장 버전

Memo

Memo

Memo

파고다 JLPT N3

일본어능력시험

MP3 및 부가자료 무료이용 www.pagodabook.com